公司上市指导手册

杨之曙 王文召 等 编著

中信出版集团 | 北京

图书在版编目（CIP）数据

公司上市指导手册 / 杨之曙等编著 . -- 北京：中信出版社，2023.12
ISBN 978-7-5217-6068-2

Ⅰ.①公… Ⅱ.①杨… Ⅲ.①上市公司—中国—手册 Ⅳ.① F279.246-62

中国国家版本馆 CIP 数据核字（2023）第 200898 号

公司上市指导手册

编著者：　杨之曙　王文召　等
出版发行：中信出版集团股份有限公司
（北京市朝阳区东三环北路 27 号嘉铭中心　邮编　100020）
承印者：　嘉业印刷（天津）有限公司

开本：787mm×1092mm　1/16　　印张：51.5　　字数：835 千字
版次：2023 年 12 月第 1 版　　印次：2023 年 12 月第 1 次印刷
书号：ISBN 978-7-5217-6068-2
定价：138.00 元

版权所有·侵权必究
如有印刷、装订问题，本公司负责调换。
服务热线：400-600-8099
投稿邮箱：author@citicpub.com

谨向本书编委会、作者团队、评审专家以及校对人员致以最诚挚的谢意！

本书编委会（按姓氏音序排列）：

郭晶晶	东吴证券研究所所长
何基报	深圳证券交易所综合研究所所长
姜诚君	海通证券副总经理
李明明	招商证券研究所副总经理
刘乃生	中信建投执行委员会委员
路　颖	海通证券研究所所长
潘宏胜	中证金融研究院首席经济学家
彭文生	中金公司首席经济学家、研究部负责人
孙金钜	开源证券研究所所长
万　军	中德证券总裁
王　晟	银河证券董事长
武超则	中信建投研究所所长
于新力	中信证券董事总经理、研究部行政负责人
郁伟君	国泰君安投行部总经理

作者团队

前　言　中证金融研究院潘宏胜

引　言　深圳证券交易所何基报、梁凡，中金公司李求索、伊真、魏冬

第1章　2022年IPO概况：银河证券高玮玮、李欣静、陈召军、周冉、李依臻

第2章　创业板IPO情况：东吴证券郭晶晶、蒲熙娇、胡翔

第3章　科创板IPO情况：海通证券许灿、彭博、肖婕、夏明轲、孙施雨、陶冶、刘家旭、唐佳邑、吴嘉琦、晏璎、张占聪、黄科峰、陈宇豪、许小松、杨明明、陈恒瑞、徐坚

第4章　北交所IPO企业情况：开源证券孙金钜、任浪、周佳

第5章　2022年IPO行业分析：中信证券遥远、徐涛、华鹏伟、杨家骥、夏胤磊、郑辰、危思安、陶然、刘洋、张念通

第6章　IPO区域分布：招商证券李明明

第7章　IPO企业上市前后经营与估值变化：中德证券王奕、崔雷、宛琳、周佳敏、毕岩、张明卓、蔺梦阳、湛普江

第8章　一年期限售股份解禁企业经营业绩与估值：海通证券路颖

第9章　三年期限售股份解禁企业分析：中信建投武超则、胡玉玮

第 10 章　近年 IPO 审核重点关注问题剖析：银河证券高玮玮、李欣静、陈召军、周冉、李依臻

第 11 章　2022 年 IPO 再次申报企业分析：韩文奇

第 12 章　2022 年 IPO 经典案例

　　中国海油（600938）：杨祖强

　　海光信息（688041）、萤石网络（688475）：李柄昆

　　联影医疗（688271）：林卓远

　　和元生物（688238）、均普智能（688306）、联动科技（301369）：许灿、彭博、肖婕、夏明轲、孙施雨、陶冶、刘家旭、唐佳邑、吴嘉琦、晏璎、张占聪、黄科峰、陈宇豪、许小松、杨明明、陈恒瑞、徐坚

　　晶科能源（688223）：洪悦、孙若扬、张世举、陈昶

　　铜冠铜箔（301217）：蒋杰、张翼

　　华海清科（688120）：陈圳寅、裴文斐

　　普源精电（688337）：薛波、张彬

　　天益医疗（301097）：水耀东、沈一冲

　　中汽股份（301215）、惠丰钻石（839725）：高玮玮、李欣静、陈召军、周冉、李依臻

　　瑞奇智造（833781）、七丰精工（873169）：孙金钜、任浪、周佳

评审专家

沈　涛	清华大学	施新政	清华大学
庞家任	清华大学	尹　翔	清华大学
祝　武	清华大学	刘　硕	清华大学
刘　岩	清华大学	高浩宇	中国人民大学
刘津宇	对外经济贸易大学	屈源育	对外经济贸易大学
倪骁然	厦门大学		

校对人员

丁辰炜	清华大学	冯家锐	清华大学
翟　坤	清华大学	林　潇	清华大学
蒋志铭	中国人民大学	顾永昆	贵州商学院

目　录

推荐序　李稻葵　V

前　言　潘宏胜　VII

引　言　001

第一部分　2022 年 A 股 IPO 总体情况及结构

第 1 章　2022 年 IPO 概况　039
资本市场改革及注册制不断推进　039
IPO 结构分析　050

第 2 章　创业板 IPO 情况　058
创业板 IPO 企业总体情况　058
企业上市首年业绩及二级市场表现　060
发行与上市分析　064
创业板定位与上市条件　072
创业板企业价值案例分析　078

第 3 章　科创板 IPO 情况　087
2022 年科创板 IPO 概况　087
科创板的定位与上市标准　090
科创板 2022 年 IPO 科创属性满足情况　103
科创板上市企业特征及结构　108

科创板投资价值分析　126

第 4 章　北交所 IPO 企业情况　132
2022 年北交所 IPO 企业特征分析　132
北交所上市定位和标准　135
北交所 IPO 企业的行业分布和业务情况　136

第 5 章　2022 年 IPO 行业分析　138
2022 年 IPO 行业分布及特征分析　138
影响 IPO 行业因素分析　147
IPO 重点行业分析　157
创新导向与 IPO　168
一级市场投资建议　182

第 6 章　IPO 区域分布　186
区域经济与 IPO 区域分布　186
2022 年主要区域经济带 IPO 情况　189
长三角地区 IPO 情况　199
粤港澳大湾区 IPO 情况　214
京津冀地区 IPO 情况　223
长江中游城市群 IPO 情况　230
成渝地区双城经济圈 IPO 情况　235
山东半岛城市群 IPO 情况　238
IPO 区域分布趋势探讨　241

第二部分　经营业绩、估值与解禁

第 7 章　IPO 企业上市前后经营与估值变化　249
IPO 企业上市前后经营状况　249
2022 年上市新股估值表现　253
2022 年新股估值的影响因素　262
一、二级市场投资者的投资收益比较分析　271
企业上市前后估值显著变化案例分析　275
新股投资建议　286

第 8 章　一年期限售股份解禁企业经营业绩与估值　298

IPO 企业限售的相关规定　298
解禁企业指标统计分析　303
股东实际减持情况　310
一年期限售股解禁与企业经营业绩　318
一年期股份解禁与股票价格走势　346
一年期解禁标的与投资建议　358

第 9 章　三年期限售股份解禁企业分析　366

解禁企业指标统计分析　367
股份减持情况统计分析　376
解禁企业当年经营业绩分析　382
三年期股份解禁企业二级市场表现　415
上市公司业绩对解禁收益率的影响　426

第三部分　IPO 审核要点和经典案例

第 10 章　近年 IPO 审核重点关注问题剖析　433

收入成本相关问题　433
内控规范问题　438
持续盈利能力问题　444
同业竞争与关联交易问题　449
资金流水核查问题　458
板块定位问题　462
股权相关问题　468

第 11 章　2022 年 IPO 再次申报企业分析　476

再次申报成功上市企业概况　477
再次（含二次）申报成功的原因　480
再次（含二次）申报成功的启示　518
深沪主板被否企业发审委聆讯问题　524
创业板被否企业发行审核关注问题　531
北交所被否企业发行审核关注问题　553

第 12 章　2022 年 IPO 经典案例　557

中国海油（600938）　557
海光信息（688041）　578
联影医疗（688271）　596
萤石网络（688475）　621
和元生物（688238）　642
均普智能（688306）　659
晶科能源（688223）　684
华海清科（688120）　697
普源精电（688337）　709
联动科技（301369）　719
中汽股份（301215）　730
铜冠铜箔（301217）　745
天益医疗（301097）　759
瑞奇智造（833781）　771
七丰精工（873169）　780
惠丰钻石（839725）　788

推荐序

李稻葵

在经历了三年特殊冲击之后，中国经济正处在一个重要的转折点上，当前最关键的任务应当是通过科技创新来调动一切增长的因素，尽快地恢复经济增长，释放增长潜力。这一任务是极其艰巨的。中国要持续保持稳定的经济增长，才能够实现2035年达到中等发达国家水平的发展愿景。在这一过程中，如何促进企业快速发展，尤其是创新型及科技类企业的发展，是极其重大的课题。

快速发展的科技类企业要不要上市？这个问题的答案并不完全是"一边倒"的。事实上，世界上有一些科技类企业是没有上市的，例如中国的华为就没有上市。不上市对企业有好处，因为它可以减少来自资本市场各种各样的冲击，使得内部管理者能够专注于企业的长期发展；同时，企业的关键技术和经营的核心信息也可以不受披露条款的制约，给自身留出更大的战略腾挪空间。然而，不上市需要一定的基础条件。首先，企业必须有相当的自有资金，或者能够维持经营稳定的现金流，因此能够对抗经济波动带来的风险。很多科技类企业并不满足这一条件，因为它们并不是从传统行业做起的，尤其是创新型企业一般不可能有稳定的现金流。华为是一个特例，它有一些成熟的业务作为铺垫，形成了稳定的、基础性的现金流。第二个条件是企业内部的管理必须具有较高的自律水平，在不受外部监督的情况下仍然能够自我约束，保持一套稳定的、科学的、制度化的管理机制，这一点主要取决于企业创始人的悟性和能力。而在资本市场上市恰恰是强制要求企业规范管理的机制。华为是极为特殊的，也是非常幸运的，它有一位极具智慧并自律的创始人。我们应该看到，绝大部分的初创企业，尤其是科技类初创企业，不可能同时达到这两方面的条件。一方面，科技类初创企业通常没有稳定的现金流支撑持续的研发投入；另一方面，创办企业的科技人员在现代企业管理的诸多方面——人力资源、财会、市场营销等，往往是外行，即便他们可以在市场上雇用到专业的管理人员，实现企业的制度化管理仍然是比较困难的。因此，对于绝大部分的初创企业而言，上市仍然是最简单、最稳定的做法。这就好比，没有完成大学学业能否成才？想想乔布斯、比尔·盖茨、扎克伯格，当然可以，但是总体上讲，他们都是个例。

既然绝大部分科技类、创新型企业需要上市，那么创业者必须仔细、全面研究上市的基本规律是什么。这是一门必修课。中国的资本市场在过去几年发生了巨大的变化，如科创板、创业板试点注册制，北交所成立等，上市的规则也发生了重大的变化。因此，中国现在急需一本指导企业如何上市的手册，以将资本市场的这些变化仔细地一一梳理，结合资本市场的各项变化，从实战的角度给出大量的案例并逐个去分析，告诉未来准备上市的初创企业的领导者，如何更好地利用中国目前的资本市场体制，尽快推动企业顺利上市。

摆在读者面前的就是指导企业如何上市的手册。此书是由清华大学全球证券市场研究院院长杨之曙教授牵头，邀请多家证券公司和相关部门的专业人士组成编委会，共同编写的指导手册，它堪称中国公司上市的"宝典"。我建议拟上市企业的管理者认真仔细地阅读这本手册，这就好比是要参加高考的高中生必须对考试的范围、出题的规则以及近几年的考题都了如指掌。这本书的一个重要亮点是它系统分析最新的案例，对近年来推行的注册制进行了深入剖析。此书不仅对于企业家非常重要，而且对于投资者、金融从业人员以及研究上市公司和中国股市的学者而言也特别值得一读。在此，我特别隆重地推荐此书！

前 言[①]

2022 年 A 股市场 IPO 概况、重要事件回顾及展望

潘宏胜

  2022 年，面对美欧央行货币政策持续收紧、俄乌冲突、疫情冲击及国内经济下行压力等内外部环境的风险挑战，中国经济迎难而上、稳中有进，就业、物价保持基本平稳，发展质量稳步提升，经济社会大局保持了稳定。A 股市场经受住了内外部多重超预期冲击的严峻考验，科学、合理地保持 IPO（首次公开发行）常态化，市场交易较为活跃，市场功能有序发挥，市场规模与运行质量稳步提升，资本市场服务实体经济的功能有新的提升，这为稳增长和稳预期发挥了积极作用。围绕"打造一个规范、透明、开放、有活力、有韧性的资本市场"的总目标，资本市场改革开放持续深化，全面实行股票发行注册制，以健全市场功能为主线，推动资本市场制度完善、结构优化和生态改善，市场运行的规范性、透明性与开

[①] 本书由于统计口径不同，存在少量同类数据不一致的情况，在此特作说明；另书中合计数据与各明细数据之和存在不一致，是由四舍五入引起的，表中数据均为公开数据，在此一并说明。——编者注

放度日益提升，市场生态逐渐开启良性循环，市场风险有序化解，市场韧性与综合竞争力显著提高，资本市场在贯彻国家重大战略、服务高质量发展中继续发挥独特且重要的作用。

2022年A股市场IPO主要情况及特点

2022年，在全面实行股票发行注册制的背景下，A股市场IPO保持常态化的良好发展态势，总量增长、结构优化、质量提升，在支持国民经济恢复、鼓励科技创新、助力高质量发展等方面取得新的重要进展。

A股IPO的总量居全球前列

2022年，A股IPO融资规模创历史新高，在全球主要股市保持领先。如图前–1所示，全年A股市场共有428只新股上市，融资规模约5 869亿元，上市公司数量在2022年11月正式突破5 000家。与2021年相比，新股上市公司数量有所下降，但融资额上升443亿元，同比增长约8%，融资规模连续两年创历史新高。

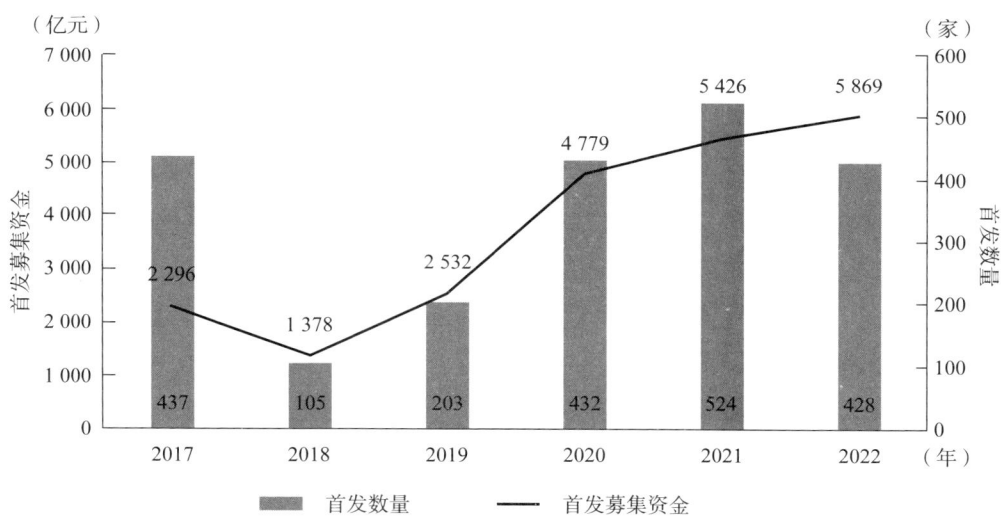

图前–1　A股近年首发数量与募资金额

数据来源：万得。

从证券交易所来看，上海证券交易所（简称"上交所"）IPO 企业有 155 家，合计募资 3 511 亿元；深圳证券交易所（简称"深交所"）IPO 企业有 190 家，合计募资 2 115 亿元；北京证券交易所（简称"北交所"）IPO 企业有 83 家，合计募资约 165 亿元。上交所、深交所 IPO 的数量、融资额在全球主要股票交易所均列前两位。与 A 股 IPO 市场平稳健康发展形成鲜明对比的是，2022 年全球其他主要 IPO 市场明显收缩。2022 年美股市场累计新上市 345 家公司，其中，美国全国证券交易商协会自动报价系统（简称"纳斯达克"）290 家、纽约证券交易所（简称"纽交所"）46 家、美国证券交易所（简称"美交所"）9 家，累计募资总额约为 3 350.97 亿元。

A 股 IPO 的行业结构优化

2022 年，A 股 IPO 募资额最高的三个行业分别为计算机、通信和其他电子设备制造业，专用设备制造业，软件和信息技术服务业。其中，计算机、通信和其他电子设备制造业共有 88 家企业通过 IPO，募资约 1 400 亿元，约占总募资额的 1/4。2022 年 IPO 企业中，专精特新中小企业占 59%。截至 2022 年末，我国约有 9 000 家专精特新"小巨人"企业，超过 50% 的 A 股上市公司属于战略性新兴产业。

A 股 IPO 科创板和创业板占比较高

2022 年，中国 A 股 IPO 突出企业在科技创新中的主体地位，引导市场资源更多向科创企业倾斜，积极畅通"科技—产业—金融"的良性循环。分板块看，股票发行注册制框架下，科创板与创业板以其包容性的制度设计，满足了大批科创企业的融资需求，两个板块的 IPO 企业数量、募资规模增势强劲。如图前–2 所示，2022 年，科创板 IPO 企业有 124 家，合计募资额约 2 520 亿元，金额同比增长 24.2%；创业板 IPO 企业有 150 家，合计募资额约 1 796 亿元，金额同比增长 21.8%。科创板与创业板的合计募资额占 A 股全部募资额的比重超过 70%，合计 IPO 数量约占 A 股市场 IPO 数量的 2/3。2022 年，在 A 股前十大 IPO 融资额企业中，7 家来自科创板，1 家来自创业板。

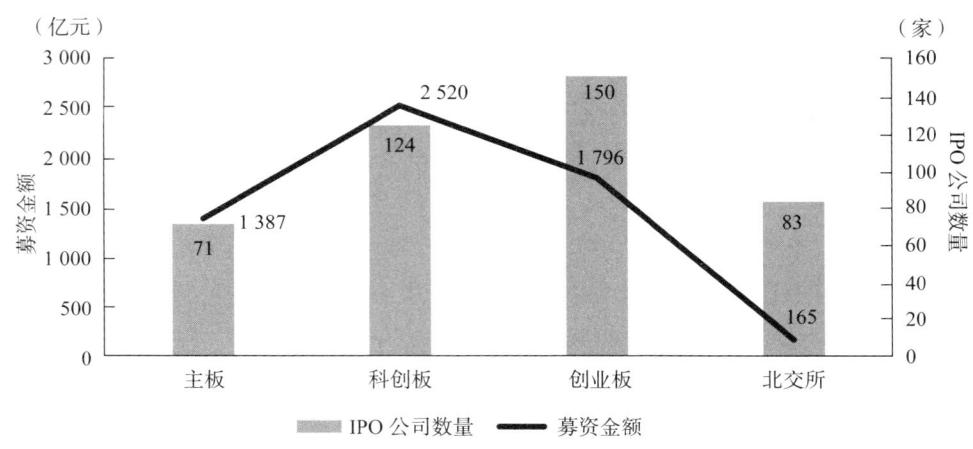

图前-2　2022年A股市场各板块IPO公司数量、募资金额

数据来源：万得。

A股IPO的板块属性和特色明显

  A股市场主板突出"大盘蓝筹"特色，科创板坚守"硬科技"定位，创业板服务"三创四新"成长型创新创业企业，北交所强化服务创新型中小企业，新三板承上启下服务创新型、创业型、成长型中小微企业，区域股权市场主要服务所在省级行政区域内中小微企业的私募股权市场，各板块错位发展、适度竞争，以满足不同类型、不同生命周期企业的多元化融资需求。从2022年A股IPO过会的企业看，主板的定位突出"大盘蓝筹"特色，上市企业主要是规模较大、业务模式相对成熟、经营业绩相对稳定的行业代表性优质企业，过会企业的年净利润均超过5 000万元。创业板和科创板对企业的盈利能力相对包容，一些符合国家创新驱动发展战略的、突破关键核心技术的、市场认可度高的优质科技创新创业企业，即使部分尚未形成一定的盈利能力，也实现了上市。北交所积极服务创新型中小企业，2022年过会企业中超八成集中于战略性新兴产业、先进制造业和现代服务业，近七成企业的年净利润低于5 000万元。A股各板块的特色和上市条件如表前-1所示。

表前-1　A股各板块的特色和上市条件

	主板	科创板	创业板	北交所
板块定位	主板突出"大盘蓝筹"特色，重点支持业务模式成熟、经营业绩稳定、规模较大、有行业代表性的优质企业	面向世界科技前沿、面向经济主战场、面向国家重大需求；优先支持符合国家战略、拥有关键核心技术、科技创新能力突出，主要依靠核心技术开展生产经营，具有稳定的商业模式，市场认可度较高，社会形象良好，有较强成长性的企业	深入贯彻创新驱动发展战略，适应发展更多依靠创新、创造、创意的大趋势，主要服务成长型创新创业企业，并支持传统产业与新技术、新产业、新业态、新模式深度融合	发挥对全国中小企业股份转让系统的示范引领作用，主要服务创新型中小企业，重点支持先进制造业和现代服务业等领域的企业
稳定性	持续经营满3年	持续经营满3年	持续经营满3年	股转系统连续挂牌满12个月的创新型挂牌公司，且连续经营满2年
股本要求	1. 发行后股本总额≥5 000万元；2. 公开发行的股份达到公司股份总数的25%以上；公司股本总额超过4亿元的，公开发行股份的比例为10%以上	1. 发行后股本总额≥3 000万元；2. 公开发行的股份达到公司股份总数的25%以上；公司股本总额超过4亿元的，公开发行股份的比例为10%以上	1. 发行后股本总额≥3 000万元；2. 公开发行的股份达到公司股份总数的25%以上，公司股本总额超过4亿元的，公开发行股份的比例为10%以上	1. 发行后股本总额≥3 000万元；2. 公开发行后，公司股东人数不少于200人，公众股东持股比例不低于公司股本总额的25%；公司股本总额超过4亿元的，公众股东持股比例不低于公司股本总额的10%；等等
市值及财务指标（境内发行人申请上市）（择一适用）	1. 最近3年净利润均为正，且最近3年净利润累计不低于1.5亿元，最近1年净利润不低于6 000万元，最近3年经营活动产生的现金流量净额累计不低于1亿元或者营业收入累计不低于10亿元；2. 预计市值不低于50亿元，且最近1年营业收入不低于6亿元，最近3年经营活动产生的现金流量净额累计不低于1.5亿元；3. 预计市值不低于80亿元，且最近1年净利润为正，最近1年营业收入不低于8亿元	1. 市值不低于10亿元，最近2年净利润均为正且累计净利润不低于人民币5 000万元，或者预计市值不低于人民币10亿元，最近1年净利润为正且营业收入不低于人民币1亿元；2. 市值不低于人民币15亿元，最近1年营业收入不低于人民币2亿元，且最近3年累计研发投入占最近3年累计营业收入的比例不低于15%；3. 市值不低于人民币20亿元，最近1年营业收入不低于人民币3亿元，且最近3年经营活动产生的现金流量净额累计不低于人民币1亿元；4. 市值不低于人民币30亿元，且最近1年营业收入不低于人民币3亿元；5. 预计市值不低于人民币40亿元，主要业务或产品需经国家有关部门批准，市场空间大，目前已取得阶段性成果	1. 最近2年净利润均为正，且累计净利润不低于人民币5 000万元；2. 预计市值不低于人民币10亿元，最近1年净利润为正且营业收入不低于人民币1亿元；3. 预计市值不低于人民币50亿元，且最近1年营业收入不低于人民币3亿元；4. 先进制造、互联网、大数据、云计算、人工智能、生物医药等高新技术产业和战略性新兴产业的创新创业企业	1. 盈利：市值≥2亿元，最近2年净利润平均≥1 500万元，且加权平均净资产收益率（ROE）平均≥8%；或者市值≥2亿元，最近1年净利润≥2 500万元，且加权平均净资产收益率≥8%；2. 成长：市值≥4亿元，最近2年营业收入平均≥1亿元，且最近1年营收增长率≥30%；最近1年经营活动现金流净额为正；3. 研发中后期：市值≥8亿元，最近1年营业收入≥2亿元，且最近2年研发投入合计占最近2年营业收入合计的比例≥8%；4. 研发早期：市值≥15亿元，最近2年研发投入合计≥5 000万元；等等

A股IPO审核注册的透明度与可预期性提升

注册制下，IPO更加突出信息披露的核心地位。2022年，A股IPO上会企业数量约为600家，同比上升约20%，IPO审核整体过会率比2021年下降1个百分点。从2022年过会被否的企业来看，注册制下IPO的审核关注重点是企业收入的真实性、业绩的成长性、持续经营的能力、创新能力、板块定位及内控制度等，更加突出信息披露。随着注册制下股票发行上市审核的透明度与可预期性持续提升，审核效率也得到提升。监管部门主要通过问询来把好信息披露质量关，压实发行人信息披露第一责任、中介机构"看门人"责任。申报文件后的受理、交易所审核问询、发行人问询回复、交易所上市委审议和证监会注册等均有明确的时限规定，审核流程和时间更加透明、可预期。与此同时，注册制下上市公司监管持续强化。2023年2月17日，证监会发布《欺诈发行上市股票责令回购实施办法（试行）》，对在招股说明书等证券发行文件中隐瞒重要事实或编造重大虚假内容并已发行上市的公司，将依法责令发行人或负有责任的控股股东、实际控制人回购欺诈发行的股票，这有助于强化保荐机构、会计师事务所、律师事务所等中介机构的把关责任，更好地保护投资者的利益。

A股上市公司的常态化退市格局基本形成

退市制度在营造良好市场生态、保护投资者合法权益等方面具有重要作用。在退市新规正式实施的第二年，证监会于2022年4月发布《关于完善上市公司退市后监管工作的指导意见》，以完善上市公司退市后的监管。目前，A股上市公司多元化退出渠道拓宽，财务类、交易类、规范类和重大违法类等的强制退市指标体系得到完善，逐步形成了"退得下""退得稳""优胜劣汰""应退尽退"的常态化退市格局。2022年，A股市场共有51家公司完成退市，其中42家公司属于触及退市指标而被强制退市，退市公司数量创历史新高。加上2021年强制退市的17家上市公司，2021—2022年A股退市公司数量相当于近30年退市公司总数的40%。从退市公司经营情况看，公司多是扣非后持续多年亏损、营收规模特别小的壳公司，其退市结果符合市场预期。目前，"空壳僵尸""害群之马"公司被集中清理，"炒小炒差"等投资理念得到遏制，一、二级市场的动态平衡得到增强，市场生态逐步改善。

A股IPO和投资的绿色含量上升

2022年,《可持续金融共同分类目录》《碳金融产品》标准和《中国绿色债券原则》等的发布丰富了我国金融市场的绿色金融标准体系,绿色金融标准、环境信息披露要求、激励机制、绿色金融产品创新、国际合作与能力建设等方面得到提升。我国的绿色贷款、绿色债券余额居世界前列,资本市场大力推动绿色产业快速发展。2022年1月,上交所首次强制要求科创板公司披露ESG(环境、社会和公司治理)信息。4月,证监会发布的《上市公司投资者关系管理工作指引》首次纳入ESG相关内容。5月,国资委要求推动更多央企控股上市公司披露ESG专项报告。资本市场ESG相关团体标准爆发式增长,同时A股上市公司ESG信息披露率提升。绿色能源、生态保护和环境治理行业的企业上市融资规模不断扩大,截至2022年末,沪深北交易所的新能源、节能环保等行业的上市公司数量超过400家,全国股转系统挂牌绿色企业超过200家,相关上市公司市值合计超过1 000亿元。绿色、可持续、ESG等方向的公募和私募基金的数量合计超过1 000只,规模超过8 000亿元。

2022年A股市场IPO等大事回顾

2022年,资本市场总体上坚持稳字当头、稳中求进,促发展、保稳定、防风险、强监管,改革开放持续深化,注册制下交易、退市、再融资和并购重组等一系列制度性改革稳步推进,对外开放稳步扩大,资本市场服务实体经济实现量质双升。

全面实行股票发行注册制引领基础制度改革创新的持续深化

注册制改革试点先后在科创板、创业板和北交所成功推出,并取得了显著成效,为全市场全面实行股票发行注册制打下了坚实基础。全面实行股票发行注册制在2023年2月平稳落地实施,我国资本市场发展迈入新的征程。截至2022年末,A股市场通过试点注册制上市的公司突破1 000家,市值合计超过9万亿元。与此同时,相关制度规则、交易机制、登记结算等基础性制度持续优化。一是中国证监会总结科创板、创业板、北交所试点注册制的经验,完善不同板块定位的相关制度规则，修订了主板发行上市条件、科创属性评价指引、科技创新咨询委员会规则、"三创四新"标准等多项规则，就各板块IPO和再融资的过渡方案做出安排。二是不同板块之间的转板制度与规则得到明确，2022年上交所、深交所先后发布了北交所上市公司向科创板、创业板转板的办法，明确北交所上市公司转板的规则和制度层次的衔接指引。全国股转公司发布了《全国中小企业股份转让系统分层管理办法》及配套指南，优化新三板创新层和基础层的调层机制，将转板制度和调层机制更好地结合，优化市场结构，畅通市场传导机制，积极缓解中小企业发行主体的融资难题。三是中国证监会修订《上市公司重大资产重组管理办法》及配套规范性文件，指导沪深交易所修订重大资产重组的配套规则，完善并购重组的制度规范。四是科创板做市商机制于2022年10月31日正式启动，并实行"竞价为主、做市商为辅"的混合交易制度，目前已有两批共14家券商的科创板做市商资格获批，近100只股票完成做市备案，做市标的股票数约为科创板上市公司数量的20%，科创板做市交易在增加市场订单深度、减少买卖价差等方面发挥了积极作用。五是货银对付（DVP）改革于2022年初启动。中国证监会发布修订后的《证券登记结算管理办法》和《关于合格境外机构投资者和人民币合格境外机构投资者境内证券交易登记结算业务的规定》，夯实了货银对付改革的法律制度基础。自2022年12月26日起，货银对付改革正式实施并进入过渡期，《结算备付金管理办法（2022年5月修订版）》中除差异化最低结算备付金比例外均正式实施。

持续推动上市公司高质量发展取得新的进展

上市公司的质量决定资本市场的发展质量。资本市场要发挥好"晴雨表"的功能、提升现代化产业水平和促进高质量发展，就必须有一批能带动行业发展、引领科技创新和提升核心竞争力的优秀上市公司。一是新一轮的推动提高上市公司质量三年行动方案正式实施。中国证监会2022年11月发布《推动提高上市公司质量三年行动方案（2022—2025）》，强调企业内生发展与外部促进保障相结合、优化增量与调整存量相结合、解决突出问题与构建长效机制相结合、监管本位与协调推进相结合等"四个结合"。上交所与深交所相应发布了《推动提高沪市上市公司质量三年行动计划》和《落实〈推动提高上市公司质量三年行动方案（2022—2025）〉工作方案》，对推动上市公司高质量发展工作做出系统安排，重点从"治乱"转向"提质"，多管齐下推动上市公司高质量发展。二是严厉打击上市公司财务造假等信息披露违法行为。2022年中国证监会做出的全部行政处罚决定中，信息披露违法案件占比超过一半，合计超过200件，其中财务造假的案件约为100件。这一举措加大了上市公司的违法成本，提升了上市公司信息披露内容的质量。以注册制"欺诈发行第一股"紫晶存储为例，该公司涉嫌在上市前后虚增营业收入和利润，且未按规定披露对外担保，紫晶存储实控人被终身市场禁入，总经理、财务总监被5年市场禁入，之后公司被强制退市，这有力维护了资本市场的正常秩序。

引入长期资金和优化投资者结构取得新的突破

2022年11月4日，人力资源社会保障部、财政部、国家税务总局、银保监会、中国证监会等五部门联合发布《个人养老金实施办法》和相关配套文件。同日，中国证监会发布《个人养老金投资公开募集证券投资基金业务管理暂行规定》。2022年11月18日，首批个人养老金基金产品名录与基金销售机构名录发布，包括37家基金销售机构、40家基金管理人的129只养老目标基金，这标志着个人养老金投资公募基金业务正式落地施行，开启了我国新型养老制度和个人养老金投资的时代，满足了人民群众深层次、多样化的资产配置和养老保障需求。个人养老金是公募基金长期资金的重要来源，能够鼓励公募基金践行长期投资和价值投资的理念，促进机构投资者保持稳定清晰的投资风格和合规稳健的投资策略，有助于参与主体发挥机构化投资的"压舱石"作用，推动了资本市场机构化发展。

投资者保护制度体系得到新的强化

在2005年修订的《上市公司与投资者关系工作指引》的基础上，中国证监会时隔17年，于2022年4月发布了新修订的《上市公司投资者关系管理工作指引》。上交所、深交所、北交所、中国上市公司协会等于5月15日联合发布《加强投资者关系管理助推上市公司高质量发展倡议书》。相关工作指引与倡议书积极回应了市场关切与需求，优化了上市公司与投资者的互动交流方式，规范了上市公司信息披露行为，完善了投资者关系管理监督的"硬手段"与"软约束"，从而推动上市公司与投资者的关系进入新的阶段。同时,"零容忍"的执法威慑力增强,中国证监会以中共中央办公厅、国务院办公厅印发的《关于依法从严打击证券违法活动的意见》为主线,贯彻"建制度、不干预、零容忍"的方针,坚持"四个敬畏、一个合力",大力推进投资者保护基础制度建设、体制机制创新、理念文化培育、依法维权救济等工作。自 2021 年中国证监会与最高法联合建立证券期货纠纷诉调对接机制以来,"总对总"证券期货纠纷在线诉调对接机制落地,拓宽了投资者维权救济渠道,健全了证券纠纷代表人诉讼常态化机制,证券支持诉讼的工作力度持续加大。这就形成了以中国证监会投保局为"一体",中国证券投资者保护基金公司、中证中小投资者服务中心为"两翼",交易所、行业协会、派出机构等共同参与的投资者保护体系。资本市场诉讼制度的完善和多元化纠纷解决机制的健全,为投资者提供了有效的监管保护和救济渠道,有利于增强投资者的安全感和获得感。

资本市场高水平开放与国际交流合作取得新的进步

2022 年,资本市场高水平制度型开放举措有序落地,便利境内外投资者跨境投资。一是持续完善沪深港通机制。2022 年,为扩大沪深港通交易股票标的范围,香港推出人民币股票交易柜台。2022 年 6 月,中国证监会发布《关于交易型开放式基金纳入互联互通相关安排的公告》,将交易所交易基金(ETF)纳入沪深交易所与香港股票市场的互联互通交易机制,拓宽互联互通交易标的范围,推动 A 股与港股市场互惠互赢、优势互补、长期良性协作发展。二是拓宽企业境外融资渠道。中国证监会 2022 年 2 月发布《境内外证券交易所互联互通存托凭证业务监管规定》,拓宽互联互通存托凭证业务的使用范围,境内将深交所符合条件的上市公司纳入,境外将业务从英国市场拓展到瑞士和德国市场,允许境外基础证券发行人采用市场化的询价定价机制进行融资,对信息披露内容和披露义务等也做了更灵活和优化的制度安排。上述措施有利于拓宽 A 股市场与欧洲市场的双向融资渠道,支持企业合理用好国内国际两个市场、两种资源,有利于丰富境内外投资者的投资品种,提升资本市场的活力和国际竞争力。三是加强资本市场监管的国际交流与合作。2022 年 8 月 26 日,中国证监会、财政部与美国公众公司会计监督委员会(PCAOB)签署审计监管合作协议,将双方对相关会计师事务所的检查和调查活动纳入双边监管合作框架下开展，在对等原则的基础上，依据法定职责对另一方辖区内相关事务所开展检查和调查。美方如需获取审计底稿等文件，需在中方监管部门参与和协助下进行，中方将按照合作协议的约定对检查和调查涉及的底稿文件进行汇总，并对含有个人信息等特定数据的部分进行专门处理，这样既满足了双方依法履行监管职责的要求，也满足了相关法律法规对信息使用、特定数据保护等重要事项的要求。2022年12月，PCAOB确认在2022年度可完成对相关事务所的检查和调查，同时撤销2021年对内地和香港的会计师事务所做出的负面评价。

资本市场大力支持恢复实体经济、守牢风险底线

一是大力支持企业克服新冠病毒感染疫情（简称"新冠疫情"）的冲击，促进经济恢复发展。为应对疫情对实体企业的持续影响，2022年5月20日，中国证监会发布《关于进一步发挥资本市场功能 支持受疫情影响严重地区和行业加快恢复发展的通知》并提出23项举措，在企业申请首发上市、再融资、并购重组及其他融资政策方面加大支持力度，正常推进受疫情影响严重的地区和行业的拟IPO企业上市审核或注册，超过20家受疫情影响、业绩下滑的企业完成IPO上市审核，缓解了"燃眉之急"。二是积极防范化解房地产企业债务风险。2022年11月，中国人民银行、银保监会等联合发布《关于做好当前金融支持房地产市场平稳健康发展工作的通知》，证监会在股权融资方面调整优化5项措施，股权、信贷、债券3种融资渠道"三箭齐发"，加快化解房地产业的风险和压力，推动房地产市场保交楼、保民生、保稳定工作有序开展，因城施策支持刚性和改善性住房需求，推动房地产业向新发展模式平稳过渡。三是守住不发生系统性金融风险的底线。2022年，十三届全国人大常委会第三十八次会议首次审议《中华人民共和国金融稳定法（草案）》，《中国人民银行法》《商业银行法》等与金融稳定相关法律法规的修订工作稳步推进，多省颁布地方金融监督管理条例，全国首个跨省域管辖的金融法院成立。资本市场风险防范化解工作有序开展，使资本市场经受住了复杂严峻的国内外形势和新冠疫情冲击的考验，股票质押、占用担保等被持续压降，相关风险整体收敛、总体可控。

展望

2023年是全面贯彻落实党的二十大精神的开局之年。国际国内环境的不稳定性不确定性仍然较大,必须坚持稳中求进工作总基调,更好统筹疫情防控和经济社会发展,更好统筹发展和安全,全面深化改革开放,把实施扩大内需战略同深化供给侧结构性改革有机结合起来,推动经济运行整体好转,实现质的有效提升和量的合理增长。随着国内外疫情逐步过去,国内经济稳定恢复态势有望巩固和拓展,经济长期向好的趋势没有改变,我国转向高质量发展阶段,一系列国家重大战略深入推进,国内经济体制改革和对外开放持续深入,新一轮科技革命和产业变革加快发展,这些因素将为资本市场发展提供根本动力、新功能和新支撑。

近年来,以注册制改革为龙头,新一轮资本市场改革开放持续稳步推进,推动资本市场发生深刻的结构性变化,上市公司质量明显提升,投资者结构有效改善,市场生态全面优化,市场活力和韧性显著增强,为资本市场更好地服务经济社会发展大局打下了较好的基础。2023年,随着全面实行股票发行注册制平稳落地,以信息披露为核心的注册制架构的配套制度和法治供给有望持续完善。A股IPO的制度环境将持续优化,审核和注册规则将更加明晰,发行效率和可预期性将进一步提升,A股市场对发行上市的适应性和包容度将进一步增强;IPO企业数量将继续合理适度增长,IPO制度将更加精准服务稳增长大局,科创和成长型企业的融资环境将更加宽松,科技、资本和产业良性循环进一步畅通,企业有更多机会通过多元投融资实现发展;提高上市公司质量和投资端改革有望持续实施,这将推动权益类基金高质量发展,吸引更多中长期资金入市;资本市场制度型开放将稳步推进,其与境外市场互联互通有望强化,其对海外资金配置人民币资产的吸引力有望增强。围绕全面实行注册制后的市场秩序和生态塑造,监管机构将坚守主责主业,稳步推动监管转型,提升监管效能,推动各类市场主体依法合规稳健经营,严厉打击违法违规活动,有序化解资本市场重点领域风险,净化市场生态。

引 言

2022年，A股市场新增上市公司428家，股票发行注册制改革稳步推进，多层次资本市场体系持续完善；上市制度规则持续优化，服务高质量发展；压实中介机构主体责任，督促各方归位尽责。2023年2月17日，中国证监会发布全面实行股票发行注册制相关制度规则。此次发布的制度规则共165部，其中证监会发布的制度规则有57部，证券交易所、全国股转公司、中国结算等发布的配套制度规则有108部。全面实行注册制是涉及资本市场全局的重大改革，标志着我国股票发行领域进入全面注册制的新时代。

2022年A股市场新股发行上市与审核

2022年A股市场新股发行上市总体情况

如图引-1所示，2022年，沪深北交易所新增上市公司428家，较2021年同比下降约18%，其中，深市主板40家、创业板150家、沪市主板31家、科创板124家、北交所83家。IPO募集资金总额约为5 869亿元，同比增长约8.15%，其中，深市主板318.81亿元、创业板1 796.36亿元、沪市主板1 068.46亿元、科创板2 520.44亿元、北交所164.77亿元。

从发行价格与市盈率等情况看，如表引-1所示，深市主板、创业板、沪市主板、科创板、北交所的新上市公司平均每股发行价格分别为22.62元、40.99元、19.88元、52.72元、11.27元；平均发行市盈率分别为21.94倍、48.25倍、22.17倍、83.26倍、22.40倍；平均每家公司募集资金总额分别为7.97亿元、11.98亿元、34.47亿元、20.33亿元、1.99亿元；平均发行费率分别为11.11%、9.67%、10.56%、8.12%、11.37%。

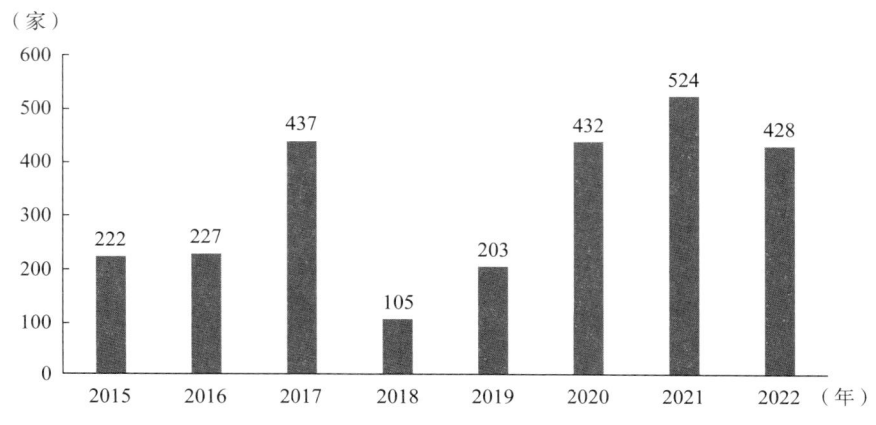

图引-1　2015—2022年新上市公司数量

表引-1　2022年新增上市公司发行价格和市盈率平均值情况

板块	发行价格（元/股）	发行市盈率（倍）	发行数量（万股）	募资总额（亿元）	承销及保荐费（万元）
深市主板	22.62	21.94	7 161.51	7.97	5 399.03
创业板	40.99	48.25	4 052.22	11.98	7 685.34
沪市主板	19.88	22.17	19 281.68	34.47	6 983.84
科创板	52.72	83.26	7 586.20	20.33	10 748.10
北交所	11.27	22.40	2 206.79	1.99	1 517.15

数据来源：万得，以上统计以上市日为基准。

2022年A股新股上市首日破发企业的数量出现了快速增长，达到121家，破发率高达28.27%。其中，创业板、科创板、北交所新股上市首日破发企业分别有30家、49家、42家，破发率分别为20.30%、39.52%、50.60%。2021年共出现16

只新股上市首日破发，破发率为 4.20%。其中，科创板有 10 只，破发率为 6.17%；创业板有 6 只，破发率为 3.02%。新股破发给投资者带来新的挑战，购买新股不再是稳赚不赔的交易，企业价值判断在新股交易中的重要性不断提升。

审核情况

审核过会情况

2022 年全年首发上会企业有 553 家（不含暂缓表决、取消审核），同比增长约 17.66%。其中，通过审议的企业有 526 家，未过会的有 27 家，通过率为 95.12%，同比增长 1.37%，如图引 –2 所示。

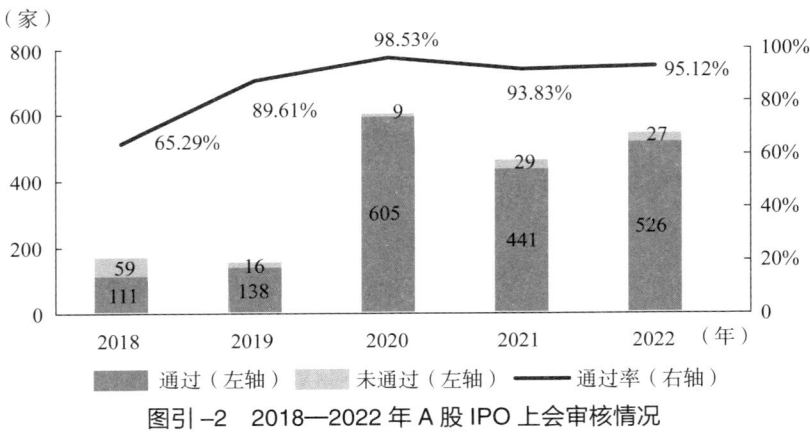

图引 –2　2018—2022 年 A 股 IPO 上会审核情况

从板块分布看，如图引 –3 所示，深市主板通过 51 家，未过会 4 家，通过率为 92.73%；创业板通过 208 家，未过会 16 家，通过率为 92.86%；沪市主板通过 36 家，未过会 5 家，通过率为 87.80%；科创板通过 122 家，未过会 0 家，通过率为 100.00%；北交所通过 109 家，未过会 2 家，通过率为 98.20%。

在审企业情况

如表引 –2 所示，截至 2022 年 12 月 31 日，在审企业共 607 家，其中，深市主板有 113 家，创业板有 172 家，沪市主板有 160 家，科创板有 94 家，北交所有 68 家。沪深北交易所在审企业数量相较于 2021 年末下降 15.34%。

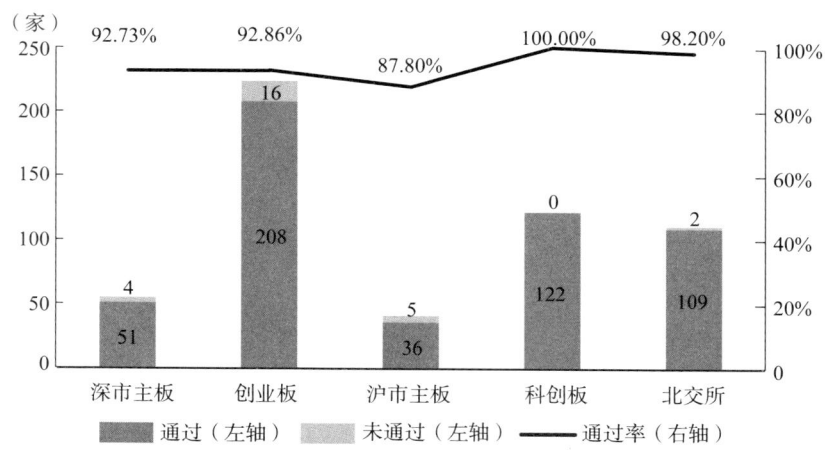

图引-3 2022年全年各板块审核情况

表引-2 2022年末在审企业情况

板块	已受理	已反馈/已问询/已回复	已预披露更新	暂缓表决	中止审查	合计
深市主板	11	55	44	0	3	113
创业板	21	135	0	0	16	172
沪市主板	30	61	68	0	1	160
科创板	30	49	0	1	14	94
北交所	23	30	0	0	15	68
合计	115	330	112	1	49	607

数据来源：万得。

终止审查企业情况

如表引-3所示，2022年全年终止审查企业共263家，相比2021年下降10.24%。按板块分类来看，深市主板全年终止审查企业30家，创业板132家，沪市主板24家，科创板30家，北交所47家。按终止原因分类来看，主动撤回申报材料的企业有243家（含终止审查、终止注册），审核不通过的有20家。

表引-3 2022年终止审查企业情况

板块	终止（撤回）	终止（未在规定时限内回复）	终止审查	终止（审核不通过）	终止注册	合计
深市主板	—	—	27	3	—	30
创业板	112	—	—	14	6	132
沪市主板	—	—	21	3	—	24
科创板	26	—	1	—	3	30
北交所	46	—	1	—	—	47
合计	184	—	50	20	9	263

数据来源：万得，截至2022年12月31日。

IPO 政策回顾

股票发行注册制改革持续推进

明确北交所上市公司转板相关事宜

2022年1月7日，证监会正式发布《关于北京证券交易所上市公司转板的指导意见》，主要内容包括：一是符合条件的北交所上市公司可以申请转板至上交所科创板或深交所创业板；二是北交所上市公司申请转板，应当已在北交所连续上市满1年（精选层挂牌时间与北交所上市时间合并计算），且符合转入板块的上市条件；三是转板属于股票上市地的变更，不涉及股票公开发行，依法无须经证监会核准或注册，由上交所、深交所依据上市规则进行审核并做出决定；四是在计算北交所上市公司转板后的股份限售期时，原则上可以扣除在全国股转系统原精选层和北交所已经限售的时间。

2021—2022年，沪深北交易所分别发布《北京证券交易所上市公司向上海证券交易所科创板转板办法（试行）》《深圳证券交易所关于全国中小企业股份转让系统挂牌公司向创业板转板上市办法（试行）》《北京证券交易所上市公司持续监管指引第7号——转板》，进一步明确北交所上市公司向创业板、科创板转板相关事宜。

"三创四新"进一步明确创业板定位

2022年12月30日，深交所发布《深圳证券交易所创业板企业发行上市申报及推荐暂行规定（2022年修订）》，主要修订内容包括两点。

一是明确创业板成长型创新创业企业评价标准。支持和鼓励符合下列标准之一的成长型创新创业企业申报在创业板发行上市。

（1）最近3年研发投入复合增长率不低于15%，最近1年研发投入金额不低于1 000万元，且最近3年营业收入复合增长率不低于20%。

（2）最近3年累计研发投入金额不低于5 000万元，且最近3年营业收入复合增长率不低于20%。

（3）属于制造业优化升级、现代服务业或者数字经济等现代产业体系领域，且最近3年营业收入复合增长率不低于30%。

最近1年营业收入金额达到3亿元的企业，或者按照《关于开展创新企业境内发行股票或存托凭证试点的若干意见》等相关规则申报创业板发行上市的已境外上市红筹企业，不适用前款规定的营业收入复合增长率要求。

二是明确禁止产能过剩行业、《产业结构调整指导目录》中的淘汰类行业，以及从事学前教育、学科类培训、类金融业务的企业在创业板发行上市。细化创业板定位的要求，更清晰、更准确地展现并突出创业板支持科技创新和战略性新兴产业的优势和特色，更好地服务创新驱动发展战略，支持现代产业体系加快发展，支持更多优质创新企业在创业板上市。

完善科创属性评价标准

2022年12月30日，证监会发布《关于修改〈科创属性评价指引（试行）〉的决定》，上交所发布《上海证券交易所科创板企业发行上市申报及推荐暂行规定》（2022年12月修订），在原有的科创属性评价标准基础上，明确符合规定的已境外上市红筹企业豁免适用营业收入指标，并优化关于科创属性发明专利指标和情形的表述。

上市制度优化服务高质量发展

2022年1月7日，深交所发布《深圳证券交易所股票上市规则（2022年修订）》，主要修订内容包括：落实上位规定新要求，在信息披露义务人定义、信息披露基本原则、"关键少数人"义务等方面进行优化；调整章节顺序，提升易读性；上移部分运行成熟的规范内容；规范实践中的突出问题。

1月7日，上交所发布《上海证券交易所股票上市规则（2022年1月修订）》。主要修订内容包括：按照退市指标类型分类编写，便于查找使用；优化退市指标，提升退市指标针对性；简化退市流程，提高退市效率；增加和优化风险警示情形。

4月8日，证监会对《首次公开发行股票并上市管理办法》（以下简称《首发办法》）进行修改。为进一步落实依法行政要求，保障规则执行的严肃性，维护市场公平竞争秩序，实现对各类所有制企业一视同仁、平等对待，使资本市场更好地服务实体经济高质量发展，证监会将《首发办法》第九条第一款修改为"发行人自股份有限公司成立后，持续经营时间应当在3年以上"，删除了"但经国务院批准的除外"。

6月10日，上交所制定了《上海证券交易所科创板发行上市审核规则适用指引第7号——医疗器械企业适用第五套上市标准》，在前期审核实践基础上，结合医疗器械领域科技创新发展情况、行业监管要求，对申请适用科创板第五套上市标准的医疗器械企业，在核心技术产品范围、阶段性成果、市场空间、技术优势、持续经营能力、信息披露等方面做出了细化规定。

7月29日，证监会公布《公开发行证券的公司信息披露编报规则第25号——从事药品及医疗器械业务的公司招股说明书内容与格式指引》，明确了行业适用范围，并聚焦招股说明书风险因素、业务与技术、财务会计信息等方面提出了具体要求。

压实主体责任

2022年1月7日，深沪交易所分别发布《深圳证券交易所上市公司自律监管指引第13号——保荐业务》《上海证券交易所上市公司自律监管指引第11号——持续督导》。

1月28日，证监会发布《关于注册制下提高招股说明书信息披露质量的指导意见》，督促发行人及中介机构归位尽责，高质量撰写与编制招股说明书；充分发挥行政监管、自律监管和市场约束机制作用，强化责任追究，确保提高招股说明书信息披露质量各项措施落地落实。

5月27日，证监会公布《保荐人尽职调查工作准则》。此次修订以细化明确工作要求和标准、增强可操作性为重点，认真梳理注册制试点反映出来的尽职调查问题和难点，有针对性地明确工作底线要求和质量标准，充实完善程序保障和行为规范。

5月27日，证监会公布《证券发行上市保荐业务工作底稿指引》（2022年修订）。此次修订主要增加了三类底稿要求：一是对证券服务机构专业意见的复核资料，二是内核阶段工作底稿，三是分析验证过程的相关底稿。

5月31日，证监会、司法部、财政部联合发布《关于加强注册制下中介机构廉洁从业监管的意见》，切实加强对注册制下从事证券发行上市相关业务的证券公司、会计师事务所、律师事务所等中介机构及其从业人员进行廉洁从业监管，一体推进惩治金融腐败和防控金融风险，持续净化资本市场生态，为注册制改革提供有力保障。

发行审核关注问题

2022年沪深北市场首发上会被否企业共计27家，其中深市主板被否4家，创业板被否16家，沪市主板被否5家，科创板被否0家，北交所被否2家。

对于深市主板、沪市主板被否企业，发审委聆讯涉及关联方交易和会计收入等各类问题；对于创业板被否企业，上市审核及上市委聆讯关注的问题在创业板定位和持续经营能力等方面；对于北交所被否企业，上市审核及上市委聆讯更为关注持续经营能力和行业竞争。具体情况如表引-4、表引-5、表引-6所示。

表引-4　2022年深沪主板被否企业情况

序号	日期	公司	板块	发审委聆讯问题
1	2022-01-06	上海博隆装备技术股份有限公司	沪市主板	1. 股权转让 2. 实际控制人认定 3. 会计收入确认合规性 4. 存货
2	2022-02-24	宁波环洋新材料股份有限公司	沪市主板	1. 关联方交易 2. 供应商和毛利率问题 3. 持续经营能力

(续表)

序号	日期	公司	板块	发审委聆讯问题
3	2022-04-14	江苏大丰农村商业银行股份有限公司	深市主板	1. 核心竞争力 2. 内部控制 3. 独立性和信息披露
4	2022-04-21	浙江珊溪水利水电开发股份有限公司	沪市主板	1. 同业竞争 2. 关联方交易和独立性 3. 项目收购情况
5	2022-04-21	唐山曹妃甸木业股份有限公司	沪市主板	1. 关联方交易 2. 收入依赖 3. 代理采购服务问题
6	2022-04-28	青蛙泵业股份有限公司	沪市主板	1. 收入真实性 2. 毛利率过高
7	2022-06-02	中健康桥医药集团股份有限公司	深市主板	1. 知识产权 2. 推广费合理性
8	2022-06-16	四川湖山电器股份有限公司	深市主板	1. 同业竞争 2. 内部控制
9	2022-12-22	河南江河纸业股份有限公司	深市主板	1. 关联方交易 2. 客户供应商重叠和收入真实性 3. 财务风险和会计处理合理性 4. 环保问题

表引-5 2022年创业板被否企业情况

序号	日期	公司	审核关注问题
1	2022-02-18	亚洲渔港股份有限公司	1. 创业板定位 2. 业务收入真实性 3. 采购真实性
2	2022-02-25	湖南恒茂高科股份有限公司	1. 股权清晰 2. 实际控制人认定 3. 高毛利的合理性
3	2022-03-03	深圳市兴禾自动化股份有限公司	1. 利益输送 2. 持续经营能力 3. 收入确认
4	2022-03-17	北农大科技股份有限公司	1. 收入确认的真实性、会计基础规范性及内部控制有效性 2. 异常资金往来 3. 会计基础规范性 4. 高毛利的合理性

(续表)

序号	日期	公司	审核关注问题
5	2022-03-23	北京电旗通讯技术股份有限公司	1. 劳务采购 2. 劳务供应商利益关系 3. 持续经营能力
6	2022-03-29	北京市九州风神科技股份有限公司	1. 持续经营能力 2. 会计差错与内部控制 3. 原材料采购价格
7	2022-05-06	陕西红星美羚乳业股份有限公司	1. 收入真实性 2. 大客户销售政策 3. 高毛利的合理性 4. 研发费用分配
8	2022-07-14	万香科技股份有限公司	1. 涉及多项行贿事件并时有发生 2. 偷漏税 3. 行政处罚的警示
9	2022-08-02	天津艺虹智能包装科技股份有限公司	1. 核心竞争力与创业板定位 2. 经营风险
10	2022-08-26	江苏伟康洁婧医疗器械股份有限公司	1. 业绩成长性 2. 创业板定位存疑
11	2022-08-30	厦门科拓通讯技术股份有限公司	1. 交易的合理性、信息披露的准确完整性 2. 收入的真实性 3. 信息披露准确、完整性 4. 会计基础工作规范性及内部控制有效性
12	2022-09-08	北京恒泰万博石油技术股份有限公司	1. 收入下滑的原因以及经营业绩是否具有成长性 2. 新增设备租赁业务的合理性 3. 综合业务高毛利率的合理性
13	2022-09-22	广州科莱瑞迪医疗器材股份有限公司	1. 主营业务是否具备成长性和持续经营能力 2. 新产品能否实现规模收入尚不明确
14	2022-09-22	苏州维嘉科技股份有限公司	1. 发行人其他股东向实际控制人低价转让股权的合理性 2. 实际控制人非经营性资金占用 3. 发行人应收账款及逾期金额增加
15	2022-09-30	南京贝迪新材料科技股份有限公司	1. 发行人创业板定位和持续经营能力 2. 发行人原股东持股及退出情况
16	2022-11-03	安徽安天利信工程管理股份有限公司	1. 创业板定位 2. 市场竞争力 3. 创新能力

表引-6　2022年北交所被否企业情况

序号	日期	公司	审核关注问题
1	2022-9-19	安徽泰达新材料股份有限公司	1. 毛利率变动 2. 收入利润增长 3. 供应商
2	2022-11-4	深圳市巍特环境科技股份有限公司	1. 合同资产 2. 行业竞争 3. 技术问题

全面注册制背景下新股发行上市展望

在各方共同努力下，科创板、创业板和北交所试点注册制总体上是成功的，主要制度规则经受住了市场的检验，改革成效得到了市场的认可。全面实行注册制相关制度规则的发布与实施，标志着注册制的制度安排基本定型，标志着注册制推广到全市场和各类公开发行股票行为，在中国资本市场改革发展进程中具有里程碑意义。

此次注册制改革发布的规章制度的内容涵盖发行条件、注册程序、保荐承销、重大资产重组、监管执法、投资者保护等各个方面。在全面注册制下，新的规则体系及运转机制呈现以下特点。

一是精简优化发行上市条件。坚持以信息披露为核心，将核准制下的发行条件尽可能转化为信息披露要求。各市场板块设置多元包容的上市条件。

二是完善审核注册程序。坚持证券交易所审核和证监会注册各有侧重、相互衔接的基本架构，进一步明确证券交易所和证监会的职责分工，提高审核注册效率和可预期性。证券交易所审核过程中发现重大敏感事项、重大无先例情况、重大舆情、重大违法线索的，及时向证监会请示报告。证监会同步关注发行人是否符合国家产业政策和板块定位。同时，取消证监会发行审核委员会和上市公司并购重组审核委员会。

三是优化发行承销制度。对新股发行价格、规模等不设任何行政性限制，完善以机构投资者为参与主体的询价、定价、配售等机制。

四是完善上市公司重大资产重组制度。各市场板块上市公司发行股份购买资产统一实行注册制，完善重组认定标准和定价机制，强化对重组活动的事中事后监管。

五是强化监管执法和投资者保护。依法从严打击证券发行、保荐承销等过程中的违法行为，细化责令回购制度安排。此外，全国股转公司注册制有关安排与证券交易所总体一致，并基于中小企业特点做出差异化安排。

A股IPO条件演变的历史脉络和背景

股票发行制度是资本市场最重要的基础制度之一，在促进产业和资本协调发展、保障上市公司质量、保护投资者利益、推动资本市场发展方面发挥着重要作用。自1990年底A股市场成立以来，历经30余年，股票发行制度经历了由审批制到核准制，再到注册制的发展过程。根据国内IPO条件演变的历史脉络，如图引-4所示，我们将其总结为以下四个发展阶段，分别为：审批制阶段（1993—2000年）、核准制阶段（2001—2023年1月）、试点注册制阶段（2019—2023年1月）和全面注册制阶段（2023年2月至今）。

审批制阶段（1993—2000年）：股票发行体系初建

股票发行制度会受到宏观经济及资本市场环境的影响。2000年以前，中国处于向市场经济过渡的特定阶段，企业、投资者、中介机构等资本市场参与主体尚不成熟，为保障股票市场平稳发展，股票发行制度以审批制为主。

1993年4月，国务院发布《股票发行与交易管理暂行条例》，明确股票发行实施审批制。此后，证监会跟进发布一系列配套制度，股票发行制度体系初步建立，制度规则涵盖发行审核、发行承销、交易制度、信息披露等股票发行全环节，也构建了包括法律、行政法规、部门规章和规范性文件在内的系统性制度体系。

在审批制下，股票发行审核采用两级行政审批，发行人须先向地方政府或者中央企业主管部门提出申请，获得批准后送证监会复审。在审核过程中，监管部门对企业资质进行实质性审查。同时，股票每年的发行规模由国务院批准，国家计划委员会、国务院证券委员会（以下简称"证券委"）在批准的发行规模内对不同地区、部门分

审批制阶段 1993—2000 年

- 1993 年 4 月，国务院发布《股票发行与交易管理暂行条例》，明确股票发行实施审批制。

股票发行制度

- 额度管理（1993—1997 年）：采取控制股票发行总量和速度的"额度控制"的管理方法。
- 指标管理（1998—2000 年）：采取"总量控制，限报家数"的管理方法。

核准制阶段 2001—2023 年 1 月

- 1999 年 7 月，《证券法》正式实施，股票发行核准制度得以确立。

股票发行制度

- 通道制（2001—2004 年）：通道制以具有主承销商资格的证券公司 2000 年所承销的证券公司 2000 年所承销的证券为基准，分配其可以推荐公开发行股票的企业数量。
- 保荐制（2004—2023 年）：保荐制下，企业发行上市要有保荐机构进行保荐，要具有保荐代表人资格的从业人员具体负责保荐工作。

试点注册制阶段 2019—2023 年 1 月

- 2019—2022 年股票发行注册制经历了由理念变为现实、由落地到优化的过程：

科创板率先破冰。

创业板试点注册制改革。

北交所设立并试点注册制。

全面注册制阶段 2023 年 2 月至今

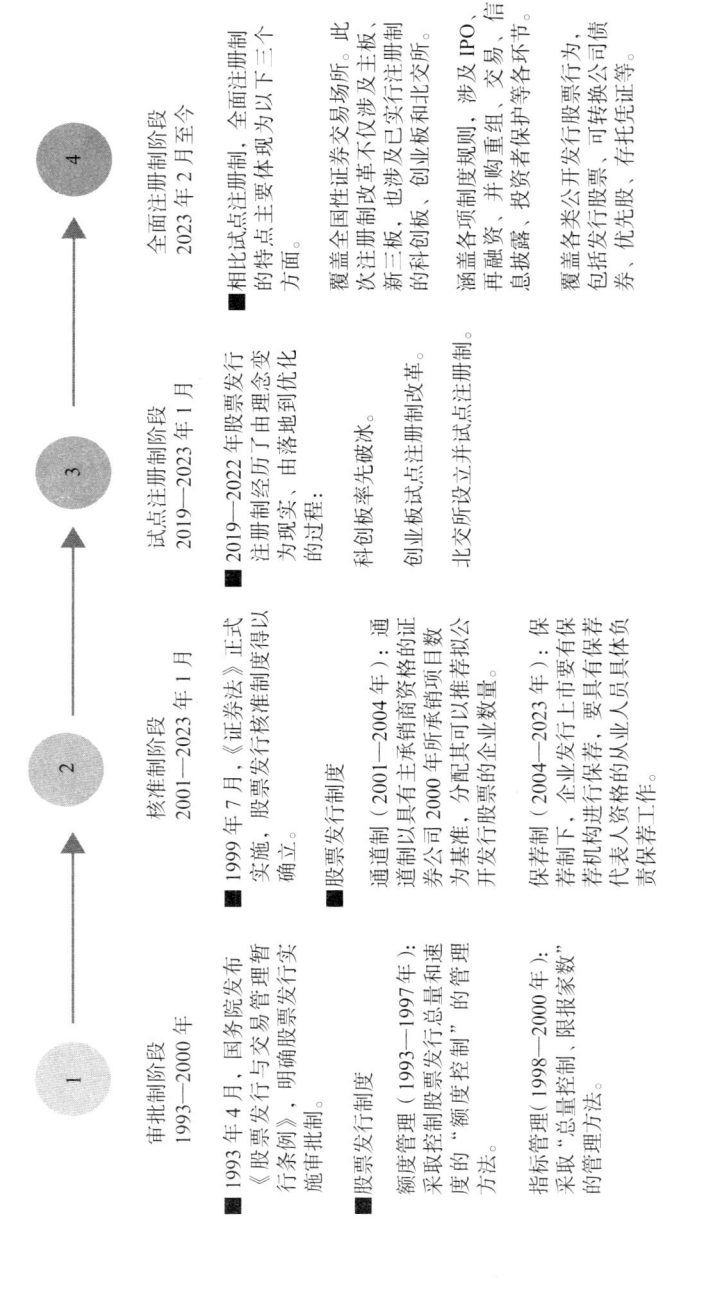

- 相比试点注册制，全面注册制的特点主要体现为以下三个方面：

覆盖全国性证券交易场所。此次注册制改革不仅涉及主板、新三板，也涉及已实行注册制的科创板、创业板和北交所。

涵盖各项制度规则，涉及 IPO、再融资、并购重组、交易、信息披露、投资者保护等各环节。

覆盖各类公开发行股票行为，包括发行股票、可转换公司债券、优先股、存托凭证等。

图引-4 A 股市场发行制度变迁

数据来源：证监会，上交所，深交所，北交所，中金公司研究部。

引言 013

配额度。根据额度分配方法，审批制阶段又分为额度管理和指标管理两个阶段。

（1）额度管理（1993—1997年）：采取控制股票发行总量和速度的"额度控制"的管理方法。国家计划委员会、证券委等有关部门联合研究并报国务院批准每年发行股票的面值总规模（额度），然后将总规模根据一定的标准进行划分，下达到各省（自治区、直辖市）及中央有关部委。

（2）指标管理（1998—2000年）：采取"总量控制、限报家数"的管理方法。国务院证券主管部门确定在一定时期内发行上市的企业数量，然后向省级政府和行业主管部门下达股票发行数量指标，省级政府或行业主管部门在上述指标内推荐预选企业。

在审批制阶段，上市公司IPO条件初步形成。《股票发行与交易管理暂行条例》明确了A股IPO条件，对设立股份有限公司申请公开发行股票的，规定应当符合下列条件：（1）其生产经营符合国家产业政策；（2）其发行的普通股限于一种，同股同权；（3）发起人认购的股本数额不少于公司拟发行的股本总额的35%；（4）在公司拟发行的股本总额中，发起人认购的部分不少于人民币3 000万元，但是国家另有规定的除外；（5）向社会公众发行的部分不少于公司拟发行的股本总额的25%，其中公司职工认购的股本数额不得超过拟向社会公众发行的股本总额的10%；公司拟发行的股本总额超过人民币4亿元的，证监会按照规定可以酌情降低向社会公众发行的部分的比例，但是最低不少于公司拟发行的股本总额的10%；（6）发起人在近3年内没有重大违法行为。原有企业改组设立的股份有限公司申请公开发行股票，还应额外满足两个条件：（1）发行前一年末，净资产在总资产中所占比例不低于30%，无形资产在净资产中所占比例不高于20%，但是证券委另有规定的除外；（2）近3年连续盈利。

《公司法》和《证券法》均规定，新股发行价格须经证券监管部门批准。由于这一阶段市场生态尚不成熟，市场机制尚不完善，出于保护投资者的目的，证监会主要采用限定发行市盈率上限的方式管理新股发行价格。例如，自1995年开始，新股定价发行市盈率以15倍为上限，实践中发行市盈率一般定为12~15倍。在新股配售方面，2002年以前先后试行认购表抽签、与储蓄存款挂钩、上网定价等多种发行方式。

审批制产生于我国经济转轨、市场初建的特定历史时期，当时在支持国有大中型企业改制脱困、推动全国性证券市场建立方面发挥了重要作用。伴随着经济持续发展，审批制难以满足企业融资、资本市场市场化发展的需要，股票发行制度的市场化改革势在必行。

核准制阶段（2001—2023年1月）：制度探索与完善

1999年7月，《证券法》正式实施，股票发行核准制得以确立。2000年3月，证监会发布《中国证监会股票发行核准程序》和《股票发行上市辅导工作暂行办法》。2001年3月，证监会决定废止额度条件下的审批制，全面执行股票发行核准制。相较于审批制，核准制取消股票发行"指标管理、行政推荐"的办法，从政府选择企业改为市场中介机构培育、选择和推荐，监管发挥实质审核、监管作用，发行人在申请发行股票时，不仅要充分公开企业的真实情况，而且必须符合有关法律和证券监管机构规定的必要条件。根据企业上市流程的区别，核准制阶段又分为通道制和保荐制两个阶段。

（1）通道制（2001—2004年）：2001年3月，通道制出台。通道制以具有主承销商资格的证券公司2000年所承销项目数为基准，分配其可以推荐拟公开发行股票的企业数量。通道制度是从审批制向核准制转变过程中，为缓解审批制取消后企业上市融资需求提升但市场容量有限矛盾而推出的暂时措施。

（2）保荐制（2004—2023年）：2004年2月，保荐制开始实施。2003年12月，证监会发布《证券发行上市保荐制度暂行办法》，决定自2004年2月1日起实施保荐制度。保荐制实施后，通道制并未立即废止，券商初期仍须按通道制报送企业，直至2004年12月31日通道制才被彻底废止。在保荐制下，企业发行上市要有保荐机构进行保荐，要具有保荐代表人资格的从业人员具体负责保荐工作。保荐制度的实行压实了保荐机构"看门人"职责，保荐机构要对发行人进行辅导和尽职调查，对发行人的发行事项进行审慎核查。

在核准制阶段，为适应国家经济发展与不同特征企业的融资需要，A股逐步构建起包括主板、中小板、创业板在内的多层次资本市场体系，具体表现如下。

（1）中小板设立。2000年5月，为顺应国家经济发展方式的转变，发展成长型创新创业企业，提升股票市场包容性与覆盖面，国务院原则同意证监会设立创业板。

2000年9月，深市主板停止新股发行，集中精力筹建创业板。此后，美国互联网泡沫破裂，纳斯达克指数下跌，A股创业板设立放缓。2004年5月，为拓宽中小企业直接融资渠道、分步推进创业板建设，证监会同意在深交所主板内设立中小板。

（2）创业板设立。2007年9月，证监会重启创业板筹备工作。2009年3月31日，证监会发布《首次公开发行股票并在创业板上市管理办法》，推出创业板。2009年10月23日，创业板正式开板；同年10月30日，首批28家创业板公司集中上市交易。创业板服务于创新型国家战略的实施，以成长型创新创业企业为主要服务对象，重点支持自主创新企业。创业板的推出，大大提升了股票发行制度的包容性，扩大了资本市场的覆盖面。

在保荐制阶段，A股各板块发行上市制度既有统一又有差异，其中主板和中小板发行上市条件保持一致，创业板与前两者形成差异。各板块首发上市审核制度也经历了不断完善的过程，具体表现如下。

（1）主板与中小板：IPO条件保持一致。2006年5月，证监会审议通过并发布《首次公开发行股票并上市管理办法》，对主板发行上市条件进行了系统规定，具体包括：发行人是依法设立且持续经营3年以上的股份有限公司；最近3个会计年度净利润均为正数且累计超过人民币3 000万元；最近3个会计年度经营活动产生的现金流量净额累计超过人民币5 000万元或最近3个会计年度营业收入累计超过人民币3亿元；发行前股本总额不少于人民币3 000万元；最近一期末无形资产（扣除土地使用权、水面养殖权和采矿权等后）占净资产的比例不高于20%；最近一期末不存在未弥补亏损。此后，主板《首次公开发行股票并上市管理办法》陆续在2016年、2018年、2020年进行修订，但主板IPO条件基本保持不变。2004年，中小板设立后，中小板上市条件与主板保持一致，主要针对流通股本规模较小的公司。

（2）创业板：IPO条件与其他板块形成差异。2009年3月，证监会发布《首次公开发行股票并在创业板上市管理暂行办法》，创业板发行上市需要满足如下条件：发行人是依法设立且持续经营3年以上的股份有限公司；最近2年连续盈利，最近2年净利润累计不少于1 000万元，且持续增长或最近1年盈利，且净利润不少于500万元，最近1年营业收入不少于5 000万元，最近2年营业收入增长率均不低于30%；最近一期末净资产不少于2 000万元，且不存在未弥补亏损；发行后股本总额不少于3 000万元。2014年5月14日，证监会修订发布《首次公开发行股票并在创业板上市管理办法》（证监会令第99号），放宽创业板财务准入指标，将原规定中的财务指标修改为"最近两年连续盈利，最近两年净利润累计不少于1 000万元；或者最近1年盈利，最近1年营业收入不少于5 000万元"。此后，创业板《首次公开发行股票并在创业板上市管理办法》陆续在2016年、2018年进行修订，但创业板IPO条件基本保持不变。

在核准制下，新股发行定价由行政主导走向市场化探索。2004年后，在监管指导下，新股发行定价进入市场化探索阶段。根据发行定价制度的构建情况、发行定价机制的实践效果，核准制又可以分为如下三个阶段。

（1）市场化定价机制初步探索（2004—2009年）。2004年8月，《证券法》取消关于发行价格报监管机构核准的规定。2004年12月，证监会发布《关于首次公开发行股票试行询价制度若干问题的通知》，对新股发行方式进行重大改革，以市场化为导向，决定自2005年1月1日起实施新股发行询价制度，不再对新股发行价格进行核准，而是采用向机构投资者累计投标询价的方式，最终发行价格由发行人和主承销商协商确定。从2005年4月开始，要求新股发行价格区间上限原则上不超过所有询价对象报价上限的平均数、中位数，以及基金公司报价上限的平均数、中位数，且不超过同期可比上市公司平均市盈率和发行人H股市价（如有）。在部分中小盘股有过高定价趋势后，2006年底又窗口指导中小板发行市盈率不超过30倍。

（2）新股发行制度改革密集推进（2009—2013年）。为进一步健全新股发行制度，提升新股发行市场化程度，提高新股发行效率，2009—2013年，证监会采取"分步实施、逐步完善"的方式，逐步、密集推进新股发行制度改革。第一阶段，2009年6月，证监会发布《关于进一步改革和完善新股发行体制的指导意见》，放开新股发行定价限制，取消30倍发行市盈率上限的窗口指导。第二阶段，2010年10月，证监会发布《关于深化新股发行体制改革的指导意见》，新股可根据初步询价结果直接确定发行价格，也可采用累计投标询价制。第三阶段，2012年4月，证监会发布《关于进一步深化新股发行体制改革的指导意见》，重新对新股定价加以限制，根据询价结果确定的发行价格市盈率高于同行业上市公司平均市盈率25%的，应召开董事会分析讨论发行定价的合理性因素和风险性因素等事项并公告。第四阶段，2013年11月，党的十八届三中全会明确提出"推进股票发行注册制改革"。随后，证监会发布《关于进一步推进新股发行体制改革的意见》，启动新一轮新股发行体制改革，主要改革举措包括新股发行定价市场化，再次取消新股定价"25%政策"，引入10%"高价剔除"机制，等等。

（3）发行制度调整（2014—2023年）。2014年6月，证监会重启IPO，对新股发行制度进行改革。具体措施包括：新股发行有市盈率限制，严格控制超募，提升网下网上回拨比例，提升网下投资者市值门槛至1 000万元，公开发行2 000万股以下且无老股转让计划的可直接定价或询价发行，等等。核准制下主板IPO项目发行定价制度沿用至今。

2004—2018年是资本市场深入探索新股发行制度的阶段。经过多次改革，新股发行定价逐步过渡到市场化定价，基本建立起以询价、定价、配售为主的市场化新股发行体系，为探索实施股票发行注册制改革奠定了制度基础。同时，伴随着新股发行制度的不断改革，保荐机构、投资者对新股发行制度的了解、运用、适应程度在持续提升，为后续参与试点注册制改革积累了经验。

试点注册制阶段（2019—2023年1月）：改革分步推进，成效明显

中国股票发行注册制改革遵循试点先行、先增量后存量、逐步推开的改革路径。2018年11月5日，国家主席习近平在首届中国国际进口博览会开幕式演讲中宣布设立科创板并试点注册制，[①]标志试点注册制改革正式开启。随后4年，股票发行注册制改革分步推进，平稳落地，具体包括：2019年7月22日，科创板首批公司上市交易；2020年8月24日，注册制改革试点由增量市场正式迈向存量市场，创业板试点注册制改革正式落地；2021年11月15日，北交所开市并试点注册制。

第一步：科创板率先破冰

科创板跨出注册制改革第一步。2018年11月5日，国家主席习近平在首届中

---

① https://www.gov.cn/xinwen/2019-02/28/content_5369226.htm.

国国际进口博览会开幕式演讲中宣布将在上海证券交易所设立科创板并试点注册制。2019年1月23日，中央全面深化改革委员会审议通过科创板及试点注册制实施方案，1月30日，证监会、上交所发布包括《关于在上海证券交易所设立科创板并试点注册制的实施意见》在内的"2+6"改革方案征求意见稿，涉及发行上市审核、发行承销、交易机制、持续监管四个领域多项制度规划。2019年3月2日，证监会和上交所正式发布科创板"2+6"项制度规则。2019年3月18日，科创板正式受理企业IPO。2019年7月22日，科创板首批25家公司正式上市。作为股票市场增量改革，科创板设立并试点注册制在短短9个月内完成，彰显了中国资本市场进行注册制改革的力度。

第二步：创业板试点注册制改革

创业板开启存量板块试点注册制序幕。在科创板试点注册制平稳运行后，2020年创业板试点注册制改革启动。2020年4月27日，中央全面深化改革委员会审议通过《创业板改革并试点注册制总体实施方案》，标志着创业板试点注册制改革迈出了实质性的一步。同日，证监会和深交所就创业板试点注册制改革各项制度规则向社会公开征求意见。2020年6月12日，证监会和深交所正式发布创业板注册制改革的"4+8+18"项制度文件。随后，2020年6月15日，深交所开始受理企业在创业板IPO的注册申请。2020年8月24日，创业板注册制下首批18家企业上市交易，标志着创业板注册制正式全面实施。作为存量板块试点注册制的首次尝试，创业板试点注册制改革从实施方案出台到实际落地历时4个月左右。

第三步：北交所设立并试点注册制

北交所进一步推动注册制改革。2021年9月2日，国家主席习近平在2021年中国国际交易会全球服务贸易峰会的致辞中宣布设立北京证券交易所。借鉴科创板、创业板注册制改革经验，基于新三板深化改革成果，北交所实施股票发行注册制。2021年9月3日至9月10日，证监会和北交所先后就北交所各项制度规则向社会公开征求意见。2021年10月30日，证监会和北交所正式发布北交所"5+4+6"项制度规则。2021年11月15日，北交所首批10家公司正式上市交易，同时新三板精选层71家挂牌企业平移至北交所。在沪深交易所于1990年相继设立后，时隔30余年，中国资本市场迎来又一个全国性证券交易所，北交所从决策层宣布设立至正式开市，仅仅间隔不到3个月的时间。

2019—2022年，股票发行注册制经历了由理念变为现实、由落地到优化的过程。注册制改革是股票发行制度的全面、系统性改革，涉及首发审核、发行承销、交易机制、持续监管等各环节，具体包括以下4个方面。

（1）首发上市审核制度。在首发审核机制方面，在注册制下，审核主体由证监会转移为交易所，由交易所判断发行人是否符合发行条件、上市条件和信息披露要求。证监会主要关注交易所发行上市审核内容有无遗漏，审核程序是否符合规定，以及发行人在发行条件和信息披露要求的重大方面是否符合相关规定，证监会基于交易所审核意见依法履行注册程序。在首发上市条件方面，设置了更加多元化、市场化、包容性、差异化的上市标准，允许红筹企业及具有表决权差异的特殊企业、未盈利企业上市。针对一般企业，科创板、创业板、北交所分别设置了5、3、4套"市值+财务"标准；针对红筹、同股不同权企业，科创板、创业板均设置了2套上市标准。

（2）发行承销制度。在注册制下，股票发行市场化定价得以真正落地，新股市场化询价不再受市盈率限制。相较于科创板与创业板，北交所增设竞价定价制度。科创板与创业板网下投资者范围限定至证券公司、基金等7类专业机构投资者，网下投资者范围较核准制明显缩小。新股配售向网下投资者尤其是中长线专业机构投资者倾斜，考虑到回拨机制，科创板、创业板、北交所网下发行数量占比分别为60%~70%、50%~60%、50%~70%，均高于核准制下不高于10%的规定。网下配售设有6个月限售期，科创板采用摇号抽取不低于10%的配售对象账户的方式，创业板采用摇号限售或比例限售方式。放宽战略配售准入条件以后，所有企业都可开展战略配售。科创板设立跟投机制，创业板设置有条件的跟投机制。在注册制初期，科创板与创业板高价剔除比例为不低于10%；在2021年9月发行新规执行后，高剔比例调整为不超过3%、不低于1%。

（3）交易制度。在交易方式方面，增加盘后固定价格交易方式。新股涨跌幅限制放宽，新股上市前5个交易日不设涨跌幅限制，自上市后第6个交易日起，科创板与创业板涨跌幅限制设定为20%，北交所为30%。科创板与创业板股票上市首个交易日起可作为两融标的。优化盘中临时停牌机制，对无涨跌幅的股票设置30%、60%两档停牌指标，各停牌10分钟。为稳定价格，连续竞价阶段引入有效申报价格范围（即"价格笼子"）机制。各板块设置差异化的投资者门槛，其中科创板与北交所要求个人投资者证券及资金账户资产不低于人民币50万元，且参与证券交易24个月以上；创业板要求个人投资者证券及资金账户资产不低于人民币10万元，且参与证券交易24个月以上。

（4）持续监管制度。在减持制度方面，科创板重要股东减持制度设定更为严格，例如核心技术人员首发股份在12个月锁定期基础上，要求限售期满之后4年内，每年转让的首发前股份不得超过上市时所持公司首发前股份总数的25%。同时，科创板创新性推出询价转让及配售减持制度。在股权激励制度方面，股权激励制度得到完善与优化，涉及扩大激励对象范围、放宽定价限制、提升激励总量、灵活激励模式等。上市公司全部在有效期内的股权激励计划所涉及的股票总数的累计限额由10%提升至20%；允许单独或合计持有上市公司5%以上股份的股东、实际控制人及其配偶、父母、子女，成为股权激励对象，但需要在上市公司担任主要管理人员、核心技术人员或核心业务人员；限制性股票授予价格可以低于市场参考价的50%；限制性股票进一步细化为第一类限制性股票与第二类限制性股票。在退市制度方面，完善退市标准，设立重大违法类、交易类、财务类、规范类等四类退市制度。优化退市程序，公司触及终止上市标准的，股票直接终止上市，不再设置中间环节；上市公司股票被终止上市的，不得申请重新上市；因重大违法强制退市的，永久退出市场。

自注册制改革试点以来，证监会坚持市场化、法治化改革方向，坚持尊重注册制基本内涵、借鉴国际最佳实践、体现中国特色和发展阶段的原则，推动注册制改革平稳落地。整体来看，注册制改革成效明显，资本市场市场化程度进一步提高，各板块市场运行平稳，市场生态向好，资本市场服务实体经济尤其是科技创新与产业升级的能力提升。根据万得数据，截至2023年6月8日，A股市场通过注册制上市的企业共1 121家，总市值达10.2万亿元，占A股整体比例分别为21.5%和11.0%。其中，科创板、创业板、北交所、主板通过注册制上市的企业分别有534

家、450 家、121 家、16 家，市值分别为 7.05 万亿元、2.85 万亿元、0.13 万亿元、0.17 万亿元。同时，企业、中介机构、投资者等各资本市场参与主体对注册制理念、制度、影响的理解渐深，全面实行注册制的条件已经具备。

全面注册制阶段（2023 年 2 月至今）：蓝图已绘，开启新章

  2023 年 2 月 1 日，证监会、沪深北交易所、全国股转系统就全面注册制改革制度及规则向社会公开征求意见，A 股全面注册制改革正式启动。2 月 17 日，相关制度规则的正式落地，标志着 A 股市场正式迈入全面注册制时代。

  在改革思路上，证监会表示，全面注册制改革要把握好"一个统一""三个统筹"。"一个统一"，即统一注册制安排并在全国性证券交易场所各市场板块全面实行。"三个统筹"：一是统筹完善多层次资本市场体系；二是统筹推进基础制度改革；三是统筹抓好证监会自身建设。相比试点注册制，全面注册制的特点主要体现为以下三个方面。（1）覆盖全国性证券交易场所。此次注册制改革不仅涉及主板、新三板，也涉及已实行注册制的科创板、创业板和北交所。（2）涵盖各项制度规则，涉及 IPO、再融资、并购重组、交易等各环节。（3）覆盖各类公开发行股票行为，包括发行股票、可转换公司债券、优先股、存托凭证等。

不同交易所和板块定位及 IPO 条件设定变化的原因剖析

各板块 IPO 定位比较

  在全面注册制改革诸多举措中，首发上市条件的设定是改革核心。在全面注册制改革下，A 股不同板块，即主板、科创板、创业板、北交所的发行上市条件既有统一又有差异。同时，针对一般企业、红筹企业、具有表决权差异安排企业，也都设定了多元化的上市标准。

  整体上，企业申请在证券交易所上市，需要满足的条件包括：（1）符合相关板块定位；（2）满足相关板块行业范围要求；（3）符合证监会规定的股票发行条件，各板块发行条件保持一致；（4）符合交易所规定的股票上市条件，例如市值及财务指标，股本及股份情况等。在试点注册制阶段，科创板、创业板、北交所发行上市条件已经做出了诸多创新。在全面注册制改革下，发行上市条件改革的重点领域在主板，其他板块主要是进行上市条件的边际优化，具体包括：主板板块定位进一步明确，针对主板一般企业设置更加多元包容的上市标准，增设主板具有表决权差异安排企业上市标准；创业板一般企业上市标准中的未盈利标准按行业进一步细化，特殊企业上市标准进一步放宽；科创板与北交所上市标准与此前保持一致。

板块定位：各板块差异化定位

经过30多年的发展，我国多层次证券交易所市场体系得以建立，形成了错位发展、功能互补的市场格局，此次改革进一步明确了各市场板块定位。主板突出"大盘蓝筹"特色，重点支持业务模式成熟、经营业绩稳定、规模较大、具有行业代表性的优质企业。科创板突出"硬科技"属性，面向世界科技前沿、面向经济主战场、面向国家重大需求；优先支持符合国家战略，拥有关键核心技术，科技创新能力突出，主要依靠核心技术开展生产经营，具有稳定的商业模式，市场认可度高，社会形象良好，具有较强成长性的企业。创业板主要服务成长型创新创业企业，支持传统产业与新技术、新产业、新业态、新模式深度融合。北交所主要服务创新型中小企业，重点支持先进制造业和现代服务业等领域的企业，推动传统产业转型升级，培育经济发展新动能，促进经济高质量发展。

行业范围：各板块要求各有不同

科创板要求最为详细，2021年4月16日，证监会、上交所分别修订《科创属性评价指引（试行）》《上海证券交易所科创板企业发行上市申报及推荐暂行规定（2021年4月修订）》，对发行人是否符合科创板定位，是否满足科创属性要求做出规定。按照支持类、限制类、禁止类分类界定科创板行业领域，建立负面清单制度，形成"4+5"的科创属性评价指标。其中，支持类主要是指支持新一代信息技术、高端装备、新材料、新能源、节能环保以及生物医药等高新技术产业和战略性新兴产业上市；限制类主要是指限制金融科技、模式创新企业在科创板上市；禁止类主要是指禁止房地产和主要从事金融、投资类业务的企业在科创板发行上市。

创业板行业要求分为限制类、禁止类两类。其中限制类，主要是规定以下12个行业除非是与互联网、大数据、云计算、自动化、人工智能、新能源等新技术、新产业、新业态、新模式深度融合的创新创业企业，否则禁止申报创业板：（1）农林牧渔业；（2）采矿业；（3）酒、饮料和精制茶制造业；（4）纺织业；（5）黑色金属冶炼和压延加工业；（6）电力、热力、燃气及水生产和供应业；（7）建筑业；（8）交通运输、仓储和邮政业；（9）住宿和餐饮业；（10）金融业；（11）房地产业；（12）居民服务、修理和其他服务业。禁止类行业要求主要是指禁止产能过剩行业、《产业结构调整指导目录》中的淘汰类行业，以及从事学前教育、学科类培训、类金融业务的企业在创业板发行上市。

北交所仅设置了禁止类行业要求，规定不支持金融业、房地产业企业申报发行上市，且不得为产能过剩行业、《产业结构调整指导目录》中规定的淘汰类行业，以及从事学前教育、学科类培训等业务的企业。

各板块IPO条件对比

发行条件：各板块整体保持一致

申请沪深交易所首发上市应当满足4个条件。（1）主体条件。发行人是依法设立且持续经营3年以上的股份有限公司，具备健全且运行良好的组织机构。（2）会计规范与内部控制。发行人会计基础工作规范，最近3年财务会计报告由注册会计师出具无保留意见的审计报告。发行人内部控制制度健全且被有效执行，由注册会计师出具无保留结论的内部控制鉴定报告。（3）业务完整。主板企业最近3年内主营业务和董事、高级管理人员均没有发生重大不利变化；最近3年实际控制人没有发生变更，发行人股权清晰、业务完整并具有直接面向市场独立持续经营的能力。科创板与创业板上述主体的未变更时间要求为两年。（4）生产经营合法合规，相关主体不存在注册管理办法规定的违法违规记录。对比来看，主板、科创板、创业板发行条件基本保持统一。其中，根据主板定位特点，规定企业申请在主板上市的，相较科创板、创业板，在实际控制人、管理团队和主营业务方面应满足更长稳定期的要求。

北交所首发上市需满足：（1）发行人应当为在全国股转系统连续挂牌满12个

月的创新层挂牌公司;(2)具备健全且运行良好的组织机构;(3)具有持续经营能力,财务状况良好;(4)最近3年财务会计报告无虚假记录,被出具无保留意见审计报告;(5)依法规范经营。

在全面注册制改革下,发行条件方面的主要变化有:(1)简化主板在合法合规方面的要求;(2)主板、科创板、创业板适用统一的发行条件,差别在于主营业务、董事、高管、实际控制人变更要求,主板要求三年没有重大变化,科创板和创业板要求两年。北交所与沪深板块虽然发行条件不同,但整体原则保持一致。

上市标准:一般企业

科创板:率先进行上市标准创新,设立5套"市值+财务"标准。

2018年11月,科创板设立后,率先试点注册制,在上市标准方面进行改革创新,针对一般企业设定了5套"市值+财务"标准。全面注册制改革启动后,科创板上市标准未发生变化,具体为:(1)"市值+盈利"标准,预计市值不低于人民币10亿元,最近2年净利润均为正且累计净利润不低于人民币5 000万元,或者预计市值不低于人民币10亿元,最近1年净利润为正且营业收入不低于人民币1亿元;(2)"市值+营收+研发"标准,预计市值不低于人民币15亿元,最近1年营业收入不低于人民币2亿元,且最近3年累计研发投入占最近3年累计营业收入的比例不低于15%;(3)"市值+营收+现金流"标准,预计市值不低于人民币20亿元,最近1年营业收入不低于人民币3亿元,且最近3年经营活动产生的现金流量净额累计不低于人民币1亿元;(4)"市值+营收"标准,预计市值不低于人民币30亿元,且最近1年营业收入不低于人民币3亿元;(5)"市值+研发"标准,预计市值不低于人民币40亿元,主要业务或产品需经国家有关部门批准,市场空间大,目前已取得阶段性成果。医药行业企业需至少有一项核心产品获准开展二期临床试验,其他符合科创板定位的企业需具备明显的技术优势并满足相应条件。其他股本、股份条件包括:(1)发行后股本总额不低于人民币3 000万元;(2)公开发行的股份达到公司股份总数的25%以上,公司股本总额超过人民币4亿元的,公开发行股份的比例为10%以上。

创业板：存量跟进上市标准改革，设立3套"市值+财务"标准。

2020年，作为存量板块的创业板实施注册制改革，在借鉴科创板改革经验的基础上，创业板针对一般企业设定3套"市值+财务"标准。具体包括：（1）"盈利"标准，最近2年净利润均为正，累计净利润不低于5 000万元；（2）"市值+净利润+营业收入"标准，预计市值不低于10亿元，最近1年净利润为正，最近1年营业收入不低于1亿元；（3）"市值+营业收入"标准，预计市值不低于50亿元，最近1年营业收入不低于3亿元。其他股本、股份条件包括：（1）发行后股本总额不低于人民币3 000万元；（2）公开发行的股份达到公司股份总数的25%以上，公司股本总额超过人民币4亿元的，公开发行股份的比例为10%以上。

2020年，在试点注册制初期，创业板明确了未盈利企业上市标准一年内暂不实施的过渡期安排，为未盈利企业上市预留了空间。在全面注册制改革下，深交所表态，"目前创业板试点注册制落地实施已两年多，主要制度机制经受住了市场检验，市场运行总体平稳，市场参与各方获得感提升，创业板实施未盈利企业上市标准的时机已成熟"，支持未盈利企业在创业板上市。2月17日，深交所发布《关于未盈利企业在创业板上市相关事宜的通知》，指出"预计市值不低于50亿元，且最近一年营业收入不低于3亿元"上市标准正式实施，属于先进制造、互联网、大数据、云计算、人工智能、生物医药等高新技术产业和战略性新兴产业的创新创业企业可适用该规定，进一步明确了未盈利企业在创业板上市的产业要求。

北交所：参考双创板块经验，设立4套"市值+财务"标准。

2021年9月，北交所设立并试点注册制，参考双创板块经验，设立4套"市值+财务"上市标准。具体包括：（1）"市值+盈利"标准，预计市值不低于2亿元，最近2年净利润均不低于1 500万元且加权平均净资产收益率平均不低于8%，或者最近1年净利润不低于2 500万元且加权平均净资产收益率不低于8%；（2）"市值+营收+现金流"标准，预计市值不低于4亿元，最近2年营业收入平均不低于1亿元，且最近1年营业收入增长率不低于30%，最近1年经营活动产生的现金流量净额为正；（3）"市值+营收+研发"标准，预计市值不低于8亿元，最近1年营业收入不低于2亿元，最近2年研发投入合计占最近2年营业收入合计比例不低于8%；（4）"市值+研发"标准，预计市值不低于15亿元，最近2年研发投入合计不低于 5 000 万元。其他股本、股东、股份要求包括：（1）最近 1 年期末净资产不低于 5 000 万元；（2）向不特定合格投资者公开发行的股份不少于 100 万股，发行对象不少于 100 人；（3）公开发行后，公司股本总额不少于 3 000 万元；（4）公开发行后，公司股东人数不少于 200 人，公众股东持股比例不低于公司股本总额的 25%，公司股本总额超过 4 亿元的，公众股东持股比例不低于公司股本总额的 10%。

2 月 17 日，为落实全面注册制要求，新三板挂牌规则进一步修订，《全国中小企业股份转让系统股票挂牌规则》发布。此次修订进一步丰富了挂牌条件，优化完善了新三板的挂牌规则，拓宽了企业在新三板挂牌上市的渠道。具体而言，针对新经济领域、基础产业领域的申请挂牌公司，设置"研发投入—专业投资""做市—发行市值"等要求，并适当放宽每股净资产、经营年限要求（需同时满足）。具体内容包括：（1）持续经营时间可以少于两个完整会计年度但不少于一个完整会计年度；（2）主要业务属于人工智能、数字经济、互联网应用、医疗健康、新材料、高端装备制造、节能环保、现代服务业等新经济领域以及基础零部件、基础元器件、基础软件、基础工艺等产业基础领域；（3）符合国家战略，掌握核心技术，具有明确可行的经营规划；（4）最近 1 年研发投入不低于 1 000 万元，且最近 12 个月或挂牌同时定向发行获得专业机构投资者股权投资金额不低于 2 000 万元，或者挂牌时即采取做市交易方式，挂牌同时向不少于 4 家做市商在内的对象定向发行股票，按挂牌同时定向发行价格计算的市值不低于 1 亿元。

对于上述领域外的申请挂牌公司，要求持续经营不少于两个完整的会计年度，并有针对性地制定了 5 套财务标准（满足其一即可），具体包括：（1）"净利润"标准，最近 2 年净利润均为正且累计不低于 800 万元，或者最近 1 年净利润不低于 800 万元；（2）"营业收入—营收增长率/现金流"标准，最近 2 年营业收入平均不低于 3 000 万元且最近 1 年营业收入增长率不低于 20%，或者最近 2 年营业收入平均不低于 5 000 万元且经营活动现金流量净额均为正；（3）"研发强度"标准，最近 1 年营业收入不低于 3 000 万元，且最近 2 年研发投入合计占最近 2 年营业收入比例不低于 5%；（4）"研发投入—专业投资"标准，最近 2 年研发投入累计不低于 1 000 万元，且最近 24 个月或挂牌同时定向发行获得专业机构投资者股权投资金额不低于 2 000 万元；（5）"做市—发行市值"标准，挂牌时即采取做市交易方式，挂牌同时向不少于 4 家做市商在内的对象定向发行股票，按挂牌同时定向发行价格计算的市值不低于 1 亿元。

全面注册制改革启动后，北交所 IPO 条件在制度层面并没有变化，但作为北交所"储备池"的新三板挂牌条件有所优化，构建了"5+1"套多元化的财务标准体系，有望为北交所培育更多优秀的潜在上市企业。

主板：参考试点注册制经验，设立 3 套"市值 + 财务"标准。

全面注册制改革启动后，主板 IPO 条件优化是改革重点。参考试点注册制经验，主板设立了 3 套"市值 + 财务"标准，具体包括：（1）"盈利 + 营收 / 现金流"标准，最近 3 年净利润均为正，且最近 3 年净利润累计不低于 1.5 亿元，最近 1 年净利润不低于 6 000 万元，最近 3 年经营活动产生的现金流量净额累计不低于 1 亿元或营业收入累计不低于 10 亿元；（2）"市值 + 净利润 + 营收 + 现金流"标准，预计市值不低于 50 亿元，且最近 1 年净利润为正，最近 1 年营业收入不低于 6 亿元，最近 3 年经营活动产生的现金流量净额累计不低于 1.5 亿元；（3）"市值 + 净利润 + 营收"标准，预计市值不低于 80 亿元，且最近 1 年净利润为正，最近 1 年营业收入不低于 8 亿元。同时，对企业发行后股本及股份做出要求：（1）发行后的股本总额不低于 5 000 万元；（2）公开发行的股份达到公司股份总数的 25% 以上，公司股本总额超过 4 亿元的，公开发行股份的比例为 10% 以上。

对比全面注册制改革前后主板上市标准的变化，主要集中在以下三方面。（1）上市标准更加包容多元。上市标准由此前的 1 条提升至 3 条，且上市标准由此前的纯财务指标变为"市值 + 财务"组合指标。第 1 条纯财务类标准相关要求较改革前明显提升。（2）将核准制下的实质性门槛尽可能转化为信息披露要求，取消了现行主板发行条件中关于不存在未弥补亏损、无形资产占比限制等方面的要求。（3）发行后股本要求有所提升，发行后的股本总额由不低于 3 000 万元提升至 5 000 万元。

上市标准：红筹企业

全面注册制改革启动后，各板块红筹企业上市标准得以统一。红筹企业上市标准最主要的变化在于，将之前散布于多个文件中的制度进行整合，统一主板、科创板、创业板红筹企业上市标准。红筹企业上市标准区分了已上市企业与未上市企业。

已上市红筹企业需符合2项标准之一：（1）"市值"标准，市值不低于2 000亿元；（2）"市值＋竞争优势"标准，市值200亿元以上，且拥有自主研发、国际领先技术，科技创新能力较强，在同行业竞争中处于相对优势地位。

未上市红筹企业需符合3项标准之一：（1）"市值＋营收"标准，预计市值不低于200亿元，且最近1年营业收入不低于30亿元；（2）"营收＋竞争优势＋市值"标准，营业收入快速增长，拥有自主研发、国际领先技术，在同行业竞争中处于相对优势地位，且预计市值不低于100亿元；（3）"营收＋竞争优势＋市值"标准，营业收入快速增长，拥有自主研发、国际领先技术，在同行业竞争中处于相对优势地位，且预计市值不低于50亿元，最近1年营业收入不低于5亿元。前款规定的营业收入快速增长，应当符合下列标准之一：（1）最近1年营业收入不低于5亿元的，最近3年营业收入复合增长率10%以上；（2）最近1年营业收入低于5亿元的，最近3年营业收入复合增长率20%以上；（3）受行业周期性波动等因素影响，行业整体处于下行周期的，发行人最近3年营业收入复合增长率高于同行业可比公司同期平均增长水平。处于研发阶段的红筹企业和对国家创新驱动发展战略有重要意义的红筹企业，不适用"营业收入快速增长"的上述要求。

全面注册制改革启动后，主板红筹企业上市标准得以明确，此前"科研＋市场竞争力＋营业收入"的标准不再适用，新增两条"市值＋营收"要求。创业板红筹企业标准将此前"最近一年净利润为正"的要求删除。

上市标准：具有表决权差异安排企业

全面注册制改革启动后，各板块对具有表决权差异安排企业的上市标准进行了差异化安排。此次改革，主板增加了具有表决权差异安排企业上市标准，主板企业需符合2项标准之一：（1）预计市值不低于200亿元，且最近1年净利润为正；（2）预计市值不低于100亿元，且最近1年净利润为正，最近1年营业收入不低于10亿元。全面注册制改革后，具有表决权差异安排企业登陆科创板与创业板，需符合2项标准之一：（1）预计市值不低于100亿元；（2）预计市值不低于50亿元，且最近1年营业收入不低5亿元。与改革前相比，创业板删除了"最近一年净利润为正"的要求,科创板制度没有变化。

横向对比各市场板块,在一般企业上市标准方面,主板上市的"财务+市值"标准高于其他板块,拉开了与科创板、创业板、北交所的距离,有助于实现各市场板块的"错位发展、功能互补",以满足不同行业、不同类型、不同成长阶段的企业的上市融资需求。

宏观层面:IPO条件优化是优化融资结构、支持实体经济发展的必然选择

当前,中国成为世界第二大经济体。2022年,我国经济总量突破120万亿元,经济增长快于多数主要经济体。[①] 随着我国经济实力和综合国力提升,完善金融体系以支持实体经济融资与发展的迫切性提升。而长期以来,我国融资结构以银行信贷间接融资为主(占比超过70%)。作为现代金融体系的重要组成部分,资本市场在拓宽企业融资渠道、改善企业融资结构、助推经济增长动能转换等方面具有重要作用和独特优势。因此,大力发展资本市场,提升资本市场在服务实体经济发展、优化资源配置方面的能力势在必行。

党的二十大提出"健全资本市场功能,提高直接融资比重"的发展目标。在全面注册制改革背景下,对IPO条件进行优化,旨在深化金融供给侧改革,推动建立"规范、透明、开放、有活力、有韧性"的资本市场,强化资本市场功能,提高直接融资的包容度和覆盖面,为实体经济融资与发展赋能。

产业层面:IPO条件优化是推动科技创新与产业升级的需要

自2010年以来,中国经济呈现出两个典型特征,即"增速放缓"与"结构转型",具体表现为GDP(国内生产总值)增速呈下行趋势,而产业结构发生显著变化,与消费升级和产业升级相关的第三产业与第二产业的占比提升。当前,中国正处于国内经济结构转型关键阶段以及全球百年未有之大变局之下,无论是从促进国内新老经济动能转换、激发经济发展活力的角度,还是从应对外部挑战、增强国际竞争力的角度,依靠科技创新推动经济高质量发展都是我国经济社会发展的必然选

---

① https://www.gov.cn/xinwen/2023-01/18/content_5737678.htm.

择与目标方向。

在核准制下，企业上市标准较为单一，盈利能力是判断企业能否上市的核心指标，但这样的上市标准不利于当下盈利能力一般但未来发展前景广阔的科技创新型企业上市融资。全面注册制改革启动后，对IPO条件进行优化，设立更加多元包容的上市条件，允许未盈利企业、红筹企业、具有表决权差异安排企业上市，这些旨在拓宽实体企业尤其是科技创新型企业等的融资渠道，加大对新技术、新产业、新业态、新模式企业的支持力度，促进资本、产业、科技之间的良性循环，加快推动产业基础高级化、产业链现代化，提升产业链供应链韧性和安全水平，促进经济结构转型升级和高质量发展。

企业层面：IPO条件优化是满足不同规模企业融资发展的需要

我国不同企业之间的融资资源呈现分配不均衡的特征。根据国家统计局数据，2021年，规模以上工业中小企业数量为40.1万家，占规模以上工业企业总数的98.1%，在国民经济中占有举足轻重的地位。虽然中小企业整体数量众多，但就个体而言，市场势力弱、抗风险能力差、融资渠道少，共同造成了中小企业所面临的融资难、融资贵的问题。根据中国人民银行和银保监会的统计，截至2022年底，银行业金融机构用于小微企业的贷款余额为59.7万亿元，占金融机构贷款余额的比重约为27%。[1][2] 因此，解决中小企业的融资问题，需要加强资本市场对中小企业发展的支持与赋能，这对中小企业的发展壮大具有重要的现实意义。

在全面注册制改革启动后，A股市场逐步构建起以沪深北交易所为主体，涵盖沪深主板、科创板、创业板、新三板各板块的多层次资本市场体系，各板块市场定位明确，即主板服务"大盘蓝筹"企业，科创板服务"硬科技"属性企业，创业板服务"三创四新"企业，北交所服务中小型创新成长型企业。多层次资本市场体系的构建与完善，旨在逐步实现协同互补、错位发展，以满足不同行业、不同类型、不同规模、不同成长阶段的企业的上市融资需求，尤其是有助于拓宽中小企业的融

---

[1] https://www.gov.cn/xinwen/2023-02/15/content_5741639.htm?eqid=f83d22260000071e00000005645dae5.

[2] http://www.pbc.gov.cn/goutongjiaoliu/113456/113469/4761016/index.html.

资渠道，满足中小企业的融资需求。

IPO 条件变化带来的影响

拓宽企业融资渠道，助力实体经济发展

近几年，受益于注册制改革的推进，直接融资在社融中的占比有所提升。根据万得数据，2022 年我国实现直接融资增量 10.4 万亿元，占当年新增社融的 10.4%，占比较 2017 年提升约 5.3 个百分点；截至 2022 年末，我国直接融资存量规模为 101.8 万亿元，约占社融余额的 29.6%，占比较 2017 年提升约 3.5 个百分点。

在 IPO 股权融资方面，根据万得的统计，自 2019 年 A 股推行注册制以来，IPO 节奏有所加快。2020—2022 年 A 股年度上市公司的数量分别为 434 家、524 家、428 家，募资额分别为 4 793 亿元、5 426 亿元、5 869 亿元；3 年间 A 股上市公司数量合计达 1 386 家，占 A 股上市公司总数的 27%；合计募资额达 1.6 万亿元，占 A 股总募资额的 33.5%。我们认为，通过实施全面注册制改革，A 股 IPO 有望实现常态化，推动 A 股 IPO 股权融资规模保持较高水平。

驱动科技创新，助力产业转型升级

党的二十大报告指出，"以中国式现代化全面推进中华民族伟大复兴"，"高质量发展是全面建设社会主义现代化国家的首要任务"，"坚持以推动高质量发展为主题"，"加快建设现代化经济体系，着力提高全要素生产率，着力提升产业链供应链韧性和安全水平"。同时，党的二十大报告指出，"坚持科技是第一生产力、人才是第一资源、创新是第一动力"，"完善科技创新体系"，"坚持创新在我国现代化建设全局中的核心地位"，"健全新型举国体制，强化国家战略科技力量"，"加快实施创新驱动发展战略"，"加快实现高水平科技自立自强"，"坚决打赢关键核心技术攻坚战"，"推动创新链产业链资金链人才链深度融合"。[1] 可见，我国正处在高质量发展的重要阶段，而科技创新是推动经济市场高质量发展的强劲引擎。

---

[1] http://cpc.people.com.cn/20th/n1/2022/1026/c448334-32551867.html。

证监会主席易会满在第十四届陆家嘴论坛上发表主题演讲时指出，当前我国正处于新一轮科技革命、产业变革和经济发展方式转型的历史交汇期。加快实现高水平科技自立自强对于中国式现代化发挥着基础性、战略性支撑作用。资本市场具有独特的风险共担、利益共享机制，更加契合科技创新企业"迭代快、风险高、轻资产"等的特征，能够有效促进创新资本形成，赋能科技成果转化，在完善公司治理、激发企业家精神、畅通"科技—产业—金融"良性循环等方面发挥关键作用。[①]

资本市场在助力宏观经济转型升级方面的积极作用已经反映在 A 股 IPO 行业版图的变化上，目前新经济领域企业已经成为 A 股 IPO 主力军。根据万得数据，从行业分布来看，2019 年以来 A 股 IPO 企业中新经济行业（信息技术、医疗保健、消费等行业）企业占比持续提升，新经济行业新股占比由 2018 年的 50.5% 提升至 2022 年的 59.6%。从板块分布来看，2022 年科创板、创业板、主板、北交所新股发行数量占比分别为 29.0%、35.0%、16.6%、19.4%，科创板、创业板、北交所吸纳了较多的科技创新型、创新成长型企业，新股发行数量合计占比达 83.4%；2022 年科创板、创业板、主板、北交所新股募资额占比分别为 42.9%、30.6%、23.6%、2.8%，科创板、创业板、北交所新股募资额合计占比达 76.4%。我们认为，随着我国经济持续深入推进高质量发展和结构转型升级，A 股将迎来越来越多的新经济领域企业上市。

促进 A 股市场优胜劣汰，改善 A 股生态

在全面注册制改革背景下，A 股 IPO 条件的明显变化，将对股票市场供给端（上市公司）与需求端（投资者）产生重要影响，进而会影响中国股市的投资生态及市场风格。

供给端：注册制新股发行制度创新，有助于优化供给结构，改善供给质量。注册制在发行上市条件、退市等监管环节中有诸多制度创新，这些制度创新有助于优化供给结构，改善供给质量。首先，注册制新股发行审核设置了更加多元化的上市条件，允许未盈利、同股不同权、红筹结构的企业上市。一方面，从总量上看，上

---

① http://www.csrc.gov.cn/csrc/c106311/c7413326/content.shtml.

市条件的多元化与宽容度提升可能会增加 A 股上市公司的数量，从而使可供投资者选择的个股标的增多；另一方面，从结构上看，越来越多的代表中国消费升级与产业升级趋势的新经济领域公司能够在 A 股上市融资，有助于提升 A 股上市公司质量，改善 A 股市场整体活力。其次，股票发行注册制应与严格的股票退市制度相结合。"宽进严出"的制度一方面能给予企业上市融资、做强做大的通道与机会，另一方面也有利于持续检验与监督企业的经营与发展，最终促进 A 股市场优胜劣汰，促进中国股市长期稳定发展，实现资本市场资源优化配置。

需求端：注册制新股价值由投资者自行判断，这可以引导投资者进行价值投资、理性投资、长期投资。在注册制下，证券监管部门不对发行人的财务质量及发展前景进行实质性的价值判断，证券的质量好坏、价值高低由投资者自行判断。而 IPO 条件变化导致 A 股总量扩容并发生结构性变化，这在为投资者带来投资机会的同时，也为投资者带来了相应的挑战。一方面，伴随着全面注册制改革，上市公司数量增加，投资者可选择的个股标的数量增加，从而使择股难度提升。另一方面，在全面注册制改革启动后，A 股更多地吸纳科技创新型、创新成长型企业上市，而这些企业所属的行业的技术壁垒可能较高，商业模式可能较新颖，投资者研究、投资上市公司的难度和风险性提升。考虑到 A 股市场投资者在研究能力、风险偏好、投资理念方面存在较大差异，注册制的推行可能会对投资者行为及结构产生较大影响，主要包括如下四个方面的影响。

首先，证券价值由投资者自行判断，这将促使投资者在进行股票投资时更加注重风险与收益的平衡，从而引导投资者进行价值投资、理性投资与长期投资。

其次，倒逼投研实力处于弱势的个人投资者借助专业机构投资者的力量进行股票投资，从而强化专业机构投资者对市场的配置力与影响力，而受机构投资者青睐的上市公司则有望受益。

再次，我们认为，指数化产品作为投资特定类型底层资产的金融产品有望越来越受到普通投资者的欢迎，尤其是符合产业升级、消费升级的指数化产品。

最后，注册制的平稳推进，也使得壮大中长期机构投资者队伍势在必行。中长期机构投资者专业投资、价值投资、长期投资的理念及配置行为，可以引导市场投资行为，减少股票市场波动，促进股票市场平稳健康发展。

近年来，随着中国资本市场不断开放、海外投资者在 A 股的持股规模及比例逐步提升、本土机构投资者发展，A 股市场生态正在迎来显著变化。如图引 –5 所示，居民资产配置方向正逐步从实物资产配置转向金融资产，投资者结构"机构化"，机构"头部化"，投资行为"基本面化"。我们认为，注册制的推行会从供需两端进一步影响中国股市生态的变化，一方面，引导投资者进行价值、理性以及趋"机构化"投资；另一方面，从供给端看，"宽进严出"的制度能够促进 A 股市场优胜劣汰，增加优质企业供给。在此背景下，从中长期看，新经济跑赢老经济，具备基本面支持、受益于中国消费升级和产业升级的优质龙头公司仍将是股市未来中长期的核心配置方向，优质龙头股配置意愿有望进一步提升。

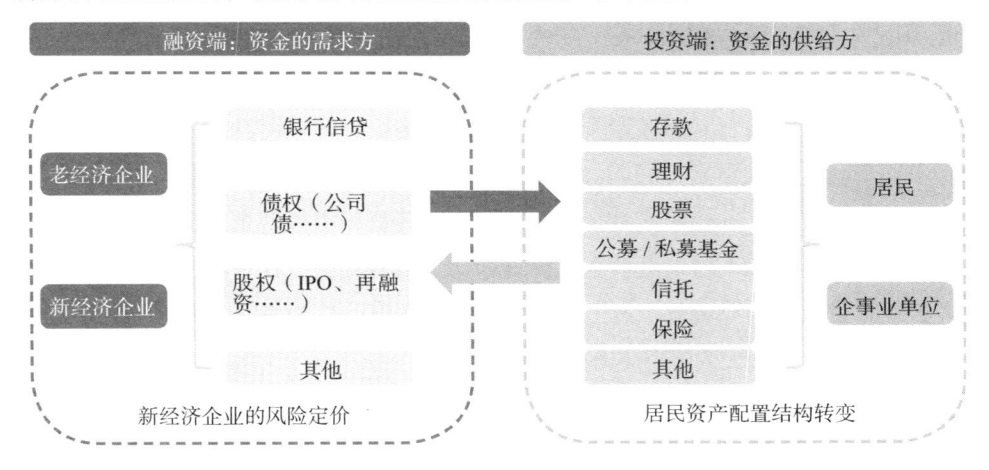

图引 –5　注册制改革将对投融资端产生影响

数据来源：中金公司研究部。

完善信息披露，保护投资者权益

全面注册制改革建立健全以信息披露为核心的注册制规则体系，这有助于切实保护投资者权益。沪深交易所全面负责发行上市和信息披露的审核，同时，中国证监会加快职能转型，加强对审核注册工作的统筹协调监督管理，统一审核理念和标准，强化对交易所的监管，进一步强化事前事中事后全过程监管，从而有效防控各种风险，从源头上提升上市公司质量。

全面注册制改革推动信息披露从"监管者导向"转变为"以投资者需求为导向"。(1)在前端,坚守资本市场各主要板块定位,切实压实发行人、中介机构与交易所等各方的责任,严格审核上市条件,严把上市公司准入质量关。事实上,实施全面注册制并不意味着放松对上市公司的质量要求,而是采用"申报即担责"的主要原则,如果发行人存在重大违法违规嫌疑,监管部门将及时采取立案稽查、中止审核注册、暂缓发行上市、撤销发行注册等措施。(2)在中端,继续强化上市公司的信息披露监管,进一步压实上市公司、股东及相关方信息披露责任。一方面,畅通多元化退出渠道(如强制退市、主动退市、并购重组、破产重整等),促进上市公司优胜劣汰。另一方面,建立健全退市风险处置机制,严格实施退市制度,强化退市监管。(3)在后端,保持"零容忍"执法高压态势。认真贯彻《关于依法从严打击证券违法活动的意见》,建立健全从严打击证券违法活动的执法司法体制机制,严厉打击欺诈发行、财务造假等严重违法行为,严肃追究发行人、中介机构及相关人员责任,形成强有力的震慑。总体而言,全面注册制明确以投资者需求为导向的信息披露要求,细化落实发行人、中介机构等市场主体信息披露法定义务;强化信息披露监管,加大对信息披露违规行为的处罚力度,提升违法违规成本,压实发行人主体责任和中介机构"看门人"责任,切实保障广大投资者尤其是中小投资者的利益。

第一部分

2022 年 A 股 IPO 总体情况及结构

第 1 章 2022 年 IPO 概况

回顾 2022 年，在俄乌冲突、美联储持续加息、疫情反复等因素的多重冲击下，全球 IPO 市场急转直下进入"凛冬"。2022 年，全球 IPO 融资额为 1 800 亿美元，较 2021 年的 4 680 亿美元呈现大幅下滑。而在 A 股 IPO 市场，全年 428 家新公司挂牌，募资额再创新高，约达到 5 869 亿元，与全球市场的低迷形成鲜明对比，彰显了市场韧性。

资本市场改革及注册制不断推进

2022 年 1 月，证监会发布了《关于注册制下提高招股说明书信息披露质量的指导意见》(以下简称《指导意见》),《指导意见》对中介机构的责任边界做出了更加具体和有针对性的规定。《指导意见》中增加了"发行人是信息披露第一责任人，应当按照信息披露规则编制并披露招股说明书"的表述，要求"保荐人应当按照依法制定的业务规则和行业规范，在充分了解发行人经营情况和风险的基础上，对发行人以招股说明书为核心的注册申请文件进行审慎核查，对招股说明书及其所出具的相关文件的真实性、准确性、完整性负责，并组织协调证券服务机构及其签字人员参与证券发行上市的相关工作"，"证券服务机构应当按照依法制定的业务规则和行业自律规则，审慎履行职责，作出专业判断与认定，保证所出具文件的真实性、准确性和完整性"。2022年5月，证监会公布了《保荐人尽职调查工作准则》，进一步细化及规范IPO审核过程以及对于注册制信息披露的各项要求。同月，中国证监会、司法部、财政部发布了《关于加强注册制下中介机构廉洁从业监管的意见》（以下简称《监管意见》）。《监管意见》将证券发行承销、保荐，上市公司并购重组财务顾问，非上市公众公司推荐，资产证券化等具有投行业务特性的业务均纳入规制范围，实现了业务主体和业务类型的全覆盖。

2022年度A股IPO首发上市企业有428家，同比下降约18%，首发融资规模累计约5 869亿元，同比增长约8%。2022年度A股IPO首发上会企业共计558家，其中，526家通过，同比增长18.74%，27家未通过，4家暂缓，1家暂缓后撤回材料。

一、新增受理审核企业近750家

2022年证监会、交易所受理审核项目数量共746个：主板项目共206个，科创板项目156个，创业板项目222个，北交所项目162个。

按证监会行业分类看，制造业企业申报数量最多，585家制造业企业占总受理项目数量的比例为78%；按细分行业看，受理企业中数量最多的行业为计算机、通信和其他电子设备制造业，共136家，其次是专用设备制造业，有81家。

2022年度受理企业行业结构如表1-1所示（共统计744家企业）。

表1-1　2022年度受理企业行业结构

序号	行业	受理企业数量（家）
1	计算机、通信和其他电子设备制造业	136
2	专用设备制造业	81
3	化学原料和化学制品制造业	69
4	软件和信息技术服务业	54
5	电气机械和器材制造业	48
6	通用设备制造业	47
7	医药制造业	36
8	汽车制造业	30

(续表)

序号	行业	受理企业数量（家）
9	非金属矿物制品业	27
10	橡胶和塑料制品业	26
11	专业技术服务业	20
12	金属制品业	18
13	铁路、船舶、航空航天和其他运输设备制造业	17
14	仪器仪表制造业	16
15	研究和试验发展	10
16	食品制造业	8
17	纺织业	6
18	农副食品加工业	6
19	批发业	6
20	商务服务业	6
21	生态保护和环境治理业	6
22	互联网和相关服务	5
23	酒、饮料和精制茶制造业	3
24	文教、工美、体育和娱乐用品制造业	5
25	资本市场服务	5
26	电力、热力生产和供应业	4
27	家具制造业	4
28	水上运输业	4
29	纺织服装、服饰业	3
30	木材加工和木、竹、藤、棕、草制品业	3
31	印刷和记录媒介复制业	3
32	有色金属冶炼和压延加工业	3
33	造纸和纸制品业	3
34	餐饮业	2
35	畜牧业	2
36	道路运输业	2
37	农业	2
38	燃气生产和供应业	2
39	水的生产和供应业	2
40	装卸搬运和运输代理业	2

(续表)

序号	行业	受理企业数量（家）
41	电信、广播电视和卫星传输服务	1
42	房屋建筑业	1
43	废弃资源综合利用业	1
44	公共设施管理业	1
45	航空运输业	1
46	化学纤维制造业	1
47	货币金融服务	1
48	教育	1
49	零售业	1
50	皮革、毛皮、羽毛及其制品和制鞋业	1
51	其他制造业	1
52	土木工程建筑业	1

二、审核企业近 600 家

（一）整体审核过会率达 94.43%

如表 1-2 所示，据统计，2022 年度 A 股 IPO 首发审核企业共计 583 家，同比增长 19.88%；在审核企业中，526 家审核通过，同比增长 18.74%，27 家未通过，4 家暂缓，26 家在审核过程中取消审核。

表 1-2　2022 年度审核企业情况

板块	通过	未通过	暂缓	取消审核	总计	通过率（不包括取消审核项目）	通过率（包括取消审核项目）
主板	87	9	1	18	115	89.69%	75.65%
科创板	122	0	2	1	125	98.39%	97.60%
创业板	208	16	0	6	230	92.86%	90.43%
北交所	109	2	1	1	113	97.32%	96.46%
合计	526	27	4	26	583	94.43%	90.22%

2022年度IPO整体审核通过率达94.43%，科创板通过率最高，为98.39%，主板通过率约为89.69%，明显低于其他板块。排除取消审核因素影响，具体来看，科创板全年共计审核125家企业，122家通过，审核通过率达98.39%；北交所全年共计审核113家企业，109家通过，2家被否，审核通过率为97.32%；创业板全年共计审核230家企业，208家通过，16家被否，通过率为92.86%；主板全年共计审核115家企业，87家通过，9家被否，1家暂缓，通过率为89.69%。

如果加上234家主动撤回的申请企业，那么整体真实通过率达64.38%。

从审核时间上来看，从受理到过会，北交所平均用时159.8天，科创板平均用时198.2天，创业板平均用时348.9天，沪市主板平均用时300.8天，深市主板平均用时397.6天。

（二）审核通过企业构成

在过会企业地域构成方面，2022年度526家过会的IPO企业中，广东的过会数量最多，其次为江苏和浙江，三省过会项目数量占总过会项目数量的比例均超过15%。从地区来看，如表1-3所示，2022年度过会的526家IPO企业主要分布在29个地区。数量排名前十的地区分别是，广东（97家）、江苏（88家）、浙江（79家）、上海（41家）、北京（38家）、山东（25家）、安徽（21家）、湖北（17家）、河南（15家）、四川（13家）。宁夏、西藏、内蒙古、山西4个地区各有1家IPO过会企业。吉林、海南、甘肃、青海无IPO过会企业。

表1-3　2022年度审核通过企业情况

序号	地区	审核通过企业数量（家）	过会项目数量占比
1	广东省	97	18.44%
2	江苏省	88	16.73%
3	浙江省	79	15.02%
4	上海市	41	7.79%
5	北京市	38	7.22%
6	山东省	25	4.75%
7	安徽省	21	3.99%

（续表）

序号	地区	审核通过企业数量（家）	过会项目数量占比
8	湖北省	17	3.23%
9	河南省	15	2.85%
10	四川省	13	2.47%
11	福建省	12	2.28%
12	江西省	11	2.09%
13	湖南省	10	1.90%
14	辽宁省	9	1.71%
15	陕西省	9	1.71%
16	重庆市	9	1.71%
17	河北省	8	1.52%
18	天津市	6	1.14%
19	贵州省	3	0.57%
20	黑龙江省	3	0.57%
21	广西壮族自治区	2	0.38%
22	新疆维吾尔自治区	2	0.38%
23	云南省	2	0.38%
24	内蒙古自治区	1	0.19%
25	宁夏回族自治区	1	0.19%
26	山西省	1	0.19%
27	西藏自治区	1	0.19%
28	香港特别行政区	1	0.19%
29	注册地境外	1	0.19%
合计		526	100.00%

在过会企业计划融资金额方面，2022年过会企业计划融资总额共4 797.45亿元。其中，如表1-4所示，融资额在10亿元以下的企业有406家，占比最高，其次为融资额在10亿~50亿元的企业，共113家，融资额在50亿元以下的过会企业数量占比为98.67%。

表1-4 2022年度过会企业计划融资额情况

计划融资额区间	过会企业数量（家）	过会企业数量占比
10亿元以下	406	77.19%
10亿~50亿元	113	21.48%
50亿~100亿元	4	0.76%
100亿元以上	3	0.57%

从上市板块构成来看，如表1-5所示，融资额在100亿元以上的审核通过企业共3家，科创板2家，主板1家，融资总额最高的为中国海油主板IPO项目，融资金额为350亿元。50亿~100亿元区间中，创业板、科创板的审核通过企业各占2家。10亿~50亿元区间，科创板的审核通过企业最多，占比约为46%。10亿元以下区间的审核通过企业主要集中于创业板，占比约为42%，其次为北交所，占比约为26%。考虑到各板块审核通过企业总数量的因素，主板、创业板、北交所大部分审核通过企业融资额在10亿元以下，科创板融资额在10亿~50亿元的审核通过企业占比明显相对较高，约为46%。

表1-5 2022年度审核通过企业计划融资额（按上市板块）情况

计划融资额区间	上市板块	审核通过企业数量（家）
10亿元以下	主板	64
	创业板	170
	科创板	66
	北交所	106
10亿~50亿元	主板	22
	创业板	36
	科创板	52
	北交所	3
50亿~100亿元	主板	0
	创业板	2
	科创板	2
	北交所	0

（续表）

计划融资额区间	上市板块	审核通过企业数量（家）
100亿元以上	主板	1
	创业板	0
	科创板	2
	北交所	0

按企业所在地区划分，如表1-6所示，计划融资额排名前十的地区分别是，江苏（747.94亿元）、广东（711.41亿元）、浙江（605.80亿元）、上海（462.26亿元）、香港（350.00亿元）、北京（340.82亿元）、安徽（236.60亿元）、山东（166.32亿元）、湖北（164.59亿元）、福建（131.42亿元）。其中，香港特别行政区审核通过项目共1家，即中国海油，融资额为350.00亿元，在全部地区项目融资总额中的占比超7%。

表1-6 2022年度企业计划融资额（按地区）及其占IPO总计划融资额的比例

序号	所在地区	计划融资额（亿元）	占比
1	江苏省	747.94	15.59%
2	广东省	711.41	14.83%
3	浙江省	605.80	12.63%
4	上海市	462.26	9.64%
5	香港特别行政区	350.00	7.30%
6	北京市	340.82	7.10%
7	安徽省	236.60	4.93%
8	山东省	166.32	3.47%
9	湖北省	164.59	3.43%
10	福建省	131.42	2.74%
11	天津市	115.98	2.42%
12	重庆市	110.17	2.30%
13	江西省	95.75	2.00%
14	河北省	74.84	1.56%
15	陕西省	71.55	1.49%
16	四川省	69.93	1.46%

(续表)

序号	所在地区	计划融资额（亿元）	占比
17	河南省	68.36	1.42%
18	辽宁省	59.83	1.25%
19	湖南省	57.94	1.21%
20	境外	40.00	0.83%
21	黑龙江省	32.14	0.67%
22	贵州省	29.79	0.62%
23	新疆维吾尔自治区	14.63	0.30%
24	云南省	10.91	0.23%
25	广西壮族自治区	7.89	0.16%
26	宁夏回族自治区	7.80	0.16%
27	西藏自治区	7.01	0.15%
28	内蒙古自治区	4.30	0.09%
29	山西省	1.50	0.03%
合计		4 797.45	100.00%

（三）审核被否企业构成

如表1-7所示，2022年度，审核被否企业总体数量为27家，比2021年度被否企业数量少2家。2022年被否企业中，16家为创业板企业，超过被否企业总数量的50%；其次为主板，共9家IPO项目被否，占比约为33%；科创板2022年未出现被否项目；北交所自2021年9月成立后，共有2家被否项目（均在2022年度）。

表1-7　2021年度和2022年度企业被否（按板块）情况

板块	2022年度	2021年度
主板	9	13
科创板	0	8
创业板	16	8
北交所	2	—
合计	27	29

如表 1-8 所示，从地区来看，2022 年度被否企业数量排名前三的地区分别是，江苏（5 家）、北京（4 家）、广东（3 家）、浙江（3 家）。

表 1-8　2022 年度企业被否（按地区）情况

序号	所在地区	被否企业数量（家）
1	江苏省	5
2	北京市	4
3	广东省	3
4	浙江省	3
5	安徽省	2
6	福建省	1
7	河北省	1
8	河南省	1
9	湖南省	1
10	辽宁省	1
11	陕西省	1
12	上海市	1
13	四川省	1
14	天津市	1
15	西藏自治区	1

从所属行业来看，如表 1-9 所示，2022 年度被否企业数量排名前三的行业分别是，专用设备制造业（5 家），计算机、通信和其他电子设备制造业（4 家）以及化学原料和化学制品制造业（3 家）。

表 1-9　2022 年度企业被否（按行业）情况

序号	所在行业	被否企业数量（家）
1	制造业—专用设备制造业	5
2	制造业—计算机、通信和其他电子设备制造业	4
3	制造业—化学原料和化学制品制造业	3
4	水利、环境和公共设施管理业—公共设施管理业	2
5	信息传输、软件和信息技术服务业	2

(续表)

序号	所在行业	被否企业数量（家）
6	制造业—食品及农副食品制造业	2
7	制造业—通用设备制造业	2
8	交通运输、仓储和邮政业—装卸搬运和运输代理业—装卸搬运	1
9	金融业—货币金融服务	1
10	科学研究和技术服务业—专业技术服务业—工程技术—工程管理服务	1
11	租赁和商务服务业—商务服务业	1
12	制造业—医药制造业	1
13	制造业—印刷和记录媒介复制业	1
14	制造业—造纸和纸制品业	1
15	租赁和商务服务业—商务服务业	1

从审核关注点来看，被否的项目的关注点主要集中在内部控制有效性、经营独立性、股权结构情况、可持续经营能力、行业定位、业绩真实性等方面。不同板块的关注点亦有所不同。

全面注册制改革后，主板突出"大盘蓝筹"特色，主要服务于成熟期大型企业，重点支持业务模式成熟、经营业绩稳定、规模较大、具有行业代表性的优质企业。在全面注册制背景下，上会的主板IPO企业被问询最多的也是主板板块定位问题，此外，主板主要关注发行人规模、行业代表性、持续经营能力、经营业绩稳定性、业务模式、营业收入及毛利率、销售费用、业绩、安全生产、采购、资金拆借、财务规范等问题。

科创板的审核更加聚焦企业科创属性的论证，关注的问题主要集中在核心技术先进性、技术壁垒、技术优势、创新性、竞争优劣势等方面。具体来说，要求发行人结合主要产品的技术门槛、国产化率、技术水平及迭代趋势、市场竞争状况、产品研发能力等，说明发行人主要产品和技术的先进性；结合主要头部企业情况、国产替代情况及未来市场前景等，说明发行人的科创属性；结合行业技术特点、市场竞争格局、相对于竞争对手存在的主要技术壁垒、研发技术储备，多方位论证发行人的竞争优劣势。

经过多年的探索，创业板的审核机制和标准已相对成熟，更加注重企业本身的经营能力，主要关注的方面有经营业绩下滑、业绩真实性、业绩波动、主营业务收入大幅增长/下滑、收入确认等。

北交所主要聚焦于服务创新型中小企业，重点支持先进制造业和现代服务业等领域的企业，推动传统产业转型升级，培育经济发展新动能，促进经济高质量发展。审核问题偏重关注募投项目的可行性、必要性，新增产能的消化措施是否有效，募投项目效益分析是否谨慎合理，等等。

中国证券业协会网站信息统计，2022 年度随机抽取的四批首发申请企业现场检查名单中共计 34 家 IPO 企业。从时间来看，2022 年 1 月 7 日抽取了 9 家，2022 年 4 月 22 日抽取了 2 家，2022 年 7 月 15 日抽取了 20 家，2022 年 10 月 28 日抽取了 3 家。从板块来看，主板 17 家，创业板 12 家，科创板 5 家。从审核状态来看，12 家 IPO 企业已终止，22 家 IPO 企业处于正常排队中。整体来看，2022 年 34 家被抽中现场检查的 IPO 企业的失败率达 35.29%。此外，2022 年度 IPO 取消审核后撤回申报材料的企业共计 24 家，其中，沪市主板 11 家，深市主板 6 家，创业板 6 家，科创板 1 家。

IPO 结构分析

2022 年度 A 股 IPO 市场共有 428 家企业首发上市，首发实际募资总额约 5 869 亿元，上市数量比 2021 年减少约 18%，融资总额同比增长约 8.15%。

一、上市板块结构

创业板上市企业数量最多，科创板募资额最高。如表 1–10 所示，创业板发行上市的企业有 150 家，实际募资总额达 1 796.36 亿元；其次是科创板 124 家，实际募资总额达 2 520.44 亿元；主板 71 家，实际募资总额达 1 387.27 亿元；北交所 83 家，实际募资总额达 164.77 亿元。创业板发行上市企业数量最多，约占 2022 年度发行上市企业总数的 35.05%。科创板 IPO 企业的融资总额在各板块中最高，2022 年科创板 IPO 企业平均募资额为 20.33 亿元。

表1-10 2022年度各板块上市企业情况

板块	上市企业数量（家）	募资金额（亿元）	平均募资金额（亿元）
主板	71	1 387.27	19.54
科创板	124	2 520.44	20.33
创业板	150	1 796.36	11.98
北交所	83	164.77	1.99
合计	428	5 868.84	13.71

二、上市区域结构

从发行上市企业的数量来看，如表1-11所示，排名前十的地区分别是，广东（78家）、江苏（70家）、浙江（55家）、北京（43家）、上海（36家）、山东（21家）、四川（15家）、安徽（14家）、湖北（12家）、河南（11家）。

表1-11 2022年各省区市IPO数量分布

序号	省区市	首发数量（家）
1	广东	78
2	江苏	70
3	浙江	55
4	北京	43
5	上海	36
6	山东	21
7	四川	15
8	安徽	14
9	湖北	12
10	河南	11
11	陕西	10
12	福建	9
13	江西	7
14	天津	7
15	辽宁	7
16	重庆	6
17	湖南	6

（续表）

序号	省区市	首发数量（家）
18	河北	5
19	新疆	4
20	云南	2
21	黑龙江	2
22	甘肃	2
23	贵州	1
24	广西	1
25	山西	1
26	吉林	1
27	内蒙古	1
28	西藏	1
29	海南	—
30	青海	—

从发行上市企业的募资总额来看，如表1–12所示，排名前十的地区分别是，北京（1 434.38亿元）、广东（851.43亿元）、江苏（795.52亿元）、上海（521.99亿元）、浙江（501.32亿元）、江西（208.53亿元）、天津（204.03亿元）、山东（193.37亿元）、湖北（179.37亿元）、四川（137.12亿元）。

表1–12　2022年各省区市IPO募资额分布情况

序号	省区市	首发募资金额（亿元）
1	北京	1 434.38
2	广东	851.43
3	江苏	795.52
4	上海	521.99
5	浙江	501.32
6	江西	208.53
7	天津	204.03
8	山东	193.37
9	湖北	179.37

(续表)

序号	省区市	首发募资金额（亿元）
10	四川	137.12
11	辽宁	123.24
12	福建	119.79
13	安徽	117.31
14	陕西	98.91
15	河南	84.29
16	湖南	45.86
17	新疆	44.55
18	河北	41.82
19	重庆	41.56
20	贵州	33.50
21	甘肃	30.92
22	黑龙江	25.36
23	云南	10.07
24	广西	7.98
25	内蒙古	5.38
26	西藏	5.23
27	吉林	4.56
28	山西	1.50

三、券商保荐企业数量集中度

如表1-13所示，2022年度全市场108家证券公司中，有65家承销了当年新上市项目。排名前三的券商募集资金及承销数量顺位相同，分别是中信证券、中信建投、中金公司。其中，中信证券是全市场唯一承销IPO项目募集资金超千亿元、承销数量超50家的券商。前十名券商承销项目的募集资金总额约占全部募集资金的70%，承销数量占比约65%。

表 1-13 2022 年度券商募集资金及承销数量

序号	机构名称	募集资金（亿元）	承销数量（家）
1	中信证券股份有限公司	1 259.58	55
2	中信建投证券股份有限公司	556.90	41
3	中国国际金融股份有限公司	528.63	32
4	国泰君安证券股份有限公司	313.70	31
5	海通证券股份有限公司	352.35	29
6	华泰联合证券有限责任公司	309.27	24
7	民生证券股份有限公司	126.54	18
8	安信证券股份有限公司	156.92	17
9	申万宏源证券承销保荐有限责任公司	123.40	17
10	国信证券股份有限公司	139.65	15
11	国金证券股份有限公司	92.81	12
12	长江证券承销保荐有限公司	80.99	12
13	东吴证券股份有限公司	58.33	10
14	光大证券股份有限公司	102.03	8
15	中泰证券股份有限公司	37.93	8
16	东方证券承销保荐有限公司	74.85	8
17	东兴证券股份有限公司	117.55	8
18	国元证券股份有限公司	57.48	8
19	招商证券股份有限公司	101.32	7
20	兴业证券股份有限公司	46.73	7
21	广发证券股份有限公司	30.34	6
22	中国银河证券股份有限公司	36.40	5
23	东莞证券股份有限公司	15.88	5
24	浙商证券股份有限公司	31.96	4
25	财通证券股份有限公司	8.68	4
26	方正证券承销保荐有限责任公司	39.13	4
27	西部证券股份有限公司	18.38	4
28	平安证券股份有限公司	10.50	3
29	开源证券股份有限公司	5.14	3
30	长城证券股份有限公司	18.29	3
31	华英证券有限责任公司	24.00	3
32	华林证券股份有限公司	38.71	3
33	中原证券股份有限公司	24.25	3

(续表)

序号	机构名称	募集资金（亿元）	承销数量（家）
34	国开证券股份有限公司	0.23	2
35	天风证券股份有限公司	2.25	2
36	中德证券有限责任公司	4.39	2
37	中航证券有限公司	26.46	2
38	南京证券股份有限公司	10.56	2
39	瑞银证券有限责任公司	17.52	2
40	太平洋证券股份有限公司	14.78	2
41	华龙证券股份有限公司	12.21	2
42	国新证券股份有限公司	17.57	2
43	东北证券股份有限公司	2.26	2
44	摩根大通证券（中国）有限公司	2.33	2
45	华兴证券有限公司	12.80	2
46	中银国际证券股份有限公司	6.46	1
47	华西证券股份有限公司	3.79	1
48	首创证券股份有限公司	2.60	1
49	申港证券股份有限公司	26.91	1
50	华安证券股份有限公司	5.29	1
51	东海证券股份有限公司	63.89	1
52	第一创业证券承销保荐有限责任公司	5.38	1
53	川财证券有限责任公司	1.06	1
54	西南证券股份有限公司	1.08	1
55	国融证券股份有限公司	1.86	1
56	国海证券股份有限公司	5.84	1
57	东亚前海证券有限责任公司	1.40	1
58	粤开证券股份有限公司	0.50	1
59	渤海证券股份有限公司	1.92	1
60	甬兴证券有限公司	3.41	1
61	红塔证券股份有限公司	1.75	1
62	九州证券股份有限公司	5.80	1
63	高盛高华证券有限责任公司	0.73	1
64	大和证券（中国）有限责任公司	9.23	1
65	汇丰前海证券有限责任公司	11.69	1

四、近几年各板块上市情况比较

对近几年（2019—2022年）上会企业通过情况的统计显示（如表1-14所示），各年各板块审核通过率分布在75%到100%之间，普遍在90%以上。主板2021年度、2022年度审核通过率分别为77.17%、75.65%，审核通过率低于同年其他板块。据统计，2021年度，各板块撤回数量较多，全市场合计撤回261家，其中创业板110家，科创板82家，上述两个试点注册制的板块撤回数量占比为74%。板块撤回的主要原因为注册制下现场督导强化中介机构执业质量和板块定位开始从严把握。此外，注册制下IPO企业经过交易所实质审核后，还需进入证监会注册环节，该环节亦涉及证监会实质审核，各年均有注册阶段撤回案例。

表1-14　2019—2022年度上市板块通过情况

上市板块	年度	通过	未通过	审核数量	审核通过率
主板	2019	81	4	89	91.01%
	2020	177	5	189	93.65%
	2021	71	13	92	77.17%
	2022	87	9	115	75.65%
创业板	2019	57	12	73	78.08%
	2020	210	2	216	97.22%
	2021	196	8	208	94.23%
	2022	208	16	230	90.43%
科创板	2019	109	3	115	94.78%
	2020	218	2	229	95.20%
	2021	140	8	163	85.89%
	2022	122	0	125	97.60%
北交所	2020	51	0	55	92.73%
	2021	34	0	37	91.89%
	2022	109	2	113	96.46%

2020年以来（如表1-15所示），各板块上市企业数量较以往年度均有所增加，2021年度上市企业数量为近几年最高，创业板、科创板上市企业数量明显增多。2022年度，北交所上市企业数量大于以前年度的总和，其余板块上市企业数量有所回落。

表 1-15　2019—2022 年上市企业数量

单位：家

板块	2019 年	2020 年	2021 年	2022 年
主板	79	142	120	71
创业板	52	107	199	150
科创板	70	145	162	124
北交所	0	41	41	83
合计	201	435	522	428

第 2 章　创业板 IPO 情况

2022 年，创业板全年发行上市企业共 148 家，募资总额达 1 796.36 亿元，其中小市值公司占据主导地位。在发行方面，发行市盈率有所上升，募资总额大幅上涨。展望未来，第三套上市标准被"激活"，创业板向未盈利企业敞开大门，成长型与创新型企业迎来上市红利期。

创业板 IPO 企业总体情况

2020 年 8 月 24 日，创业板改革并试点注册制平稳落地，改革后的创业板进一步健全支持创新的市场体系，聚焦先进制造、数字经济、绿色低碳等重点领域，服务战略性新兴产业和高新技术企业，为我国经济高质量发展注入新动能。万得数据统计，按照上市日期口径，如图 2–1 和图 2–2 所示，2022 年创业板全年发行上市企业共 148 家（不含转板上市的翰博高新和泰祥股份），募资总额达 1 796.36 亿元，2014—2022 年募资总额年复合增长率达 27%。尽管 2022 年创业板上市企业数量比 2021 年（199 家）减少 25.63%，但是募资总额比 2021 年（1 475.11 亿元）增长 21.78%。分月来看，2022 年度创业板每月发行上市企业数量分别为：14 家（1 月）、6 家（2 月）、6 家（3 月）、16 家（4 月）、5 家（5 月）、11 家（6 月）、9 家（7 月）、

19家（8月）、20家（9月）、7家（10月）、16家（11月）、9家（12月）。其中，三季度为上市高峰期。

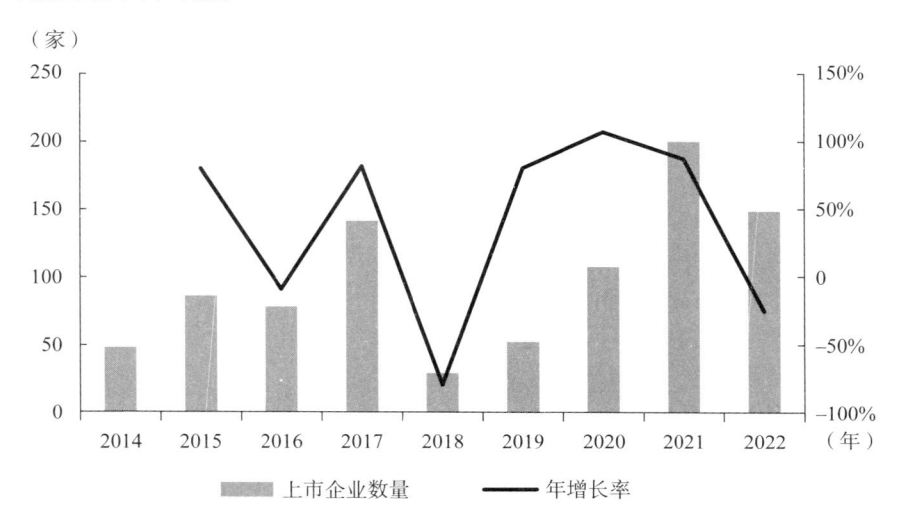

图2-1 2014—2022年创业板上市企业数量及同比增速情况

数据来源：万得，东吴证券研究所。

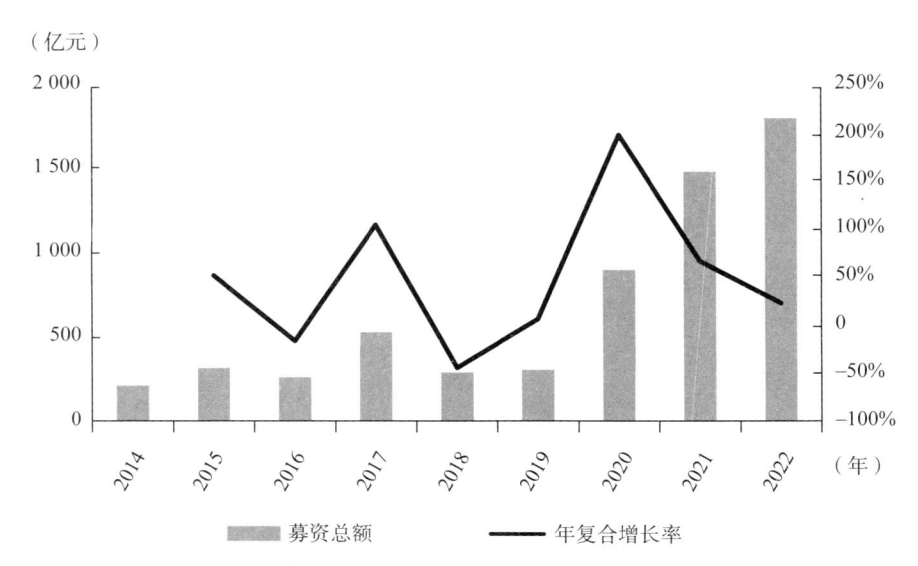

图2-2 2014—2022年创业板上市企业募资总额及同比增速情况

数据来源：万得，东吴证券研究所。

企业上市首年业绩及二级市场表现

一、经营业绩稳步增长

2022年，创业板上市的148家企业，平均实现营业收入15.07亿元，同比增长11.41%；平均实现归母净利润1.43亿元，同比下降7.24%。在营收方面，2020—2022年，超过八成企业营收年复合增长率大于0，9家企业年复合增长率超过50%，如瑞泰新材（83.85%）、信德新材（82.30%）、华宝新能（73.02%）等。在2022年创业板上市企业中，营收为5亿~15亿元的共75家，占比约50%；41家企业的营收不超过5亿元，占比27.70%；16家企业营收超过25亿元，占比10.81%，对148家创业板上市企业总营收的贡献率达51.53%。在归母净利润方面，2022年创业板上市的148家企业均实现盈利，其中24家企业2022年归母净利润在5 000万元以下，相比于2021年（1家）增加23家，归母净利润在0.5亿~1亿元、1亿~2亿元、2亿~10亿元的企业分别为43家、59家、22家，占比分别为29.05%、39.86%、14.86%。

2022年12月30日深交所出台《创业板企业发行上市申报及推荐暂行规定（2022年修订）》，明确创业板定位把握的具体标准。围绕创新性和成长性两个维度，从研发投入复合增长率、研发投入金额、营业收入复合增长率等方面，设置符合准确把握创业板定位实际需要的具体衡量指标，这有利于更好地服务创新驱动发展战略，吸引更多优质创新创业企业到创业板发行上市。具体来看，深交所支持和鼓励符合下列标准之一的成长型创新创业企业在创业板申报发行上市：（1）最近3年研发投入复合增长率不低于15%，最近1年研发投入金额不低于1 000万元，且最近3年营业收入复合增长率不低于20%；（2）最近3年累计研发投入金额不低于5 000万元，且最近3年营业收入复合增长率不低于20%；（3）属于制造业优化升级、现代服务业或者数字经济等现代产业体系领域，且最近3年营业收入复合增长率不低于30%。

根据万得的统计，2023年一季度，2022年在创业板上市的公司的研发投入合计超过26亿元，平均每家上市公司的研发投入约为0.18亿元，研发投入占营业收入的平均比重为1.18%，超过20%的企业的研发支出占营收比重大于10%。其中，锐捷网络、软通动力、华大九天的研发投入均超过1亿元，分别为4.38亿元、2.64

亿元、1.49亿元，研发支出占营收比重分别为20.3%、6.3%、92.6%。研发人员方面，创业板作为研发投入高地，其背后离不开高层次创新人才的快速聚集和有力支撑。2022年创业板上市的148家企业中，研发人员合计近4万人，平均每家企业的研发人员约有269人，研发人员占员工总数的比重均值接近20%，其中24家企业的研发人员占比超过30%。

二、以中小市值企业为主

截至2023年6月19日，2022年创业板上市的148家企业的总市值为10 036.07亿元，其中90家企业的市值在50亿元以下，占比约为60%，市值在50亿~100亿元、100亿~500亿元的企业分别为36家、21家，占比分别约为24%、14%。市值超过500亿元的仅华大九天1家，作为电子设计自动化（EDA）软件公司，其市值达到658.64亿元，中国电子集团是其大股东。华大九天并非"EDA第一股"，2021年12月，概伦电子在科创板挂牌上市，摘下"EDA第一股"的桂冠，但华大九天的市值和首日涨幅均为当时概伦电子的两倍。

在2022年创业板上市的企业中，市值在50亿元以下、50亿~100亿元、100亿元以上的企业分别合计实现营业收入698.6亿元、752.4亿元、801.1亿元，在148家企业中所占比重分别为30.91%、33.29%、35.44%，平均营业收入分别为7.8亿元、20.9亿元、38.1亿元；不同市值的三类企业分别合计实现归母净利润为79.7亿元、61.5亿元、71.1亿元，在148家企业中所占比重分别为37.20%、28.73%、33.20%。2022年市值在50亿元以下、50亿~100亿元、100亿元以上的三类企业平均利润分别为0.9亿元、1.7亿元、3.4亿元。唯一一家市值在500亿元以上的企业是华大九天，其营业收入、净利润三年复合增长率均超过30%。

三、上市标准多元化

创业板改革并试点注册制后，取消了"不存在未弥补亏损"的要求，拟上市企业可视自身情况，如表2-1所示，灵活适用"预计市值＋净利润＋营业收入"或"预计市值＋营业收入"等上市条件。2022年，创业板共上市148家企业，其中有141家企业选择了创业板上市标准一，占比高达95.27%，7家企业选择标准二，占比为4.73%，其他标准暂无企业过会。

创业板上市标准一要求企业最近2年净利润均为正，且累计净利润不低于5 000万元。与科创板上市标准一相比，创业板标准一直接去掉了市值不低于10亿元的要求，这为净利润最近2年为正且累计超过5 000万元却市值低的企业带来了上市机遇，也充分显示了创业板对成长型创新创业企业的支持。

标准二弥补了标准一对净利润的要求，要求企业预计市值不低于10亿元，最近1年净利润为正且营业收入不低于1亿元。标准二在净利润为正的情况下，考察市值和收入，更加凸显注册制的特点。例如华大九天，从财务指标来看，2018—2020年，华大九天营业收入分别为1.51亿元、2.57亿元和4.15亿元，年复合增长率为65.86%；同期净利润分别为4 851.94万元、5 715.77万元和1.04亿元，同期扣除非经常性损益后归属于母公司股东的净利润分别为1 723.89万元、1 269.41万元和4 012.99万元，各期税收优惠和来自政府的补助收入占净利润的比例均在60%以上，利润依赖政府补贴。因此，标准二既在运营能力方面设置了一定的门槛，即要求净利润为正，又给发行人的盈利能力留有一定空间。同时，标准二为前期需要大量研发投入的企业带来机遇，如华大九天和广立微，2022年其研发支出占营业收入的比重分别高达92.6%和190.4%。

2023年2月17日，中国证监会发布全面实行股票发行注册制相关制度规则，统一了各市场板块注册制安排，清晰呈现四大板块的市场定位，使得不同规模、不同行业以及处于不同发展阶段的优质企业可以选择合适的发行上市板块，构建多样化的融资方式。其中，创业板上市标准方面的主要变化有：（1）根据《关于未盈利企业在创业板上市相关事宜的通知》，对于"先进制造、互联网、大数据、云计算、人工智能、生物医药等高新技术产业和战略性新兴产业的创新创业企业"，可适用创业板"市值+收入"的上市标准，这也意味着符合条件的未盈利企业在创业板上市的政策将正式实施；（2）创业板红筹企业标准将此前"最近一年净利润为正"的要求删除；（3）红筹企业上市标准最主要的变化在于将之前散布于多个文件中的制度进行整合，统一主板、科创板、创业板红筹企业的上市标准；（4）对于具有表决权差异安排的企业，创业板删除"最近一年净利润为正"的要求，科创板与创业板的上市标准一致，主板上市标准高于科创板与创业板。

表 2-1 创业板与科创板 IPO 财务指标对比

企业类型	财务指标（满足任意一套标准即可）	科创板	创业板
一般企业	标准一	市值+净利润	净利润
		预计市值≥10 亿元	最近 2 年净利润均为正
		最近 2 年净利润为正且累计≥5 000 万元	累计净利润≥5 000 万元
	标准二	市值+净利润+收入	市值+净利润+收入
		预计市值≥10 亿元；最近 1 年净利润为正；最近 1 年营业收入≥1 亿元	预计市值≥10 亿元；最近 1 年净利润为正；最近 1 年营业收入≥1 亿元
	市值+收入+现金流	预计市值≥20 亿元	—
		最近 1 年营业收入≥3 亿元	—
		最近 3 年经营活动现金流量净额累计≥1 亿元	
	市值+收入+研发投入	预计市值≥15 亿元；最近 1 年营业收入≥2 亿元；最近 3 年研发投入占营业收入≥15%	—
	市值+收入	预计市值≥30 亿元	预计市值≥50 亿元；最近 1 年营业收入≥3 亿元（仅适用于先进制造、互联网、大数据、云计算、人工智能、生物医药等高新技术产业和战略性新兴产业的创新创业企业）
		最近 1 年营业收入≥3 亿元	
	市值+技术优势	预计市值≥40 亿元	—
		具备明显的技术优势或产品优势	
已在境外上市的红筹企业	市值	预计市值≥2 000 亿元	
	市值+技术优势	预计市值≥200 亿元	
		拥有自主研发、国际领先技术，在同行业竞争中处于相对优势地位	
未在境外上市的红筹企业	市值+收入	预计市值≥200 亿元	
		最近 1 年营业收入≥30 亿元	
	市值+收入增长+技术优势	预计市值≥100 亿元；营业收入快速增长；拥有自主研发、国际领先技术，在同行业竞争中处于相对优势地位	
	市值+收入+收入增长+技术优势	预计市值≥50 亿元；最近 1 年营业收入≥5 亿元；营业收入快速增长；拥有自主研发、国际领先技术，在同行业竞争中处于相对优势地位	

(续表)

企业类型	财务指标（满足任意一套标准即可）	科创板	创业板
具有表决权差异安排的企业	市值	预计市值≥100亿元	
	市值+收入	预计市值≥50亿元；最近1年营业收入≥5亿元	

发行与上市分析

一、中介机构

2022年全年，共有34家保荐机构承担了148家创业板上市企业的保荐业务，从IPO上市项目数量来看，排名前三的是中信证券（17家）、中信建投证券（13家）和华泰联合证券（13家），排名前三的保荐机构项目量占比为29%；共有22家会计师事务所承担了148家创业板上市企业的审计工作，排名前三的分别是天健会计师事务所（34家）、立信会计师事务所（20家）和容诚会计师事务所（18家），排名前三的会计师事务所项目量占比为49%；共有38家律师事务所承担了法律服务，排名前三的分别是北京市中伦律师事务所（21家）、北京国枫律师事务所（13家）、锦天城律师事务所（13家），排名前三的律师事务所项目量占比为32%。

二、审核流程

由于创业板的独特定位以及法律法规对创业板公司的属性要求，在创业板全面注册制下，深交所对发行人进行严格的审核，认为发行人符合发行条件、上市条件和信息披露要求的，将审核意见、发行上市申请文件及相关审核资料报中国证监会注册；认为发行人不符合发行条件、上市条件或信息披露要求的，做出终止发行上市审核的决定。最后，证监会对发行人的注册申请做出予以注册或者不予注册的决定。创业板注册制交易所具体审核流程有如下几方面：（1）提交申请。（2）受理申请：深交所收到发行上市申请文件后5个工作日内，做出是否受理的决定。申请文件不符合深交所要求的，应当在30个工作日内补正。（3）审核问询：深交所受理之日起20个工作日内，提出首轮审核问询；需要再次问询的，在收到回复后10个工作日内发出。（4）上市委审议：参会委员通过合议形成审议意见。深交所结合上市委的审议意见，出具发行人符合发行条件、上市条件和信息披露要求的审核意见或做出终止发行上市审核的决定。（5）证监会注册：审核通过的，深交所向中国证监会报送审核意见及相关申请文件。中国证监会在 20 个工作日内对发行人的注册申请做出予以注册或不予注册的决定。（6）发行上市：中国证监会予以注册的决定自做出之日起 1 年内有效，发行人可在决定有效期内自主选择发行时点。

受益于注册制改革，2020 年度为创业板 IPO 受理大年。随着板块定位趋严和执业质量要求的提高，2021 年度注册制板块受理数量大幅减少，共减少 211 家，减少比例为 44%。2022 年度创业板受理数量进一步减少至 229 家。2022 年，A 股创业板过会/上市委通过 208 家，同比减少 6%。各板块中，创业板上市委通过数量最多，占 A 股整体比例为 39.5%，2022 年创业板过会/上市委通过率为 90.4%，在各板块中排名第二，仅次于科创板（93.8%）；创业板领取批文 141 家，在各板块中数量最多；未注册通过项目 6 家，比 2021 年（7 家）减少 1 家。

就审核周期而言，2022 年创业板审核周期有所延长。2022 年创业板平均审核周期（受理至上市）延长至 537 天，同比增加 48 天，其中从受理到上市最快的企业是大族数控（284 天），耗时最长的是星源卓镁（870 天）。从各审核阶段的排队时间来看，从受理至过会平均天数为 303 天，其中最快的是华大九天（73 天），最慢的是卓创资讯（637 天）；从过会至领取批文平均天数为 182 天，其中最快的是川宁生物（75 天），最慢的是挖金客（659 天）；从领取批文至上市平均天数为 52 天，其中最快的是快可电子（22 天），最慢的是天益医疗（113 天）。

三、战略配售及跟投

如表 2-2 和表 2-3 所示，创业板关于战略投资者的要求与科创板基本一致，在对象数量等方面的要求上更为简单。相较于其他板块，创业板对战略投资者的界定较为简单，没有关于"与发行人经营业务具有战略合作关系或长期合作愿景、具有长期投资意愿的大型保险公司或国家级大型投资基金、公募封闭战配基金、高管与核心员工专项资管计划"的硬性要求，仅要求"具有较强资金实力，认可发行人长期投资价值，愿意持有发行人首次公开发行证券 12 个月以上"。参与发行人战略配售的投资者主要包括：（1）与发行人经营业务具有战略合作关系或长期合作愿景的大型企业或其下属企业；（2）具有长期投资意愿的大型保险公司或其下属企业、国家级大型投资基金或其下属企业；（3）以公开募集方式设立，主要投资策略包括投资战略配售证券，且以封闭方式运作的证券投资基金；（4）实施跟投的，保荐机构依法设立的另类投资子公司或者实际控制该保荐机构的证券公司依法设立的另类投资子公司（以下简称"保荐机构相关子公司"）；（5）发行人的高级管理人员与核心员工设立的专项资产管理计划；（6）符合法律法规、业务规则规定的其他战略投资者。

表 2-2　创业板关于战略投资者的要求

战略配售要求	具体内容
对象数量	战略投资者原则上不超过 35 名，战略配售证券占本次公开发行证券数量的比例应当符合交易所规定
价格	参与战略配售的投资者应当按照最终确定的发行价格认购其承诺认购数量的证券
资金性质	参与战略配售的投资者应当使用自有资金认购，不得接受他人委托或者委托他人参与配售，但依法设立并符合特定投资目的的证券投资基金等除外
锁定期	战略投资者应当承诺自本次发行的证券上市之日起持有获得配售的证券不少于 12 个月。发行人和主承销商可以根据战略投资者的资质、长期战略合作关系等，对战略投资者配售证券设置不同的限售期
与网上网下关系	发行人的高级管理人员与核心员工可以通过设立资产管理计划参与本次发行战略配售，该资产管理计划获配的证券数量不得超过本次公开发行证券数量的 10%，且应当承诺自本次公开发行的证券上市之日起持有配售证券不少于 12 个月

数据来源：深交所，东吴证券研究所。

表 2-3　创业板战略配售规则

	相关规则
适用条件	自主决定
配售比例	1. 首发数量不足 1 亿股，战略配售不超过 20%； 2. 首发数量超过 1 亿股，战略配售原则上不超过 30%，超过需说明
战略投资者数量	1. 首发数量不足 1 亿股，不超过 10 名； 2. 首发数量 1 亿~4 亿股，不超过 20 名； 3. 首发数量超过 4 亿股，不超过 30 名
锁定期	12 个月

数据来源：深交所，东吴证券研究所。

创业板施行注册制后，试行保荐机构相关子公司跟投制度，如表 2-4 所示，不再要求券商对其保荐的所有项目进行强制跟投。发行人如属于以下情形的，其保荐机构依法设立的相关子公司或者实际控制该保荐机构的证券公司依法设立的其他相关子公司应当参与公开发行战略配售，并对获配证券设定限售期。具体情形如下：一是"发行定价高于四个值孰低"的企业，即对于发行定价超过网下投资者有效报价的中位数和加权平均数，以及五类中长线资金（公募基金、社保基金、养老基金、企业年金基金和保险资金）有效报价的中位数和加权平均数四个值孰低值的企业；二是未盈利、存在表决权差异安排、红筹等三类企业，因这三类企业属于创业板改革后新增上市类型，其商业模式、管理模式、股权结构及风险因素等与以往存在差异，对这三类企业实施强制跟投。不要求全面跟投，而是要求券商对风险更高或者特殊类型的企业进行强制跟投，这既保证了跟投制度的约束力，也可以不让券商一刀切地在所有项目上耗费资本金，从而使监管层、市场和中介机构都更易于接受。

表 2-4 创业板保荐机构相关子公司跟投规则

跟投要求	具体内容
企业要求	①"发行定价高于四个值孰低"的企业； ②未盈利企业、存在表决权差异安排企业以及红筹企业
数量	按照证券发行价格认购发行人首次公开发行证券数量 2% 至 5% 的证券，具体比例根据发行人首次公开发行证券的规模分档确定： ①发行规模不足 10 亿元的，跟投比例为 5%，但不超过人民币 4 000 万元； ②发行规模 10 亿元以上、不足 20 亿元的，跟投比例为 4%，但不超过人民币 6 000 万元； ③发行规模 20 亿元以上、不足 50 亿元的，跟投比例为 3%，但不超过人民币 1 亿元； ④发行规模 50 亿元以上的，跟投比例为 2%，但不超过人民币 10 亿元
锁定期	参与配售的保荐机构相关子公司应当承诺获得本次配售的股票持有期限为自发行人首次公开发行并上市之日起 24 个月

数据来源：深交所，东吴证券研究所。

2022 年创业板 IPO 有员工跟投的公司占比为 33.1%，同比增长 8.5%，员工跟投获配股份数占发行股份总数的比例为 6.7%。2022 年创业板有 4 个券商跟投项目，在整体中占比为 2.8%，券商跟投获配股份数占发行股份总数的比例为 4.2%，项目数占比和平均获配份额均微幅下滑。2022 年创业板实施外部跟投数量占比为 10.3%，同比上涨 4.3%，外部跟投的获配股份数占发行股份总数的比例回落至 10.3%，较

2021年减少4.2%。

四、发行市盈率与募资额"双高"

2021年A股整体投资收益良好，引发了资金在年底的认购热潮，虽然2022年A股整体投资收益出现下滑，诱发资金撤离，估值水平有所下降，但A股整体的发行估值相对2021年仍有所抬升，其中创业板发行市盈率提升明显。

2022年A股新股发行市盈率平均值为51.69倍，同比增长42%，为近10年来新高。如图2-3所示，2022年创业板新股发行市盈率平均值较2021年同期提高63.23%，科创板、北交所、沪市主板、深市主板较2021年同期分别提高63.21%、提高8.31%、提高4.41%、下降4.16%。其中，科创板、创业板、北交所、沪市主板、深市主板的新股发行市盈率平均值分别为101.21倍、48.38倍、22.4倍、22.17倍、21.94倍，创业板的新股发行市盈率平均值已接近50倍。如图2-4所示（共统计141家），发行市盈率低于50倍的上市企业共有106家，占比71.6%，33家企业发行市盈率在50倍至100倍之间，占比22.3%，共2家企业发行市盈率超过100倍。首发市盈率最高的企业华大九天（333.39倍），创造了2009年创业板开板以来发行市盈率新的纪录。根据华大九天的发行公告，其可比上市公司的市盈率平均值为207.8倍。在华大九天之前，发行市盈率最高的是2022年1月份上市的铜冠铜箔，为249.03倍。根据招股书，铜冠铜箔预计其2021年扣非归母净利润为3.398 5亿元，以此计算2021年度每股收益=扣非归母净利润（3.398 5亿元）/发行后总股本（8.29亿股）≈0.41元，据此计算出其市盈率为42.12倍，接近于同行嘉元科技（37.41倍）、超华科技（34.57倍）的发行市盈率平均值（35.99倍），高于截至2022年1月13日（T-3日）可比公司2020年平均市盈率和中证指数有限公司2022年1月13日发布的行业最近一个月静态平均市盈率（49.39倍），铜冠铜箔也在发行公告中提示了市盈率过高的风险。首发市盈率最低的是联合化学（18.93倍），没超过可比公司2021年扣非后静态市盈率的算术平均值24.39倍［截至2022年8月10日（T-3日）］，没超过中证指数有限公司发布的"（C26）化学原料和化学制品制造业"最近一个月静态平均市盈率19.07倍［截至2022年8月10日（T-3日）］。

此外，募资总额大幅上涨，超过九成企业募资5亿元以上。2022年度创业板上市公司IPO合计募资总额1 796.36亿元，较2021年度募资1 475.11亿元增长21.78%。其中，2家企业（华宝新能和腾远钴业）拟募集资金超过50亿元，69家企业募资总额超过10亿元，65家企业募资总额在5亿元至10亿元之间，募资5亿元以下的企业数量最少，仅14家，占比不足10%。

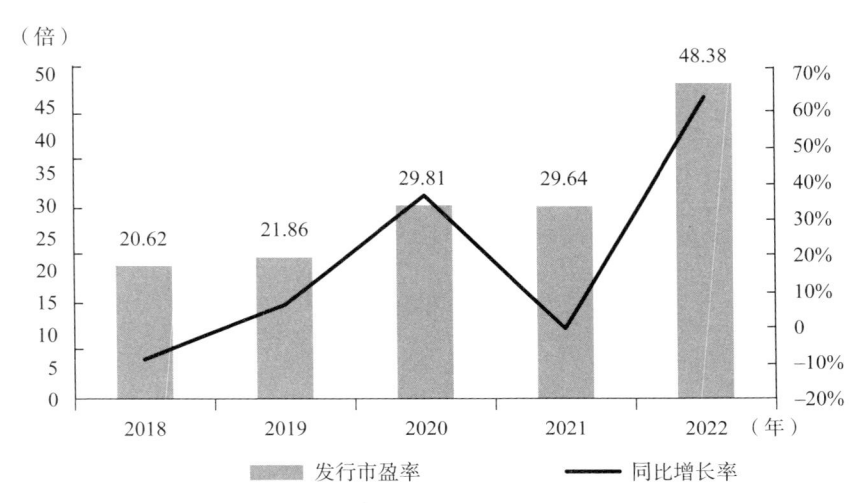

图2-3 2018—2022年创业板发行市盈率平均值变化

数据来源：万得，东吴证券研究所。

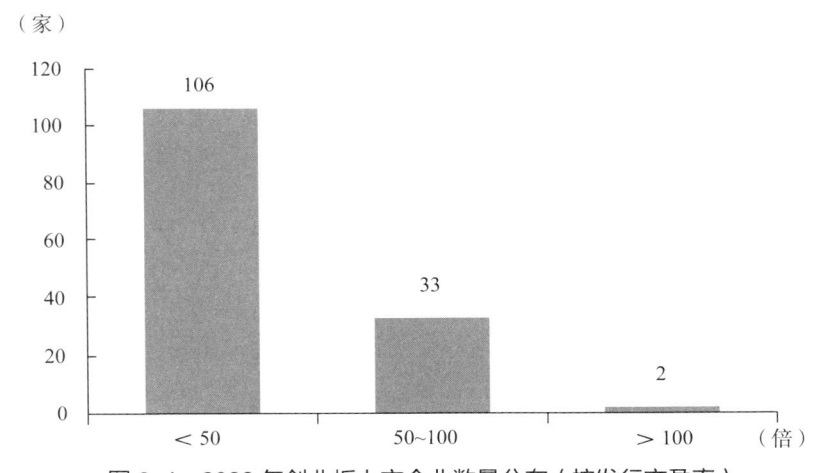

图2-4 2022年创业板上市企业数量分布（按发行市盈率）

数据来源：万得，东吴证券研究所。

随着注册制在创业板落地，上市制度进一步完善，这不仅吸引了一批高质量创新型企业涌入，还掀起了一轮新的募资热潮，多家公司 IPO 上市募集资金出现超过原计划募资的现象。2022 年创业板共有 133 家公司 IPO 上市募集资金出现超过原计划募资的情况，合计超募资金 624.86 亿元。同时，有 15 家公司 IPO 上市募集资金超过原计划募资 10 亿元。超募资金最多的是华宝新能，其招股说明书显示，公司预计募集资金 9.10 亿元，分别用于便携储能产品扩产项目、研发中心建设项目、品牌数据中心建设项目、补充流动资金，最终发行募集资金总额为 58.29 亿元，扣除发行费用后募集资金净额为 55.95 亿元，最终募集资金净额较原计划多 49.18 亿元。

2022 年创业板共有 15 家公司 IPO 上市募集资金出现低于原计划募资的情况，占比 10.14%，合计少募资 20.12 亿元。其中，益客食品 IPO 募资最不及预期，其首次公开发行募集资金总额为 5.12 亿元，扣除发行费用后募集资金净额为 4.44 亿元，最终募集资金净额比原计划少 6.16 亿元。侨源股份发行募集资金总额为 6.77 亿元，募集资金净额为 6.26 亿元，最终募集资金净额比原计划少 3.74 亿元。

"询价新规"实施以前，如果新股发行定价超出"四数孰低值"，就要发布一次以上的投资风险特别公告，并按超过比例往后延迟发行时间。发行人与承销商为了能够尽早发行，一般都会令发行定价低于"四数孰低值"[①]，这最终往往导致定价偏低。之后，"询价新规"取消了新股定价突破"四数孰低值"时需延迟发行的要求，优化了定价机制安排，促进买卖双方博弈更加均衡。"询价新规"实施后，注册制新股的定价中枢有所上升，有效缓解了新股定价偏低、"抱团报价"等问题。2021 年创业板发行价高于"四数孰低值"的公司占比由 0 上涨至 6.3%，2022 年这一比例回落至 3.3%，同时，发行价低于"四数孰低值"的公司增加至 68 家，占比为 45.95%，显著高于 2020 年和 2021 年。

五、上市首日破发企业数量增加

如图 2–5 所示，2022 年创业板首日破发企业数量为 30 家，首日破发率为 20.3%，同比上涨 17.3 个百分点，平均每 5 只新股中便有 1 只破发。相较于 2020 年全年无

---

① 低于"四数孰低值"为"发行价小于四数孰低值向下取整保留两位小数"；高于"四数孰低值"，同理。

创业板新股上市首日破发的历史，继 2021 年 9 月"询价新规"落地之后，首日破发的发生频次明显增加，这一方面与 2022 年 A 股市场行情不佳有关，另一方面也与注册制实施以来新股定价进一步市场化有关。随着新股首发定价更加市场化，打新稳赚不赔已成为历史，投资者对新股的申购也更加理智。2022 年创业板破发的企业中，16 家企业首日跌幅超过 10%，其中，中一科技上市首日跌幅最大。中一科技主要从事各类单、双面光高性能电解铜箔系列产品的研发、生产与销售，电解铜箔是锂离子电池、覆铜板和印制电路板制造的重要材料，中一科技的主要客户为宁德时代。其上市发行价为 163.56 元/股，发行市盈率为 91.57 倍，远高于行业市盈率 39.7 倍，叠加当时新股市场投资情绪整体偏冷，中一科技开盘即破发，首日跌幅 24.62%。

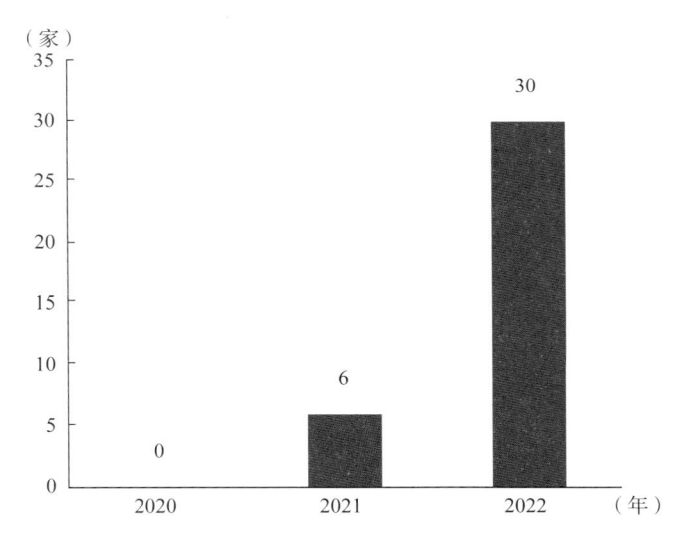

图 2-5　2020—2022 年创业板首日破发企业数量情况

我国创业板 IPO 抑价率与股票市场整体走势之间存在一定的相关性。在市场低迷时期，如 2008 年以后，受全球性金融危机的影响，我国股市经历了较为漫长的低迷时期，同时，创业板市场的 IPO 抑价程度也处于低位，直到 2014 年股市复苏，伴随着股市行情的走高，创业板 IPO 抑价程度也同步开始上升，直至 2015 年股灾后，股市重归理性，IPO 抑价程度开始持续回落。至 2019 年，股市回暖，创业板 IPO 抑价程度又出现小幅上升。2020—2022 年创业板 IPO 平均抑价率（首日收盘均

价 / 平均发行价格 –1）分别为 117%、131%、31%，2022 年创业板上市的企业 IPO 抑价程度大幅回落。其中，抑价幅度为 5%~50% 的公司有 68 家，占比为 46.0%；抑价幅度为 50%~100% 的公司有 30 家，占比为 20.3%；抑价幅度超过 100% 的企业有 19 家，占比为 12.8%。5 家企业抑价率不低于 200%，分别是快可电子（267%）、慧博云通（255%）、纽泰格（222%）、益客食品（212%）和中汽股份（200%）。

低价发行的股票破发率低。2022 年创业板发行价格低于 20 元 / 股的新股在上市首日均未破发，发行价在 10 元 / 股以下的首日涨跌幅最高。发行价在 20 元 / 股以下的企业，其破发率为 0；发行价在 50~100 元 / 股的企业，其破发率最高，为 41.4%；发行价在 100 元 / 股以上的企业，其破发率为 33.3%。在首日涨跌幅方面，发行价 10 元 / 股以下的最高，其次是发行价在 10~20 元 / 股的企业。

上市时自由流通市值小的企业破发率低。2022 年创业板破发新股组的平均自由流通市值高于未破发新股组，自由流通市值低于 5 亿元的均未破发。此外，自由流通市值在 10 亿元以上、5 亿~10 亿元的新股的破发率分别为 37.5%、12.2%。

创业板定位与上市条件

一、创业板定位

符合创业板定位的企业应属于契合"三创四新"的成长型创新创业企业，以成长性与创新性为关键。如表 2–5 所示，结合相关法律法规的表述，创业板上市企业须满足以下条件：

（1）"三创四新"的成长型创新创业企业。创业板深入贯彻创新驱动发展战略，适应发展更多依靠创新、创造、创意的大趋势，主要服务成长型创新创业企业，支持传统产业与新技术、新产业、新业态、新模式深度融合。

（2）负面清单：传统行业原则上不支持申报创业板上市。属于上市公司行业分类相关规定中下列行业的企业，原则上不支持其申报在创业板发行上市，主要包括：农林牧渔业，采矿业，酒、饮料和精制茶制造业，纺织业，黑色金属冶炼和压延加工业，电力、热力、燃气及水生产和供应业，建筑业，交通运输、仓储和邮政业，住宿和餐饮业，金融业，房地产业，居民服务、修理和其他服务业。

表 2-5 创业板定位相关法律法规

法规	发布时间	要求
《创业板首次公开发行股票注册管理办法（试行）》	2020年6月12日	第三条 发行人申请首次公开发行股票并在创业板上市，应当符合创业板定位。创业板深入贯彻创新驱动发展战略，适应发展更多依靠创新、创造、创意的大趋势，主要服务成长型创新创业企业，支持传统产业与新技术、新产业、新业态、新模式深度融合
《深圳证券交易所创业板股票发行上市审核规则》	2020年6月12日	第三条 发行人申请股票首次发行上市，应当符合创业板定位。创业板深入贯彻创新驱动发展战略，适应发展更多依靠创新、创造、创意的大趋势，主要服务成长型创新创业企业，支持传统产业与新技术、新产业、新业态、新模式深度融合
《深圳证券交易所创业板股票发行上市审核规则》	2020年6月12日	第五条 深交所发行上市审核基于创业板定位，重点关注并判断下列事项：（一）发行人是否符合中国证监会规定的创业板股票发行条件；（二）发行人是否符合本所规定的创业板股票上市条件；（三）发行人的信息披露是否符合中国证监会和本所要求
《深圳证券交易所创业板股票发行上市审核规则》	2020年6月12日	第十九条 发行人应当结合创业板定位，就是否符合相关行业范围、依靠创新、创造、创意开展生产经营，具有成长性等事项，进行审慎评估；保荐人应当就发行人是否符合创业板定位进行专业判断，并出具专项说明。本所在发行上市审核中，将关注发行人的评估是否客观，保荐人的判断是否合理，并可以根据需要就发行人是否符合创业板定位，向本所设立的行业咨询专家库专家提出咨询
《深圳证券交易所创业板企业发行上市申报及推荐暂行规定（2022年修订）》	2022年12月30日	第二条 创业板定位于深入贯彻创新驱动发展战略，适应发展更多依靠创新、创造、创意的大趋势，主要服务成长型创新创业企业，并支持传统产业与新技术、新产业、新业态、新模式深度融合
《深圳证券交易所创业板企业发行上市申报及推荐暂行规定（2022年修订）》	2022年12月30日	第五条 属于上市公司行业分类相关规定中下列行业的企业，原则上不支持其申报在创业板发行上市，但与互联网、大数据、云计算、自动化、人工智能、新能源等新技术、新产业、新业态、新模式深度融合的创新创业企业除外：（一）农林牧渔业；（二）采矿业；（三）酒、饮料和精制茶制造业；（四）纺织业；（五）黑色金属冶炼和压延加工业；（六）电力、热力、燃气及水生产和供应业；（七）建筑业；（八）交通运输、仓储和邮政业；（九）住宿和餐饮业；（十）金融业；（十一）房地产业；（十二）居民服务、修理和其他服务业。禁止产能过剩行业、《产业结构调整指导目录》中的淘汰类行业，以及从事学前教育、学科类培训、类金融业务的企业在创业板发行上市
《深圳证券交易所创业板企业发行上市申报及推荐暂行规定（2022年修订）》	2022年12月30日	第六条 本规定第五条第一款所列行业中与互联网、大数据、云计算、自动化、人工智能、新能源等新技术、新产业、新业态、新模式深度融合的创新创业企业，支持其申报在创业板发行上市。本所发行上市审核中，对按照前款规定申报的发行人的业务模式、核心技术、研发优势等情况予以重点关注，并可以根据需要向本所行业咨询专家库的专家进行咨询
		第十一条 本所可以根据国家经济发展战略、产业政策导向和创业板发展需要，对本规定第五条规定的行业进行调整

数据来源：万得，东吴证券研究所。

（3）例外规定：与"四新"结合的创新创业企业不受负面清单限制。负面清单所列行业中与互联网、大数据、云计算、自动化、人工智能、新能源等新技术、新产业、新业态、新模式深度融合的创新创业企业，支持其申报在创业板发行上市。

（4）动态调整：提升行业包容性。除"三创四新＋负面清单＋例外规定"的约束外，深交所可根据国家经济发展战略、产业政策导向和创业板发展需要调整负面清单。

二、行业体现新型战略特征

2020 年以来，深交所严格执行《深圳证券交易所创业板企业发行上市申报及推荐暂行规定（2022 年修订）》中的负面清单制度，限制农林牧渔、采矿、建筑等 12 个行业企业在创业板发行上市，同时禁止产能过剩行业、《产业结构调整指导目录》中的淘汰类行业，以及从事学前教育、学科类培训、类金融业务的企业在创业板发行上市，始终深入贯彻创新驱动发展战略，适应发展更多依靠创新、创造、创意的大趋势，主要服务成长型创新创业企业。2022 年创业板 IPO 行业分布情况表现为，生物医药、机械设备等新兴产业 IPO 募资活跃。从新上市企业数量来看，2022 年 IPO 登陆创业板的 148 家公司中，属于生物医药、机械设备、电子、计算机、基础化工、电力设备行业的企业数量分别为 21 家、20 家、19 家、18 家、14 家、14 家，合计占比达到 71.62%；从募资总额来看，计算机、生物医药、机械设备、基础化工、电子、电力设备行业的 IPO 募资总额分别为 258 亿元、254 亿元、227 亿元、206 亿元、185 亿元、177 亿元，合计占比达到 72.76%。

创业板以创为先，坚守板块定位，2022 年九大战略性新兴产业新上市公司数量及募资额占比接近 100%。近年来，创业板的科技创新特征日趋明显，以九大战略性新兴产业为支柱，坚持服务先进制造等重要领域，形成创新产业聚集的良好态势，体现出多层次资本市场对实体经济的推动作用。在当前阶段，资金加速涌向战略性新兴产业的趋势不减，进一步助推我国产业结构转型升级、构建现代化产业体系。2022 年在创业板新上市的 148 家企业中，九大战略性新兴产业公司数量达到 146 家（其中新一代信息技术、生物、新材料三大细分行业企业数量为 89 家），占比达到

98.65%；合计募资总额为 1 780 亿元（其中新一代信息技术、生物、新材料三大细分行业募资总额为 1 269 亿元），占比达到 99.09%。

机构参与战略配售积极度较高的公司多来自新兴产业。2022 年创业板合计发生 122 次首发战略配售，其中计算机、电子行业的公司配售参与次数显著超出其他行业，分别为 25 次、26 次，占比分别约 20%、21%。从具体的公司来看，华大九天、江波龙、软通动力、腾远钴业战配获得机构参与次数排名靠前，分别为 13 次、8 次、7 次、7 次，4 家企业分属计算机、电子、计算机、有色金属行业。

新兴产业的企业经营质量领先，IPO 排队时间相对较短。2022 年创业板新上市企业平均排队时长为 536 天，其中来自基础化工、机械设备、电子、计算机行业的平均排队时长分别为 488 天、489 天、493 天、506 天，显著小于其他行业，这在一定程度上说明来自新兴产业、经营及盈利能力突出、发展前景相对广阔的企业更容易通过审核。

2022 年创业板被否公司情况如表 2–6 所示。

表 2–6　2022 年创业板被否公司情况

序号	公司简称	被否决日期	审核关注点/被否原因
1	亚洲渔港	2022-02-18	创业板定位：发行人内部控制的有效性、会计基础规范性、信息披露的充分性
2	恒茂高科	2022-02-25	权属清晰情况，毛利率显著高于同行业可比公司的解释是否充分；关注资金流水账户核查是否完整及相关资金去向的解释是否合理
3	兴禾股份	2022-03-03	关注苹果公司前员工入股发行人的背景、入股价格公允性及后续退出的合理性；发行人苹果产业链收入和利润大幅下滑且与同行业可比公司存在差异，关注原因及合理性，对发行人持续经营能力是否构成重大不利影响
4	北农大	2022-03-17	发行人相关收入的真实性、会计基础的规范性、信息披露的准确性、内部控制的有效性、相关资金往来的原因及合理性
5	电旗股份	2022-03-23	发行人未能对劳务采购模式的合理性、相关供应商主要为发行人服务的合理性及规范性、劳务采购价格的公允性及劳务采购费的完整性做出合理充分的说明，在上述重大方面未能公允反映发行人的财务状况、经营成果和现金流量
6	九州风神	2022-03-29	外销收入增长的解释是否合理；业绩继续下滑，原材料采购成本的合理性，会计差错较多，涉及范围较广
7	红星美羚	2022-05-06	发行人管理层居间协调供应商向经销商借款，主要经销商客户发生重大变化

(续表)

序号	公司简称	被否决日期	审核关注点/被否原因
8	万香科技	2022-07-14	发行人实控人、时任高管、核心人员存在多次行贿行为且报告期内仍有发生，相关内控制度是否健全并有效执行，是否存在重大缺陷，能否合理保证公司合法合规
9	艺虹股份	2022-08-02	创业板定位，未能充分说明其"三创四新"特征，客户重大依赖；毛利率持续下滑，较同行业可比平均水平偏低
10	伟康医疗	2022-08-26	主营业务收入和净利润逐年下滑，是否具备业绩成长性；研发投入年复合增长率为负，研发投入占比低于同行业可比公司；核心技术是否具备创新性，企业创业板上市的定位合不合适
11	科拓股份	2022-08-30	毛利率大幅上升，部分业务原始单据不完整，固定资产折旧政策不谨慎，合同管理不规范，内控制度不健全
12	恒泰万博	2022-09-08	主营业务收入下滑，经营业绩的成长性及高毛利率的合理性
13	科莱瑞迪	2022-09-22	主营业务的成长性，创业板定位，经销模式，中介机构对收入核查的情况，政策对业务的影响
14	维嘉科技	2022-09-22	未决知识产权诉讼的情况，坏账准备计提的充分性，低价转让公司股权的合理性和真实性，实控人的股权属性清晰性存疑，发行人存在实控人多次占用公司资金的情况，财务内控制度执行的有效性
15	贝迪新材	2022-09-30	主营业务的成长性，创业板定位；股份代持，计提大额折旧
16	安天利信	2022-11-03	成长性，核心技术的先进性，业务创新性，创业板定位

三、2023年创业板IPO展望

第三套上市标准被"激活"，创业板向未盈利企业敞开大门。2023年2月17日，全面实行股票发行注册制相关制度规则发布实施。如表2-7所示，深交所发布《深圳证券交易所创业板股票上市规则（2023年8月修订）》及《关于未盈利企业在创业板上市相关事宜的通知》，"预计市值不低于50亿元，且最近一年营业收入不低于3亿元"的上市财务标准（第三套上市标准）正式启用，符合条件的未盈利企业可在创业板上市。与此同时，创业板上市标准取消了红筹企业及特殊股权结构企业上市净利润为正的财务指标要求。

事实上，在2020年创业板改革并试点注册制落地之初，创业板上市的包容度已大大增强，制定了"3+2"五套上市财务标准。但是考虑到市场实际情况，按照"稳中求进"原则，当时深交所对于第三套上市标准明确了暂不实施的过渡期安排。

创业板试点注册制实施两年多来，发行上市审核工作有序推进，市场运行总体平稳，市场结构和生态持续优化，创业板实施未盈利企业上市标准时机已经成熟。

表2-7 全面注册制实施前后创业板上市标准变化

			全面注册制实施前	全面注册制实施后
上市标准	财务指标	一般企业	市值及财务指标应当至少符合下列标准中的一项： （1）净利润标准：最近2年净利润均为正，且累计净利润不低于5 000万元； （2）"市值+净利润+营业收入"标准：预计市值不低于10亿元，最近1年净利润为正且营业收入不低于1亿元； （3）"市值+营业收入"标准：预计市值不低于50亿元，且最近1年营业收入不低于3亿元（过渡期，暂不实施）	市值及财务指标应当至少符合下列标准中的一项： （1）净利润标准：最近2年净利润均为正，且累积净利润不低于5 000万元； （2）"市值+净利润+营业收入"标准：预计市值不低于10亿元，最近1年净利润为正且营业收入不低于1亿元； （3）"市值+营业收入"标准：预计市值不低于50亿元，且最近1年营业收入不低于3亿元
		红筹企业	符合《国务院办公厅转发证监会关于开展创新企业境内发行股票或存托凭证试点若干意见的通知》相关规定且最近1年净利润为正的红筹企业，可以申请其股票或存托凭证在创业板上市。 营业收入快速增长，拥有自主研发、国际领先技术，同行业竞争中处于相对优势地位的尚未在境外上市红筹企业，申请在创业板上市的，市值及财务指标应当至少符合下列标准中的一项： （1）预计市值不低于100亿元，且最近1年净利润为正； （2）预计市值不低于50亿元，最近1年净利润为正且营业收入不低于5亿元	营业收入快速增长，拥有自主研发、国际领先技术，同行业竞争中处于相对优势地位的尚未在境外上市红筹企业，申请在创业板上市的，市值及财务指标应当至少符合下列标准中的一项： （一）预计市值不低于100亿元； （二）预计市值不低于50亿元，且最近1年营业收入不低于5亿元
		特殊股权结构企业	发行人具有表决权差异安排的，市值及财务指标应当至少符合下列标准中的一项： （1）预计市值不低于100亿元，且最近1年净利润为正； （2）预计市值不低于50亿元，最近1年净利润为正且营业收入不低于5亿元	应至少符合以下标准之一： （1）预计市值不低于100亿元； （2）预计市值不低于50亿元，且最近1年营业收入不低于5亿元
	审核制度		注册制	注册制
	定价机制		发行数量2 000万股（份）以下且无股东公开发售股份的，发行人和主承销商可以通过直接定价的方式确定发行价格。发行人尚未盈利的，应当通过向网下投资者询价方式确定发行价格	直接定价、询价

（续表）

		全面注册制实施前	全面注册制实施后
上市标准	战略配售	无明确规定	（1）发行证券数量不足1亿股的，参与战略配售的投资者数量应当不超过10名，战略配售证券的比例应当不超过20%； （2）发行证券数量1亿股以上的，参与战略配售的投资者数量应当不超过35名，其中发行证券数量1亿股以上，不足4亿股的，战略配售证券的比例应当不超过30%； （3）4亿股以上的，战略配售证券的比例应当不超过50%
	超额配售选择权	无明确规定	有超额配售权

数据来源：深交所，东吴证券研究所。

成长型企业有望通过直接融资获得长久发展动力，同时，战略性新兴产业有望进一步发展。允许未盈利企业登陆创业板，激活创业板第三套上市标准，这并非意味着创业板在要求上的放松。这是在总结实践经验的基础上，优化发行上市条件，拓宽优质的市场主体上市路径，完善多层次的资本市场结构。创业板向未盈利企业敞开大门，更加贴近市场实际，让真正有融资需求且值得投资者关注的创新创业企业能够进入资本市场，从而优化资本市场供给。同时，符合行业要求的企业，可以将融资投入技术研发、市场推广等方面，从而实现金融支持实体经济，有利于推动战略性新兴产业的发展。以纳斯达克为例，大量成长型科创企业在上市节点并未形成规模性利润，但成熟的技术推广应用之后，其成长速度惊人。比起传统企业，硬科技企业发展初期阶段需要更长久的资本投入支持。而引导未实现盈利的硬科技企业上市，有助于解决国内科技企业发展早期缺乏资金的巨大压力，可以给予它们成长所需的时间和资源。

创业板企业价值案例分析

一、华大九天

政策、资本双支持，国产EDA迎来东风。EDA的国产之路始于20世纪80年代。20世纪90年代初,中国第一款具有自主知识产权的EDA工具"熊猫"诞生,并获得多个国际大奖。但随后国外EDA厂商进入中国,在"造不如买"的思潮下,国内EDA产业陷入了十几年的沉寂。直到2008年国家"核高基"项目将EDA列入其中,国产EDA产业才重新焕发生机。同时,中兴、华为事件使人们意识到关键基础技术的重要性,资本市场也开始关注EDA行业。根据芯思想研究院数据,2020年EDA行业融资次数已经达到16次,远超2010年的1次。在国家政策与资本双重支持下,国产EDA厂商数量逐渐增多。根据芯思想研究院数据,2020年国内已有约49家EDA企业。在国产EDA厂商中,除华大九天可以提供全流程的EDA产品之外,其他厂商主要还是提供只服务于芯片设计生产某个或某几个小环节的点工具。

中国电子给予华大九天强产业链支持。华大九天第一大股东中国电子信息产业集团有限公司(简称"中国电子",CEC)是中央直接管理的国有重要骨干企业。CEC成功突破高端通用芯片、操作系统等关键核心技术,构建了兼容移动生态、与国际主流架构比肩的安全先进绿色的"PKS"自主计算体系。根据CEC官网数据,截至2021年底,中国电子拥有27家二级企业、17家上市公司、19余万名员工,实现全年营业收入2 710.1亿元。如表2-8所示,CEC旗下半导体企业众多,如飞腾、成都华微电子、澜起科技、中国振华等,这为华大九天的技术迭代和生态建设甚至是收购兼并提供了强有力的产业链支持。第二大股东大基金一期二期对半导体产业链从原材料到封装测试进行了全面投资,能够为华大九天的产品提供全产业链支持。

表2-8 CEC旗下主要芯片企业

CEC旗下主要芯片企业	主要业务
飞腾	国内领先的CPU芯片提供商,飞腾CPU产品具有谱系全、性能高、生态完善、自主化程度高等特点,截至2020年底,飞腾的生态伙伴数量已经超过1 600家
成都华微电子	以芯片设计为主,辅以电子应用产品开发、技术服务。公司具备90纳米CMOS、0.18微米Bi-cmos及BCD先进制程的数字模拟混合信号设计技术
澜起科技	国际领先的数据处理及互连芯片设计公司,致力于为云计算和人工智能领域提供高性能、低功耗的芯片解决方案,目前公司拥有互连类芯片和津逮®服务器平台两大产品线

（续表）

CEC 旗下 主要芯片企业	主要业务
中国振华	围绕基础元器件、集成电路、电子材料、应用开发四大业务
华大半导体	高性能模拟（ADC/DAC）、安全与智能卡解决方案、功率器件半导体、宽禁带半导体（SIC）、MCU（多点控制器）、特定应用产品
盛科网络	致力于 IP/以太网核心芯片及系统的自主研发

数据来源：深交所，东吴证券研究所。

公司已有优质的客户群体公司。芯片设计的先进工艺是设计厂商、EDA 软件厂商和晶圆厂共同努力的成果，拥有优质的客户群体能有力地推动 EDA 软件产品的迭代和完善。华大九天深耕 EDA 行业 13 年，技术国内领先，已经获得行业内较多客户的认可，与国内外主要集成电路设计企业、晶圆制造厂商建立了良好的业务合作基础，为公司软件的发展奠定了基础。

创始团队部分人员参与设计"熊猫"EDA，专业实力雄厚。EDA 行业对人才要求极高，需要优秀的复合型人才。华大九天部分创始团队曾参与设计了中国第一款具有自主知识产权的 EDA 工具"熊猫 ICCAD 系统"。"熊猫"EDA 系统从 1986 年开始研发，1993 年发布并获得国家科学技术进步一等奖，后来随着国外 EDA 三巨头进入中国，国产 EDA 行业发展变缓。但部分"熊猫"EDA 研发团队人员始终坚持不懈，耕耘于国产 EDA 领域，华大九天创始人刘伟强就是其中一员。2008 年 4 月，国家"核高基"专项进入实施阶段，EDA 领域迎来国家支持。借此契机，2009 年中国华大集成电路设计集团与国投高科将中国华大集成电路设计集团的 EDA 部门独立出来，成立了华大九天。

产品线国内最全，更能满足客户需求。华大九天能够提供模拟电路设计全流程 EDA 工具系统、数字电路设计 EDA 工具、平板显示电路设计全流程 EDA 工具系统和晶圆制造 EDA 工具，是目前国内产品矩阵最全的 EDA 公司。截至 2022 年 7 月，国内其他本土 EDA 企业难以提供全流程产品，只是在细分领域点工具上有部分竞争优势。基于客户往往会选择产品谱系更全的 EDA 供应商，华大九天优势明显。

模拟芯片设计工具从工艺上已满足大部分需求。华大九天各产品在国内技术方面处于领先地位，其中，模拟电路设计全流程 EDA 工具全部支持 28nm 工艺，电路仿真工具支持5nm。虽然部分工具与世界领先水平仍有一定差距，但模拟芯片更关注性能指标、可靠性和成本，因此通常采用更稳定的成熟工艺制程。目前大部分模拟芯片产品仍在使用28nm及以上的成熟工艺制程。因此，从工艺支持角度讲，公司模拟电路设计及验证工具已可以满足大部分模拟设计客户的制程需要。

数字设计EDA工具处于国际领先水平。虽然华大九天目前在数字芯片设计领域仅覆盖部分流程，但已发布的6款点工具软件中，有5款支持目前国际最先进的5nm量产工艺制程，处于国际领先水平。

平板显示电路设计EDA全流程覆盖，全球领先。平板显示电路设计与模拟电路的设计理念、设计过程和原则有一定相似性，华大九天基于已有模拟电路设计工具基础，结合平板显示电路设计的特点，开发了全球领先的平板显示电路设计全流程EDA工具，填补了国内平板设计EDA专业软件的空白。

从技术、人才和产业链等角度讲，华大九天未来有望成为国内最强、全球名列前茅的EDA厂商。

二、华厦眼科

立足厦门眼科中心，辐射全国。华厦眼科成立于2004年，是一家专注于各类眼科疾病诊疗的大型医疗连锁集团。10余年来，该公司由单体医院运营扩张为全国连锁医院，建立健全了覆盖白内障、屈光、眼底、斜弱视及小儿眼科、眼表、青光眼、眼眶和眼肿瘤、眼外伤八大亚专科及眼视光专科的全科诊疗服务体系。该公司于2010年12月通过控股上海和平眼科医院的方式在上海建立分院，由此正式开启了福建省外服务网络的建设工作。此后，公司通过自建和收购相结合的方式，持续加大建设力度。该公司以厦门眼科中心医院为基础，目前已在国内开设57家眼科专科医院及23家视光中心，覆盖17个省46个城市。医院数量与整体规模位居眼科专科医院连锁集团行业第二。

公司专家资源与科研学术驱动学科实力领先，已建立布局全国的眼科医院服务网络和医教研一体化储备人才梯队。公司眼科专家阵容强大，深耕眼科各亚专科及眼视光领域，汇聚了黎晓新、赵堪兴等具有国际影响力的眼科学界专家，此外，9名学科带头人均为中华医学会眼科分会委员。公司依托厦门眼科中心强化临床医疗资源，下属医院与厦门大学、北京大学战略合作进行人才培养、学术共建和临床研究等，成熟的"医教研"体系驱动眼科医学科研创新能力提升，同时为公司储备丰富的人才梯队。

股权结构集中，实控人经验丰富。董事长苏庆灿为公司实际控制人。作为公司掌舵人，苏庆灿深耕民营眼科服务行业多年，并先后担任厦门市社会医疗机构协会首任会长、中国非公立医疗机构协会眼科专业委员会副主任委员、中国健康促进基金会光明基金管委会副主任委员等职务，行业经验丰富。截至2023年一季度，苏庆灿及其一致行动人苏世华合计持有公司63%的股份，股权结构集中；公司共有6个员工持股平台，包括涵蔚投资、鸿浮投资、昊蕴投资、博凯投资、禄凯投资和颂胜投资，其合计持有公司19.12%的股份。

医保改革下精益高端医院优势凸显。眼科医疗需求旺盛，千亿市场保持快速增长。随着我国人口老龄化及居民生活方式改变等，我国已成为全球眼病患者最多的国家。弗若斯特沙利文预计，2025年我国屈光不正加白内障患者人数将达7.69亿；眼科诊疗需求持续增加。根据灼识咨询数据，预计2025年眼科医疗市场规模有望发展至2 522亿元，2020—2025年年复合增长率（CAGR）约为17.5%。我国眼科各细分赛道快速发展，根据灼识咨询数据（转引自公司招股说明书），医学视光市场快速扩容，2025年医学视光市场整体规模预计将达到500.3亿元，对应2020—2025年CAGR约为14.6%；白内障手术市场快速增长，预计市场规模于2025年达到338.5亿元，对应2020—2025年CAGR为10.3%；屈光手术市场发展迅速，2025年中国屈光手术市场预计将增长至725亿元，对应2020—2025年CAGR为28.4%。考虑到眼科诊疗需求不断攀升，民营眼科医院凭借针对性强、运营模式可复制性强的比较优势，凸显竞争力。灼识咨询预计（转引自公司招股说明书），2025年民营眼科专科医疗服务市场规模或将约1 102.8亿元，对应2020—2025年CAGR高达20.0%。华厦眼科在分院数量、年诊疗人次、眼科手术量、收入等多个维度居行业领先地位。

屈光项目：技术行业领军，有望快速发力成为新增长引擎。公司持续加大屈光业务硬件的投入，引入了包括蔡司全飞秒激光、阿玛仕准分子激光、达芬奇飞秒激光在内的先进主流设备及配套的系列辅助检查设备，为患者提供了丰富的诊疗方式选择。公司现已具备开展应用TICL晶体进行的T优化的矫正手术（TICL）、后房型有晶体眼人工晶体植入术（ICL）、全飞秒、飞秒全激光、准分子激光屈光性角膜切削术（T-PRK）等多种近视摘镜手术的技术能力，并通过"量眼定制"的手术方式，充分满足患者个性化需求。随着公司屈光诊疗选择的逐渐丰富和品牌影响力的有序扩大，公司屈光手术量不断提升，从 2017 年的 39 091 例增长至 2021 年的 107 321 例，2018—2021 年 CAGR 达 28.7%。与此同时，公司着手打造独立的屈光中心并继续巩固对屈光医生的培养，从而进一步提高了患者就医的可及性。

综合眼病项目：综合实力过硬，看好长期发展。历经多年经验的积累，公司综合眼病项目聚集了雄厚的人才与技术资源。从人才软实力角度看，以眼底病学组黎晓新教授领衔的疑难眼病会诊平台和以赵堪兴教授领衔的小儿疑难眼病会诊平台均已成为国内知名平台。从硬件技术的硬实力角度看，厦门眼科中心拥有国内首批眼库，并与美国、斯里兰卡等的多家国际眼库建立了长期、稳固的合作关系，角膜移植手术量在国内遥遥领先；同时，厦门眼科中心在国内较早开发了各类眼底疾病诊治新技术，包括微创玻切技术、医治眼底新生血管疾病的抗 VEGF（血管内皮生长因子）药物等，是我国东南地区的疑难眼病转诊中心。

品牌力持续显现，经营表现行业领先。得益于自身可靠的诊疗实力和成熟的管理经验，厦门眼科中心的品牌力持续提升，其较低的销售推广费用助力医院的经营效率在各上市眼科集团代表性单体医院中名列前茅，医院收入规模及净利率均处于行业头部水平。从收入规模来看，厦门眼科中心的年收入已跨过 8 亿元大关且持续稳健，在 5 家代表性单体医院中遥遥领先；从净利率水平来看，厦门眼科中心的净利率稳居 25% 以上，与长沙爱尔眼科医院一起在 5 家代表性单体医院中处于第一梯队。

消费升级类眼科项目占比提升释放盈利潜力，公司利润呈增长趋势。2021 年公司消费类升级类的屈光业务收入占比为 31%，配镜业务收入占比为 12%，基础眼病类的白内障业务收入占比为 25%，眼底、眼表、斜弱视及小儿眼科、其他眼病类业务收入占比超过 30%。公司的学科优势保证基础眼病类业务稳定增长，未来毛利率较高的屈光和视光业务、白内障中高端项目占比的提升，将继续提升盈利水平。2021 年公司旗下多家医院实现盈亏平衡，同时厦门眼科中心的收入占比从 2019 年的 32% 下降至 2021 年的 26%，其他医院贡献提升。截至 2021 年底，公司旗下 18

家医疗机构尚未盈利，未来随着医院扭亏及医院盈利提升，也将有望驱动公司利润快速增长。

三、华宝新能

公司是便携式储能的先行者，业务转型成就行业龙头。公司于2011年成立。成立之初，公司以充电宝的原始设计制造商（ODM）业务为主。随着公司实力不断增强，公司于2015年决定向便携式储能转型升级并逐步打造境内自主品牌"电小二"，业务模式逐步演变为ODM与自主品牌业务同步发展。同时，公司大力推进全球化自主品牌战略，并于2016年起全力打造国际品牌"Jackery"，逐步完成了"境内+境外"以及"线上+线下"的全方位布局。目前，公司已经实现在中国、美国、日本、英国、德国、加拿大等全球多个国家的销售，并在谷歌、亚马逊、日本乐天、日本雅虎、天猫、京东等搜索引擎或电商平台的搜索榜单中搜索热度排名领先。

公司股权结构集中稳定，成立员工持股平台，实施多次股权激励。公司实际控制人为孙中伟、温关婵夫妇，截至2022年9月19日，二人合计直接及间接持有公司66.28%的股份，股权结构稳定，决策通道畅通。此外，公司将嘉美盛和嘉美惠作为员工持股平台，先后3次实施股权激励，截至2022年9月19日，合计持有公司14.58%的股份，通过员工持股，公司增强了核心骨干员工的积极性和稳定性。

从地域分布看，中国是便携式储能的主要生产国，美国、日本为主要消费国。中国拥有便携式储能较为完整的产业链与集群，上下游配套设施完善，在技术、成本、质量等方面具备全球竞争力。因此，便携式的工厂主要分布在中国，它们占据了90%以上的生产量和出货量。从销售端来看，美国是全球最大的便携式储能的应用市场，这主要是由于美国用户的户外出游比例较高；其次是日本，它在全球应急领域的应用端占比较高，这主要由于日本地震等自然灾害事故频发，应急电力设备的需求较高。

以美日市场为主，能源危机"助力"欧洲市场快速起量。美国和日本由于在户外场景和应急备灾场景的广阔需求，成为公司的"主战场"，2019—2021年公司美日市场营收占境外营业收入的比重均超过90%。由于能源危机加剧，欧洲对储能产品的需求迅猛增长，大容量便携式储能依靠其便携、容量较大等优点备受青睐，欧洲市场 2021 年实现营业收入 13 357 万元，同比增长 5 458%，已然成为公司第三大境外营收贡献点。

户外活动春风渐起，应急备灾完美适配。户外活动和应急备灾是便携式储能主要的应用场景。受益于精致露营理念的普及和应急备灾意识的增强，便携式储能行业需求快速增长。根据中国化学与物理电源行业协会数据及我们的测算，2022 年全球便携式储能出货量达 840.8 万台，对应电池容量需求为 5.66 GWh，市场规模达 208.1 亿元；如表 2-9 所示，预计到 2025 年，全球便携式储能出货量将达到 2 242 万台，对应的电池容量需求为 19.84 GWh，市场规模达 636.2 亿元，复合增速分别为 39%、52%、45%，需求增长迅速。

表 2-9 全球便携式储能需求测算

	2023 年	2024 年	2025 年
户外活动领域新增需求预测（万台）	532	712	997
应急备灾领域新增需求预测（万台）	525	685	870
其他领域新增需求预测（万台）	195	270	375
便携式储能新增需求预测（万台）	1 252	1 667	2 242
（100Wh≤容量≤500Wh）占比	35%	28%	20%
（500Wh≤容量≤1000Wh）占比	45%	47%	50%
（容量≥1000Wh）占比	20%	25%	30%
综合单台带电量（Wh）（以区间中位数计算）	742.5	811.5	885.0
电池容量需求（GWh）	9.29	13.53	19.84

数据来源：中国化学与物理电源行业协会（CIAPS），东吴证券研究所。

竞争格局稳定，龙头优势明显。从企业出货量来看，华宝新能市占率为 16.6%，位列第一，其次是正浩科技等，海外企业中美国企业 Goal Zero 的份额最大，其主要由豪鹏科技和博力威代工。从企业营业收入来看，华宝新能占比为 21%，前五位排名与出货量口径一致，由于行业进入壁垒较低，中小企业较多，而容量不同的产品价格差异较大，且底部企业小容量产品居多，多以低价竞争的方式进入市场，因此行业前五企业占据 50% 左右的市场份额，并且随着头部企业的量价齐升，行业集中度将会进一步提升，龙头优势明显。

"线上直营+第三方平台+线下渠道"三驾马车打造渠道优势。公司在产品初期依托亚马逊平台快速推广、建立品牌，随着品牌影响力提升，逐步拓展至线上直营与线下渠道。目前第三方销售平台是公司的主要销售渠道且其收入占比逐年提升，2021年占比达68.9%。品牌官网占比提升迅速，它在2020年建立，2021年收入占比已达15%。同时，公司积极拓展线下渠道，通过线下经销与线下直销的模式推进，2021年销售收入合计占比为6.5%，为公司增加了新的增长动力。

打造线上直营M2C（生产厂家对消费者）模式，减少中间环节，紧跟消费者需求。公司经过多年探索，2020年沉淀出一套高效、领先的M2C模式，即作为生产厂家直接面向全球消费者销售自主品牌产品，集研发、生产、品牌、销售于一体的全价值链经营模式。通过M2C模式，公司能够深入调研市场需求、消费者偏好，减少中间环节，降低渠道成本，快速响应用户需求，实现精准创新和价值创造。同时，以M2C模式实现的收入占销售收入的比重提升迅速，2021年该比重已达15.04%。

产品矩阵丰富，销售业绩优异，品牌优势明显。公司通过"Jackery"主外、"电小二"主内，合力打造品牌壁垒。同时，产品矩阵丰富多样，容量、单价范围大，可以满足更多消费者的需求。产能快速扩张但产销率维持高位，这得益于品牌力的支撑。2021年7月，京东开辟户外电源专区，截至此时华宝新能旗下品牌"Dxpower电小二"共有26款产品，位居同业第一，产品丰富，容量范围为330~2 004Wh，单价范围为1 580~8 680元，涵盖高中低容量段且价格波动大，选择性强，可以满足更多消费者的需求，品牌优势明显。

产品主打轻便易携带，单瓦时重量、售价均具竞争力。公司经过对终端用户的深度调查，将产品设计战略聚焦在轻便易携带与性价比上。在产品矩阵不断丰富、同业竞争趋向同质化的过程中，公司以同业单瓦时售价低廉、单瓦时重量最低维持了产品力，从而保证公司的产品性能优势。

第 3 章　科创板 IPO 情况

2022 年，科创板全年共有发行上市企业 124 家，募资总额达 2 520.44 亿元，创单年度募资总额新高。科创板注册制实施以来，发行上市逐渐市场化，以及由于上市前五日涨跌幅不受限制，也常有上市首日即破发的现象。在战略层面，科创板聚焦于符合国家科技创新战略、拥有关键核心技术等先进技术、科技创新能力突出、科技成果转化能力突出、行业地位突出或者市场认可度高等的科技创新企业发行上市，新一代信息技术、高端装备、新材料、新能源、节能环保以及生物医药等六大高新技术产业和战略性新兴产业应抓住机遇，快速发展，在符合条件的情况下于科创板上市。

2022 年科创板 IPO 概况

截至 2022 年底，A 股共有 5 062 家上市企业，其中主板有 3 167 家上市企业，募集资金总额超过 32 249 亿元，总市值达到 67.20 万亿元；创业板共有 1 232 家上市企业，募集资金总额超过 8 213 亿元，总市值达到 11.28 万亿元；北交所共有 162 家上市企业，募集资金总额超过 333 亿元，总市值达到 2 110 亿元。科创板是于 2019 年 7 月在上海证券交易所设立的板块，着重于支持高科技、高成长性企业的发展。科创板的上市门槛较高，合规要求相对严格，包括财务数据披露、IPO定价等方面均有较高标准。截至2022年底，科创板共有501家上市企业，募集资金总额超过7 599亿元，总市值达到6.13万亿元，上述指标分别占全部A股市场的9.90%、15.70%、7.23%。

如表3–1所示，2022年A股上市428家企业，对应募集资金总额约5 869亿元。具体到各个板块，创业板上市150家，科创板上市124家，主板上市71家，北交所上市83家。

表3–1　2022年A股各板块上市企业情况统计

上市板块	上市企业数量（家）	上市企业数量占比	首发募集资金（亿元）	募集资金占比
北交所	83	19.4%	164.77	2.8%
创业板	150	35.0%	1 796.36	30.6%
科创板	124	29.0%	2 520.44	42.9%
主板	71	16.6%	1 387.27	23.6%
总计	428	100.0%	5 868.84	100.0%

注：1. 统计时间段为2022年全年度；
　　2. 计算方式，示例：科创板首发募集资金占比＝科创板2022年上市企业首发募集资金之和/全板块2022年上市企业首发募集资金数之和。

从科创板的情况来看，自2019年设立以来，科创板的上市企业数量不断增长，全面注册制改革稳步推进。在目前科创板所有501家上市企业中，如图3–1所示，于2022年登陆科创板上市的企业共123家（剔除转板上市的观典防务），募资总额约为2 520亿元，创单年度募资总额新高。

科创板设立后，高科技企业在融资问题上得到了资本的支持，企业本身估值也变得更加合理，趋于市场化。市场化发行定价是注册制的核心环节之一。然而，近年来网下机构投资者"抱团压价"的行为多次引发监管部门的关注，部分拥有参与网下询价和配售资格的机构投资者未能充分发挥自身的专业研究能力，仅看到资本市场的投机溢价空间。注册制询价新规将对机构投资者独立定价能力、专业主动管理能力和合规风控能力提出进一步要求。2021年注册制询价新规实施后，网下机构投资者"抱团压价"的现象得到一定程度的遏制，再加上科创板上市前五日无涨跌幅限制的规定，逐渐出现上市首日即破发的现象，这也使企业的估值和上市后的表现备受市场关注。

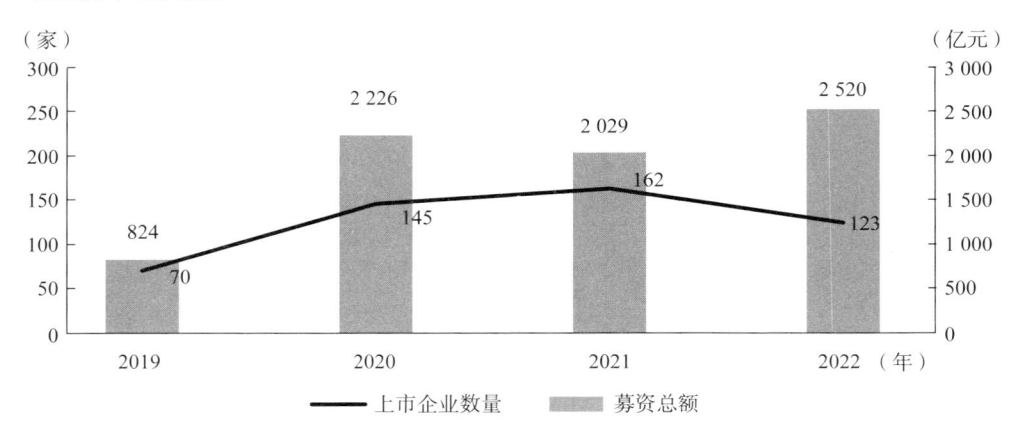

图 3-1　2019—2022 年科创板上市企业数量及募资总额统计

2022 年科创板上市企业上市首日平均涨跌幅为 20.87%，其中麒麟信安以 212.38% 的涨幅位列第一。此外，中钢洛耐、路维光电和晶科能源的上市涨幅也超过 100%。如表 3-2 所示，上市首日上涨的企业有 75 家，占 2022 年科创板所有发行上市企业数量的比例为 60.98%。有 48 家企业上市即破发，这一数字在注册制询价新规实施之前几乎为 0。

表 3-2　2022 年科创板上市企业的上市表现统计

上市后股价涨幅	企业数量（上市首日，家）	占比	企业数量（上市后 5 日，家）	占比
>100%	4	3.25%	4	3.25%
50%~100%	24	19.51%	19	15.45%
0%~50%	47	38.22%	50	40.65%
<0%	48	39.02%	50	40.65%
总计	123	100.00%	123	100.00%

注：上市企业数量统计口径剔除转板上市的观典防务。

市场投资者较为关心破发及企业估值合理性等情况，所以，我们选取科创板行业分类、上市标准、上市时间段区间、上市公司地域分布、上市公司财务状况等角度，从上市公司的审核情况、估值定价、募集资金、上市表现等维度做了详细统计和分析。

科创板的定位与上市标准

在我国多层次资本市场体系下，不同的板块根据其定位，延伸出了差异化的条件与要求，实现了对不同阶段、类型、属性的企业的筛选，从而确保了各板块间的错位发展、金融市场的整体繁荣。而对企业来说，是否符合拟上市板块的定位，一定是它首先需要判断的问题。正因如此，在对 2022 年科创板上市企业的行业领域、业务类型、上市条件、科创属性等具体的特征展开分析之前，我们有必要先对科创板定位本身进行简要的说明。

自国家主席习近平于 2018 年 11 月 5 日在首届中国国际进口博览会开幕式演讲中宣布将在上海证券交易所设立科创板并试点注册制以来，证监会、上交所陆续发布了多项规范性法律文件，以推进科创板相关制度的建设和完善。

一、监管机构对于科创板的定位

针对科创板的定位，监管机构亦在不同层级的文件中进行了规定，如表 3-3 所示，现就所涉内容梳理如下。

表 3-3 科创板定位在不同层级文件中的体现

时间	文件名称	发布单位	关于科创板定位的主要内容
2019 年 1 月 30 日	《关于在上海证券交易所设立科创板并试点注册制的实施意见》	证监会	在上交所新设科创板，坚持面向世界科技前沿、面向经济主战场、面向国家重大需求，主要服务于符合国家战略、突破关键核心技术、市场认可度高的科技创新企业。重点支持新一代信息技术、高端装备、新材料、新能源、节能环保以及生物医药等高新技术产业和战略性新兴产业，推动互联网、大数据、云计算、人工智能和制造业深度融合，引领中高端消费，推动质量变革、效率变革、动力变革。具体行业范围由上交所发布并适时更新
2019 年 3 月 1 日	《科创板首次公开发行股票注册管理办法（试行）》	证监会	第三条　发行人申请首次公开发行股票并在科创板上市，应当符合科创板定位，面向世界科技前沿、面向经济主战场、面向国家重大需求。优先支持符合国家战略，拥有关键核心技术，科技创新能力突出，主要依靠核心技术开展生产经营，具有稳定的商业模式，市场认可度高，社会形象良好，具有较强成长性的企业。

(续表)

时间	文件名称	发布单位	关于科创板定位的主要内容
2019年3月1日	《上海证券交易所科创板股票发行上市审核规则》	上交所	第三条 发行人申请股票首次发行上市，应当符合科创板定位，面向世界科技前沿、面向经济主战场、面向国家重大需求。优先支持符合国家战略，拥有关键核心技术，科技创新能力突出，主要依靠核心技术开展生产经营，具有稳定的商业模式，市场认可度高，社会形象良好，具有较强成长性的企业。
2019年3月3日	《上海证券交易所科创板企业上市推荐指引》	上交所	第二条 保荐机构应当基于科创板定位，推荐企业在科创板上市。保荐机构在把握科创板定位时，应当遵循下列原则： （一）坚持面向世界科技前沿、面向经济主战场、面向国家重大需求； （二）尊重科技创新规律和企业发展规律； （三）处理好科技创新企业当前现实和科创板建设目标的关系； （四）处理好优先推荐科创板重点支持的企业与兼顾科创板包容的企业之间的关系
2019年3月3日	《上海证券交易所科创板股票发行上市审核问答》	上交所	9.《上市审核规则》规定发行人应当符合科创板定位。对此应如何把握？ 答：《上市审核规则》规定，本所对发行上市进行审核。审核事项包括三个方面：一是发行人是否符合发行条件；二是发行人是否符合上市条件；三是发行人的信息披露是否符合要求。在对上述事项进行审核判断时，将关注发行人是否符合科创板定位。发行人应当对其是否符合科创板定位进行审慎评估，保荐机构应当就发行人是否符合科创板定位进行专业判断。 （一）发行人自我评估的考虑因素 发行人进行自我评估时，应当尊重科技创新规律、资本市场规律和企业发展规律，并结合自身和行业科技创新实际情况，准确理解、把握科创板定位，重点考虑以下因素： 1.所处行业及其技术发展趋势与国家战略的匹配程度； 2.企业拥有的核心技术在境内与境外发展水平中所处的位置； 3.核心竞争力及其科技创新水平的具体表征，如获得的专业资质和重要奖项、核心技术人员的科研能力、科研资金的投入情况、取得的研发进展及其成果等； 4.保持技术不断创新的机制、技术储备及技术创新的具体安排； 5.依靠核心技术开展生产经营的实际情况等
2020年3月27日	《上海证券交易所科创板企业发行上市申报及推荐暂行规定》（后经2021年4月、2022年12月两次修订）	上交所	第二条 科创板企业发行上市申报和推荐，应当基于《科创属性评价指引（试行）》和本规定中的科创属性要求，把握发行人是否符合科创板定位。 发行人申报科创板发行上市的，应当对照《科创属性评价指引（试行）》和本规定中的科创属性要求，对其是否符合科创板定位进行自我评估。保荐机构推荐发行人申报科创板发行上市的，应当对发行人是否符合与科创板定位相关的科创属性要求，进行核查把关，作出专业判断。 第八条 本所发行上市审核中，着重从如下方面关注发行人的自我评估是否客观，保荐机构的核查把关是否充分：

（续表）

时间	文件名称	发布单位	关于科创板定位的主要内容
2020年3月27日	《上海证券交易所科创板企业发行上市申报及推荐暂行规定》（后经2021年4月、2022年12月两次修订）	上交所	（一）发行人的行业领域是否属于《科创属性评价指引（试行）》和本规定所列行业领域； （二）发行人的科创属性是否符合《科创属性评价指引（试行）》和本规定所列科创属性指标要求； （三）发行人的科创属性未达到科创属性指标要求时，是否存在《科创属性评价指引（试行）》和本规定所列的科技创新能力突出情形； （四）本所规定的其他要求
2023年2月17日	《首次公开发行股票注册管理办法》（全面注册制改革后吸收原《科创板首次公开发行股票注册管理办法（试行）》的相关内容）	证监会	第三条　发行人申请首次公开发行股票并上市，应当符合相关板块定位。 科创板面向世界科技前沿、面向经济主战场、面向国家重大需求。优先支持符合国家战略，拥有关键核心技术，科技创新能力突出，主要依靠核心技术开展生产经营，具有稳定的商业模式，市场认可度高，社会形象良好，具有较强成长性的企业

综上，《关于在上海证券交易所设立科创板并试点注册制的实施意见》、《首次公开发行股票注册管理办法》以及《上海证券交易所科创板股票发行上市审核规则》三份文件，首先，从根本上为科创板的定位建立了"面向世界科技前沿、面向经济主战场、面向国家重大需求"（"三个面向"）的战略基础；其次，对科创板应优先支持的企业类型，即"符合国家战略，拥有关键核心技术，科技创新能力突出，主要依靠核心技术开展生产经营，具有稳定的商业模式，市场认可度高，社会形象良好，具有较强成长性的企业"进行了原则性的明确。

而从实操层面上看，《上海证券交易所科创板企业上市推荐指引》以及后续修订更新的《上海证券交易所科创板企业发行上市申报及推荐暂行规定》，对保荐机构如何把握科创板定位的原则、应当优先推荐的企业类型以及重点推荐的行业领域进行了更为充分的规定，使我们得以对科创板定位的内涵形成一个具体的认识。

二、科创板重点支持的行业领域

在《关于在上海证券交易所设立科创板并试点注册制的实施意见》这份文件中，中国证监会首次明确了科创板应重点支持新一代信息技术、高端装备、新材料、新能源、节能环保以及生物医药等六大高新技术产业和战略性新兴产业。而《上海证券交易所科创板企业上市推荐指引》《上海证券交易所科创板企业发行上市申报及推荐暂行规定》等一系列文件又对上述行业领域的内涵进行了进一步的明确，具体如表 3-4 所示。

表 3-4　科创板战略性新兴产业介绍

序号	行业领域大类	细分领域
1	新一代信息技术领域	主要包括半导体和集成电路、电子信息、下一代信息网络、人工智能、大数据、云计算、软件、互联网、物联网和智能硬件等
2	高端装备领域	主要包括智能制造、航空航天、先进轨道交通、海洋工程装备及相关服务等
3	新材料领域	主要包括先进钢铁材料、先进有色金属材料、先进石化化工新材料、先进无机非金属材料、高性能复合材料、前沿新材料及相关服务等
4	新能源领域	主要包括先进核电、大型风电、高效光电光热、高效储能及相关服务等
5	节能环保领域	主要包括高效节能产品及设备、先进环保技术装备、先进环保产品、资源循环利用、新能源汽车整车、新能源汽车关键零部件、动力电池及相关服务等
6	生物医药领域	主要包括生物制品、高端化学药、高端医疗设备与器械及相关服务等

三、多元化上市标准

（一）科创板上市标准

科创板更加注重企业的科技创新能力，允许符合科创板定位、尚未盈利或存在累计未弥补亏损的企业在科创板上市，以市值为中心，综合考虑收入、净利润、研发投入、现金流等因素，设置了多元包容的上市条件。根据《上海证券交易所科创板股票上市规则》的规定，发行人申请在上交所科创板上市，市值及财务指标应当至少符合下列标准中的一项：

（1）市值+净利润：预计市值不低于人民币 10 亿元，最近两年净利润均为正且累计净利润不低于人民币 5 000 万元，或者预计市值不低于人民币 10 亿元，最近一年净利润为正且营业收入不低于人民币 1 亿元；

（2）市值+收入+研发投入：预计市值不低于人民币 15 亿元，最近一年营业收入不低于人民币 2 亿元，且最近三年累计研发投入占最近三年累计营业收入的比例不低于 15%；

（3）市值+收入+现金流：预计市值不低于人民币20亿元，最近一年营业收入不低于人民币3亿元，且最近三年经营活动产生的现金流量净额累计不低于人民币1亿元；

（4）市值+收入：预计市值不低于人民币30亿元，且最近一年营业收入不低于人民币3亿元；

（5）市值+技术优势：预计市值不低于人民币40亿元，主要业务或产品需经国家有关部门批准，市场空间大，目前已取得阶段性成果。医药行业企业需至少有一项核心产品获准开展二期临床试验，其他符合科创板定位的企业需具备明显的技术优势并满足相应条件。

（二）上市标准的变迁

1.科创板5套上市标准体系的建立

2019年3月1日，上交所首次发布了《上海证券交易所科创板股票上市规则》，针对发行人申请在科创板上市，建立了5套由市值及财务指标共同组成的上市标准体系，具体如表3-5所示。

表3-5　科创板常规5套上市标准要求介绍

项目	指标类型	预计市值	具体内容
科创板上市标准一	市值+盈利	不低于人民币10亿元	最近两年净利润均为正且累计净利润不低于人民币5 000万元，或者最近一年净利润为正且营业收入不低于人民币1亿元
科创板上市标准二	市值+营收+研发	不低于人民币15亿元	最近一年营业收入不低于人民币2亿元，且最近三年累计研发投入占最近三年累计营业收入的比例不低于15%
科创板上市标准三	市值+营收+现金	不低于人民币20亿元	最近一年营业收入不低于人民币3亿元，且最近三年经营活动产生的现金流量净额累计不低于人民币1亿元
科创板上市标准四	市值+营收	不低于人民币30亿元	最近一年营业收入不低于人民币3亿元
科创板上市标准五	市值+研发	不低于人民币40亿元	主要业务或产品需经国家有关部门批准，市场空间大，目前已取得阶段性成果。医药行业企业需至少有一项核心产品获准开展二期临床试验，其他符合科创板定位的企业需具备明显的技术优势并满足相应条件

另外，针对红筹企业和存在表决权差异安排的企业，上交所又规定了特殊的上市指标要求，具体如表 3-6 所示。

表 3-6　科创板红筹企业和存在表决权差异安排的企业的上市标准要求

针对对象	具体内容
尚未在境外上市的红筹企业	营业收入快速增长，拥有自主研发、国际领先技术，同行业竞争中处于相对优势地位的尚未在境外上市红筹企业，申请在科创板上市的，市值及财务指标应当至少符合下列标准之一： （一）预计市值不低于人民币 100 亿元； （二）预计市值不低于人民币 50 亿元，且最近一年营业收入不低于人民币 5 亿元
存在表决权差异安排的企业	发行人具有表决权差异安排的，市值及财务指标应当至少符合下列标准中的一项： （一）预计市值不低于人民币 100 亿元； （二）预计市值不低于人民币 50 亿元，且最近一年营业收入不低于人民币 5 亿元

2. "第五套标准"拓宽至医疗器械企业

2022 年 6 月 10 日，上交所发布《上海证券交易所科创板发行上市审核规则适用指引第 7 号——医疗器械企业适用第五套上市标准》，明确支持尚未形成一定收入规模的"硬科技"医疗器械企业在科创板发行上市，将"第五套标准"拓宽至医疗器械企业。同时，从产品、市场空间、技术优势、商业化安排等多个维度对发行人提出了要求，具体情况如表 3-7 所示。

表 3-7　科创板第五套上市标准详解

维度	具体内容
原则要求	第二条　医疗器械企业（以下简称发行人）适用《上海证券交易所科创板股票上市规则》第 2.1.2 条第一款第五项规定的上市标准，申请在科创板发行上市的，适用本指引。 发行人应当符合国家医疗器械科技创新战略，拥有关键核心技术等先进技术，科技创新能力和科技成果转化能力突出，医疗器械产品具有显著的检验检测、诊断治疗、健康促进等价值
产品要求	第三条　发行人的核心技术产品应当属于国家医疗器械科技创新战略和相关产业政策鼓励支持的范畴，主要包括先进的检验检测、诊断、治疗、监护、生命支持、中医诊疗、植入介入、健康康复设备产品及其关键零部件、元器件、配套件和基础材料等。 第四条　发行人的核心技术产品研发应当取得阶段性成果，至少有一项核心技术产品已按照医疗器械相关法律法规要求完成产品检验和临床评价且结果满足要求，或已满足申报医疗器械注册的其他要求，不存在影响产品申报注册和注册上市的重大不利事项
市场空间要求	第五条　发行人应当满足主要业务或产品市场空间大的标准。发行人应当结合核心技术产品的创新性及研发进度、与已上市或在研竞品的优劣势比较、临床需求和细分行业的市场格局、影响产品销售的有关因素等，审慎预测并披露是否满足主要业务或产品市场空间大的标准，相关预测应当充分、客观，具有合理的依据

（续表）

维度	具体内容
技术优势要求	第六条　发行人应当具备明显的技术优势。发行人应当结合核心技术与核心产品的对应关系，核心技术获取方式，核心技术形成情况，核心技术先进性衡量指标，与境内外竞争对手比较情况，技术储备和持续研发能力，创业团队和核心技术人员学历背景、研发成果、加入发行人的时间、是否具有稳定性预期等方面，披露是否具备明显的技术优势
商业化安排要求	第七条　发行人应当不存在核心技术产品研发失败、主要业务或产品商业化生产销售预期明显不足等可能对企业持续经营能力产生重大不利影响的事项
披露与核查要求	第八条　发行人应当客观、准确披露研发的核心技术产品及其先进性、研发进展及其阶段性成果、审批注册情况、预计市场空间、未来生产销售的商业化安排等信息，并充分揭示可能面临的研发失败、未能如期获得注册、产品销售达不到预期等风险因素。 第九条　保荐机构、证券服务机构应当对发行人的科创属性、取得的阶段性成果、主要业务或产品市场空间大、具备明显的技术优势、商业化生产销售安排、相关信息披露等进行审慎核查，并发表明确意见

2022年8月31日，微电生理成功登陆科创板上市，开了首家医疗器械企业适用第五套上市标准的先河。

四、科创板2022年上市企业的上市标准满足情况

（一）上市标准选择的整体分布情况

2022年，基于不同上市标准的科创板上市企业分布情况，具体如表3-8所示。

表3-8　基于不同上市标准的上市企业分布情况

上市标准	上市企业数量（家）	占比
科创板上市标准一	84	67.74%
科创板上市标准四	19	15.32%
科创板上市标准五	8	6.45%
科创板上市标准二	7	5.65%
科创板特殊表决权上市标准二	3	2.42%
科创板上市标准三	1	0.81%
科创板特殊表决权上市标准一	1	0.81%
科创板境外已上市红筹股上市标准二	1	0.81%
合计	124	100.00%

从表 3-8 可以看出，2022 年在科创板上市的企业中，选择适用第一套"市值＋盈利"标准的企业占绝对多数，选择适用第四套"市值＋营收"标准的企业数量次之，两者合计占比达到 80% 以上。只有 1 家企业（三一重能，688349）选择适用第三套"市值＋营收＋现金"标准。

接下来，我们将对企业采用数量较多的几套主流上市标准的相关数据进行统计。

（二）适用第一套上市标准的企业数据统计

2022 年选择适用第一套上市标准在科创板上市的 84 家企业中，有 20 家是通过满足"最近一年净利润为正且营业收入不低于人民币 1 亿元"的条件上市，这 20 家企业最近一年营业收入数据的统计情况如表 3-9 所示。

表 3-9　第一套标准下部分企业的营收指标（一）

单位：万元

标准内容	核心指标	最低值	平均值	中位数
最近一年净利润为正且营业收入不低于人民币 1 亿元	最近一年营业收入	12 497.05	35 623.55	26 638.40

除前述 20 家企业外，其余 64 家同时满足第一套上市标准的净利润条件和营业收入条件，具体数据统计情况如表 3-10 所示。

表 3-10　第一套标准下部分企业的营收指标（二）

单位：万元

标准内容	核心指标	最低值	平均值	中位数
最近两年净利润均为正且累计净利润不低于人民币 5 000 万元	最近两年累计净利润	5 162.24	12 999.55	9 512.43
最近一年净利润为正且营业收入不低于人民币 1 亿元	最近一年营业收入	12 238.87	54 032.73	37 221.93

（三）适用第四套上市标准的企业数据统计

2022 年选择适用第四套上市标准在科创板上市的企业的相关数据统计情况如

表 3-11 所示。

表 3-11　第四套标准下企业的营收指标

单位：万元

标准内容	核心指标	最低值	平均值	中位数
最近一年营业收入不低于人民币 3 亿元	最近一年营业收入	31 255.41	301 513.26	68 842.99

（四）适用第二套上市标准的企业数据统计

2022 年选择适用第二套上市标准在科创板上市的企业的相关数据统计情况如表 3-12 所示。

表 3-12　第二套标准下企业的营收指标

标准内容	核心指标	最低值	平均值	中位数
最近一年营业收入不低于人民币 2 亿元	最近一年营业收入（万元）	21 092.75	35 325.43	24 717.86
最近三年累计研发投入占最近三年累计营业收入的比例不低于 15%	最近三年累计研发投入占比	30.78%	72.00%	53.77%

（五）适用第五套上市标准的典型企业介绍

第五套上市标准主要针对医药行业的企业，并未设置具体的财务指标，主要关注企业产品的市场空间及是否获准开展二期临床试验等。我们选择迈威生物（688062）作为适用第五套上市标准的典型企业进行简单介绍。

迈威生物是一家创新型生物制药企业，主营业务为治疗用生物制品的研发、生产与销售，具体为包括人用治疗性单克隆抗体、双特异性/双功能抗体及 ADC 药物在内的抗体药物以及包括长效或特殊修饰的细胞因子类重组蛋白药物。2017—2019年，迈威生物的营业收入分别为 460.25 万元、3 737.57 万元、2 942.57 万元，净利润分别为 –10 272.29 万元、–23 783.48 万元、–92 893.62 万元。

迈威生物依托控股子公司建设完成了自动化高通量杂交瘤抗体新分子发现平台、高效 B 淋巴细胞筛选平台、双特异性/双功能抗体开发平台、ADC 药物开发平台、

PEG修饰技术平台等五项技术平台，运行几年来形成了一定的成果。截至2020年底，迈威生物拥有涵盖自身免疫、肿瘤、代谢、眼科、感染等疾病领域的三个梯队共16项在研品种。其中，第一梯队产品为发行人与君实生物合作开发的9MW0113，上市时间为2021年三季度，发行人已成为一家全产业链运行的医药公司；第二梯队产品为处于关键注册临床试验阶段的9MW0311、9MW0321、9MW0211、8MW0511等4个品种以及处于I/II期临床试验阶段的9MW3311、9MW0813、6MW3111以及9MW1111等4个品种，预计上市时间为2023—2026年，届时发行人将成为一家多产品线运行的医药公司；第三梯队产品包括9MW1911、9MW1411、9MW2821、8MW2311、6MW3211、6MW3411、9MW3011等7个创新产品，已经或将在未来一年陆续递交药物临床试验申请或Pre-IND会议申请。第三梯队及后续产品的推进将使发行人从中国制造转型为中国创造。

根据迈威生物的IPO反馈回复材料，通过查阅政府网站、相关行业协会、权威期刊以及知名医药企业年报获取基础数据，查询弗若斯特沙利文的研究报告获得公司核心管线的市场规模预测，并根据上述数据做出假设，保荐机构认为，迈威生物的主要产品在正常情况下，2025年对应的销售规模为17.43亿~21.73亿元，在悲观情况下，对应的销售规模不低于13.14亿元，迈威生物的主要产品市场空间大，符合科创板《上海证券交易所科创板股票发行上市审核规则》第二十二条第二款第（五）项规定的上市标准。

五、不同上市标准下的上市企业分布情况

我们根据不同上市标准，统计2022年度科创板上市企业分布情况，如表3-13所示，发现采用科创板上市标准一的企业最多，达到83家，其次是采用上市标准四的有19家。未盈利的企业中采用科创板上市标准五的有微电生理、盟科药业、益方生物、海创药业、荣昌生物、首药控股、迈威生物、亚虹医药。

已经在香港交易所上市的诺诚健华，采用了科创板境外已上市红筹股上市标准二；采用科创板特殊表决权上市标准一的唯一一家上市企业为奥比中光；采用科创板特殊表决权上市标准二的3家上市企业分别为云从科技、思特威、经纬恒润。

以科创板战略性新兴产业分类为口径的不同行业及不同上市标准的交叉统计发

现：新一代信息技术产业的上市企业最多，达到64家，占比为52%。其中，以上市标准一作为上市标准的企业占绝大多数。节能环保产业、新能源产业两大类的上市企业数量较少，分别为5家和4家。生物医药产业这一大类中有一重要现象值得关注，22家生物医药产业上市企业中，8家采用了上市标准五（预计市值不低于人民币40亿元，主要业务或产品需经国家有关部门批准，市场空间大，目前已取得阶段性成果。医药行业企业需至少有一项核心产品获准开展二期临床试验，其他符合科创板定位的企业需具备明显的技术优势并满足相应条件），即生物医药产业上市企业中未盈利即上市的现象普遍。

表3-13 2022年科创板不同上市标准下上市企业所属行业分布情况

单位：家

行业分类	上市标准一	上市标准二	上市标准三	上市标准四	上市标准五	境外已上市红筹股上市标准二	特殊表决权上市标准一	特殊表决权上市标准二	总计
新一代信息技术产业	41	7	0	12	0	0	1	3	64
生物医药产业	12	0	0	1	8	1	0	0	22
高端装备制造产业	15	0	0	2	0	0	0	0	17
新材料产业	9	0	0	2	0	0	0	0	11
节能环保产业	5	0	0	0	0	0	0	0	5
新能源产业	1	0	1	2	0	0	0	0	4
总计	83	7	1	19	8	1	1	3	123

注：上市企业数量统计口径剔除转板上市的观典防务。

六、不同上市标准下上市企业募集资金及市值情况

2022年科创板所有上市企业中，有83家企业采用上市标准一，19家企业采用上市标准四。上市标准二的平均审核时间最短，用时107天，上市标准九的审核时间最长，用时137天。不同的上市标准对市值和营收有着不同的要求，如表3-14所示，其中，第一套标准下上市企业的数量和募集资金总额是最多的，数量达到83家，合计募集资金达1264.95亿元，占2022年度科创板IPO募集资金总额的50%。

表 3-14 不同上市标准下上市企业募集资金及市值情况

	上市企业数量（家）	发行市值平均值（亿元）	募资总额（亿元）	募资总额占比
科创板上市标准一	83	70.43	1 264.95	50%
科创板上市标准四	19	260.05	693.86	28%
科创板上市标准五	8	108.56	154.73	6%
科创板上市标准二	7	208.20	243.02	10%
科创板特殊表决权上市标准二	3	128.36	66.19	3%
科创板境外已上市红筹股上市标准二	1	194.60	29.19	1%
科创板上市标准三	1	350.68	56.11	2%
科创板特殊表决权上市标准一	1	123.96	12.40	0
总计	123	115.18	2 520.44	100%

注：上市企业数量统计口径剔除转板上市的观典防务。

从不同上市标准下发行市盈率来看，采用上市标准二的上市企业发行市盈率最高，且相对于可比公司市盈率均值溢价更高，采用上市标准三的上市企业发行市盈率最低。

不同上市标准有不同的财务数据及市值要求，所以财务基本面的不同也反映在不同上市标准下上市企业的上市后表现上。

从不同上市标准看企业的上市后表现，如表 3-15 所示，选择上市标准五的企业有 8 家，其中 7 家破发，上市标准五是破发比例较高的上市标准，可见，未盈利的基本面影响了企业的股价走势。

表 3-15 2022 年科创板不同上市标准下上市企业破发情况

上市标准	上市企业数量（家）	破发数量（家）	破发数量占比
科创板上市标准一	84	32	38%
科创板上市标准二	7	2	29%
科创板上市标准三	1	0	0
科创板上市标准四	19	6	32%
科创板上市标准五	8	7	88%
科创板境外已上市红筹股上市标准二	1	1	100%

（续表）

上市标准	上市企业数量（家）	破发数量（家）	破发数量占比
科创板特殊表决权上市标准一	1	1	100%
科创板特殊表决权上市标准二	3	1	33%

采用上市标准五的 8 家企业的二级市场股票价格表现及募资情况如表 3-16 所示。上市后股票价格表现受到未盈利基本面的影响，上市标准五未要求企业能够盈利，但对市值和技术优势提出了较高要求，上市后二级市场股票价格波动较大。从表 3-16 可以看出，仅有盟科药业首日上涨，其他 7 家企业全部破发，且从五日涨跌幅、首月涨跌幅看，选择第五套上市标准的企业的股票价格表现相对较差。企业盈利能力的不确定性，或许是诸多药企破发的重要原因。

表 3-16 2022 年科创板适用第五套上市标准的企业的发行情况概览

名称	发行市值（亿元）	首日涨跌幅	五日涨跌幅	首月涨跌幅	发行市研率	发行市研率/可比公司市研率	募资总额（亿元）	募足率
荣昌生物	261.246 2	-14.92%	-9.40%	-28.09%	55.68	220%	26.12	64%
迈威生物	139.060 8	-29.60%	-5.76%	-14.69%	23.92	37%	34.77	110%
亚虹医药	130.986 0	-23.41%	1.42%	-12.22%	76.14	102%	25.28	114%
益方生物	104.190 0	-15.62%	-5.69%	-17.53%	33.07	117%	20.84	83%
微电生理	77.696 1	-20.35%	4.11%	82.51%	40.89	225%	11.66	105%
首药控股	59.339 0	-19.52%	-17.94%	-36.00%	69.78	144%	14.83	70%
盟科药业	53.465 1	33.33%	-11.49%	-28.03%	35.23	174%	10.61	78%
海创药业	42.497 5	-29.87%	37.21%	2.96%	9.91	27%	10.63	41%

注：适用第五套上市标准的企业尚未盈利，故上市时采用市研率、市销率等估值指标。其中，由于微电生理的主营业务为医用设备和耗材，故其估值指标采用的是市销率；其他企业的主营业务为医药中间体、原料药、生物诊断制剂等，故采用市研率估值。

上市企业破发也具有一定的阶段性特征，在 3、4、9 月三个月份，均有超六成的项目上市首日破发，其中 4 月最为明显。16 家上市企业中有 13 家破发，这和上证指数有一定的关系，在整体二级市场不景气的情况下，破发企业数量也相应增多。

从不同月份上市的企业的发行市盈率及上市后股价走势来看，1—4 月上证指数处于高位，发行市场机构变得活跃，询价火热，此时间段内上市的企业的发行市盈率较高，较可比公司市盈率均值均有不同程度溢价。新股上市后的表现，从月度平均的角度看，基本与上证指数的走势呈正向相关。

科创板 2022 年 IPO 科创属性满足情况

除上市标准外，科创属性评价标准也是科创板上市企业需要满足的一套重要指标。2020 年 3 月 20 日，为了落实科创板定位，更好地支持和鼓励"硬科技"企业在科创板上市，加速科技成果向现实生产力转化，促进经济发展向创新驱动转型，中国证监会根据《关于在上海证券交易所设立科创板并试点注册制的实施意见》和《科创板首次公开发行股票注册管理办法（试行）》，首次制定并发布了《科创属性评价指引（试行）》，进一步明确了科创属性企业的内涵和外延，提出了科创属性具体的评价指标体系。

一、"3+5"体系的建立

科创属性评价指标体系建立初期，采用了"常规指标＋例外条款"的结构，包括 3 项常规指标和 5 项例外条款，因此被称为"3+5"体系。具体来说，企业如同时满足 3 项常规指标，即可认为其具有科创属性；如不同时满足 3 项常规指标，但是满足 5 项例外条款的任意 1 项，也可认为具有科创属性。相关评价指标的具体内容如表 3-17 所示。

表 3-17 科创属性评价指标体系介绍

项目	指标内容
常规指标	（1）最近三年研发投入占营业收入比例 5% 以上，或最近三年研发投入金额累计在 6 000 万元以上； （2）形成主营业务收入的发明专利 5 项以上； （3）最近三年营业收入复合增长率达到 20%，或最近一年营业收入金额达到 3 亿元。采用《上海证券交易所科创板股票发行上市审核规则》第二十二条第（五）款规定的上市标准申报科创板的企业可不适用上述第（3）项指标中关于"营业收入"的规定；软件行业不适用上述第（2）项指标的要求，研发占比应在 10% 以上

(续表)

项目	指标内容
例外条款	（1）发行人拥有的核心技术经国家主管部门认定具有国际领先、引领作用或者对于国家战略具有重大意义； （2）发行人作为主要参与单位或者发行人的核心技术人员作为主要参与人员，获得国家科技进步奖、国家自然科学奖、国家技术发明奖，并将相关技术运用于公司主营业务； （3）发行人独立或者牵头承担与主营业务和核心技术相关的"国家重大科技专项"项目； （4）发行人依靠核心技术形成的主要产品（服务），属于国家鼓励、支持和推动的关键设备、关键产品、关键零部件、关键材料等，并实现了进口替代； （5）形成核心技术和主营业务收入的发明专利（含国防专利）合计50项以上

二、"4+5"体系与行业负面清单

2021年4月16日，证监会宣布修订《科创属性评价指引（试行）》，科创属性评价指标体系升级，进一步明确了科创板"硬科技"的定位。此次修订的重点主要在两个方面：

（1）新增"研发人员占比超过10%"的常规指标，将原"3+5"的科创属性评价指标体系改变为"4+5"体系；

（2）建立行业负面清单制度，明确限制金融科技、模式创新类企业在科创板上市，并禁止房地产和主要从事金融、投资类业务的企业在科创板上市。

（一）满足"4项常规指标"的情况

2022年在科创板上市的企业中，共有8家企业是完全通过满足5项例外条款之一的方式来满足科创属性要求的，以下首先对满足"4项常规指标"的其余116家企业的具体情况进行统计。

1.研发投入指标的满足情况

对于第一项研发投入指标，相关企业最近三年研发投入占比及累计金额条件满足的整体情况如表3-18所示。

表 3-18 研发投入指标的满足情况

指标	企业数量（家）	占比
仅满足最近三年研发投入占营业收入比例 5% 以上	27	23.28%
仅满足最近三年研发投入金额累计在 6 000 万元以上	23	19.83%
同时满足两项指标	66	56.90%
合计	116	100.00%

前述 116 家企业整体满足研发投入指标的具体数据统计如表 3-19 所示。

表 3-19 部分企业研发投入指标的具体数据统计（一）

核心指标	最低值	平均值	中位数
最近三年研发投入占营业收入比例 5% 以上	5.71%	19.73%	12.69%
最近三年研发投入金额累计在 6 000 万元以上	6 078.11 万元	34 398.30 万元	13 001.96 万元

仅满足最近三年研发投入占营业收入比例 5% 以上的 27 家企业的研发投入占比数据统计情况如表 3-20 所示。

表 3-20 部分企业研发投入指标的具体数据统计（二）

核心指标	最低值	平均值	中位数
最近三年研发投入占营业收入比例 5% 以上	5.71%	11.48%	10.90%

仅满足最近三年研发投入金额累计在 6 000 万元以上的 23 家企业的研发投入累计金额数据统计情况如表 3-21 所示。

表 3-21 部分企业研发投入指标的具体数据统计（三）

单位：万元

核心指标	最低值	平均值	中位数
最近三年研发投入金额累计在 6 000 万元以上	6 122.02	34 276.19	15 424.81

2. 专利指标的满足情况

前述 116 家企业中，有 2 家企业因适用软件企业规则而不考察发明专利指标，其余 114 家企业的发明专利取得数据统计如表 3-22 所示。

表 3-22　上市企业发明专利取得数据统计

核心指标	最低值	平均值	中位数
形成主营业务收入的发明专利 5 个以上	5 个	50 个	22 个

按发明专利数量分层统计，如表 3-23 所示。

表 3-23　按发明专利数量分层统计数据

发明专利数量	企业数量（家）	占比
5 个	4	3.51%
5~10 个（不含 10，下同）	15	13.16%
10~20 个	33	28.95%
20~30 个	18	15.79%
30~40 个	13	11.40%
40~50 个	3	2.63%
50 个以上	28	24.56%
合计	114	100.00%

3. 营收增长指标的满足情况

对于营收增长指标，剔除 8 家适用第五套上市标准的企业，剩余 108 家企业满足不同营收增长条件的整体情况如表 3-24 所示。

表 3-24　满足不同营收增长条件的整体情况（一）

指标	企业数量（家）	占比
仅满足最近三年营业收入复合增长率达到 20%	43	39.81%
仅满足最近一年营业收入金额达到 3 亿元	28	25.93%
同时满足两项指标	37	34.26%
合计	108	100.00%

前述 108 家企业整体满足不同营收增长指标的具体数据统计如表 3-25 所示。

表 3-25 满足不同营收增长条件的整体情况（二）

核心指标	最低值	平均值	中位数
最近三年营业收入复合增长率达到 20%	23.77%	99.74%	59.85%
最近一年营业收入金额达到 3 亿元	30 465.53 万元	109 148.40 万元	54 403.98 万元

仅满足最近三年营业收入复合增长率达到 20% 的 43 家企业的复合增长率数据统计情况如表 3-26 所示。

表 3-26 部分企业复合增长率数据统计情况

核心指标	最低值	平均值	中位数
仅满足最近三年营业收入复合增长率达到 20%	23.77%	89.98%	63.53%

仅满足最近一年营业收入金额达到 3 亿元的 28 家企业的营收金额数据统计情况如表 3-27 所示。

表 3-27 部分企业营收金额数据统计情况

单位：万元

核心指标	最低值	平均值	中位数
最近一年营业收入金额达到 3 亿元	35 420.72	153 133.06	67 896.27

4. 满足研发人员指标的情况

科创板上市从研发人员的维度对企业科创属性进行了规定：研发人员占当年员工总数的比例不低于 10%。2022 年科创板上市企业研发人员占当年员工比例均值为 35.95%，研发人员占比显著高于上市企业平均水平，体现了科创板企业较强的创新属性。满足研发人员指标的情况具体如表 3-28 所示。

表 3-28 满足研发人员指标的情况

核心指标	最低值	平均值	中位数
研发人员占比超过 10%	11.89%	35.95%	32.15%

(二)适用"5项例外条款"的情况

2022年上市的科创板企业中,共有8家通过适用"5项例外条款"的方式来论证科创属性,具体适用分布情况如表3-29所示。

表3-29 科创板上市企业适用"5项例外条款"的情况

例外条款	符合条件的企业数量(家)	占比
(1)发行人拥有的核心技术经国家主管部门认定具有国际领先、引领作用或者对于国家战略具有重大意义	1	12.50%
(2)发行人作为主要参与单位或者发行人的核心技术人员作为主要参与人员,获得国家科技进步奖、国家自然科学奖、国家技术发明奖,并将相关技术运用于公司主营业务	3	37.50%
(3)发行人独立或者牵头承担与主营业务和核心技术相关的"国家重大科技专项"项目	4	50.00%
(4)发行人依靠核心技术形成的主要产品(服务),属于国家鼓励、支持和推动的关键设备、关键产品、关键零部件、关键材料等,并实现了进口替代	2	25.00%
(5)形成核心技术和主营业务收入的发明专利(含国防专利)合计50项以上	5	62.50%

注:存在同时符合多项例外条款的发行人。

科创板上市企业特征及结构

一、科创板上市企业总体特征

我们分别从行业及业务类型、上市条件满足情况、科创属性满足情况三个方面来总结适合在科创板上市的企业的特征。

首先,从重点支持领域分布来看,2022年科创板上市企业主要集中在新一代信息技术领域,尤其是电子核心产业领域;而从细分业务类型来看,又以信息技术领域中从事半导体产品、电子设备和仪器相关业务的企业数量居多。因此,从拟上市企业的角度来看,针对该行业领域、业务类型的企业,科创板目前已经有了成规模的可比上市企业,审核逻辑理论上也更加成熟。

其次,从上市标准的满足情况来看,2022年在科创板成功上市的企业中,数量最多的还是选择适用第一套"市值+盈利"指标的企业,其次较多的企业选择适用第四套"市值＋营收"指标。因此，综合来看，盈利能力与收入规模仍然是科创板拟上市企业需要重点关注的问题。

最后，从科创属性的满足情况来看，2022年在科创板成功上市的企业中，以同时符合"4项常规指标"的企业为主流。从具体的指标满足情况来看，在研发投入指标方面，大部分企业同时满足了最近三年研发投入占比及累计金额的条件；在专利指标方面，大部分企业取得了10~40个形成主营业务收入的发明专利；在营收增长指标方面，大部分企业主要满足的是营业收入复合增长率指标。而从仅通过符合"5项例外条款"来满足科创属性的案例来看，适用"形成核心技术和主营业务收入的发明专利（含国防专利）合计50项以上"条件的情形最为常见。

二、科创板上市企业财务情况分析

2022年，科创板124家上市企业实现营业收入合计2 390.26亿元，同比增长约43.63%，不考虑未盈利企业，有5家营业收入同比增长超过100%；科创板2022年实现净利润合计178.14亿元，同比增长约23.68%，不考虑未盈利企业，有10家同比增长超过100%。

在2022年科创板上市的124家企业中，营收排名第一的为晶科能源，2022年营业收入高达826.76亿元，远超排名第二的万润新能（123.51亿元）。营收排名倒数第一的为益方生物，是2022年唯一一家没有营业收入入账的科创板上市企业。其中，营收业绩增幅（不包括未盈利企业）最快的为万润新能，增幅为454%，且尚有海光信息、华海清科、晶科能源、昱能科技的营收涨幅超过100%。

在2022年科创板上市的124家企业中，有108家企业的净利润为正，合计创造净利润247.80亿元。其中净利润超过20亿元的有2家，分别是晶科能源（29.36亿元）和华大智造（20.23亿元）。三一重能、联影医疗、海光信息的净利润也超过了10亿元，分别为16.53亿元、16.50亿元和11.25亿元。2022年净利润增速最快的企业为拓荆科技，增幅达到444%。增幅排名第二的企业为华大智造，2022年净利润实现20.23亿元，增速达到325%。其中，4家扭亏为盈的企业分别为普源精电、唯捷创芯、格灵深瞳、微电生理。在106家盈利企业中，2022年净利润增幅超过100%的有11家，超过50%的有24家，也有39家上市企业2022

年净利润较 2021 年有所下降，其中降幅最大的是中微半导，降幅达到 92%。

在 2022 年科创板上市的 124 家企业中，有 16 家企业的净利润为负，其中，12 家上市即未盈利，4 家由盈转亏。12 家未盈利企业中仅有 5 家净利润亏损数额有所收窄，其余 7 家亏损较 2021 年更为严重。其中，诺诚健华 2021 年亏损 0.67 亿元，2022 年巨亏 8.94 亿元，是亏损加重的企业中波动最大的。在 4 家由盈转亏的企业中，荣昌生物 2021 年净利润为 2.76 亿元，2022 年净利润亏损 9.99 亿元，其年报中披露的亏损原因为：商业化销售投入团队建设费用和学术推广活动等增加，另各研发管线持续推进、研发费用大幅度增加。

从行业的角度看，如表 3-30 所示，新能源行业的公司平均营收和平均净利润均居第一位，但新能源行业 2021 年度的研发费用率平均值在六大行业中仅排第四。根据各企业的年报，2022 年各行业的研发费用率平均值较 2021 年变动不大。由于生物医药行业具有其特殊性，不少企业采用第五套上市标准，营收极低，利润为负，至少在其扭亏为盈前研发费用投入极高，其研发费用/营业收入通常极大，故难以对其研发费用率进行统计。（部分生物医药行业公司的研发费用绝对值：迈威生物 2021—2022 年度研发投入分别为 6.23 亿元和 7.59 亿元，益方生物分别为 3.15 亿元和 4.61 亿元，海创药业分别为 2.65 亿元和 2.51 亿元，亚虹医药分别为 1.91 亿元和 2.44 亿元，首药控股分别为 1.57 亿元和 1.99 亿元，盟科药业分别为 1.52 亿元和 1.50 亿元。）

表 3-30　2022 年科创板不同行业上市公司的财务情况

	2021 年营业收入平均值（亿元）	2022 年营业收入平均值（亿元）	2021 年净利润平均值（亿元）	2022 年净利润平均值（亿元）	2021 年研发费用率平均值（%）	2022 年研发费用率平均值（%）
新能源行业	129.59	242.56	7.20	12.51	9	8
新材料行业	14.88	27.24	1.95	3.00	5	5
高端装备制造行业	12.11	14.29	1.74	2.00	9	11
新一代信息技术行业	8.56	10.44	1.62	1.68	13	16
生物医药行业	6.03	6.83	1.25	2.51	12	14
节能环保行业	5.79	6.68	0.97	1.07	8	7

(续表)

	2021年营业收入平均值（亿元）	2022年营业收入平均值（亿元）	2021年净利润平均值（亿元）	2022年净利润平均值（亿元）	2021年研发费用率平均值（%）	2022年研发费用率平均值（%）
总计	14.05	21.18	1.82	2.37	11	13

注：1.上述统计以各上市公司披露的年报数据为准，来源于万得；2.由于行业特殊性，投入高且营收低，生物医药行业的研发费用率存在几个极端值（益方生物2021—2022年均无收入、海创药业2021年为零收入；盟科药业2021—2022年研发费用率分别为1 981%、312%；首药控股2021—2022年研发费用率分别为1 203%、10 915%；迈威生物分别为3 836%、2 736%；亚虹医药分别为4 169 379%、934 628%），故上述企业不参与统计。

从各财务指标的增速角度来看，如表3-31所示，六大行业营收平均增速均超10%，而新能源行业72%的营收增速和新材料行业66%的营收增速遥遥领先其他行业；利润平均增速差异更为明显，新能源行业平均增速为107%，而高端装备制造行业仅为8%；此外，研发费用率各行业也有不同程度的增长和降低，生物医药、新一代信息技术、高端装备制造三大行业研发费用率增速均超20%，而新能源行业和节能环保行业研发费用率增速为负。

表3-31　2022年科创板不同行业上市公司的财务数据增速情况

	营收增速平均值	利润增速平均值	研发费用率增速平均值
新能源行业	72%	107%	−6%
生物医药行业	16%	45%	26%
新材料行业	66%	49%	11%
新一代信息技术行业	19%	19%	26%
节能环保行业	19%	15%	−1%
高端装备制造行业	13%	8%	25%
总计	24%	27%	22%

注：1.上述统计以各上市公司披露的年报数据为准，来源于万得；2.由于行业特殊性，投入高且营收低，生物医药行业的研发费用率存在几个极端值（益方生物2021—2022年均无收入、海创药业2021年为零收入；盟科药业2021—2022年研发费用率分别为1 981%、312%；首药控股2021—2022年研发费用率分别为1 203%、10 915%；迈威生物分别为3 836%、2 736%；亚虹医药分别为4 169 379%、934 628%），故上述企业不参与统计；3.未盈利企业不参与增速统计。

三、2022年科创板上市企业细分业务类型分布情况

我们还可以根据万得的四级行业分类，从细分业务类型的维度对2022年科创板上市企业的分布情况进行统计。首先，按万得一级行业划分的整体分布情况如表3-32所示。

表3-32　万得一级行业划分下的上市企业情况

一级行业	上市企业数量（家）	占比
信息技术	69	55.65%
医疗保健	24	19.35%
工业	22	17.74%
材料	9	7.26%
合计	124	100.00%

我们可以看出，2022年度科创板上市企业中，以信息技术行业的企业为主，这些企业占比超过50%；医疗保健与工业领域的企业数量相差不大，占比分别为19.35%、17.74%；材料领域的上市企业数量最少，占比为7.26%。

接下来，我们从万得四级行业的维度，对上述四个一级行业的相关企业展开进一步的细分。

（一）信息技术领域细分业务类型分布情况

2022年，信息技术领域在科创板上市的公司的细分业务类型分布情况如表3-33所示。

表3-33　信息技术领域细分下的上市公司分布情况

四级行业	上市企业数量（家）	领域内占比	整体占比
半导体产品	26	37.68%	20.97%
电子设备和仪器	14	20.29%	11.29%
互联网软件与服务	6	8.70%	4.84%
半导体设备	5	7.25%	4.03%
电子元件	5	7.25%	4.03%

（续表）

四级行业	上市企业数量（家）	领域内占比	整体占比
信息科技咨询与其他服务	5	7.25%	4.03%
通信设备	3	4.35%	2.42%
应用软件	3	4.35%	2.42%
电脑硬件	1	1.45%	0.81%
系统软件	1	1.45%	0.81%
合计	69	100.00%	55.65%

综上，2022年信息技术领域在科创板上市的企业，以从事半导体产品、电子设备和仪器相关业务为主，这些企业在本领域内占比合计超过50.00%。

（二）医疗保健领域细分业务类型分布情况

2022年，医疗保健领域在科创板上市的公司的细分业务类型分布情况如表3-34所示。

表3-34 医疗保健领域细分下的上市公司分布情况

四级行业	上市企业数量（家）	领域内占比	整体占比
生物科技	11	45.83%	8.87%
医疗设备	5	20.83%	4.03%
西药	5	20.83%	4.03%
生命科学与工具和服务	2	8.34%	1.61%
医疗保健技术	1	4.17%	0.81%
合计	24	100.00%	19.35%

综上，2022年医疗保健领域在科创板上市的企业，以从事生物科技相关业务为主，这些企业在本领域内的占比达到45.83%；其余相对较多的是从事医疗设备、西药相关业务的企业，从事这两类业务的企业在本领域内的占比均为20.83%。

（三）工业领域细分业务类型分布情况

2022年，工业领域在科创板上市的公司的细分业务类型分布情况如表3-35所示。

表 3-35 工业领域细分下的上市公司分布情况

四级行业	上市企业数量（家）	领域内占比	整体占比
工业机械	8	36.36%	6.45%
航天航空与国防	6	27.27%	4.84%
电气部件与设备	5	22.73%	4.03%
环境与设施服务	2	9.09%	1.61%
重型电气设备	1	4.55%	0.81%
合计	22	100.00%	17.74%

综上，2022年工业领域在科创板上市的企业中，上市企业数量排名前三位的分别为从事工业机械、航天航空与国防、电气部件与设备相关业务的企业，数量均在5家及以上。

（四）材料领域细分业务类型分布情况

2022年，材料领域在科创板上市的公司的细分业务类型分布情况如表3-36所示。

表 3-36 材料领域细分下的上市公司分布情况

四级行业	上市企业数量（家）	领域内占比	整体占比
基础化工	3	33.34%	2.42%
特种化工	2	22.22%	1.61%
金属非金属	2	22.22%	1.61%
化纤	1	11.11%	0.81%
建材	1	11.11%	0.81%
合计	9	100.00%	7.26%

综上，2022年材料领域在科创板上市的企业所从事的业务类型分布较为分散，其中数量最多的为从事基础化工业务的企业，共有3家。

（五）2022年上市企业区域分布

从2022年科创板上市企业的省份分布来看，江苏省有25家上市企业，共计募资490亿元，均位列首位，领先于其他地区。

上海市的19家、广东省的18家、北京市的16家、浙江省的11家分别位于第二至第五位。前述数量排名前五的省市上市企业约占全国上市企业的72%。2022年，山西省、河北省、吉林省、海南省、云南省、甘肃省、青海省、内蒙古自治区、广西壮族自治区、西藏自治区、宁夏回族自治区、新疆维吾尔自治区等省区没有科创板上市项目。

从募资额角度看，排名前五位的省市为江苏省（490亿元）、上海市（430亿元）、北京市（329亿元）、广东省（255亿元）、浙江省（183亿元），约占全部上市企业的67%。

从上市企业上市时的市值角度看，江西省虽然只有1家科创板上市企业晶科能源，但是其发行市值达到了500亿元，募资金额达到100亿元，募资额在全年度科创板上市企业中排第三位，发行市值在全年度科创板上市企业中排第四位。募资额和发行市值最大的是注册地位于上海市的联影医疗（发行市值达905.58亿元，募集资金为109.88亿元），第二名为注册地为天津市的海光信息（发行市值达836.76亿元，募集资金为108亿元）。这三个项目也是科创板2022年仅有的募集资金达到或超100亿元的项目。此外，虽然翱捷科技募资额为68.83亿元，低于百亿元，但其发行市值达到68 827亿元，在全年上市企业中排第三位。

从总体的上市企业地区分布来看，长三角、珠三角及京津冀等经济较发达地区，更易催生较多的科创板上市企业。

四、IPO集中于战略性新兴产业

（一）2022年科创板上市企业在重点支持领域分布情况

相较于其他板块上市企业的行业属性，科创板聚焦于符合国家科技创新战略、拥有关键核心技术等先进技术、科技创新能力突出、科技成果转化能力突出、行业地位突出或者市场认可度高等的科技创新企业发行上市，具体表现在：扶持新一代信息技术、高端装备，新材料，新能源、节能环保以及生物医药等高新技术产业和战略性新兴产业；限制金融科技企业和模式创新企业在科创板上市；禁止房地产和主要从事金融、投资类业务的企业在科创板上市。

因此，自科创板开板以来，上市企业所属战略性新兴产业分类主要集中在新一代信息技术产业、生物医药产业和高端装备制造产业。如表3-37所示，其中，新一代信息技术产业占比达到39.5%，生物医药产业占比为21.2%，高端装备制造产业占比为16.7%，新材料产业占比达12.3%，节能环保产业占比为5.5%，新能源产业占比为4.8%。

表3-37　科创板开板以来各上市企业行业分类数量统计

行业分类	2019年	2020年	2021年	2022年	总计	占比
新一代信息技术产业	31	48	53	64	196	39.5%
生物医药产业	17	29	37	22	105	21.2%
新材料产业	12	18	20	11	61	12.3%
高端装备制造产业	8	28	29	18	83	16.7%
节能环保产业	1	11	10	5	27	5.5%
新能源产业	0	9	11	4	24	4.8%
总计	69	143	160	124	496	100.0%

在科创板开板前三年，六大行业上市企业数量均呈逐年递增趋势；2022年除新一代信息技术产业上市企业仍然保持上升趋势外，其余五大行业上市企业数量较前年均有所回落。如表3-38所示，2022年全年新一代信息技术产业相关企业上市高达64家，首发募集资金总额为1 297.85亿元，占2022年科创板所有首发募集资金总额的51.49%。

表3-38　2022年科创板上市企业行业募资情况统计

行业分类	上市企业数量（家）	上市企业数量占比	首发募集资金（亿元）	首发募集资金占比
新一代信息技术产业	64	52.03%	1 297.85	51.49%
生物医药产业	22	17.89%	356.27	14.14%
高端装备制造产业	17	13.82%	352.50	13.99%
新材料产业	11	8.94%	267.17	10.60%
节能环保产业	5	4.07%	46.94	1.86%
新能源产业	4	3.25%	199.71	7.92%
总计	123	100.00%	2 520.44	100.00%

注：上市企业数量统计口径剔除转板上市的观典防务。

新一代信息技术领域主要包括半导体和集成电路、电子信息、下一代信息网络、人工智能、大数据、云计算、软件、互联网、物联网和智能硬件等。2022年新一代信息技术领域上市企业共64家，募资总金额达到1 297.85亿元，其中，半导体芯片行业占该产业大类比重之和达到86%（55家），募资金额占比之和达到81%（1 045.36亿元）；2022年该领域已申报未上市的75家企业中，半导体芯片行业的企业数量占比之和达到89%（67家），预计募资金额占比之和达87%（1 068.72亿元）。

其中，半导体芯片行业的发展得益于下游应用领域的扩展，中国半导体芯片市场规模不断增长；同时，行业呈现产业结构优化升级、国产化替代提升、资本运作力度加码的整体趋势，集成电路产业集群化发展。集成电路产业是信息技术产业的核心，芯片是集成电路的主要载体。

2022年科创板迎来"芯"年，集成电路行业IPO募资出现"井喷"，新上市集成电路公司达40家，数量接近前三年上市的集成电路公司数量之和。CPU是信息产业中最基础的核心部件，由于其研发门槛高、生态构建难，被业内认为是集成电路产业中的"珠穆朗玛峰"。国际市场由英特尔和美国超威半导体公司（AMD）两大巨头割据，国内CPU仍处于奋力追赶的关键时期，龙芯中科、天津飞腾、华为鲲鹏、上海兆芯、申威科技及海光信息是国产CPU的六家领军企业。2022年6月24日，科创板迎来上述六家之一的龙芯中科。仅2个月后，科创板再度迎来六家之一的海光信息。

集成电路其他细分赛道的表现同样可圈可点，行业龙头纷至沓来。科创板先后迎来了"碳化硅第一股"天岳先进、国产半导体薄膜沉积设备龙头拓荆科技、国产化学机械抛光（CMP）设备龙头华海清科的上市。

目前，科创板已有84家集成电路公司，数量占A股集成电路公司的"半壁江山"，业务涵盖了上游芯片设计、中游晶圆代工、下游封装测试以及半导体设备和材料全产业链，形成了产业协同发展的良好生态格局。科创板总市值前十的公司中，有4家为芯片产业公司。

2022年，科创板还发布了上证科创板芯片指数。科创芯片指数是继科创50、科创信息、科创生物等行业主题指数后又一条表征科创板市场的重要指数，标志着科创板集成电路产业链协同发展生态逐步形成。

生物医药领域主要包括生物制品、高端化学药、高端医疗设备与器械及相关服务等。生物医药领域企业集中在生物医药产业，在政策和国内外市场的影响与刺激下，中国生物医药产业进入发展新时期。2022年该领域已在科创板上市的22家企业中，生物医药产业的企业总数量达到15家，占比达到68%，募资金额为259.3亿元，总占比达到75%。2022年该领域在科创板已申报未上市的28家企业中，生物医药产业的企业总数量达到19家，占比达到68%，募资金额为335.65亿元，总占比达到84%。

高端装备制造领域主要包括智能制造、航空航天、先进轨道交通、海洋工程装备及相关服务等。2022年该领域已在科创板上市的18家企业中，智能制造装备产业的企业数量占该领域的比重达到72%（13家），募资金额占比达到76%；2022年该领域已申报未上市的24家企业中，智能制造装备产业的企业数量占比达到75%（18家），募资金额占比达到72%。

新材料领域主要包括先进钢铁材料、先进有色金属材料、先进石化化工新材料、先进无机非金属材料、高性能复合材料、前沿新材料及相关服务等。新材料领域企业集中在先进石化化工新材料赛道，2022年该领域已在科创板上市的11家企业中，先进石化化工新材料赛道的企业数量占该领域比重达到行业大类的45%（5家），募资金额占比达到51%；2022年该领域在科创板已申报未上市的11家企业中，先进石化化工新材料赛道的企业数量占比达到64%（7家），募资金额占比约为50%。

节能环保领域主要包括高效节能产品及设备、先进环保技术装备、先进环保产品、资源循环利用、新能源汽车整车、新能源汽车关键零部件、动力电池及相关服务等。节能环保领域企业集中在先进环保产业，2022年该领域已在科创板上市的企业中，先进环保赛道的企业数量有3家，占比达到60%，募资金额为30.25亿元，占比达到64%。2022年该领域在科创板已申报未上市的企业中，新能源汽车赛道的企业数量为5家，占比达到63%，募资金额为220.08亿元，占比达到27%。

新能源领域主要包括先进核电、大型风电、高效光电光热、高效储能及相关服务等。新能源领域企业集中在太阳能、风能和核能赛道，2022年该领域已在科创板上市的5家企业中，太阳能产业的企业数量为3家，募资金额为143.6亿元。2022年该领域在科创板已申报未上市的5家企业中，太阳能产业的企业数量为2家，占比达到 40%，募资金额为 20.96 亿元，占比达到 43%。

（二）重点支持领域上市企业数量分布情况

2022 年，科创板共有 124 家企业上市，以前述科创板重点支持领域为划分标准，相关上市企业的分布情况如表 3-39 所示。

表 3-39 科创板上市企业行业分布情况

领域大类	细分产业	上市企业数量（家）	占比
新一代信息技术领域	电子核心产业	41	33.06%
	新兴软件和新型信息技术服务	14	11.29%
	下一代信息网络产业	6	4.84%
	人工智能	3	2.42%
	小计	64	51.61%
生物医药领域	生物医药产业	15	12.10%
	生物医学工程产业	7	5.65%
	小计	22	17.74%
高端装备制造领域	智能制造装备产业	13	10.48%
	航空装备产业	3	2.42%
	轨道交通装备产业	1	0.81%
	卫星及应用产业	1	0.81%
	小计	18	14.52%
新材料领域	先进石化化工新材料	5	4.03%
	先进有色金属材料	3	2.42%
	先进无机非金属材料	2	1.61%
	高性能纤维及制品和复合材料	1	0.81%
	小计	11	8.87%
节能环保领域	先进环保产业	3	2.42%
	高效节能产业	2	1.61%
	小计	5	4.03%
新能源领域	太阳能产业	3	2.42%
	风能产业	1	0.81%
	小计	4	3.23%
合计		124	100.00%

（三）各行业领域典型企业介绍

为了对前述各领域企业有一个更直观的印象，我们选取了六大行业领域中比较有代表性的行业领域进行简要介绍。

如表3-40所示，2022年科创板上市企业融资额度主要集中在30亿元及以下的，共计102家，对应募集资金额度达到1 454.53亿元，占2022年募资总额的57.71%。其中，募集资金额度在10亿~20亿元的企业就高达54家，募集资金额度合计为757.18亿元，占2022年募集资金总额的30.04%。

表3-40 2022年科创板上市企业募资情况统计

募集资金区间（亿元）	上市企业数量（家）	首发募集资金（亿元）	募资占比
<10	29	217.63	8.64%
10~20	54	757.18	30.04%
21~30	19	479.72	19.03%
31~40	12	416.06	16.51%
41~100	6	331.97	13.17%
>100	3	317.88	12.61%
总计	123	2 520.44	100.00%

注：上市企业数量统计口径剔除转板上市的观典防务。

2022年科创板继续收获多项"百亿大单"。如表3-41所示，自科创板开板以来募集资金额度达到100亿元及以上的上市企业共6家，其募资金额合计1 177.08亿元，其中科创板募集资金排在首位的是2020年7月上市的中芯国际，募集资金总额达到532.30亿元。上市至今，联影医疗、晶科能源的市值稳居千亿元水平，成为稳定科创板大盘的"压舱石"。上述6家企业中有3家都属于新一代信息技术产业，分别是中芯国际、海光信息和中国通号。

表3-41 科创板募资额超100亿元企业统计

名称	科创板行业分类	募资总额区间（亿元）	募资总额（亿元）	截至2022年底市值（亿元）	上市日期
中芯国际	新一代信息技术产业	>100	532.30	1 694.72	2020-07-16
百济神州	生物医药产业	>100	221.60	1 634.52	2021-12-15

(续表)

名称	科创板行业分类	募资总额区间（亿元）	募资总额（亿元）	截至2022年底市值（亿元）	上市日期
联影医疗	高端装备制造产业	>100	109.88	1 458.59	2022-08-22
海光信息	新一代信息技术产业	>100	108.00	932.52	2022-08-12
中国通号	新一代信息技术产业	>100	105.30	457.79	2019-07-22
晶科能源	新能源产业	>100	100.00	1 465.00	2022-01-26

科创板吸引资金的能力持续提升，总市值不断提高，上市企业数量持续增长。2019—2022年，科创板市值从0.9万亿元增长至6.1万亿元，如表3-42所示，上市企业数量从70家增长至501家。其中，截至2022年底，市值在100亿元以下的企业达到343家，占科创板所有上市企业数量的68.46%，其中有127家属于新一代信息技术行业，在各市值区间均属于上市企业数量最多的行业。

表3-42 科创板所有上市企业各市值区间的行业分布统计

市值（亿元）	新一代信息技术产业	生物医药产业	高端装备制造产业	新材料产业	节能环保产业	新能源产业	总计	占比
<100	127	73	64	44	25	10	343	68.46%
100~199	37	19	12	9	0	4	81	16.17%
200~399	22	11	6	6	1	5	51	10.18%
400~599	5	2	0	2	0	3	12	2.40%
600~799	4	1	1	0	0	0	6	1.20%
800~999	1	0	0	0	0	0	1	0.20%
≥1 000	2	1	1	0	1	2	7	1.40%
总计	198	107	84	61	27	24	501	100.00%

在个股数据方面，如表3-43所示，截至2022年12月31日，科创板千亿元市值公司有7家，分别为中芯国际、百济神州、晶科能源、联影医疗、天合光能、金山办公、大全能源，其中中芯国际以1 694.72亿元的总市值排名第一。

表3-43 2022年底科创板市值超千亿元企业概览

名称	科创板行业	截至2022年底市值（亿元）	上市日期
中芯国际	新一代信息技术产业	1 694.72	2020-07-16
百济神州	生物医药产业	1 634.52	2021-12-15

(续表)

名称	科创板行业	截至2022年底市值（亿元）	上市日期
晶科能源	新能源产业	1 465.00	2022-01-26
联影医疗	高端装备制造产业	1 458.59	2022-08-22
天合光能	节能环保产业	1 383.16	2020-06-10
金山办公	新一代信息技术产业	1 219.88	2019-11-18
大全能源	新能源产业	1 019.11	2021-07-22

另外，从发行市值角度来看，如表3-44所示，发行市值前五位的企业分别为联影医疗（高端装备制造产业、发行市值905.58亿元）、海光信息（新一代信息技术产业、发行市值836.76亿元）、翱捷科技（新一代信息技术产业、发行市值688.27亿元）、晶科能源（新能源产业、发行市值500亿元）、华大智造（生物医药产业、发行市值360.15亿元）。

表3-44 2022年科创板上市企业发行市值超200亿元项目概览

名称	科创板行业	发行市值（亿元）	上市日期
联影医疗	高端装备制造产业	905.58	2022-08-22
海光信息	新一代信息技术产业	836.76	2022-08-12
翱捷科技	新一代信息技术产业	688.27	2022-01-14
晶科能源	新能源产业	500.00	2022-01-26
华大智造	生物医药产业	360.15	2022-09-09
天岳先进	新一代信息技术产业	355.76	2022-01-12
三一重能	新能源产业	350.68	2022-06-22
国博电子	新一代信息技术产业	283.53	2022-07-22
唯捷创芯	新一代信息技术产业	266.45	2022-04-12
中复神鹰	新材料产业	263.97	2022-04-06
燕东微	新一代信息技术产业	263.56	2022-12-16
荣昌生物	生物医药产业	261.25	2022-03-31
万润新能	新材料产业	255.54	2022-09-29
龙芯中科	新一代信息技术产业	240.84	2022-06-24
纳芯微	新一代信息技术产业	232.45	2022-04-22
中无人机	高端装备制造产业	218.36	2022-06-29
信科移动	新一代信息技术产业	206.83	2022-09-26

五、不同行业上市企业审核时间、发行市盈率以及上市后表现

2022年科创板所有上市企业申报至审核通过平均用时129个交易日，提交注册至证监会同意注册平均用时71个交易日。如图3-2所示，通过审核时间最短的行业为新能源产业，平均用时111个交易日；用时最长的行业为节能环保产业，平均用时171个交易日。

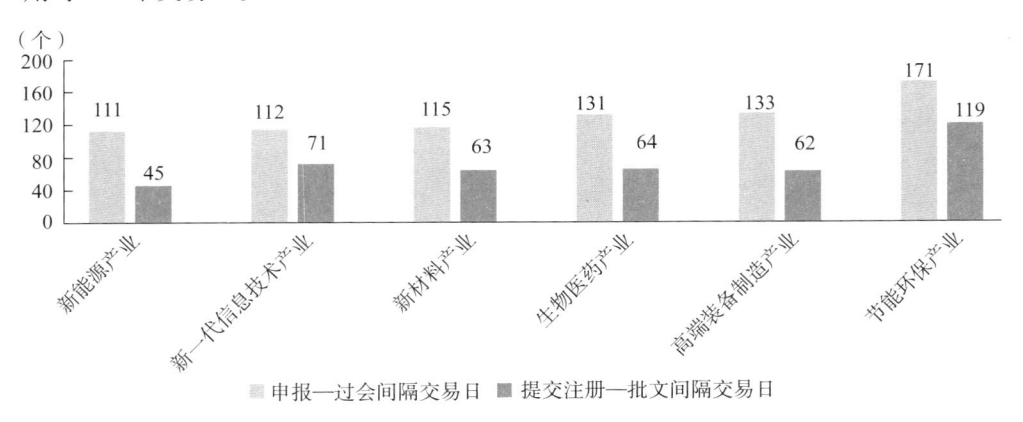

图3-2 不同行业上市审核时间统计

2022年科创板所有受理的项目中，如表3-45所示，审核状态显示为终止审查和终止（撤回）的有27个，其中有13个属于新一代信息技术产业。

表3-45 2022年科创板不同行业终止项目情况

行业分类	终止（撤回）	终止审查	总计
高端装备制造产业	6	0	6
生物医药产业	3	1	4
新能源产业	4	0	4
新一代信息技术产业	13	0	13
总计	26	1	27

2022年科创板不同行业的上市企业的发行估值与上市表现差异化明显。新能源、新材料、新一代信息技术3个行业的发行市盈率明显高于其他行业。新能源行业的整体上市首日表现最优，4个项目的平均首日涨跌幅可达60%，受未盈利的影响，生物医药行业的上市表现最为惨淡。

从发行估值角度看，新能源行业的平均发行市盈率较高，达到156.32倍，如表3-46所示，其中微导纳米发行市盈率达412.24倍（2022年科创板上市企业中发行市盈率排第四位），昱能科技达135.20倍，而三一重能（22.93倍）和晶科能源（54.90倍）相对较低。新一代信息技术行业的平均发行市盈率为94.28倍，虽然排在六大行业的第三位，但在2022年科创板上市且发行市盈率大于300倍的7家企业中，新一代信息技术行业的企业占据4席（纳芯微574.05倍，排名第一；东微半导429.30倍，排名第二；国芯科技418.95倍，排名第三；海光信息315.18倍，排名第七）。由此不难看出，新一代信息技术行业尤其是半导体领域的上市企业质量分化较为严重，既有大市值、受追捧的行业龙头企业，也有较多小型半导体企业。

表3-46 2022年科创板新能源行业企业上市后表现情况统计

名称	上市首日涨跌幅（%）	上市后5日涨跌幅（%）	首发市盈率（摊薄）	首发时所属行业市盈率	首发募集资金（亿元）
微导纳米	13.38	9.13	412.24	34.48	11.00
三一重能	37.45	39.06	22.93	30.12	56.11
昱能科技	77.98	131.29	135.20	30.29	32.60
晶科能源	111.00	106.40	54.90	48.80	100.00

从发行估值较于可比公司的溢价情况看，生物医药、新材料、新能源、新一代信息技术四大行业位居前四，且较可比公司市盈率溢价平均值均大于120%。节能环保、高端装备制造两大行业平均较难取得相对可比公司平均市盈率的溢价。

从上市首日表现的角度看，如图3-3所示，上市首日平均涨跌幅表现最好的是新能源行业，4家上市企业均未出现破发。新材料、高端装备制造、新一代信息技术、节能环保行业的上市首日涨跌幅排名紧随其后，生物医药行业上市首日涨跌幅最差，且破发现象严重。

2022年新能源产业的发行市盈率及上市首日涨跌幅均为科创板表现最优秀的行业，其背后原因主要是2022年新能源产业仅有4家上市企业，且受到国家政策的扶持和投资者的青睐，发行市盈率与上市首日涨跌幅均高于其他行业均值。

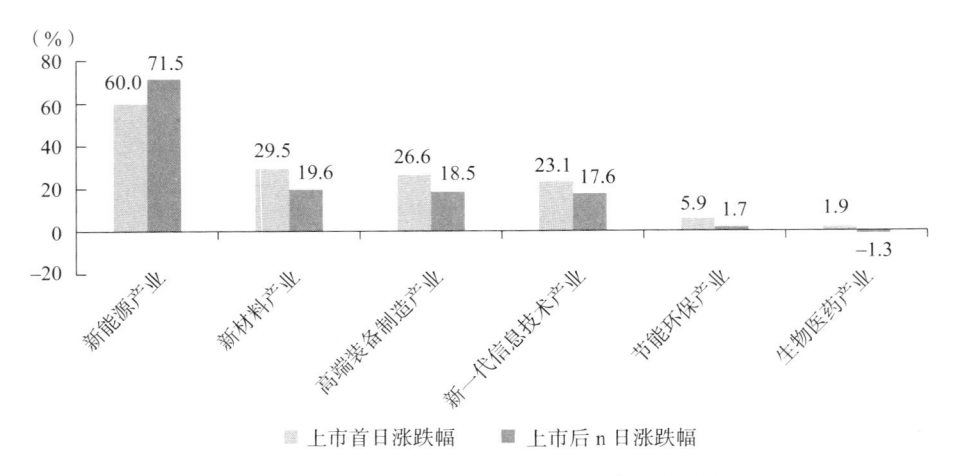

图 3-3　2022 年科创板各行业企业上市后表现情况

不同行业的上市企业破发情况不一，如表 3-47 所示，生物医药产业（未盈利即上市的项目较多）破发项目数量占比较高，达 64%；其次是高端装备制造产业，有 41% 的项目破发；节能环保产业有 40% 的项目破发。这三个行业的破发项目数量占比均超过全科创板破发项目数量占比的平均值 39%。

表 3-47　2022 年科创板各行业企业上市破发情况统计

行业分类	上市企业数量（家）	破发数量（家）	破发项目数量占比
新一代信息技术产业	64	22	34%
生物医药产业	22	14	64%
高端装备制造产业	17	7	41%
新材料产业	11	3	27%
节能环保产业	5	2	40%
新能源产业	4	0	0
总计	123	48	39%

注：上市企业数量统计口径剔除转板上市的观典防务。

如表 3-48 所示，上市首日涨跌幅最高的行业为新能源产业，平均涨跌幅达到 59.95%；新材料产业紧随其后，上市首日涨跌幅达到 29.45%；生物医药产业上市首日涨跌幅最低，平均涨跌幅仅为 1.87%。

表 3-48 2022 年科创板各行业企业上市后表现情况

行业分类	首日涨跌幅	5 日涨跌幅	首月涨跌幅
新能源产业	59.95%	4.06%	40.82%
新材料产业	29.45%	-6.13%	-11.26%
高端装备制造产业	26.58%	-5.73%	3.18%
新一代信息技术产业	23.13%	-4.53%	-1.34%
节能环保产业	5.86%	-7.06%	-12.67%
生物医药产业	1.87%	-1.85%	1.80%

科创板投资价值分析

一、2022 年融资情况概览

2022 年全年国内资本市场共实现初期融资额 32 164 亿元，比 2021 年下降了 456 亿元。2022 年 1—12 月平均每月投资案例数量为 867 起，各月份较为平均，未受市场行情影响，没有较大波动。如图 3-4 所示，整体融资金额受上市破发影响波动较大，5 月份融资额下降至 1 530 亿元。

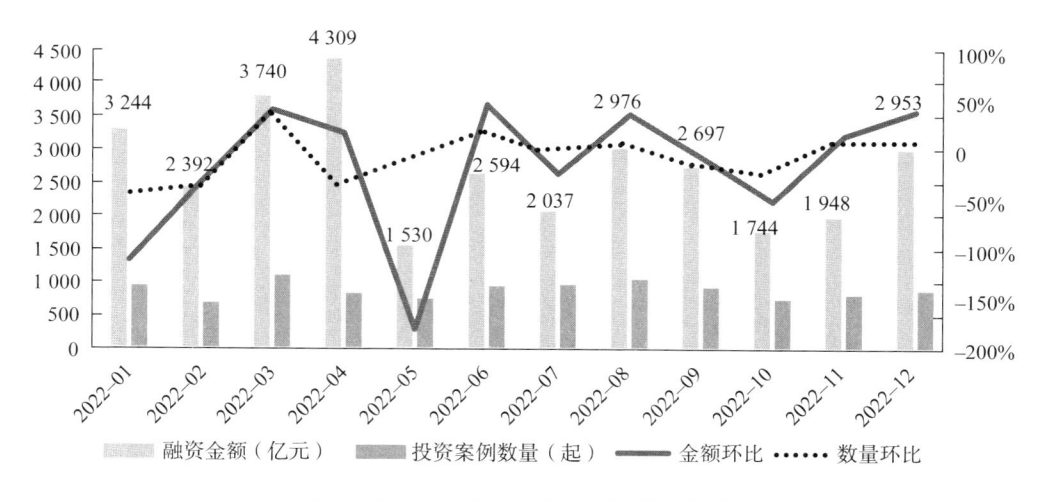

图 3-4 2022 年一级市场投资情况概览

如图 3-5 和图 3-6 所示，2022 年初期投资主要分布于高端制造、金融服务、医疗健康、企业服务等行业，其中高端制造行业主要集中于集成电路、新能源行业。

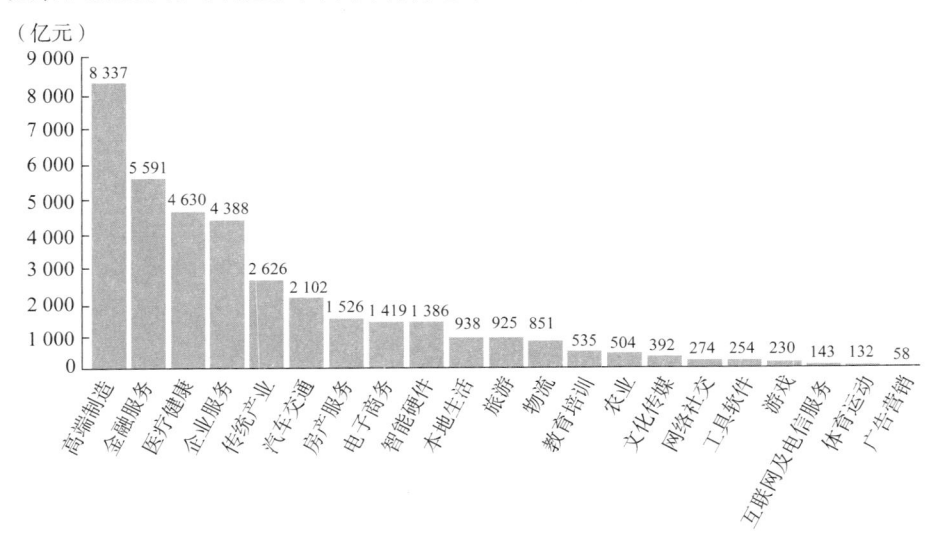

图 3-5　2022 年初期投资行业分布情况

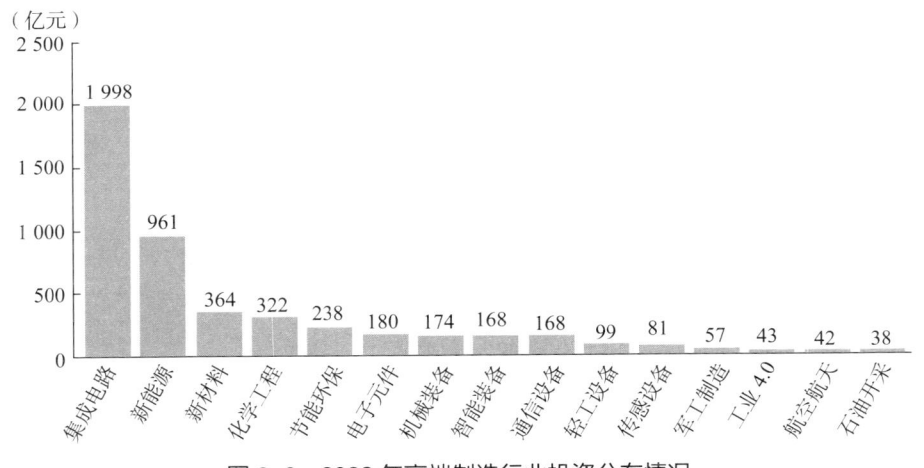

图 3-6　2022 年高端制造行业投资分布情况

在科创板设立之前，集成电路行业并不是资本热衷的行业，因为集成电路企业的创新周期较长，从原创技术的孵化到技术逐步成熟，再到产品最终进入市场并达到一定规模，需要相当长的时间。而基金的寿命有限，时间上难以匹配。加之集成电路投资门槛很高，风险投资和私募股权投资机构聚焦于互联网，热衷于模式创新项目，回报周期长的集成电路等硬科技行业也就成了"冷门"赛道。自从科创板设立之后，仅一年时间左右，以集成电路为代表的硬科技就成为众人追捧的对象，为一级投资市场注入源头活水。同时，科创板为投资机构提供了高效的退出渠道，为投资者的信心和科技企业的发展动力提供了最有力的保障。

二、2022年科创板不同行业上市公司发行前后估值比较

根据上市公司上市后披露的招股说明书/招股意向书，我们可以得到部分上市公司上市前最后一轮外部增资或股权转让的价格或估值，并在此基础上进行统计，如表3-49所示。

表3-49 不同行业上市公司发行市值与上市前估值比较

科创板行业	发行市值/上市前最后一轮估值		
	平均值	最大值	最小值
新能源产业	1 475%	4 217%	63%
生物医药产业	952%	14 342%	33%
高端装备制造产业	555%	1 965%	64%
新一代信息技术产业	530%	4 167%	24%
新材料产业	477%	1 263%	47%
节能环保产业	286%	497%	182%
总计	621%	14 342%	24%

注：发行市值为上市当天发行价与发行后总股数之积。

总的来看，发行市值/上市前最后一轮估值的平均值达到621%，即2022年科创板上市企业上市后平均市值较上市前最后的融资估值增长5倍多。节能环保行业的上市公司未出现一、二级市场估值倒挂（发行市值/上市前最后一轮估值＜100%）情况，而其他行业均有部分公司出现倒挂情况。其中，新一代信息技术产业有4家（永信至诚、奥比中光、思特威、思林杰），生物医药产业有3家（麦

澜德、英诺特、益方生物），高端装备制造产业（凌云光）、新材料产业（斯瑞新材）、新能源产业（晶科能源）各有 1 家。

三、注册制实施后，一级市场投资逻辑的变化

科创板的设立为初创企业提供了非常好的融资平台，尤其是让医疗健康科技行业的企业能够有机会更好地被资本市场扶持，从而发展得更快，让有价值的资产在没有收入利润的情况下，被中国资本市场资金所支持，并获得合理回报。

然而凡事有利有弊，注册制实施之后，一级市场热门行业的估值水平相比实施之前变得更高，导致一、二级市场之间的溢价差越来越小。在部分投资人眼中，如果企业没有明显的成长性，投资后想获利，难度是大大增加的，有些项目上市之后甚至出现估值倒挂。自 2021 年开始，创新药企业一、二级市场估值倒挂的现象屡见不鲜。2022 年底，创新药领域一家龙头企业科创板上市首日即破发，更是让市场对医药板块的投资情绪几乎降至冰点。

A 股由核准制向注册制转换过程中最重要的特点之一是，将公司的价值交由市场投资者判断。虽然上市公司数量不断增加，但上市带来的"赚钱效应"下降了，这逐步推动了一、二级市场估值体系的改变。在以往的 PE/VC（私人权益资本/风险投资）投资中，虽然投资组合中的被投企业多而杂，但只要投的数量够多，总会抓住一个或几个成功 IPO 的企业并实现翻倍收益。但面对如今的资本市场，这条规律是否适用还有待商榷，而较为明确的是，相比于数量，将来的投资更为看重被投企业的质量。因此，市场的价值发现功能将被强化，这对投资机构的专业度提出了更高的要求，也使创投机构在更早的时期、企业更小的阶段就去挖掘优质创新项目。

注册制并不意味着彻底取消门槛，恰恰相反，科创板一改过去的"唯利润论"，更加关注企业持续发展的竞争力和科创属性，实际上提高了上市企业的质量。为了更加科学地评估半导体等行业科创企业早期的竞争力，科创板设置五套差异化的上市标准，将市值指标与收入、现金流、净利润和研发投入等财务指标进行组合，为各种类型的企业提供灵活的上市标准。特别是标准五，它为取得阶段性成果但尚未盈利或者达到规模营业收入的企业提供了发行上市的可能。

在科创板开启后的 3 年时间里，一级投资市场的机构也在不断成长。在科创

解决了一级市场退出渠道、资金端等的问题之后，创投机构最需要的就是投资模式和理念的变化。

实际上，很多投资机构已经在这3年中开始转向硬科技投资，并将投资阶段前移。科创板拓宽了投资机构的退出渠道，缩短了退出周期，使得投资机构退出之后能再将资金注入一级市场，从而投入处在更早期的企业，这也使得硬科技的创新获得了更多的资源，让创新、创业、创投三者形成一个完整的闭环。

以硬科技创新带动产业升级，是未来经济发展的方向和驱动力。投资机构只有认清这种趋势的变化，才能在历史大潮中找准定位。早期投资需要在目标领域里找到合适的进入节点，力争不追热点。成长期的投资者需要依靠更严格的数据驱动、更清晰的市场判断、更完整的尽职调查，不能随波逐流。

投资需要关注市场环境变化，同时不能完全被市场环境变化带着走；需要回归产业发展的阶段和需求，看清楚产业核心的发展机会和爆发力在哪里。虽然科创板的推出能够改善高科技投资的收益预期，提升创投机构投资高科技项目的意愿，但是只有回归企业长期成长价值本源的思维，才可获取应有收益。对于一级市场的投资机构而言，更加深入产业，更加坚定信心，才是实现价值投资的根本。

四、一级市场投资建议

全面注册制的实施使发行上市条件精简优化、上市时间更加明确，在此背景下，上市公司数量增速加快、容量扩大，而如果资金总量增长滞后，那么优质的标的将变得相对稀缺，因而被投企业质量就会显得尤为重要。做一级市场投资，在"募、投、管、退"的全流程中，要注意不同维度有不同倾向性。被投企业中要有不同行业、不同地域、不同规模的，并且做到不同维度有不同侧重点，具体包括以下几方面。

（1）行业角度：近几年，较多的PE/VC将投资组合聚焦在科技、医药和消费三大领域，科技和医药股只要达到标准，在A股上市并不难，而消费类公司大多寻求在香港或是海外上市。据前文的统计，不同行业的上市表现、市值膨胀速度及上市审核时间各不相同，投资机构做投资决策时，一定要参考不同行业上市后的整体表现情况，个别龙头公司可遇不可求，每个行业的最差样本也不一定具备参考性，但当样本量较大的情况下，每个行业的平均数据是足够作为投资参考依据的，这些样本数据不仅反映了某些时段内的热点情况，也反映了二级市场对不同行业的偏好。

（2）地域角度：不同省市发达程度不同，对产业的重视程度也不同，需要参考不同省市的政府产业政策、经济发达程度以及上市企业数量和质量，综合做出投资决策。长三角、珠三角等经济发达地区的IPO企业数量更多，质量更高，而内陆偏远地区相对较难涌现高市值的上市公司。

（3）上市时间和退出时点的选择：二级市场的表现具有周期性，同时根据前文的统计，新股破发也具有一定的周期性，所以不同行情下的退出收益效果不同。在没有资金压力的情况下，选择一个好的行情窗口退出是保有较好收益的重要方式。

（4）优质龙头标的的选取：行业龙头企业往往更受二级市场青睐，容易获得市值上的溢价进而带来更高的投资收益。因此，一级市场投资机构也需要关注那些有望成为优质行业龙头的公司，以提升获取估值溢价的概率。同时，我国不断完善的多层次资本市场体系也为不同企业提供了不同上市选择，聚焦于战略性新兴产业的科创板为许多科创龙头企业提供了一个更好的平台。

总的来说，科创板的设立为投资机构的退出工作提供了预期更为明确、规则更为清晰、程序更为透明的路径，对投资机构的退出有显著的积极意义。而好的项目只会越来越卷，投进去的难度进一步加大，投后估值水涨船高，同时上市即赚钱的铁律也被打破。对一级市场投资者来说，全面注册制是机遇也是挑战，做一级市场投资更容易也更难了。

第 4 章 北交所 IPO 企业情况

北交所的设立旨在解决中小型企业"融资难""融资贵"等问题，为中小企业融资提供新的渠道。整体而言，北交所上市企业具有规模小、具备一定的成长性、盈利能力相对较强等特征，具有一定的投资性价比。北交所 2022 年上市企业中有 37 家企业入选国家级专精特新"小巨人"名录，远高于主板，专精特新"小巨人"企业已经成为北交所发展的中坚力量。

2022 年北交所 IPO 企业特征分析

一、形态表现为中小企业，营收、净利润、市值、募资总额规模小

北交所的成立旨在进一步激发中小企业的发展活力，因此从整体上看，北交所上市企业客观上表现出规模偏小、发展阶段偏早的共性特征，具体表现为营收、归母净利润、扣非归母净利润、市值和融资规模相对较小。

从营收规模上看，根据万得的统计，北交所 2022 年上市企业营收规模均值和中位数分别为 5.07 亿元和 3.35 亿元。分区间来看，北交所 2022 年上市企业营收规模在 1 亿元以下、1 亿~3 亿元、3 亿~5 亿元、5 亿元以上的企业数量分别为 1 家、

38家、22家、22家，对应占比分别为1.20%、45.78%、26.51%、26.51%。

从归母净利润规模上看，根据万得的统计，北交所2022年上市企业归母净利润均值和中位数分别为0.49亿元和0.42亿元。分区间来看，北交所2022年上市企业归母净利润在2 500万元以下、2 500万~3 000万元、3 000万~5 000万元、5 000万元以上的企业数量分别为38家、14家、24家、7家，对应占比分别为45.78%、16.87%、28.92%、8.43%。

从扣非归母净利润规模上看，根据万得的统计，北交所2022年上市企业扣非归母净利润均值和中位数分别为0.46亿元和0.33亿元。分区间来看，北交所2022年上市企业扣非归母净利润在2 500万元以下、2 500万~3 000万、3 000万~5 000万元、5 000万元以上的企业数量分别为40家、12家、25家、6家，对应占比分别为48.19%、14.46%、30.12%、7.23%。

从市值规模上看，以2022年12月31日收盘价计算，北交所2022年上市企业市值规模均值和中位数分别为8.77亿元和6.44亿元。分区间来看，北交所2022年上市企业市值在5亿元以下、5亿~10亿元、10亿~20亿元、20亿元以上的企业数量分别为21家、39家、18家、5家，对应占比分别为25.30%、46.99%、21.69%、6.02%。

从首发募集金额上看，北交所2022年上市企业首发募集资金总额均值和中位数分别为1.99亿元和1.56亿元。分区间来看，北交所2022年上市企业首发募集资金在1亿元以下、1亿~2亿元、2亿~3亿元、3亿元以上的企业数量分别为7家、51家、7家、18家，对应占比分别为8.43%、61.45%、8.43%、21.69%。

二、成长性强，高业绩增速带来广阔的发展空间

北交所上市企业多为创新型中小企业，部分企业"专精特新"属性明显，具备一定的投资性价比。尤其是一些企业在进行前期高额研发投入后，往往能够掌握先进技术、占据价值链的有利位置，从而获得更高的成长性和广阔的发展前景。

从营收增速上看，根据万得的统计，北交所2022年上市企业的2019—2021年营收CAGR均值和中位数分别为0.26%和0.21%。分区间来看，北交所2022年上市企业2019—2021年营收CAGR在0以下、0~20%、20%~50%、50%以上的企业

数量分别为 2 家、37 家、37 家、7 家，对应占比分别为 2.41%、44.58%、44.58%、8.43%；受外部环境影响，2022 年营收增速在 0 以下、0~20%、20%~50%、50% 以上的企业数量分别为 46 家、24 家、10 家、3 家，对应占比分别为 55.42%、28.92%、12.05%、3.61%。

从归母净利润增速上看，北交所 2022 年上市企业的 2019—2021 年归母净利润 CAGR 均值和中位数分别为 0.60% 和 0.24%。分区间来看，北交所 2022 年上市企业的 2019—2021 年归母净利润 CAGR 在 0 以下、0~20%、20%~50%、50% 以上的企业数量分别为 7 家、31 家、20 家、25 家，对应占比分别为 8.43%、37.35%、24.10%、30.12%；受外部环境影响，2022 年归母净利润增速在 0 以下、0~20%、20%~50%、50% 以上的企业数量分别为 53 家、10 家、12 家、8 家，对应占比分别为 63.86%、12.05%、14.46%、9.64%。

从扣非归母净利润增速上看，北交所 2022 年上市企业的 2019—2021 年扣非归母净利润 CAGR 均值和中位数分别为 0.46% 和 0.26%。分区间来看，北交所 2022 年上市企业的 2019—2021 年扣非归母净利润 CAGR 在 0 以下、0~20%、20%~50%、50% 以上的企业数量分别为 7 家、25 家、29 家、22 家，对应占比分别为 8.43%、30.12%、34.94%、26.51%；受外部环境影响，2022 年扣非归母净利润增速在 0 以下、0~20%、20%~50%、50% 以上的企业数量分别为 46 家、12 家、5 家、7 家，对应占比分别为 65.71%、17.14%、7.14%、10.00%。

三、盈利能力相对较强，铸就较高的竞争壁垒

北交所上市企业多为创新型企业，其中较多企业掌握一定领域的先进技术，因此毛利率相对较高，盈利能力较强，这也为公司铸就相对较高的竞争壁垒。

从毛利率上看，根据万得的统计，北交所 2022 年上市企业的毛利率均值和中位数分别为 32.18% 和 30.08%。分区间来看，北交所 2022 年上市企业毛利率在 10% 以下、10%~30%、30%~50%、50% 以上的企业数量分别为 3 家、38 家、33 家、9 家，对应占比分别为 3.61%、45.78%、39.76%、10.84%。

从净利率上看，北交所 2022 年上市企业的净利率均值和中位数分别为 14.53% 和 12.86%。分区间来看，北交所 2022 年上市企业净利率在 8% 以下、8%~15%、

15%~30%、30%以上的企业数量分别为19家、30家、30家、4家，对应占比分别为22.89%、36.14%、36.14%、4.82%。

从ROE（净资产收益率）上看，北交所2022年上市企业的ROE均值和中位数分别为13.44%和11.98%。分区间来看，北交所2022年上市企业净利率在8%以下、8%~15%、15%~30%、30%以上的企业数量分别为9家、53家、19家、2家，对应占比分别为10.84%、63.86%、22.89%、2.41%。

北交所上市定位和标准

一、打造服务创新型中小企业主阵地，培育"专精特新"中小企业

北交所自成立以来就致力于打造服务创新型中小企业主阵地，并以培育一批"专精特新"中小企业为目标。一方面，2022年北交所上市企业持续进行研发投入，创新驱动作用明显。以2022年年报数据为基准，2022年北交所上市企业研发支出合计达15.35亿元，研发强度达3.65%。具体来看，北交所2022年近八成上市企业的研发投入超1 000万元，2022年近两成的研发投入同比增长30%以上，近五成研发强度超5%。另一方面，创新驱动作用的增强也让标杆性企业在北交所逐渐形成聚集效应。北交所2022年上市企业中有37家公司入选国家级专精特新"小巨人"名录，远高于主板，专精特新"小巨人"企业已经成为北交所发展的中坚力量。

二、上市标准：多数公司采用标准一上市，亦有公司采用标准二和标准三

截至2022年底，北交所2022年上市的83家公司中有81家选择标准一上市，有1家（辰光医疗）选择标准二，有1家（奥迪威）选择标准三。如表4-1所示，北交所2022年上市的公司中绝大部分采用标准一，而标准一重点关注公司的盈利能力（净利润和净资产收益率），对市值的要求比较低，因此经营稳定、盈利能力保持稳步增长的中小企业更适合申报在北交所上市。此外，从采用标准二的辰光医疗来看，盈利模式清晰、业务快速发展的企业亦能申报在北交所上市；从采用标准三的奥迪威来看，具有一定研发能力且研发成果已初步实现业务收入的企业亦适合申报在北交所上市。

表 4-1 2022 年北交所上市标准逐渐多元化

上市标准	适用企业数量	占比	指标要求
标准一	81	97.60%	预计市值不低于 2 亿元，最近两年净利润均不低于 1 500 万元且加权平均净资产收益率平均不低于 8%，或者最近一年净利润不低于 2 500 万元且加权平均净资产收益率不低于 8%
标准二	1	1.20%	预计市值不低于 4 亿元，最近两年营业收入平均不低于 1 亿元，且最近一年营业收入增长率不低于 30%，最近一年经营活动产生的现金流量净额为正
标准三	1	1.20%	预计市值不低于 8 亿元，最近一年营业收入不低于 2 亿元，最近两年研发投入合计占最近两年营业收入合计比例不低于 8%

数据来源：北交所。

北交所 IPO 企业的行业分布和业务情况

北交所上市企业集中分布在高端制造领域，多数上市企业为细分赛道的隐形冠军。从行业数量和市值分布看，如图 4-1 所示，北交所 2022 年上市企业主要集中分布在机械设备、电子、电力设备等高端制造领域。从企业业务在对应行业中的地位来看，如表 4-2 所示，北交所 2022 年上市的 83 家企业中有 27 家为细分赛道龙头。同时，还有部分企业在关键领域突破"卡脖子"技术，推动产业结构转型升级。曙光数创是国内唯一实现浸没相变液冷技术和大规模部署案例的供应商，成功解决了中高到极高密度数据中心的散热难题；凯德石英是国内首家通过中芯国际 12 英寸（1 英寸 =2.54 厘米）石英晶舟产品认证的半导体石英制品企业。

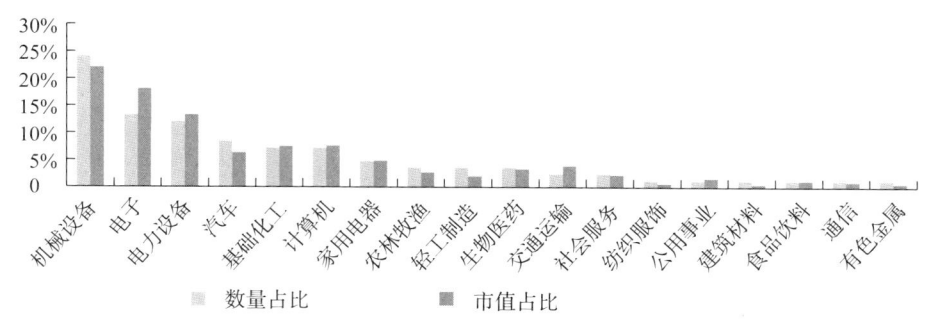

图 4-1 2022 年北交所上市企业主要集中在高端制造领域

数据来源：万得。

表4-2 2022年北交所上市企业中的细分赛道龙头

证券代码	名称	行业地位	收入（亿元）	净利润（亿元）	ROE
831195.BJ	三祥科技	2011—2020年液压制动橡胶软管系列产品连续十年被中国橡胶工业协会胶管胶带分会评为国内同业企业产量排名第一	7.25	0.65	14.88%
838262.BJ	太湖雪	2018—2020年公司蚕丝被产品的市场占有率位居行业前三	3.40	0.32	16.35%
873001.BJ	纬达光电	国内首家具备高耐久染料系偏光片量产技术的厂家	2.66	0.64	16.10%
872190.BJ	雷神科技	国内电竞PC市场销量第三	24.15	0.69	14.03%
834033.BJ	康普化学	国内铜萃取剂龙头	3.50	1.04	39.86%
873305.BJ	九菱科技	汽车起动机用粉末冶金细分领域龙头	1.34	0.21	11.89%
836807.BJ	奔朗新材	国内超硬材料制品龙头	7.10	0.61	9.45%
838810.BJ	春光药装	国内低温奶酪液体灌装装备龙头	2.16	0.41	34.87%
836414.BJ	欧普泰	光伏组件检测设备龙头	1.33	0.29	19.72%
833230.BJ	欧康医药	槲皮素和鼠李糖产品出口量全国第一	2.69	0.34	18.86%
872808.BJ	曙光数创	数据中心液冷领军企业	5.18	1.17	38.61%
873339.BJ	恒太照明	工业照明出口龙头	6.50	1.32	34.01%
833914.BJ	远航精密	国内镍带龙头	9.06	0.53	10.60%
835892.BJ	中科美菱	国内生物医疗低温存储专用设备龙头	4.06	0.53	17.54%
838402.BJ	硅烷科技	国内电子级硅烷气龙头	9.53	1.89	21.32%
838971.BJ	天马新材	精密氧化铝粉体隐形冠军	1.86	0.36	17.13%
873122.BJ	中纺标	纺织服装检验检测服务行业领军企业	1.87	0.36	12.66%
836270.BJ	天铭科技	国内越野绞盘龙头	1.65	0.44	18.60%
831152.BJ	昆工科技	冶金电极板龙头	5.63	0.42	12.87%
836395.BJ	朗鸿科技	数码防盗器龙头	1.13	0.42	28.16%
835985.BJ	海泰新能	国内主流的光伏组件厂商	63.87	1.18	13.52%
839725.BJ	惠丰钻石	金刚石微粉龙头	4.31	0.74	19.74%
838670.BJ	恒进感应	中高档数控感应热处理行业领军企业	1.59	0.61	21.73%
831278.BJ	泰德股份	汽车空调压缩机电磁离合器轴承龙头	2.56	0.19	6.14%
832491.BJ	奥迪威	国内超声波传感器龙头	3.78	0.53	7.26%
838171.BJ	邦德股份	汽车冷凝器细分龙头	3.38	0.78	22.11%
835179.BJ	凯德石英	半导体和光伏产业链中石英制品龙头	1.82	0.54	8.83%

数据来源：北交所。

第 5 章　2022 年 IPO 行业分析

　　2022 年，A 股共有 428 家企业上市，数量明显多于美股。A 股首发募集资金约 5 869 亿元，显著高于美股的 3 351 亿元和港股的 932 亿元（基于 2022 年末汇率换算）。上市企业行业分布较为广泛，电子、机械、医药、计算机、基础化工、电力设备及新能源等成长型行业的企业上市数量大幅提升，这代表了产业结构转型升级的大方向。

2022 年 IPO 行业分布及特征分析

一、整体行业分布情况

　　在美国加息、全球范围内疫情冲击、俄乌冲突等不确定因素的作用下，全球资本市场普遍承压。而受益于不断完善的资本市场建设与相对充裕的流动性，如图 5–1 和图 5–2 所示，2022 年 A 股在新股发行数及募资规模方面均有突出的表现。这一表现离不开中国经济的持续增长和政策支持，越来越多的国内企业通过资本市场获得直接融资，并实现自身的发展目标。同时，注册制改革的全面深化也在不断推动我国 IPO 市场实现健康发展。A 股 IPO 市场已在全球范围内具有强大的竞争力和影响力，成为全球 IPO 市场的关键组成部分。

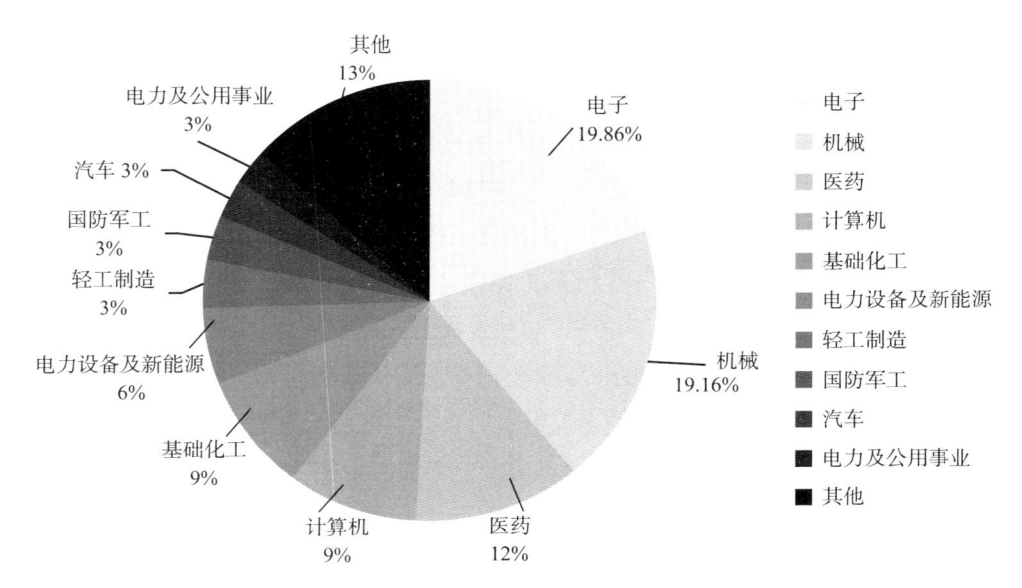

图 5-1 2022 年 A 股各行业 IPO 数量占比

注：基于中信行业分类。
数据来源：万得。

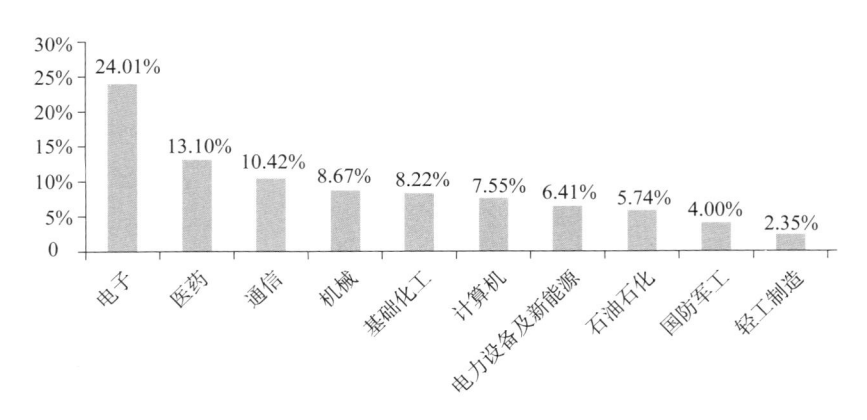

图 5-2 2022 年 A 股各行业 IPO 募资金额占比

注：基于中信行业分类。
数据来源：万得。

分行业来看，如图 5-1 所示，2022 年 A 股 IPO 企业主要分布在电子、机械、医药、计算机、基础化工等领域，体现了我国资本市场对战略性新兴产业的支持。

党的二十大报告提出，要"推动战略性新兴产业融合集群发展，构建新一代信息技术、人工智能、生物技术、新能源、新材料、高端装备、绿色环保等一批新的增长引擎"。根据国家统计局发布的《战略性新兴产业分类（2018）》，战略性新兴产业包括：新一代信息技术产业、高端装备制造产业、新材料产业、生物产业、新能源汽车产业、新能源产业、节能环保产业、数字创意产业、相关服务业等九大领域。如表5–1、表5–2和表5–3所示，2022年A股上市公司中有约九成属于国家战略性新兴产业，主要分布于电子、机械、医药、计算机、基础化工等行业。根据证监会的行业分类，新上市的428家公司中有327家公司属于制造业，占比高达76.4%，科创板、创业板和北交所是制造业企业上市的主战场。这体现了我国资本市场服务科技创新的纽带作用日益凸显，正不断引导资本要素向科技行业倾斜，"科技—产业—金融"的良性循环正在打通，为我国实体经济高质量发展注入了强劲动力。

表5–1 各行业IPO数量占比变化

单位：%

	2010	2011	2012	2014	2015	2016	2017	2018	2019	2020	2021	2022
传媒	–1	–2	1	–4	4	–1	–1	–3	2	–2	0	0
电力及公用事业	1	2	0	1	–2	–2	3	2	–4	3	0	–2
电新	3	–2	–3	4	–4	0	1	–1	–1	0	2	0
电子	4	–2	3	–3	1	–2	4	–2	5	0	–1	9
房地产	–3	0	0	0	1	–1	0	1	0	–1	0	0
纺织服装	–1	0	1	–1	1	–1	1	–2	–1	2	0	–1
非银行金融	–1	0	0	0	1	–1	0	6	–5	–1	–1	0
钢铁	–1	–1	0	1	0	0	0	0	0	1	–1	0
国防军工	1	–3	–1	2	0	0	–1	3	0	–1	0	1
机械	5	1	–1	0	3	0	–4	2	3	1	1	2
基础化工	2	2	–3	–1	3	2	–2	–2	3	–1	2	–4
计算机	–1	1	3	–1	–3	2	–4	3	4	–3	–2	3
家电	0	1	1	–1	–2	0	1	–1	0	1	–1	1
建材	–1	3	–2	1	2	–2	0	0	–1	1	0	–1

（续表）

	2010	2011	2012	2014	2015	2016	2017	2018	2019	2020	2021	2022
建筑	−4	1	−1	1	0	3	−2	−2	0	−1	3	−4
交通运输	0	−2	1	−2	2	−1	1	3	−3	−1	0	0
煤炭	0	0	0	2	−2	0	0	0	0	0	0	0
农林牧渔	−2	0	0	0	0	−1	1	−2	1	0	0	1
汽车	0	1	0	3	−2	−2	6	−2	−4	1	1	−2
农林牧渔	−2	0	0	0	0	−1	1	−2	1	0	0	1
汽车	0	1	0	3	−2	−2	6	−2	−4	1	1	−2
轻工制造	0	1	1	−2	4	0	1	−2	−1	1	0	0
商贸零售	0	1	−2	0	0	2	−2	1	0	−1	0	−1
石油石化	1	−1	0	1	1	0	−1	0	0	0	−1	1
食品饮料	2	0	0	2	−3	1	−1	−1	3	−1	0	−1
通信	−1	0	0	−3	1	5	−1	0	−4	2	−1	0
消费者服务	−1	2	−1	1	−2	0	0	−1	0	0	0	−1
医药	−3	0	−1	6	−4	−2	3	−2	1	2	0	1
银行	1	−1	0	0	0	4	−3	3	1	−4	1	−1
有色金属	2	−1	1	−2	1	−1	1	1	−2	2	−1	0
综合	−1	0	0	−1	0	0	0	0	0	0	0	0
综合金融	−1	0	1	−1	0	0	0	0	0	0	0	0

注：基于中信行业分类。
数据来源：万得。

表 5-2 各行业 IPO 募资规模占比变化

单位：%

	2010	2011	2012	2014	2015	2016	2017	2018	2019	2020	2021	2022
传媒	0	0	2	−5	5	3	−5	−5	1	0	0	0
电力及公用事业	2	1	1	−1	7	−9	3	−1	3	−3	4	−5
电新	7	0	−4	3	−6	2	1	0	−3	2	3	−1
电子	5	−3	3	1	−2	−2	6	−3	4	12	−10	12
房地产	−1	0	0	0	0	0	0	0	1	−1	0	0
纺织服装	1	2	2	−3	0	−1	1	−2	−1	2	0	−2
非银行金融	−8	0	−3	7	19	−23	1	9	−14	3	−3	0

(续表)

	2010	2011	2012	2014	2015	2016	2017	2018	2019	2020	2021	2022
钢铁	0	0	0	3	−2	0	0	0	1	0	0	0
国防军工	−7	−2	0	1	−1	1	0	0	0	0	0	2
机械	8	0	4	−7	0	−1	1	−1	6	−3	1	−2
基础化工	3	5	−3	−2	0	6	−3	−4	5	−1	1	−1
计算机	1	1	2	1	−4	1	−1	19	−13	−2	−3	4
家电	1	1	2	−2	−2	1	1	−2	0	1	−1	0
建材	0	2	−1	−1	1	0	0	0	−1	1	0	0
建筑	−38	5	−1	−2	−2	2	−1	−3	0	0	2	−2
交通运输	2	−3	2	−2	2	−2	2	0	−1	6	−6	−1
农林牧渔	−1	2	−2	1	−2	0	2	−3	1	3	−3	0
汽车	1	4	−2	−1	0	−2	8	−7	1	0	1	−2
轻工制造	1	1	2	−4	2	2	2	−5	0	1	0	0
商贸零售	2	1	−2	0	−1	2	−1	1	−2	−1	1	−1
石油石化	1	0	−1	1	0	1	0	−1	2	−1	−1	6
食品饮料	0	1	0	6	−7	0	0	1	−1	0	0	−1
通信	1	0	−1	−1	1	2	0	0	−3	1	8	1
消费者服务	−1	1	0	0	−1	0	0	−1	0	0	0	0
医药	3	−1	−1	5	−3	−1	2	0	−2	6	4	−3
银行	19	−19	0	0	0	20	−19	5	20	−25	3	−3
有色金属	1	1	2	−2	1	−2	2	−1	−1	1	−1	1
综合	0	0	0	0	0	0	0	0	0	0	0	0
综合金融	0	0	1	−1	0	0	0	0	1	−1	0	0

注：基于中信行业分类。
数据来源：万得。

表 5-3 2022 年各行业中市值排前三的公司

行业	公司名称	2022 年末市值（亿元）	行业	公司名称	2022 年末市值（亿元）	行业	公司名称	2022 年末市值（亿元）
电力设备及新能源	晶科能源	1 465	基础化工	中复神鹰	389	食品饮料	紫燕食品	130
	昱能科技	455		聚和材料	167		宝立食品	113
	三一重能	348		瑞泰新材	165		益客食品	77

（续表）

行业	公司名称	2022年末市值（亿元）	行业	公司名称	2022年末市值（亿元）	行业	公司名称	2022年末市值（亿元）
医药	联影医疗	1 459	国防军工	国博电子	383	农林牧渔	永顺泰	106
	华大智造	460		中无人机	303		粤海饲料	66
	华厦眼科	409		华秦科技	266		邦基科技	35
电子	海光信息	933	机械	铭利达	201	钢铁	中钢洛耐	71
	龙芯中科	343		欧晶科技	136	汽车	中汽股份	68
	天岳先进	335		骄成超声	119		晋拓股份	34
电力及公用事业	龙源电力	921	交通运输	宁波远洋	177		标榜股份	32
	立新能源	98		兴通股份	73	建筑	建科股份	45
	中科环保	89		永泰运	51		招标股份	34
通信	中国移动	611	传媒	博纳影业	165		矩阵股份	30
	信科移动	172		易点天下	88	纺织服装	云中马	38
	德科立	49		兆讯传媒	74		嘉曼服饰	25
计算机	华大九天	489	家电	康冠科技	162		泰慕士	25
	江波龙	244		比依股份	27	建材商贸零售	森鹰窗业	29
	软通动力	223		瑞德智能	24		青木股份	25
非银行金融	首创证券	476	有色金属	腾远钴业	156			
	弘业期货	103		金徽股份	117			
石油石化	中国海油	454	轻工制造	箭牌家居	147			
	胜通能源	35		慕思股份	132			
	润贝航科	31		万凯新材	98			

数据来源：万得，中信证券研究部。

二、行业结构差异化明显

从上市板块分布来看，科创板和创业板成为IPO上市的主战场，各板块的行业分布与板块定位直接相关。科创板与创业板的板块定位更加倾向于新兴产业，2022年IPO行业分布主要集中在电子、医药、机械等新兴行业。2022年A股市场超七成的IPO融资金额来自实施发行注册制的科创板和创业板，这充分体现了资本市场对科技创新与新兴产业的支持。如图 5-3 所示，主板市场的行业包容性相对更强，诸多传统行业领域的 IPO 数量更多。随着主板注册制改革的推进，未来其融资功能有望进一步提升。

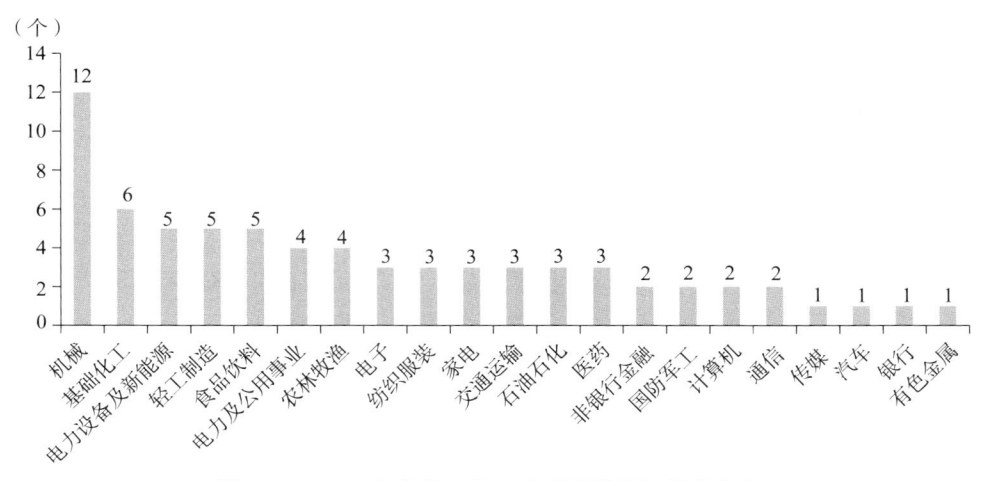

图 5-3 2022 年主板市场 IPO 项目数量的行业分布

注：基于中信行业分类。
数据来源：万得。

从公司所属区域分布来看，不同区域的 IPO 行业分布与当地的优势产业密切相关。2022 年 428 家新增上市公司广泛分布于我国各地区，其中广东新增上市公司数量位列第一，合计 78 家；江苏、浙江、北京和上海紧随其后；四川和安徽也分别有 15 家和 13 家，位居西部与中部省份榜首。区域协调发展是我国高质量发展的必然要求，我国不断推进以人为核心的新型城镇化，推进区域重大战略，如长三角、粤港澳大湾区、京津冀、成渝双城经济圈正成为构建支撑高质量发展的动力源、促进双循环的主引擎、参与全球竞争的大平台。从行业分布来看，各地区 IPO 行业主要集中在当地的优势产业，如长三角的机械产业、粤港澳大湾区的电子产业、京津冀的计算机产业、成渝双城经济圈的医药产业等。随着国家各项区域战略的推进，未来各地区的优势产业将在资本市场的支持下持续发展壮大。

从所有制性质来看，2022 年 A 股 IPO 上市的民营企业有 358 家，约占上市企业总数的 84%，民营企业 IPO 总募资规模超过 3 871 亿元，约占总募资额的 66%。

民营企业是我国经济发展的重要力量、技术创新的重要主体、财政税收的重要来源、社会就业的重要渠道，我国始终坚持"两个毫不动摇"，支持各种所有制经济利用资本市场发展壮大。A股IPO市场的所有制性质分布，与国有经济的行业分布高度一致，如图5-4所示，在银行、钢铁、石油石化、建筑、通信、农林牧渔、电力及公用事业、国防军工、交通运输等国有经济比重较高的行业，2022年IPO项目数量占比同样较高。IPO市场的资金支持，可有效助力国有经济做优做强，在国计民生的关键领域加强安全保障能力。

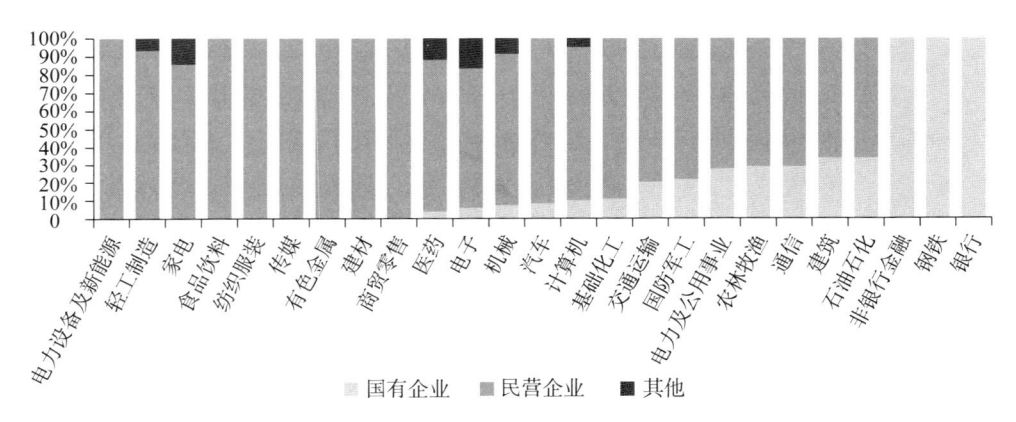

图5-4 2022年IPO项目中不同所有制企业数量占比（按行业分类）

注：基于中信行业分类。
数据来源：万得。

从发行定价维度看，注册制改革明显提升了定价的市场化程度。随着23倍发行市盈率的"红线"逐步退出历史舞台，2022年A股IPO首发市盈率平均值达到52倍，相较2021年增长42%，为2014年以来历史最高平均估值水平。从平均首发市盈率的行业分布来看，新兴领域通常有更高的发行估值，与二级市场的估值分布类似。随着发行定价市场化水平的提高，新股破发已经成为常态，新股赚钱效应分化。2022年A股上市新股中，以上市首日收盘价计算，122只新股破发，占比约28.5%，而若以盘中价计算，145只股票上市首日盘中出现破发。从行业分布上看，建材、建筑、纺织服装、交通运输、轻工制造等传统行业的首日破发概率相对较高。

2022年IPO企业在产业链中的地位与行业发展阶段相关。就成熟产业而言，其财务指标在一定程度上反映了企业在产业链中的地位，如图 5-5 和图 5-6 所示，平均应收账款/营业收入、平均现金流量净额/经营活动净收益等指标能够体现企业在产业链中的地位，企业以上指标的值越大，表明对下游的议价能力越强，企业在产业链中的地位越高。处于培育期、成长期的新兴产业，由于其总体未能实现盈利，所以财务指标无法反映此类产业的企业在产业链中的地位。

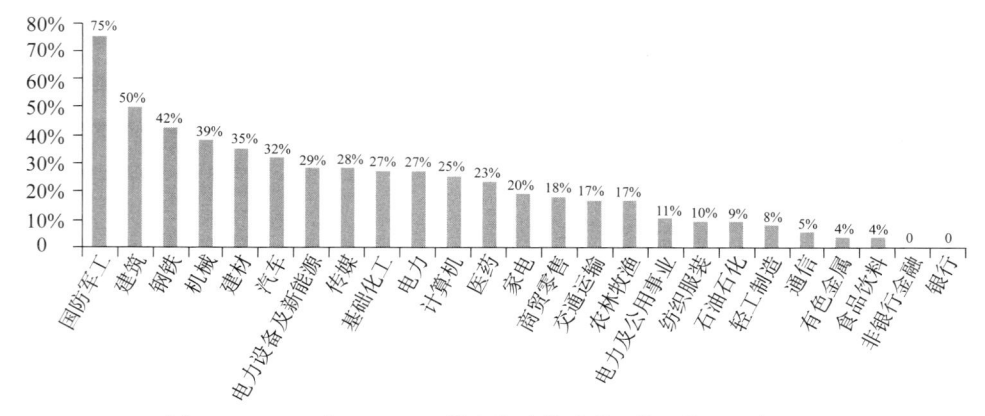

图 5-5　2022 年 IPO 项目的平均应收账款/营业收入分布占比

注：基于中信行业分类。
数据来源：万得。

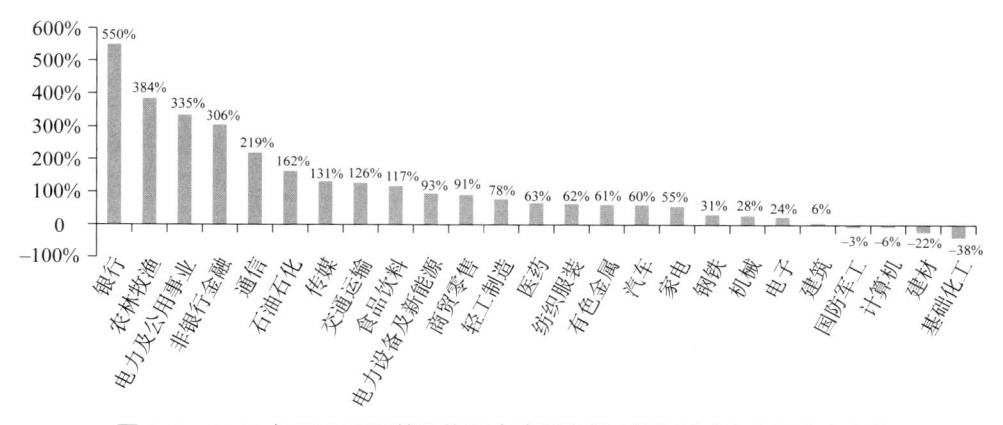

图 5-6　2022 年 IPO 项目的平均现金流量净额/经营活动净收益分布占比

注：基于中信行业分类。
数据来源：万得。

影响 IPO 行业因素分析

一、宏观经济维度

资本市场是实体经济的"晴雨表"。从理论上看，资本市场在总量和结构上的发展，均应与实体经济一致。2001—2022 年，如图 5-7 所示，我国 GDP 从 11.09 万亿元增长到 121.02 万亿元，人均 GDP 从 0.87 万元增长到 8.57 万元。与此同时，中国资本市场取得了举世瞩目的成就。截至 2022 年底，A 股上市公司总市值达到 87.75 万亿元，与 2001 年底相比增长了约 20 倍，总市值增长显著，沪深两市已成为全球第二大市值的股票市场。

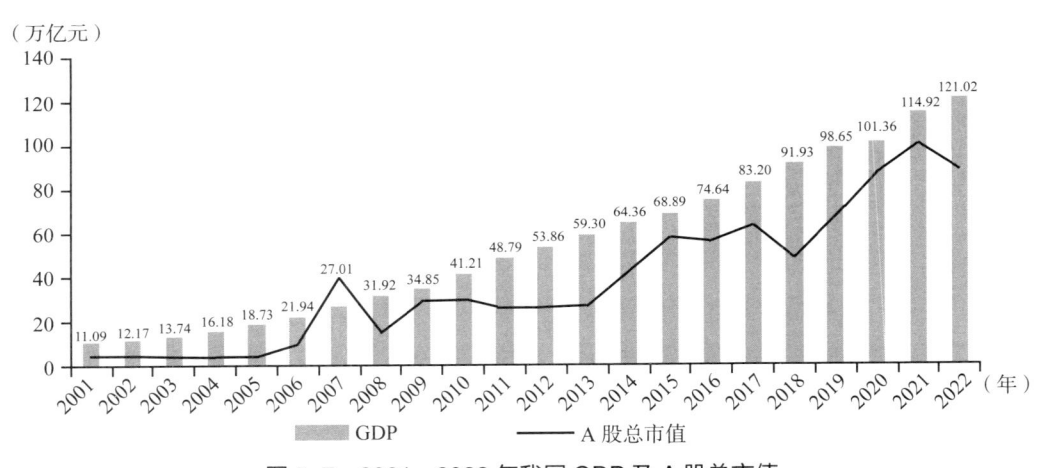

图 5-7 2001—2022 年我国 GDP 及 A 股总市值

数据来源：万得。

近年来，随着创新驱动发展战略的深入实施和供给侧结构性改革的持续深化，我国各类新兴产业茁壮成长，现代产业体系加快建设，产业结构不断优化，这些为我国经济高质量发展提供了有力支撑。首先，创新引领发展的作用持续增强。2022 年，我国全社会研究与试验发展（R&D）经费投入达 3.1 万亿元，比上年增长 10.4%；R&D 经费与 GDP 的比值为 2.55%，比上年提高 0.12 个百分点。其次，战略性新兴产业不断壮大。2022 年，规模以上高技术制造业增加值比上年增长 7.4%，占规模以上工业增加值比重达到 15.5%；高技术产业投资增长 18.9%，高于全部投资增速 13.8 个百分点。再次，制造业规模优势持续巩固。2022 年，制造业增加值占 GDP 的比重达 27.7%，占全球的比重达 30.3%，连续多年位居世界第一。最后，经济发展新动能较快增长。2022 年，移动通信基站设备、工业控制计算机及系统等产品的产量分别较上年增长 16.3%、15.0%；实物商品网上零售额增长 6.2%，占社会消费品零售总额的比重为 27.2%，比上年提高 2.7 个百分点。

自党的十八大以来，我国紧扣金融供给侧结构性改革的主线，坚定推进全面深化资本市场改革，推动资本市场发生深刻的结构性变化。资本市场抓住支持创新这一关键，坚守科创板"硬科技"定位，加快完善创业板成长型创新创业企业评价标准，突出主板"大盘蓝筹"特色，强化北交所服务创新型中小企业定位，推动多层次的资本市场体系不断健全，为各类创新型企业提供更加高效的融资支持，从而使资本市场与产业发展形成更有效率、更高质量的互动关系，服务高质量发展的能力明显提升。

从 IPO 情况来看，金融等传统产业的 IPO 数量和募资额呈下降趋势，信息技术等新兴产业的 IPO 数量和募资额呈上升趋势，这与我国宏观经济结构的优化高度相关。

从 IPO 数量来看，工业、可选消费、日常消费、公用事业、金融 5 个行业 2022 年的 IPO 数量占比较 2012 年下降，其 2022 年的 IPO 数量占比分别为 24.30%、7.94%、3.74%、0.93% 和 0.70%，分别较 2012 年下降 0.86、9.48、0.78、1.00、1.23 个百分点；信息技术、医疗保健、材料、能源、电信服务 5 个行业 2022 年的 IPO 数量占比较 2012 年上升，其 2022 年的 IPO 数量占比分别为 35.28%、12.38%、13.79%、0.70%、0.23%，分别较 2012 年上升 6.25、4.64、2.17、0.06 和 0.23 个百分点。

从 IPO 募集资金额来看，工业、材料、可选消费、日常消费、金融、公用事业 6 个行业 2022 年的首发募集资金额占比较 2012 年下降，其 2022 年的首发募集资金额占比分别为 16.55%、11.42%、3.60%、1.86%、0.71%、0.36%，分别较 2012 年下降 13.42、0.57、17.53、2.82、2.17、1.03 个百分点；信息技术、医疗保健、电信服务、能源 4 个行业的首发募集资金额占比较 2012 年上升，其 2022 年的首发募集资金额占比分别为 37.63%、13.36%、8.86%、5.66%，分别较 2012 年上升 16.08、7.26、

8.86、5.34 个百分点；而在 2022 年，房地产行业无 IPO 项目。

当前，战略性新兴企业已经成为登陆中国资本市场的主力，资本市场对战略性新兴产业发展的支持力度显著增强。从 IPO 数量来看，如图 5-8 所示，2014—2022 年，战略性新兴产业 IPO 数量从 17 家增长至 392 家，增长约 22.06 倍；战略性新兴产业 IPO 数量占全市场 IPO 总数的比重从 13.6% 上升至 91.6%，上升了 78 个百分点。2022 年 IPO 数量最多的是新一代信息技术产业，IPO 数量为 133 家，约占战略性新兴产业 IPO 总数的 33.93%。

图 5-8 战略性新兴产业 IPO 数量及其占比

数据来源：万得。

从 IPO 募集资金额来看，如图 5-9 所示，2014—2022 年，战略性新兴产业首发募集资金总额从 62.6 亿元增长至 5 252.7 亿元，增长了约 83 倍；战略性新兴产业首发募集资金占全市场首发募集资金的比重从 9.4% 上升至 89.5%，上升了 80.1 个百分点。2022 年，在 9 类战略性新兴产业中，首发募集资金最多的是新一代信息技术产业，首发募集资金额为 2 573.83 亿元，约占战略性新兴产业首发募集资金总额的 49%。

除 IPO 结构外，存量公司的市值结构同样反映了我国经济结构的变迁。从市值情况来看，信息技术、工业等我国优势产业的市值占比呈现上升趋势，资本市场作为国民经济"晴雨表"的功能进一步凸显。截至 2022 年底，金融、可选消费、能源、公用事业、房地产 5 个行业的市值占比较 2013 年底下降，截至 2022 年底，上述 5 个行业的市值分别占 A 股总市值的 17.23%、8.96%、4.69%、3.44% 和 1.81%，较 2013 年底分别下降 10.90、0.95、6.57、0.03、1.43 个百分点。工业、信息技术、材料、日常消费、医疗保健、电信服务 6 个行业的市值占比较 2013 年底上升，截至 2022 年底，上述 6 个行业的市值分别占 A 股总市值的 17.62%、14.52%、11.50%、9.44%、8.47%、2.33%，分别上升 1.98、6.91、2.24、2.31、2.44 和 1.98 个百分点。

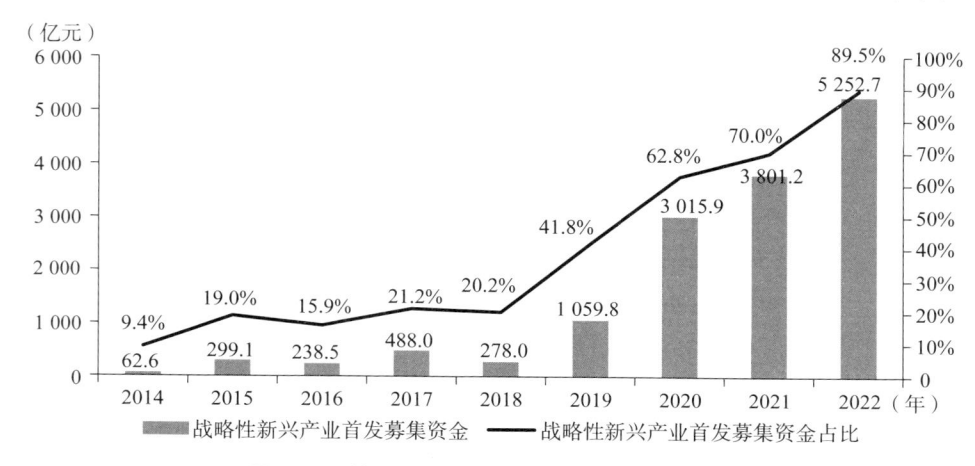

图 5-9　战略性新兴产业 IPO 募集资金额统计

数据来源：万得。

存量战略性新兴产业上市企业和专精特新上市企业的数量占比和市值占比也在持续提升。2013—2022 年，A 股战略性新兴产业上市企业占 A 股全部上市企业数量的比重从 0.08% 上升至 30.02%，上升了 29.94 个百分点；其占 A 股总市值的比例从 0.02% 上升至 17.34%，上升了 17.32 个百分点。截至 2022 年底，在 9 类战略性新兴产业中，上市企业数量最多和市值占比最大的均为新一代信息技术产业，其上市企业数量和市值分别占全部战略性新兴产业的 30.89% 和 39.48%。2013—2022 年，A 股专精特新上市企业占 A 股全部上市企业数量的比重从 14.31% 上升至 21.36%，上升了 7.05 个百分点；其占 A 股总市值的比例从 9.2% 上升至 14.73%，上升了 5.53 个百分点。

基于以上分析，从宏观经济维度看，未来 IPO 增量的结构变化将持续演进。当前，我国经济已由高速增长阶段转向高质量发展阶段，这要求我国资本市场要为经济转型升级提供强有力的支持。

房地产在过去 20 多年是中国经济最大的驱动力之一，然而从中国城市化进程和人口结构变化等中长期因素分析，房地产的"黄金时期"已经过去。从各产业对GDP累计同比贡献率来看，房地产业的贡献率已经从2007年的7.9%降低至2023年一季度的2%；相比之下，信息传输、软件和信息技术服务业的贡献率不断提升，从2016年的7%提升至2023年一季度的11.2%。预计未来房地产对经济的拉动力将逐步减弱，取而代之的是"四个升级"——数字经济升级、能源结构升级、装备制造升级和城市功能升级，这"四个升级"将成为中国式现代化的重要注脚，也将成为未来IPO的主要增量。

增量一：数字经济升级。数字经济是以数字化的知识和信息作为关键生产要素，以数字技术为核心驱动力量，以现代信息网络为重要载体，通过数字技术与实体经济深度融合，不断提高经济社会的数字化、网络化、智能化水平，预计它将成为未来IPO结构的关键增量之一。近年来，我国数字经济蓬勃发展，结构不断优化，在国民经济中的地位愈发稳固。根据中国信通院数据，2021年我国数字经济规模达到45.5万亿元，同比名义增长16.2%（高于同期GDP名义增速3.4个百分点），占GDP的比重达39.8%，相较2016年22.6万亿元的规模实现了翻倍增长。根据中信证券研究部数据，2022年数字经济核心产业增加值占GDP的比重为8.6%，2023—2025年分别为9.1%、9.6%、10.0%，GDP占比将分别提升0.5、0.4、0.4个百分点。可见，数字经济升级将成为未来经济结构转型升级的重要抓手。

增量二：能源结构升级。随着"双碳"战略的推进，新能源将逐步成为支撑我国经济社会发展的主力能源，相关产业亦将成为引领我国经济绿色发展的重要推动力，能源结构升级将成为未来IPO结构的关键增量之一。近年来，在一系列政策的长期支持与市场驱动下，我国新能源产业发展迅速，在全球市场取得了领先的竞争优势。国家能源局发布的数据显示，2022年，全国风电、光伏发电新增装机达到1.25亿千瓦，连续3年突破1亿千瓦，再创历史新高。全年可再生能源新增装机1.52亿千瓦，占全国新增发电装机的76.2%，已成为我国电力新增装机的主体。其中，风电新增3 763万千瓦，太阳能发电新增8 741万千瓦，生物质发电新增334万千瓦，常规水电新增1 507万千瓦，抽水蓄能新增880万千瓦。此外，近年来我国将新能源汽车作为重要突破方向，在电池、电机、电控等核心关键领域取得了重要进展。根据乘联会的数据，2022年中国新能源乘用车渗透率达到27.6%，较2021

年提升了 12.6 个百分点。

增量三：装备制造升级。装备制造业高端化、现代化的发展是我国实现从"制造大国"迈向"制造强国"的重要途径，装备制造升级将成为未来 IPO 结构的关键增量之一。高端装备制造业主要包括航空装备业、卫星制造与应用业、轨道交通设备制造业、海洋工程装备制造业、智能制造装备业等。近 10 年，我国装备制造业发展迅速，并不断向中高端迈进，逐步从依赖人力、资源和能源的发展模式转向"创新驱动型"的发展模式。

增量四：城市功能升级。中国正在从加快建设城市的时代走向城市功能升级的时代，其内容包含方方面面，核心是提供更舒适便捷的服务，包括便捷的物流服务、金融服务、文娱服务、社区服务等，以此来促进城市居民消费升级。可见，城市功能升级将成为未来 IPO 结构的关键增量之一。在城市功能升级过程中涌现出来的很多业态，既有建设的属性，又有运营的属性，能够刺激城市更新、旧城改造等项目投资需求的扩大，同时，项目建设完成之后若以高质量的城市运营管理加持，还能够刺激出更多的消费需求。以人为核心的城市升级的经济作用在于提升城镇人均支出，即通过提升优质消费品供给、便利消费环境、健全社保体系、促进降低居民储蓄意愿，从而支撑城镇居民人均消费规模的稳步提升，推动各城镇 GDP 迈入更高层次。

二、产业发展与产业政策维度

从产业发展维度看，资本市场的发展壮大与 IPO 制度的改革优化，使 IPO 公司的平均生命周期水平提前。产业的起源与发展始终建立于产品之上，产品的技术迭代变革、消费侧接纳度以及潜在市场空间均是产业发展的核心因素。正如生命体具有生老病死的自然过程，产业也具有明显的生命周期发展规律，完整的产业生命周期包含初创期、成长期、成熟期、衰退期 4 个阶段。本文采用迪金森（Dickinson，2011）基于现金流的度量方法，通过经营净现金流量、投资净现金流量和融资净现金流量的正负符号组合来判断产业的生命周期阶段。

如表 5-4 所示，初创期企业的经营风险相对较高，投资机会相对较多，融资需求相对较大，故表现出 CFO（经营性现金流）净流出、CFI（投资性现金流）净流出和 CFF（融资性现金流）净流入的模式。成长期企业的投资机会相对较多，利润增长空间相对较大，销售收入相比初创期大幅增加，故 CFO 扭转为净流入，但投融资决策仍与初创期类似。成熟期企业有良好的盈利能力，现金储备充沛，投资机会开始减少但仍有一定空间，且开始偿还之前累积的负债，故表现出 CFO 净流入、CFI 和 CFF 净流出的模式。而处在衰退期的企业的情况较为复杂。在衰退初期，公司仍有利润，但投资机会基本枯竭，既可能将自由现金流用于债务偿还，也可能通过过度投资试图扭转未来走势；而在衰退后期，企业则开始出现亏损。故将后 5 种现金流符号组合统一定义为衰退期。

表 5-4　产业的生命周期阶段

	初创期	成长期	成熟期	衰退期				
CFO	-	+	+	+	+	-	-	-
CFI	-	-	-	+	+	-	+	+
CFF	+	+	-	+	-	-	+	-

数据来源：Dickinson V. Cash Flow Patterns as a Proxy for Firm Life Cycle[J]. The Accounting Review, 2011, 86 (6): 1969–1994。

从产业生命周期和发展阶段维度看，通常而言，IPO 发生在成熟期，一方面成熟期已经可以满足 A 股的上市条件，另一方面此阶段企业仍有较多的对外投融资需求。一部分 IPO 发生在成长期，该阶段投资机会相对较多，利润增长空间相对较大，销售收入相比初创期大幅增加。

在资本市场融资规则放宽后，包括科创板设立、注册制改革在内的一系列措施，确立了更加多元化、更加灵活的 IPO 审核标准，体现了更大的包容度和智慧。这样的标准可以吸引和允许各种发展阶段、商业模式、产业规模的企业上市。

公司上市限制的减少会使公司上市的筹资行为更加市场化。IPO 的初始功能即投资者为资金缺乏的初创公司投资，并分享其增长收益。从融资方角度来说，企业在初创时，资金最紧缺，此时融资的边际效益最大，且关乎企业生存发展；从筹资方角度来说，初创期企业增长空间巨大，愿意承担相当程度风险的投资者也更容易获取收益。

从数据上看，近年来 A 股 IPO 的平均生命周期水平总体提前，初创期 IPO 与成长期IPO占比明显增加，尤其是2019年科创板成立后，这种增加体现在IPO数量与筹资额两方面。

从产业支持政策看，服务实体经济是资本市场的天然使命，因此也需要助力国家产业政策支持的重点方向。从"十一五"规划到"十四五"规划，不同时期国家的产业政策支持方向也有所侧重。

如表5-5所示，从IPO数量上看，从"十一五"到"十四五"时期（截至2022年，下同），年均IPO数量明显上升的行业有电力及公用事业、电子、国防军工、机械、基础化工、计算机、汽车、轻工制造、食品饮料和医药，IPO数量明显下降的行业有传媒、煤炭和房地产。如表5-6所示，从IPO融资规模上看，从"十一五"到"十四五"时期年均IPO融资规模明显上升的行业有电力及公用事业、电力设备及新能源、电子、国防军工、机械、基础化工、计算机、汽车、轻工制造、食品饮料、通信和医药，IPO融资规模明显下降的行业有传媒、房地产、非银行金融、建筑、交通运输、煤炭、银行等。

表5-5 "十一五"到"十四五"时期不同行业的年均IPO数量

单位：个

行业	"十一五"	"十二五"	"十三五"	"十四五"（截至2022年）	趋势
电力及公用事业	3	6	9	16	↑
电子	11	10	28	62	↑
国防军工	4	1	6	11	↑
机械	13	20	37	69	↑
基础化工	12	15	30	41	↑
计算机	9	15	21	27	↑
汽车	4	7	14	15	↑
轻工制造	3	5	12	13	↑
食品饮料	2	4	7	7	↑
医药	11	14	26	47	↑
电力设备及新能源	13	12	14	20	—
纺织服装	4	4	5	7	—
非银行金融	2	2	4	2	—

（续表）

行业	"十一五"	"十二五"	"十三五"	"十四五"（截至2022年）	趋势
钢铁	2	0	1	2	—
家电	2	3	5	4	—
建材	4	4	2	3	—
建筑	5	6	10	11	—
交通运输	4	2	4	4	—
农林牧渔	4	3	3	4	—
商贸零售	3	3	4	3	—
石油石化	2	1	2	1	—
通信	4	3	10	6	—
消费者服务	2	3	2	1	—
银行	2	0	4	2	—
有色金属	5	3	5	4	—
传媒	8	7	7	5	↓
房地产	2	0	1	0	↓
煤炭	1	1	0	0	↓

注：基于中信行业分类，不含北交所公司。
数据来源：万得。

表5-6 "十一五"到"十四五"时期不同行业的年均IPO募资规模

单位：亿元

行业	"十一五"	"十二五"	"十三五"	"十四五"（截至2022年）	趋势
电力及公用事业	35	63	89	249	↑
电力设备及新能源	123	103	106	326	↑
电子	75	58	332	973	↑
国防军工	54	6	42	149	↑
机械	160	116	229	544	↑
基础化工	73	93	212	473	↑
计算机	54	62	195	313	↑
汽车	29	55	82	113	↑

（续表）

行业	"十一五"	"十二五"	"十三五"	"十四五"（截至2022年）	趋势
轻工制造	28	28	73	115	↑
食品饮料	20	36	46	52	↑
通信	28	18	48	493	↑
医药	96	87	229	736	↑
纺织服装	32	45	38	63	—
钢铁	13	5	13	33	—
家电	16	24	34	38	—
建材	21	21	17	23	—
农林牧渔	27	29	51	36	—
石油石化	161	9	23	146	—
有色金属	78	29	26	48	—
传媒	58	55	64	42	↓
房地产	24	0	7	3	↓
非银行金融	284	134	130	40	↓
建筑	268	73	51	88	↓
交通运输	176	15	91	47	↓
煤炭	209	13	2	19	↓
消费者服务	14	11	8	5	↓
银行	591	0	211	79	↓

注：基于中信行业分类，不含北交所公司。
数据来源：万得。

从IPO行业规模占比来看，"十一五"到"十四五"时期的IPO规模占比较大的头部行业出现轮替，机械、电子、医药等高科技含量行业占比逐渐提高。

"十一五"期间：IPO规模占比前四的行业分别是银行、非银金融、建筑、煤炭。"十一五"规划明确支持房地产和金融业发展，强调有序发展金融服务业、发展房地产业。工商银行、中国银行、建设银行、交通银行等大型金融企业均在这一时期上市。

"十二五"期间：IPO规模占比前四的行业分别是非银金融、机械、电力设备与新能源、基础化工。进入"十二五"时期，我国提出制造业转型升级，要求培育发展战略性新兴产业，具体包含节能环保、新一代信息技术、生物、高端装备制造、新能源、新材料、新能源汽车等细分行业。战略性新兴行业IPO在"十二五"时期也开始涌现。

"十三五"期间：IPO规模占比前四的行业分别是电子、医药、机械和基础化工。"十三五"规划提出实施创新驱动战略，集中支持关键技术研究，强化科技创新的引领作用，培育数字经济，构建信息网络在规划中单独成篇。

"十四五"期间（截至2022年）：IPO规模占比前四的行业分别是电子、医药、机械和通信。"十四五"规划提出坚持创新在我国现代化建设全局中的核心地位，把科技自立自强作为国家发展的战略支撑，强调健全社会主义市场经济条件下新型举国体制，打好关键核心技术攻坚战。电子产业的战略地位进一步提高，IPO规模占比提升至18%。此外，战略性新兴产业、数字化发展的支持政策仍在持续推进。

基于以上分析，从产业发展与产业政策维度看，未来IPO增量的结构变化将持续演进，新兴领域IPO企业仍将持续增多。资本市场将延续对新兴领域的支持与重视，多层次资本市场体系逐步完善，为实体经济融资厚植沃土。随着科创板的成立、创业板注册制的落实、北交所的成立和全面注册制的推行，我国多层次资本市场体系逐渐完善，金融服务实体经济的能力不断提高，尤其是支持创新型企业的能力。未来资本市场改革的持续深化，将持续推动产业政策支持的重点行业发展壮大。

IPO重点行业分析

一、IPO热门行业的变迁

2022年IPO数量最多的6个行业（电子、机械、医药、计算机、基础化工、电力设备及新能源，简称"成长型行业"）不仅反映了一级市场的有效供给，也代表了产业结构转型升级的大方向。近年来，这些行业在A股市场的市值占比有明显提升。如图5-10所示，截至2017年底，成长型行业在全部A股中市值占比合计为24%，行业市值占比排名从高到低分别为医药（6%）、电子（5%）、机械（4%）、基础化工（4%）、计算机（3%）、电力设备及新能源（2%）；截至2022年底，成长型行业在 A 股的合计市值占比已经抬升至 37%，行业市值占比排名从高到低分别为医药（8%）、电力设备及新能源（7%）、电子（7%）、基础化工（6%）、机械（5%）、计算机（4%），其中电力设备及新能源、医药、电子的提升幅度较大。

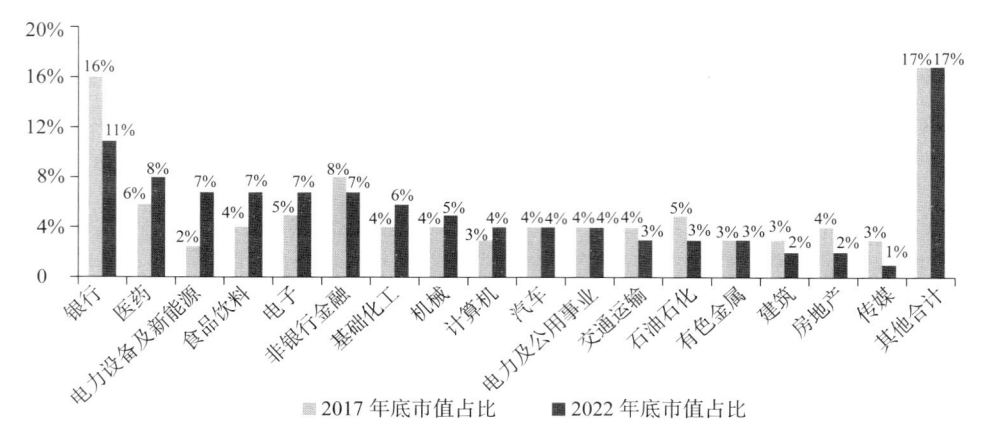

图 5-10　成长型行业在 A 股市值占比变化情况

注：基于中信行业分类。
数据来源：万得。

经历过去 5 年（2017—2022 年）的发展，成长型行业在 A 股各类宽基指数中的权重提升明显。如图 5-11 所示，截至 2017 年底，成长型行业在沪深 300、中证 500、中证 1000、创业板指中的合计权重分别为 18%、39%、40%、55%；截至 2022 年底，成长型行业在平均市值较大的沪深 300、中证 500 中的合计权重分别提升 18 个和 6 个百分点，在以中小盘为代表的中证 1000、创业板指中的合计权重分别提升 16 个和 25 个百分点。由此可见，上述行业除了体现了时代成长的主要特征，对成长型指数的影响也十分明显。

在 2017—2021 年产业结构转型升级的过程中，成长型行业的资产质量得到快速改善。从财报数据角度分析，电子、机械、医药、计算机、基础化工、电力设备及新能源 6 个行业体现出明显的高质量发展特征。

第一，成长型行业的资产质量处于持续改善的过程中。A 股占比较高的成熟行业由于行业壁垒较为稳固，用于维持核心竞争力所需的外延发展和产能扩张等需求明显降低，呈现高净资产收益率（ROE）、低投入资本收益率（ROIC）的格局，但成长型行业恰恰相反。其中，ROIC 是反映企业实际投资收益率的指标，等于税后利息、折旧提成前的净营运收入与资本成本之比。前述 6 个行业大都处于相对早期的阶段，ROE 相较全部 A 股 10% 左右的中枢水平明显偏低，但过去几年边际改善趋势十分明显，2021 年披露的基础化工、医药、电子的 ROE 分别增长到 15.9%、12.3%、11.2% 的较高水平，已经达到 A 股均值以上。以 ROIC 衡量，除计算机的 4.0% 外，其他 5 个行业 2021 年 ROIC 均高于 A 股 4.2% 的平均中枢，体现出较高的投资转化能力，从高到低分别为基础化工的 10.3%、医药的 9.0%、电子的 7.0%、机械的 5.8%、电力设备及新能源的 5.2%。

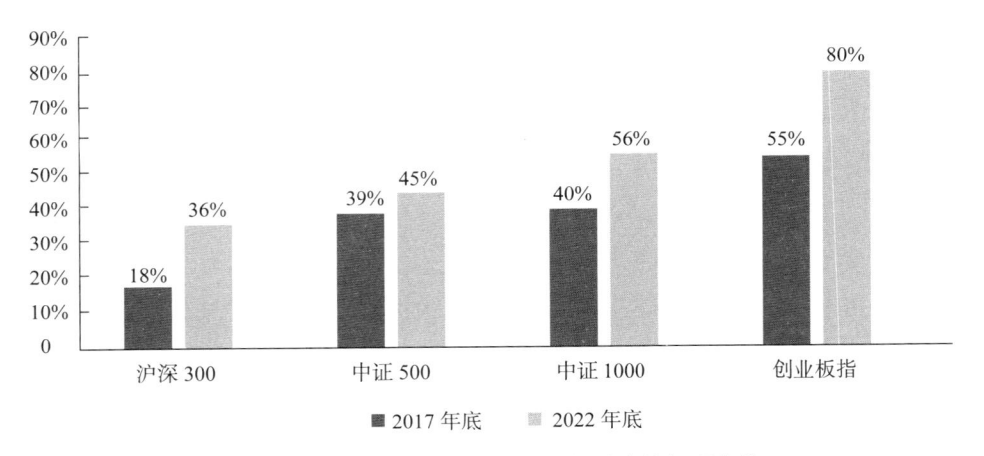

图 5-11 成长型行业在主要宽基指数中的权重变化

数据来源：万得。

第二，成长型行业研发投入强度较高，给净利率带来一定拖累。在毛利率层面，医药维持在 35% 左右的高水平，其他 5 个行业在 22% 左右，均高于全部 A 股的平均水平 19%。但对成长型新兴行业/产业而言，其研发投入明显要高于传统行业，2021 年研发支出占营收比重方面，只有基础化工的 2.8% 相对较低，主要原因是行业内传统周期品占比较大，其他 5 个行业研发支出占营收比重均在 4.5%~9.0% 区间，明显高于全部 A 股的平均水平 2.5%。高额的研发开支导致上述行业净利率相对承压，2021 年净利率高于全部 A 股 8.2% 的行业只有基础化工（11.0%）、医药（9.7%）、电子（8.3%），其余 3 个行业的净利率低于 A 股平均水平。

第三，站在产业趋势角度，我们从 2022 年部分 IPO 企业的主营业务中可以看到，设备、材料等诸多领域的新技术、新产品、新应用不断涌现，带动了上一阶段各产业的快速发展。过往核准制环境下 IPO 资源较为稀缺，A 股上市公司普遍处于偏成熟的产业阶段，或者本身就是行业龙头，这一现象在 2013—2017 年一级市场股权融资的爆发式增长阶段尤为显著，D 轮及之后融资的企业已经处于十分成熟的阶段，但只有通过 IPO 退出的方式才有可能让较晚轮次进入的 PE 机构获得收益，最终演变为一、二级市场的估值倒挂。2019 年伴随注册制试点的推广，注册制成为 IPO 企业的主要发行方式，A 股企业供给也更加多元化。以科创板 2021—2022 年 IPO 企业为例，其上市之前融资轮次十分分散，A 至 C 轮等偏早期的企业数量占比为五至六成，这表明中小微企业开始乘注册制的东风，在 A 股获取股权直接融资。因此，当前 A 股越来越能反映一级市场的实际供给、产业结构转型的方向和未来先进生产力的发展趋势。

二、IPO 热门行业一：电子和计算机

过去几年，安全对于科技行业的重要性大大提升。2018 年以来，贸易摩擦、科技封锁、疫情暴发、地缘冲突、能源危机等一系列突发事件接踵而至，以中美为例，科技贸易领域摩擦起源于 2018 年，时任美国总统特朗普以关税为主要手段，实行"美国优先"的贸易保护政策，对实体经济和资本市场造成巨大影响。尽管国内优势制造产业集群在 2020 年以来的疫情背景下更加受益，承接了全球产业链分工中游制造的重要职能，地缘冲突带来的供需错配和能源危机等趋势进一步加强了中国出口的领先地位，但当供需错配最严重的阶段过去之后，各国政府将会重新考量供应链安全的问题。以 2022 年以来的政策实例来看，欧美的政策导向可以分为三个方面：一是对特定企业/产业加大扶持以吸引制造业回流；二是构建将中国排除在外的多边贸易协定；三是通过实体清单等方式直接对中国进行技术封锁及禁运，这也是 2022 年以来使用最多的手段。国内应对方面，"十三五"时期数字经济发展就已上升为国家战略；党的二十大报告重点强调了科技和安全，提出"以新安全格局保障新发展格局"。如图 5-12 所示，落地到行业层面，电子和计算机行业的"三大基石"，包括半导体设备和零部件为主的产业链基石、计算机硬件和基础与应用软件为主的信创

基石、云网安全为主的数字基建基石，在过去一个阶段成为推动行业创新和发展的内在驱动力。

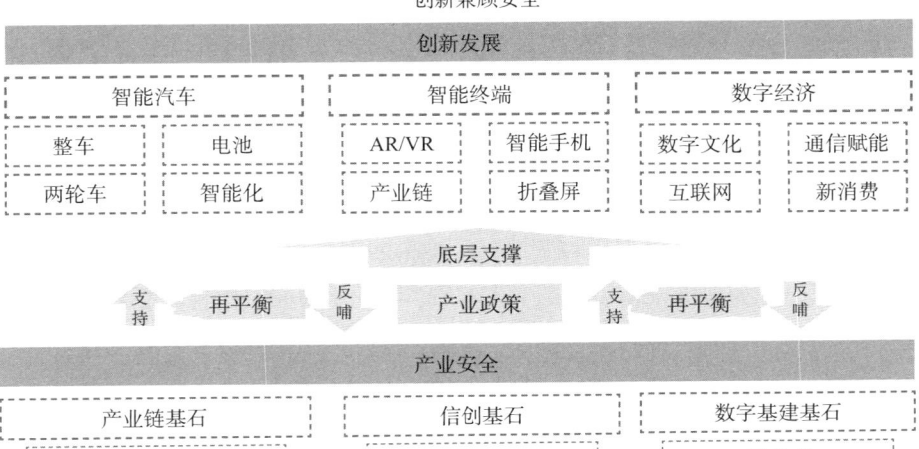

图 5-12 科技领域安全与创新是时代的主题

数据来源：万得。

展望未来，受益于需求复苏和人工智能（AI）技术的快速突破，科技领域有望迎来新一轮爆发式增长的产业机遇，这也将成为 IPO 领域的关注热点。

在技术层面，ChatGPT 的快速出圈引发新一轮 AI 产业热潮，带动国内外科技巨头加速 AI 领域布局。例如，微软数十亿美元追加投资 OpenAI，并宣布将 OpenAI 相关产品导入旗下云计算、Office、Bing 等产品中；谷歌将推出聊天机器人 Bard；国内头部互联网公司百度、阿里巴巴、腾讯、京东等亦相继宣布聊天机器人、大语言模型、产业版 ChatGPT 等 AI 领域的进展。作为中美科技竞速的重要参与者，互联网公司的积极入局有望带动国内 AI 产业的整体发展。而基于基础设施、技术架构、自研芯片、模型算法等方面积累的深厚优势，互联网公司自身也将受益于 AI 发展带来的效率提升和业务机会。

在内容层面，AI 作为全新技术，其落地场景十分丰富，有望迎来爆发节点。基于 ChatGPT 在文本生成及归纳等方面的优异表现，以及其带来的效率跃升，ChatGPT 有望与互联网企业已有业务形成良好融合，从而实现产品优化。随着模型算法的进一步成熟迭代、算力成本的下探以及模型逐渐趋于开源和免费，AIGC（即 AI Generated Content，是指用 AI 生成的内容）有望迎来爆发节点，图片、音视频等领域的 AI 生成亦有望实现长足发展。

在需求层面，AI 技术可以带动上下游产业链的诸多环节的快速发展。上游应用方面，AI 大模型的训练和应用可以带来芯片、云计算等基础设施层面的需求。下游应用方面，ChatGPT 应用已成现象级产品，预计未来算力的平民化和普适化将催生应用场景快速落地，多模态模型发展进一步拓展应用外延，短期内 AI 可以在办公辅助类工具、代码研发工作、图像生成领域、智能客服领域实现产业化落地。未来 ChatGPT 类应用可能将在办公、教育、金融、医疗、图像视频等领域实现快速扩张。

一是 AI+ 办公，GPT 有望融入办公流程，率先推动办公软件转型为智能办公平台。微软于 2023 年 3 月 16 日召开名为"Future of Work with AI"（"AI 与未来的工作"）的发布会，展示了 ChatGPT 类技术在 Teams、Word、Outlook 等生产力套件中的应用。在 GPT 的赋能之下，办公软件作为效率型生产力工具的属性将更加突出，功能上将更加智能化，用户有望享受到智能办公平台所带来的便利性与效率的大幅提升。

二是 AI+ 教育，GPT 有望催化"启发式"教学模式，加快教育领域的个性化、多样化变革探索。ChatGPT 可以理解为一名"全能教师"，即便是面对小众、冷门的领域，也能够给出相对有逻辑的回答。GPT 技术将催化"启发式"教学模式，引导学生更加积极主动地进行思考、发问，并与"全能教师"进行对话探讨，这有别于传统的应试教学模式。

三是 AI+ 金融，GPT 有望对金融行业的经营、管理、产品营销及客户服务等方面产生巨大影响。近年来，金融机构在合规趋严、人力成本上升等因素的影响下，对于数字化建设的意愿强烈。考虑到 ChatGPT 在内容生成等方面的突出表现，我们认为，GPT 有望率先落地对外的客户服务与对内的投研支持，重构金融行业客户服务端，也有望进一步增强机构内部的投研能力，助力经营效率提升与成本优化。

四是 AI+ 医疗，GPT 有望在医疗领域中发挥医生助手的作用，协助进行问诊导诊、科研辅助等工作。考虑到医疗领域的专业性、敏感性以及潜在风险因素，我们认为，GPT 的定位更多的是医生助手，帮助医生完成事务性工作以及一些基础科研工作，而非取代医生。

五是 AI+ 图像视频，GPT 有望改变图像视频领域的内容生产模式，多模态提高信息输出丰富度。图像视频行业新老业态交织，构成上相对多元，以生产和传播文字、图像、艺术、影像、声音等形式而存在，包括报纸、图书、广播、电影、电视、动漫等诸多细分领域。从产业链条来看，图像视频行业主要涉及信息采集、制作、分发、传播等，GPT 将主要影响产业链前端的采集、制作。

综合来看，AI 加速各应用场景的智能化升级提速，经济复苏为新产业/新产品的需求放量提供了有利的宏观基础，安全和自主可控的政策导向为国产品类提供了更好的发展窗口，共同指向 AI 技术带来全新的产业趋势，国内科技领域也将进入安全与创新推动的发展新阶段，并将持续成为 IPO 市场的关注热点。

三、IPO 热门行业二和三：基础化工和电力设备及新能源

我国目前的能源消费以煤炭为主，整体呈现多煤、贫油、少气的格局，对外依存度较高，面临效率较低、分布不均、储备体系弱以及技术水平不高等问题。对此，我国已多措并举，采用包括多元布局、加强研发、推动清洁化等手段，以促进既有能耗降低与可再生能源共同发展。在新能源对传统能源的替代过程中，不仅要降低新能源的生产成本，还要通过储能等方式解决调峰问题。因此短期来看，在国家高度重视能源安全、延续"保供"的政策基调下，国内油气生产及加工企业有望维持高资本开支，实现增储上产。

对于化工行业，其兼具产能周期和技术周期双重属性，产能周期驱动量的供需矛盾发展，技术周期则驱动质的供需矛盾发展。中国的化工产品产量已经占全球很大的比重，2020 年中国化工品销售额占全球的 46.5%，预计后续占比仍将持续增长。中国继续扩产所带来的环保、安全问题，以及能源消耗、碳排放压力较大问题，加之中国目前仍面临技术升级的挑战，因此，提升产品的附加值、优化产业结构是必由之路。一方面，从短期来看，化工行业存在供需关系形成的产能周期，供需情况影响产品价格，价格反过来影响行业供需情况，通常在供应紧张的阶段，供应紧缺环节享受周期性的超额收益。另一方面，从中长期来看，技术成为更重要的竞争要

素。产能周期无法满足性能或性价比提升需求时，就会开启技术变革，推动行业研发新产品或新工艺，从而带来产业链相关环节的格局变化。唯有持续聚焦技术研发的企业，才能穿越产能周期获得长期超额收益。近年来随着海外中高端制造业、技术密集型产业中心向国内转移，我国新材料亟待破局，以突破国外垄断，实现关键材料及"卡脖子"材料的国产化替代，降低进口技术溢价，助推行业降本增量。从近年来 IPO 企业的主营业务可以看出，新材料在国产替代、专精特新等政策助推下，成为化工行业快速发展的第二成长曲线；从国产化进展来看，如图 5–13 所示，国内目前已经在多个领域实现了技术突破，如己二腈国产化、芳纶材料、高性能聚酰亚胺（PI）、吸附分离材料、膜材料及消费电子新材料，碳纤维，弹性复合材料 POE，长链尼龙等。

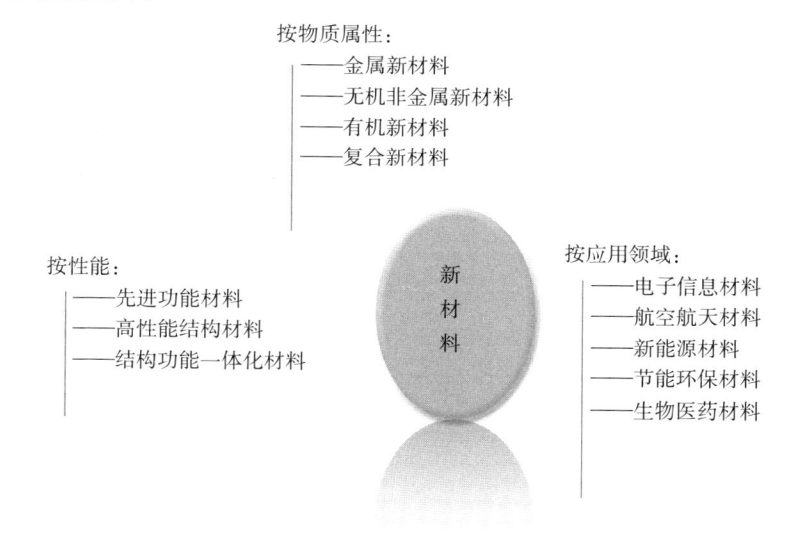

图 5-13 新材料涵盖范围一览

数据来源：万得。

对于新能源行业，应关注相关产业降本增效大趋势下的内需扩张进度。在政策支持力度加强和自身性价比竞争力提升的情况下，国内光伏风电项目储备丰富，装机增长有望提速，基于长期能源安全的发展目标，降本增效仍是光伏和风力发电的主旋律。其中，光伏降本路径主要包括优化供应链和提升电池效率，风电降本路径主要是大型化升级，以及进一步提升国产化和新技术导入进度，此外，储能在新型电力系统建设浪潮下延续高增长态势。在需求方面，随着2023年上游硅料等环节的新产能的释放，成本快速回落，此前受收益率压力而被压制的地面电站装机或将迎来加速复苏，装机比例有望再次回升。根据中信证券研究部的预测，未来几年国内光伏装机有望维持快速增长，在经历了硅料价格高企和疫情影响风电机组吊装后，2023年国内光伏装机量有望继续高增至140GW，国内风电装机有望显著复苏，总装机量将达到80GW以上。风光装机提速叠加用电需求升级，在电价政策的持续利好下，国内储能需求有望加速释放，我们预计2023—2025年国内储能功率装机规模有望分别达到23GW、32GW、42GW，其中新型储能将成为增长的核心动能，占比持续提升。在全球储能方面，预期全球储能规模有望继续维持高速增长状态，2023—2025年全球储能装机规模预期为50GW、69GW、92GW，保持约35%的年复合增速。

四、IPO热门行业四：机械

我国制造业产业集群，上下游完备，规模优势明显。低廉的劳动力价格和充裕的劳动力供给一直是中国制造业成本优势的主要来源，但随着经济发展和老龄化引起的劳动力缺口扩大，我国劳动力价格已经显著高于印度及东南亚各国，客观上需要进行产业转型升级的过程。此外，中国已经形成世界上最庞大、最完备的供应链体系，是世界上唯一一个拥有联合国产业分类当中全部工业门类的国家，且作为世界第二大经济体，其内需的有力支撑有利于制造产业的持续健康发展，但其也面临供应链整体转移难度加大的问题。与中国部分劳动密集型产业向外转移同步发生的是，中国已出现比较优势动态升级的状况，外贸也越来越多地依赖知识密集型产业，中国正从全球组装工厂向制造业上游攀升。从贸易专业化系数来看，中国的贸易竞争优势已逐渐从服装、食品饮料、矿产开采等技术含量低的劳动密集型行业转向电子产品、机电产业等高端制造产业。

具体到机械行业，受需求回暖、国际化、技术升级等因素推动，行业已步入上行周期。在细分产品方面，伴随宏观经济转暖，工程机械作为最大的行业分支已经开始呈现需求好转的迹象，未来基建开工量有望逐渐提速。在创新品类方面，工业机器人、高端机床、电子测量仪器有望进一步加速技术升级和实现国产替代，其中机器人是 AI 技术的重要载体——ChatGPT 与机器人的结合，将弥补当前机器人在智能性、易用性、经济性上的短板，有效提升机器人在各个行业中的渗透率，缩短机器人从单一功能的专用机器人向复杂多功能的通用机器人发展的过渡时间（如图 5-14 所示），将成为下一轮引领机械行业快速发展的重要产品。

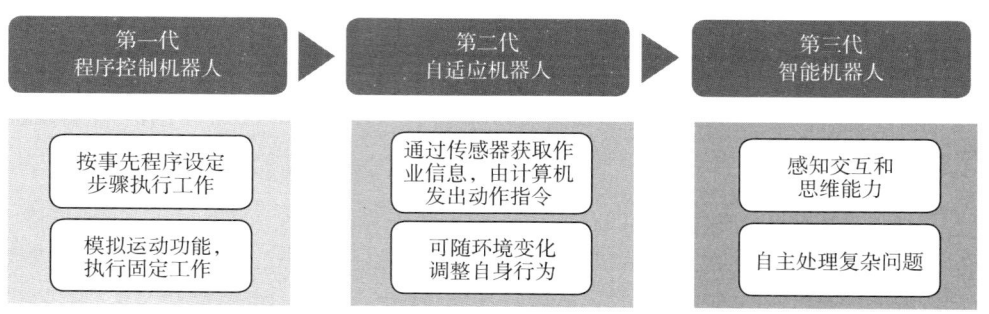

图 5-14 机器人在 AI 的加成下逐步由"功能"走向"智能"

数据来源：36 氪研究院。

五、IPO 热门行业五：医药

过去几年，疫情对医药不同细分领域的影响差异巨大，2023 年以来伴随诊疗以及相关产品进出口复苏渐入佳境，叠加医保结余创历史新高以及整个生物医药产业鼓励创新和国产自主可控的强政策，医药行业相继迎来医疗大基建和科研补贴投入加大两个强催化剂。医药细分领域众多，行业各自成长趋势分析如下。

药品：集采利空出清，医保支持及诊疗复苏驱动业绩增长。随着第七批国家集采的顺利完成，药品带量采购已经进入常态化阶段，拥有仿制药业务的公司集采利空出清，经营业务增速提高。

ICL（可植入式隐形眼镜）：自 2023 年 2 月起，国内诊疗开始进入全面复苏阶段，医院诊疗量恢复有望推动常规检测业务的高速增长，迎来高端检测项目、高端客户相关业务的高质量发展。

疫苗：接种工作恢复后，从流感、HPV（人乳头瘤病毒）、水痘等二类苗的趋势来看，相关品类有望迎来较大幅度的反弹和加速。

中药：深化国资国企改革，提高国企核心竞争力，是 2023 年《政府工作报告》中提出的一项重点工作。中药国企同时具备文化传承发展和国企深化改革双重政策属性，有望在构建新发展格局中展现新作为。2023 年 2 月 28 日，国务院办公厅发布《中医药振兴发展重大工程实施方案》，进一步加大"十四五"期间对中医药发展的支持和促进力度。一系列的利好政策为中医药的发展提供了稳定、规范的市场经营环境，中医药在"传承精华，守正创新"的基础上，有望开创产业发展新局面。2023 年也正是众多中医药利好政策落地兑现的元年，中药创新药也有望迎来加速落地。

科研服务和生命科学：随着 2022 年末疫情管控的放开，我们认为全国科研活动的恢复及需求复苏的确定性较强，尤其是国家政策端近年来持续鼓励科研创新，加强基础研究建设，研发经费稳健投入。根据国家统计局的数据，2022 年我国研发经费投入达 30 870 亿元，首次突破 3 万亿元大关，比上年增长 10.4%，自"十三五"以来已连续 7 年保持两位数增长；按不变价计算，研发经费增长 8%。因此，在中长期维度科研刚性需求下，国产企业的发展机会值得期待。

医药外包：虽然受到投融资环境以及新冠相关订单减少带来的影响，外界对于医药外包行业的成长性有所担忧，但行业龙头公司对常规业务的高增长有很大信心，其背后的驱动大概率来自全球产能/实验室布局领先和持续的新分子技术迭代（多肽、核酸、ADC、多特异性抗体等）新适应证突破（非酒精性脂肪性肝炎、阿尔茨海默病等），因此医药外包龙头公司的中长期成长性较为确定。

医药零售：随着门诊统筹及双通道药品等处方药品种加速流出，头部企业扩张加快，中长期业绩的高确定性有望长期维持，头部企业的集中度有望提升。

医疗服务：受益于院内诊疗复苏、异地就医患者回流及消费力逐步恢复，预计消费属性较强的细分赛道（眼科、齿科、中医等）有望实现加速成长，疫情后，板块有望逐步恢复平稳增长趋势，依然是长坡厚雪的成长产业。

医疗设备：需求刚性＋集采免疫，患者入院快速恢复，板块基本面快速改善。"十四五"期间，医院建设更加受到各地政府的重视，如高水平医院建设、千县工程、配置证新政等，医疗设备板块成长性凸显。

耗材和 IVD：在政策层面，高值耗材和 IVD 集采政策不断成熟化，不再"唯最低价中标",产业迎来良性发展。在需求层面,我国低值耗材产业正加速国际化,逐步进入海外低值耗材巨头供应链体系。

创新导向与 IPO

一、从半导体领域看 IPO 对创新发展的作用

IPO 融资正助力半导体行业扩大行业规模。半导体行业是一个高投入、高风险、高回报的行业,需要大量的资金支持研发、生产、营销、服务等环节。通过 IPO 融资,半导体企业拓宽了融资渠道和资金来源,有助于提高自身的财务状况和信用评级,降低融资成本和风险。根据中信行业分类,如图 5-15 和图 5-16 所示,2019—2022 年半导体行业分别有 10 家、22 家、16 家、42 家企业通过 IPO 融资上市,累计募资金额分别约为 116.95 亿元、807.05 亿元、247.77 亿元、951.66 亿元。资金助力行业内企业扩大生产规模,提高产品质量,增强市场竞争力。

半导体产业是一个技术驱动的行业,需要不断地进行技术创新和升级,以应对市场需求的变化和竞争对手的挑战。IPO 融资能够加快相关企业的研发、生产、市场拓展等方面的进程。2019—2021 年上市的半导体行业公司的研发费用在上市次年有显著提升,48 家企业中(共统计 42 家)共有 9 家增长率为 0~25%,占比为 19%;

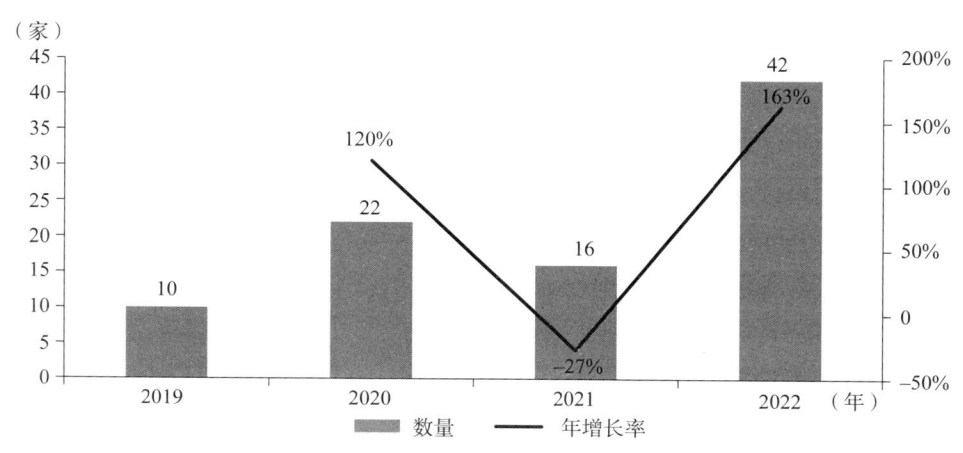

图 5-15　2019—2022 年半导体行业 IPO 情况

数据来源:万得。

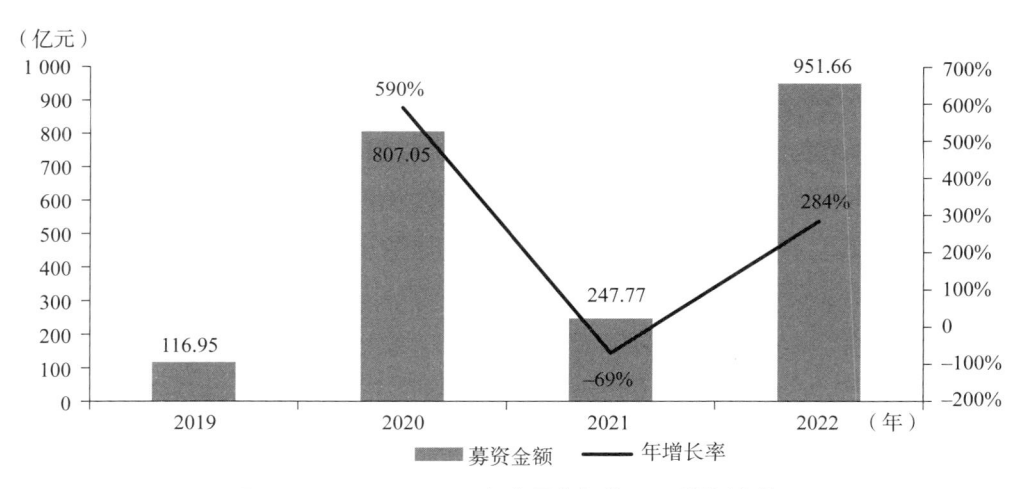

图 5-16 2019—2022 年半导体行业 IPO 募资情况

数据来源：万得。

13 家增长率为 25%~50%，占比为 27%；8 家增长率为 50%~75%，占比为 17%；4 家增长率为 75%~100%，占比为 8%；8 家增长率在 100% 以上，占比为 17%。研发费用快速提升有助于提高半导体企业以及行业的整体技术水平和市场竞争力。

IPO 融资可以使行业内的企业更具吸引力，吸引更多的专业人才加入，提高行业的人力资本水平和创新能力。2019—2021 年上市的半导体行业公司的员工总数在上市次年有明显增加。上市企业研发人员的增加不仅能够促进企业创新绩效的提升，提高上市企业的整体质量和竞争力，也能够增强企业抗风险能力和投资回报能力，降低对外部环境的依赖和受制于人的风险。

IPO 融资可推动半导体产业链优化，促进合作并改善产业生态。半导体产业是一个多元化、分工化、专业化的行业，涉及开发工具、原材料、设计、制造、封装、测试、销售、应用等多个环节，每个环节都要有高水平的技术、设备和人才，需要形成良好的产业生态和供应链合作。通过 IPO 融资，半导体企业可以根据自身的优势和定位，进行合理的资源配置和战略规划，强化自身的核心竞争力，避免盲目扩张和恶性竞争，从而使行业内企业进一步增强与上下游合作伙伴的合作关系，形成更大规模和更高效率的半导体集群。在 2019—2022 年半导体行业 IPO 上市的 90 家企业中，49 家为 Fabless 型（只从事芯片设计与销售，不从事生产）企业，占比约为 54%；9 家为 Foundry/IDM 型（Foundry 是晶圆代工厂，专门从事半导体晶圆制造生产，接受其他芯片设计公司委托制造，而不自己从事设计的公司；IDM 全称是 Integrated Device Manufacture，集芯片设计、芯片制造、芯片封装和测试等多个产业链环节于一身）企业，占比为 10%；10 家为材料型企业，占比约为 11%；7 家为封装/测试型企业，占比约为 8%；12 家为设备型企业，占比约为 13%；3 家为设计开发工具型企业，占比约为 3%。分年度看，2020 年 Fabless、Foundry/IDM、材料、封装/测试、设备、设计开发工具占比分别为 41%、27%、18%、5%、5%、5%，2021 年分别为 63%、6%、6%、6%、13%、6%，2022 年分别为 57%、2%、10%、12%、17%、2%。IPO 上市企业类型逐步多元化，有助于半导体产业链的优化和合作，进而建立更完善的生态环境，以提高半导体产业的创新能力、竞争力和稳定性，实现产业链的完整性和高端化。

  IPO 融资时可通过战略配售优化股本，绑定利益，推动企业成长。2019—2022 年半导体行业 IPO 上市的 90 家企业中共有 75 家进行了战略配售，其中 12 家战略配售比例为 0~5%，占比为 13%；18 家比例为 5%~10%，占比为 20%；22 家比例为 10%~15%，占比为 24%；13 家比例为 15%~20%，占比为 15%；10 家比例为 20% 以上，占比为 11%。半导体企业在 IPO 融资时通过战略配售能够实现以下 5 个方面的提升。第一，提高公司的估值和市场认可度，吸引更多的长期投资者和战略合作伙伴，增强公司的竞争优势和抗风险能力。第二，激励和留住高管和核心员工，使其与公司形成利益共同体，促进公司的管理效率和创新活力。第三，稳定公司的控制权和股权结构，避免股权分散导致的治理风险，保障公司的长期战略规划和执行。第四，增加新股发行的确定性和稳定性，减少对市场资金的需求和冲击，保护投资者的利益。第五，引入长期战略合作伙伴，特别是与公司有业务关联或产业协同效应的合作伙伴，促进公司业务的良好发展和创新。

  IPO 融资可增强行业影响力，获取大众更多的关注和支持。同时，IPO 融资可以增加半导体行业的投资活跃度和市场信心，激发更多的社会资本对半导体行业的关注和支持，进而推动半导体行业的科技创新和产业发展。如图 5-17 所示，2019 年以来，半导体（中信）板块的流通市值在 A 股全市场的占比逐步波动提升，由不足 2% 增加至 6% 以上，这充分说明了半导体产业得到了资本市场更多的关注和重视，获得了更高的社会影响力。第一，这有助于增加投资活跃度和市场信心，吸引更多的社会资本和人才，并促进产业集群和区域经济的发展。第二，这可以助力国内企业加快实现国产替代、垂直化、数字化转型等战略目标的进程，并提高在高端市场的竞争力，抓住在 AI 芯片、第三代半导体等新兴领域的发展机遇。第三，这可以增强保障国家安全和推进自主创新的能力，助力国内高科技产业形成稳定的供应链。

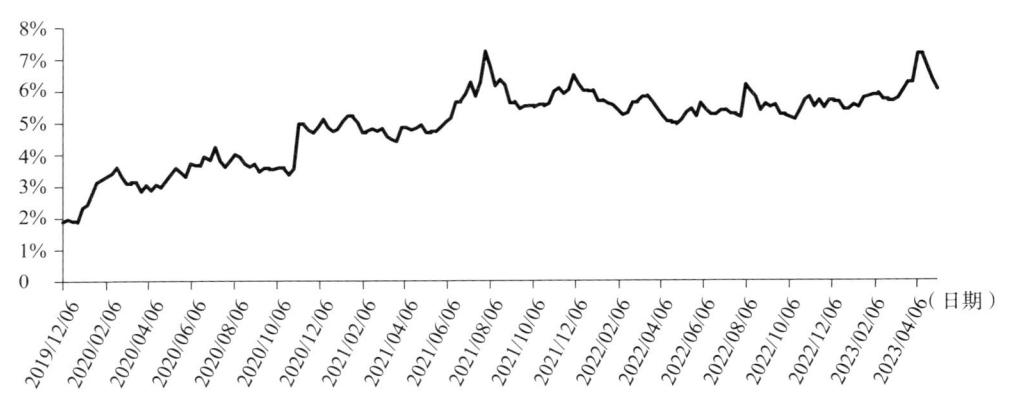

图 5-17 半导体（中信）板块的流通市值在 A 股全市场的占比

数据来源：万得。

二、从半导体领域看 IPO 对创新发展的作用：以唯捷创芯为例

这里以唯捷创芯作为案例，从企业角度探讨 IPO 对创新发展的积极作用。IPO 融资已助力唯捷创芯实现加码测试产能，强化成本控制。根据公司招股说明书，公司首次公开发行募集资金将用于集成电路生产测试项目、研发中心建设项目和补充流动资金项目，以强化成本控制，优化技术实力。

一方面，公司招股说明书表明，集成电路生产测试项目将投入募集资金 12.08 亿元，实施主体为唯捷精测，该项目将购置先进的芯片测试装备，且引入行业内专业的测试人员，建设射频芯片测试生产线。目前，公司的产品测试主要由公司提供整体方案并由外部测试厂商完成，外部测试厂商通常采用通用性的测试设备、测试技术和解决方案，难以针对射频前端芯片的测试方案进行专业化的设计、深入研究和改进。随着射频前端芯片的复杂度不断提升，外部测试厂商的测试能力未来将难以满足公司射频前端产品的要求。近年来，公司在 Fabless 模式下与优质产业链供应商深度合作，有力地保障了产品品质和品牌信誉度。而随着公司 5G 射频前端芯片的 PA（功率放大器）模组逐步投产，封测工艺迭代（如采用金线键合取代铜线键合）以及产品复杂程度提升，公司 PA 模组产品封测费单位成本由 2019 年的 0.61 元/颗增长至 2020 年的 0.69 元/颗，对业绩产生较大影响。目前，公司正依托 IPO 募投项目强化测试端布局，后续有望进一步控制测试成本，保障测试产能稳定性，从而满足公司产品多样化、复杂化的测试需求。

此外，如表 5-7 所示，公司招股说明书表明，研发中心建设项目将投入募集资金 6.79 亿元，实施主体为唯捷创芯与上海唯捷，通过购置研发设备与软件，引进行业专业人才，从而打造国内一流研发中心，主要的研发方向包括 5G 移动终端设备射频器件性能升级、Wi-Fi 射频前端模组研发、射频开关研发、通信小基站射频相关产品研发、毫米波射频前端产品研发、医疗、车载领域相关产品开发、封装与可靠性研究。研发中心的建立有望为公司现有产品迭代升级和新兴领域提前布局提供技术支持。

表 5-7　唯捷创芯募投项目详情

项目名称	总投资额（亿元）	募集资金投入金额（亿元）	计划建设期	实施主体	意义
集成电路生产测试项目	13.21	12.08	60 个月	唯捷精测	有助于公司布局射频前端芯片的测试环节，有效保障产品品质，巩固技术优势，加强测试产能的可控性
研发中心建设项目	6.79	6.79	24 个月	唯捷创芯与上海唯捷	进一步对公司现有产品、核心技术以及新产品、新技术与新兴应用领域进行深入的研究与开发
补充流动资金项目	5.00	5.00	—	—	—

数据来源：公司招股说明书。

IPO 融资已助力唯捷创芯提高盈利水平，2022 年实现扭亏为盈。如图 5-18 和图 5-19 所示，受下游需求疲弱影响，2022 年公司实现营业收入 22.88 亿元，同比下降 34.79%；由于毛利率改善和股份支付费用下降，公司 2022 年实现归母净利润

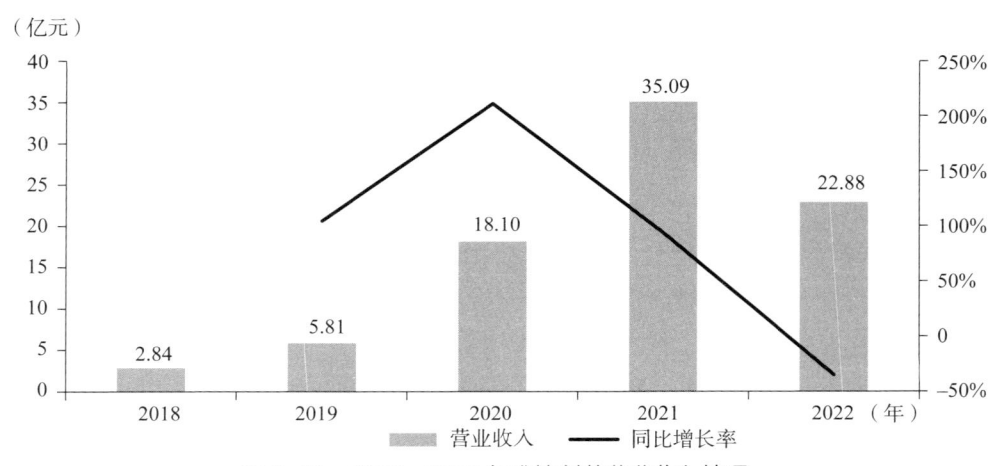

图 5-18　2018—2022 年唯捷创芯营业收入情况

数据来源：万得。

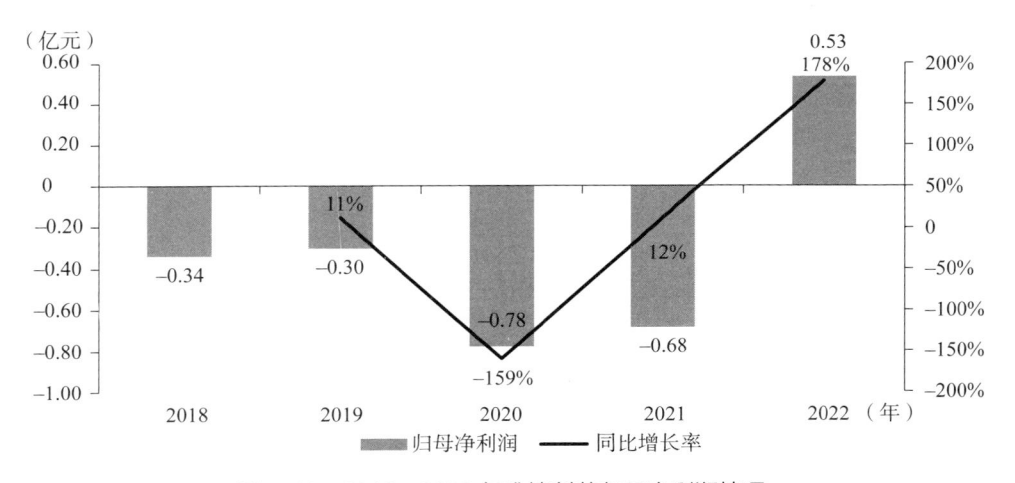

图 5-19　2018—2022 年唯捷创芯归母净利润情况

数据来源：万得。

约 0.53 亿元，在 2021 年约 -0.68 亿元归母净利润的基础上实现扭亏为盈；实现扣非归母净利润为 2 042.6 万元，同比增长 39.06%。加上 1.61 亿元的股份支付费用后，公司 2022 年实现扣非前 / 后归母净利润分别为 2.15 亿元、1.82 亿元。IPO 融资可以使企业更加注重财务和经营管理，优化资源配置，从而提高生产效率和盈利能力。

IPO 融资已支持唯捷创芯的技术创新，加快了研发进程。唯捷创芯高度重视技术、产品研发，具备自有的集成电路设计平台，并已将其基本应用在公司主要产品的设计中。如表 5-8 所示，根据唯捷创芯 2022 年年报，公司拥有 23 项核心技术与研发项目，均处于量产阶段，包括高功率抗负载变化的平衡式功率放大技术、改善射频功率放大器线性度技术、芯片复用及可变编码技术、具有功率检测反馈的功率放大技术等，且均有申请专利。经过多年的技术积累，公司已自主研发多项核心技术。截至报告期末，如表 5-9 所示，公司拥有 43 项发明专利、12 项实用新型专利和 108 项集成电路布图设计，2022 年分别新增 17 项、9 项、7 项，累计 165 项知识产权。

表 5-8 唯捷创芯 2022 年末核心技术与研发进展

序号	主要核心技术	技术阶段	对应专利
1	高功率抗负载变化的平衡式功率放大技术	量产阶段	一种平衡式射频功率放大器、芯片及通信终端
2	改善射频功率放大器线性度技术	量产阶段	改善射频功率放大器线性度的方法、补偿电路及通信终端
3	芯片复用及可变编码技术	量产阶段	一种实现芯片重用的可变编码方法及其通信终端
4	具有功率检测反馈的功率放大技术	量产阶段	基于功率检测反馈的射频功率放大器、芯片及通信终端
5	功率放大器的模式切换技术	量产阶段	多模功率放大器、多模切换方法及其移动终端
6	低温漂振荡电路技术	量产阶段	一种片内 RC（使用电阻和电容元件）振荡器、芯片及通信终端
7	提高射频开关性能的设计和布图技术	量产阶段	一种提高射频开关性能的射频晶体管、芯片及移动终端
8	宽耐压线性稳压器技术	量产阶段	一种宽耐压范围的自适应低压差线性稳压器及其芯片
9	低噪放中的谐波抑制技术	量产阶段	谐波抑制方法及相应的低噪声放大器、通信终端
10	射频模组的测试夹具和测试方案	量产阶段	一种芯片测试夹具及测试系统
11	高电源抑制比的低压差线性稳压器技术	量产阶段	一种具有电源抑制的 LDO 电路、芯片及通信终端
12	基准电路自适应过冲电压抑制技术	量产阶段	自适应过冲电压抑制电路、基准电路、芯片及通信终端
13	射频功率放大器功率检测温度补偿技术	量产阶段	一种带有温度补偿功能的功率检测电路及其射频前端模块
14	射频开关电荷泵输出电压快速建立和纹波抑制技术	量产阶段	一种电荷泵电路、芯片及通信终端
15	射频 3dB（3 分贝定向）耦合器技术	量产阶段	一种射频 3dB 正交混合耦合器及射频前端模块、通信终端

(续表)

序号	主要核心技术	技术阶段	对应专利
16	射频功率放大器线性化技术	量产阶段	一种具有高线性度和功率附加效率的射频功率放大器模块及其实现方法
17	芯片间接口通信技术	量产阶段	用于射频模组芯片间和芯片内的单向串行通信设备
18	电源浪涌保护技术	量产阶段	浪涌保护器件和包含该器件的芯片及通信终端
19	高宽带功率放大器技术	量产阶段	一种高带宽的负载调制功率放大器及相应的射频前端模块
20	功率检测技术	量产阶段	一种功率检测电路、芯片及通信终端
21	射频设备复用技术	量产阶段	一种多制式无线通信射频电路及终端
22	高效电荷泵技术	量产阶段	一种正负电压电荷泵电路、芯片及通信终端
23	高速模拟电压缓冲技术	量产阶段	一种高速模拟电压信号缓冲器、芯片及通信终端

数据来源：唯捷创芯公告。

表 5-9　唯捷创芯 2022 年底知识产权列表

单位：项

	2022 年新增		累计数量	
	申请数	获得数	申请数	获得数
发明专利	40	17	106	43
实用新型专利	25	9	30	12
外观设计专利	2	0	2	0
软件著作权	11	1	12	2
其他	7	7	108	108
合计	85	34	258	165

数据来源：唯捷创芯公告。

IPO 融资已推动唯捷创芯的产品发展，助力实现国产化突破。IPO 融资使唯捷创芯扩大生产规模、加强研发投入，也提升了企业的知名度和信誉，并吸引了更多的客户、合作伙伴和投资者。在此作用下，公司在 PA 模组（包括 5G Sub-6GHz 频段、Sub-3GHz 频段等）、接收端模组等领域的产品实现快速迭代，并加速国产化突破，打开未来成长空间。

PA 模组 5G Sub-6GHz 频段：进展相对较快，5G L-PAMiF 模组国产化率约为 8%~10%。5G Sub-6GHz 目前最主要的频段是 n77（含 n78）、n79，由于这部分频段带宽较宽，旁边基本无干扰频段，并且是 TDD（时分双工）频段，不需要考虑发射及接收之间的干扰，从而可以减轻对滤波器带外抑制的需求。因此，滤波器主流工艺采用难度相对较低的 LTCC/IPD（低温共烧结陶瓷/集成无源器件），从而使国产厂商进展相对较快（相较于集成双工器的功效模块）。据慧智微在其公告中所引用的数据，2021 年智能手机领域 5G 新频段 L-PAMiF 主集发射模组市场出货量前 5 名为 Skyworks（思佳讯）、Qualcomm（高通）、Qorvo（威讯联合）、唯捷创芯、Murata（村田），市占率分别为 34.36%、26.52%、24.74%、5.84%、4.68%。

PA 模组 Sub-3GHz 频段：受限于高性能、小型化滤波器资源，国内厂商暂未实现 PAMiD 模组的大规模量产，公司 PAMiD 模组已进入小批量生产阶段，进度上国内领先。Sub-3GHz 频谱众多、带宽较窄，需要对信号进行精准过滤才能够满足正常通信需求，因而需要集成可形成窄带抑制的小型化压电滤波器，且由于需要支持复杂的 CA（载波聚合）功能，需要用到双工器、四工器或者六工器，技术难度极高。目前国产头部射频前端厂商尚不具备高性能滤波器、多工器的研发和制造能力，需要依赖外购，国际头部厂商占据该市场的全部份额。国内绝大多数厂商 Sub-3GHz PAMiD 模组仍处于研发阶段。在 MMMB PAM（多模多频功率放大器模块）、TXM（数字量输入、输出混合模块）等中、低集成度模组方面，由于技术难度较低，竞争较为激烈，2021 年国内厂商全球份额超过 40%，主要国产厂商包括唯捷创芯、慧智微等，它们的技术相对成熟，可以与海外厂商同台竞争。

接收端模组：Sub 3GHz L-FEM 产品进展相对较慢。Sub 6GHz 接收端产品方面，国产化率相对较高，卓胜微、唯捷创芯、慧智微等均已经实现大规模出货；在 Sub 3GHz 接收端产品方面，高集成度的 L-FEM 主要由国际头部厂商和国内卓胜微主导，其他国产厂商正在进入市场。目前，卓胜微、唯捷创芯等国产厂商已实现分立方案中 LNA Bank 产品、DiFEM 产品的大规模出货，且市场份额相对较高。

三、从新能源领域看 IPO 对创新发展的作用：以昱能科技为例

过去几年，光伏等新能源行业实现了较快发展，新增装机快速增长，行业收入和利润快速增加，上市公司数量不断增多。光伏等新能源行业在发展过程中也具备了全球竞争力，产能供给占到全球的 80% 以上，技术和产业化水平也处于全球领先

地位。而且，新能源行业有比较强的产业链带动作用，这也促进了有色、化工等其他相关产业的转型与发展。在新能源产业发展过程中，我们看到了资本市场融资对行业发展的推动作用。新能源行业技术迭代较快，现金流压力较大，融资行为对于改善现金流、加快技术创新和推动产能扩张有重要作用。

从全行业发展来看，全球新增光伏装机保持了较快的增长。根据中国光伏协会的数据，2022年全球新增光伏装机约为240GW，同比增长38.2%。如图5-20所示，2022年中国新增光伏装机87.41GW，同比增长59.1%。行业的快速增长也带动了光伏产能的快速扩张，以硅料行业为例，2020年底国内光伏硅料的产能为45.7万吨，到2022年底光伏硅料的产能超过了120万吨。在产能扩张的同时，光伏行业的技术进步也在持续推进，2018年以来最大的技术变化就是单晶硅片替代多晶硅片，PERC（发射极背面钝化电池）替代了铝背场电池。展望未来，全球新增光伏装机依然有望保持较快增长，技术创新和迭代依然是推动产业链发展的主要动力，产能扩张和技术迭代依然需要融资的支持。

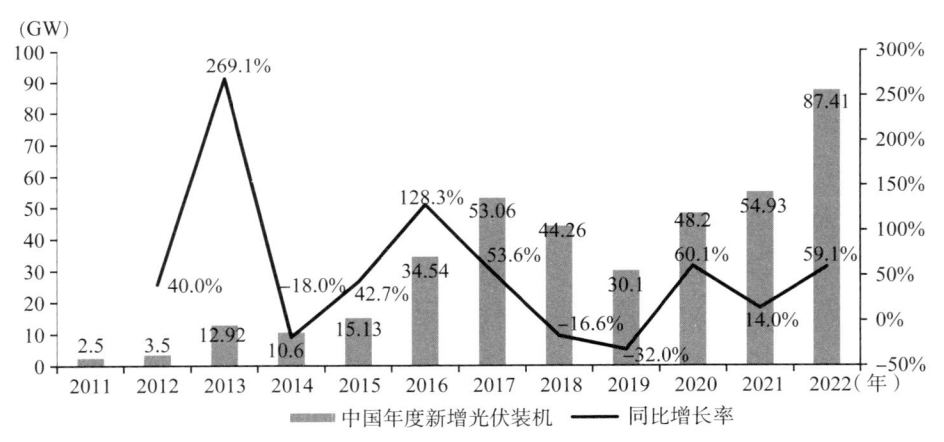

图5-20 2011—2022年国内新增光伏装机规模及同比增长情况

数据来源：万得，中国光伏协会。

从上市公司数量来看，2018年以来光伏行业上市公司数量不断增加。2018年光伏行业上市公司数量为81家，2022年光伏行业上市公司的数量为126家，5年的增幅超过50%。过去几年，从美股退市再回A股上市的光伏巨头数量比较多，其中包括了晶澳科技、晶科能源、大全能源、天合光能等龙头企业。在上市公司数量增加的同时，行业细分领域上市公司数量也在持续增加，2018年主流的光伏行业上市公司涵盖组件、硅片和硅料等环节，而2022年光伏行业上市公司已经涵盖了主产业链、辅材产业链和设备产业链多个环节。

从上市公司基本面来看，如图5-21和图5-22所示，2022年A股光伏行业实

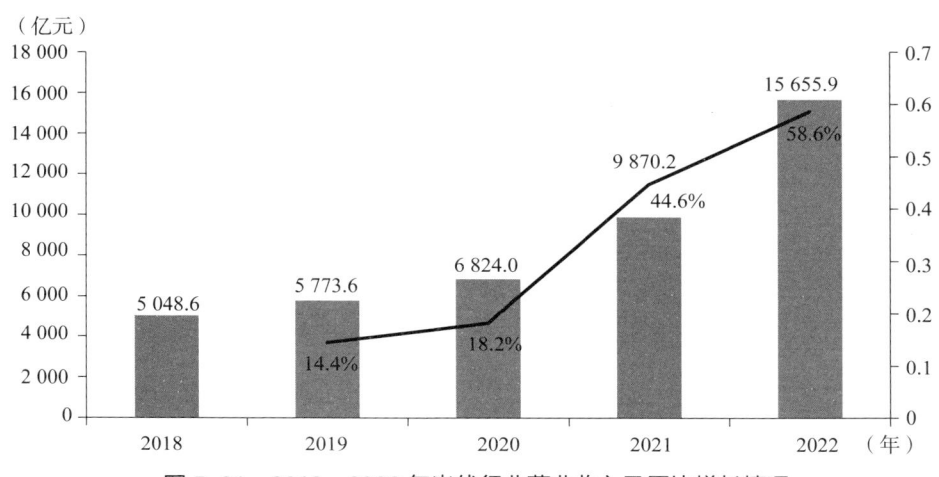

图 5-21　2018—2022年光伏行业营业收入及同比增长情况

数据来源：万得。

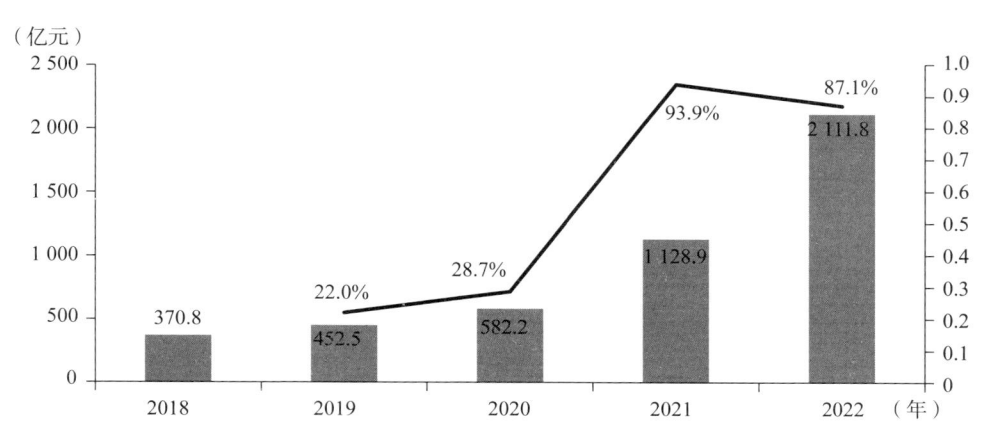

图 5-22　2018—2022年光伏行业净利润及同比增长情况

数据来源：万得。

现营业收入约 1.57 万亿元，同比增长 58.6%；实现归属于上市公司股东的净利润 2 111.8 亿元，同比增长 87.1%。过去 5 年（2018—2022 年），光伏行业的营业收入和净利润都保持了较快的增长。一方面，这来自新增光伏装机的增长；另一方面，这来自技术创新带来的成本下降，例如金刚线切割的应用、单晶硅片的推广和 PERC 电池带动效率的提升等。

从存量公司市值来看，如图 5-23 所示，2021 年光伏行业的总市值达到 4.3 万亿元左右的峰值，而 2018 年行业的总市值仅为 6 865 亿元。2022 年以来，光伏行业的市值有所回落，但行业利润持续增长，因此市值下降的主要原因是估值的回落。光伏行业估值回落的原因可以归结为两个方面：一是二级市场总体估值的回落；二是企业基本面存在的风险，包括市场对于行业竞争加剧、产能过剩、盈利下降等问题的担忧。

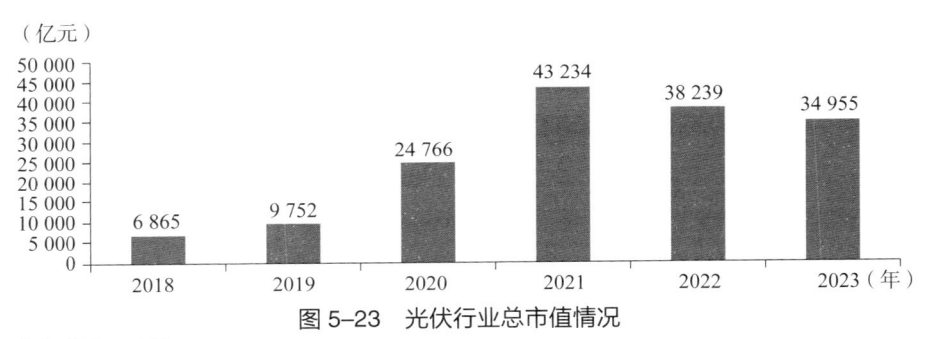

图 5-23　光伏行业总市值情况

数据来源：万得。

这里以昱能科技作为案例，从企业角度探讨 IPO 对创新发展的积极作用。逆变器是光伏行业的细分环节，逆变器中的一个细分方向为微型逆变器，主要应用于户用光伏市场，近年来呈现出高速增长的趋势，昱能科技就是其中的代表性企业。如图 5-24 所示，昱能科技成立于 2010 年，主要从事分布式光伏发电系统中的组件级电力电子（Module-Level Power Electronics，MLPE）设备的研发、生产及销售，是最早实现微型逆变器量产出货的境内厂商之一。目前，该公司取得了 100 多项国内外认证证书或相应列名，产品销往中国、澳大利亚等 90 多个国家和地区。根据伍德·麦肯兹的数据，2020 年该公司在微型逆变器市场产品出货量排名中位列全球厂商第二名、国内厂商第一名。随着分布式光伏市场快速增长以及公司业务拓展加快，2018—2022 年公司营业收入分别为 2.54 亿元、3.85 亿元、4.89 亿元、6.65 亿元、13.38 亿元，其中 2022 年同比增长 101.2%；归母净利润分别为 0.13 亿元、0.22 亿元、0.77 亿元、1.03 亿元、3.61 亿元，其中 2022 年同比增长 250.5%。

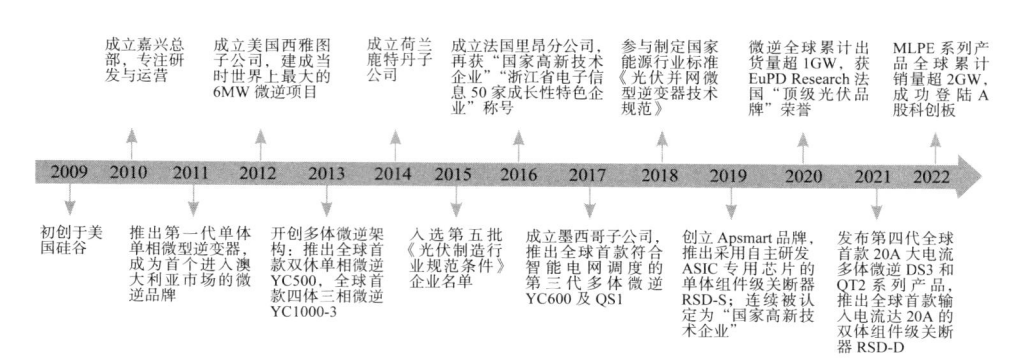

图 5-24 昱能科技的发展历程

数据来源：昱能科技官网。

昱能科技于 2022 年 6 月上市，公司公开发行新股 2 000 万股，发行股份占此次公开发行后公司股份总数的比例为 25%，发行价格为 163 元/股，募集资金总额为 32.60 亿元，募集资金净额为 30.37 亿元。公司实际募资净额比原拟募资多 24.81 亿元。如表 5-10 所示，公司 2022 年 6 月 2 日披露的招股书显示，昱能科技原拟募资约 5.56 亿元，拟分别用于研发中心建设项目、全球营销网络建设项目和补充流动资金。募投方向契合行业和公司的发展方向，一方面微型逆变器的产品需要持续的研发投入，需要针对不同国家开发不同的产品并持续推动产品的迭代，另一方面微型逆变器的销售主要通过渠道完成，需要在全球范围内持续完善营销网络。

表 5-10 昱能科技募集资金计划

单位：万元

项目名称	项目总投资额	拟使用募集资金额
研发中心建设项目	27 232.43	27 232.43
全球营销网络建设项目	8 319.32	8 319.32
补充流动资金	20 000.00	20 000.00

（续表）

项目名称	项目总投资额	拟使用募集资金额
合计	55 551.75	55 551.75

数据来源：公司招股说明书。

IPO融资为公司提供了充足的资金，支撑公司持续进行研发投入和产品创新，实现产品的迭代升级，加快公司从单品类到多品类、从户用分布式光伏发电系统到工商业用光伏发电系统的应用场景、从功能简单到物联智能的发展历程。在募集资金的支持下，公司研发团队进一步扩大。截至2022年底，公司共有研发技术人员108人，占员工总数的比例为46%，这为技术和产品创新提供了坚实的人才基础。公司持续加大研发投入，强化企业长跑能力，2018—2022年研发投入CAGR达20%，近两年研发投入占营收的比重为4%~6%。公司组件级电力电子设备的核心环节主要包括硬件电路拓扑、软件控制算法以及通信模块的设计等。通过长期研发储备，公司形成了19项具有自主知识产权的核心技术，包括三相平衡输出并网微型逆变器控制技术、大电流微型逆变器控制技术、智能三相桥拓扑控制技术等，并在半导体和芯片方面具备领先技术优势。截至2022年12月底，公司取得授权专利135项，其中发明专利80项（其中4项已取得美国《专利合作条约》专利）。

通过支持公司研发，IPO融资促进了产品序列的快速升级以及进一步拓展下游市场，从而使工商业分布式市场增量广阔。目前，主流微型逆变器产品主要应用于小功率的户用光伏领域，在工商业分布式项目中往往面临高成本的劣势。为进一步拓展工商业分布式领域，公司研发推出了一拖八微逆和智控关断器两套产品方案，公司也是目前少数具备两类产品规模化销售的厂商之一。其中，一拖八微逆产品通过增加单个微逆可连接光伏组件数量，在保证所连接的各个光伏组件独立输入实现交直流变换的同时，有利于部分器件实现复用，从而降低单瓦成本，提升性价比和竞争力。而在智控关断器方面，公司自主开发的用于智控关断器的专用控制及算法ASIC芯片，可提高产品集成度及可靠性，从而更好地满足工商业分布式项目对安全高效和经济性的多方面要求。

在助力夯实研发实力的同时，IPO融资也为公司建设营销渠道、开拓海外市场提供了重要的支撑。由于公司的主要收入来自海外，且主要通过销售渠道实现，所以需要完善全球营销网络。凭借研发创新、产品认证以及全球营销网络等方面的优势，公司在光伏发电新能源领域积累并形成了较高的品牌知名度和市场认可度。

一级市场投资建议

一、IPO创新导向与一级股权投资密切相关

前文所分析的IPO市场的行业结构变化，以及宏观层面和产业发展层面的驱动因素，同样正在重塑一级股权投资市场的运行生态。

2022年的一级股权投资市场，以半导体及电子设备、IT（信息技术）、生物技术/医疗健康为主要投资方向，其中半导体及电子设备的投资金额同比增幅显著。根据清科研究中心的数据，在投资案例数量上，排名前三的行业分别为IT、半导体及电子设备、生物技术/医疗健康，对应的投资案例数量及占比分别为2 475起、23.2%，2357起、22.1%，2 045起、19.2%。在投资金额上，排名前三的行业分别为半导体及电子设备、IT、生物技术/医疗健康，对应的投资金额及占比分别为2 231.7亿元、25%，1 324.2亿元、15%，1 274.1亿元、14%。相比于2021年，投资案例数量占比增长前三的行业分别为生物技术/医疗健康（4.2个百分点）、半导体及电子设备（1.7个百分点）、清洁技术（1.1个百分点）。如表5-11所示，投资金额占比增长前三的行业分别为半导体及电子设备（7.0个百分点）、能源及矿产（4.2个百分点）、清洁技术（3.6个百分点）。

表5-11 2017—2022年投资金额行业分布前五位

2017年		2018年		2019年		2020年		2021年		2022年	
行业	占比	行业	占比	行业	占比	行业	占比	行业	占比	行业	占比
半导体及电子设备	15%	金融	22%	IT	28%	IT	21%	生物技术/医疗健康	18%	半导体及电子设备	25%
电信及增值业务	14%	互联网	12%	互联网	17%	生物技术/医疗健康	16%	半导体及电子设备	18%	IT	15%

(续表)

2017年		2018年		2019年		2020年		2021年		2022年	
行业	占比	行业	占比	行业	占比	行业	占比	行业	占比	行业	占比
互联网	12%	IT	10%	生物技术/医疗健康	16%	互联网	11%	IT	16%	生物技术/医疗健康	14%
金融	8%	生物技术/医疗健康	9%	半导体及电子设备	9%	半导体及电子设备	11%	互联网	11%	清洁技术	8%
生物技术/医疗健康	7%	物流	8%	机械制造	6%	机械制造	5%	物流	6%	汽车	7%

数据来源：清科研究中心。

近年来，伴随着经济结构转型升级，一级市场投资方向逐步转向科技、医药等新经济领域，并且半导体领域投资热度提升明显。2017—2022年，生物技术/医疗健康、半导体及电子设备、IT、互联网等行业在绝大部分年份中均处于投资金额行业分布排名前五的位置。

从退出阶段来看，如图5-25所示，股权投资机构的退出方式越发多元化，IPO退出占比有所下滑，股权转让、回购、并购的退出占比均有所提升。在行业分布上，2022年全年退出案例数量前五的行业分别为半导体及电子设备、生物技术/医疗健康、IT、机械制造、化工原料及加工，退出案例数量占比分别为24.0%、22.8%、14.5%、7.1%、5.9%。

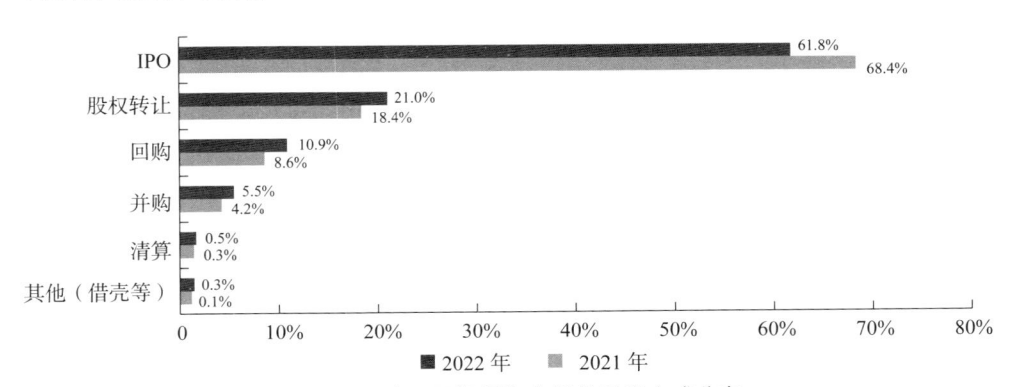

图5-25 中国股权投资市场的退出方式分布

数据来源：清科研究中心。

二、投资新技术和新趋势、助力"补链强链"高科技企业成为共识

展望未来，我们认为中国一级股权投资市场将迎来创投新生态，投资机遇值得关注。2023年以来，金融周期转换有利于降低中长期融资成本，经济复苏、政策支持助力投资标的大量涌现，产融结合新模式在投后环节赋能实体企业，全面注册制促进"投资—退出—再投资"的良性循环，二级市场估值扩张周期带动股权市场走向繁荣，股权市场迎来创投新生态。第一，从全球流动性来看，预计美联储加息周期临近尾声，年内有望步入全球流动性宽松、信用扩张周期，这有利于降低中长期融资成本，同时为股权机构融资带来更充裕的资金。第二，从国内经济政策来看，疫后经济全面复苏，政策支持科技创新，企业经营状况改善、科技属性提升，预计投资端将涌现出更丰富的标的。第三，从区域经济来看，土地财政模式转向产融结合新模式，助力实现股权市场繁荣、地方经济高质量发展，有望在投后环节更好地赋能实体企业。第四，从全面注册制改革来看，缓解退出端压力，促进"投资—退出—再投资"的良性循环；收窄一、二级市场价差，促进投资机构回归价值投资本源；强化"投早投小投创新"趋势，助力实体经济创新驱动发展。第五，从资本市场运行来看，在二级市场进入估值扩张周期的背景下，随着一、二级市场的联动效应越来越紧密，股权市场也将走向高质量发展的繁荣期。

从行业的投资机遇来看，投资新技术和新趋势、助力"补链强链"高科技企业、进军全球供应链核心环节成为股权市场的共识，制造产业、科技产业项目投资案例数量的占比近年来持续提升。2015年以来，科技产业投资热度始终居于前列，制造产业投资热度近年来提升明显。具体来看，如图5–26所示，根据IT桔子的数据，科技产业投资案例数量占比从2015H1的16.8%提升至2022H2的22.3%，制造产业投资案例数量占比从2015H1的6.2%显著提升至2022H2的38.5%。其中，先进制造、传统制造、汽车交通、智能硬件行业成为机构关注的重点行业。

在政策红利、资本加持、区域政府支持以及中国工程师红利的大背景下，预计硬科技和先进制造行业的关注度及投资规模将持续提升，投资机遇更加广阔。一方面，在政策支持上，国家"十四五"规划再次明确制造强国战略；2023年《政府工作报告》中也指出要增强科技创新引领作用，通过市场化机制激励企业创新，创设支持创新的金融政策工具，引导创业投资等发展。另一方面，在机构行为上，我

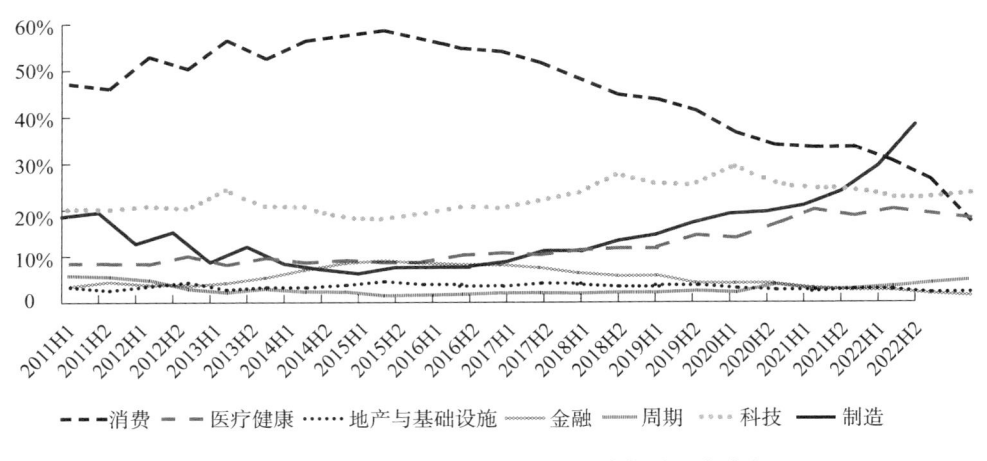

图 5-26 七大产业投资趋势（投资案例数量占比）

数据来源：IT 桔子。

们观察到市场中重要的股权投资资金正逐步趋同并形成合力，不断聚焦科技与先进制造行业。政府引导基金聚焦硬科技，加码半导体和汽车交通领域，投资企业主营业务集中在半导体、电池、传感器、智能制造、汽车零部件等战略性新兴赛道；风险投资机构股权投资关注的行业，从文娱传媒、企业服务，逐步切换到了先进制造、医疗健康，同时智能硬件和汽车交通行业的机构关注度也正处于上升通道；知名创投机构对先进制造行业的关注度不断提升，并重点布局集成电路及新能源等行业。

第 6 章　IPO 区域分布

当谈及中国公司首次发行上市的区域分布及其与区域经济之间的关系时，本章的研究可以揭示它们之间深刻的联系。近年来，中国区域经济的不断发展已成为影响 IPO 市场的重要因素之一。特别是在 2022 年，各主要区域经济带呈现出了不同的 IPO 态势。长江三角洲地区作为经济发展的重要引擎，其 IPO 数量和规模持续增长，显示出强大的资本市场吸引力。而作为中国改革开放的前沿，粤港澳大湾区也在 IPO 市场取得了显著成就。京津冀地区、长江中游城市群、成渝地区双城经济圈以及山东半岛城市群，均在 IPO 市场上展现出不同程度的活力与潜力。值得注意的是，这种区域分布的差异并非孤立存在，而是在全国范围内呈现出一定的趋势。因此，本章主要探讨 IPO 区域分布的趋势，这有助于深入理解中国区域经济与资本市场之间的复杂互动关系，可以为未来投资决策和政策的制定提供有价值的参考。

区域经济与 IPO 区域分布

一、区域经济带可以促进区域内企业发展壮大

区域经济是国民经济的基础，是实现国家战略与奋斗目标的重要支撑。构建新发展格局，需要在加强区域协调发展的基础上着力解决区域发展中存在的难点，从

而加快助力形成双循环格局。党的十九大以来，中国区域发展战略的指向性和精准化越来越明确和全面，推动新发展格局的形成。"十四五"规划中对区域发展的战略规划主要包括深入实施区域重大战略、区域协调发展战略、主体功能区战略，健全区域发展体制机制，构建高质量发展的区域经济布局和国土空间支撑体系。

区域经济带促进区域发展的新机制主要包括以下几方面。

（1）协同发展机制：推动区域协同发展的关键是形成协同发展的机制，如城市、交通、生态、产业等各个方面都需要有区域协同的发展机制。

（2）区域一体化机制：区域经济的一体化是包括商品贸易、基础设施、要素流动和政策设计等多个方面的一体化，要有统一的领导，编制一体化的发展规划，制定相关的发展政策，从而推动资本、技术、产权、人才、劳动力等生产要素的自由流动和优化配置。

（3）区域合作机制：在建立地区党政主要领导定期会晤机制的基础上，进一步探索建立有组织、可操作的专项议事制度，积极推动各类经贸活动的开展。加强政策的统一性和协调性，消除市场壁垒，规范市场秩序，形成良好的政策环境和发展条件。

区域经济带促进区域发展的新政策主要包括以下几方面。

（1）区域政策体系：建立统一规范、层次明晰、功能精准的区域政策体系，发挥区域政策在宏观调控政策体系中的积极作用，加强与财政、货币、产业、投资等政策的协调配合，突出宏观调控政策的空间属性，提高区域政策的精准性和有效性。

（2）优化区域创新与发展平台：实施区域协调发展战略需要培育区域经济新动能，要进一步完善各类发展平台，包括国家级新区、综合配套改革试验区、承接产业转移示范区等具有先行先试政策优势的区域性平台。

（3）加强区域规划的权威性和操作性：跨行政区的区域协调发展是现阶段最需要加强的部分，要协调行政区的利益，做好区域规划与相关规划的衔接配合，真正实现"多规合一"，做到"一张蓝图绘到底"，不因地方政府换届而造成政策多变，保持政策连贯性。

2022年IPO企业的区域分布与区域经济带发展特征相吻合。各区域经济带倡导的区域协调发展战略、实施的优化区域经济布局对区域内企业的发展壮大产生了积极的推动作用。经济活跃和改革开放程度较高的长三角地区、区域一体化较成熟的粤港澳大湾区占据了近六成的IPO企业，区域经济协同发展的主要区域——京津冀地区依托首都优势也成功上市超一成企业。

二、2022年各地上市企业数量及募集资金情况

2022年，全国共计上市428家企业，分布在广东省、江苏省、浙江省、北京市、上海市等28个省区市。如表6-1所示，广东省上市企业数量最多，达到78家，占总上市企业数量的18.2%。江苏省和浙江省分别以70家（16.4%）和55家（12.9%）位列第二、第三。北京市和上海市作为中国两大主要直辖市，分别上市43家（10%）和36家（8.4%）企业，在全国总上市企业中占据第四、第五的位置。

表6-1 2022年各地上市企业数量及募集资金情况

排名	省区市	数量（家）	占比	募资总额（亿元）
1	广东省	78	18.2%	851.42
2	江苏省	70	16.4%	795.51
3	浙江省	55	12.9%	501.31
4	北京市	43	10.0%	1 434.38
5	上海市	36	8.4%	521.99
6	山东省	21	4.9%	193.37
7	四川省	15	3.5%	137.11
8	安徽省	14	3.3%	117.31
9	湖北省	12	2.8%	179.36
10	河南省	11	2.6%	84.29
11	陕西省	10	2.3%	98.91
12	福建省	9	2.1%	119.79
13	江西省	7	1.6%	208.52
14	辽宁省	7	1.6%	123.24
15	天津市	7	1.6%	204.03
16	湖南省	6	1.4%	45.86
17	重庆市	6	1.4%	41.56
18	河北省	5	1.2%	41.82
19	新疆维吾尔自治区	4	0.9%	44.55

(续表)

排名	省区市	数量（家）	占比	募资总额（亿元）
20	甘肃省	2	0.5%	30.92
21	黑龙江省	2	0.5%	25.36
22	云南省	2	0.5%	10.07
23	广西壮族自治区	1	0.2%	7.98
24	贵州省	1	0.2%	33.50
25	吉林省	1	0.2%	4.56
26	内蒙古自治区	1	0.2%	5.38
27	山西省	1	0.2%	1.50
28	西藏自治区	1	0.2%	5.23
合计		428	100.0%	5 868.84

从融资额来看，北京因中国移动（519.81亿元）和中国海油（322.92亿元）两家大型国企的上市占据全国募集资金总额之首，广东省、江苏省、上海市和浙江省分别位于第二、第三、第四、第五名，与数量排名相近。

2022年主要区域经济带IPO情况

一、六大主要区域经济带IPO情况

从区域分布来看，我国目前大致形成长三角地区、粤港澳大湾区、京津冀地区、长江中游城市群、成渝地区双城经济圈和山东半岛城市群六大区域经济带。通过促进区域协同发展，企业可以更好地借助地区资源成长壮大并实现上市目标。如表6-2所示，按中国主要区域经济划分，2022年长三角地区上市企业数量最多，达到175家，占总上市企业数量的40.9%。粤港澳大湾区、京津冀地区、长江中游城市群、成渝地区双城经济圈和山东半岛城市群分别位列第二、第三、第四、第五、第六名，达到78家、55家、25家、21家及21家。2022年上述主要区域经济带合计新增上市公司375家，约占当年总上市企业数量的88%，募集资金总额约为5 274亿元，约占募集资金总额的90%。

表 6-2　2022 年六大区域经济带上市企业情况

地区	上市企业数量（家）	占比	募资总额（亿元）
长三角地区（江苏、浙江、上海、安徽）	175	40.9%	1 936.12
粤港澳大湾区（广东）	78	18.2%	851.42
京津冀地区（北京、天津、河北）	55	12.9%	1 680.23
长江中游城市群（江西、湖北、湖南）	25	5.8%	178.67
成渝地区双城经济圈（四川、重庆）	21	4.9%	433.74
山东半岛城市群	21	4.9%	193.37
其他	53	12.4%	595.28
合计	428	100.0%	5 868.84

二、六大主要区域经济带的企业分布特征

从 2022 年上市企业来看，我国六大主要区域经济带因经济发展特征与地区政策不同，各地上市企业的数量与行业分布也存在一定的差异，下文将聚焦六大区域经济带中核心省市企业的分布特征。

（一）长三角地区

2022 年长三角地区上市企业数量及募集金额如表 6-3 所示：江苏省以 70 家企业位列长三角地区第一，占地区总数量的 40.0%。浙江省、上海市和安徽省分别以 55 家、36 家、14 家企业占地区总数量的 31.4%、20.6% 和 8.0%。

表 6-3　2022 年长三角地区上市企业数量及募集金额

地区	上市企业数量（家）	占比	募资总额（亿元）
江苏省	70	40.0%	795.51
浙江省	55	31.4%	501.31
上海市	36	20.6%	521.99
安徽省	14	8.0%	117.31
合计	175	100.0%	1 936.12

从长三角地区内企业行业分布来看，江苏省上市企业主要产业概况如表6-4所示，其中隶属信息技术行业的电子设备制造类公司共计25家，占江苏省总上市企业数量的35.7%。工业类企业、材料类企业和医疗保健类企业紧随其后，分别有14家（20.0%）、10家（14.3%）和8家（11.4%）。由此可见，电子设备制造类企业已成为江苏制造业上市企业的主要组成部分。除制造业外，江苏省医疗保健行业也在逐步发展。

表6-4 江苏省上市企业主要分布产业概况

行业	上市企业数量（家）	占比
电子设备制造	25	35.7%
工业	14	20.0%
材料	10	14.3%
医疗保健	8	11.4%
可选消费—汽车与汽车零部件	6	8.6%
可选消费—耐用消费品与服装	4	5.7%
金融	1	1.4%
能源	1	1.4%
日常消费	1	1.4%

浙江省上市企业主要分布产业概况如表6-5所示，其中传统工业行业公司共计24家，占浙江省总上市企业数量的43.6%。电子设备制造业和材料类行业紧随其后，分别有14家和7家，占据总上市企业数量的25.5%和12.7%。可见，浙江省工业较为强势，电子设备制造所属的数字经济核心产业和材料制造业也在逐渐壮大。

表6-5 浙江省上市企业主要分布产业概况

行业	上市企业数量（家）	占比
传统工业	24	43.6%
电子设备制造	14	25.5%
材料	7	12.7%
可选消费	5	9.1%
医疗保健	3	5.5%
日常消费	2	3.6%

上海市上市企业主要分布产业概况如表6-6所示，其中医疗保健行业公司共计15家，占上海市总上市企业数量的41.7%。信息技术类企业和工业类企业紧随其后，分别占10家（27.8%）和7家（19.4%）。

安徽省上市企业主要分布产业概况如表6-7所示，其中电子设备制造类公司共计7家，占安徽省总上市企业数量的50.0%。工业类企业以4家企业位列第二，占据安徽省企业数量的28.6%。与浙江省情况相似，安徽省制造业上市企业以信息技术相关制造业为主，其他行业上市企业相对较少。

表6-6 上海市上市企业主要分布产业概况

行业	上市企业数量（家）	占比
医疗保健	15	41.7%
信息技术	10	27.8%
工业	7	19.4%
日常消费	3	8.3%
可选消费	1	2.8%

表6-7 安徽省上市企业主要分布产业概况

行业	上市企业数量（家）	占比
电子设备制造	7	50.0%
工业	4	28.6%
医疗保健	2	14.3%
材料	1	7.1%

依据以上数据，2022年长三角地区内企业在江浙沪三地分布均匀，安徽省企业较江浙沪地区相对落后。从行业来看，地区内上市企业主要以信息技术相关制造业和工业类企业为主，医疗保健类企业占据一定数量。我们可以看出，长三角地区在发展高新技术企业的同时，也在逐步推动其传统制造业向先进制造业转型，并取得了很好的成效。

（二）粤港澳大湾区

2022年粤港澳大湾区上市企业数量及募集金额如表6-8所示：2022年，粤港澳大湾区共计上市73家企业，募集金额为790.68亿元。从区域内来看，深圳市上市36家企业，占粤港澳大湾区上市企业近五成，领衔全地区。广州市与东莞市分别以15家和12家企业位居第二位、第三位。

首先，深圳市上市企业主要分布产业概况如表6-9所示，其中电子设备制造类企业共计25家，占深圳总上市企业数量的69.4%。工业类、材料类、医疗保健类企业分别有6家、3家、2家，占深圳总上市企业数量的16.7%、8.3%、5.6%。由此可见，制造业与工业仍是深圳的支柱产业。

表6-8　2022年粤港澳大湾区上市企业数量及募集金额

城市	上市企业数量（家）	占比	募资总额（亿元）
深圳市	36	49.3%	457.54
广州市	15	20.6%	118.69
东莞市	12	16.4%	135.92
佛山市	6	8.2%	51.49
珠海市	3	4.1%	14.35
中山市	1	1.4%	12.69
合计	73	100.0%	790.68

表6-9　深圳市上市企业主要分布产业概况

行业	上市企业数量（家）	占比
电子设备制造	25	69.4%
工业	6	16.7%
材料	3	8.3%
医疗保健	2	5.6%

其次，广州市上市企业主要分布产业概况如表6-10所示，其中信息技术行业企业共计9家，占广州市总上市企业数量的60.0%。材料类行业位居第二，占广州市总上市企业数量的26.7%。与深圳不同，广州信息技术类上市企业多为软件、信息技术服务类企业，相关制造业企业较少。

表 6-10 广州市上市企业主要分布产业概况

行业	上市企业数量（家）	占比
信息技术	9	60.0%
材料	4	26.7%
工业	1	6.7%
日常消费	1	6.7%

最后，东莞市上市企业主要分布产业概况如表 6-11 所示，大部分企业均集中在各类制造业行业，突出了东莞一直以来的制造业优势。

表 6-11 东莞市上市企业主要分布产业概况

行业	上市企业数量（家）	占比
电子设备制造	4	33.3%
工业	4	33.3%
可选消费	2	16.7%
材料	1	8.3%
信息技术	1	8.3%

由以上数据可见，深圳市上市企业数量持续领跑粤港澳大湾区，远超地区内其他城市。从行业来看，依托深圳长久以来电子信息技术行业的优势和龙头企业的引领，粤港澳大湾区内上市企业主要以电子设备制造和其他信息技术类企业为主。

（三）京津冀地区

2022 年京津冀地区内各省市上市企业数量及募集金额如表 6-12 所示：2022 年，京津冀地区共上市 55 家企业，募集金额为 1 680.23 亿元，主要集中于首都北京，天津市和河北省上市企业较少。北京市共计上市 43 家企业，占京津冀地区的 78.2%，远超河北、天津。

表 6-12 2022 年京津冀地区内各省市上市企业数量及募集金额

地区	上市企业数量（家）	占比	募资总额（亿元）
北京市	43	78.2%	1 434.38
天津市	7	12.7%	204.03

(续表)

地区	上市企业数量（家）	占比	募资总额（亿元）
河北省	5	9.1%	41.82
合计	55	100.0%	1 680.23

从区域内各地情况来看，首先，北京市上市企业主要分布产业概况如表 6-13 所示，其中信息技术行业企业共计 21 家，占北京总上市企业数量的 48.8%。工业类企业和医疗保健类企业紧随其后，分别占 8 家（18.6%）和 6 家（14.0%）。在北京工业类企业中，超五成企业以提供商业与专业服务为主营业务。由此可见，北京企业中高新技术类企业与服务类企业较多、制造业企业较少，企业产业结构层次相比国内其他省市更先进。

表 6-13　北京市上市企业主要分布产业概况

行业	上市企业数量（家）	占比
信息技术	21	48.8%
工业	8	18.6%
医疗保健	6	14.0%
可选消费	2	4.7%
材料	1	2.3%
电信服务	1	2.3%
公用事业	1	2.3%
金融	1	2.3%
能源	1	2.3%
日常消费	1	2.3%

其次，天津市上市企业主要分布产业概况如表 6-14 所示，其中电子设备制造类企业共计 4 家，占天津总上市企业数量的 57.1%。

表 6-14　天津市上市企业主要分布产业概况

行业	上市企业数量（家）	占比
电子设备制造	4	57.1%
工业	2	28.6%
可选消费	1	14.3%

最后，河北省上市企业主要分布产业概况如表6-15所示，上市企业均为制造业企业。

表6-15 河北省上市企业主要分布产业概况

行业	上市企业数量（家）	占比
工业	2	40%
材料	1	20%
可选消费—汽车与汽车零部件	2	40%

上述数据表明，受政策影响，京津冀地区已形成了高新技术企业集中于北京，制造业企业环京发展并分布于河北、天津的局面。

（四）长江中游城市群

2022年长江中游城市群内各省上市企业数量及募集金额如表6-16所示：2022年长江中游城市群共计上市25家企业，募集金额为433.74亿元。相较江西省与湖南省，湖北省的上市企业数量领先，占地区总上市企业数量的48%。

表6-16 2022年长江中游城市群内各省上市企业数量及募集金额

地区	上市企业数量（家）	占比	募资总额（亿元）
湖北省	12	48%	179.36
江西省	7	28%	208.52
湖南省	6	24%	45.86
合计	25	100%	433.74

从地区内看，首先，湖北省上市企业主要分布产业概况如表6-17所示，其中电子设备制造类企业占省内总上市企业数量的33.3%，以工业、材料业为主的传统制造业企业共占省内总上市企业数量的50.0%。

表6-17 湖北省上市企业主要分布产业概况

行业	上市企业数量（家）	占比
电子设备制造	4	33.3%

(续表)

行业	上市企业数量（家）	占比
材料	3	25.0%
工业	3	25.0%
可选消费	1	8.3%
医疗保健	1	8.3%

其次，江西省上市企业主要分布产业概况如表 6-18 所示，其中电子设备制造类企业最多，占总上市企业数量的 42.9%。

表6-18　江西省上市企业主要分布产业概况

行业	上市企业数量（家）	占比
电子设备制造	3	42.9%
材料	1	14.3%
工业	1	14.3%
日常消费	1	14.3%
医疗保健	1	14.3%

最后，湖南省上市企业主要分布产业概况如表 6-19 所示，其中工业类企业共计 4 家，占总上市企业数量的 66.7%。

表6-19　湖南省上市企业主要分布产业概况

行业	上市企业数量（家）	占比
工业	4	66.7%
材料	1	16.7%
信息技术	1	16.7%

与长三角地区、粤港澳大湾区和京津冀地区相比，长江中游城市群的上市企业数量偏少，但近年来也呈现出良好的增长趋势。从地区内上市企业行业分布来看，长江中游城市群内企业的行业分布主要集中在传统制造业，以电子设备制造为代表的先进制造业的发展仍处于萌芽阶段。

（五）成渝地区双城经济圈

2022年成渝地区双城经济圈上市企业数量及募集金额如表6-20所示：2022年成渝地区双城经济圈共计上市21家企业，总募集资金178.67亿元。四川省上市15家企业，占地区总上市企业数量的71.4%。重庆市上市企业数量相对较少，共计6家，占地区上市企业数量的28.6%。

表6-20 2022年成渝地区双城经济圈上市企业数量及募集金额

地区	上市企业数量（家）	占比	募资总额（亿元）
四川省	15	71.4%	137.11
重庆市	6	28.6%	41.56
合计	21	100.0%	178.67

四川省上市企业主要分布产业概况如表6-21所示，四川省上市企业均匀分布于工业类、医疗健康类和电子设备制造类行业。

表6-21 四川省上市企业主要分布产业概况

行业	上市企业数量（家）	占比
工业	4	26.7%
医疗保健	4	26.7%
电子设备制造	3	20.0%
材料	2	13.3%
可选消费	2	13.3%

2022年重庆市上市企业主要分布产业概况如表6-22所示，其中工业类企业较多，占2022年重庆市总上市企业数量的50.0%

表6-22 2022年重庆市上市企业主要分布产业概况

行业	上市企业数量（家）	占比
工业	3	50.0%
材料	1	16.7%
信息技术	1	16.7%
医疗保健	1	16.7%

从 2022 年成渝地区双城经济圈上市企业情况来看,四川省和重庆市两地上市企业以制造业为主,四川省向先进制造业转型的进程相对领先。

(六)山东半岛城市群

2022 年山东省上市企业数量如表 6-23 所示:2022 年,山东省共计上市 21 家企业,募集总金额为 193.37 亿元。山东省上市企业的行业分布如表 6-23 所示,山东省上市企业多集中于制造业类行业,均匀分布在汽车与汽车零部件、日常消费、信息技术和材料类行业。

表 6-23 2022 年山东省上市企业数量

行业	上市企业数量(家)	占比
可选消费—汽车与汽车零部件	4	19.0%
日常消费	4	19.0%
信息技术	4	19.0%
材料	3	14.3%
工业	2	9.5%
医疗保健	2	9.5%
公用事业	1	4.8%
能源	1	4.8%

长三角地区 IPO 情况

一、长三角地区简介

2018 年 11 月 5 日,国家主席习近平在首届中国国际进口博览会上宣布,支持长江三角洲区域一体化发展并上升为国家战略,着力落实新发展理念,构建现代化经济体系,推进更高起点的深化改革和更高层次的对外开放,同"一带一路"建设、京津冀协同发展、长江经济带发展、粤港澳大湾区建设相互配合,完善中国改革开放空间布局。

2019 年 12 月,中共中央、国务院印发《长江三角洲区域一体化发展规划纲要》,

指导长三角地区当前和今后一个时期的一体化发展。

长三角地区规划范围包括上海市、江苏省、浙江省、安徽省全域（面积35.8万平方千米）。以上海市，江苏省南京、无锡、常州、苏州、南通、扬州、镇江、盐城、泰州，浙江省杭州、宁波、温州、湖州、嘉兴、绍兴、金华、舟山、台州，安徽省合肥、芜湖、马鞍山、铜陵、安庆、滁州、池州、宣城27个城市为中心区（面积22.5万平方千米），辐射带动长三角地区高质量发展。

二、长三角地区企业分布的主要特点

长三角地区是我国经济发展最活跃、开放程度最高、创新能力最强的区域之一，在国家现代化建设大局和全方位开放格局中具有举足轻重的战略地位。2022年，长三角地区合计新增上市公司175家，几乎占据了当年全国新增上市公司的"半壁江山"。

首先，上海市是我国国际经济、金融、贸易、航运和科技创新的中心。上海市首屈一指的大都市综合经济实力、金融资源配置功能、贸易枢纽功能、航运高端服务功能和科技创新策源能力，形成了有影响力的上海服务、上海制造、上海购物、上海文化"四大品牌"，推动上海品牌和管理模式全面输出，为长三角地区高质量发展和参与国际竞争提供服务。

其次，苏浙皖强化分工合作、错位发展，提升了区域发展整体水平和效率。江苏以其制造业发达、科教资源丰富、开放程度高等优势，积极推动了沿沪宁产业创新带的发展，加快了苏南自主创新示范区、南京江北新区建设，成功打造了具有全球影响力的科技产业创新中心和具有国际竞争力的先进制造业基地。浙江充分发挥了数字经济领先、生态环境优美、民营经济发达等特色优势，整合提升了一批集聚发展平台，将浙江打造成全国数字经济创新高地、对外开放重要枢纽和绿色发展新标杆。安徽也依托创新活跃强劲、制造特色鲜明、生态资源良好、内陆腹地广阔等优势，积极推进皖江城市带联动发展，加快合芜蚌自主创新示范区建设，成为有重要影响力的科技创新策源地、新兴产业聚集地和绿色发展样板区。

最后，区域合作联动推动了长三角中心区一体化发展，不但带动整个长三角其他地区加快发展，还成功引领长江经济带开放发展。长三角中心区城市间的合作联动，以及建立城市间重大事项重大项目的共商共建机制，引导了长三角市场联动发展，推动了跨地域跨行业商品市场互联互通、资源共享和内外贸融合发展。

三、长三角地区产业发展趋势

（1）长三角地区产业发展趋势在于深入实施创新驱动发展战略，走"科创＋产业"道路，促进创新链与产业链深度融合，以科创中心建设为引领，打造产业升级版和实体经济发展高地，不断提升在全球价值链中的位势，为高质量一体化发展注入强劲动能。由于地缘因素，长三角资源型企业较少而制造型企业优势比较明显，自主创新型企业较多。由于生产企业密集、土地资源捉襟见肘，加之劳动力成本显著提高，长三角制造业转型成为必然。长三角制造业转型将主要以提高技术含量、发展完善产业链及服务渠道为突破口。

（2）长三角地区进一步联合提升原始创新能力，加强科技创新前瞻布局和资源共享，集中突破一批"卡脖子"核心关键技术，联手营造有利于提升自主创新能力的创新生态，打造全国原始创新策源地。长三角地区还必须加强上海张江、安徽合肥综合性国家科学中心建设，健全开放共享合作机制；推动硬X射线自由电子激光装置、未来网络试验设施、超重力离心模拟与实验装置、高效低碳燃气轮机试验装置、聚变堆主机关键系统综合研究设施等重大科技基础设施集群化发展；优先布局国家重大战略项目、国家科技重大专项，共同实施国际大科学计划和国际大科学工程；加快科技资源共享服务平台优化升级，推动重大科研基础设施、大型科研仪器、科技文献、科学数据等科技资源合理流动与开放共享。

（3）长三角地区协同推进科技成果转移转化。其充分发挥市场和政府作用，打通原始创新向现实生产力转化的通道，推动科技成果跨区域转化；加强原始创新成果转化，重点开展新一代信息技术、高端装备制造、生命健康、绿色技术、新能源、智能交通等领域科技创新联合攻关，构建开放、协同、高效的共性技术研发平台，实施科技成果应用示范和科技惠民工程；发挥长三角技术交易市场联盟作用，推动技术交易市场互联互通，共建全球创新成果集散中心；依托现有国家科技成果转移转化示范区，建立健全协同联动机制，共建科技成果转移转化高地；打造长三角技术转移服务平台，实现成果转化项目资金共同投入、技术共同转化、利益共同分享。

（4）长三角地区共建产业创新大平台。其瞄准世界科技前沿和产业制高点，共建多层次产业创新大平台；充分发挥创新资源集聚优势，协同推动原始创新、技术创新和产业创新，合力打造长三角科技创新共同体，形成具有全国影响力的科技创新和制造业研发高地；发挥长三角双创示范基地联盟作用，加强跨区域"双创"合作，联合共建国家级科技成果孵化基地和双创示范基地；加强清华长三角研究院等创新平台建设，共同办好浦江创新论坛、长三角国际创新挑战赛，打造高水平创新品牌。

四、江苏省

2022 年江苏省共计上市 70 家企业，位居全国第二，表现出在资本市场的强劲实力和在创业创新方面的活力。其中，25 家企业在科创板上市，23 家企业在创业板上市，14 家企业在北交所上市，8 家企业在主板上市。

江苏省在这些方面的表现可以归功于其庞大且稳定增长的经济总量、精准的产业政策、科研与创新实力和对营商环境的逐步优化，下文将详细探讨这 4 个方面对江苏省情况的影响。

2022 年，江苏省经济总量再上新台阶。经过核算，江苏省全年地区生产总值为 122 875.6 亿元，迈上 12 万亿元新台阶，比上年增长 2.8%，经济总量占全国比重达 10.2%，稳定发挥了全国发展"压舱石"的作用。在江苏省范围内，全省 13 市的经济总量均超 4 000 亿元，且均保持 2% 及以上的增长。苏州、南京、无锡、南通四城 2022 年持续超万亿元，引领全省发展。其中，苏州以 23 958 亿元的经济总量继续稳居全省第一。

江苏作为全国第二经济大省，紧追广东，近年来两者也逐渐缩小了差距。数据显示，2020 年江苏和广东的差距为 8 000 亿元左右，2021 年差距则缩小至 7 700 亿元左右，2022 年差距缩小为 6 243 亿元左右，这体现出江苏省经济稳健且强势的增长趋势。

面对 2022 年复杂的形势，江苏省全面贯彻落实国务院"稳经济 33 条"，先后出台"苏政 40 条""苏政办 22 条"等系列政策措施，以恢复供给水平、维持经济稳定增长。江苏省的经济优势为当地企业创造了更多的发展机会，有效地帮助企业在复杂多变的经济形势下快速壮大并最终上市。

首先，江苏省行业分布情况与其经济发展、产业结构调整情况相吻合。2022年，江苏省进一步推动产业结构调整，坚持把发展经济的着力点放在实体经济上，持续推动产业高端化、智能化、绿色化发展。2022年，全省战略性新兴产业、高新技术产业产值分别占规上工业比重达40.8%、48.5%，均比上年同期提高1个百分点。和企业行业分布情况相似，江苏省2022年数字经济与先进制造行业增势明显，领衔全省发展。根据《2022年江苏省国民经济和社会发展统计公报》，2022年，江苏省数字经济快速发展，规模以上高技术服务业营业收入比上年增长10.1%，对规上服务业增长贡献率达62.2%，其中互联网和相关服务业增长14.2%。全年数字经济核心产业增加值占GDP比重达11%。在"双碳"战略的引领下，全年规上工业中锂离子电池制造、光伏设备及元器件制造、电子专用材料制造行业分别增长74.8%、41.4%、72.8%。

其次，我们由江苏省"十四五"规划也可以看出，信息技术产业和先进制造产业是江苏省近5年发展的重点产业，政府通过政策引导布局，从而促进产业内企业发展。

通过以下3方面，江苏省着力布局电子信息技术产业，从而提升其数字经济产业竞争力。

第一，江苏省着重巩固基础优势产业。其聚焦集成电路、软件服务、物联网、信息通信等领域，加快实施一批重大工程，壮大链主企业，完善产业链配套，补齐产业链短板，推动数字经济基础优势产业迈向全球价值链中高端；面向制造业重点领域，大力突破一批市场需求大、质量性能差距大、对外依存度高的集成电路核心基础元器件和关键基础材料，提升工业芯片自主研发生产能力；加快制造技术软件化进程，开展基础软件、高端工业软件和核心嵌入式软件等产品协同攻关适配，培育工业软件创新中心，打造全国顶尖的工业软件企业集聚高地，推进制造业产业基础高级化；推进物联网集成创新和规模化应用，形成全球知名的物联网融合应用高地，支持无锡打造物联网创新促进中心。

第二，江苏省力争做大做强新兴数字产业。其围绕人工智能、区块链、大数据、5G、工业互联网、云计算、北斗卫星等新兴产业，加强企业分类培育引导，发展一批旗舰型数字企业；构建"硬件+软件+平台+服务"产业生态，培育重点垂直领域关联产业，增强企业联合攻关、场景创新、应用验证和普及推广能力，推动发展一批融合性创新成果和行业解决方案；支持江苏省信息技术应用创新产业生态基地建设，积极打造一批省级信息技术应用创新先导区。

第三，在发展现有产业的同时，江苏省还前瞻布局未来产业。其围绕第三代半导体、未来网络、量子信息、类脑智能等未来产业，积极承接前沿技术应用场景测试验证等自主创新重大项目，加快实现"点"上突破；支持建立自主可控的未来网络产业生态，加强技术和示范应用的发展和推广；加快推进量子通信技术标准、安全测评等基础理论技术研究，加强量子通信设备核心技术研发，形成一批具有核心竞争力的量子通信应用产品；持续开展类脑智能和人机混合增强智能研究，加快类脑计算机和机器人产业化；积极打造一批突破性创新成果转化应用示范，参与核心技术国产化配套布局，加速产业化发展进程，抢占未来产业发展制高点。

从制造业行业发展来看，江苏省也在逐步从传统制造业向先进制造业转型，培育壮大先进制造业集群。江苏省"十四五"规划中强调，要充分发挥江苏制造业体系健全和规模技术优势，坚持空间集聚、创新引领、智能升级、网络协同、开放集成的方向，着力在技术、设计、品牌、供应链等领域锻长板补短板，加快建设省级和国家级先进制造业集群，重点打造物联网、高端装备、节能环保、新型电力（新能源）装备、生物医药和新型医疗器械等万亿级产业集群。

同时，江苏省还着力推进产业链主导企业培育、协同创新提升、基础能力升级、开放合作促进四大行动，加快产业链供应链高效协同、大中小企业紧密合作、产业资源整合优化，突出产业优化布局、强化产业风险预警，推动先进制造业集群迈向产业链价值链中高端；发挥要素资源、产业生态等优势，吸引国内高端产业、核心配套环节和先进要素在江苏集聚发展，进一步提升资源配置能力，不断增强国际竞争力、创新力、控制力；实施集群发展以促进机构培育计划，构建开放高效的集群创新服务体系，鼓励组建产业集群发展联盟。

江苏省不仅颁布各项产业政策，还通过布局产业基金促进优势行业壮大发展。江苏省规模最大的产业投资基金之一的江苏沿海产业基金按照省委、省政府决策部署，主动融入国家战略，主动服务转型升级工程和沿海地区发展，主动对接"中国制造2025"和"互联网+"行动计划，坚持政府引导、市场运作、长短结合、倾斜沿海的投资策略，依托自身核心优势，充分发挥资源整合功能，以沿海地区为重点，积极投资符合转型升级要求的战略性新兴产业、先进制造业、现代服务业、传统产业升级改造等项目，助力江苏沿海地区发展，助推全省产业转型升级。

从科研实力来看，江苏省拥有 2 所 985 大学（南京大学、东南大学）、11 所 211 大学和 16 所"双一流"大学，奠定了其良好的科研实力和人才培养能力。此外，江苏省拥有中国科学院和中国工程院院士 118 人，建设国家和省级重点实验室 190 个，省级以上科技公共服务平台 259 个，工程技术研究中心 4 945 个，院士工作站 156 个。由此可见，江苏省拥有强大的科研实力，其科研成果可以有效地帮助企业转化为产品和技术成果。

江苏省也在逐渐加快科技创新的步伐。2022 年，江苏省共计实施 15 项重大基础研究项目、115 项关键核心技术研发项目，全社会研发经费支出占地区生产总值比重提高到 3% 左右，苏州实验室获批建设。另外，全省专利授权量达到 56 万件，其中发明专利授权量为 8.9 万件，增长 29.7%。全年有效发明专利量为 42.9 万件，比上年末增长 22.8%；万人发明专利拥有量为 50.4 件，增长 22.4%。科技进步贡献率达 67%，比上年提高近 1 个百分点。全省签订技术合同 8.74 万项，比上年增长 5.8%；成交额为 3 889 亿元，增长 29%。省级以上众创空间 1 176 家，比上年增长 9.4%。通过强化创新驱动发展，江苏省高水平科技自立自强取得了有效的进展，当地企业助力产业快速革新并在此基础上发展壮大，这也进一步佐证了江苏省企业在资本市场的优秀表现。

2022 年，江苏省出台"1+5+13"系列政策。其制定一个行动计划，对全省优化营商环境做出系统谋划和整体部署；围绕政策环境、市场环境、政务环境、法治环境、人文环境等 5 个环境，省级有关部门分头组织制定实施方案（2022—2024 年）；13 个设区市人民政府聚焦当地实际编制年度改革事项清单，对优化营商环境重点任务实行清单化管理、项目化推进；省相关部门根据自身职能，推出 n 项优化营商环境具体举措；逐步优化营商环境可以有效激发市场主体活力和发展内生动力，从而实现让各类市场主体在江苏运营成本最低、办事效能最高、贸易投资最便利、发展预期最稳定，并构筑起高质量发展持久强大的"引力场"。

五、浙江省

2022年浙江省共计上市55家企业,上市企业数量位居全国第三,这证明了浙江省在资本市场中的实力。其中,19家企业在创业板上市,14家企业在主板上市,11家企业在北交所上市,11家企业在科创板上市。

浙江省是传统制造业大省,近年来在各方面不断实现产业自我突破,取得了优异的成绩。下文将从经济发展、重点产业及政策、创新驱动、营商环境四个方面探讨影响浙江省情况的主要因素。

根据核算,2022年浙江省生产总值为77 715亿元,比上年增长3.1%。经济总量位居全国第四,仅次于广东省、江苏省和山东省。人均地区生产总值为118 496元(按年平均汇率折算为17 617美元),比上年增长2.2%。从城市来看,浙江省拥有杭州、宁波两个万亿级别城市,其可以有效地引领全省快速发展。

纵观全年,浙江省经济运行总体保持平稳,表现出良好的抗压性和高质量发展的特征,经济增长率超过全国平均水平。面对2022年复杂多变的局势,浙江省政府出台了"5+4"稳进体制政策,即扩大有效投资、减负强企、科技创新、"两稳一促"(稳外贸稳外资促消费)、民生保障"五大政策包",以及财政、自然资源、金融、能源"四张要素清单"。

此外,浙江省民营经济活力强、增势良好。2022年,全年民营经济增加值占全省生产总值的比重为67%,民营企业增加值为15 385亿元,比上年增长5.2%。浙江省企业在资本市场的良好表现也进一步证实了浙江省重视民营企业发展并有效实施稳定经济的政策,从而使当地企业保持旺盛的发展势头。

首先,从行业来看,工业制造业、数字经济核心产业增势迅猛,成为经济增长的重要驱动因素。2022年,浙江省全年规模以上工业增加值为21 900亿元,比上年增长4.2%。在38个工业行业大类中,19个行业增加值相比上年有所增长,8个行业呈现两位数增长。数字经济核心产业制造业增加值为3 532亿元,占比达16.1%,对规模以上工业增加值增长的贡献率为40.3%。高技术、战略性新兴、装备等产业制造业增加值对规模以上工业增长的贡献率分别为44.9%、73.1%和67.6%。规模以上工业企业营业收入为107 956亿元,首次突破10万亿元大关,增长7.4%。

其次,从产业政策上看,浙江省大力推进传统制造业向先进制造业转型、数字经济核心产业发展和新材料行业发展。

针对工业类企业，浙江省政府提出既要巩固升级汽车、绿色石油化工、现代纺织、智能家居等优势产业，也要谋划布局未来产业。浙江省自 2021 年开始实施传统制造业改造提升计划 2.0 版，加快数字化、智能化、绿色化改造，分行业打造标杆县（市、区）和特色优势制造业集群，打造全国制造业改造提升示范区；支持企业加大技术改造力度，鼓励企业兼并重组，以市场化、法治化方式推进落后产能退出；重视传统民生产业的合理布局和转型升级，实施中小微企业竞争力提升工程，完善中小微企业发展政策体系，优化小微企业园布局。

针对数字经济核心企业，浙江省强调要做强基础产业。其深入推进产业基础再造与产业链提升，提升数字安防、高端软件、网络通信、新型电子材料及元器件等产业竞争力，做大集成电路、智能计算、新型显示、智能光伏等产业，加快培育自主可控产业生态及信息技术应用创新产业。此外，浙江省逐步规划打造数字安防、高端软件、集成电路、网络通信、智能计算等 5 个千亿级标志性产业链和产业集群。

在保障基础产业发展的同时，浙江省政府还倡导要做优新兴数字经济产业，着力发展云计算、大数据、人工智能、物联网、区块链、虚拟现实等新兴产业；推进开源开放平台建设，加强云原生架构、关键算法资源、低代码工具等供给，培育具有国际竞争力的开源生态；推进"5G+ 工业互联网"、"5G+ 虚拟现实/增强现实（VR/AR）"、人工智能物联网（AIoT）、"区块链+物联网"等融合创新产业化，构建"硬件+软件+平台+服务"产业生态。

针对新材料行业，浙江省面向数字经济、先进制造业等重点领域的战略需求，聚力发展先进半导体材料、新型显示材料、高性能树脂（工程塑料）、高性能纤维及复合材料、高端磁性材料、高端合金材料、纳米材料、柔性电子材料等十大重点新材料，主要措施分为以下两个方面。

第一，浙江省注重先进基础材料的发展，以支撑传统产业高质量发展为主攻方向；以"精品制造"为切入点，开展材料升级换代，拓展高端应用领域，不断从中低端产品制造向中高端产品制造、从价值链中低端向中高端方向升级；加快数字化、清洁化、先进适用技术应用，优化工艺流程，提升产品质量稳定性、性能可靠性和品种适用性，实现高端化、智能化、绿色化发展。

第二，浙江省重点突破关键战略材料，以支撑战略性新兴产业健康发展、保障核心产业安全为主攻方向；面向新一代信息技术产业、高端装备制造业等重点领域，开展关键核心技术攻关，完善产业链配套，努力实现重点领域短板材料的产业化和规模化应用，不断满足国家重大战略及浙江省经济高质量发展的需求。

为促进各重点产业发展，浙江省大力推进产业创新，在全省各地建设多个创新、科研平台。2022年，浙江省新建省实验室4家（累计10家），新建省技术创新中心4家（累计10家）。全年研究与试验发展经费支出2 350亿元，与生产总值之比为3.02%，比上年提高0.11个百分点。全年专利授权量为44.4万件，其中发明专利授权量6.1万件，比上年增长7.9%。科技进步贡献率约为68%。新增"浙江制造"标准421个（累计3 029个）。

自2021年以来，浙江省全面打造"一廊引领、多廊融通、两区辐射、多点联动"的创新空间格局。"一廊"即以杭州城西科创大走廊为主平台建设综合性科学中心，打造原始创新策源地。浙江省委、省政府设立的杭州城西科创大走廊是跨区数字经济创新发展高能级平台，探索走出"研发平台＋特色小镇＋产业创新＋应用场景"的发展新路，布局建设之江实验室、湖畔实验室等高水平创新载体，成功创建8个省级特色小镇，集聚海外高层次9 000余名，数字经济核心产业营收规模占全省近1/3。"多廊"即推进宁波甬江、温州环大罗山、嘉兴G60、浙中、绍兴、台州湾等科创走廊联动发展，打造技术创新策源地。"两区"即推进杭州、宁波温州国家自主创新示范区和环杭州湾高新技术产业带建设。"多点"即推动高新区高质量发展，打造产业创新高地。

截至2022年，以杭州城西科创大走廊为支点，东西南北贯穿全省域的高能级创新平台体系初具规模。规模化的创新推动保证了当地企业的蓬勃发展，为当地企业带来了更多的可能性。更快、更好地掌握新兴核心产业技术是企业上市的关键，浙江省政府通过大力推动省内不断迭代创新，驱动当地企业在资本市场上得到了满意的成绩。

2022年以来，浙江省政府进一步优化了营商环境；深化企业开办"一件事"改革，加快实现企业开办全流程零成本一天办结；持续推进"浙里营商"跑道建设迭代升级，建设"无感监测""惠企直通车"等应用场景；推进包容审慎监管，探索推行轻微违法行为首次免罚、"沙盒监管"、触发式监管等模式。这些政策可以更好地帮助企业健康发展，专注提升业务技术水平和企业规模。

六、上海市

2022年上海市共计上市36家企业，上市企业数量位居全国第五，直辖市第二。其中，19家企业在科创板上市，8家企业在创业板上市，5家企业在主板上市，4家企业在北交所上市。

2022年，上海市经济发展面临较大的挑战，企业也面临较为复杂的国内外经济环境，但它们仍交出了一份令人满意的答卷。下文将根据上海市经济总量、重点产业及政策、科研合作与创新实力、营商环境四个方面进行讨论。

根据核算，2022年上海市实现地区生产总值44 652.80亿元，按可比价格计算，同比下降0.2%，降幅比前三季度收窄1.2个百分点。尽管受到不可抗力因素的影响，上海市经济总量仍然在全国各城市中排名第一，其是达到四万亿的两个城市之一，这也彰显其作为经济发展龙头城市的雄厚实力。

为了保障经济稳定发展，《2022年上海市扩大有效投资稳定经济发展的若干政策措施》中明确提出，加快重大项目建设，适度超前开展基础设施投资，强化项目资金要素保障，加快政府专项债券发行和使用，加大投资政策精准供给，激发社会投资动能，不断优化投资环境等方面。上海市政府的一系列举措也缓解了当地企业的经济压力，保证当地企业面对复杂的大环境仍能顺利完成上市。

首先，生物医药行业作为上海市重点打造的三个产业之一，在2022年表现出其充分的发展动能。上海市政府全力促进生物医药产业以全链协同、成果转化为重点，聚焦生物制品、创新化学药、高端医疗器械、现代中药以及智慧医疗等领域，推动全产业链高质量发展。

上海市通过提升创新策源能力，建设生物医药领域重点实验室，布局一批基础研究和转化平台，从而形成重大基础设施群；聚焦脑科学、基因编辑、合成生物学、细胞治疗、干细胞与再生医学等前沿生物领域，开展重大科技攻关，推进关键原材料、高端原辅料、重要制药设备及耗材、精密科研仪器等装备和材料的研发创新；推动产医深度融合，提升临床研究能力和转化水平，支持医企联合建设高水平研究型医院，建设若干产医融合创新示范基地，促进创新药物、创新医疗器械的应用推广；促进创新成果产业化，建立市—区—园区、区—区生物医药产业对接制度，深入实施"张江研发＋上海制造"行动，推动"1+5+X"生物医药产业园区特色化发展，加强药品医疗器械许可持有人/注册人制度下的合同委托模式（CMO/CDMO）发展，提高创新成果在上海市的转化率。

针对生物医药产业，上海市高起点规划打造"1+5+X"生物医药特色产业集聚区，包括张江生物医药创新引领核心区、临港新片区精准医疗先行示范区、东方美谷生命健康融合发展区、金海岸现代制药绿色承载区、北上海生物医药高端制造集聚区和南虹桥智慧医疗创新试验区；支持徐汇、嘉定、青浦、松江、普陀等区发展生物医药产业，适时分条件扩充产业集聚区范围。

其次，信息技术产业是上海市重点打造的六大高端产业集群之首。2022年，上海市信息传输、软件和信息技术服务业的增加值为3 788.56亿元，增长6.2%，表现出良好的增势和发展趋势，与其在资本市场的表现相吻合。上海市重点发展集成电路、下一代通信设备、新型显示及超高清视频、物联网及智能传感、智能终端等制造领域，延伸发展软件和信息服务、工业互联网等服务领域；加强核心基础元器件技术攻关，加快突破影响产品性能和稳定性的关键共性技术；推进电子信息制造高端化发展，进一步向研发设计、中高端制造、市场营销等价值链高端环节延伸，引导大型电子信息制造企业提升技术水平和产品附加值，提高产业链主导能力；大力发展电子信息终端产品，探索适应市场需求的新一代智能消费终端，着力打造技术先进、安全可靠、自主可控的电子信息产业高地。

为了更好地发展新兴数字产业，上海市依托中心城区及浦东、闵行、青浦、静安等重点区域，发展5G、工业互联网、云计算、大数据、区块链等各具特色的新兴数字产业；围绕临港智能制造主示范区以及松江、嘉定、宝山、闵行等智能制造集聚区建设，推进数字赋能制造业态发展；发挥临港新片区数据跨境便捷联通制度创新优势，加快建设国际数据港。

上海市具备强大的科研实力，为当地新兴产业企业的创新发展提供了切实有效的研究支撑。2022年，上海市全年专利授权量为17.83万件。其中，发明专利授权3.68万件，比上年增长12.0%。全年国际专利申请量为5 591件，比上年增长15.8%。

每万人口高价值发明专利拥有量达40.9件，较上年增加6.7件。

首先，从高校层面看，上海市拥有4所985大学（复旦大学、上海交通大学、同济大学、华东师范大学）、10所211大学和15所"双一流"大学。2022年，上海各高校积极开展"产学研"合作模式，推动各项高精尖研究落地。基于校企合作的模式，企业既依附高校，充分利用高校的科研资源，形成责权利明晰的合作机制，又为高校提供资金支持，帮助高校科研成果转化为实际产品。

例如，2022年获得上海产学研奖一等奖的项目"新一代宫颈癌体外诊断试剂的临床研究成果转化和应用"，由上海交通大学医学院附属仁济医院与两家民营企业合作完成，其成果在国内率先解决了宫颈癌新一代筛查方案中技术、成本等问题，打破国外垄断，经济和社会效益显著。上海"产学研"合作不仅覆盖前述两大新兴产业（生物医药与新一代信息技术），也广泛涉及各前沿、未来先导产业，在合作共赢的基础上为当地民营新兴产业企业提供了更加夯实、前瞻性的发展基础。

其次，上海积极在市区范围内布局创新发展规划，打造以"两极两带"为主体的战略性新兴产业空间布局。其中，两极为张江科技创新极和临港产业增长极，两带为环中心城区的高技术服务产业带和环郊区的高端制造产业带。

张江科学城围绕"科学特征明显、科技要素集聚、环境人文生态、充满创新活力"的目标，致力于打造国际一流科学城；加快推进建设具有全球影响力的张江综合性国家科学中心，建设一批国家级重大创新平台，持续集聚一流的研究型大学和科研机构，支持企业加快提升技术创新能力；围绕集成电路、生物医药、人工智能、智能机器人等重点领域，开展原始创新，突破关键核心技术，打造科技创新核心策源地，构建上海战略性新兴产业创新极。

临港新片区充分利用临港新片区的制度优势和空间优势，重点发展集成电路、生物医药、人工智能、民用航空等产业集群，积极培育新能源汽车、高端装备、绿色再制造等新兴产业，尽快做大做强产业规模和能级，再造一个战略性新兴产业综合性基地；着力提升科技创新和产业融合能力，整体提升区域产业能级，打造以关键核心技术为突破口的世界级前沿产业集群，加快推进建成具有国际竞争力的开放型产业体系，构建上海战略性新兴产业新的增长极。

在两极的创新驱动下，上海市为当地企业提供了优越的成长发展环境，通过建设产业集群，推动企业之间互相合作，共同进步。

2022年，上海市推出《上海市2022年优化营商环境重点事项》以进一步优化其营商环境；组织实施企业登记便捷、税费缴纳灵活、融资服务升级、信用监管提升、公共服务优化、项目审批提效、跨境贸易便利、科创培育赋能、纠纷化解高效和营商服务贴心10个大类30小项优化营商环境重点事项，助力企业恢复活力，以进一步提振市场信心，稳定市场预期。

七、安徽省

2022年安徽省共计上市14家企业，上市企业数量位居全国第八。其中，4家企业在科创板上市，4家企业在创业板上市，3家企业在主板上市，3家企业在北交所上市。

据地区生产总值统一核算结果，2022年安徽省生产总值为45 045亿元，位居全国前十，按不变价格计算，同比增长3.5%。从地区来看，合肥一马当先，继续领跑全省，经济总量达到12 013.1亿元，也是安徽唯一的"万亿俱乐部"城市。2022年，16个地市中经济总量达到2 000亿元以上的有10个城市，与上一年度相比多了3个。我们可以看出，2022年安徽省经济发展稳中求进，这为当地企业的成长提供了优质的保护伞。

安徽省着眼于抢占未来产业发展先机，培育先导性和支柱性产业，推动战略性新兴产业融合化、集群化、生态化发展，战略性新兴产业增加值占GDP比重超过17%。

2022年，安徽省大力推动信息技术行业发展，聚焦高端芯片、操作系统、人工智能关键算法、传感器等关键领域，加快推进基础理论、基础算法、装备材料等研发突破与迭代应用；加强通用处理器、云计算系统和软件核心技术一体化研发；加快布局量子计算、量子通信、神经芯片、存储等前沿技术，加强信息科学与生命科学、材料等基础学科的交叉创新，支持数字技术开源社区等创新联合体发展，完善开源知识产权和法律体系，鼓励企业开放软件源代码、硬件设计和应用服务。

此外，安徽省也着力推进传统制造业实施产业基础再造工程，加快补齐基础零部件及元器件、基础软件、基础材料、基础工艺和产业技术基础等瓶颈短板；依托行业龙头企业，加大重要产品和关键核心技术攻关力度，加快工程化产业化突破；实施重大技术装备攻关工程，完善激励和风险补偿机制，推动首台（套）装备、首批次材料、首版次软件示范应用；健全产业基础支撑体系，在重点领域布局一批国家制造业创新中心，完善国家质量基础设施，建设生产应用示范平台和标准计量、认证认可、检验检测、试验验证等产业技术基础公共服务平台，完善技术、工艺等工业基础数据库。

安徽省政府借鉴"合肥模式"设立产业基金群，以基金撬动资本，再以资本引入产业，从而吸引了蔚来、京东方等大型企业，并根据这一成功经验出台了《安徽省新兴产业引导基金组建方案》。该方案强调，自2022年起，利用5年时间，由省级财政出资，设立省新兴产业引导基金，引导基金下设三大基金群16只母基金，各基金群分别以"母子基金"架构运营。最终，通过逐层撬动社会化资本，安徽将形成总规模不低于2 000亿元的省新兴产业引导基金体系。

新兴产业引导基金体系下设三大基金群，分别为主题基金群、功能基金群、天使基金群。其中，主题基金群围绕新一代信息技术、新能源汽车和智能网联汽车、高端装备制造、新材料、智能家电、人工智能、生命健康、新能源和节能环保、数字创意、绿色食品等十大新兴产业，以"一产业一基金"的模式，为新兴产业发展提供资本支撑。功能基金群重点发挥战略性、政策性导向作用，按产业发展现实要求，延续设立省"三重一创"产业发展基金二期、省中小企业（专精特新）发展基金二期。天使基金群重点服务于"投早投小投科技"的发展目标，按企业早期发展的生命周期，设立4只天使基金，即雏鹰计划专项基金、新型研发机构专项基金、省科技成果转化引导基金、省级种子投资基金。

安徽省政府通过产业基金引导，积极布局新兴产业，从而有效吸引外来企业入驻、促进当地新兴产业企业发展；通过基金集群的信息资源进行招商，突破基金本身在投资认知、项目储备等方面的不足，捕捉到最前沿、最尖端的新兴产业项目，让好项目愿意来安徽省投资，为企业做大做强提供了更多的空间。

2022年，安徽省市场监管局全面落实全省"一改两为"大会精神，聚焦营商环境18个一级指标中的3个牵头指标，成立工作专班，制定实施方案，细化任务清单，加强统筹调度，强化政策实施，有效激发市场主体创业创新创造活力，优化营商环境工作取得新的显著成效。

粤港澳大湾区 IPO 情况

一、粤港澳大湾区简介

粤港澳大湾区，包括香港特别行政区、澳门特别行政区和广东省广州市、深圳市、珠海市、佛山市、惠州市、东莞市、中山市、江门市、肇庆市。粤港澳大湾区地理条件优越，"三面环山，三江汇聚"，具有漫长海岸线、良好港口群、广阔海域面。

2019年2月18日，中共中央、国务院印发《粤港澳大湾区发展规划纲要》。按照规划纲要，粤港澳大湾区不仅要建成充满活力的世界级城市群、具有全球影响力的国际科技创新中心、"一带一路"建设的重要支撑、内地与港澳深度合作示范区，还要打造成宜居宜业宜游的优质生活圈，成为高质量发展的典范；以香港、澳门、广州、深圳四大中心城市作为区域发展的核心引擎。

粤港澳大湾区已形成通信电子信息产业、新能源汽车产业、无人机产业、机器人产业以及石油化工、服装鞋帽、玩具加工、食品饮料等产业集群，是中国建设世界级城市群和参与全球竞争的重要空间载体。2022年，粤港澳大湾区经济总量超13万亿元。

二、粤港澳大湾区企业分布的主要特点

粤港澳大湾区是我国重要战略布局地区，是自改革开放以来我国最具经济活力、国际化水平最高的区域之一，也具备了国际顶级湾区的基础。粤港澳大湾区具有"一个国家、两种制度、三个关税区、三种货币"的独特性，既能汲取三地所长，实现优势互补，又能促进要素流动。本文主要探讨粤港澳大湾区在内地资本市场的表现。2022年，粤港澳大湾区内地城市共计上市73家企业，募集资金为790.68亿元，上市企业数量位居全国经济区域第二名。纵观粤港澳大湾区规划，主要有以下五大产业布局。

第一，大湾区综合性国家科学中心以深圳光明科学城与东莞松山湖科学城集

中连片区域为先行启动区，以广州南沙科学城为联动协同发展区，聚焦信息、生命、材料、海洋科学，建设世界一流重大科技基础设施集群、高水平实验室、高等院校、科研机构、前沿科学交叉研究平台、中试验证平台和科技支撑服务平台。

第二，深港科技创新合作区深圳园区、横琴粤澳深度合作区、广州创新合作区等三大创新合作区，聚焦突破制约开放创新与合作的体制机制障碍，因地制宜设计改革试验任务，打造要素流动畅通、科技设施联通、创新链条融通、人员交流顺通的跨境合作平台。

第三，在大湾区内配备重大科技基础设施，加快建设强流重离子加速器、加速器驱动嬗变研究装置、江门中微子实验站、未来网络试验设施（深圳分中心）、国家基因库二期、新型地球物理综合性科学考察船、天然气水合物钻采船（大洋钻采船）等，围绕信息、生命、材料、海洋等领域谋划建设散裂中子源二期等一批新设施。

第四，保障实验平台建设，加快建设鹏城实验室、广州实验室，以及再生医学与健康、先进制造科学与技术、材料科学与技术、南方海洋科学与工程、生命信息与生物医药、岭南现代农业科学与技术、先进能源科学与技术、人工智能与数字经济等领域的广东省实验室。

第五，粤港澳大湾区国家技术创新中心继续推进国家印刷及柔性显示创新中心、国家先进高分子材料产业创新中心、国家高性能医疗器械创新中心等一批国家级创新中心建设，推动在新型显示、第三代半导体、生物医药、天然气水合物等重点领域组建一批国家和省级创新中心、工程研究中心等。

三、粤港澳大湾区产业发展趋势

广东省"十四五"发展规划中特别指出，广东省紧抓粤港澳大湾区建设重大机遇，以粤港澳大湾区为主平台，引领带动全省形成推动国家经济高质量发展的强大引擎，更高水平参与国内大循环和国内国际双循环，打造新发展格局的战略支点，以下列5个方面为广东产业发展提供更有力的支撑。

第一，支撑引领全省有效提升科技创新能力。加快粤港澳大湾区国际科技创新中心和综合性国家科学中心建设，强化与港澳创新资源协同融合，瞄准世界科技和产业发展前沿，联合攻克关键环节核心技术难题，加快实现科技自立自强和新技术产业化规模化应用；强化企业创新主体地位，激发人才创新创造活力，着力优化鼓励创新的制度环境和技术基础，加快形成以创新为主要动力和支撑的经济体系，打造全球科技创新高地。

第二，支撑引领全省加快建设现代产业体系。充分发挥"双区"经济实力雄厚、质量效益领先的优势，率先构建经济高质量发展的体制机制，进一步优化供给结构，以高质量供给引领和创造新需求，改造提升传统产业，做大做强战略性支柱产业，培育发展战略性新兴产业，加快发展现代服务业，推动产业基础高级化和产业链供应链现代化，提高产业现代化水平，打造新兴产业重要策源地、先进制造业和现代服务业基地，推动建设更具国际竞争力的现代产业体系。

第三，支撑引领全省高效畅通经济循环。以交通基础设施和重大产业投资为先导，科学统筹"双区"与粤东粤西粤北地区生产力、人口、基础设施布局，引领全省优化生产、生活、生态空间，实现经济社会和生态全面协调可持续发展；优化政策环境，扫除流通体制机制障碍，畅通经济循环通道，形成全省全域参与"双区"建设、"双区"引领带动全省全域发展的区域协同发展格局。

第四，支撑引领全省打造更高水平的改革开放高地。充分发挥"双区"的改革开放试验田和窗口作用，强化粤港澳大湾区对外开放水平高的综合优势，大力推动与港澳经济运行的规则衔接、机制对接；依托深圳综合改革试点，探索更多创造型、引领型改革举措；推广复制"双区"经验，引领全省优化市场化法治化国际化营商环境，为打造新发展格局的战略支点提供制度保障。

第五，支撑引领全省深度参与国内国际双循环。依托"双区"规则软联通和设施硬联通的优势，推动省内供给同国内强大市场需求高效适配，加快融入国内统一大市场；以"双区"循环畅通支撑引领全省更好参与国际循环，稳住存量市场，同时开拓多元化国际市场，深度对接国际经贸体系，有效利用国内国际两个市场两种资源，实现更高水平参与国内国际双循环。

四、深圳市

2022 年深圳市共计上市 36 家企业，上市企业数量位居广东省内第一。其中，

13家企业在创业板上市，11家企业在科创板上市，6家企业在主板上市，6家企业在北交所上市。

深圳市是我国改革开放的试点区，自改革开放以来一直走在我国地区发展前列。2022年，深圳市也以36家上市企业的成绩在资本市场大放光芒，下文将根据经济发展、重点产业及政策、产业链协同创新和营商环境四大方面对深圳市情况进行探讨。

2022年深圳市地区生产总值为32 387.68亿元，同比增长3.3%，高于全国全省平均水平；各区总量排名与2021年保持一致，南山区突破8 000亿元，遥遥领先，坪山区首次突破千亿大关，宝安即将追上龙岗。各区增速均实现正增长，其中深汕特别合作区、坪山区和光明区分别以20%、14%和6.5%的增速领跑全市。

2022年，深圳的经济稳中求进，在稳定发展的基础上不断突破自身高度，交出了一份满意的答卷。深圳不仅经济总量持续增长，而且固定投资跃居全国第一、外贸出口额连续30年夺冠等多项关键指标领跑全国，这体现出其面对国内外多变的局势仍能逆流而上的经济活力。深圳当地企业借助深圳的强大经济实力，可以在发展过程中获得更多产业机会以抵抗消极因素的冲击，并迅速成长壮大，这也体现在深圳企业在资本市场一贯的优秀表现上。

深圳市的行业分布与经济趋势相吻合，制造业和工业在2022年也表现出了经济"压舱石"的作用。2022年，深圳工业规上总产值和全口径增加值首次突破"双第一"。2022年深圳市规上工业总产值为45 500.27亿元，连续4年稳居全国城市首位；全口径工业增加值为11 357.09亿元，总量首次跃居全国城市第一。与此同时，2022年深圳市规上工业增加值首次突破1万亿元大关，全年增速高于全国、全省平均水平，居一线城市首位。

从产业政策来看，深圳既要紧握传统制造业的优势，推进制造业转型升级；又要培养、发展和壮大新兴产业，提升电子信息技术、生物医药、金融科技等产业竞争优势，从而使新兴产业成为经济发展新动力。

第一，深圳实施产业基础再造工程，开展以产业需求为导向的技术攻关，提升基础核心零部件、关键基础材料、先进基础工艺、基础关键技术等研发创新能力，发展先进适用技术；积极参与国家产业基础再造工程，主动对接开展国家级产业基础提升相关重点项目；建设国际科技信息中心和国际产业信息中心，构建特色鲜明、国内一流、国际知名的科技智库和产业智库；建设一批企业主导、院校协作、多元投资、成果分享的技术创新中心、产业创新中心，在未来通信高端器件、超高清视频等领域争创国家级制造业创新中心。

第二，深圳全面打造世界级新一代信息技术产业发展高地，强化集成电路设计能力，优化提升芯片制造生产线，加快推进中芯国际12英寸晶圆代工生产线建设，积极布局先进制程集成电路制造项目，增强封测、设备和材料环节配套能力，前瞻布局化合物半导体产业，高水平建设若干专业集成电路产业园区；推进5G核心技术、关键产品研制，加大应用推广力度，打造5G产业引领区；布局8K超高清显示、柔性显示等新型显示领域，加速推进激光照明和显示技术产业化，打造新型显示技术产业高地；以产业跨界融合和智能化发展为主攻方向，加快构建泛在高效安全的新一代信息网络，建设世界级电子信息产业集群承载区。

第三，深圳在电子信息制造业的基础上继续打造数字产业高地，实施"5G+8K+AI+云"新引擎战略，培育壮大人工智能、大数据、区块链、云计算、网络安全等新兴数字产业，建设国家数字经济创新发展试验区；加快发展人工智能产业，推进计算机视听觉、新型人机交互等应用技术产业化，建设新一代人工智能创新发展试验区；加快发展软件信息服务业，建设信创产业基地和基础软件创新中心，培育国际领先的云服务提供商，打造国际软件名城；建设海陆空协同的智能网联无人系统，构建智能网联交通产业测试示范平台，打造国家级车联网先导区；推动开源生态发展，支持建设国际化的开源项目和开源社区，鼓励企业开放软件源代码、硬件设计和应用服务；构筑鲲鹏技术生态、产业生态、应用生态，打造鲲鹏产业示范区。

作为改革开放后的第一个经济特区，深圳依托改革开放红利，大力发展实体经济和企业，特别是在电子信息、互联网等行业，培育了华为、腾讯、比亚迪等众多领头羊企业。深圳市倡导强化企业创新主体地位，发挥市场对技术研发方向、线路选择、要素价格、创新资源配置的导向作用，促进各类创新资源要素向企业集聚，尤其是支持龙头企业整合上下游创新资源，牵头设立创新联合体，建设若干领域类技术创新中心和工程研究中心，承担国家重大科技项目，开展行业关键共性技术预见研究和联合攻关；实施高新技术企业培育计划，鼓励企业加大研发投入，支持中小企业加速技术迭代改进。因此，借助大企业总部所属地得天独厚的优势，其产业链上下游企业作为供应商或承销商拥有更多的业务机会和创新契机。

此外，深圳市构建重大战略创新平台体系，建设光明科学城，按照国家统一规划部署，加快建设一批重大科技基础设施，一体化建设前沿交叉研究平台和产业创新中心，布局光明国际技术转移中心，打造世界一流的综合性国家科学中心集中承载区；创新河套深港科技创新合作区体制机制，2022年，河套深港科技创新合作区高端科创资源加快集聚，香港科学园深圳分园建成，世界无线局域网应用发展联盟成立，粤港澳大湾区（广东）量子科学中心等26个重大科研项目落户河套；全面对接国际科技创新规则制度，推动国际性产业与标准化组织落地，规划建设中国科学院香港创新研究院深圳园区；充分发挥国际大学园和龙头企业的带动作用，建设大运深港国际科教城；创新平台体系可以有效推动产业链各端以高标准协同发展，以国际统一的规则制度适应市场全球化的发展需求，为企业提供更全面、高品质的发展机会。

2022年，深圳市政府出台了《深圳市建设营商环境创新试点城市实施方案》，正式开启优化营商环境5.0版改革。该方案围绕营造竞争有序的市场环境、打造公正透明的法治环境、构建国际接轨的开放环境、打造高效便利的政务环境4个维度，从健全透明规范的市场主体准入退出机制、强化企业各类生产要素供给保障、构建精准主动的企业服务体系等12个方面提出了200条改革举措。深圳市持续发力优化营商环境，有效促进了当地企业良性发展。

五、广州市

2022年广州市共计上市15家企业，上市企业数量位居广东省内第二。其中，7家企业在创业板上市，3家企业在科创板上市，3家企业在主板上市，2家企业在北交所上市。

广州市作为广东省的省会城市，长久以来处于全国发展前列。下文将根据广州市重点行业及产业政策、创新格局规划和营商环境三大方面对广州市2022年的情况进行探讨。

近年来，广州市逐步推动汽车、电子、石化等传统优势产业智能化、高端化、绿色化发展，向新一代信息技术、新材料与精细化工等战略性新兴产业、高技术制造业迭代升级。

广州以新一代信息技术产业作为其新兴支柱产业，着力实施"强芯""亮屏""融网"工程，构建集成电路"设计—制造—封装—测试"全产业链集群和超高清视频及新型显示"设备制造—内容创作—应用服务"全产业链集群，打造"显示之都""软件名城""5G高地"。

广州坚持创新驱动、应用牵引、链群发展，致力于发展壮大新型电子信息制造、软件和信息服务、下一代通信、互联网等数字经济核心产业集群；实施"穗芯计划"，强化芯片设计优势，补齐芯片制造短板，以功率半导体、传感器等特色工艺芯片为突破口，培育具有强大竞争力的半导体与集成电路产业集群；支持超高清视频及新型显示关键技术研发与产业化，建成国内领先的超高清视频及新型显示创新产业示范区；推进人工智能开放创新平台建设，加快建设琶洲国家新型工业化产业示范基地（大数据）和广东省人工智能产业园；推动操作系统、数据库等基础软件以及计算机辅助设计、电子设计自动化等工业软件发展，建设国家通用软硬件适配测试分中心（广州），发展壮大"鲲鹏+昇腾"生态创新中心；构建基于5G的应用场景和产业生态，在智能交通、智慧物流、智慧能源、智慧医疗等重点领域开展"5G+"应用场景试点，建设一批5G产业示范园，加快引进5G龙头企业，完善以5G为核心的信息通信产业链；加快建设工业互联网标识解析国家顶级（广州）节点，推动标识解析二级节点建设与企业应用发展，建设一批行业级、企业级工业互联网平台。

健全政产学研用深度融合的技术创新体系，加强关键共性基础技术研发。广州鼓励企业采取校企联盟等形式与高校、科研机构开展创新合作；出台科研成果就地产业化实施方案，支持华南技术转移中心（广州）、工信部制造业创新成果产业化试点（广州）、广州（国际）科技成果转化天河基地做优做强，支持广州民营科技园打造中国民营企业重大科技成果转化平台，建设黄埔硬科技创新先行区，推进环五山、环中大、环大学城科技成果转化基地建设，共建珠三角国家科技成果转移转化示范区；优化市科技成果产业化引导基金运营方式，推动粤港澳大湾区科技成果转化基金运营；实施国产技术市场化行动，落实并推动实施自主创新产品优先采购以及技术装备首台（套）、关键零部件和材料首批次、软件首版次等应用激励政策，提供多元化应用场景和体验中心，推动国产技术和产品在应用中持续迭代升级。

构建"一轴核心驱动、四核战略支撑，多点全域协同"的点线面多层次格局。"一轴"即以中新广州知识城和南沙科学城为极点，链接全市域科技创新关键节点的科技创新轴，打造新时代广州城市发展第三轴线。"四核"，即广州人工智能与数字经济试验区、南沙科学城、中新广州知识城、广州科学城。"多点"，即新时代广州市科技发展的关键节点，在全市范围内推动重要片区、科技园区、创新型商务区组群式发展。"一轴四核多点"布局，将推动在更大范围更高层次，集聚高端创新资源，形成优势互补、各具特色、高质量发展的区域创新格局，从而牵引带动广深港、广珠澳两廊创新发展。

2022年，广州市出台了《广州市建设国家营商环境创新试点城市实施方案》，启动营商环境5.0改革，以"激发活力"为主线，为企业创新发展松绑减负，针对进一步破除区域分割和地方保护等不合理限制，健全更加开放透明、规范高效的市场主体准入和退出机制，持续提升投资和建设便利度，更好地支持市场主体创新发展，持续提升跨境贸易便利化水平等10个方面提出40项重点改革任务、223项落实举措、76项特色举措。

此外，广州率先实施"一照多址""一证多址"改革，并探索企业生产经营高频事项跨区域互认通用，积极推动数字证书、电子证照、部分产品跨区域流通检疫申请流程等企业生产经营高频许可证件、资质资格等，在试点城市间率先互通、互认、互用，为市场主体提供便利，为构建相互开放、相互协调的有机市场体系探索经验。

六、东莞市

2022年，东莞市共计上市12家企业，为加快促进东莞市产业由集聚化发展向集群化发展跃升，东莞市政府重点围绕新一代电子信息、高端装备制造、纺织服装鞋帽、食品饮料等 4 个支柱产业，分梯度培育形成一批国际一流、国内领先、具有地方特色的产业集群，基本建立分工合理、差异协同发展的产业集群发展格局。

东莞市全力推进新一代电子信息产业在强链控链中向高端跃升，提升产业链关键环节、核心技术的自主可控能力，全力打造万亿规模的世界级电子信息产业集群，使之继续成为东莞市制造业强核立柱的稳定器。东莞市着力提升关键电子元器件的制造能力，延伸发展与元器件相配套的功能组件、安全组件、特种连接器等配套组件，提高关键配套组件生产能力；加大电子元器件产业的研发创新力度，大力发展微型化、高频化、低功耗、快响应、高精密的新型电子元器件，支持新型光通信器件、新型半导体分立器件、高性能触摸屏等关键产品的商业化应用。

东莞作为深圳产业转移的"大后方"，近 5 年累计承接企业数量占到深圳外迁企业的一半左右。华为终端落户松山湖后，华为供应商软通动力、华勤通讯，华为软件服务商中软国际、易宝软件等上下游企业相继进驻松山湖。除此之外，深圳的蓝思科技、大疆、康佳、顺丰、欧菲光等一批行业巨头纷纷在东莞建设基地。在深圳产业的导入下，东莞经济强势反弹，经济增速自 2018 年起位列珠三角前三名。如今，东莞已经成为深圳电子信息产业链的重要一环。

2023 年，东莞市发布《关于加强莞深融合更好承接深圳优质产业转移的建议》，进一步提出要加深莞深合作，着力打造产业体系"链长—链办—链台"三链融合机制。随着东莞承接更多深圳优质企业转移，东莞当地制造业、工业企业随之发展，这也为当地企业提供了更多成长和上市机会。

2022 年，东莞以实施"放管服"改革九大攻坚行动为抓手，紧紧围绕企业全生命周期需求打造了"莞家"政务、就莞用、企业市长直通车、互联审批围合供地改革等服务品牌，全面提升"一窗办""一门办""一网办""一码办"政务服务水平，做到企业诉求有求必应、一跟到底。

根据中央广播电视总台发布的《2022 城市营商环境创新报告》，东莞与上海、杭州、大连等 10 个城市荣登"区域壁垒破除"榜单，这体现出东莞市政府在优化营商环境上持续发力，为各类经营主体营造公平竞争的市场环境、活力迸发的创新环境、高效便利的政务环境、公正透明的法治环境。

京津冀地区 IPO 情况

一、京津冀地区简介

中共中央总书记、国家主席、中央军委主席习近平 2014 年 2 月 26 日在北京主持召开座谈会，专题听取京津冀协同发展工作汇报，强调实现京津冀协同发展，是面向未来打造新的首都经济圈、推进区域发展体制机制创新的需要，是探索完善城市群布局和形态、为优化开发区域发展提供示范和样板的需要，是探索生态文明建设有效路径、促进人口经济资源环境相协调的需要，是实现京津冀优势互补、促进环渤海经济区发展、带动北方腹地发展的需要，是一个重大国家战略，要坚持优势互补、互利共赢、扎实推进，加快走出一条科学持续的协同发展路子来。

京津冀地区是中国的"首都经济圈"，京津冀城市群包括北京、天津两大直辖市，还有河北省保定、唐山、廊坊、石家庄、秦皇岛、张家口、承德、沧州、衡水、邢台、邯郸和河南省的安阳。其中，北京、天津、保定、廊坊为中部核心功能区，京津保地区率先联动发展。河北雄安新区的横空出世，更使保定市下辖的雄县、容城、安新 3 县及周边部分区域备受瞩目。

二、京津冀地区企业分布的主要特点

京津冀地区借助北京首都优势，近年来发展迅速，2022 年地区共计上市 55 家企业，仅次于长三角地区和粤港澳大湾区。三地围绕构建和提升"2+4+N"产业合作格局，聚焦打造若干优势突出、特色鲜明、配套完善、承载能力强、发展潜力大的承接平台载体，引导创新资源和转移产业向平台集中，促进产业转移精准化、产业承接集聚化、园区建设专业化，并在各省市政府的推动下逐步构建了环京产业分布 3 个圈层。

第一，依托北京向外 50 千米左右的环京周边地区打造环京产研一体化圈层。以一体化为目标，加强与廊坊北三县、固安、保定涿州、天津武清等周边地区发展协作，促进北京"摆不开、放不下、离不远"的科技创新和高端制造产业链就近配套。梯次布局应急物资生产储备，增强必要的生活物资保障能力。加快高端要素和创新资源向城市副中心聚集，打造京津冀协同发展桥头堡，加强与廊坊北三县一体化联动发展，出台鼓励产业向廊坊北三县等环京周边地区延伸布局的政策。

第二，依托北京向外100千米到雄安、天津打造京津雄产业功能互补圈层。围绕疏解和承接功能，推动北京城市副中心与河北雄安新区"两翼"联动。强化京津联动，唱好"双城记"，推动天津滨海中关村科技园、宝坻中关村科学城、京津合作示范区等重点园区建设，全方位拓展合作广度和深度。

第三，依托北京向外150千米到保定、唐山、张家口、承德、沧州等城市打造节点城市产业配套圈层。沿京津、京保石、京唐秦等主要交通通道，推动产业要素沿轴向集聚，构筑产业配套圈。沿京津走廊，打造科技研发转化、先进制造业发展带，重点打造智能制造、航空航天、工业互联网产业链，北京重点发展智能整机、关键零部件、系统解决方案，支持天津重点发展高端结构件、新材料；沿京保石走廊，打造先进制造业发展带，强化北京创新资源与保定、石家庄产业发展结合，提高氢能、智能网联汽车、医药健康等合作水平，推动产业协作项目落地，北京重点发展储氢用氢技术、整车及关键零部件、创新药研发，支持河北重点发展制氢运氢、汽车配件、原料药；沿京唐秦走廊，打造产业转型升级发展带，共建唐山曹妃甸协同发展示范区，重点打造新材料、智能装备产业链，北京重点发展新材料和智能装备研发，支持河北重点发展材料生产、高端结构件加工；加快北京张北云计算产业基地、怀来大数据产业基地建设，发挥"科技冬奥"带动作用，深化智能网联汽车、绿色能源与节能环保等领域合作；支持北京沧州渤海生物医药园、承德云栖大数据基地、深州家具产业园等特色园区建设。

三、京津冀地区产业发展趋势

京津冀协同发展是我国当前三大战略之一，整体发展立足高精尖产业，发挥北京"一核"辐射带动作用和先进制造、数字资源优势，以氢能、智能网联汽车、工业互联网等产业为突破口，推动创新链产业链供应链联动，加速科技赋能津冀传统产业，协同推进数字化、智能化、绿色化改造升级。采取"产业基金＋智能制造"方式，鼓励北京企业通过"母子工厂"等模式在津冀布局一批带动力强的项目，吸引上下游企业聚集，共同完善区域产业生态，构建分工明确、创新联动的产业协同发展格局。《北京市"十四五"时期高精尖产业发展规划》中强调，京津冀着重推进氢能产业、智能网联汽车产业、工业互联网产业三个重点产业规模化、协同化发展布局，致力于构建京津冀新兴产业生态圈。

此外，京津冀地区合作共建协同创新载体平台，建设京津冀国家技术创新中心，聚焦先进制造、电子信息、生物医药等领域，建立有效项目筛选机制，加快落地和布局国家重大战略任务，完善"研发共同投入，产业化共同受益"的合作机制。在津冀建立成果孵化与中试基地，共建重大科研基础设施、产业技术创新平台、创新创业服务平台，加强京津冀技术市场融通，促进创新要素跨区域高效配置。深化京津冀全面创新改革试验，发挥良乡高教园区作用，研究设立协同创新研究院。

四、北京市

2022年北京市共计上市43家企业，上市企业数量位居全国第四，展现出北京作为首都在资本市场上的显著优势。其中，17家企业在科创板上市，15家企业在创业板上市，6家企业在主板上市，5家企业在北交所上市。

北京市作为首都，2022年在经济发展的各个方面取得了令人满意的成绩。下文将根据北京市经济总量、重点产业及政策、科研实力与创新、营商环境四大方面进行探讨，分析北京市2022年取得成果的深层原因。

初步核算，北京市全年实现地区生产总值41 610.9亿元，是全国破四万亿的两个城市之一，按不变价格计算，比上年增长0.7%。按常住人口计算，全市人均地区生产总值为19万元。海淀区2022年成功迈上万亿大关，达10 206.9亿元，成为继浦东区后全国第二个经济总量破万亿的市辖区，相比2021年增长了705.2亿元，占全市增量的比重超过50%，名义增长速度为7.4%，比全市增速平均值高了4.1个百分点。朝阳区、西城区和东城区分别以7 911.2亿元、5 700.1亿元、3 370亿元位居全市第二、第三、第四名。北京市的经济总量优势体现出北京市场规模、市场需求量大等特征，满足了当地企业成长壮大的需求，可以更有效地孵化企业至上市阶段。

此外，面对疫情等诸多因素带来的经济挑战，北京市加大了助企惠企力度，制定实施统筹防疫情稳经济"45条"、助企纾困"18条""新12条"等系列政策措施和配套实施细则，充分发挥稳增长政策、"服务包"机制等的作用，全年新增免减退缓税费超2 000亿元。北京市政府在困难时期为企业提供更多切实的帮助，支撑企业渡过难关，并取得了显著的成效。

2022年，北京市把握产业转型升级和变换发展赛道机遇，培育跨界融合、协同共生的新业态，重点培育新一代信息技术和医药健康两大国际引领支柱产业。

首先，北京市发展新一代信息技术产业，以聚焦前沿、促进融合为重点，突出高端领域、关键环节，扶持壮大一批优质品牌企业和特色产业集群，重点布局海淀区、朝阳区、北京经济技术开发区。2022年，数字经济实现增加值17 330.2亿元，按现价计算，比上年增长4.4%，占全市地区生产总值的比重达到41.6%，比上年提高1.2个百分点；其中，数字经济核心产业增加值为9 958.3亿元，增长7.5%，占地区生产总值的比重为23.9%，提高1.3个百分点。

北京市逐步培育万亿级新一代信息技术产业集群，聚焦5G、人工智能、大数据、云计算、物联网、区块链等基础领域，培育一批具有核心技术主导权的龙头企业；重点发展集成电路产业，以设计为龙头，以装备为依托，以通用芯片、特色芯片制造为基础，打造集成电路产业链创新生态系统；开发库和工具软件，建成中关村集成电路设计园二期、中国移动国际信息港、北京经济技术开发区集成电路装备产业基地二期和国家信创园；支持先进工艺、制造材料、碳基集成电路等一批突破性项目以及高端装备等自主可控项目建设，实施集成电路制造业新生产力布局项目和集成电路装备产业基地项目，支持8英寸晶圆产线和8英寸微机电系统（MEMS）高端产线落地，夯实"研发线+量产线"协同格局。

同时，北京市聚焦工业互联网、车联网等领域，加快培育了一批服务型、平台型企业；实施基础软件提升工程，大力发展具有软硬件综合设计开发能力的产品解决方案提供商，发展智能仪控系统、三维打印设备、模拟仿真系统、工业机器人、数控机床和智能制造信息应用系统，塑造软件牵引的高精尖产品创新集群；发挥互联网平台型企业连接生产与服务、生产与消费的网络枢纽优势，培育基于大数据的精准营销、定制服务、众筹众包等新兴业态，实现消费互联网向产业互联网转变；支持传统系统集成商向信息集成服务商升级，贯通研发、生产、销售的数据链，培育数据驱动的网络制造、云制造、协同制造等新兴业态。

其次，针对医药健康行业，北京市发力创新药、新器械、新健康服务三大方向，在新型疫苗、下一代抗体药物、细胞和基因治疗、国产高端医疗设备方面构筑领先优势，推动医药制造与健康服务并行发展。北部地区重点布局昌平区、海淀区，南部地区重点布局大兴区、北京经济技术开发区。

北京市支持龙头企业建设覆盖创新药物研发中心、中试平台、临床前、制药产线、检验中心、临床试验、药物警戒、联合实验室、研究型医院等全链条共性服务平台；实施医药孵化器提升计划，开展园区联动型孵化试点，重点建设全球健康产业创新中心、概念验证型和中试型孵化器，创建一批具有国际水平的研究型病房和研究型医院；实施高端医疗器械基地创建工程，支持人工膜肺氧合机、高端有创呼吸机、手术机器人、超高分辨率等四类空白产品整机与关键核心零部件示范应用；实施新药产业化工程，推进大分子抗体药物、抗肿瘤创新药物等一批10万升以上规模医药生产代工基地投产，支持新型疫苗、下一代抗体、细胞治疗、单抗新药等10个以上国际原创新药落地转化；实施全生命周期大健康服务工程，推动医疗、护理、康复、养老等全链条融合发展。

除现有产业政策外，北京市成立多只产业基金，以通过投融资的形式推进各重点产业发展。北京高精尖产业发展基金于2015年8月，由市经济和信息化局联合市财政局设立。截至当年，北京高精尖基金共确认合作子基金26只，基金认缴总规模约为260.10亿元。高精尖基金按照中央及北京市重点产业领域发展要求，重点瞄准世界科技前沿，围绕国家战略需求，聚焦新兴领域、高端环节和创新业态，初期聚焦新能源智能汽车、智能制造系统与服务、自主可控信息系统、云计算与大数据、新一代移动互联网、新一代健康诊疗与服务、集成电路、通用航空与卫星应用等领域。

北京大数据产业投资基金是由北京市发展改革委发起，由北京国富大数据资本管理中心联合海淀区政府引导基金、相关行业上市公司及金融机构等共同设立的市场化产业投资基金，得到天津市与河北省政府的支持后进一步扩展为京津冀大数据产业协同发展投资基金。基金依托京津冀数据产业基础和创新集聚优势，积极响应京津冀协同发展战略和国家大数据战略，以大数据技术研发和创新创业的区域性集聚为特色，构建以大数据重点企业做大做强和技术型、行业应用型中小企业梯次发展齐头并进为亮点的大数据产业发展格局，助力京津冀地区成为全球大数据产业创新高地。

北京市作为首都，具有全国最顶尖的教育、科研能力。北京拥有北京大学、清华大学在内的 8 所 985 大学、26 所 211 大学和 34 所"双一流"大学，凸显出北京市强大的学科创新与科研实力，为当地新兴技术企业的发展提供了坚实的基础。

与上海类似，北京也鼓励组建产学研创新联合体，支持企业联合科研机构、高校、社会服务机构等共同发起建立产业技术创新战略联盟，推动基础研究、应用研究与技术创新对接融通；支持企业牵头创建工程研究中心等协同创新平台，推动形成优势互补、互惠多赢的产学研合作关系。

在大力支持组建产学研创新联合体的同时，北京市也健全产学研协同创新激励机制；鼓励院所高校与企业开展合作创新，探索将产学研合作项目、科技成果转化率纳入绩效评价，在项目评审、预算评估、结题验收等环节更多吸收企业专家参与；通过双向挂职、短期工作、项目合作等方式，推动校企人才柔性双向流动；鼓励企业建立科学研究基金，支持大学和科研院所以企业需求为导向，精准承担技术研发项目、调整创新要素配置模式，形成产学研深度融合的长效机制。

例如，北京市顺义区出台《顺义区加快科技创新促进科技成果转化实施细则》，以推动优质科技成果在当地转化。北京市科委中关村管委会、顺义区政府与清华大学、中国科学院空天信息研究院、北京理工大学、北京航空航天大学、北京师范大学、首都医科大学等 6 家在京高校院所共同签署了《共建北京市科技成果转化统筹协调与服务平台合作协议》，聚焦新能源智能汽车、第三代半导体、航空航天三大创新型产业集群，开展对接交流。自 2019 年以来，原科技政策《顺义区加快科技创新促进科技成果转化实施细则》累计支持项目 1 921 个，兑现资金 7.2 亿余元，充分展现出顺义区牵头推进校企合作的显著效果。

2022 年，北京市市场监管局秉承"监管为民"理念，坚持首善标准，持续提升市场监管能力，深化"放管服"改革，积极落实国家营商环境创新试点城市、北京市优化营商环境 5.0 版、助企纾困等各项任务，在提升便利化水平、完善监管机制、维护公平竞争、增强服务效能、助企纾困发展等方面开展一系列改革，极大地激发了市场主体活力，助力首都打造国际一流的营商环境高地。

五、天津市

2022 年天津市共计上市 7 家企业。其中，4 家企业在科创板上市，1 家企业在创业板上市，2家企业在北交所上市。

　　天津市政府鼓励传统优势企业提升，做精新兴产业链，支持民营企业加快向新一代信息技术、生物医药、新能源和新材料等战略性新兴产业聚集，做精信息技术应用创新、集成电路等五大特色新兴产业链；引导民营企业以特色新兴产业链为抓手，融入集成电路、焊接新材料等重点产业链的支链子链，坚持产业链上下游联动、产供销一体。

　　此外，天津市政府还通过一系列政策支持当地企业上市。天津持续加大民营企业上市工作力度，深挖上市后备企业资源，形成全市重点培育民营企业上市资源库，对入库企业通过贷款贴息、中介机构费用补助、上市挂牌专项资金补助等多种方式给予支持，推动民营企业结合自身发展阶段和定位充分利用境内境外两个市场加快发展。

　　2022年，天津市政府提出要高水平建设天开高教科技园；在南开区启动核心区建设，同步在津南区、西青区规划建设拓展区；全力打造以南开大学、天津大学等重点高校优势资源为依托，以国字号创新平台为龙头，各类央院、央所、央企与地院、地所、地企建立的创新联盟高度密集的科研平台聚集区。

　　天津大学、南开大学周边聚集了中国医学科学院生物医学工程研究所、国家海洋局天津海水淡化与综合利用研究所等一批国家级科研院所；聚集了6个国家级重点实验室、9个国家级工程中心、56个天津市重点实验室、46个天津市工程技术中心，科研主体和人才、技术密集，科研成果丰富，创新底蕴丰厚、氛围浓厚。天津市政府积极响应京津冀"一核两翼"的布局，从空间地理上布局天津市产业创新发展格局，为当地企业聚集发展、借助科研成果创新提供了可供孵化的温床。

　　2020年底，天津市对标北京、上海出台了《天津市优化营商环境三年行动计划》，围绕政务环境、市场环境、法治环境和人文环境4个角度出台了25项内容42条措施，促进天津市营商环境达到市场化、法治化、国际化的一流标准。截至2022年，接续制定年度任务清单共211项措施，稳步推进三年行动计划各项改革举措落地落实。

　　2022年，天津市借鉴6个试点城市的创新做法，主动探索实践，制定了健全准入和退出机制、提升投资和建设便利度、维护公平竞争秩序、优化经常性涉企服务等 10 个方面的 109 条改革措施。

六、河北省

2022 年河北省共计上市 5 家企业，其中，2 家企业在北交所上市，2 家企业在创业板上市，1 家企业在主板上市。

2022 年，河北省助力推动传统产业优化调整，深入实施智能制造和绿色制造工程、增强制造业核心竞争力和技术改造专项，顺应市场需求升级方向，大力发展绿色建材、中高端纺织服装，提升毛皮皮革、家具制造、塑料制品等产品设计制造水平，做优做精新型家电、文体用品、五金制品等特色产业；建立健全市场化法治化化解过剩产能长效机制，推动总量去产能向结构性优产能转变；实施制造业降本减负行动，推动工业用地提容增效，推广新型产业用地模式，降低制造业用能、融资、物流等生产经营成本，建立制造业重大项目全周期服务机制，不断提升先进制造业比重。

长江中游城市群 IPO 情况

一、长江中游城市群介绍

长江中游城市群是以武汉城市圈、环长株潭城市群、环鄱阳湖城市群为主体形成的特大型城市群，规划范围包括：湖北省武汉市、黄石市、鄂州市、黄冈市、孝感市、咸宁市、仙桃市、潜江市、天门市、襄阳市、宜昌市、荆州市、荆门市，湖南省长沙市、株洲市、湘潭市、岳阳市、益阳市、常德市、衡阳市、娄底市，江西省南昌市、九江市、景德镇市、鹰潭市、新余市、宜春市、萍乡市、上饶市及抚州市、吉安市的部分县（区）。

长江中游城市群承东启西、连南接北，是长江经济带的重要组成部分，也是实施促进中部地区崛起战略、全方位深化改革开放和推进新型城镇化的重点区域，在我国区域发展格局中占有重要地位。

2015 年 3 月 26 日，国务院正式批复《长江中游城市群发展规划》。这是贯彻落实长江经济带重大国家战略的重要举措，也是《国家新型城镇化规划（2014—2020

年）》出台后国家批复的第一个跨区域城市群规划。

二、长江中游城市群企业分布的主要特点及产业发展趋势

　　长江中游城市群由湖北省、湖南省和江西省3个省组成，在我国经济发展中起到关键的作用。《长江中游城市群发展"十四五"实施方案》指出，围绕打造长江经济带发展和中部地区崛起的重要支撑、全国高质量发展的重要增长极、具有国际影响力的重要城市群总体定位，确定以下重点发展方向。

　　第一，应当建设重要先进制造业基地。发挥产业体系完备、基础牢固等优势，促进横向错位发展、纵向分工协作，加快壮大一批先进制造业龙头企业和产业集群，打造产业链供应链完善、规模效应明显、核心竞争力突出的传统产业转型升级和新兴产业培育发展高地。

　　第二，打造具有核心竞争力的科技创新高地。发挥人才优势、科技优势和产业优势，依托武汉东湖、长株潭、鄱阳湖国家自主创新示范区，强化创新资源集成，努力在关键共性技术、产业链供应链安全重点领域形成突破，形成协同创新示范。

　　第三，要构筑内陆地区改革开放高地。发挥市场优势和空间枢纽作用，深化要素市场化配置改革，推进高标准市场体系建设，推动与长三角地区、粤港澳大湾区、成渝地区双城经济圈等互动协作，高标准建设湖北、湖南自由贸易试验区和江西内陆开放型经济试验区，提升服务国内国际双循环水平。

　　第四，创建绿色发展先行区。优化国土空间开发保护格局，推动生态共保环境共治，筑牢长江中游生态屏障，加快建立生态产品价值实现机制，着力改善城乡人居环境，积极落实碳达峰碳中和目标任务，促进长江经济带绿色发展。

　　第五，培育高品质生活宜居地。优化城市功能品质，全面提升城乡公共服务质量和水平，促进社保、教育、医疗等共建共享，增强公共安全保障能力，保护传承弘扬长江文化，打造人民群众宜居宜业、共享美好生活的空间载体。

　　长江中游地区企业发展是以推进产业基础高级化和产业链现代化为导向，增强协同创新能力，促进优势产业集群发展，提高产业发展水平和核心竞争力。从发展规划看，长江中游地区一方面在逐步提升自身先进制造业水平，联手打造先进制造业集群，充分发挥湘江新区、赣江新区及武汉东湖等国家级高新技术产业开发区、

经济技术开发区、新型工业化产业示范基地引领作用，加快建设若干先进制造业集群，致力抢占未来发展先机；另一方面，借助自身制造业优势，通过承接长三角地区、粤港澳大湾区、成渝地区双城经济圈等地区资金、技术、劳动密集型产业转移达成新型合作模式，补齐建强产业链。

三、湖北省企业简要分析

2022年，湖北省共计上市12家企业。其中，5家企业在创业板上市，4家企业在科创板上市，3家企业在北交所上市。

根据地区生产总值统一核算结果，湖北省全年生产总值为53 734.92亿元，居全国第七位；按不变价格计算，比上年增长4.3%，增长率位列全国第六。由此可见，湖北省经济总量居全国前列，且正以高速增长，体现出湖北省和当地企业较好的发展前景。

其中，武汉都市圈经济总量占全省比重达六成左右，武汉市以经济总量18 866.43亿元排名全省第一，占全省经济总量的35.06%，增量为1 149.67亿元，名义增速6.49%。襄阳都市圈、宜荆荆都市圈经济稳定增长，增速分别达4.8%、4.3%，均超过全国平均水平。良好的经济发展趋势造就了当地企业的稳定成长，为当地企业提供了更多的上市机会。

湖北省政府加速指引发展先进制造业，推进产业基础高级化和产业链现代化，推动湖北制造向质量效率型、高端引领型转变，制造强省建设走在全国前列。2022年，高技术制造业增加值比上年增长21.7%，高于全国14.3个百分点，高于全省规上工业14.7个百分点。

第一，湖北省实施产业基础再造工程，补齐产业链供应链短板。以重点行业转型升级、重点领域创新发展需要为导向，聚焦市场需求量大、质量性能差距大、对外依赖程度高的核心基础零部件、核心电子元器件、工业基础软件、关键基础材料、先进基础工艺等，组织协同攻关和应用示范。

第二，湖北省实施产业链提升工程，锻造产业链供应链长板。建立重点产业链"链长制"，分行业做好供应链顶层设计和精准施策，推动产业链优化升级。以信息网络、汽车及零部件、生物医药等产业链为重点，引导优势企业兼并重组，提升产业链控制力和主导能力。聚焦集成电路、新型显示、智能终端等产业链，加快补齐缺失环节，打造新兴产业链。

第三，湖北省实施技改提能工程，推动产业链迈向中高端。全面推进新一轮技术改造升级，力争技改投资占工业投资比重达到45%以上。加快智能化改造，推进智能工厂和数字化车间建设，实现生产过程透明化、生产现场智能化、工厂运营管理现代化。推进绿色化改造，构建绿色制造体系，推动清洁生产，加快发展再制造产业。大力发展服务型制造，开展"两业"融合试点，推动先进制造业和现代服务业双向深度融合。

第四，湖北省实施战略性新兴产业倍增计划，推动形成要素优化配置和产业链高度配套的良好发展生态，促进产业由集聚发展向集群发展全面提升，打造产业转型升级新引擎。

2022年，湖北省以控制成本为核心，以守正创新为动力，以跨层级联动、跨部门协同、跨事权整合推进为路径，深化重点领域和关键环节改革，为市场主体保障生存环境、优化发展环境、激发创新环境，积极打造"尊商、聚商、亲商、安商、便商"的"荆楚五商"营商环境品牌，使湖北省成为全国营商成本的"洼地"、投资兴业的"旺地"、创新发展的"高地"，为湖北省企业创新发展提供有力保障。

四、江西省企业简要分析

2022年江西省共计上市7家企业。其中，3家企业在创业板上市，3家企业在主板上市，1家企业在科创板上市。

根据地区生产总值统一核算结果，2022年江西地区生产总值为32 074.7亿元，按不变价格计算，同比增长4.7%，位居全国第二。高经济增速体现出江西省的发展潜力和活力，为当地企业的高速发展提供了无限机会。

江西省的高经济增速也反映出政府采取的一系列促发展措施的有效性。2022年，江西出台降本增效"30条"、纾困解难"28条"、稳经济"43条"及接续措施"24条"，着力扶实体、扩投资、促消费、稳增长，供需两端协同发力，共同推动江西经济企稳向好。

2022年，江西省着力推动电子信息技术产业发展，提出要强化京九（江西）电子信息产业带的龙头带动作用，重点攻克新型光电显示、印刷电路板、电子材料、智能传感器、行业电子、智能识别等领域关键技术，推动移动智能终端、光电显示、半导体照明、智能家居等优势领域取得新突破，积极承接粤港澳大湾区电子信息产业转移，促进电子信息产业"芯屏端网"融合发展。

此外，江西省也开始布局新一代信息技术产业，坚持基础先行、系统集成、场景示范、应用推广，巩固提升移动物联网、VR等技术、先发等优势，支持发展5G与物联网、VR、大数据与云计算、工业互联网、人工智能、区块链、信息安全等产业，抢占数字产业化发展高地，重点打造物联网全产业链，建设"智联江西"。

2022年，江西全力实施营商环境优化升级"一号改革工程"，营商环境明显提升，净增市场主体80.2万户，实有市场主体超480万户。江西省政务服务中心正式运行，"赣服通"5.0版、"赣政通"2.0版和"惠企通"上线，全国首个政务服务数字人"小赣事"上岗，这些表现出江西省营商环境稳步向好的趋势。

五、湖南省企业简要分析

2022年湖南省共计上市6家企业。其中，2家企业在创业板上市，2家企业在科创板上市，2家企业在北交所上市。

根据地区生产总值统一核算结果，湖南省全年地区生产总值为48 670.4亿元，比上年增长4.5%，经济增速位列全国第三，这表现出湖南省高速发展的趋势。

与行业情况类似，2022年湖南省工业规模继续扩张，全年规模以上工业增加值比上年增长7.2%，其中高技术制造业增加值增长18%，占规模以上工业的比重为13.9%，比上年提高0.9个百分点。

2022年，湖南省以先进制造业为主攻方向，着力推进质量变革、效率变革、动力变革，实施先进装备制造业倍增等"八大工程"，推动产业高端化、智能化、绿色化、融合化发展，不断提升产业基础能力和产业链现代化水平，完善产业生态，建设具有全国竞争优势的先进制造业示范引领区。

为推动先进制造业发展，湖北省着力打造三大具有全球影响力的产业集群。围绕工程机械、轨道交通、航空动力三大产业，不断推动技术和产品迭代创新，提高全球竞争力，努力形成世界级产业集群。工程机械方面，加快智能化发展，强化关键零部件配套，提升大型、超大型工程机械产品竞争力，积极发展特种工程机械，推动主导优势产品迈入世界一流行列。轨道交通装备方面，加快新一代轨道交通整车及控制系统、关键部件研发和产业化，推进新型动车组、电力机车、磁悬浮列车等规模化发展。航空动力方面，扩大中小型发动机和地面燃气轮机生产能力，加快民用飞机起降系统和通用飞机制造产业化，壮大无人机产业，建设航空发动机和关键零部件产业集群。

2022年，湖南省围绕政务服务提优、项目审批提速、经营成本减负、市场环境提质和权益保护提标五大行动，从企业开办、税费申报、平台优化、审批改革、知识产权保护等方面推进85条举措，为企业落户发展提供了良好的环境和服务。

成渝地区双城经济圈 IPO 情况

一、成渝地区双城经济圈简介

2020年1月3日，习近平总书记主持召开中央财经委员会第六次会议并发表重要讲话，会议指出，推动成渝地区双城经济圈建设，有利于在西部形成高质量发展的重要增长极，打造内陆开放战略高地，对于推动高质量发展具有重要意义。

2020年4月15日，中共重庆市委五届八次全会审议通过了《中共重庆市委关于立足"四个优势"发挥"三个作用"加快推动成渝地区双城经济圈建设的决定》，提出要大力推进基础设施互联互通，统筹人流、物流、资金流、信息流等各类要素，促进各类生产要素合理流动和高效集聚，使成渝地区成为具有全国影响力的重要经济中心、科技创新中心、改革开放新高地、高品质生活宜居地。

成渝地区双城经济圈规划范围包括重庆市的中心城区及万州、涪陵、綦江、大足、黔江、长寿、江津、合川、永川、南川、璧山、铜梁、潼南、荣昌、梁平、丰都、垫江、忠县等27个区（县）以及开州、云阳的部分地区，四川省的成都、自贡、泸州、德阳、绵阳（除平武县、北川县）、遂宁、内江、乐山、南充、眉山、宜宾、广安、达州（除万源市）、雅安（除天全县、宝兴县）、资阳等15个市，总面积18.5万平方千米。

二、成渝地区双城经济圈企业分布的主要特点及产业发展趋势

成渝地区双城经济圈以成都市、重庆市两地为中心，以全球新一轮科技革命和产业链重塑为契机，坚持市场主导、政府引导，强化机制创新，优化、稳定、提升产业链供应链，加快构建高效分工、错位发展、有序竞争、相互融合的现代产业体系。2022年，成渝地区双城经济圈共计上市21家企业。

首先，打造重庆都市圈，梯次推动重庆中心城区与渝西地区融合发展。畅通璧山、江津、长寿、南川联系中心城区通道，率先实现同城化。强化涪陵对渝东北、渝东南的带动功能，支持永川建设现代制造业基地和西部职教基地，支持合川加快发展网络安全产业、推动建成区域性公共服务中心，推进綦江、万盛一体建设西部陆海新通道渝黔综合服务区和渝黔合作先行示范区，打造重庆中心城区辐射带动周边的战略支点。推进重庆向西发展，提升荣昌、铜梁、大足、潼南的特色化功能，建设与成都相向发展的桥头堡。推动广安全面融入重庆都市圈，打造川渝合作示范区。

其次，围绕成都建设成都都市圈，充分发挥成都的带动作用和德阳、眉山、资阳的比较优势，加快生产力一体化布局，促进基础设施同网、公共服务资源共享、政务事项通办、开放门户共建，创建成德眉资同城化综合试验区，建设经济发达、生态优良、生活幸福的现代化都市圈。推动成都、德阳共建重大装备制造基地，打造成德临港经济产业带。加快天府新区成都片区和眉山片区融合发展，打造成眉高新技术产业带。促进成都空港新城与资阳临空经济区协同发展，打造成资临空经济产业带。推动成都东进，以促进制造业高质量发展为重点，将成都东部建成与重庆联动的重要支点。

最后，在产业链方面，成渝地区双城经济圈大力承接产业转移，发挥要素成本、市场和通道优势，以更大力度、更高标准承接东部地区和境外产业链整体转移、关联产业协同转移，补齐建强产业链。积极发挥产业转移项目库作用，建立跨区域承接产业转移协调机制，完善信息对接、权益分享、税收分成等政策体系。布局产业转移集中承接地，继续安排中央预算内投资支持国家级新区、承接产业转移示范区重点园区的基础设施和公共服务平台建设，不断提升承接产业能力。研究以市场化方式设立区域产业协同发展投资基金，支持先导型、牵引性重大产业项目落地。

三、四川省企业简要分析

2022年，四川省共计上市15家企业。其中，4家企业在科创板上市，6家企业在创业板上市，4家企业在北交所上市，1家企业在主板上市。

根据地区生产总值统一核算的初步结果，2022年四川省地区生产总值为56 749.8亿元，位列全国第六，按可比价格计算，比上年增长2.9%。分区域看，成都平原经济区地区生产总值为34 670.8亿元，比上年增长3.3%；川南经济区地区生产总值为9 324.7亿元，增长3.1%；川东北经济区地区生产总值为8 518.0亿元，增长1.6%；攀西经济区地区生产总值为3 301.9亿元，增长5.0%；川西北生态示范区地区生产总值为934.5亿元，增长2.4%。从经济总量和经济增长来看，四川省位居全国前列，这证明了其一定的实力和面对复杂局势的抗压能力。

2022年四川省以制造业为主，并着重推进传统制造业像先进制造业如医疗器械制造、电子信息类制造业一样发展。四川省实施产业基础再造工程，构建高标准的产业基础体系；编制主导产业和重点产业核心基础零部件（元器件）、关键基础材料、先进基础工艺、产业技术基础清单；培育发展基础工艺中心、工业设计中心，打造高水平产业技术基础公共服务平台；实施产业链供应链稳定性和竞争力提升工程，围绕产业链全景图稳链、强链、补链、延链；依托产业链部署创新链，加大技术更迭、工艺优化、装备升级力度，大力开展质量提升行动，巩固提升传统产业链，塑造新兴产业链。

此外，四川省推动制造业更多依靠数据、信息、技术等新型生产要素来发展，促进数字技术与制造业融合发展，建设制造业大数据服务平台，提升数据采集存储和分析应用能力，积极应用大数据提升企业决策水平和经营效率；深化制造业与互联网融合发展，开展制造业企业"上云用数赋智"行动，应用移动电子商务、线上到线下等新型业务模式，发展基于互联网的个性化定制、众包设计、云制造等新型制造模式，探索建立反向定制产业基地；深入实施智能制造工程，提高重大成套设备及生产线系统集成水平，大力发展智能制造单元、智能生产线，建设智能车间、智能工厂。

2022年，四川省全省"放管服"改革工作以持续深化"一网通办"前提下的"最多跑一次"改革为突破口，深入开展政务服务标准化规范化便利化、营商环境对标创新、成渝地区双城经济圈"放管服"改革等重点工作，不断提升企业、群众满意度、获得感，着力培育和激发市场主体活力，打造市场化、法治化、国际化的营商环境。

四、重庆市

2022年，重庆市共计上市6家企业。其中，1家企业在科创板上市，2家企业在创业板上市，2家企业在北交所上市，1家企业在主板上市。

重庆市深入实施智能制造和绿色制造，加快发展服务型制造，推动电子、汽车摩托车、装备制造、消费品、材料等产业高端化、智能化、绿色化转型；丰富电子终端产品种类，完善配套体系，巩固世界级计算机、手机生产基地优势地位；加快高端、智能乘用车和商用车开发，拓展冷链物流、旅居等专用产品，建设国家车联网先导区；完善工程机械、电梯、农机等产业体系，加快通机等领域升级步伐，提升模具、齿轮、轴承等关键零部件水平，壮大装备制造业；深入实施"三品"战略，拓展营销渠道，加强设计创意植入，推动食品向营养、健康、方便方向发展，促进特色轻工向潮流、精致、个性化方向转型，提升消费品工业竞争力；面向城市建设和产业升级需求，发展优质钢材、绿色建材、精细化工，加快原材料领域结构调整。

2022年，重庆市聚焦企业生产经营全生命周期，从市场环境、法治环境、开放环境、政务环境、政商环境等5个方面，探索提出一批具有重庆特色的改革举措，着力优化涉企服务、提高投资效率、清除市场壁垒、降低制度成本，有效激发市场主体活力和发展内生动力。

山东半岛城市群 IPO 情况

一、山东半岛城市群简介

山东半岛城市群是山东省发展的重点区域，是我国华东地区重要的城市密集区之一，是中国黄河中下游广大腹地的出海口。山东地处我国环渤海区域，位于我国参与东北亚区域合作的前沿阵地，经济发展水平较高，产业基础雄厚，城镇体系较为完善，综合交通网络发达，济南、青岛被列为山东半岛城市群中心城市。

二、山东半岛城市群企业分布的主要特点及产业发展趋势

山东半岛城市群构建了"两圈四区、网络发展"的总体格局,"两圈四区"即济南都市圈、青岛都市圈和烟威、东滨、济枣菏、临日四个山东省省级都市区。济南都市圈重点突出省会城市优势,强化与周边山东省的淄博、泰安、莱芜、德州、聊城等城市同城化发展,建设成为山东半岛城市群向中西部拓展腹地的枢纽区域;青岛都市圈重点发展蓝色经济,协同潍坊等城市一体发展,建设陆海统筹、具有较强国际竞争力的都市圈;山东省积极培育发展烟威、东滨、济枣菏、临日4个都市区,推动区域设施共建、市场共育、服务共享、环境共保;加快提升沿海城镇发展带,优化培育济青聊、京沪、滨临、烟青、德东、鲁南等发展轴线,构筑"一带多轴"网络体系。

首先,针对济南都市圈,山东省着重提高济南首位度。深入实施"强省会"战略,以建设"大强美富通"现代化国际大都市为统领,高水平建设济南新旧动能转换起步区,塑强科创济南、智造济南、文化济南、生态济南、康养济南城市品牌,打造黄河流域生态保护和高质量发展示范标杆。聚焦"强",集中布局重大科技创新平台,培育未来前沿产业,建设工业强市,建成全国重要的区域经济、科创、金融、贸易和文化中心。

其次,山东半岛城市群建设着力增强青岛引领力。支持青岛以更高水平"搞活一座城",建设现代化国际大都市为统领,在海洋强国战略中展现更大担当。增强国际门户枢纽功能,统筹"海陆空铁"四港联动,提升发展国家级新区等高能级载体,深化中日韩地方经贸合作,打造"一带一路"国际合作新平台。增强科技创新策源功能,承载国家战略科技力量布局,建设具有国际影响力的海洋科学城,集聚创投风投等创新创业要素,打造人才荟萃的"青春之岛"、活力迸发的"创业之城"。增强高端产业引领功能,发展现代海洋产业、智能家电、新一代信息技术、新能源汽车、轨道交通装备等国际一流产业集群,打造世界工业互联网之都、国家战略性新兴产业基地和现代服务经济中心。

最后,山东半岛城市群强化济青双城联动。支持济南、青岛中心城市相向发展、深化合作、功能互补、资源共享,合力打造高水平协作发展样板,建设全国最具创新力、竞争力的发展轴带。协同推进国家自由贸易试验区、自主创新示范区、城乡融合发展试验区、人工智能创新应用先导区、物流枢纽联盟建设。

三、山东省企业简要分析

2022年山东省共计上市21家企业，上市企业数量位居全国第六。其中，7家企业在北交所上市，5家企业在创业板上市，5家企业在主板上市，4家企业在科创板上市。

2022年，经初步核算，山东省实现地区生产总值87 435.1亿元，位居全国经济总量第三，比上年增长3.9%，体现出山东省作为人口、经济大省的实力。其中，16市生产总值都已超过2 000亿元，彰显山东省良好的发展势头。长期作为山东"双核"的青岛、济南是两座万亿之城，2022年的经济总量占全省的30.8%，因此分别被赋予"强龙头"和"强省会"的重任，带领全省经济高速发展。

2022年，山东省从改造提升传统产业和发展壮大高端产业两方面促进传统制造业向先进制造业转型。

首先，山东省政府大力推进改造提升传统产业，加大优势产业骨干企业扶优力度，以优化结构、完善产业链、提升价值链为主攻方向，加快化工、机械、钢铁、建材、家电、造纸、纺织等行业提质增效、转型升级、脱胎换骨；充分发挥技术积累广、产业集群多、深耕潜力大的综合优势，向智能制造、协同制造、绿色制造和增材制造（3D打印）方向发展，提高传统制造业技术水平，建立绿色低碳循环的产业生态系统。

其次，山东省政府提倡发展壮大高端产业，加大新兴产业领军企业引导地方力度，以攻克关键技术、扩大产业规模、提高核心竞争力为主攻方向，集中力量发展新一代信息技术设备、高档数控机床和机器人、航空航天装备、海洋工程装备及高技术船舶、轨道交通装备、节能与新能源汽车、电力装备、现代农机装备、新材料、生物医药及高性能医疗器械等高端产业，形成"山东制造"向"山东创造"转变的骨干支撑；鼓励各区域发挥特色优势，加强技术攻关协同和产业配套协作，增强高端制造业的整体竞争力；充分利用和逐步扩大省级新兴产业创业投资引导基金，带动社会资本支持新兴产业和高技术产业早中期、初创期企业发展。

最后，山东省政府推动产业集约集聚发展，加快园区升级，推动要素整合，建设一批产业层次高、协同效应好、公共服务优、特色优势强的产业集聚区；深化开发区体制机制创新试点，支持现有国家级园区创建国家生态工业示范园区；优化行业结构、技术结构、产品结构、组织结构和布局结构，培育创新型产业集群，构建良好产业生态系统；支持企业间战略合作和跨行业、跨区域兼并重组，提高规模化、集约化经营水平，培育一批具有全球影响力的企业集团。

2022年，山东省研究出台了《营商环境创新2022年行动计划》，聚焦激发市场主体活力、提升投资贸易便利、推动高质量发展，在19个领域推出了166项改革举措。良好的营商环境是企业成长的沃土，山东省迭代升级"爱山东"政务服务平台，打造免申即享、智能审批等数字化应用场景，建设发布"爱山东"移动端3.0版，着力打造"24小时不打烊服务"，实现了公安、社保、医保、教育、市场监管等部门的热门高频业务"掌上办"，办事服务"掌上查"。

IPO区域分布趋势探讨

一、影响区域分布的五大因素

我们聚焦区域协同发展、地区经济总量及增长趋势、重点产业及政策、地区科研与创新实力和营商环境五大因素讨论2022年我国区域分布形成的原因。第一，区域协同发展借助区域产业链协同效应可以有效促进地区产业链发展，推动产业链上下游各端企业借助彼此优势成长壮大，在区域内形成长期稳定的合作关系。由上述各经济区域规划可见，经济区域内不同省市依据地理空间、当地优势企业承担不同产业链的发展需求或产业链不同阶段，宏观区域产业划分可以帮助区域内企业专注于某一特定领域发展，产业集群效果显著，依托逐步开放创新的政策环境和兼容完备的产业生态，企业得以高质量发展。

第二，经济总量优势是指某个地区的经济规模、产出和财富等方面比其他地区更加强大和丰富。经济总量优势意味着当地市场规模大、需求量大，这为当地企业提供了更广阔的市场和更多的机会。在这种情况下，企业可以更容易地吸引资本，实现融资并扩大规模。同时，当地政府会加大对企业的支持力度，提供更多的政策、资金和人力资源支持。此外，经济总量优势还代表着当地的企业生态更加完备、产业链更加丰富，这有助于企业降低成本、提高效率，从而更好地满足市场需求。

第三，科研水平和创新驱动对当地企业的发展也起到一定作用。首先，高校的科研成果可以转化为实际的技术和产品，帮助当地企业提高产品质量和技术水平。高校可以通过技术转移、技术合作等方式与当地企业合作，帮助企业开发新产品、改进现有产品，从而提高企业的竞争力和市场占有率。此外，作为知名的学术机构，高校所涉及的领域往往被认为是高端、前沿、创新的，高校所带来的品牌认知也能为当地企业提供较大的帮助。部分地区选择与当地知名院校共同合作，建设创新园区，借助科研优势促进区域创新发展，通过开展产学研一体活动促进校企合作，实现互利共赢。

第四，营商环境是企业发展的沃土，企业好办事才能"好上市"。各区域、省市均提出要优化当地营商环境，为企业发展壮大提供切实的基础。企业应当争分夺秒发展先进技术和自身实力，而不是将时间投入制度成本。公平法治、方便快捷的营商环境可以让企业安心发展、练好内功。

第五，各地政府针对各自重点行业均有不同程度的政策引导布局。从各地政策来看，大力发展新兴产业与推进传统制造业向先进制造业转型是多数地区发展的两大主题，也符合我国企业行业分布的发展趋势。随着全面进入互联网时代，电子信息技术类企业茁壮发展，无论是相关制造业还是数字经济相关领域的企业都在资本市场占据了一席之地，多数政府将电子信息技术列为当地支柱产业并大力扶持，为相关企业创造了更多的上市机会。此外，作为传统制造业大国，我国多地政府强调要在提升传统制造业的同时逐步向先进制造业转型，以走到世界前沿。从发展情况来看，多数地区制造业企业占据主体地位，多数为关键零配件、电子元件、资本货物、商业服务等先进制造业企业，传统制造业如工业、纺织业、食品制造业等的企业则相对较少，这种局面的形成离不开政府政策的大力扶持。

二、预测

根据上述五大因素，我们对未来中国区域分布有以下预测。

（一）2023年将进一步向国家重点区域经济带集中

2022年企业的区域分布与国家区域经济带发展特征高度吻合。2022年长三角地区、粤港澳大湾区、京津冀地区、长江中游城市群、成渝地区双城经济圈和山东半岛城市群的上市企业数量分别为 175 家、78 家、55 家、25 家、21 家及 21 家，约占当年总上市企业数量的 88%，募集资金总额约为 5 273 亿元，约占募集资金总额的 90%。2023 年这一趋势将得到持续加强，企业将进一步向上述六大区域经济带集中。

资本市场的全面注册制改革规范了股票发行上市注册工作，明确了证监会发行监管部门和交易所之间的职责分工。全面注册制改革虽然拓宽了企业的适用范围（例如红筹企业及特殊股权结构企业可以在主板上市），但是并未实质降低门槛。根据全面注册制实施以来的审核案例，2023 年科创板和创业板审核尺度可能不会放松，尤其是创业板还新增了年营业收入 3 亿元的限制。对于营业规模较小的创业板拟上市企业，交易所还针对研发费用及经营业绩的增长制定了更为严格的条件。

全面注册制改革将对国家产业政策重点支持的优质企业构成利好。国家产业政策重点支持的优质企业主要包括央企、国企等大盘蓝筹企业，先进制造、新一代信息技术、新能源、新材料、生物科技等战略性新兴产业的龙头企业，进口替代优质企业、"一带一路"产业链企业以及成长型、创新型专精特新企业。上述企业经营规模普遍较大，对管理人员和研发人员的学历及从业经历要求较高。因此，随着创业板对企业规模要求的提高，科创板对科创属性的严格要求，主板强调大盘蓝筹，拟上市企业将进一步向国家重点区域经济带以及国家中心城市集中，国家重点区域经济带以外的地区产生新上市企业的机会将越来越少。

（二）2023 年国家重点区域经济带竞争力发展趋势分析

根据对上述重点区域经济带主要影响因素（经济总量、重点行业及产业政策、科研与创新实力、产业基金布局及营商环境）的分析，我们预测 2023 年竞争力发展趋势如下：长三角地区、粤港澳大湾区、京津冀地区将继续领先其他区域；长江中游城市群增速加快，成渝地区双城经济圈将继续代表西部在资本市场占据一席之地，山东半岛城市群也将继续保持北方制造业基地的地位；2023 年国家重点区域经济带的市场排名将基本维持 2022 年的竞争格局。

在《长江三角洲区域一体化发展规划纲要》的统一引领下，长三角地区作为我国经济发展最活跃、开放程度最高、创新能力最强的区域之一，正在以上海为核心，苏浙皖地区各自发挥区位优势、错位发展，向着地区一体化协同发展的目标稳步前进。2023年长三角区域经济带合计新增上市企业数量可能将继续领跑全国。

近年来，在中共中央、国务院印发《粤港澳大湾区发展规划纲要》的指引下，粤港澳大湾区以国际科技创新中心、"一带一路"建设为重要支撑，以香港、澳门、广州、深圳四大中心城市作为区域发展的核心引擎，牢牢占据了市场亚军的位置。粤港澳大湾区具有"一个国家、两种制度、三个关税区、三种货币"的独特性，既能汲取三地所长，实现优势互补，又能促进要素流动。粤港澳大湾区已经基本形成了通信电子信息产业、新能源汽车产业、无人机产业及机器人产业等优势产业集群。2023年粤港澳大湾区继续以深港科技创新合作区、横琴粤澳深度合作区和广州创新合作区等三大创新合作区为基地，可能将保持其市场第二的位置并继续向长三角地区施加压力。

京津冀地区是中国的"首都经济圈"。京津冀城市群包括北京、天津两大直辖市，而千年大计雄安新区的横空出世以及首都城市副中心的成功建设更为京津冀地区增添了腾飞的双翼。北京是北方毋庸置疑的经济中心，在南北经济均衡中扮演着至关重要的角色。2022年，北京新增上市企业43家，上市企业数量位列全国城市之首。并且，这些上市公司主要以信息传输、软件和信息技术服务业、科学研究和技术服务业以及文化、体育和娱乐业为主，产业层次明显优于其他城市。2023年京津冀地区将继续发挥北京"一核"辐射带动作用和先进制造、数字资源优势，以氢能、智能网联汽车、工业互联网等产业为突破口，推动创新链产业链供应链联动，加速科技赋能津冀传统产业，协同推进数字化、智能化、绿色化改造升级。2023年京津冀地区季军的位置不可撼动。此外，受人力、物力、房价等成本因素的影响，我们预测京津冀地区上市企业将逐步由北京向天津、河北扩散，形成更为均衡的局势。

长江中游城市群承东启西、连南接北，不但是长江经济带的重要组成部分，也是实施促进中部地区崛起的重点区域。近年来，长江中游地区企业一方面不断以推进产业基础高级化和产业链现代化为导向，充分发挥湘江新区、赣江新区及武汉东湖等国家级高新技术产业开发区的引领作用，促进优势产业集群发展，提高产业发展水平和核心竞争力；另一方面借助自身制造业优势，通过承接长三角地区和粤港澳大湾区的资金、技术、劳动密集型产业转移达成新型合作模式，补齐建强产业链。2023年，长江中游城市群在市场的增速可能将领跑全国，区域经济发展未来可期。

成渝地区双城经济圈将在西部形成高质量发展的重要增长极，对推动全国高质量均衡发展具有重要意义。成渝地区双城经济圈以成都市、重庆市两地为中心，充分发挥成都的高科技优势和重庆的制造业底蕴，发挥要素成本、市场和通道优势，以更大力度、更高标准承接东部地区和境外产业链整体转移、关联产业协同转移。2023年成渝地区双城经济圈可能将继续代表西部在市场占据一席之地。

山东省经济总量排名全国第三，具备优越的地理位置。山东省经济发展水平较高，产业基础雄厚，多年来一直是我国北方的制造业中心。2023年，山东省继续发展智能家电、新能源汽车、轨道交通装备等行业，将在市场继续保持北方制造业基地的重要地位。

第二部分

经营业绩、估值与解禁

第 7 章　IPO 企业上市前后经营与估值变化

在探究中国企业首次发行上市前后的经营状况以及估值变化时，我们进入了一个引人瞩目且极需洞察力的研究领域。本章的着眼点是 IPO 企业上市前后的经营表现与估值变化。通过对企业上市前后的经营状况进行深入分析，以及对 2022 年上市新股估值表现的研究，我们可以更好地理解 IPO 对企业估值的影响。本章进一步聚焦于探讨影响新股估值的因素，揭示一、二级市场投资者的投资收益，并通过比较分析提供更全面的视角。案例分析将在本章中扮演关键角色，我们将通过深入研究关于企业上市前后估值显著变化的案例，来探讨这一变化背后的原因和机制。最后，本章将在理论与实践的基础上，提出新股投资的建议，为投资者和政策制定者提供有益的参考意见。通过这一研究，我们有望深入了解中国 IPO 企业上市前后的经营与估值变化，为资本市场的发展与企业决策提供新的洞察。

IPO 企业上市前后经营状况

一、2020—2022 年上市企业 2022 年的业绩表现

2018 年 11 月，上海证券交易所宣布设立科创板，并开始在科创板试点注册制，

2019年7月,科创板首批企业上市;2020年4月,深圳证券交易所在创业板推行注册制改革,2020年8月,创业板注册制首批企业上市;2021年11月,北京证券交易所正式开市,并试点注册制;2023年2月,中国证监会发布全面实行股票发行注册制相关制度规则。至此,A股市场经过30多年的不断发展和完善,迎来了全面注册制时代。

  注册制为A股市场注入了新的活力和动力。如图7-1所示,2019年以后国内首发企业数量重新获得增长,2020—2022年市场首发企业均超过400家,首发募集资金规模一路攀升,至2022年全年募集资金超过5 800亿元,创历史新高。募集资金占A股市场募集资金的比例也一路上升至34.8%。一个全新的时代已经来临,未来将有更多的优秀企业通过多层次资本市场与公众投资者见面,这对所有的市场参与者而言都是一次重大的机遇。通过近年来推行的市场基础制度建设、上市公司质量提升等工作,如图7-2所示,A股上市公司总市值目前已超过80万亿元,2021年最高,超过90万亿元,占GDP的比重相比2018年的低点呈现大幅回升趋势,2022年A股总市值占GDP比重达到65%,资本市场对中国经济的代表性不断提升。

  众所周知,上市可以为企业带来诸多益处。一是可以为企业筹集大量的资金,用于支持业务发展;二是可以提高企业的声誉,因为成为一家公众公司将使企业获得更广泛的关注,从而增强品牌影响力;三是企业需要遵守证券法规和交易所规则,并公开披露财务信息,这增加了企业的透明度与对其的监管力度,从而引导企业合规发展;四是将为企业引入更丰富的股东,优化企业治理结构,提升企业的管理水平和决策能力;五是将为企业带来更多的业务机会和合作伙伴,扩大企业的规模和市场份额。

图7-1　2012—2022年A股市场首发企业数量与募集资金金额

图 7-2　A 股市场总市值规模及其占 GDP 比重

数据来源：中德证券产业研究部，万得。

我们统计了 2020—2022 年国内 A 股上市的 1 366 家企业的财务数据，2018—2022 年以上企业的营收合计分别为 16 877.2 亿元、18 842.0 亿元、21 324.5 亿元、28 196.8 亿元和 32 416.5 亿元，2019—2022 年营收同比增长率分别为 11.6%、13.2%、32.2% 和 15.0%。2018—2022 年以上企业的净利润合计分别为 1 421.8 亿元、1 744.9 亿元、2 271.3 亿元、2 861.7 亿元和 2 857.4 亿元，2019—2022 年净利润同比增长率分别为 22.7%、30.2%、26.0% 和 –0.2%。与全市场业绩情况相比，2020—2022 年上市的企业收入和净利润的增速要显著高于平均水平，除了 2022 年年报的净利润数据。这也从侧面反映出新上市企业比存量企业的成长性更强，经营性现金流和净额都比较健康。尽管 2018—2022 年这 5 年间宏观经历了非常严峻的内外部形势，从贸易摩擦、地缘政治到新冠疫情等重重考验，但新上市企业还是充分展现了中国经济的韧性。2023 年，宏观形势的冲击余波仍在，一系列滞后效应会给企业带来更大的挑战，资本市场也将继续承担起服务中国经济高质量发展的重任，迎难而上，披荆斩棘。

二、2020—2022 年上市的企业经营业绩变化原因

我们对 2020—2022 年上市的企业分别按照不同板块、不同行业和不同区域几个维度进行分析。

（一）板块方面

在成长性上，我们可以看到科创板和北交所要显著好于平均，尤其科创板表现尤为亮眼。在时间维度上，2022 年的经营业绩明显下滑，这与中国 GDP 增长率的增长

趋势相同。相比而言，在疫情刚刚暴发时，新上市企业的经营业绩增长却表现出较强的抗周期性，我们认为这与新上市企业所处的企业生命周期和发展阶段息息相关，而在冲击上市进程中也不免存在透支业务增长的可能性，从而导致业绩增速前高后低。

（二）行业方面

我们按照证监会最新的行业划分，归纳出以下重点细分行业的经营业绩表现情况。可以明显看到，酒、饮料和精制茶制造，电力、燃气和水的供应，电器机械设备和器材制造，非金属矿物制品，化学纤维、化学原料和化学制品，航空航天和轨交装备，专用设备制造，这几个行业在2022年经济环境下行阶段仍然表现非常亮眼。这表明以上行业或受宏观环境影响偏弱，例如酒、饮料和精制茶制造，电力、燃气和水的供应；或目前正处在快速成长和爆发阶段，例如电器机械设备和器材制造、航空航天和轨交装备等；或叠加向上周期与产业升级影响，例如化学纤维、化学原料和化学制品等。以上这些行业也是一级市场私募股权基金的重点投资范围。同时，有一些受到行业政策限制影响较大的，例如房地产产业链的建筑安装业、互联网服务，或受到疫情等宏观因素影响较大的，例如仓储物流行业、软件和信息技术服务、计算机通信电子设备等，或处在行业周期下行阶段的，例如农业畜牧业、有色金属加工等，经营业绩增长不尽如人意。我们可以看到，2020—2022年上市企业的经营业绩表现较为充分地展现了行业结构性的发展趋势。

（三）区域方面

我们对2020—2022年新上市企业按照地区进行划分，可以看到新疆维吾尔自治区、天津市、陕西省、江西省、湖南省、黑龙江省、河南省、海南省、贵州省的企业在2022年的增速较快。一方面，由于部分地区样本较少，受到个别优势企业影响较大，例如新疆维吾尔自治区的大全能源、天津市的爱玛科技和海光信息、江西省的晶科能源、黑龙江省的龙版传媒、海南省的金盘科技、贵州的中伟股份和振华新材等企业贡献了当地新上市企业大部分的经营业绩增长。另一方面，陕西、江西、湖南、河南等省份则显示出中西部地区整体上升的趋势，以上地区的经济发展、投融资以及资本市场机会正在向好。除此之外，像浙江省、江苏省、广东省、辽宁省这样的东部沿海老牌强省，在巨大基数的基础上依然能够保持经营业绩增长态势，则是实力和能力的体现。而北京、上海、重庆等直辖市 2022 年的经营业绩下降幅度比较大，主要是受到城市减量发展、新冠疫情管控政策等相关因素的影响。

三、新上市企业经营业绩预测

目前，分析师已对部分新上市的企业给出了经营业绩预测，根据万得资讯截至 2023 年 6 月 5 日的数据，全市场证券分析师对 2022 年新上市的 428 家企业中的 238 家给出了业绩预测，占比为 56%。如图 7-3 所示，预计 238 家企业 2023 年和 2024 年营业收入年增长率分别为 31.6% 和 27.9%，净利润年增长率分别为 55.2% 和 39.5%。而预计全市场上市企业 2023 年的收入增长率是 3%，净利润增长率是 26.4%。由此可以看出，市场对新上市企业的成长性期待是比较高的，给出的经营业绩预测大幅超过了全市场平均。

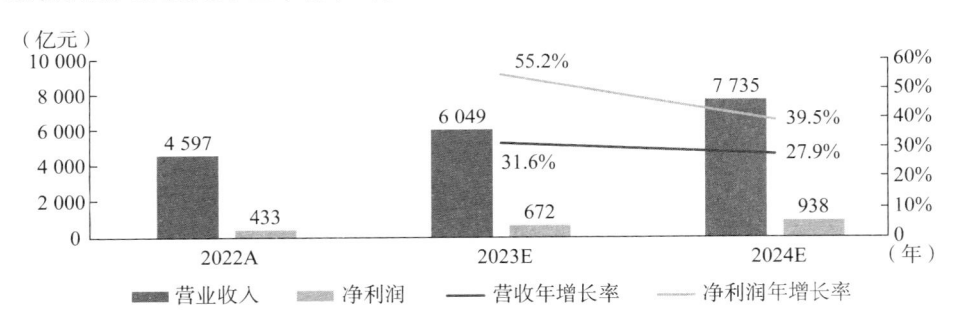

图 7-3　市场对 2022 年新上市 238 家企业的业绩预测

注：A 表示真实数据，E 表示预估数据。
数据来源：中德证券产业研究部，万得。

2022 年上市新股估值表现

一、2022 年 A 股募资市场量缩价升

2022 年 A 股募资的市场活跃度明显不足，但募资规模有所上升。在数量上，

第 7 章　IPO 企业上市前后经营与估值变化

2022年我国A股市场有428家企业完成了上市，较2021年的524家减少18.3%；募资总额为5 920亿元，较上年同比增长9.10%，创下历史新高。全年创业板完成募资案例数150家，科创板124家，北交所83家，深市主板40家，上市主板31家。行业分布方面，2022年电子、机械设备行业募资最为活跃，募资案例数分别实现76家和63家，其次为生物医药与计算机，分别实现50家和39家。

募资金额端，2022年科创板、创业板一级市场资本需求量较大，而北交所受募资主体的体量普遍不大的影响，尽管募资案例数较多，但资本需求量较为有限。其中，科创板募资2 526亿元，创业板募资1 804亿元，主板募资1 426亿元，北交所募资165亿元。导入案例数匡算，科创板每单募资额为20.37亿元，创业板每单募资12.02亿元，主板为20.09亿元，北交所为1.99亿元。结合数量与金额观测，科创板上市公司的上市活跃度和平均体量已经超越了其他板块，成为市场的主角。如表7-1所示，分行业观测，技术与资本密集度较高的电子、生物医药、通信与电力设备等行业募资较多，分别完成1 219亿元、753亿元、663亿元和624亿元的一级市场融资。同样，资本密集度较高的石油石化行业尽管每单募资额较高，达到了164亿元，但案例数仅为两家，总募资额仅为329亿元。

表7-1　IPO募资家数与超募倍数

募资家数与金额（10个行业）		募资金额（亿元）		超募股募资倍数（10只新股）			
募资家数		募资金额（亿元）		公司名称	计划募资（亿元）	实际募资（亿元）	募资倍数
电子	76	电子	1 219	华宝新能	6.8	58.3	8.6
机械设备	63	生物医药	753	纳芯微	7.5	58.1	7.7
生物医药	50	通信	663	昱能科技	5.6	32.6	5.9
计算机	39	电力设备	624	万润新能	12.6	63.9	5.1
电力设备	37	计算机	468	星辉环材	5.6	26.9	4.8
基础化工	32	机械设备	412	普瑞眼科	2.9	12.6	4.4
国防军工	15	石油石化	329	隆扬电子	3.7	15.9	4.3
轻工制造	14	基础化工	313	国芯科技	6.0	25.2	4.2
汽车	14	国防军工	242	三元生物	9.0	36.9	4.1
通信	12	有色金属	158	创耀科技	3.3	13.3	4.0

数据来源：中德证券产业研究部，同花顺。

2022年上市企业计划募资总额约为4 350亿元,如图7-4(a)所示,实际募资规模约为5 920亿元,超募规模约为1 570亿元,超募规模进一步充实了上市企业的资本储备。如图7-4(b)所示,共有386家企业实现了超募,创业板超募案例数最多,有141家企业实现超募,其次为科创板124家企业中有96家实现超募,北交所超募比例也比较高,84家中有80家实现超募,主板71家中有69家实现超募。这些企业分别为来自储能、集成电路芯片、光伏和锂电池材料产业的华宝新能、纳芯微、昱能科技、万润新能,它们均实现了计划募资额5倍以上的到账融资金额,从而为企业将来的发展奠定了坚实的资本基础。

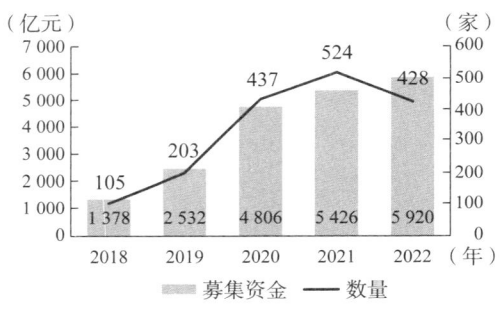

(a)2018—2022年A股募资情况

(b)2022年各板块超募数量

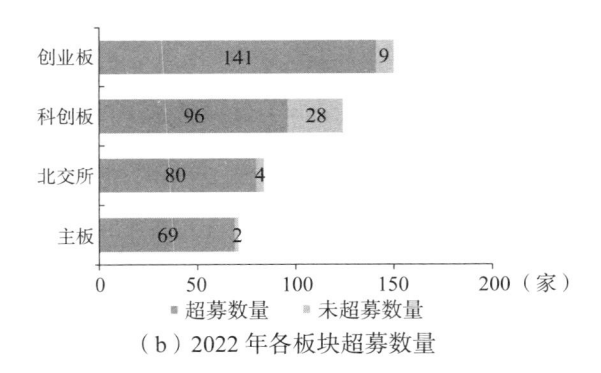

图7-4 A股IPO募资情况与2022年各板块超募情况

数据来源:中德证券产业研究部,同花顺。

二、2022年IPO总体行情表现较差

在新股发行收益方面,因受市场波动风险影响,2022年发行市场气氛明显差于

2021年。以发行价为基数计算上市首日收盘涨跌幅，2022年的破发风险明显增加，全年428宗发行案例中，上市首日收盘报红的企业有296家，而共有132家企业在上市首日即触发破发风险，破发占比为30.8%。2021年，全年524宗发行案例中，上市首日收盘报红的企业有498家，而只有26家企业在上市首日即触发破发风险，破发占比为5%。参照上文的股指行情轨迹，2021年大部分时间里市场环境较为舒适，体现为各板块指数前11个月呈持续波动向上的态势，较为乐观的市场预期带动市场气氛，形成上市首日二级市场各主体积极吸筹的现象。而2022年股票市场基本上以"向南而行"为基调，较为浓厚的悲观预期拖累市场的接盘意愿，造成了大面积破发的窘境。

如表7–2所示，益客食品、慧博云通、中汽股份、威博液压、麒麟信安、中钢洛耐、龙源电力、硅烷科技、快可电子、聚赛龙发行首日开盘即翻倍，新股发行价与上市首日开盘价的价差均超过了150%，为一级市场投资人带来了丰厚的回报。同期哈铁科技、三祥科技、唯捷创芯、赛微微电、普源精电、峰岹科技、恒烁股份、中一科技的一、二级市场价差超过了–25%，换言之，后市股价需要再涨33%方能收回成本，这说明一、二级市场的价差风险也不可忽视。

表7–2 开盘盈利与亏损个股

开盘盈利个股				开盘亏损个股			
公司名称	发行价（元/股）	上市开盘价（元/股）	开盘收益率	公司名称	发行价（元/股）	上市开盘价（元/股）	开盘收益率
益客食品	11.40	36.80	223%	哈铁科技	13.58	9.31	–31.4%
慧博云通	7.60	23.66	211%	三祥科技	11.00	7.56	–31.3%
中汽股份	3.80	11.15	193%	唯捷创芯	66.60	46.00	–30.9%
威博液压	9.68	28.12	190%	赛微微电	74.55	52.33	–29.8%
麒麟信安	68.89	200.01	190%	普源精电	60.88	45.00	–26.1%
中钢洛耐	5.06	14.01	177%	峰岹科技	82.00	61.00	–25.6%
龙源电力	11.30	30.95	174%	恒烁股份	65.11	48.50	–25.5%
硅烷科技	5.66	15.00	165%	中一科技	163.56	122.19	–25.3%
快可电子	34.84	90.00	158%	中科蓝讯	91.66	69.96	–23.7%
聚赛龙	30.00	76.01	153%	近岸蛋白	106.19	82.00	–22.8%
开盘收益率 = 上市开盘价 / 发行价格 –1							

数据来源：中德证券产业研究部，同花顺。

将视角转移到后市的二级市场收益上,以上市首日开盘价作为基准,按 428 只次新股后复权股价计算收益率,分别设置上市首日起 5 天、90 天、180 天自然日周期作为观测期(2022 年 12 月末次新股上市迄今不足 180 天的,按截至 2023 年 5 月末作为观测期计算收益率)。整体而言,428 只次新股在各观测期的收益多数为负值,2022 年大比例破发的态势也契合了前文所述的波动下行的市场气氛。

具体而言,如图 7-5 所示,5 天观测期共有 159 只次新股的后市表现较为喜人,产生了正收益;共有 269 只次新股的后市表现不够好,收益进入负值区间;5 天观测期的亏损股占比达到了 62.9%。在 90 天观测期内,共有 148 只次新股的后市表现较为喜人,产生了正收益;共有 280 只次新股的后市表现不够好,收益进入负值区

(a) 5 天后市盈亏分布

(b) 90 天后市盈亏分布

(c) 180 天后市盈亏分布

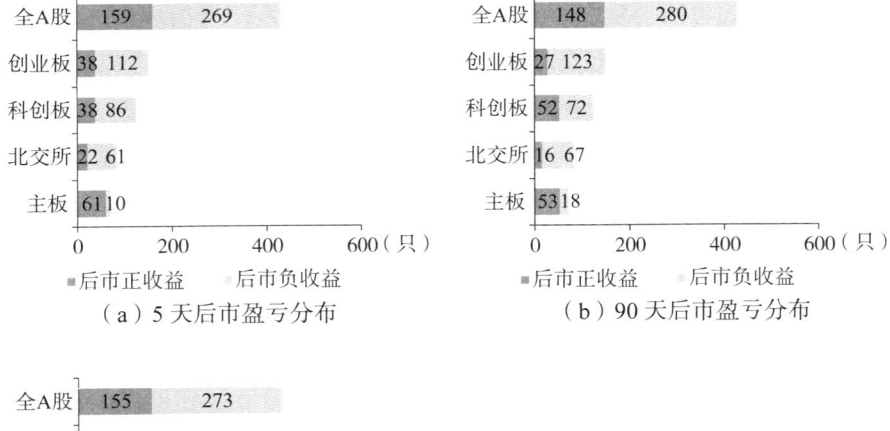

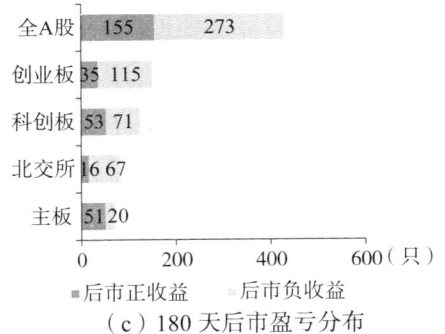

图 7-5 IPO 后市盈亏分布

注:以上市首日开盘价作为基准核算。
数据来源:中德证券产业研究部,同花顺。

间；90天观测期的亏损股占比达到了65.4%。在180天观测期内，共有155只次新股的后市表现较为喜人，产生了正收益；共有273只次新股的后市表现不够好，收益进入负值区间；180天观测期的亏损股占比达到了63.8%。

为进一步分析2022年IPO企业二级市场股票价格走势及投资者收益情况，我们以指数为基准计算上市后企业超额收益率。取沪深300指数（沪深300）作为市场表现的代表，同样以每只个股上市首日的沪深300开盘点数作为基准，我们根据428只次新股的不同上市日和对应的观测期匹配沪深300点数计算指数收益率，分别设置每只次新股上市首日起5天、90天、180天自然日周期作为观测期（2022年12月末次新股上市迄今不足180天的，按截至2023年5月末作为观测期计算收益率）。按此观测期得出的指数收益率将作为市场收益率计算每只次新股的超额收益率情况。

例如，创业板上市的川宁生物上市首日为2022年12月27日，基于12月27日开盘价计算90天（截至2023年3月27日）收盘价的后市收益率为–10.3%，同期（2022年12月27日—2023年3月27日）沪深300相同算法的收益率为3.9%，则川宁生物在此观测期的超额收益率为–10.3% – 3.9% = –14.2%。再例如，主板上市的兰州银行上市首日为2022年1月17日，基于1月17日开盘价计算90天（截至2022年4月17日）收盘价的后市收益率为32.5%，同期（2022年1月17日—2022年4月17日）沪深300相同算法的收益率为–11.4%，则兰州银行在此观测期的超额收益率为32.5%–（–11.4%）=43.9%。

按上述方法计算得出，5天观测期共有163只次新股在后市中产生了超额收益；共有265只次新股的后市表现不够好，超额收益为负；5天观测期产生超额收益的次新股数量占比仅为38.1%。90天观测期共有159只次新股的后市表现产生了超额收益；共有269只次新股的后市表现不够好，超额收益为负；90天观测期产生超额收益的次新股数量占比仅为37.1%。180天观测期共有163只次新股的后市表现产生了超额收益；共有265只次新股的后市表现不够好，超额收益为负；180天观测期产生超额收益的次新股数量占比仅为38.1%。

次新股个股方面，仍以上市首日开盘价作为基准，如表7–3所示，浙江正特、晋拓股份、紫燕食品、魅视科技、炜冈科技、铖昌科技颇受二级市场追捧，在上市

5天内较沪深500指数超额收益率超过70个百分点；弘业期货、欧晶科技、铖昌科技、立新能源、合富中国在上市90天内对应沪深500指数超额收益率超过200个百分点，其中弘业期货超额收益率达到了750个百分点以上；弘业期货、佰维存储、欧晶科技、铖昌科技、曙光数创、景业智能在上市180天内较沪深500指数超额收益率超过200个百分点，弘业期货超额收益率继续攀升，达到了800个百分点。如表7-4所示，在多数次新股未能产生超额收益的环境下，益客食品、骏创科技、中钢洛耐在上市5天内遭遇了30个百分点以上的"超额亏损"；三元生物、天纺标、耐科装备、新天地、中钢洛耐、华岭股份、青木股份、赛伦生物、亿能电力上市90天内遭遇40个百分点以上的"超额亏损"；赛伦生物、青木股份、亿能电力上市180天内遭遇50个百分点以上的"超额亏损"。2022年在上市当日即参与次新股交易的二级市场投资人并不十分幸运，其多数标的股票并未跑赢大盘。

表7-3　各观测期跑赢大盘的个股TOP 10

5天超额收益率TOP 10		90天超额收益率TOP 10		180天超额收益率TOP 10	
浙江正特	77.5%	弘业期货	752.9%	弘业期货	804.6%
晋拓股份	77.2%	欧晶科技	427.6%	佰维存储	548.1%
紫燕食品	76.3%	铖昌科技	315.0%	欧晶科技	545.1%
魅视科技	74.5%	立新能源	217.6%	铖昌科技	348.6%
炜冈科技	73.3%	合富中国	201.2%	曙光数创	261.9%
铖昌科技	72.0%	江苏华辰	182.3%	景业智能	231.2%
万控智造	67.6%	佰维存储	177.1%	昆工科技	181.8%
兰州银行	67.2%	景业智能	173.5%	立新能源	173.2%
三柏硕	64.8%	禾川科技	163.0%	拓荆科技	165.9%
联盛化学	62.8%	永顺泰	143.0%	合富中国	156.3%

注：以上市首日开盘价作为基准核算。
数据来源：中德证券产业研究部，同花顺。

结合次新股在各观测期的后市表现和同期次新股的超额收益情况，我们可以初步判断次新股的后市表现与其超额收益的方向基本趋同。换言之，后市表现较好、未遭遇破发的次新股，也会产生正向的超额收益，而遭遇破发的次新股往往也会陷入超额收益为负的窘境。为进一步验证前述初步判断，我们将428只次新股的后市表现与超额收益情况进行逐一对比，可以发现在5天观测周期内，428只个股中有414只个股的后市表现与超额收益的方向相一致，一致性占比为96.7%。也就是说，上市后股价的后市收益率为零或者正值时，该股对应沪深300指数的超额收益率也同样为正值。在180天观测周期内，428只个股中有402只个股的后市表现与超额收益的方向相一致，一致性占比为93.9%。

为了进一步从市值规模的角度观测企业后市股价的表现，我们将428只次新股以上市首日的市值进行简单划分，圈定上市首日市值规模在100亿元及以上的股票为中/大盘股，100亿元以下的股票为小盘股，并观测两个样板群的后市表现情况。按此刻度划分，2022年428家新股发行企业中，有338只小盘股和90只中/大盘股。整体而言，小盘股的后市表现差于中/大盘股，如表7–5所示，主要体现在：上市首日后的5天观测周期内，338只小盘股中有214只遭遇亏损，小盘股的亏损股占比为63.3%；同期90只中/大盘股中有55只遭遇亏损，中/大盘股的亏损股占比为61.1%。将观测期继续延长至90天，其间338只小盘股中有228只遭遇亏损，小盘股的亏损股占比为67.5%；同期90只中/大盘股中有52只遭遇亏损，中/大盘股的亏损股占比降至57.8%。再延长至180天，其间338只小盘股中有221只遭遇亏损，小盘股的亏损股占比回落至65.4%；同期90只中/大盘股中有52只遭遇亏损，中/大盘股的亏损股占比维持在57.8%。

表7–4　各观测期跑输大盘的个股TOP 10

5天超额亏损TOP 10		90天超额亏损TOP 10		180天超额亏损TOP 10	
中钢洛耐	−37.2%	亿能电力	−48.6%	亿能电力	−50.9%
骏创科技	−32.6%	赛伦生物	−47.5%	青木股份	−50.7%
益客食品	−32.0%	青木股份	−47.4%	赛伦生物	−50.5%
奕东电子	−29.9%	华岭股份	−46.3%	工大科雅	−49.5%
祥明智能	−27.7%	中钢洛耐	−46.2%	中钢洛耐	−44.6%
富士莱	−27.0%	新天地	−43.4%	三元生物	−44.2%
科捷智能	−26.6%	耐科装备	−41.8%	满坤科技	−43.5%
工大科雅	−26.1%	天纺标	−41.3%	威博液压	−43.2%

(续表)

5天超额亏损 TOP 10		90天超额亏损 TOP 10		180天超额亏损 TOP 10	
井松智能	−25.6%	三元生物	−40.0%	聚赛龙	−42.8%
天力锂能	−25.2%	翱捷科技	−38.2%	中科美菱	−42.0%

注：以上市首日开盘价作为基准核算。
数据来源：中德证券产业研究部，同花顺。

同样地，基于上文"次新股的后市表现与其超额收益的方向基本趋同"的判断和统计论证，中/大盘股、小盘股的后市表现与其对比大市的超额收益方向相一致。其中，2022年完成上市的338只次新小盘股在5天、90天和180天观测期内，分别有126只、121只和123只个股实现了对比沪深300指数的超额收益，次新小盘股总数占比分别为37.3%、35.8%、36.4%。对照上文两者亏损的比例数据统计，两份统计数据的契合度较高。2022年完成上市的90只次新中/大盘股在5天、90天和180天观测期内，分别有37只、38只、40只个股实现了对比沪深300指数的超额收益，次新中/大盘股总数占比分别为41.1%、42.2%、44.4%。这也基本符合中/大盘股在后市表现方面的分布情况。

表7-5 全观测期盈亏情况

单位：只

		5天观测期	90天观测期	180天观测期		5天观测期	90天观测期	180天观测期
全A股	盈利	159	148	155	跑赢	163	159	163
	亏损	269	280	273	跑输	265	269	265
		5天观测期	90天观测期	180天观测期		5天观测期	90天观测期	180天观测期
小盘股	盈利	124	110	117	跑赢	126	121	123
	亏损	214	228	221	跑输	212	217	215
中/大盘股	盈利	35	38	38	跑赢	37	38	40
	亏损	55	52	52	跑输	53	52	50
		5天观测期	90天观测期	180天观测期		5天观测期	90天观测期	180天观测期
北交所	盈利	22	16	16	跑赢	23	20	20
	亏损	61	67	67	跑输	60	63	63

（续表）

		5天观测期	90天观测期	180天观测期		5天观测期	90天观测期	180天观测期
科创板	盈利	38	52	53	跑赢	41	52	51
	亏损	86	72	71	跑输	83	72	73
		5天观测期	90天观测期	180天观测期		5天观测期	90天观测期	180天观测期
创业板	盈利	38	27	35	跑赢	37	32	40
	亏损	112	123	115	跑输	113	118	110
		5天观测期	90天观测期	180天观测期		5天观测期	90天观测期	180天观测期
主板	盈利	61	53	51	跑赢	62	55	52
	亏损	10	18	20	跑输	9	16	19

注：以上市首日开盘价作为基准核算。
数据来源：中德证券产业研究部，同花顺。

2022年新股估值的影响因素

一、市场变化及底层风险因素

除英国富时100指数外，2022年全球各主要区域的股指表现整体欠佳，如图7-6所示，纳斯达克100指数全年下跌33.10%、标普500指数全年跌幅接近20%，此环境下的中国股市难以独善其身。2022年A股市场行情基本上是沿着"向南而行"的路线曲折演变，无论是市场宽基指数沪深300还是包括主板、科创板和北证在内的板块宽基指数，其点位曲线都是沿着西高东低的轨迹震荡向下。在具体板块的指数点位涨跌幅方面，2022年全年沪深300跌幅21.63%；上证指数2022年全年跌幅15.13%；深证成指跌幅25.85%；科创50创下了31.35%的深跌；创业板指同样创下了29.37%的深度调整；北证50在基准日坐标定为2022年4月起截至2022年末的情况下，浅跌了5.79%。次新股的后市表现在这样的市场环境中势必尽显疲态。这一年国内股市所面临的风险较为多元，主要的系统性风险因素包括大宗原材料成本高企风险、美联储加息风险、东欧地缘政治争端风险、国内疫情封控风险等。

落实到基本面，这些风险对社零总额、进出口贸易、制造业和房地产投资、青年失业率等实体经济变量均造成了不同程度的负面影响。全年大部分时间市场悲观情绪浓厚，预期屡次被向下击穿。

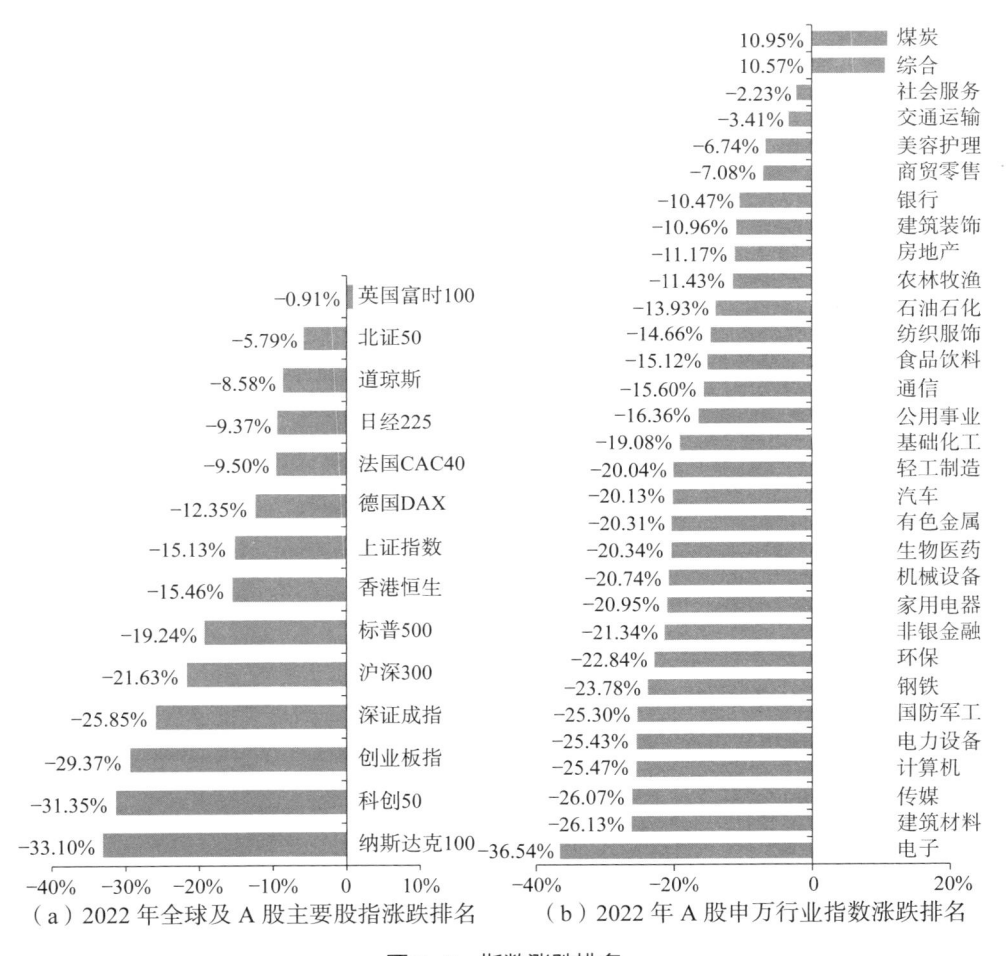

图 7-6 指数涨跌排名

数据来源：中德证券产业研究部，同花顺。

结合图 7-7 中的指数曲线变化，并对照图 7-8 的各月度交易所市场主要品类募资总额，我们可以观测到 A 股二级市场阶段性的行情波段也受到了一级市场发行募资的"抽水效应"干扰。具体而言，前4个月的股指下行波段是伴随着1—4月较高水平的一级市场巨量发行规模及其造成的流动性挤占问题而发生的；三季度股指再度受挫同样伴随着7—9月更为巨量的发行规模；一级市场在年末吞噬了较大规模的流动性，随之而来的就是股指再度掉头回调。当然，"抽水效应"一定不是股指回撤的唯一原因，主要还是叠加了前述的一系列非流动性系统风险，这些因素共同作用导致了较深幅度的回撤波段。

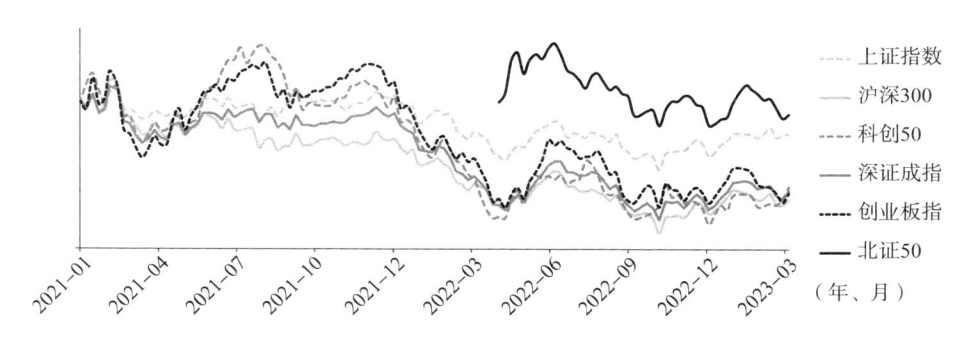

图 7-7 A股主要指数行情表现情况

注：各指数数据独立，图中曲线仅反映趋势变化。
数据来源：中德证券产业研究部，同花顺。

细化到各个品类，IPO募资是年度各单月中重要的募资类别之一，并在1月、4月整体募资额中占据了约50%的资金份额，对市场流动性的消耗量也在千亿元左右；考虑到发行认购与打新节点对意向资金的锁定与乘数效应，其对市场流动性的瞬间消耗量会被极度放大。分别在1月、4月两月上市的中国移动、中国海油募资额分别达到了520亿元和323亿元，两者网下／网上认购倍数分别达到了25.4倍、805.7倍和98.4倍、234.2倍，因此，放大了这两个月的一级市场资金需求。其他中／小盘股的认购倍数通常可以在几千倍或者万倍以上，发行认购锁定资金的乘数效应非常可观。2022年度的其余月份中，定向增发是募资主力，对市场资金消耗的占比也是在40%~60%之间，资金消耗规模为500亿~1 000亿元。各月度、各品类合并对交易所形成的资金消耗呈现出脉冲式的波动变化，在一定程度上对股市造成了扰动。

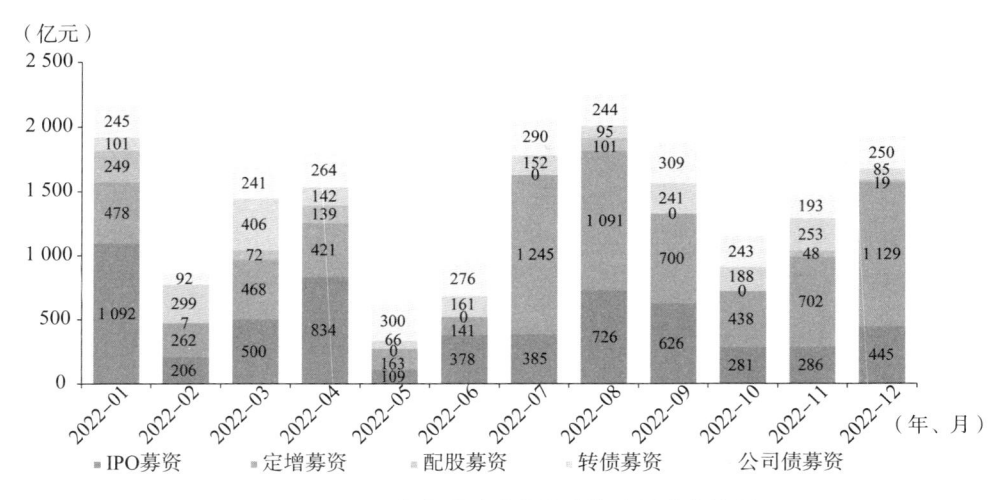

图 7-8　2022 年各月度交易所募资产品分布情况

数据来源：中德证券产业研究部，同花顺。

二、A 股 2022 年行情时间轴及波段动因

将中国股市行情叠加在时间轴上观测，A 股全年呈现"W"形震荡下行的曲线。以沪深 300 指数观测，2022 年 A 股行情游走了 4 个阶段：1—4 月份表现为连续下跌，5—6 月份出现反弹，7—10 月份回调二次探底，11 月份之后小幅上扬，以及年末再度寻底；指数全年走出双底格局，全年跌幅为 19.7%。市场结构方面，风格持续切换且分化较为明显，行业板块普跌，市场估值回调。

2022 年开年股市便遭遇成本端大宗商品价格持续上涨的冲击。受美国纾困法案以及疫情导致的产能、物流受阻等多重供给端因素影响，2021 年全年各品类的大宗商品价格持续上涨，并在 2022 年大部分时间中稳步攀升并保持高位震荡。如图 7-9 所示，以中国流通产业网发布的大宗商品价格指数作为参照，截至 2022 年 6 月底，大宗商品价格总指数达到了 210，同比增长 17.6%，而回到 2020 年 6 月底，大宗商品价格指数仅为 133.69。以通胀较为敏感的铜、铝为例，自 2020 年 3 月的低点以来，截至 2022 年 6 月末，铜现货价上涨 88%，达到近 69 000 元/吨；铝的现货价在 2021 年 10 月最高曾到过 24 240 元/吨，截至 6 月末，铝现货价接近 20 000 元/吨，较 2020 年 3 月最低点时上涨 77%。受制于成本压力，实体经济活力明显下降，疫情干扰与成本高企的环境下企业需要更为宽松的发展与生存环境。2022年1月20日，央行公布的最新一期报价1年期降10个基点，从3.8%降到3.7%，5年期以上降5个基点，从4.65%降到4.6%，5年期以上自2020年4月以来首次下调。但回顾当时的行情，此举对股市的影响甚微。

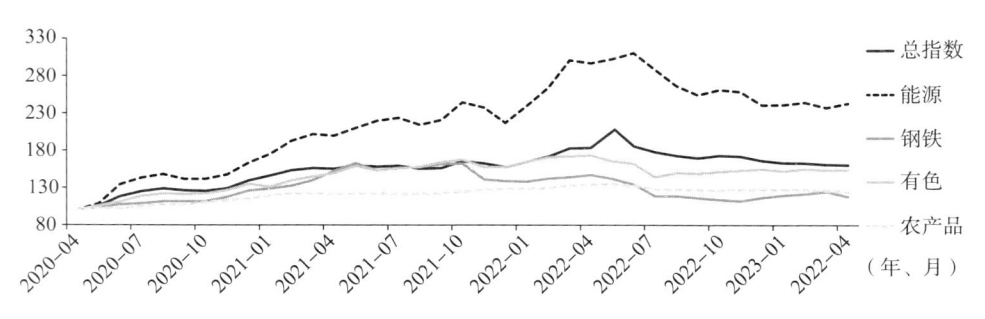

图7-9 近几年大宗商品价格月度指数

数据来源：中德证券产业研究部，中国流通产业网。

  2022年2月俄乌冲突爆发，并一直持续至今。东欧局势加重了中国股市的避险情绪，股指随着冲突的深入而逐步下落。较为复杂的历史原因叠加美欧与俄罗斯地缘政治变化催化了这场冲突事件，这属于典型的外部地缘风险的"黑天鹅"事件。从冲突的爆发到爆发后的发展过程和持续的周期来看，俄乌冲突已经恶化成为"超级黑天鹅"这一长期的系统性风险，其直接后果使得欧洲能源供应陷入恐慌，而一度被推高的能源价格也对全球经济造成了负面影响。俄乌冲突导致了多轮次、多维度的经济制裁，加剧了大国对抗和世界分裂，全球化进程再度遭受打击，供应链面临重构，对全球经济形成了直接的冲击。供应链的扰动为中国企业成本与产品交付预期带来了持续不断的负面影响。

  3月份，美联储启动大比例、高频次的加息周期，美元加速回流并在中国体现为4月、5月人民币经历的一波快速贬值，并在全年多数月份中保持着继续贬值的态势。美联储在2022年3月至2023年5月已经完成10次加息，如此快节奏的加息使美债收益率上升、美元迅速走强，其外溢效应诱使资金大规模流向美国，使多个国家的股、汇、债市遭受了较为猛烈的冲击，并迫使这些国家为了保持宏观经济稳定，不得不跟随加息避免资金抽水。中国的经济衰退风险明显增加、外部环境进一步恶化，外需受到较严重的冲击。尽管加息导致了外需市场受到了一定的冲击，但中国防疫所产生的红利仍在持续；全年海外需求虽有削弱但仍然对中国经济保持着强支撑。疫情暴发前，2017—2019 年货物和服务净出口年均贡献率仅为 3.4% 左右；而疫情暴发后，中国货物和服务净出口对增长的贡献率处于较高水平，2020 年贡献率为 25.3%，2021 年为 20.9%，2022 年为 17.1%。

受疫情影响，2022 年 3 月、4 月国内部分地区经济趋于放缓，市场对封控的影响程度以及经济的前景预期较为悲观，宏观经济数据明显下滑，4 月份全国规模以上工业增加值同比下降 2.9%，社会消费品零售总额同比下降 11.1%，致使 A 股市场在 4 月份完成了第一次筑底。4 月末政府出台了一系列稳经济政策，央行于 5 月 20 日宣布利率从 4.6% 降低到 4.45%，并在 8 月 22 继续降息，5 年期下降至 4.3%。伴随较为充裕的市场流动性，市场风险偏好明显增加，支撑 A 股持续反弹，在美联储加息的紧缩偏冷的外部环境下，A 股截至 2022 年 7 月走出了一波独立的修复行情，部分动力来自稳经济政策，部分动力来自超跌反弹的市场属性。

三季度生产回暖加快，投资保持较快增长，而在疫情散点多发的影响下，消费再度转弱。受货币政策传导机制不畅以及实体经济信贷资金需求趋弱影响，以及疫情呈现多点零星暴发态势，市场对经济的预期造成了扰动。货币与信贷问题主要体现为持续较快的增速与平淡偏弱的社融数据之间的矛盾。缺乏宏观基本面数据印证的条件下，二季度单边上涨的行情也积压着回调的风险，并在三季度得到了释放。同期较为激进的美联储加息节奏也加剧了人民币贬值与资金外流的压力，8 月起人民币汇率进入美联储加息以来的第二波下跌周期，并于 9 月份跌破 7 元，全年人民币对美元汇率中间价累计贬值 5 889 基点，贬值幅度超 9.23%。三季度市场情绪较为低迷，8 月末起直到年底两市单日成交额多在万亿元以内，低位市场单日成交萎缩至 6 000 亿元以内，市场交易活动偏冷。市场情绪随之冷却，三季度、四季度跨季阶段的基金募资规模降至冰点，发行规模自 8 月份的 1 700 余亿份逐月大幅下挫，并在 9 月、10 月两月降至 1 000 余亿份和 950 亿份左右。2022 年基金全年发行 1.47 万亿份，几乎是 2021 年的 2.94 万亿份的腰斩。

2022 年四季度，股市在一系列利好消息的刺激下，出现了一定反弹。10 月党的二十大胜利召开，11月底传闻防疫政策开始从动态清零朝着"有条件地放开"转变，催化A股市场情绪回暖。12月初全国各地防疫措施进一步放松，通信行程卡正式下线，月底官方宣布入境人员隔离政策将在1月取消，标志着3年的抗疫结束。房地产行业在11月份迎来了政策拐点，央行、银保监会出台的金融支持房地产16条措施首先发布，继而证监会允许房企重组上市，同时恢复上市房企的再融资功能。房地产政策利好的三驾马车——信贷、债权融资和股权融资全部落地，叠加防疫措施的不断松动、步步解除防疫对经济活动的影响，均为当月股市注入了一定的活力，2022年时间轴右侧的A股市场明显转暖。

三、从波段角度解析2022年个股后市表现

再将时间轴切换到A股后市二级市场，对照上述的"W"形股市行情，再观测前述4个涨跌波段中股票上市首日起5天、90天和180天内的后市股价收益率，使用前文二级市场后市收益率的计算方法，统计2022年股市各单边波段中的亏损股占比与A股市场运行轨迹的关联情况。

沿用前文所述二级市场后市收益率的计算方法，即以上市首日开盘价作为基准，按428只次新股后复权股价计算收益率，分别设置上市首日起5天、90天、180天自然日周期作为观测期（2022年12月末次新股上市迄今不足180天的，按截至5月末作为观测期计算收益率）。另外，根据2022年沪深300指数的涨跌变化取前述"W"形走势中上行与下跌的各单边波段，分别标记波段期：1—4月份为下跌波段，5—6月份为反弹波段，7—10月份为回调波段，以及11—12月份为修复波段；并进一步将波段期延伸到2023年以足期覆盖2022年7—12月完成上市的个股观测期。根据对沪深300指数的观测，2023年单边波段期可分为1—3月的横盘期和4—6月的回撤期。

根据上述算法，我们观测到2022年1—4月份，5天、90天观测期到期的个股共有147例，5—6月份5天、90天观测期到期的个股共有107例，7—10月份5天、90天、180天观测期到期的个股共有404例，11—12月份5天、90天、180天观测期到期的个股共有232例；2023年1—3月份5天、90天、180天观测期到期的个股共有270例，4—6月份180天观测期到期的个股共有124例。具体细节如图7-10所示。

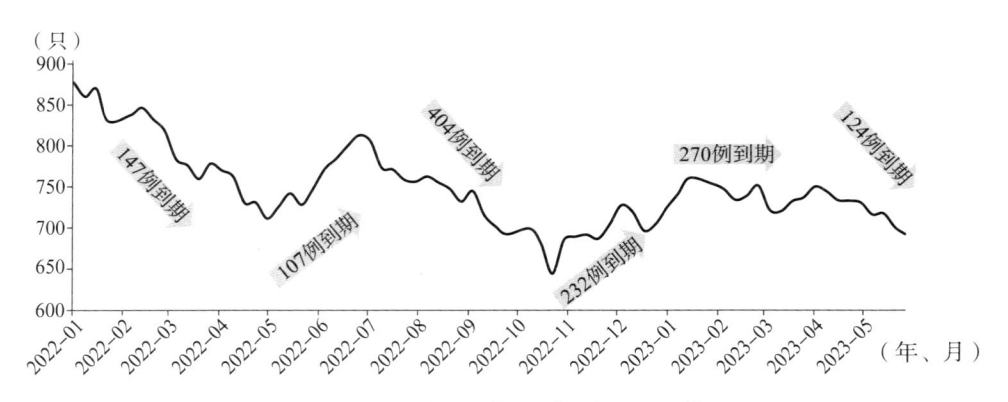

图 7-10 波段内各观测期末股票只数

注：以沪深 300 指数行情划分各单边波段。
数据来源：中德证券产业研究部，同花顺。

根据上述测算结果，我们进一步计算各波段期内，2022 年完成上市的 428 只个股在 5 天、90 天、180 天观测期到期日的收益率表现，从而得出以首发日开盘价作为基准计算的后市亏损股占比。我们可以观测到 2022 年 1—4 月份 5 天、90 天观测期到期的上市个股亏损比例分别为 69.6% 和 84.4%，5—6 月份 5 天、90 天观测期到期的个股亏损比例分别为 57.7%、76.4%，7—10 月份 5 天、90 天、180 天观测期到期的个股亏损比例分别为 55.9%、53.7%、64.8%，11—12 月观测期到期的个股亏损比例分别为 71.8%、66.7%、64.7%；2023 年 1—3 月份 5 天、90 天、180 天观测期到期的个股亏损比例分别为 53.3%、66.1%、65.6%，4—6 月份 180 天观测期到期的个股亏损比例为 60.5%。具体细节如表 7-6 所示。

表 7-6 A 股各波段 IPO 次新股各观测期盈亏分布

2022 年 1—4 月		5 天观测期	90 天观测期	180 天观测期
	盈利	30.4%	15.6%	—
	亏损	69.6%	84.4%	—
5—6 月		5 天观测期	90 天观测期	180 天观测期
	盈利	42.3%	23.6%	—
	亏损	57.7%	76.4%	—

(续表)

			5天观测期	90天观测期	180天观测期
7—10月	↓	盈利	44.1%	46.3%	35.2%
		亏损	55.9%	53.7%	64.8%
			5天观测期	90天观测期	180天观测期
11—12月	↑	盈利	28.2%	33.3%	35.3%
		亏损	71.8%	66.7%	64.7%
			5天观测期	90天观测期	180天观测期
2023年1—3月	↓	盈利	46.7%	33.9%	34.4%
		亏损	53.3%	66.1%	65.6%
			5天观测期	90天观测期	180天观测期
4—6月	↓	盈利	—	—	39.5%
		亏损	—	—	60.5%
各观测期总数（只）			428	428	428

注：以上市首日开盘价作为基准核算。
数据来源：中德证券产业研究部，同花顺。

综合各单边波段中各观测期的次新股损益情况，我们可以发现在"W"形向下波动市中较难判断各个单边波段是否能够对首发股票的后市表现产生积极或消极的影响。即使将个股收益率观测期缩短到5个自然日，我们也会发现7—10月单边回调波段的5日观测期亏损比例仅为55.9%，低于5—6月反弹波段57.7%的比例和11—12月修复波段71.8%的比例。换言之，在2022年股市回调阶段，后市的短期表现也是好于同年股市上涨阶段的后市表现的，似乎市场的阶段性波动对个股的后市表现并没有显著的影响。其中的原因或来自系统性以及非系统性的干扰，例如个股所处行业的基本面情况是否得到市场认可、A股市场中板块轮动的节奏变化、次新股概念在年初大市单边下跌波段中是否破防进而抽走了次新板块流动性、追捧度高的个股是否在上市首日过高的开盘价提前透支了个股后市行情等。但结合前文的全年数据我们可以看出，全年市场气氛低迷的环境下，股票的后市表现明显欠佳。

一、二级市场投资者的投资收益比较分析

一、询价新规对一级市场产生了较大的影响

A股发行机制有利于国内非上市企业股东以及入资企业的投资人将企业资产与业务完成证券化，并在二级市场中完成财富兑现。上市有利于企业快速获得巨额股权和债权资金用来扩大再生产，也便于投资人以合理的价格将多年持有标的企业的股份从股票市场中兑现。根据市场惯例，发行与上市又形成了发行上市的网下/网上发行的一级市场和发行上市后的二级市场之间的切割。简言之，一级市场是发行的市场，二级市场是流通的市场。一级市场的存在，保障了对企业融资的投资活力，同时吸引了具有高度专业性的各领域中介机构和机构投资人积极参与，形成一套多层次且庞杂的发行体系，以确保优质资产以合理的价格上市交易，并为披露的及时性、完整性和客观性提供保障，从而完善价格形成机制、催生更为有效的二级市场，进而对资源配置与实体经济的发展发挥重要的作用。

至此，股票在一级市场就形成了专业性较高的公允值，为后市的二级市场交易提供价格锚参照。上市后的股票即成为次新股，因为刚刚发行上市，上方不存在套牢盘，换言之，新股的价格上方通常享有较小的抛压；同时，次新股在业绩、业务上通常不会出现暴雷情况，会在市场上得到较高的关注度，市场表现也更为活跃。此外，次新股通常在扩张股本上有着明显优势，主要是其具备了较高的资本公积金，有着良好的股本扩张潜力，会得到机构资金的关注。基于前述优点，次新股从上市首日起，其股价通常会在发行价基础上产生较高的溢价，进而形成一、二级市场之间的价差。但2022年的发行一、二级市场溢价情况明显欠佳，相当一部分参与一级市场的投资人上市首日开盘即亏损。如图7-11所示，2022年，428只个股中，有117只股票在上市首日即出现开盘价格与发行价格倒挂的窘境，致使参与发行认购这117只股票的投资人蒙受损失，首日开盘破发样本占比为27.3%。而在2021年，524只个股中，仅有24只股票在上市首日开盘价格与发行价格发生倒挂，首日开盘破发样本占比仅为4.6%。正如前文就后市表现所述，发行也同样会受到系统性与非系统性因素的干扰，因此这并不是一桩稳赚不赔的买卖。

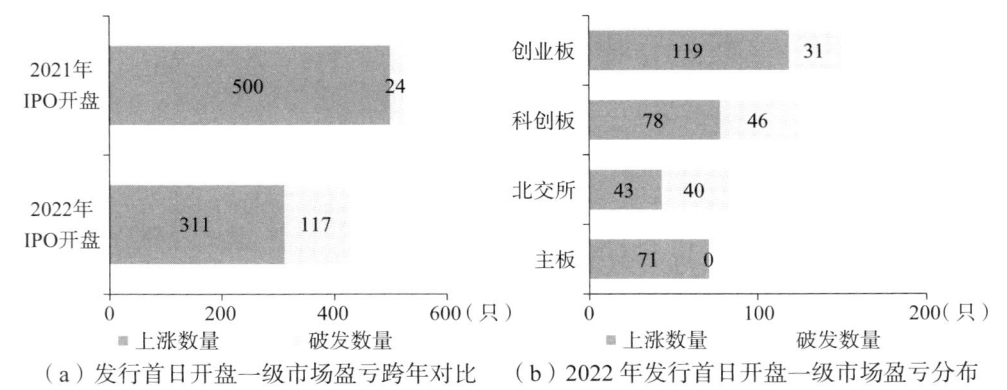

(a）发行首日开盘一级市场盈亏跨年对比　（b）2022年发行首日开盘一级市场盈亏分布

图 7-11　盈亏分布

数据来源：中德证券产业研究部，同花顺。

  监管方也在不断优化调节发行的定价机制，给予一级市场投资人更高的报价宽容度，让在发行中报价高的投资人也能得到更多的参与感，这也使新股发行认购环节更加趋于理性。2021年9月，沪深交易所分别发布了有关科创板和创业板股票发行与承销实施办法，业内称之为"询价新规"。"询价新规"将新股发行报价数据中高价剔除比例由"不低于10%"调整为"不超过3%、不低于1%"，并给予发行人和主承销商在"四值孰低"基础上可以自主上浮30%以内的定价权。"询价新规"运行以来，定价权在经历了买方和卖方市场的激烈博弈之后，市场化定价效应初显，投资者报价趋于理性。市场化定价机制是A股注册制改革的基石，给予买卖双方充分博弈的机会，让市场调节机制得到充分的体现，有利于实现市场资源的最优配置。2021年11月开市的北交所采用了多样化的定价方式，弱化了"询价新规"的影响；北交所网下定价的高剔比为5%~10%（高于"双创板"的1%~3%），从而倒逼保守定价。

  "询价新规"间接提升了2022年一级市场上过于乐观的股票认购参与方的影响力，进而拉高了发行中标价格，并在上市首日开盘即使认购方蒙受破发损失。全年150只股票中，有31只上市首日开盘即破发，总数占比为20.7%；124只股票中，有46只上市首日开盘即破发，总数占比为37.1%。即便"询价新规"在北交所得到弱化，但全年83只股票中，有40只上市首日开盘即破发，总数占比为48.2%，这也使北交所成为表现最差的板块。相比而言，2022年71只主板上市股票全部开盘飘红，无一家破发。这主要是由于2022年主板发行沿用23倍发行市盈率上限的惯例，最大限度地避免了发行询价环节定价过高的风险。

此外，主承销商投价报告也实现了价值回归，成为网下投资者报价的重要参考。2022年，"双创板"中大部分的新股发行价格参照了主承销商投价报告所建议的估值区间。主承销商在承销新股发行之际，在"双创板"跟投和包销义务的制衡下，出于风险考虑而更加专注于对公司价值的挖掘和定位，并会在新股定价环节趋于理性，以避免破发风险对自身业绩的冲击。

二、一、二级市场收益比较

为了进一步解析各观测期新股破发情况，我们以新股发行价格作为基准，按428只新股后复权股价计算收益率，分别设置上市首日起5天、90天、180天自然日周期作为观测期（2022年12月末次新股上市迄今不足180天的，按截至5月末作为观测期计算收益率）。整体而言，428只新股在各观测期的收益少数为负值，表现好于前文以上市首日开盘价匡算的收益情况。2022年新股破发情况好于同期新股后市亏损情况的关键因素就是一、二级市场之间的价差，它使参与询价认购的投资人获得了一定的安全边际。以聚合材料为例，该股2022年12月上市的发行价格为110元，因新材料概念广受追捧，上市首日开盘即跳升至161元，股价在后市中持续回调，5日后价格降至134元，90日价格降至131元，180日价格降至112元。就此观测聚合材料并未破发，但后市收益出现了亏损。三未信安也是如此，79元的发行价格在上市首日开盘即飙到128元，之后半年持续回调到115元。

具体而言，如表7-7所示，5天观测期共有273只新股的后市表现较为喜人，产生了正收益；共有155只新股遭遇破发；5天观测期的破发占比为36.2%。90天观测期内，共有252只新股的后市表现较为喜人，产生了正收益；共有176只新股遭遇破发；90天观测期的破发占比达到了41.1%。在180天观测期内，共有251只新股的后市表现较为喜人，产生了正收益；共有177只新股遭遇破发；180天观测期的破发占比达到了41.4%。中/大盘股破发情况好于小盘股，圈定上市首日市值规模在100亿元及以上的股票为中/大盘股，100亿元以下的股票为小盘股，并观测两个样板群的破发情况。

按此刻度划分，2022年428家新股发行企业中，有338只小盘股和90只中/大盘股。上市首日后的5天观测期内，338只小盘股的破发占比为39.9%；同期90只中/大盘股的破发占比为22.2%。将观测期继续延长至90天，其间338只小盘股的破发占比为45.3%；同期90只中/大盘股的破发占比升至25.6%。将观测期再延长至180天，其间338只小盘股的破发占比回落至45.0%；同期90只中/大盘股的破发占比再度升至27.8%。结合前文中/大盘股与小盘股以开盘价计算的后市股价收益率情况，我们可以观测到即便是较为低迷的2022年"W"形波动市场，在一级市场以发行价格认购股票的投资人的成本优势也十分明显，而二级市场购买的筹码多数遭遇了亏损。同时，在发行市场上，中/大盘股的后市表现通常会优于小盘股。但辩证而言，小盘股的高值与非系统波动性会大于中/大盘股，因此在2022年的波动下行市场环境中，小盘股的跌幅普遍超过中/大盘股，这也导致了前述的结果。假设在波动上行的市场年份中，小盘股的高值与非系统波动性会为投资人带来额外的收益，那么小盘股的后市表现也或将好于中/大盘股。

表7-7 2022年A股各板块新股IPO后市各观测期盈亏分布

		5天观测期（只）	90天观测期（只）	180天观测期（只）	5天破发	90天破发	180天破发
全A股	溢价	273	252	251	36.2%	41.1%	41.4%
	破发	155	176	177			
		428	428	428	—	—	—
		5天观测期（只）	90天观测期（只）	180天观测期（只）	5天破发	90天破发	180天破发
小盘股	溢价	203	185	186	39.9%	45.3%	45.0%
	破发	135	153	152			
中/大盘股	溢价	70	67	65	22.2%	25.6%	27.8%
	破发	20	23	25			
		428	428	428	—	—	—
		5天观测期（只）	90天观测期（只）	180天观测期（只）	5天破发	90天破发	180天破发
北交所	溢价	28	26	23	66.3%	68.7%	72.3%
	破发	55	57	60			

（续表）

		5天观测期（只）	90天观测期（只）	180天观测期（只）	5天破发	90天破发	180天破发
科创板	溢价	69	78	78	44.4%	37.1%	37.1%
	破发	55	46	46			
创业板	溢价	106	83	87	29.3%	44.7%	42.0%
	破发	44	67	63			
主板	溢价	70	65	63	1.4%	8.5%	11.3%
	破发	1	6	8			
		428	428	428	—	—	—

注：以新股发行价格作为基准核算。

数据来源：中德证券产业研究部，同花顺。

企业上市前后估值显著变化案例分析

一、蒙娜丽莎集团股份有限公司

（一）瓷砖行业特性及蒙娜丽莎上市背景

我国的建筑陶瓷行业具有悠久的发展历史，早在新石器时代就发展了原始的制陶术。从战国时期用来装饰地砖的陶制，秦汉时期的秦砖汉瓦，到明朝时，景德镇生产了世界上最早的瓷质地砖。现代以后，我国从海外引进了现代陶瓷工业技术。长期积淀的瓷砖消费习惯加之现代化陶瓷生产技术，使我国成为全球最大的瓷砖生产国和消费国。目前，建筑陶瓷是我国公共建筑装修装饰和住宅装修最普遍使用的装饰材料之一，应用领域广泛。据国家统计局数据，2022年，建筑陶瓷工业规模以上企业单位数为1 026家，市场规模约为3 214亿元。

与建材等其他一些细分子行业不同，国内建筑行业的参与者以内资品牌为主。与国产品牌相比，进口瓷砖在中国市场面临着许多挑战，包括消费群体窄、渠道单一、终端营销能力差。在竞争中，我国企业有明显的优势。而由于瓷砖具备个性化消费属性，瓷砖企业必须通过不断更新花色、推出新品来获得销量的提升。此外，装饰属性被过分强调，导致消费者对零售端竞争的认知局限于花色、风格的多样性。小企业只有通过模仿、低价，才能获得一定的生存空间。由此可见，瓷砖行业分散、市场集中度较低，瓷砖企业前三名的市占率均不足5%，目前仅有3家瓷砖企业上市。

蒙娜丽莎集团股份有限公司（002918）坐落于广东省佛山市，1992年其前身樵东墙地砖厂成立，1998年转制成为民营企业，并于2017年在深交所中小板挂牌上市。公司主要从事建筑陶瓷的设计、研发、生产与销售，经营瓷质有釉砖、瓷质无釉砖、非瓷质有釉砖、陶瓷薄板/薄砖等四大类产品。经过三十载的发展，蒙娜丽莎已成为国内建筑陶瓷一线品牌，产品先后应用于北京奥运会、港珠澳大桥、迪拜世博会中国馆等多项国内外重点工程建设。

（二）蒙娜丽莎上市动因

在蒙娜丽莎上市之前，资本市场对陶瓷行业的认知仅停留在传统意识层面。加上蒙娜丽莎是从政府独资的集体所有制企业转制而来这一背景，所以它是真正的"红帽子"，上市之路困难重重。

但为了做真正的"百年老店"，蒙娜丽莎毅然决然走资本市场道路，为此它理顺土地、厂房产权问题，规范业务和财务流程，高标准治理环保，创新变革。2017年12月19日，蒙娜丽莎在深圳证券交易所正式挂牌上市，成为建筑陶瓷行业第一个在国内主板上市的陶瓷企业。

1. 降低企业融资成本

蒙娜丽莎上市的募集投资项目共有如下7个：（1）超大规格陶瓷薄板及陶瓷薄砖生产线技术改造项目，总投资3.05亿元；（2）总部生产基地绿色智能制造升级改造项目，总投资2.88亿元；（3）陶瓷薄板复合部件产业化项目，总投资1.84亿元；（4）工业大楼建设项目，总投资2.99亿元；（5）营销渠道升级及品牌建设项目，总投资1.03亿元；（6）研发中心升级建设项目，总投资0.6亿元；（7）偿还贷款及补充营运资金4亿元。共计投资需求16.39亿元。

这些募投项目对企业的发展十分关键。（1）超大规格陶瓷薄板及陶瓷薄砖生产线技术改造项目是对总部生产基地的3条传统生产线进行技改。此项目引进国内外先进设备，推出升级产品，在大型化、定制化、薄型化产品方面抢占市场先机。（2）总部生产基地绿色智能制造升级改造项目是对总部生产基地其余13条生产线进行节能减排和自动化技改。此项目的实施将使公司生产线单位能耗及排放进一步下降，并可以有效减少生产线用工人员数量，提高自动化水平。（3）陶瓷薄板复合部件产业化项目是在公司进行大批量生产陶瓷薄板复合部件产品。此项目将帮助公司深度挖掘陶瓷薄板市场，满足客户一站式采购需求。（4）营销渠道升级及品牌建设项目是建设16个直接面对消费者的体验中心，加大对电子商务进行投入，同时加强品牌建设。此项目将增强公司对终端渠道的掌控，提升客户对公司品牌、产品的认知程度和体验，拓展公司的营销渠道。

考虑到公司所处行业偏传统，蒙娜丽莎如果不上市，那么从一级市场或者银行获得16.39亿元的资金，将是十分困难的一件事情，而融资可以帮公司以非常低的成本和非常快的速度融到大量的资金。同时，除了满足投资需求外，募集资金还可以为公司偿还银行贷款，有效降低资产负债率，增强公司财务稳健性、降低财务费用，提高公司的利润水平。

2. 更好地激励管理层和员工

股权激励制度是一种使经营者获得公司一定的股权，让其能够享受股权带来的经济效益与权利，能够以股东的身份参与企业决策、分享利润、承担风险，从而激励其勤勉尽责地为公司长期发展服务的激励制度。这也是吸引特殊人才和专业人才的人力资源配置方法之一。

蒙娜丽莎于2015年11月11日和2015年11月26日分别召开董事会和临时股东大会，审议通过了《关于蒙娜丽莎集团股份有限公司增资的议案》，同意美尔奇对蒙娜丽莎公司进行增资，增资价格参考公司净资产规模并结合被激励员工的实际情况，价格为2元/股。美尔奇为激励公司中高层管理人员以及骨干员工的持股平台，自然人合伙人均为在发行人处任职的中高层管理人员及骨干员工。

股权激励可以激发企业管理者的认同感和归属感，可以吸引人才、留住人才，约束经营管理者和预防短期行为。但只有上市才可以真正实现股权激励，并且上市后，公司对员工的股权激励将更直观、更有效。

3.规范公司内部法务、财务、业务流程

上市有利于建立现代企业制度，规范法人治理结构，提高企业管理水平，降低经营风险；有利于建立归属清晰、权责明确、保护严格、流转顺畅的现代产权制度，增强企业创业和创新的动力。

蒙娜丽莎在上市之前，设立了由股东大会、董事会、监事会和经营管理层组成的公司治理结构，制定了相关的规范治理制度，并建立了独立董事和董事会秘书工作制度。公司以上市为契机，不断完善经营管理体系，规范公司治理结构，建立现代企业管理制度。

4.提升品牌影响力

上市对蒙娜丽莎而言，也是一个提升品牌影响力的巨大机会。媒体给予一家上市公司的关注，远远高于同行的非上市公司，这在一定程度上强于任何广告效应。

而上市公司经历过证券公司、律师事务所、会计师事务所、交易所和证监会的多重审核，其财务数据和业务发展相比于非上市公司而言都更为可靠。上市公司更容易得到社会的信赖，更容易得到上游供应商、下游客户和消费者的认同。

（三）蒙娜丽莎上市前后的财务情况变化

1.营运能力提升

营运能力指的是企业经营运行的能力，即企业运用各项资产以赚取利润的能力。企业营运能力的财务比率有：存货周转天数、应收账款周转天数、应付账款周转天数、预付账款周转天数、预收账款周转天数、营运资金周转天数和总资产周转率等。

存货周转天数：通常周转天数越少，说明存货变现的速度越快。存货占用资金时间越短，存货管理工作的效率越高。

应收账款周转天数：通常周转天数越短越好，说明资金变现速度越快，管理工作的效率越高。

应付账款周转天数：通常应付账款周转天数越长越好，说明公司可以更多地占用供应商货款来补充营运资本，而无须向银行短期借款。

预付账款周转天数：通常预付账款越短越好，说明上游供应商占用公司的资金的时间越短，公司资金压力越小。

预收账款周转天数：在正常范围内，通常预收账款周转天数越长越好，说明公司在收到货款到销货之间的时间更长，公司可以更多地占用客户的现金流。

如表7-8所示，从蒙娜丽莎2014—2022年的营运能力周转天数指标来看，越短越好的指标（存货、应收、预收）在2017年公司上市以后都有显著下降，而越长越好的指标（预付、应付）在2017年公司上市以后都有显著上升，这说明公司营运能力显著上升。

表7-8　2014—2022年蒙娜丽莎营运指标周转天数

	2014	2015	2016	2017	2018	2019	2020	2021	2022
存货周转天数	237	244	165	135	142	152	146	131	148
应收账款周转天数	71	95	85	78	78	75	71	71	80
应付账款周转天数	148	168	132	134	166	205	197	160	183
预付账款周转天数	3	3	2	1	1	1	1	1	2
预收账款周转天数	10	10	6	4	3	3	0	0	0
营运资金周转天数	153	164	113	76	52	20	22	43	47

营运资金周转天数：营运资金周转天数 = 存货周转天数 + 应收账款周转天数 − 应付账款周转天数 + 预付账款周转天数 − 预收账款周转天数。每个企业应根据资金规模、销售收入来确定拥有多少营运资金，以维持正常生产的需要。一般情况下，一定时期内营运资金周转次数越多，即营运资金周转天数越短，表明企业可以运用越少的营运资金来获得较多的销售收入，营运资金的运用效果更为显著。

从蒙娜丽莎2014—2022年的营运资金周转天数可以看出，蒙娜丽莎在2017年上市后资金运用效率明显提高。

2. 降低财务风险

资产负债率，又称举债经营比率，它是用以衡量企业利用债权人提供资金进行经营活动的能力，以及反映债权人发放贷款的安全程度的指标，通过将企业的负债总额与资产总额相比较而得出，反映在企业全部资产中属于负债比率。

如果资产负债率较高，这不仅意味着企业有较高的财务杠杆，也意味着企业有较高的债务压力。将资产负债率控制在一个较为合适的水平更有利于企业的长期经营和发展。

从2013—2022年蒙娜丽莎资产负债率的变化可以看出，2013—2016年，由于瓷砖行业本身是重投资行业，因此公司的资产负债率一度高达82%；但在上市后，由于企业获得了直接融资，因此资产负债率有了显著下降，财务报表更加稳健。

流动比率是流动资产与流动负债的比率，在一定范围内越高越好，流动比率越高就说明日常经营越不需要短期资金的支持，但比率过高表明资金利用率过低，一般在1.5~2之间比较好。蒙娜丽莎2017年上市后，募集了大量资金，流动比率上升，从而使公司的财务资金使用环境更为宽松。

从2013—2022年蒙娜丽莎的财务费用来看，公司自上市以后，财务费用在几年间大幅下降，为公司减轻了经营的压力。

（四）蒙娜丽莎上市前后行业地位的变化

1. 下游客户认可度的变化

公开发行上市具有很强的品牌传播效应，对公司的品牌建设作用巨大，直接提升了公司的行业知名度，并且会使公司得到更多的关注。所以，客户、供货商和银行会对上市公司更有信心。根据世界品牌实验室发布的数据，2005年蒙娜丽莎的品牌价值为16.82亿元；而2022年，蒙娜丽莎的品牌价值为509.25亿元，位列品牌价值排行榜第174名，有显著提升。

从500强房地产开发商每年公布的首选建筑陶瓷品牌榜可以看出，蒙娜丽莎在上市后，排名快速上升。在2014—2016年，蒙娜丽莎在500强地产的首选榜上分别排名第九、第九、第八。而2017年蒙娜丽莎上市当年，公司在首选榜上的排名已前进到第五，之后一直位居第二，仅次于马可波罗。

2. 行业市占率变化

自上市以来，公司规范财务、法务流程，完善治理结构，借助A股这个新的直接融资平台实现了快速的增长。从2013—2022年，公司的营业收入从12亿元上升至62亿元，其中2017年上市以后，公司的营业收入增速在同行中更加明显。2017—2022年，公司收入的复合增速为17%，而行业的复合增速只有−5%。

蒙娜丽莎在A股上市平台的加持下，市占率的提升较同行业龙头企业而言更加迅速。2013 年，蒙娜丽莎的市占率仅为 0.3%，到了 2017 年，蒙娜丽莎的市占率也仅有 0.7%。而在上市之后，蒙娜丽莎资金更为充足，公司运作更为规范，员工股权激励更为直观，公司的市场占有率由 0.7% 提升至 1.9%。

二、休闲零食行业企业上市前后的变化

（一）休闲零食行业的基本特性

首先，健康营养的产品、贴心周到的服务逐渐成为消费者选购休闲食品时的重要考量因素，而由于品牌是产品质量和服务的集中体现，消费者对高品质休闲食品品牌的忠诚度和认可度也在不断提高。其次，消费者更加看重休闲食品的个性化特征，他们不仅满足于产品的功能性价值，也对产品的附加价值提出了更高的要求。最后，不同于购买主食的计划性，消费者在购买休闲食品的过程中有着较强的偶发性，因此即买即得成为休闲食品消费者的天然需求。而随着电子商务的蓬勃发展、仓储设施的持续完善、物流水平的快速提高，消费者对即买即得的消费体验要求越来越高，而可以通过便利的渠道提供休闲食品的商家，将更加受到消费者的青睐。

整体而言，我国休闲食品行业的竞争格局呈现出以下特点：第一，经营范围地域化，这主要是由于我国地域广阔，各地的饮食习惯和口味偏好存在差异；第二，销售渠道逐渐从多元化走向融合发展，目前已出现线下连锁门店、线上电商平台、本地生活服务平台等多元化渠道相互融合发展的品牌企业；第三，休闲食品行业进入门槛相对较低，主体数量众多，产品同质化较为严重。

国内主要休闲食品公司包括良品铺子、来伊份、三只松鼠、盐津铺子、桃李面包、百草味等。

（二）休闲零食行业企业上市前后的显著变化

通过对比盐津铺子、良品铺子和三只松鼠等企业上市前后的经营变化，如表 7-9 所示，我们可以发现休闲零食行业企业上市前后的显著变化。

表 7-9 主要食品企业简况

	上市时间	简介	市值（亿元）
盐津铺子	2017年2月8日	盐津铺子主营业务是小品类休闲食品的研发、生产和销售。主要产品是休闲烘焙点心类（含薯片）、休闲深海零食（含鱼豆腐等）、休闲肉鱼产品、休闲豆制品—豆干类、果干产品、蜜饯炒货、休闲素食、辣条	154.5
良品铺子	2020年2月24日	良品铺子主要从事休闲食品的研发、采购、销售和运营业务。公司产品包括肉类零食、海味零食、素食山珍、话梅果脯、红枣果干、坚果、炒货、饮料饮品、糖巧、花茶冲调、面包蛋糕、饼干、膨化、方便速食、礼品礼盒等15个品类	113.4
三只松鼠	2019年7月12日	三只松鼠主营业务为自有品牌休闲食品的研发、检测、分装及销售。主要产品为炒货食品、坚果、果干、烘焙、肉制品等休闲食品	86.3

1. 资本开支显著提高

一方面，由于行业内产品的同质化程度较高，休闲食品企业难以在消费者心中形成鲜明的品牌印象。另一方面，休闲食品行业品牌集中度相对较低，产品线扩张的难度较大。

企业上市后，资本开支显著提高，具体表现如下：

（1）盐津铺子上市后一年（2018年）比上市前一年（2016年）资本开支增长了120%；

（2）良品铺子上市后一年（2021年）比上市前一年（2019年）资本开支增长了107.7%；

（3）三只松鼠上市后一年（2020年）比上市前一年（2018年）资本开支增长了33%。

究其原因，主要是企业上市后，筹集了权益资金，因而有更多的资金用于扩产，从而导致上市后资本开支显著提高。

2. 销售费用率显著下降

企业上市后，销售费用率显著降低，具体表现如下：

（1）盐津铺子上市后一年（2018年）比上市前一年（2016年）销售费用率降

低了 1.5 个百分点；

（2）良品铺子上市后一年（2021 年）比上市前一年（2019 年）销售费用率降低了 2.6 个百分点；

（3）三只松鼠上市后一年（2020 年）比上市前一年（2018 年）销售费用率降低了 3.4 个百分点。

主要原因是，上市为企业带来知名度，减少推广费用，从而降低销售费用率。以三只松鼠为例，每年三只松鼠为了推广自己的品牌花费了不少资金，包括通过植入电视剧广告和制作动画剧《三只松鼠》来增加曝光率、提高知名度，从而吸引更多消费者。IPO 成功后，三只松鼠可以更好地展示品牌形象，因为上市会成为三只松鼠品牌发展的"免费广告"，可以减轻财务负担并节约宣传费用。对于直接面向终端消费者的休闲零食行业企业，品牌影响力非常重要，而 IPO 的成功能提升品牌影响力，节约推广开支。

3. 存货周转率显著提高

企业上市后，存货周转率显著提高，具体表现如下：

（1）盐津铺子上市后一年（2018 年）比上市前一年（2016 年）存货周转率提高了 15%；

（2）良品铺子上市后一年（2021 年）比上市前一年（2019 年）存货周转率提高了 24.8%；

（3）三只松鼠上市后一年（2020 年）比上市前一年（2018 年）存货周转率下降了 10.9%，但值得注意的是，2020 年比较特殊，疫情使得该指标无法反映公司的实际情况，2021 年第四季度该指标又有所上升，这说明上市后三只松鼠的存货周转率也在显著提高。

这主要有两个原因：（1）企业上市后获得权益资金，因而可以在企业生产管理、库存管理等方面投入更多，从而提高生产效率，提高存货周转率；（2）上市过程使得企业的管理体系和内控水平得到优化，从而表现出更高的经营效率，呈现出更高的存货周转率。

4. 偿债能力大幅提升

企业上市后，流动比率显著提升，具体表现如下：

（1）盐津铺子上市后一年（2018年）比上市前一年（2016年）流动比率增加3个百分点；

（2）良品铺子上市后一年（2021年）比上市前一年（2019年）流动比率增加4个百分点；

（3）三只松鼠上市后一年（2020年）比上市前一年（2018年）流动比率增加23个百分点。

企业上市后，资产负债率显著降低，具体表现如下：

（1）盐津铺子上市后一年（2018年）比上市前一年（2016年）资产负债率降低2.6个百分点；

（2）良品铺子上市后一年（2021年）比上市前一年（2019年）资产负债率降低1.5个百分点；

（3）三只松鼠上市后一年（2020年）比上市前一年（2018年）资产负债率降低11.7个百分点。

主要原因是企业通过资本市场筹集大量资金，从而长期偿债能力大幅提高，流动比率和速动比率显著上升，资产负债率显著下降。

企业上市后，研发投入显著提升，具体表现如下：

（1）盐津铺子上市后一年（2018年）比上市前一年（2016年）研发投入增加1%；

（2）良品铺子上市后一年（2021年）比上市前一年（2019年）研发投入增加48.1%；

（3）三只松鼠上市后一年（2020年）比上市前一年（2018年）研发投入增加55.9%。

主要原因是企业通过资本市场筹得权益资本，从而有更多资金用于技术创新，在研发支出方面有所提升。

5. 实施股权激励

自2017年上市后，盐津铺子已经做了3次股权激励，具体如表7-10所示。

表 7-10　盐津铺子股权激励

首次公告日	激励方式	激励总数	初始行权价
2019-03-25	上市公司定向发行股票	550 万股	13.85 元 / 股
2021-03-02	上市公司提取激励基金买入流通股	223.67 万股	53.37 元 / 股
2023-05-06	上市公司定向发行股票	330 万股	40.02 元 / 股

自 2020 年上市后，良品铺子做了 1 次股权激励（员工持股计划），具体如表 7-11 所示。

表 7-11　良品铺子股权激励

预案公告日	股份来源	资金总额	参与人数
2023-01-12	二级市场购买	5 037 万元	90 人

自 2019 年上市以来，三只松鼠做了 2 次股权相关激励（1 次股权激励、1 次员工持股计划）。股权激励情况具体如表 7-12 和表 7-13 所示。

表 7-12　三只松鼠股权激励

首次公告日	激励方式	激励总数	初始行权价
2021-06-19	上市公司定向发行股票	111.58 万股	25.05 元 / 股

表 7-13　三只松鼠员工持股计划

预案公告日	股份来源	资金总额	参与人数
2021-06-19	二级市场购买	17 461 万元	22 人

上市后，企业会实施股权激励，以激励员工为企业的长期发展和利益增长做更多贡献。通过股权激励，上市企业可以激励核心员工，让员工与企业利益相关联；留住优秀人才，增加优秀员工的忠诚度和稳定性，减少人才流失；调动员工积极性，激发员工的工作热情，从而提高企业的生产效率，推动企业不断创新和发展。

6. 提高内控水平

以三只松鼠为例，三只松鼠曾三番五次被公众爆出食品安全质量问题，当时三只松鼠的内部管理和经营还达不到应有的标准规模，其产品质量问题频发的根源在于代加工模式导致公司对产品的质量管控能力较弱。在2019年成功上市后，三只松鼠有足够的资本支撑其规范、完善监管制度，进入资本市场后，公众监管对其也具有一定的约束力，相较于上市前的薄弱风险管控机制，上市后的三只松鼠建立了符合现代企业制度要求的公司治理机构及内部组织机构，建立了有效的风险控制系统，更科学的执行机制和监督机制保证了公司各项经营业务活动的有序运行。2019年12月9日，三只松鼠全资子公司安徽中创食品检测有限公司名列安徽省2019年第一批高新技术企业名单，这是国内休闲食品行业首家获得认证的自由检测机构，从中创的这次获评也可以看出三只松鼠在上市后有效加强了食品安全管控，这离不开政策的激励和企业内部控制建设机制的完善。

新股投资建议

一、一级市场投资建议

（一）持续布局硬科技赛道

1.以硬科技为核心的发展路径得到持续深化

战略性新兴产业成为我国现代经济体系建设的新支柱。党的二十大报告进一步提升科技创新的战略意义，强调坚持科技是第一生产力。建设现代化产业体系方面，党的二十大报告提出构建新一代信息技术、人工智能、生物技术、新能源、新材料、高端装备、绿色环保等一批新的增长引擎，支持专精特新企业发展，加快发展物联网和数字经济。

在资本与科技创新良性循环之中，以硬科技为核心的一级市场投资正成为资本市场与高新技术企业之间的纽带，不断为科创板输送新鲜的血液。根据中国证券投资基金业协会数据，从试点注册制实施至2021年末，超过八成的科创板上市公司、超过六成的创业板上市公司，都获得过私募股权和创投基金的支持。截至2022年末，私募股权投资基金存续规模为10.94万亿元，创业投资基金存续规模为2.83万亿元。

2. 头部投资平台聚焦硬科技赛道

深创投及其旗下的红土系投资机构在 30 家公司 IPO 前进行了参投。这些公司主要来自半导体、电子设备和仪器等新一代信息技术产业以及生物医药产业，包括中芯国际、复旦微电、纳芯微、普门科技、奇安信、微芯生物、有方科技等公司。

元禾控股及其旗下的投资平台参投了其中的 20 家公司，主要来自半导体、智能制造装备等行业，包括思瑞浦、天准科技、纳芯微、江苏北人、奇安信等公司。

中国国投高新产业投资有限公司旗下的国投创合、国投高科、国投创业、国投招商等参投了其中的 19 家公司，包括中微公司、奇安信、纳微科技、康希诺、睿创微纳等。

此外，达晨系参投了其中的 14 家公司，包括康希诺、道通科技、中望软件、热景生物等公司。同创伟业参投了 10 家，君联资本及其旗下机构参投了 8 家，毅达资本参投了 8 家。

3. 硬科技赛道占比不断提高

与 2021 年相比，2022 年上市沪深新股同比减少 138 只，但注册制新股比例由 2021 年的 74.74% 提升至 79.42%，增长 4.68 个百分点。行业分布方面，如图 7-12 所示，电子、生物医药以及机械设备依旧是最为活跃的前三大行业，来自上述行业的新股数量比例分别为 19%、14%、11%，合计达 44%，但排序上略有变化，电子超越机械设备成为 2022 年度上市新股数量最多的行业，而生物医药行业次之；同时，2022 年沪深新股的行业集中度有所提升，来自前三大行业的新股比例由 2021 年的 36.86% 提升至 43.76%，增长 6.9 个百分点。

从募集资金规模来看，如图 7-13 所示，2022 年沪深新股的首发募集资金总额为 5 704.07 亿元，包括主板首发募集资金额 1 387.27 亿元、科创板首发募集资金额 2 520.44 亿元、创业板首发募集资金额 1 796.36 亿元，注册制新股募集资金占资金总额的 75.62%。

与 2021 年相比，2022 年沪深新股的首发募集资金总额同比增加 352.62 亿元，其中注册制新股的首发募集资金占比由 2021 年的 65.48% 提升至 75.62%，增长 10.14 个百分点。行业分布方面，电子行业受上市新股数量增多等因素的影响，其首发募集资金额超越 2021 年排名第一的生物医药行业，成为首发募集资金额最高的行业，而生物医药行业排名降至第二；同时，2022年沪深新股的首发募集资金行业集中度呈现出较为显著的提升，来自前三大行业的首发募集资金占比由2021年的37.36%提升至45.75%，增长8.39个百分点。

（a）2021年与2022年新股数量对比

（b）2022年沪深新股数量的行业分布情况

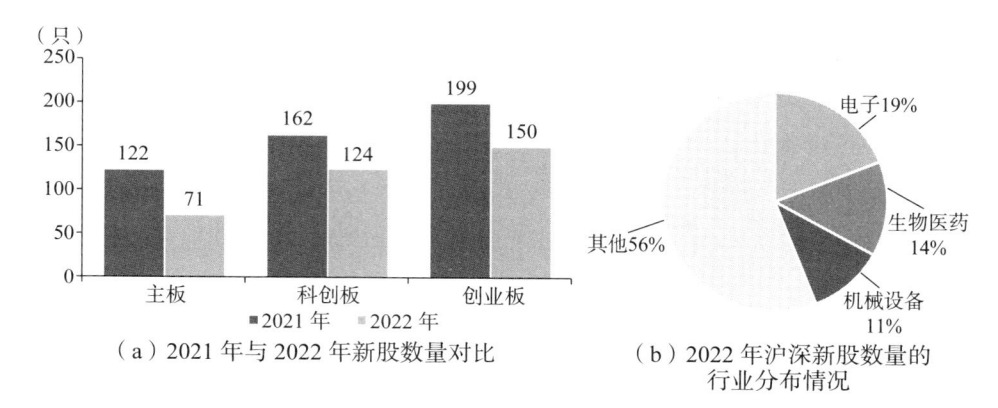

图7-12 新股数量与行业分布情况

数据来源：中德证券产业研究部，同花顺。

（a）2021年与2022年新股募资对比

（b）2022年沪深新股募资的行业分布情况

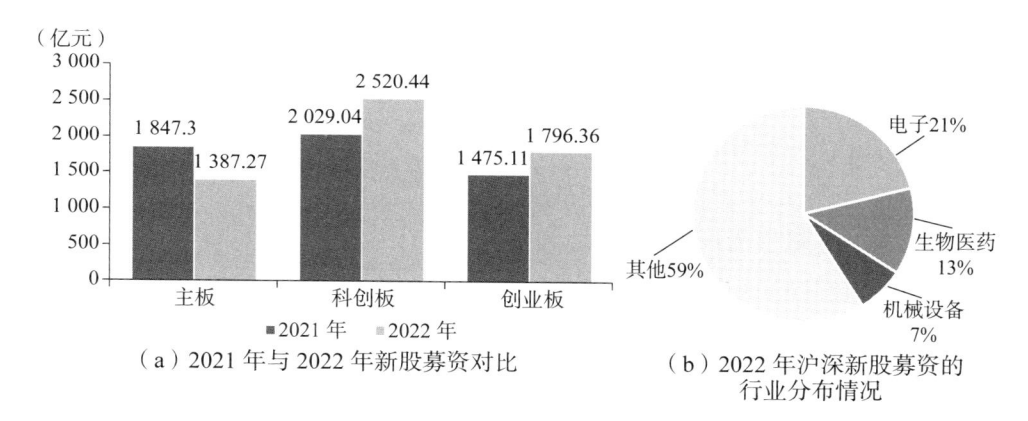

图7-13 募资对比与行业分布情况

数据来源：中德证券产业研究部，同花顺。

（二）审慎对待投资机会，侧重"投早、投小"

1.蕴含破发风险

近年来，曾经一度辉煌的套利模式正在消减。一方面，随着科创板、创业板相继推行注册制，企业上市的道路变得更加通畅，更多高新技术企业有望借此打开资本市场的大门，对创投机构来说，退出环境更加畅通；另一方面，上市不再那么困难，一、二级市场的差价普遍收窄，尤其是破发频现，一级市场的新股不败神话日显苍白。

根据证监会2021年2月份发布的《监管规则适用指引——关于申请首发上市企业股东信息披露》，发行人提交申请前12个月内的新增股东，应当承诺所持新增股份自取得之日起36个月内不得转让。也就是说，将"以纯粹投机为目的"的"突击入股"最后时限从以往的6个月延长至12个月，否则将锁定3年，在申报材料前12个月以上入股的股东，上市后的股票锁定期为1年。持有期限的拉长更加剧了投资收益率不确定性的风险。

在2022年A股上市的428只新股中，有121只新股上市首日收盘价低于发行价，占比近30%。随着注册制的全面实行，二级市场正在倒逼一级市场投资转型，依靠上市制度套利的"闭着眼赚钱"的时代已终结。

2. "投早、投小"或是新的出路

2022年上市后破发渐成常态，现在一、二级市场套利的空间、制度红利的空间已越来越少。依靠上市制度套利策略的失效，倒逼创投机构将投资行为向企业的发展前期推进，"投早、投小"最为考验研究能力，如何提高对企业内在价值的预判及认知水平，将会成为未来创投机构需要考虑的重点。

事实上，监管层已经多次发声，引导创投机构投早、投小、投科技。2020年12月，中国证监会党委在传达学习贯彻中央经济工作会议精神时强调，完善私募股权基金"募投管退"机制，鼓励投早、投小、投科技。2021年1月8日，证监会发布了《关于加强私募投资基金监管的若干规定》，通过重申和细化私募基金监管的底线要求，让私募行业真正回归"私募"和"投资"的本源，推动优胜劣汰的良性循环，促进行业规范可持续发展。

私募股权基金通过积极实践投早、投小、投科技，引导社会资金向具有自主创新能力的高科技企业集聚，在服务、驱动、引领实体经济方面发挥了机构投资者的作用。

二、二级市场投资建议

（一）询价新规改变新股制度环境

1.在询价新规条件下，制度环境发生显著变化

2021年9月18日，如表7-14所示，上交所和深交所分别发布了新修订的《上海证券交易所科创板股票发行与承销实施办法（2021年修订）》、《上海证券交易所科创板发行与承销规则适用指引第1号——首次公开发行股票（2021年修订）》和《深圳证券交易所创业板首次公开发行证券发行与承销业务实施细则（2021年修订）》（以上文件统称"询价新规"）。询价新规下，新股高定价热度降温，以往因新股抑价发行而导致的轻易获取"无风险收益"的环境发生改变，破发已然常态化。

表7-14 上交所修订科创板股票发行与承销规则（2021年9月）

序号	修改内容	细则
1	调整最高报价剔除比例	由目前的"不低于所有网下投资者拟申购总量的10%"调整为"不超过所有网下投资者拟申购总量的3%"
2	取消新股发行定价与申购时间安排、投资者风险特别公告次数挂钩的要求	明确初步询价结束后如确定的发行价格超过网下投资者报价平均水平的，仅需在申购前发布1次投资风险特别公告，无须采取延迟申购安排
3	取消定价不在投价报告估值区间需出具说明的要求	对于定价不在投价报告估值区间范围内的，取消发行人和主承销商应当出具说明的要求
4	强化报价行为监管	在交易所业务规则中进一步明确网下投资者询价报价规范性要求，并将可能出现的违规情形纳入自律监管范围

数据来源：上海证券交易所，中德证券产业研究部整理。

2021年10月至2022年底，注册制新股首日均价涨跌幅明显下滑，2022年创业板新股首日均价涨跌幅为43.6%（2021年为209.2%），科创板新股首日均价涨跌幅为19.9%（2021年为186.2%）。此外，主板新股开板平均涨跌幅也有小幅下滑，由2021年的125.2%下滑至2022年的115.2%。

2.在询价新规条件下，市场展现自我调节机制

随着2022年以来新股破发频频出现，注册制下的新股定价机制正在发挥调节

作用，倒逼投资者理性询价、发行人和投行审慎定价。

纵观 2022 年各观测期的次新股损益情况，我们也会发现 7—10 月单边回调波段的 5 日观测期亏损比例仅为 55.9%，低于 5—6 月反弹波段 57.7% 的比例和 11—12 月修复波段 71.8% 的比例。换言之，在 2022 年三季度股市回调阶段，后市的短期表现也是好于同年股市上涨阶段的后市表现的，似乎市场的阶段性波动对个股的后市表现并没有显著的影响。我们认为主要原因是在询价制度下，二级市场投资者在 2022 年上半年打新多有破发的情况，在询价阶段更为谨慎，因此市场形成了发行价格较低的共识，相当于向打新投资者让渡了利益。因此，我们可以观察到 2022 年 7—10 月即使在股市单边回调的情况下，新股亏损面也有所减弱。长期而言，新股首日涨跌幅与首发估值处于动态平衡的过程中，这也表明了注册制下新股发行的市场动态化调节机制的有效性。

3. 在询价新规条件下，新股定价能力成为考验投资机构的核心能力

2022 年创业板和科创板的破发比例分别约为 20%、40%，较 2021 年的 3%、6% 大幅提升。第一，回归理性，破发也属正常，体现的是注册制要求下的"市场化定价"。这将打破"新股不败"的思维定式，在一定程度上遏制炒新的不合理行为，促使新股收益回归理性，从而使定价由博弈行为转变为对新股真实价值的判断。第二，一、二级市场的定价接轨，研究能力取代入围率成为新的分配逻辑。在现行规则下，当且仅当新股临近破发，投资者才会重新考虑自己的安全边际，并进行报价，从而打破搭便车报价策略，使博弈再平衡。此时，赚取的一、二级市场之间的价差也不再是无风险收益，收益的分配方式也不再取决于入围率高低，轻研究、重博弈的定价方式将得到有效改善，收益分配将回归研究能力。

4. 在询价新规条件下，承销券商的定价权增强

在询价制度下，市场化的发行定价得以施行，超过合理定价区间的报价被剔除，这改变了传统 A 股规则下网下打新必中的政策红利，最终的定价也将由承销商与发行人共同确定，券商投行角色发生转变，从重保荐到重承销，其定价权的影响力得以发挥，为市场提供了理性的估值中枢。

（二）打新金融产品的主流策略

1. 固收＋底仓＋打新

如表 7–15 所示，固收配置以利率债和中高等级信用债为主，权益底仓基本维持打新市值门槛要求（沪深两市各 6 000 万元），以低估值、低波动、高 ROE、高股息的稳健股为主，以保持相对稳定的"打新门槛"以及底仓低波动，权益配置比例一般为 10%~20%。值得注意的是，债券市场利率持续下行，固收产品收益率走低，因而"固收＋"打新的热情高涨。自 2018 年以来，债券市场利率处于下行通道，而疫情暴发后，为了更快恢复经济，央行亦通过货币政策引导市场利率下行，债收益率持续走低。因此，"固收＋"打新策略将成为增厚固收产品收益的主流策略之一。

2. 股票＋底仓＋打新

主动策略：以普通股票型基金为例，采用主动增强策略或量化增强策略，以期获得收益。被动策略：以被动指数型基金为例，采用择时策略，追求指数跟踪偏离度最小化。

3. 股债混合＋底仓＋打新

固收配置仍以利率债和中高等级信用债为主，采用票息＋杠杆的投资策略，权益配置除了满足打新市值门槛外，仓位和个股均采取主动管理策略，组合整体多以绝对收益思路来运作。

4. 权益对冲

目前，主流的玩法是在权益配置部分使用股指期货进行对冲（常用沪深 300 期货、上证 50 股指期货与中证 600 股指期货），剥离风险（市场系统性风险），再辅以打新、事件驱动等实现增强。股指期货对冲多用于私募基金，近年来公募也进入对冲时代。此外，融券也是对冲风险的高性价比选择。融券能够对已持有的仓位市值进行完全对冲，无仓位暴露风险。与此同时，融券操作也能加大杠杆，放大基金风险和收益的涨跌幅度。

5. 增强型指数基金

增强型指数基金是在被动化指数投资的基础上，摒弃难度极大并且准确度不高的择时策略，采用主动增强策略或量化增强策略，以期获取收益，同时将对指数的跟踪误差锁定在一定的范围内。与被动指数型基金相比，增强型指数基金的投资目标不再是追求指数跟踪偏离度最小化（即择时策略，完全复制目标指数），而是在跟踪目标指数的基础上，允许指数跟踪偏离度小幅扩大，侧重于获取收益（即主动增强策略或量化增强策略）。

6. 日内+0交易

日内+0交易，即日内回转交易，是指持仓时间短，不留过夜持仓的交易策略，追求入市后短时间内确定性的上涨或者下跌的机会。日内+0交易策略在交易层面上分为3个子策略：（1）反转策略，日内短时间内市场产生极端情绪后的均值回归；（2）动量策略，某类强势个股在日内短时间内价格延续前一时段走势的动量策略；（3）联动策略，个股与市场指数、个股与板块、个股与个股之间在短时间内价格出现背离后回归带来的收益。

表7-15 打新金融产品分类一览表

产品类型	配置	策略
固收+	固收仓	以利率债和中高等级信用债为主
	权益底仓	以低估值、低波动、高ROE、高股息的稳健股为主
	收益增厚垫	打新
股票+	权益仓	主动策略：采用主动增强策略或量化增强策略，以期获得收益。被动策略：以被动指数型基金为例，采用择时策略，追求指数跟踪偏离度最小化
	权益底仓	以低估值、低波动、高ROE、高股息的稳健股为主
	收益增厚垫	打新
股债混合	固收仓	以利率债和中高等级信用债为主
	权益仓	稳健股搭配主动管理策略，以绝对收益思路运作
	收益增厚垫	打新
创新+	权益对冲	股指期货对冲和融券对冲；能对已持有的仓位市值进行完全对冲，无仓位暴露风险
	增强指数	在跟踪目标指数的基础上，采取主动增强策略或量化增强策略，以获取收益
	日内+0交易	低买高卖，追求短时间内确定性的上涨或下跌的机会

数据来源：中德证券产业研究部整理。

（三）新股的择股与择时建议

1. 择股建议 1：选择"三低"品种

"三低"品种是指发行估值低、首发价格低、首发市值低的新股品种。

发行价估值与上市后表现可类比弹簧效应，发行估值低则上涨空间大，发行估值高则上涨空间有限，甚至可能破发。一方面，发行市盈率过高是导致破发的主要因素之一，低发行市盈率或许是更安全的打新选择，2022 年发行市盈率在 100 倍以上的个股破发率为 29%，首日平均均价涨幅为 31.4%，而发行市盈率在 0~20 倍区间的个股破发率仅为 6.3%，首日平均均价涨幅达 93.8%。另一方面，是否具备一定的盈利能力也是市场考虑的重要因素，2022 年未盈利新股的破发率高达 63.6%，而首日平均均价涨幅仅为 0.6%。在注册制背景下，新股供给增加、稀缺性下降，叠加 2022 年市场整体行情相对低迷，所以投资者打新更关注具备优质基本面的公司。长期来看，随着注册制改革的全面推进，打新仍需聚焦性价比。

从首发定价和市值来看，新规下每股首发价格小于 10 元、首发市值小于 20 亿元的注册制询价新股上市首日均未破发。个别低价新股上市后相对于发行价出现了超出一般水平的涨幅。比如读客文化（301025.SZ），每股发行价为 1.55 元，上市首日开盘价为 13.95 元，收盘价为 31.66 元，涨幅达 1 942.58%（相对于发行价）。这说明低价新股更容易受到投机资金的青睐，上市后短期表现较好。

首发价格位于 50~100 元的 42 只新股中有 24 只破发，破发率高达 57.14%，明显高于其余区间；首发市值在 300 亿元以上的破发率也高达 55.56%，首发市值在 50 亿~100 亿元的新股破发率高达 41.67%，而市值在 20 亿~50 亿元的新股破发率仅为 17.39%。

从经验来看，A 股投资者历史上对小市值股票抱有较高热情。考虑到交易新股的投资者相对有限，新股的发行市值越高，交易新股对投机资金的消耗就越大，维持股价在高估水平上就越困难。因此，我们认为新股发行市值规模和上市后表现可能呈现负相关关系。

询价结果也表现了市场投资者对新股的定价观点，一般采用"四值孰低"进行参考（"四值孰低"：网下投资者剔除最高报价部分后，剩余报价的中位数和加权平均数，以及公募产品、社保基金和养老金剩余报价的中位数和加权平均数最低值）。

此外，新规下主承销商的自主定价权利更高，新股最终定价可以突破"四值孰低"定价，或主动低于"四值孰低"定价，过往定价权重心完全向买方倾斜的模式得到改善。2022 年，新股主承销商也灵活调整定价，在市场"四值孰低"的基础上进行一定的上浮或下调。

2022 年询价的 237 只科创板和创业板新股中，11 只新股的价格显著超越"四值孰低"，110 只新股基本采用"四值孰低"定价，116 只新股的价格显著低于"四值孰低"，表 7–16 所列新股为其中幅度最高的 10 只。当定价相对于"四值孰低"有所上浮时，新股破发率有可能会提升，11 只价格显著超越"四值孰低"的股票，破发率达 45.45%，110 只基本采用"四值孰低"定价的股票破发率为 35.45%，116 只价格显著低于"四值孰低"的股票破发率为 22.41%。

表 7–16　IPO 定价低于"四值孰低"幅度最高的 10 只新股

询价公告日	股票代码	股票名称	上市板块	价格（元/股）	询价"四值孰低"（元/股）	幅度	上市首日收益率
20220128	688267	中触媒	科创板	41.90	47.97	−12.65%	6%
20220818	688351	微电生理	科创板	16.51	18.97	−12.97%	−15%
20220809	688271	联影医疗	科创板	109.88	128.31	−14.36%	66%
20220905	301327	华宝新能	创业板	237.50	278.80	−14.81%	−5%
20220127	688283	坤恒顺维	科创板	33.80	40.67	−16.89%	16%
20221129	688503	聚和材料	科创板	110.00	134.67	−18.32%	39%
20220307	301219	腾远钴业	创业板	173.98	215.81	−19.38%	13%
20220926	301316	慧博云通	创业板	7.60	9.51	−20.08%	224%
20220114	688223	晶科能源	科创板	5.00	6.32	−20.89%	104%
20221013	688152	麒麟信安	科创板	68.89	87.78	−21.52%	197%

数据来源：中德证券产业研究部整理。

2. 择股建议 2：规避科创板未实现盈利的新股

2022 年新股涨幅在板块间呈现显著分化，其中主板维持零破发率，平均涨幅达到 115.31%，创业板平均涨幅其次，为 43.56% 左右，科创板平均涨幅最低，为 19.89%，且破发率最高，达到 37.9%。将科创板新股分为实现盈利新股与未实现盈利新股后，我们可以发现，未盈利新股中位数涨幅低于0，破发率达到59.09%，对全年的打新收益基本为负贡献。

我们认为，科创板新股破发率最高的主要原因是科创板未实现盈利的新股，其盈利不确定性强，投资机构间询价分歧度较高，定价难度大。例如百利天恒（688506.SH），其10%报价分位数为20.04元/股，90%报价分位数达到43.09元/股，相差一倍多。

3. 择股建议3：寻找超募的新股品种

询价新规的实施让新股募资不足的情况得到了缓解，2022年市场发行数量不及预期，但发行总规模再创新高，其中就有超募频现的原因。表7-17列举了5只2022年超募绝对数额超20亿元的新股。另外有2家公司的超募比例在5倍左右：华宝新能预计募资9.10亿元，实际募资总额为58.29亿元，超募比例达540.55%；纳芯微预计募资9.8亿元，实际募资总额为58.11亿元，超募比例达492.6%。

表7-17 2022年超募比例较高的5只新股市场表现

股票代码	股票名称	上市板块	实际募资（亿元）	预计募资（亿元）	超募比例	新股收益率
688223	晶科能源	科创板	100.00	62.75	59.36%	104.04%
688297	中无人机	科创板	43.67	18.10	141.27%	63.82%
688120	华海清科	科创板	36.44	11.54	215.77%	69.41%
688348	昱能科技	科创板	32.60	7.79	318.49%	72.95%
301238	瑞泰新材	创业板	35.16	13.28	164.76%	75.88%

数据来源：中德证券产业研究部整理。

新股超额认购倍数反映了投资者对新股的看好程度。由询价机制可知，有资格参与网下打新的为机构投资者和资金规模较大的个人投资者。我们认为，网下打新投资者对新股具有更强的定价分析能力。超募是资金对标的的青睐程度的市场化反应，也反映了投资者对公司的认可度。

4. 择股建议4：新股首日卖出

整体来看，如图7-14所示，上市5日盈亏分布、上市90日盈亏分布、上市180日盈亏分布非常相似，长期持有并不能获得显著的超额收益。这一现象意味着，如果对新股的投资价值没有深度观点,那么注册制下新股上市首日卖出就是最佳策略。

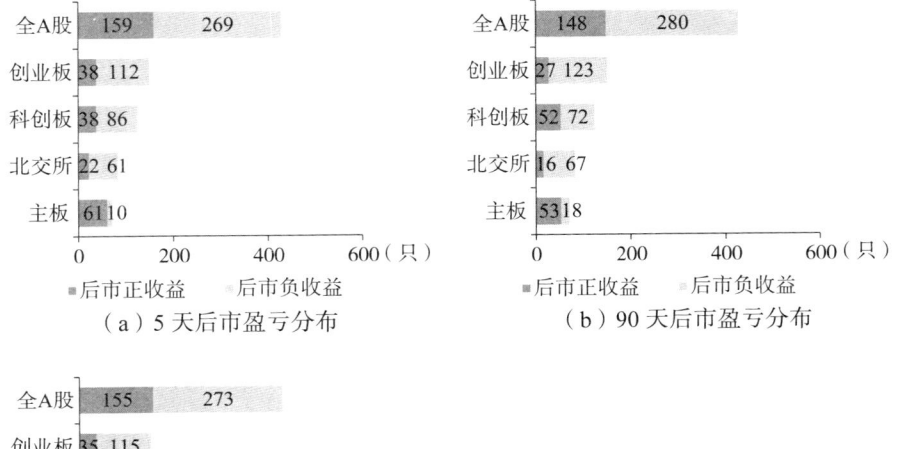

(a) 5天后市盈亏分布

板块	后市正收益	后市负收益
全A股	159	269
创业板	38	112
科创板	38	86
北交所	22	61
主板	61	10

(b) 90天后市盈亏分布

板块	后市正收益	后市负收益
全A股	148	280
创业板	27	123
科创板	52	72
北交所	16	67
主板	53	18

(c) 180天后市盈亏分布

板块	后市正收益	后市负收益
全A股	155	273
创业板	35	115
科创板	53	71
北交所	16	67
主板	51	20

图 7-14　盈亏分布

注:以上市首日开盘价作为基准核算。
数据来源:中德证券产业研究部,同花顺。

第 8 章　一年期限售股份解禁企业经营业绩与估值

在研究中国公司首次发行上市的过程中，限售股份解禁对企业经营业绩与估值产生的影响是一个不可忽略的部分。本章聚焦于探究一年期限售股份解禁后企业的经营业绩与估值变化，并为理解这一现象提供了深入的分析。通过对 IPO 企业限售的相关规定进行梳理，我们能够更好地理解解禁机制的运作方式。本章的主要部分是对解禁企业指标的统计分析，通过对多个指标的研究，我们能够揭示解禁对企业产生的各个方面的影响。关于股东实际减持情况的探讨也将有助于我们理解限售股份解禁后的市场行为。研究还将关注一年期限售股份解禁与企业经营业绩之间的关系，以及分析解禁后股票价格的走势，从而揭示解禁对企业价值产生的实质性影响。最后，本章将通过深入的研究，为投资者提供针对一年解禁标的的投资建议，从而使投资者能够在复杂的市场环境中做出明智的决策。通过这一研究，我们有望深刻理解限售股份解禁对中国 IPO 企业的经营业绩与估值产生的影响，为投资和决策提供新的洞察。

IPO 企业限售的相关规定

根据流通性质，我们可将上市公司股份分为有限售条件的流通股和无限售条件的流通股。限售流通股是指交易或转让受特定条件（如期限、数量等）限制的上市公司股份；流通股是指流通、转让不受限制的上市公司股份。限售流通股在满足解除限售条件后，可向交易所和中国证券登记结算有限责任公司申请解除限售上市流通，其股份性质由限售股变为流通股。

限售股份的来源主要有以下几种：上市公司首发前已发行的股份，如发起人持有的股份、原非流通股股东持有的股份等；上市公司首发时向特定对象发行的股份，如战略投资者、网下配售对象等；上市公司后续向特定对象非公开发行的股份；上市公司通过重大资产重组向特定对象发行的股份；上市公司实施股权激励形成的限售股份；上市公司实施员工持股计划形成的限售股份；收购人在上市公司收购中取得的被收购公司的股份。

限售股份上市流通的条件和程序主要取决于限售股份的来源和性质。不同类型的限售股份有不同的锁定期和解禁规则，具体如下。

如表8-1所示，发起人持有的本公司股份，根据《公司法》第141条规定，自公司成立之日起1年内不得转让。公司公开发行股份前已发行的股份，自公司股票在证券交易所上市交易之日起1年内不得转让。根据《深圳证券交易所股票上市规则（2013年修订）》，发行人向本所申请其首次公开发行的股票上市时，其控股股东和实际控制人应当承诺：自发行人股票上市之日起36个月内，不转让或者委托他人管理其直接或者间接持有的发行人首发前股份，也不得由发行人回购其直接或者间接持有的发行人首发前股份。发行人应当在上市公告书中公告上述承诺。

表8-1 股份限售的相关规定

事项	要点提示	法规依据
首发上市	发起人持有的本公司股份，自公司成立之日起1年内不得转让。公司公开发行股份前已发行的股份，自公司股票在证券交易所上市交易之日起1年内不得转让	《公司法》第141条
	控股股东和实际控制人应当承诺：自发行人股票上市之日起36个月内，不转让或者委托他人管理其直接或者间接持有的发行人公开发行股票前已发行股份，也不得由发行人回购该部分股份。但转让双方存在控制关系，或者均受同一实际控制人控制的，自发行人股票上市之日起1年后，经控股股东和实际控制人申请并经本所同意，可豁免遵守前款承诺	《上海证券交易所股票上市规则》第10.4.5条

(续表)

事项	要点提示	法规依据
首发上市	【创业板、科创板】公司上市时未盈利的，在公司实现盈利前，控股股东、实际控制人自公司股票上市之日起3个完整会计年度内，不得减持首发前股份；自公司股票上市之日起第4个会计年度和第5个会计年度内，每年减持的首发前股份不得超过公司股份总数的2%，并应当符合《减持细则》关于减持股份的相关规定。公司上市时未盈利的，在公司实现盈利前，董事、监事、高级管理人员及核心技术人员（科创板）自公司股票上市之日起3个完整会计年度内，不得减持首发前股份；在前述期间内离职的，应当继续遵守本款规定。公司实现盈利后，前两款规定的股东可以自当年年度报告披露后次日起减持首发前股份，但应当遵守本节其他规定。注：创业板股票上市规则中明确了控股股东及实际控制人的一致行动人合并计算	《股票上市规则》创业板第2.3.5条、科创板第2.4.3条
非公开发行	以下人员认购的非公开发行股份自发行结束之日起18个月内不得转让：（一）上市公司的控股股东、实际控制人或其控制的关联人；（二）通过认购本次发行的股份取得上市公司实际控制权的投资者；（三）董事会拟引入的境内外战略投资者	《上市公司非公开发行股票实施细则》（2020年修订）第7条
	发行对象属于《上市公司非公开发行股票实施细则》第7条第2款规定以外的情形的，发行对象认购的股份自发行结束之日起6个月内不得转让	《上市公司非公开发行股票实施细则》（2020年修订）第8条
重大资产重组	特定对象以资产认购而取得的上市公司股份，自股份发行结束之日起12个月内不得转让；属于下列情形之一的，36个月内不得转让：（一）特定对象为上市公司控股股东、实际控制人或者其控制的关联人；（二）特定对象通过认购本次发行的股份取得上市公司的实际控制权；（三）特定对象取得本次发行的股份时，对其用于认购股份的资产持续拥有权益的时间不足12个月。属于本办法第13条第1款规定的交易情形的，上市公司原控股股东、原实际控制人及其控制的关联人，以及在交易过程中从该等主体直接或间接受让该上市公司股份的特定对象应当公开承诺，在本次交易完成后36个月内不转让其在该上市公司中拥有权益的股份；除收购人及其关联人以外的特定对象应当公开承诺，其以资产认购而取得的上市公司股份自股份发行结束之日起24个月内不得转让	《上市公司重大资产重组管理办法》第46条
	上市公司向控股股东、实际控制人或者其控制的关联人发行股份购买资产，或者发行股份购买资产将导致上市公司实际控制权发生变更的，认购股份的特定对象应当在发行股份购买资产报告书中公开承诺：本次交易完成后6个月内如上市公司股票连续20个交易日的收盘价低于发行价，或者交易完成后6个月期末收盘价低于发行价的，其持有公司股票的锁定期自动延长至少6个月	《上市公司重大资产重组管理办法》第47条

(续表)

事项	要点提示	法规依据
董监高股份锁定	公司董事、监事、高级管理人员应当向公司申报所持有的本公司的股份及其变动情况，在任职期间每年转让的股份不得超过其所持有本公司股份总数的25%；所持本公司股份自公司股票上市交易之日起1年内不得转让。上述人员离职后半年内，不得转让其所持有的本公司股份。公司章程可以对公司董事、监事、高级管理人员转让其所持有的本公司股份做出其他限制性规定	《公司法》第141条
股权激励	第一类限制性股票：限制性股票授予日与首次解除限售日之间的间隔不得少于12个月。在限制性股票有效期内，上市公司应当规定分期解除限售，每期时限不得少于12个月，各期解除限售的比例不得超过激励对象获授限制性股票总额的50%。股票期权：股票期权授权日与获授股票期权首次可行权日之间的间隔不得少于12个月。在股票期权有效期内，上市公司应当规定激励对象分期行权，每期时限不得少于12个月，后一行权期的起算日不得早于前一行权期的届满日。每期可行权的股票期权比例不得超过激励对象获授股票期权总额的50%	《上市公司股权激励管理办法》第24条、第25条、第30条、第31条
	【创业板、科创板】第二类限制性股票：获益条件包含12个月以上的任职期限的，实际授予的权益进行登记后，可不再设置限售期	《股票上市规则》创业板第8.4.6条、科创板第10.7条
员工持股计划	每期员工持股计划的持股期限不得低于12个月，以非公开发行方式实施员工持股计划的，持股期限不得低于36个月，自上市公司公告标的股票过户至本期持股计划名下时起算；上市公司应当在员工持股计划届满前6个月公告到期计划持有的股票数量	《关于上市公司实施员工持股计划试点的指导意见》（六）
收购	在上市公司收购中，收购人持有的被收购公司的股份，在收购完成后18个月内不得转让。收购人在被收购公司中拥有权益的股份在同一实际控制人控制的不同主体之间进行转让不受前述18个月的限制，但应当遵守本办法第六章的规定	《上市公司收购管理办法》第74条

数据来源：证监会，上交所，深交所。

上市公司后续向特定对象非公开发行的非公开发行股份，根据《上市公司非公开发行股票实施细则》第7条和第8条规定，以下人员认购的非公开发行股份自发行结束之日起18个月内不得转让：（一）上市公司的控股股东、实际控制人或其控制的关联人；（二）通过认购本次发行的股份取得上市公司实际控制权的投资者；（三）董事会拟引入的境内外战略投资者。发行对象属于第7条第2款规定以外的情形的，发行对象认购的股份自发行结束之日起6个月内不得转让。

上市公司通过重大资产重组向特定对象发行的重组股份，根据《上市公司重大资产重组管理办法》第46条和第47条规定，特定对象以资产认购而取得的上市公司股份，自股份发行结束之日起12个月内不得转让；属于下列情形之一的，36个月内不得转让：（一）特定对象为上市公司控股股东、实际控制人或者其控制的关联人；（二）特定对象通过认购本次发行的股份取得上市公司的实际控制权；（三）特定对象取得本次发行的股份时，对其用于认购股份的资产持续拥有权益的时间不足12个月。

上市公司向控股股东、实际控制人或者其控制的关联人发行股份购买资产，或者发行股份购买资产将导致上市公司实际控制权发生变更的，认购股份的特定对象应当在发行股份购买资产报告书中公开承诺：本次交易完成后6个月内如上市公司股票连续20个交易日的收盘价低于发行价，或者交易完成后6个月期末收盘价低于发行价的，其持有公司股票的锁定期自动延长至少6个月。

上市公司实施股权激励形成的激励限售股份，根据《上市公司股权激励管理办法》第24条、第25条、第30条和第31条规定，限制性股票授予日与首次解除限售日之间的间隔不得少于12个月。在限制性股票有效期内，上市公司应当规定分期解除限售，每期时限不得少于12个月，各期解除限售的比例不得超过激励对象获授限制性股票总额的50%。股票期权授权日与获授股票期权首次可行权日之间的间隔不得少于12个月。在股票期权有效期内，上市公司应当规定激励对象分期行权，每期时限不得少于12个月，后一行权期的起算日不得早于前一行权期的届满日。每期可行权的股票期权比例不得超过激励对象获授股票期权总额的50%。

上市公司实施员工持股计划形成的员工持股计划限售股份，根据《关于上市公司实施员工持股计划试点的指导意见》第6条规定，每期员工持股计划的持股期限不得低于12个月，以非公开发行方式实施员工持股计划的，持股期限不得低于36个月，自上市公司公告标的股票过户至本期持股计划名下时起算；上市公司应当在员工持股计划届满前6个月公告到期计划持有的股票数量。

收购人在上市公司收购中取得的被收购公司的收购限售股份，根据《上市公司收购管理办法》第74条规定，在上市公司收购中，收购人持有的被收购公司的股份，在收购完成后18个月内不得转让。收购人在被收购公司中拥有权益的股份在同一实际控制人控制的不同主体之间进行转让不受前述18个月的限制，但应当遵守本办法第六章的规定。

解禁企业指标统计分析

一、一年期限售股解禁的企业

按照有效市场理论,限售股解禁属市场公开信息,即便弱有效市场也不应该对解禁有任何显著的反应。然而,国内外的研究均表明,解禁期间的股价走向会显著受到解禁事件影响,针对这种解禁效应发挥作用的原因,学界有几种解释:(1)价格压力假说,即限售股解禁时,股票供给增加,股价下行形成新的更低供求均衡点。(2)需求曲线向下倾斜假说,即每只股票都是不可替代的,股票的需求曲线是向右下方倾斜的。当股票解禁时,向右上方倾斜的供给曲线会向右偏移,形成更低成交价格。(3)信息不对称假说,即普通投资者为了防止因企业内部人员通过一些内幕信息抛售股份而导致其自身投资利益受损,会在实际解禁日前一段时间降低股价预期或者抛售、减持手中的股票,从而推动股价在解禁期间下沉。

国内关于限售股解禁的市场效应研究起始于股权分置改革后,自 2009 年股改限售股解禁数量达到高峰后,首发限售股在限售股解禁中所占的比例越来越高,对此实证研究选取了不同的样本。仇保妹(2011)对 2006—2008 年上市的 170 家公司的 187 次解禁事件进行研究,发现限售股解禁短期内呈负股价效应,原始股东获利程度对限售股解禁效应影响不大,市场指数和限售股解禁占流通股的比例对限售股解禁效应起主要作用。黄磊(2012)发现,限售股解禁事件对于个股有明显的异常负回报,在解禁当天解禁个股有明显的异常正回报。基于创业板 313 只股票的 545 次限售股锁定期解禁事件,刘进(2013)发现,在第一次解禁的窗口期,累计异常收益率呈现出典型的波动特征,而第二次则表现出由负转正的变化形态。不区分限售股的性质,将股改限售、首发限售以及增发限售等解禁事件作为一个整体,黄张凯等人(2010)研究了 1 004 家公司限售股解禁的价格效应,发现解禁事件带来了显著为负的异常收益。史永东和于明业(2011)对 2008—2009 年沪深两市的 1 341 个限售股解禁事件进行研究,发现股市中存在明显的过度反应,并且限售股月解禁比例与沪深 300 指数滞后两个月的月度收益率高度相关。王秀丽和蔡让发(2011)对 2007—2009 年有解禁行为的上市公司进行研究,发现在股指上升期和下降期具有解禁行为的上市公司的异常收益率表现出不同的变动方向。李庆峰和黄维加（2011）对2006年以来有股改限售股和首发限售股解禁的沪深300指数成分股进行研究，发现限售股解禁的市场冲击效应主要集中在解禁前，限售股解禁类型（无论是大小非还是大小限）、解禁规模（无论是大于10%还是小于10%）以及市场环境（无论是牛市阶段还是熊市阶段）等因素并没有造成解禁效应的显著性差异。

我们以所有2021年且在2022年至少有一次解禁的公司作为本次解禁研究的样本，以2022年第一次解禁作为一年期限售股解禁事件，考察在该解禁事件中解禁股票数量、性质、解禁股数占2022年底流通股（含限售股）数量的比例。数据显示，2021年上市的公司共524家，其中499家在2022年有限售股解禁事件发生。值得注意的是，解禁样本中在科创板上市的公司全部在2022年6月30日前第一次解禁。

我们从多维度梳理、统计上述解禁样本中的上市公司，以期对研究对象有更全面的理解。499家上市公司中，40家在北交所、110家在主板、161家在科创板、188家在创业板上市；按市值规模统计公司数量的分布，数量最多的为市值10亿（含）~50亿元（不含）的上市企业，达291家，千亿元以上的公司2家，100亿（含）~1 000亿元（不含）的公司88家，50亿（含）~100亿元的公司88家，10亿元以下的30家。

在499家上市公司中，生物医药、汽车、机械设备、基础化工、电子、电力设备行业的企业较多，分别为59、31、74、49、59、33家；有色金属10家，银行4家，通信6家，食品饮料13家，社会服务4家，商贸零售3家，轻工制造11家，农林牧渔7家，美容护理5家，计算机26家，家用电器8家，交通运输6家，建筑装饰24家，环保19家，国防军工13家，公用事业8家，钢铁1家，非银金融2家，纺织服装16家，传媒6家，等等。

解禁样本中的499家上市公司，其限售股占总股本比例总体较高，平均值为77.4%。除9家上市公司限售股占总股本比例低于50%（百济神州最低，为2.95%，其余8家在20%~50%之间），其他490家限售股占总股本比例在50%以上，其中格科微的限售股占比最高，达93.4%。按照上市板统计，主板和科创板的限售股占比较高，分别达79.4%和79.3%，北交所最低，为64.5%，创业板为77.4%。在主板、北交所、科创板、创业板的上市公司平均市值分别是122亿元、12亿元、94亿元、49亿元。

二、解禁股票数量及其占流通股比例

2021年上市且在2022年有限售股解禁的499家公司中，按解禁股票数统计上市公司数量，解禁1 000万~1亿股和100万~1 000万股的公司数量较多，分别为212家和202家，解禁1亿股以上和100万股以下的分别为45家和40家。

按解禁股票数占流通股（含限售股）比例来统计上市公司数量，解禁股数占比在20%~50%和1%~5%的公司数量较多，分别为142家和148家，解禁股数占比在50%以上的最少，为7家，解禁股数占比在10%~20%、5%~10%和1%以下的分别为75家、43家、84家。

按解禁股票性质统计上市公司数量，如表8-2所示，解禁股票为首发原股东限售股份的上市公司数量最多，为239家，解禁股票为首发一般股份+首发机构配售股份的公司有161家，解禁股票为首发战略配售股份和首发战略配售股份+首发原股东限售股份的分别为28家和68家，另有2家解禁股票性质为股权激励限售股份，1家解禁股票性质为首发原股东限售股份+其他类型。

表8-2 按解禁股票性质分的上市公司数量分布

单位：家

	首发战略配售股份	首发原股东配售股份	股权激励限售股份	首发一般股份+首发机构配售股份	首发原股东限售股份+首发战略配售股份	首发原股东限售+其他类型
全部解禁公司	28	239	2	161	68	1
北交所	25	12	1	0	1	1
科创板	3	30	0	76	52	0
创业板	0	109	0	1	0	0
主板	0	88	1	84	15	0

数据来源：万得，海通证券研究所。

按所在上市板统计平均解禁市值，主板、北交所、科创板、创业板的上市公司平均解禁市值（以解禁股数×2022年1月1日收盘价计算）分别是24.3亿元、1.2亿元、13.7亿元、8.7亿元。由此可见，相对于总市值，主板和创业板的平均解禁市值更高，北交所的平均解禁市值最低。

按所在上市板分别统计不同解禁股票性质的上市公司数量分布，2021年上市且在2022年有限售股解禁的499家公司中，首发原股东配售股份占比最多，达48%，首发一般股份+首发机构配售股份占比其次，达32%，首发原股东配售股份+首发战略配售股份占比再次，达14%，首发战略配售股份占比最少，为6%。其中，北交所上市公司的解禁性质主要是首发战略配售股份和首发原股东配售股份，科创板上市公司的解禁性质主要是首发一般股份+首发机构配售股份、首发原股东限售股份+首发战略配售股份和首发原股东配售股份，创业板上市公司的解禁性质主要是首发原股东配售股份，主板上市公司的解禁性质主要是首发原股东配售股份和首发一般股份+首发机构配售股份。

我们按公司所在上市板块解禁股数分类统计上市公司的分布可以发现，如表8-3所示，北交所的上市公司解禁股数集中在100万~500万股，科创板的上市公司解禁股数集中在100万~500万股和1 000万~10 000万股，创业板的上市公司解禁股数集中在100万~500万股和1 000万~10 000万股，主板的上市公司解禁股数集中在1 000万~10 000万股，创业板的上市公司解禁股数相对最多，北交所的上市公司解禁股数相对最少。

表8-3 按解禁股数分的上市公司分布

单位：家

	100万股以下	100万~500万股	500万~1 000万股	1 000万~10 000万股	1亿股以上	合计
全部解禁公司	40	163	39	212	45	499
北交所	2	25	5	8	0	40
科创板	27	47	8	67	12	161
创业板	11	81	15	76	5	188
主板	0	10	11	61	28	110
市值10亿元以下	0	20	5	5	0	30
市值10亿~50亿元	26	90	27	138	10	291
市值50亿~100亿元	7	29	6	35	11	88

(续表)

	100万股以下	100万~500万股	500万~1000万股	1000万~10000万股	1亿股以上	合计
市值 100亿~1000亿元	7	24	1	33	23	88
市值 1000亿元以上	0	0	0	1	1	2

数据来源：万得，海通证券研究所。

北交所上市的40家解禁公司中，2家解禁股数在100万股以下，25家解禁股数在100万（含）~500万（不含）股，5家解禁股数在500万（含）~1000万（不含）股，8家解禁股数在1000万（含）~10000万（不含）股，解禁股数最多的上市公司即驱动力解禁4448万股。

在科创板上市的161家解禁公司中，27家解禁股数在100万股以下，47家解禁股数在100万（含）~500万（不含）股，8家解禁股数在500万（含）~1000万（不含）股，67家解禁股数在1000万（含）~10000万（不含）股，12家解禁股数在1亿股以上，解禁股数最多的上市公司即和辉光电解禁34.19亿股。

在创业板上市的188家解禁公司中，11家解禁股数在100万股以下，81家解禁股数在100万（含）~500万（不含）股，15家解禁股数在500万（含）~1000万（不含）股，76家解禁股数在1000万（含）~10000万（不含）股，5家解禁股票数在1亿股以上，解禁股数最多的上市公司即商络电子解禁1.77亿股。

在主板上市的110家解禁公司中，10家解禁股数在100万（含）~500万（不含）股，11家解禁股数在500万（含）~1000万（不含）股，61家解禁股数在1000万（含）~10000万（不含）股，28家解禁股数在1亿股以上，解禁股数最多的上市公司即沪农商行解禁36.57亿股。

按市值规模分类统计解禁股数的分布可以发现，市值在10亿元以下的上市公司解禁股数集中在100万~500万股，市值在10亿~50亿元、50亿~100亿元、100亿~1000亿元的上市公司解禁股数均集中在1000万~10000万股和100万~500万股，市值在千亿元以上的上市公司解禁股数均在1000万股以上。

市值在10亿元以下的30家解禁公司中，20家解禁股数在100万（含）~500万（不含）股，5家解禁股数在500万（含）~1 000万（不含）股，5家解禁股数在1 000万（含）~10 000万（不含）股，解禁股数最多的上市公司即驱动力解禁4 448万股。

市值在10亿（含）~50亿元（不含）的291家解禁公司中，26家解禁股数在100万股以下，90家解禁股数在100万（含）~500万（不含）股，27家在500万（含）~1 000万（不含）股，138家在1 000万（含）~10 000万（不含）股；10家解禁股数在1亿股以上，解禁股数最多的上市公司即华通线缆解禁2.48亿股。

市值在50亿（含）~100亿元（不含）的88家解禁公司中，7家解禁股数在100万股以下，29家解禁股数在100万（含）~500万（不含）股，6家在500万（含）~1 000万（不含）股，35家在1 000万（含）~10 000万（不含）股，11家解禁股数在1亿股以上，解禁股数最多的上市公司即菜百股份解禁5.09亿股。

市值在100亿（含）~1 000亿元（不含）的88家解禁公司中，7家解禁股数在100万股以下，24家解禁股数在100万（含）~500万（不含）股，1家在500万（含）~1 000万（不含）股，33家在1 000万（含）~10 000万（不含）股，23家解禁股数在1亿股以上，解禁股数最多的上市公司即沪农商行解禁36.57亿股。

市值在千亿元以上的解禁公司有2家，其中大全能源解禁1 147万股，中国电信解禁9.86亿股。

按所在上市板统计解禁股数占流通股比例的分布，如表8-4所示，解禁股数占流通股比例在5%以下的公司主要分布在创业板和科创板；解禁股数占流通股比例在5%~10%的公司主要分布在主板，解禁股数占流通股比例为10%~20%的公司主要分布在创业板和主板，解禁股数占流通股比例为20%~50%的公司主要分布在科创板、创业板和主板，解禁股数占流通股比例在50%以上的公司主要分布在科创板。

表8-4 按解禁股数占流通股比例分的上市公司分布

单位：家

	5%以下	5%~10%	10%~20%	20%~50%	50%以上	合计
全部解禁公司	232	43	76	141	7	499
北交所	31	2	3	4	0	40

（续表）

	5%以下	5%~10%	10%~20%	20%~50%	50%以上	合计
科创板	83	7	11	56	4	161
创业板	97	12	34	44	1	188
主板	21	22	28	37	2	110
市值10亿元以下	27	0	2	1	0	30
市值10亿~50亿元	121	25	53	88	4	291
市值50亿~100亿元	44	7	11	24	2	88
市值100亿~1 000亿元	41	9	10	27	1	88
市值1 000亿元以上	2	0	0	0	0	2

数据来源：万得，海通证券研究所。

在北交所上市的40家公司中，31家解禁股数占流通股本（含限售股）的比例不超过5%，解禁股数占流通股本比例最高的上市公司德源药业占比达36.8%。

在科创板上市的161家公司中，75家解禁股数占流通股本（含限售股）的比例低于2%（解禁股票性质均为首发一般股份和首发机构配售股份），83家解禁股数占流通股本（含限售股）的比例低于5%，解禁股数占流通股本比例最高的上市公司欧林生物占比达62.1%。

在主板上市的110家公司中，解禁股数占流通股本（含限售股）的比例为10%~20%的为28家，合计21家解禁股数占流通股本（含限售股）的比例低于5%，解禁股数占流通股本比例最高的上市公司圣泉集团占比达68.2%。

创业板上市的188家公司中，91家解禁股数占流通股本（含限售股）的比例低于2%，解禁股数占流通股本比例最高的上市公司德迈仕占比达57.9%。

按市值规模统计解禁股数占流通股比例的分布，市值在10亿元以下的上市公司解禁股数占流通股比例多数在5%以下，市值在10亿~50亿元的上市公司解禁股数占流通股比例多数在5%以下、20%~50%或10%~20%，市值在50亿~100亿元的上市公司解禁股数占流通股比例多数在5%以下或20%~50%，市值在100亿~1 000亿元的上市公司解禁股数占流通股比例多数在5%以下或20%~50%，市值在千亿元以上的2家公司解禁股数占流通股比重均在2%以下。

市值在 10 亿元以下的 30 家公司中，除北交所的华维设计（12.5%）、智新电子（21.3%）、德瑞电子（13.1%）解禁股数占流通股比重超 10% 外，其他占比均在 5% 以下。

市值在 10 亿（含）~50 亿元（不含）的 291 家上市公司中，解禁股数占流通股比重在 5% 以下的有 121 家，5%~10% 的有 25 家，10%~20% 的有 53 家，20%~50% 的有 88 家，50% 以上的有 4 家。

市值在 50 亿（含）~100 亿元（不含）的 88 家公司中，解禁股数占流通股比重在 5% 以下的有 44 家，5%~10% 的有 7 家，10%~20% 的有 11 家，20%~50% 的有 24 家，50% 以上的有 2 家。

市值在 100 亿（含）~1 000 亿元（不含）的 88 家公司中，解禁股数占流通股比重在 5% 以下的有 41 家，5%~10% 的有 9 家，10%~20% 的有 10 家，20%~50% 的有 27 家，50% 以上的有 1 家。

股东实际减持情况

根据上市公司解禁减持公告，2022 年，共有 153 家一年期限售股份解禁企业的股东实际进行了减持交易，累计进行了 800 笔减持交易（将一个解禁减持公告下的解禁减持交易定义为一笔解禁减持交易），累计减持股份 115 343.14 万股，每家上市公司平均减持 783.88 万股，平均占股本比例约为 3%。如表 8–5 所示，在减持方式方面，153 家解禁减持公司中，首发原股东限售股份的有 69 家，首发战略配售解禁减持的有 3 家，涉及首发原股东限售股份+首发战略配售股份的有 35 家，涉及首发一般股份+首发机构配售股份的有 46 家。

表 8–5　2022 年一年期限售股解禁实际减持企业列表（累计减持量逆序排列）

名称	2022 年实际减持累计数量（万股）	上市板块	2022 年累计解禁减持占股本比例（%）	减持方式
和辉光电	14 000	科创板	1.01	首发原股东限售股份，首发战略配售股份
大中矿业	7 876.344 2	深证主板	5.22	首发原股东限售股份
东航物流	6 769.142 8	上证主板	4.26	首发原股东限售股份

（续表）

名称	2022年实际减持累计数量（万股）	上市板块	2022年累计解禁减持占股本比例（%）	减持方式
中国黄金	4 859.002 5	上证主板	2.89	首发原股东限售股份
之江生物	4 321.751 8	科创板	22.20	首发原股东限售股份，首发战略配售股份
贝泰妮	3 681.63	创业板	8.69	首发原股东限售股份，首发战略配售股份
科美诊断	3 349.042 9	科创板	8.35	首发原股东限售股份，首发战略配售股份
汇宇制药	2 967.909 7	科创板	7.01	首发一般股份，首发机构配售股份
孩子王	2 783.17	创业板	2.56	首发一般股份，首发机构配售股份
传智教育	2 712.662 6	深证主板	6.74	首发原股东限售股份
九联科技	2 382.097 2	科创板	4.76	首发原股东限售股份，首发战略配售股份
中辰股份	2 292.5	创业板	5.00	首发原股东限售股份
中集车辆	2 113.13	创业板	1.05	首发一般股份，首发机构配售股份
盛航股份	2 052.214 7	深证主板	12.02	首发原股东限售股份
元琛科技	1 952.232	科创板	12.20	首发原股东限售股份
纳微科技	1 916.372 5	科创板	4.79	首发原股东限售股份，首发战略配售股份
格林精密	1 844.000 1	创业板	4.46	首发原股东限售股份，首发战略配售股份
金盘科技	1 812.801 4	科创板	4.26	首发原股东限售股份，首发战略配售股份
楚天龙	1 733.272	深证主板	3.76	首发原股东限售股份
复旦微电	1 628.222	科创板	2.00	首发一般股份，首发机构配售股份
海泰新光	1 537.218 2	科创板	17.67	首发原股东限售股份，首发战略配售股份
中粮科工	1 536.81	创业板	3.00	首发一般股份，首发机构配售股份
奥精医疗	1 387.790 8	科创板	10.41	首发原股东限售股份，首发战略配售股份
立高食品	1 038.61	创业板	6.13	首发原股东限售股份，首发战略配售股份
海天股份	923.51	上证主板	2.96	首发原股东限售股份
澳华内镜	895.76	科创板	6.72	首发一般股份，首发机构配售股份
易瑞生物	893.335 1	创业板	2.23	首发原股东限售股份
百克生物	873.621 8	科创板	2.12	首发原股东限售股份，首发战略配售股份
诺禾致源	853.998 9	科创板	2.13	首发原股东限售股份，首发战略配售股份
凯因科技	849.1	科创板	5.00	首发原股东限售股份
卓锦股份	810.006 7	科创板	6.03	首发一般股份，首发机构配售股份
芳源股份	804.99	科创板	1.57	首发一般股份，首发机构配售股份

（续表）

名称	2022年实际减持累计数量（万股）	上市板块	2022年累计解禁减持占股本比例（%）	减持方式
雷电微力	794.492	创业板	8.21	首发一般股份，首发机构配售股份
怡合达	771.373 5	创业板	1.93	首发一般股份，首发机构配售股份
果麦文化	758.456 7	创业板	10.53	首发一般股份，首发机构配售股份
威腾电气	756	科创板	4.85	首发一般股份，首发机构配售股份
振华新材	656.850 4	科创板	1.48	首发一般股份，首发机构配售股份
川网传媒	635.94	创业板	4.77	首发原股东限售股份，首发战略配售股份
九丰能源	619.654	上证主板	1.00	首发原股东限售股份
中环海陆	600	创业板	6.00	首发一般股份，首发机构配售股份
爱玛科技	574.693 7	上证主板	1.40	首发原股东限售股份
德固特	562.5	创业板	5.63	首发原股东限售股份
震裕科技	551.459	创业板	5.92	首发原股东限售股份，首发战略配售股份
可靠股份	543.704 3	创业板	2.00	首发原股东限售股份，首发战略配售股份
新风光	541.402 4	科创板	3.87	首发原股东限售股份
皓元医药	509.751 4	科创板	6.86	首发原股东限售股份，首发战略配售股份
艾隆科技	509.074 9	科创板	6.59	首发原股东限售股份，首发战略配售股份
迅捷兴	499.94	科创板	3.75	首发原股东限售股份
中农联合	477.776 8	深证主板	4.36	首发原股东限售股份
扬电科技	477	创业板	5.68	首发原股东限售股份
厦钨新能	471.698	科创板	1.87	首发一般股份，首发机构配售股份
英诺激光	454.53	创业板	3.00	首发原股东限售股份
德迈仕	450	创业板	2.93	首发原股东限售股份
利柏特	449.07	上证主板	1.00	首发原股东限售股份
美迪凯	440.62	科创板	1.10	首发原股东限售股份，首发战略配售股份
华安鑫创	436.593 6	创业板	5.46	首发原股东限售股份
金百泽	433.04	创业板	4.06	首发一般股份，首发机构配售股份
优利德	418.507 9	科创板	3.80	首发原股东限售股份
兰卫医学	400.51	创业板	1.00	首发一般股份，首发机构配售股份
祥源新材	391.160 6	创业板	5.44	首发原股东限售股份
中洲特材	390	创业板	3.25	首发原股东限售股份

(续表)

名称	2022年实际减持累计数量（万股）	上市板块	2022年累计解禁减持占股本比例（％）	减持方式
科德数控	383.8628	科创板	4.23	首发一般股份，首发机构配售股份
晓鸣股份	380.4091	创业板	2.00	首发原股东限售股份
青达环保	371.74	科创板	3.93	首发一般股份，首发机构配售股份
智明达	358.726	科创板	7.13	首发原股东限售股份，首发战略配售股份
智洋创新	354.6798	科创板	2.32	首发原股东限售股份
宏微科技	330.25	科创板	3.35	首发一般股份，首发机构配售股份
德必集团	325.528	创业板	4.03	首发原股东限售股份
药易购	316.998	创业板	3.31	首发原股东限售股份
鑫铂股份	303.874	深证主板	2.85	首发原股东限售股份
密封科技	287.9	创业板	1.97	首发一般股份，首发机构配售股份
冠中生态	281.6976	创业板	2.01	首发原股东限售股份
博拓生物	266.67	科创板	2.50	首发一般股份，首发机构配售股份
江南奕帆	266.5634	创业板	4.76	首发原股东限售股份
极米科技	261.9572	科创板	5.24	首发原股东限售股份，首发战略配售股份
罗曼股份	261.665	上证主板	3.02	首发原股东限售股份
百川畅银	261.02	创业板	1.63	首发原股东限售股份
信濠光电	247.7	创业板	3.10	首发原股东限售股份
煜邦电力	244.8686	科创板	1.39	首发原股东限售股份，首发战略配售股份
申菱环境	240	创业板	1.00	首发一般股份，首发机构配售股份
天微电子	239.9954	科创板	3.00	首发一般股份，首发机构配售股份
深城交	231.15	创业板	1.44	首发一般股份，首发机构配售股份
仕净科技	230	创业板	1.73	首发一般股份，首发机构配售股份
崧盛股份	226.79	创业板	2.40	首发原股东限售股份
迈信林	226.269	科创板	2.02	首发原股东限售股份，首发战略配售股份
秋田微	225.685	创业板	2.82	首发原股东限售股份
必得科技	223.74	上证主板	2.07	首发原股东限售股份
中科通达	218.14	科创板	1.87	首发一般股份，首发机构配售股份
晶雪节能	216	创业板	2.00	首发原股东限售股份
可孚医疗	208.4875	创业板	1.30	首发一般股份，首发机构配售股份

(续表)

名称	2022年实际减持累计数量（万股）	上市板块	2022年累计解禁减持占股本比例（%）	减持方式
线上线下	205	创业板	2.56	首发原股东限售股份
芯碁微装	203	科创板	1.68	首发原股东限售股份，首发战略配售股份
容知日新	201.641 8	科创板	3.68	首发一般股份，首发机构配售股份
艾为电子	195.11	科创板	1.18	首发一般股份，首发机构配售股份
玉马遮阳	189.29	创业板	1.44	首发原股东限售股份
三元基因	183.911 8	北交所	1.51	首发原股东限售股份
纵横股份	175.16	科创板	2.00	首发原股东限售股份，首发战略配售股份
工大高科	173.5	科创板	2.00	首发原股东限售股份
中红医疗	170.614 1	创业板	1.02	首发原股东限售股份
华锐精密	158	科创板	3.59	首发原股东限售股份，首发战略配售股份
联测科技	155.3	科创板	2.44	首发原股东限售股份
雅创电子	155	创业板	1.94	首发一般股份，首发机构配售股份
国光电气	154.83	科创板	2.00	首发一般股份，首发机构配售股份
能辉科技	149.711 4	创业板	1.00	首发一般股份，首发机构配售股份
海锅股份	148.040 1	创业板	1.76	首发一般股份，首发机构配售股份
国力股份	147.828 4	科创板	1.55	首发一般股份，首发机构配售股份
英力股份	145.21	创业板	1.10	首发原股东限售股份
康拓医疗	143.927 5	科创板	2.48	首发原股东限售股份，首发战略配售股份
新瀚新材	143.48	创业板	1.39	首发原股东限售股份
航宇科技	140	科创板	1.00	首发一般股份，首发机构配售股份
凯盛新材	136.81	创业板	0.33	首发一般股份，首发机构配售股份
菱电电控	135.37	科创板	2.62	首发原股东限售股份
华骐环保	132.13	创业板	1.60	首发原股东限售股份，首发战略配售股份
天亿马	131.9	创业板	2.00	首发原股东限售股份
腾景科技	126.615 1	科创板	0.98	首发原股东限售股份
真爱美家	120	深证主板	1.20	首发原股东限售股份
力芯微	119.962 5	科创板	1.87	首发原股东限售股份，首发战略配售股份
炬申股份	114.31	深证主板	0.89	首发原股东限售股份
三羊马	110.04	深证主板	1.37	首发原股东限售股份

（续表）

名称	2022年实际减持累计数量（万股）	上市板块	2022年累计解禁减持占股本比例（%）	减持方式
迈普医学	104.881 3	创业板	1.59	首发一般股份，首发机构配售股份
信测标准	102	创业板	1.53	首发原股东限售股份
瑞华泰	100.01	科创板	0.56	首发原股东限售股份，首发战略配售股份
绿田机械	100	上证主板	1.14	首发原股东限售股份
气派科技	95	科创板	0.89	首发原股东限售股份，首发战略配售股份
睿昂基因	94.371 2	科创板	1.70	首发原股东限售股份，首发战略配售股份
亚康股份	93.5	创业板	1.17	首发原股东限售股份
海天瑞声	85.62	科创板	2.00	首发一般股份，首发机构配售股份
东鹏饮料	82.750 1	上证主板	0.21	首发原股东限售股份
上海港湾	81.29	上证主板	0.47	首发原股东限售股份
东威科技	80.042 9	科创板	0.54	首发原股东限售股份
多瑞医药	80	创业板	1.00	首发原股东限售股份
普联软件	75.201 1	创业板	0.53	首发原股东限售股份
冠石科技	73.1	上证主板	1.00	首发原股东限售股份
宁波色母	66.342 9	创业板	0.55	首发原股东限售股份
五新隧装	57.963 1	北交所	0.64	首发战略配售股份
炬光科技	50.22	科创板	0.56	首发一般股份，首发机构配售股份
统联精密	49.541 9	科创板	0.44	首发一般股份，首发机构配售股份
广道数字	47.51	北交所	0.71	首发战略配售股份
祖名股份	46.9	深证主板	0.38	首发原股东限售股份
华绿生物	45.64	创业板	0.39	首发原股东限售股份
悦安新材	43	科创板	0.50	首发一般股份，首发机构配售股份
普冉股份	39.55	科创板	1.09	首发一般股份，首发机构配售股份
昀冢科技	37.916 6	科创板	0.32	首发原股东限售股份
华依科技	32.3	科创板	0.44	首发一般股份，首发机构配售股份
聚石化学	27.34	科创板	0.29	首发原股东限售股份，首发战略配售股份
四方光电	25.01	科创板	0.36	首发原股东限售股份，首发战略配售股份
中熔电气	10.62	创业板	0.16	首发原股东限售股份

(续表)

名称	2022年实际减持累计数量（万股）	上市板块	2022年累计解禁减持占股本比例（%）	减持方式
超捷股份	10.29	创业板	0.18	首发原股东限售股份
海程邦达	7.850 7	上证主板	0.04	首发原股东限售股份
青云科技	4.87	科创板	0.10	首发原股东限售股份
中望软件	3.808 1	科创板	0.06	首发原股东限售股份，首发战略配售股份
和达科技	2.5	科创板	0.02	首发一般股份，首发机构配售股份
志晟信息	0.1	北交所	0	首发战略配售股份

数据来源：万得，海通证券研究所。

2022年一年期解禁减持累计减持量前十大公司分别为和辉光电，2022年实际减持累计数量14 000万股；大中矿业，实际减持累计数量7 876.344 2万股；东航物流，实际减持累计数量6 769.142 8万股；中国黄金，实际减持累计数量4 859.002 5万股；之江生物，实际减持累计数量4 321.751 8万股；贝泰妮，实际减持累计数量3 681.63万股；科美诊断，实际减持累计数量3 349.042 9万股；汇宇制药，实际减持累计数量2 967.909 7万股；孩子王，实际减持累计数量2 783.17万股；传智教育，实际减持累计数量2 712.662 6万股。

在板块差异方面，各板块上市公司减持股份总量从高到低依次为科创板53 405万股、创业板31 075万股、深证主板15 547万股、上证主板15 025万股、北交所289万股；各板块上市公司减持股份数量均值和中位数从高到低依次为深证主板、上证主板、科创板、创业板、北交所。

2022年，各板块均出现了若干减持股份数量离群值，深证主板有大中矿业（2022年股价跌14.26%，下同）；上证主板有东航物流（跌28.08%）、中国黄金（跌5.89%）；科创板有和辉光电（2022年股价跌12.99%）、之江生物（跌15.42%）、科美诊断（跌46.44%）、汇宇制药（跌53.22%）、九联科技（跌47.38%）、元琛科技（涨31.26%）、纳微科技（跌35.08%）；创业板有贝泰妮（跌22.11%）、孩子王（跌22.02%）、中辰股份（跌38.88%）、中集车辆（跌36.56%）、格林精密（跌40.34%）、中粮科工（跌22.98%）。

在减持股份占股本比例方面，各板块也出现了若干离群值，深证主板有盛航股份（2022年股价涨42.23%）；科创板有之江生物（跌15.42%）、海泰新光（涨20.73%）、元琛科技（涨31.26%）、奥精医疗（跌57.19%）；创业板有果麦文化（跌37.39%）、贝泰妮（跌22.11%）、雷电微力（跌42.96%）。

在减持平均价和发行价差方面，2022年800笔解禁减持中，减持平均价和发行价差最低为可孚医疗（价差为–50.77元），最高为极米科技（价差为234.38元），价差落在（–50.77，0]的解禁减持交易有111笔，落在（0，50.77]的交易有548笔，落在（50.77，101.54]的交易有108笔，落在（101.54，137]的交易有17笔，价差大于137元的解禁减持交易有16笔。

我们使用两种方法刻画解禁减持收益，分别为减持平均价 × 减持股数、（减持平均价 – 发行价格）× 减持股数，前者刻画了财务收益，后者考虑了解禁减持的机会成本和公司经营情况。

若使用"减持平均价 × 减持股数"刻画解禁减持收益，2022年800笔解禁减持交易共创造3 718 899.263万元的收益；若使用"（减持平均价 – 发行价格）× 减持股数"刻画解禁减持收益，2022年800笔解禁减持交易共创造1 894 126.207万元的收益。

若使用"减持平均价 × 减持股数"刻画各个板块解禁减持平均收益，各个板块单笔解禁减持交易的平均收益由高到低分别为上证主板（6 659万元/笔解禁减持交易）、科创板（5 121万元/笔解禁减持交易）、创业板（4 463万元/笔解禁减持交易）、深证主板（2 824万元/笔解禁减持交易）、北交所（939万元/笔解禁减持交易）。若使用"（减持平均价 – 发行价格）× 减持股数"刻画解禁减持收益，各个板块单笔解禁减持交易的平均收益由高到低分别为科创板（2 626万元/笔解禁减持交易）、创业板（2 577万元/笔解禁减持交易）、上证主板（1 745万元/笔解禁减持交易）、深证主板（1 090万元/笔解禁减持交易）、北交所（6.82万元/笔解禁减持交易）。

在上证主板方面，解禁减持平均价小于发行价格的解禁减持交易共有13笔（分别涉及罗曼股份、必得科技、九丰能源），价差落在（0，9.27]的交易有20笔，价差落在（9.27，18.54]的交易有2笔，落在（27.81，37.08]的交易有5笔，价差大于72元的交易有1笔（涉及东鹏饮料）。

在深证主板方面，解禁减持平均价小于发行价格的解禁减持交易共有9笔（全部为中农联合的解禁减持交易），价差落在（0，4.02]的交易有34笔，价差落在（4.02，8.04]的交易有14笔，落在（8.04，12.06]的交易有15笔，落在（12.06，16.08]、（16.08，20.1]、（28.14，32.16]、（32.16，36.18]的交易分别有6笔、3笔、3笔、1笔，价差大于36.18元的交易共有6笔（鑫铂股份）。

在北交所方面，解禁减持平均价小于发行价格的解禁减持交易共有2笔（三元基因），解禁减持平均价大于发行价格的解禁减持交易共有4笔（涉及五新隧装、志晟信息、广道数字）。

在科创板方面，解禁减持平均价小于发行价格的解禁减持交易共有23笔（分别涉及之江生物、普冉股份、聚石化学、汇宇制药、统联精密、青云科技），价差落在（0，27.12]的交易有173笔，价差落在（27.12，54.24]的交易有52笔，落在（54.24，81.36]的交易有63笔，解禁减持和发行价格价差大于81.36元的交易共有36笔（分别涉及极米科技、国光电气、东威科技、厦钨新能、科德数控、四方光电、智明达、容知日新、皓元医药、海泰新光、华锐精密、菱电电控）。

在创业板方面，解禁减持平均价小于发行价格的解禁减持交易共有64笔（分别涉及可靠股份、秋田微、华骐环保、江南奕帆、新瀚新材、宁波色母、祥源新材、晶雪节能、深城交、线上线下、信测标准、超捷股份、德必集团、天亿马、中红医疗、华绿生物、中熔电气、信濠光电、可孚医疗），价差落在（0，50.77]的交易有214笔，价差落在（50.77，101.54]的交易有18笔，解禁减持和发行价格价差大于101.54元的交易共有19笔（分别涉及贝泰妮、中熔电气、震裕科技）。

一年期限售股解禁与企业经营业绩

一、解禁前后企业业绩分析

以季度为统计单元，我们对比了一年期限售股解禁的上市公司在解禁时点前后两个季度的业绩，考察解禁当季业绩较前一季度是否会出现较明显的增长，以此来分析一年期限售股解禁是否会成为上市公司粉饰业绩的动力。我们选取的指标是营业总收入和归属母公司股东的净利润，以当季解禁公司为样本进行加总及简单平均计算，并对比前一季收入和利润。除此之外，为了排除系统性业绩波动的影响，我们还考察了样本公司业绩指标（营业收入和净利润）在整体上市公司中占比的情况，以便更加全面地分析样本公司业绩变化。需要说明的是，为了保证分析结果的稳健性，我们分别选取了全部上市公司以及剔除银行和中国石油、中国石化、中国海油（简称"银油"）后的全部上市公司作为样本公司的对比对象。

2021年上市的公司有524家，除去25家一年期内没有限售股解禁的公司外，一年期解禁的公司共499家，以此为总样本加以分析。在这499家公司中，2022年一至四季度解禁的公司分别为200家、223家、48家、28家。

（一）总体样本在解禁前后季度的业绩表现

499家公司解禁当季和解禁前一季的业绩对比如图8-1所示，营业总收入解禁当季和解禁前一季分别为4 829.78亿元和4 889.01亿元，平均营业收入解禁当季和前一季分别为9.68亿元/家和9.80亿元/家，下滑幅度为1.22%；净利润解禁当季和前一季分别为376.68亿元和437.47亿元，平均净利润解禁当季和前一季分别为0.75亿元/家和0.88亿元/家，下滑幅度为14.7%。从绝对数值的对比来看，解禁当季业绩不仅没有较前一季有提升，反而出现了下降，收入基本维持稳定的状态下净利润下滑比较明显。

为了更加准确地反映样本的业绩状况，我们以样本公司的收入和利润占比来进一步考察其解禁前后季度的业绩情况，以排除系统性扰动可能产生的判断偏差。由于银行和石化在全部上市公司的业绩中所占比重较大，因此在计算时分别选取了全部上市公司以及剔除银行和中国石油、中国石化、中国海油的两种方式，以便更加明晰。数据如图8-1所示，499家公司在全部上市公司中的营业收入占比解禁当季和前一季分别为0.68%和0.7%，净利润占比解禁当季和前一季分别为0.73%和0.86%；剔除银油后，营业收入占比解禁当季和前一季分别为0.83%和0.85%，净利润占比解禁当季和前一季分别为1.39%和1.6%。由此可见，无论剔除银油还是不剔除，样本公司的营业收入和净利润占比都是解禁当季要低于前一季的，而且净利润占比下滑更加明显，这与绝对数值的表现一致。

(亿元)

4 889.01 4 829.78

437.47 376.68

营业收入　　　　　　　　　净利润

■ 解禁前一季　■ 解禁当季

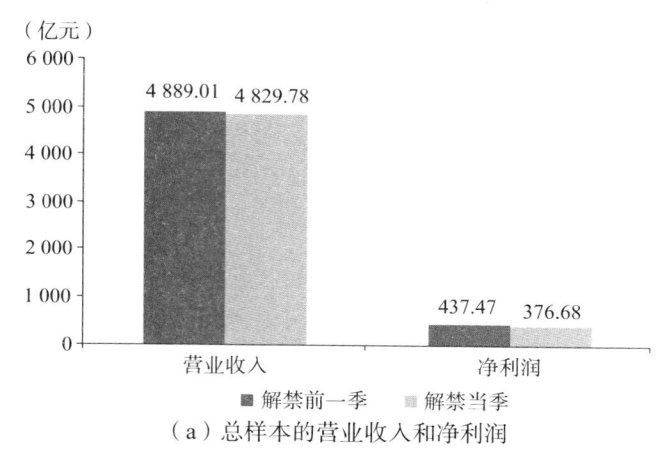

（a）总样本的营业收入和净利润

(%)

0.7 0.68　　0.86 0.73　　0.85 0.83　　1.6 1.39

营业收入　　净利润　　营业收入　　净利润
　　　　　　　　　　（剔银油）　（剔银油）

■ 解禁前一季　■ 解禁当季

（b）总样本在全部上市公司中的占比情况

图8-1　总样本的营业收入、净利润与占比情况

数据来源：万得，海通证券研究所。

（二）各个季度解禁公司的收入情况

在分析之前需要说明的是，2022年一季度和二季度解禁公司家数较多，三季度、四季度家数少，不过，由于三季度个别公司的收入和净利润情况对样本数据的影响较大，统计结果呈现出三季度收入和净利润较其他季度都明显高出很多的情况。

下面是各个季度营业收入的情况：2022年一季度解禁的200家公司当季和前一

季收入分别为 2 322.19 亿元、2 316.84 亿元，增幅为 0.23%，基本持平；二季度解禁的 223 家公司当季和前一季收入分别为 1 059.83 亿元、1 051.73 亿元，增幅为 0.77%，基本持平；三季度解禁的 48 家公司当季和前一季收入分别为 1 159.33 亿元、1 190.35 亿元，下降 2.61%，降幅不太明显；四季度解禁的 28 家公司当季和前一季收入分别为 288.43 亿元、330.08 亿元，下滑 12.62%，降幅较明显。平均营业收入的情况如下：2022 年一季度解禁公司的平均营业收入当季和前一季分别为 11.61 亿元/家、11.58 亿元/家；二季度解禁公司当季和前一季分别为 4.75 亿元/家、4.72 亿元/家；三季度解禁公司当季和前一季分别为 24.15 亿元/家、24.80 亿元/家；四季度解禁公司当季和前一季分别为 10.30 亿元/家、11.79 亿元/家。由此可见，一、二、三季度解禁公司在解禁前后季度营业收入基本持平，但四季度解禁公司的收入下滑明显。

再来考察一下收入占比情况。我们考察了全部上市公司以及剔除银油的两种情况的占比，结果显示，除一季度解禁公司的收入占比在解禁当季较前一季有明显提升外，其他季度都是下滑的，且四季度下滑明显。2022 年一季度解禁公司收入占比在解禁当季和前一季分别为 1.41%、1.29%；二季度解禁公司该两项分别为 0.59%、0.64%；三季度解禁公司该两项分别为 0.65%、0.67%；四季度解禁公司该两项分别为 0.15%、0.19%。剔除了银油后的收入占比情况如下：2022 年一季度解禁公司收入占比在解禁当季和前一季分别为 1.75%、1.55%；二季度解禁公司该两项分别为 0.73%、0.79%；三季度解禁公司该两项分别为 0.80%、0.81%；四季度解禁公司该两项分别为 0.18%、0.23%。

（三）各个季度解禁公司的净利润情况

各个季度净利润情况如图 8-2 所示：2022 年一季度解禁的 200 家公司当季和前一季净利润分别为 225.13 亿元、275.95 亿元，降幅为 18.42%，下降幅度较大；二季度解禁的 223 家公司当季和前一季净利润分别为 77.06 亿元、76.16 亿元，增幅为 1.18%；三季度解禁的 48 家公司当季和前一季净利润分别为 64.71 亿元、70.79 亿元，下降幅度为 8.59%；四季度解禁的 28 家公司当季和前一季净利润分别为 9.79 亿元、14.58 亿元，下滑 32.85%，降幅较大。平均净利润的情况如下：2022 年一季度解禁公司的平均净利润当季和前一季分别为 1.13 亿元/家、1.38 亿元/家；二季度解禁公司当季和前一季分别为 0.35 亿元/家、0.34 亿元/家；三季度解禁公司当季和前一季分别为 1.35 亿元/家、1.47 亿元/家；四季度解禁公司当季和前一季分别为 0.35 亿元/家、0.52 亿元/家。

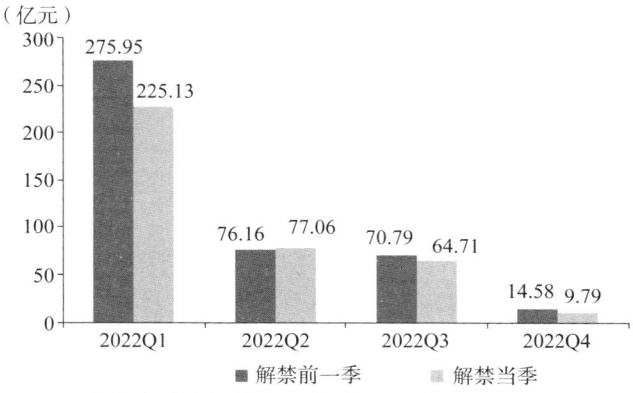

（a）各季度解禁公司净利润在解禁前后季对比

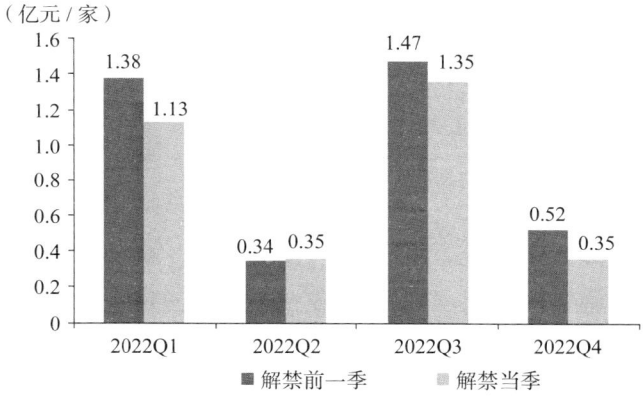

（b）各季度解禁公司平均净利润解禁前后季对比

图 8-2　各季度解禁公司净利润在解禁前后季对比图

数据来源：万得，海通证券研究所。

由此可见，净利润与收入所呈现的状况有一定差别：除二季度解禁公司的净利润略有提升外，其他三个季度解禁公司在解禁前后季都呈现出下滑状态，一季度、四季度下滑幅度较大，且四季度解禁公司的净利润下滑最明显。

我们再来考察一下净利润占比情况。我们已经考察了全部上市公司以及剔除银油的两种情况的占比，结果显示，在不剔除银油的情况下，二季度解禁公司的净利润占比在解禁当季较前一季基本持平，三、四季度解禁公司净利润占比略有提升，而一季度解禁公司净利润占比却明显下滑。2022年一季度解禁公司净利润占比在解禁当季和前一季分别为1.60%、3.61%；二季度解禁公司该两项分别为0.50%、0.54%；三季度解禁公司该两项分别为0.47%、0.46%；四季度解禁公司该两项分别为0.12%、0.11%。剔除了银油后数据更加清晰地反映出一季度解禁公司净利润占比下降的情况：2022年一季度解禁公司净利润占比在解禁当季和前一季分别为3.02%、9.99%；二季度解禁公司该两项分别为0.8%、1.02%；三季度解禁公司该两项分别为0.86%、0.74%；四季度解禁公司该两项分别为0.4%、0.19%。

（四）总结

一是总体上，一年期解禁公司在解禁当季较前一季没有出现明显的业绩提升，反而呈现出下滑状态，由此基本可以得出样本公司不存在为一年期限售股解禁而操控业绩的结论。

二是无论是绝对数值还是在全部上市公司中占比的相对值，收入在解禁前后季度的表现尚平稳，但利润下滑明显。

三是样本公司各季度解禁的收入和利润在解禁前后季度呈现出不一样的表现。一季度公司在解禁前后季度收入增加但利润剧减，四季度公司在解禁前后季度收入减少但利润占比却在增加，其他两个季度的解禁公司没有明显呈现出这种背离现象。该现象产生的原因可能有多方面：四季度解禁公司数量少，有28家，但个别公司影响了样本数据；一季度公司在解禁前一季的年报关口可能粉饰了业绩，导致解禁当季业绩缩水显著；一季度解禁公司收入和利润的背离可能与个别公司的行业特殊性有关，如中集车辆、天能股份、大全能源等收入高、利润薄的公司，它们对样本数据的影响较大。

二、解禁企业与同行业可比企业的业绩比较

考虑到2021年新上市企业数量众多，而且分布行业广泛，为了便于分析，我们尽量找到细分行业，采用了行业三级分类。在同一行业分类里，我们按照企业市

值规模来归类可比企业。按照以上标准，我们将 2021 年新上市企业划分为 114 个小组，如表 8-6 所示，2022 年营业收入增长率高于可比企业的有 58 组，持平的有 1 组，其余 55 组低于可比企业。

表 8-6　2022 年一年期解禁企业与同行业可比企业的业绩比较总体情况表

市值区间	行业	2021 年上市企业 2022 年营业收入增长率	2021 年上市企业 2022 年利润增长率	可比企业营业收入增长率	可比企业利润增长率	2021 年上市企业与可比企业营业收入增长率比较
大于 200 亿元	制药	−100.0%	9.9%	33.3%	25.2%	−133.3%
50 亿~100 亿元	食品	17.6%	14.6%	72.3%	−71.6%	−54.7%
大于 200 亿元	机械	6.1%	6.3%	43.2%	−382.7%	−37.1%
30 亿~50 亿元	休闲设备与用品	−36.0%	−18.6%	0.9%	516.0%	−36.9%
50 亿~100 亿元	生物科技Ⅲ	6.6%	−19.4%	39.6%	29.6%	−33.0%
50 亿~100 亿元	建材Ⅲ	−18.6%	101.4%	13.0%	−10.4%	−31.6%
大于 200 亿元	电气设备	18.9%	36.7%	49.9%	69.9%	−31.0%
大于 200 亿元	生物科技Ⅲ	−10.9%	−25.5%	19.5%	−15.0%	−30.4%
小于 30 亿元	家庭用品Ⅲ	−32.3%	−35.9%	−2.8%	−243.4%	−29.5%
50 亿~100 亿元	石油、天然气与供消费用燃料	−7.8%	2.7%	21.2%	−487.3%	−29.0%
小于 30 亿元	食品与主要用品零售Ⅲ	16.7%	437.0%	44.4%	1 237.9%	−27.7%
100 亿~200 亿元	通信设备Ⅲ	−10.2%	−118.5%	16.6%	38.2%	−26.8%
30 亿~50 亿元	综合消费者服务Ⅲ	−18.8%	−35.2%	5.4%	−402.2%	−24.2%
30 亿~50 亿元	专业服务	−8.6%	−57.0%	14.6%	115.9%	−23.2%
30 亿~50 亿元	建筑产品Ⅲ	−9.4%	−39.0%	13.6%	−107.9%	−23.0%
100 亿~200 亿元	燃气Ⅲ	29.6%	74.1%	52.5%	33.0%	−22.9%
50 亿~100 亿元	制药	11.1%	98.4%	28.6%	45.7%	−17.5%
小于 30 亿元	食品	14.0%	68.3%	30.9%	−28.7%	−16.9%
100 亿~200 亿元	医疗保健设备与用品	6.5%	16.3%	23.3%	64.9%	−16.8%
30 亿~50 亿元	机械	−4.6%	−45.9%	10.8%	−43.1%	−15.5%

(续表)

市值区间	行业	2021年上市企业2022年营业收入增长率	2021年上市企业2022年利润增长率	可比企业营业收入增长率	可比企业利润增长率	2021年上市企业与可比企业营业收入增长率比较
100亿~200亿元	水务Ⅲ	-1.4%	-10.1%	13.3%	12.0%	-14.7%
大于200亿元	资本市场	-34.9%	-55.6%	-21.1%	-36.3%	-13.8%
30亿~50亿元	电子设备、仪器和元件	-4.8%	-52.6%	8.6%	-35.0%	-13.4%
大于200亿元	个人用品Ⅲ	24.6%	21.6%	37.8%	49.2%	-13.2%
30亿~50亿元	水务Ⅲ	9.6%	-1.3%	22.1%	-30.3%	-12.5%
100亿~200亿元	机械	12.3%	37.9%	24.5%	21.4%	-12.2%
小于30亿元	建筑与工程Ⅲ	-27.9%	-61.0%	-17.2%	-115.0%	-10.7%
小于30亿元	软件	-8.5%	-189.4%	2.2%	-128.7%	-10.7%
小于30亿元	金属、非金属与采矿	0.7%	-16.5%	11.1%	118.8%	-10.4%
30亿~50亿元	医疗保健设备与用品	-5.3%	-19.0%	4.1%	23.5%	-9.4%
50亿~100亿元	电气设备	1.2%	-23.3%	10.4%	-20.2%	-9.1%
小于30亿元	专业服务	-14.0%	-112.3%	-4.9%	-19.7%	-9.1%
30亿~50亿元	建筑与工程Ⅲ	-9.5%	-11.0%	-1.7%	-81.5%	-7.8%
100亿~200亿元	食品与主要用品零售Ⅲ	-5.8%	-40.2%	1.9%	75.1%	-7.7%
30亿~50亿元	航空货运与物流Ⅲ	3.1%	-43.6%	9.8%	13.5%	-6.7%
大于200亿元	航空货运与物流Ⅲ	5.6%	1.9%	12.2%	42.0%	-6.6%
小于30亿元	医疗保健设备与用品	-3.4%	-54.5%	2.3%	-44.9%	-5.7%
100亿~200亿元	食品	18.9%	4.1%	24.5%	-39.5%	-5.6%
50亿~100亿元	通信设备Ⅲ	3.5%	-10.7%	9.0%	-77.0%	-5.5%
小于30亿元	互联网软件与服务Ⅲ	-13.1%	-61.3%	-9.0%	-235.1%	-4.1%
100亿~200亿元	化工	35.0%	19.5%	38.7%	66.0%	-3.7%
100亿~200亿元	商业银行	-0.4%	12.6%	3.2%	2.2%	-3.6%
50亿~100亿元	建筑与工程Ⅲ	20.5%	155.6%	24.0%	-15.1%	-3.5%
小于30亿元	电子设备、仪器和元件	-7.7%	-107.9%	-4.7%	-56.6%	-3.0%

（续表）

市值区间	行业	2021年上市企业2022年营业收入增长率	2021年上市企业2022年利润增长率	可比企业营业收入增长率	可比企业利润增长率	2021年上市企业与可比企业营业收入增长率比较
30亿~50亿元	电气设备	10.6%	6.4%	13.4%	−4.7%	−2.8%
小于30亿元	制药	0.5%	−22.1%	3.1%	−88.5%	−2.5%
大于200亿元	纺织品、服装与奢侈品	17.7%	16.6%	19.7%	17.8%	−2.0%
100亿~200亿元	互联网软件与服务Ⅲ	3.4%	−12.0%	5.3%	−30.4%	−1.9%
30亿~50亿元	制药	1.4%	−18.0%	3.2%	−41.8%	−1.8%
小于30亿元	机械	0.2%	−17.5%	1.9%	−49.3%	−1.8%
小于30亿元	纸与林木产品	−2.1%	−121.9%	−0.5%	−23.9%	−1.6%
小于30亿元	家庭耐用消费品	−6.4%	14.7%	−5.1%	−90.0%	−1.3%
50亿~100亿元	汽车零配件	8.2%	−35.2%	9.3%	−135.2%	−1.2%
小于30亿元	商业服务与用品	−0.2%	−49.5%	0.9%	−51.3%	−1.1%
大于200亿元	建筑与工程Ⅲ	13.7%	8.4%	14.0%	5.7%	−0.3%
大于200亿元	多元电信服务	9.4%	5.8%	9.4%	11.8%	0
100亿~200亿元	纺织品、服装与奢侈品	−7.2%	−3.8%	−7.4%	−81.2%	0.2%
大于200亿元	医疗保健设备与用品	16.3%	26.6%	16.0%	54.5%	0.3%
50亿~100亿元	饮料	8.4%	10.6%	7.7%	−817.4%	0.7%
50亿~100亿元	医疗保健设备与用品	11.4%	−33.2%	10.2%	14.7%	1.2%
大于200亿元	电子设备、仪器和元件	24.2%	24.3%	22.8%	29.5%	1.4%
30亿~50亿元	互联网软件与服务Ⅲ	−6.0%	4.2%	−7.6%	−133.3%	1.6%
小于30亿元	电气设备	5.3%	−3.2%	3.5%	38.6%	1.7%
30亿~50亿元	食品	10.0%	−91.1%	7.7%	−8.4%	2.3%
50亿~100亿元	媒体Ⅲ	1.3%	5.9%	−1.0%	−161.5%	2.3%
30亿~50亿元	媒体Ⅲ	0.2%	−28.1%	−2.4%	−259.7%	2.6%
50亿~100亿元	机械	15.7%	−15.1%	13.1%	−8.8%	2.6%

（续表）

市值区间	行业	2021年上市企业2022年营业收入增长率	2021年上市企业2022年利润增长率	可比企业营业收入增长率	可比企业利润增长率	2021年上市企业与可比企业营业收入增长率比较
50亿~100亿元	纺织品、服装与奢侈品	5.6%	26.5%	2.9%	−37.9%	2.7%
小于30亿元	汽车零配件	8.5%	−7.0%	4.7%	−123.0%	3.8%
30亿~50亿元	纺织品、服装与奢侈品	12.2%	15.2%	8.3%	−22.2%	3.9%
小于30亿元	建材Ⅲ	1.4%	−23.2%	−2.9%	15.5%	4.3%
50亿~100亿元	家庭耐用消费品	9.6%	39.6%	5.1%	138.7%	4.5%
30亿~50亿元	容器与包装	0.2%	−26.4%	−5.6%	59.0%	5.8%
小于30亿元	信息技术服务	−5.4%	−45.1%	−12.9%	−245.9%	7.5%
小于30亿元	复合型公用事业Ⅲ	13.6%	14.0%	5.5%	133.4%	8.1%
30亿~50亿元	航空航天与国防Ⅲ	17.6%	−7.4%	8.6%	−61.7%	9.0%
50亿~100亿元	专业服务	15.1%	5.7%	5.5%	6.3%	9.6%
100亿~200亿元	金属、非金属与采矿	32.4%	26.1%	22.4%	71.4%	10.0%
50亿~100亿元	燃气Ⅲ	21.9%	41.9%	11.4%	−69.2%	10.5%
大于200亿元	公路与铁路运输	7.0%	6.4%	−3.7%	−6.7%	10.7%
大于200亿元	媒体Ⅲ	3.4%	7.3%	−7.4%	−112.5%	10.8%
大于200亿元	独立电力生产商与能源贸易商Ⅲ	11.1%	16.6%	0.2%	10.3%	10.9%
100亿~200亿元	电子设备、仪器和元件	15.5%	−24.9%	4.1%	−115.6%	11.4%
小于30亿元	生物科技Ⅲ	9.0%	−11.3%	−2.4%	−71.0%	11.4%
30亿~50亿元	建材Ⅲ	9.8%	17.5%	−2.2%	−4.4%	12.0%
小于30亿元	纺织品、服装与奢侈品	7.3%	4.8%	−6.0%	−170.9%	13.3%
50亿~100亿元	电子设备、仪器和元件	22.7%	30.8%	9.2%	−35.2%	13.5%
大于200亿元	饮料	21.9%	20.8%	8.3%	−50.2%	13.6%

（续表）

市值区间	行业	2021年上市企业2022年营业收入增长率	2021年上市企业2022年利润增长率	可比企业营业收入增长率	可比企业利润增长率	2021年上市企业与可比企业营业收入增长率比较
30亿~50亿元	金属、非金属与采矿	18.4%	8.4%	4.3%	−14.1%	14.1%
30亿~50亿元	软件	12.4%	−32.9%	−3.3%	−106.7%	15.7%
100亿~200亿元	建筑与工程Ⅲ	27.0%	−15.3%	7.3%	1.7%	19.7%
小于30亿元	医疗保健提供商与服务	24.8%	−5.9%	5.0%	16.0%	19.8%
大于200亿元	汽车	35.1%	180.4%	15.1%	63.0%	20.0%
50亿~100亿元	信息技术服务	27.3%	−6.8%	6.0%	−118.7%	21.3%
30亿~50亿元	酒店、餐馆与休闲Ⅲ	−3.5%	−235.6%	−25.0%	−979.5%	21.5%
100亿~200亿元	航空航天与国防Ⅲ	34.3%	34.8%	12.4%	−0.1%	21.9%
30亿~50亿元	汽车零配件	27.3%	25.5%	5.0%	−22.6%	22.3%
50亿~100亿元	软件	22.4%	12.3%	−1.8%	−62.0%	24.2%
100亿~200亿元	电气设备	43.7%	20.3%	17.9%	147.6%	25.8%
100亿~200亿元	生物科技Ⅲ	24.2%	24.2%	−1.7%	−205.3%	25.9%
30亿~50亿元	商业服务与用品	24.7%	−40.4%	−2.6%	−104.0%	27.3%
50亿~100亿元	生命科学工具和服务Ⅲ	49.7%	60.1%	16.7%	5.9%	33.0%
30亿~50亿元	家庭耐用消费品	33.6%	63.6%	−1.3%	1 492.0%	34.9%
50亿~100亿元	综合消费者服务Ⅲ	20.9%	135.3%	−16.6%	−138.0%	37.5%
小于30亿元	航空航天与国防Ⅲ	34.0%	−6.8%	−6.6%	−905.8%	40.6%
50亿~100亿元	金属、非金属与采矿	58.6%	72.3%	17.3%	121.1%	41.3%
大于200亿元	家庭耐用消费品	42.9%	163.3%	1.3%	34.5%	41.6%
30亿~50亿元	海运Ⅲ	41.7%	33.0%	−6.7%	−7.9%	48.4%
小于30亿元	公路与铁路运输	45.3%	−15.4%	−5.0%	−362.6%	50.3%

（续表）

市值区间	行业	2021年上市企业2022年营业收入增长率	2021年上市企业2022年利润增长率	可比企业营业收入增长率	可比企业利润增长率	2021年上市企业与可比企业营业收入增长率比较
小于30亿元	多元电信服务	49.6%	−41.9%	−1.6%	−12.3%	51.2%
50亿~100亿元	商业服务与用品	80.4%	66.5%	0.2%	−59.9%	80.2%
大于200亿元	金属、非金属与采矿	162.8%	112.6%	56.1%	59.1%	106.6%
50亿~100亿元	医疗保健提供商与服务	136.1%	182.5%	10.0%	−4.2%	126.1%
100亿~200亿元	制药	1 445.0%	−900.8%	16.9%	−42.6%	1 428.1%

（一）工业机械（四级行业）与同行业可比企业业绩比较

铁建重工市值处于200亿~400亿元区间，公司于2021年上市，铁建重工可比上市企业共有14家。如表8-7所示，2022年营业收入为101.02亿元，营业收入增长率为6.1%，与同行业可比企业相比，营收增速排名比较靠后。铁建重工2022年利润增速在同行业可比企业中的排名同样不理想。

表8-7 铁建重工与同行业可比企业的业绩比较

证券代码	证券简称	上市日期	上市板	所属行业名称（四级行业）	2022年营业总收入（亿元）	市值（亿元）	营业收入增长率	利润增长率
603298	杭叉集团	2016/12/27	主板	建筑机械与重型卡车	144.12	201.71	−0.5%	8.3%
600528	中铁工业	2001/05/28	主板	建筑机械与重型卡车	288.17	218.16	6.1%	1.3%
688425	铁建重工	2021/06/22	科创板	建筑机械与重型卡车	101.02	322.14	6.1%	6.3%
002430	杭氧股份	2010/06/10	主板	工业机械	128.03	374.82	7.8%	0.7%
601717	郑煤机	2010/08/03	主板	工业机械	320.43	208.07	9.4%	27.0%
600685	中船防务	1993/10/28	主板	建筑机械与重型卡车	127.95	220.31	9.6%	581.5%
603338	浙江鼎力	2015/03/25	主板	工业机械	54.45	267.4	10.2%	42.9%
002595	豪迈科技	2011/06/28	主板	工业机械	66.42	247.2	10.6%	14.1%

（续表）

证券代码	证券简称	上市日期	上市板	所属行业名称（四级行业）	2022年营业总收入（亿元）	市值（亿元）	营业收入增长率	利润增长率
600499	科达制造	2002/10/10	主板	工业机械	111.57	245.89	13.9%	255.6%
600582	天地科技	2002/05/15	主板	工业机械	274.16	207.34	16.3%	28.7%
002690	美亚光电	2012/07/31	主板	工业机械	21.17	264.83	16.8%	42.9%
300604	长川科技	2017/04/17	创业板	工业机械	25.77	282.69	70.5%	116.2%
688409	富创精密	2022/10/10	科创板	工业机械	15.43	220.2	83.1%	95.24%
002850	科达利	2017/03/02	主板	工业机械	86.54	309.54	93.7%	67.3%
603185	弘元绿能	2018/12/28	主板	工业机械	219.09	391.74	100.7%	77.2%
600481	双良节能	2003/04/22	主板	工业机械	144.76	270.68	278.0%	208.0%

博众精工、东威科技、利元亨、中集车辆、宏华数科等公司均于2021年上市，目前市值处于100亿~200亿元区间，如表8-8所示，这5家公司2022年营业收入平均增长率为22.8%，低于同行业可比企业的营业收入平均增长率。

表8-8 博众精工等企业与同行业可比企业的业绩比较

证券代码	证券简称	上市日期	上市板	所属行业名称（四级行业）	2022年营业总收入（亿元）	市值（亿元）	营业收入增长率	利润增长率
000528	柳工	1993/11/18	主板	建筑机械与重型卡车	264.8	140.49	−7.7%	−39.9%
600835	上海机电	1994/02/24	主板	工业机械	235.7	111.3	−4.6%	30.8%
000039	中集集团	1994/04/08	主板	建筑机械与重型卡车	1 415.4	161.65	−13.5%	−45.0%
600761	安徽合力	1996/10/09	主板	建筑机械与重型卡车	156.7	148.04	1.7%	30.6%
600072	中船科技	1997/06/03	主板	建筑机械与重型卡车	33.5	136.94	39.0%	35.0%
000811	冰轮环境	1998/05/28	主板	工业机械	61.0	110.83	13.3%	34.6%
000821	京山轻机	1998/06/26	主板	工业机械	48.7	121.34	19.1%	176.2%
000951	中国重汽	1999/11/25	主板	建筑机械与重型卡车	288.2	168.83	−48.6%	−68.5%
600320	振华重工	2000/12/21	主板	建筑机械与重型卡车	301.9	127.56	16.2%	13.1%

(续表)

证券代码	证券简称	上市日期	上市板	所属行业名称（四级行业）	2022年营业总收入（亿元）	市值（亿元）	营业收入增长率	利润增长率
600388	龙净	2000/12/29	主板	工业机械	118.8	178.82	5.2%	−7.2%
002011	盾安环境	2004/07/05	主板	工业机械	101.4	156.91	3.1%	111.4%
002158	汉钟精机	2007/08/17	主板	工业机械	32.6	124.48	9.5%	32.38%
300024	机器人	2009/10/30	创业板	工业机械	35.8	167.42	8.4%	−105.2%
601369	陕鼓动力	2010/04/28	主板	工业机械	107.7	160.84	3.9%	10.8%
300083	创世纪	2010/05/20	创业板	工业机械	45.3	114.63	−14.0%	−32.7%
002472	双环传动	2010/09/10	主板	工业机械	68.4	193.89	26.8%	65.3%
002534	西子洁能	2011/01/10	主板	工业机械	73.4	129.95	11.6%	−44.2%
601222	林洋能源	2011/08/08	主板	工业机械	49.4	159.05	−6.7%	−7.3%
300257	开山股份	2011/08/19	创业板	工业机械	37.5	169.12	7.7%	34.5%
300260	新莱应材	2011/09/06	创业板	工业机械	26.3	163.35	28.0%	102.94%
601608	中信重工	2012/07/06	主板	工业机械	88.3	166.2	16.9%	−25.7%
603699	纽威股份	2014/01/17	主板	工业机械	40.6	106.29	2.5%	24.9%
300457	赢合科技	2015/05/14	创业板	工业机械	90.2	118.28	73.4%	72.7%
601882	海天精工	2016/11/07	主板	工业机械	31.8	171.84	16.4%	40.3%
002837	英维克	2016/12/29	主板	工业机械	29.2	196.87	31.2%	39.5%
603032	德新科技	2017/01/05	主板	工业机械	5.8	100.32	114.6%	130.1%
603690	至纯科技	2017/01/13	主板	工业机械	30.5	129.57	46.3%	−1.4%
688333	铂力特	2019/07/22	科创板	工业机械	9.2	148.83	66.3%	−249.1%
300850	新强联	2020/07/13	创业板	工业机械	26.5	136.2	7.1%	−36.2%
835368	连城数控	2020/07/27	北交所	工业机械	37.7	122.66	84.9%	28.4%
688556	高测股份	2020/08/07	科创板	工业机械	35.7	156.77	127.9%	356.7%
688097	博众精工	2021/05/12	科创板	工业机械	48.1	125.74	25.7%	68.2%
688700	东威科技	2021/06/15	科创板	工业机械	10.1	126.37	25.7%	32.6%
688499	利元亨	2021/07/01	科创板	工业机械	42.5	104.29	82.3%	39.15%
301039	中集车辆	2021/07/08	创业板	建筑机械与重型卡车	236.2	184.91	−14.6%	12.8%
688789	宏华数科	2021/07/08	科创板	工业机械	9.0	116.78	−5.1%	10.08%
872808	曙光数创	2022/11/18	北交所	工业机械	5.2	100.74	27.0%	24.7%
688531	日联科技	2023/03/31	科创板	工业机械	4.8	127.6	40.0%	41.1%
688433	华曙高科	2023/04/17	科创板	工业机械	4.6	100.6	36.7%	−15.5%

华锐精密、联德股份、震裕科技、中际联合、金鹰重工、卓然股份、纽威数控、中科微至、瑞纳智能、巨一科技和华强科技等公司均于 2021 年上市，目前市值处于 50 亿~100 亿元区间，如表 8-9 所示，这 11 家公司 2022 年营业收入平均增长率为 15.7%，高于同行业可比企业营业收入平均增长率 3 个百分点。

表 8-9 华锐精密、联德股份等 11 家公司与同行业可比企业业绩比较

证券代码	证券简称	上市日期	上市板	所属行业名称（四级行业）	2022年营业总收入（亿元）	市值（亿元）	营业收入增长率	利润增长率
000008	神州高铁	1992/05/07	主板	工业机械	17.7	61.93	−19.9%	−38.6%
600817	宇通重工	1994/01/28	主板	工业机械	35.9	63.47	−4.6%	−4.4%
600841	动力新科	1994/03/11	主板	建筑机械与重型卡车	99.3	80.68	−59.3%	−301.3%
600860	京城股份	1994/05/06	主板	工业机械	13.7	53.69	16.0%	−134.1%
600894	广日股份	1996/03/28	主板	工业机械	70.6	59.77	−9.1%	−21.7%
000595	宝塔实业	1996/04/19	主板	工业机械	2.5	60.92	43.3%	−49.8%
000837	秦川机床	1998/09/28	主板	工业机械	41.0	91.92	−18.8%	−0.8%
600114	东睦股份	2004/05/11	主板	工业机械	37.3	52.39	3.8%	321.3%
002006	精工科技	2004/06/25	主板	工业机械	23.6	91.4	36.4%	189.0%
600984	建设机械	2004/07/07	主板	建筑机械与重型卡车	38.9	62.85	−17.7%	−112.0%
002031	巨轮智能	2004/08/16	主板	工业机械	9.9	60.04	−55.2%	−109.4%
002046	国机精工	2005/05/26	主板	工业机械	34.4	59.26	3.2%	81.3%
002073	软控股份	2006/10/18	主板	工业机械	57.4	60.5	5.2%	83.8%
002111	威海广泰	2007/01/26	主板	建筑机械与重型卡车	23.5	52.75	−23.8%	365.2%
002122	天马股份	2007/03/28	主板	工业机械	7.0	82.62	−16.1%	−109.1%
002150	通润装备	2007/08/10	主板	工业机械	16.8	65.81	−12.5%	0.56%
002204	大连重工	2008/01/16	主板	工业机械	103.6	97.15	13.7%	189.7%
002367	康力电梯	2010/03/12	主板	工业机械	51.1	66.72	−1.1%	−32.4%
300066	三川智慧	2010/03/26	创业板	工业机械	13.3	55.12	42.1%	15.8%
002438	江苏神通	2010/06/23	主板	工业机械	19.6	60.24	2.4%	−10.2%
002514	宝馨科技	2010/12/03	主板	工业机械	6.8	62.5	7.8%	94.4%
300151	昌红科技	2010/12/22	创业板	工业机械	12.3	88.14	9.0%	8.3%
601890	亚星锚链	2010/12/28	主板	建筑机械与重型卡车	15.2	94.79	14.9%	25.4%

(续表)

证券代码	证券简称	上市日期	上市板	所属行业名称（四级行业）	2022年营业总收入（亿元）	市值（亿元）	营业收入增长率	利润增长率
300161	华中数控	2011/01/13	创业板	工业机械	16.6	74.11	1.8%	−86.1%
002552	宝鼎科技	2011/02/25	主板	建筑机械与重型卡车	13.8	80.24	290.9%	−800.9%
300185	通裕重工	2011/03/08	创业板	工业机械	59.1	97.42	2.9%	−16.6%
300222	科大智能	2011/05/25	创业板	工业机械	33.3	53.76	15.3%	249.8%
002611	东方精工	2011/08/30	主板	工业机械	38.9	62.79	10.4%	−1.8%
300263	隆华科技	2011/09/16	创业板	工业机械	23.0	71.98	4.2%	−73.7%
300278	华昌达	2011/12/16	创业板	工业机械	35.8	55.72	66.3%	209.4%
002651	利君股份	2012/01/06	主板	工业机械	10.2	71.31	6.4%	9.9%
601038	一拖股份	2012/08/08	主板	农用农业机械	125.6	80.12	34.6%	48.1%
300349	金卡智能	2012/08/17	创业板	工业机械	27.4	55.22	19.0%	3.9%
300358	楚天科技	2014/01/21	创业板	工业机械	64.5	86.89	22.5%	0
603169	兰石重装	2014/10/09	主板	工业机械	49.8	92.49	23.4%	37.0%
300415	伊之密	2015/01/23	创业板	工业机械	36.8	90.96	4.2%	−19.8%
603611	诺力股份	2015/01/28	主板	建筑机械与重型卡车	67.0	61.72	13.8%	30.9%
300435	中泰股份	2015/03/26	创业板	工业机械	32.6	55.12	35.3%	12.8%
603901	永创智能	2015/05/29	主板	工业机械	27.5	68.83	1.5%	5.1%
300471	厚普股份	2015/06/11	创业板	工业机械	7.1	51.72	−18.4%	−1 271.6%
300470	中密控股	2015/06/12	创业板	工业机械	12.1	92.49	7.3%	7.6%
300480	光力科技	2015/07/02	创业板	工业机械	6.1	71.2	15.9%	−43.6%
300532	今天国际	2016/08/18	创业板	工业机械	24.1	57.97	51.0%	181.4%
603203	快克智能	2016/11/08	主板	工业机械	9.0	77.29	15.5%	5.86%
300589	江龙船艇	2017/01/13	创业板	建筑机械与重型卡车	6.8	50.12	−1.5%	−65.9%
603337	杰克股份	2017/01/19	主板	工业机械	55.0	92.44	−9.1%	5.2%
300607	拓斯达	2017/02/09	创业板	工业机械	49.8	51.39	51.4%	147.7%
300619	金银河	2017/03/01	创业板	工业机械	18.2	53.79	58.2%	120.5%
603081	大丰实业	2017/04/20	主板	工业机械	28.5	57.88	−3.7%	−27.42%
603985	恒润股份	2017/05/05	主板	工业机械	19.4	89.71	−15.2%	−78.4%
002884	凌霄泵业	2017/07/11	主板	工业机械	14.8	55.44	−28.1%	−12.7%
603757	大元泵业	2017/07/11	主板	工业机械	16.8	51.68	13.0%	77.1%

（续表）

证券代码	证券简称	上市日期	上市板	所属行业名称（四级行业）	2022年营业总收入（亿元）	市值（亿元）	营业收入增长率	利润增长率
603912	佳力图	2017/11/01	主板	工业机械	6.2	63.35	−6.3%	−57.1%
603297	永新光学	2018/09/10	主板	工业机械	8.3	93.61	4.3%	6.7%
300757	罗博特科	2019/01/08	创业板	工业机械	9.0	63.04	−16.8%	−154.5%
002957	科瑞技术	2019/07/26	主板	工业机械	32.5	63.13	50.2%	305.4%
002975	博杰股份	2020/02/05	主板	工业机械	12.2	50.93	0.2%	−21.3%
002979	雷赛智能	2020/04/08	主板	工业机械	13.4	59.01	11.2%	−1.0%
688518	联赢激光	2020/06/22	科创板	工业机械	28.2	93.56	101.6%	190.0%
688308	欧科亿	2020/12/10	科创板	工业机械	10.6	63.46	6.6%	8.9%
688306	均普智能	2022/03/22	科创板	工业机械	20.0	59.45	−6.8%	−3.6%
688320	禾川科技	2022/04/28	科创板	工业机械	9.5	50.56	26.7%	−19.54%
688290	景业智能	2022/04/29	科创板	工业机械	4.6	69.21	32.9%	59.2%
301377	鼎泰高科	2022/11/22	创业板	工业机械	12.2	73.68	−0.3%	−6.2%
603061	金海通	2023/03/03	主板	工业机械	4.3	82.56	1.4%	0.1%
603135	中重科技	2023/04/10	主板	工业机械	15.3	83.3	−14.1%	0.9%
688059	华锐精密	2021/02/08	科创板	工业机械	6.0	56.15	23.9%	2.2%
605060	联德股份	2021/03/01	主板	工业机械	11.2	65.21	40.3%	53.4%
300953	震裕科技	2021/03/18	创业板	工业机械	57.5	75.59	89.6%	−39.1%
605305	中际联合	2021/05/06	主板	工业机械	8.0	58.97	−9.5%	−33.0%
301048	金鹰重工	2021/08/18	创业板	建筑机械与重型卡车	32.6	73.71	6.8%	25.1%
688121	卓然股份	2021/09/06	科创板	工业机械	29.4	82.24	−24.7%	−37.6%
688697	纽威数控	2021/09/17	科创板	工业机械	18.5	77.75	7.8%	55.6%
688211	中科微至	2021/10/26	科创板	工业机械	23.1	52.26	4.8%	−145.8%
301129	瑞纳智能	2021/11/02	创业板	工业机械	6.5	53.01	22.3%	17.3%
688162	巨一科技	2021/11/10	科创板	工业机械	34.8	56.07	64.1%	13.7%
688151	华强科技	2021/12/06	科创板	工业机械	6.1	67.35	−52.3%	−77.4%

泰坦股份、恒而达等21家公司均于2021年上市，目前市值处于20亿~50亿元区间，如表8–10所示，这21家公司2022年营业收入平均增长率为−2.5%，低于同行业可比企业营业收入平均增长率10.6个百分点。

表8-10 泰坦股份、恒而达等21家公司与同行业可比企业业绩比较

证券代码	证券简称	上市日期	上市板	所属行业名称（四级行业）	2022年营业总收入（亿元）	市值（亿元）	营业收入增长率	利润增长率
003036	泰坦股份	2021/01/28	主板	工业机械	16.0	25.83	28.7%	64.7%
300946	恒而达	2021/02/08	创业板	工业机械	4.8	35.34	6.0%	−11.7%
300943	春晖智控	2021/02/10	创业板	工业机械	4.9	30.49	−7.2%	8.9%
834599	同力股份	2021/02/22	北交所	建筑机械与重型卡车	52.0	32.67	27.0%	21.8%
605389	长龄液压	2021/03/22	主板	工业机械	9.0	33.75	−1.1%	−36.9%
688633	星球石墨	2021/03/24	科创板	工业机械	6.5	31.04	26.6%	16.3%
603324	盛剑环境	2021/04/07	主板	工业机械	13.3	47.48	7.7%	−14.5%
300985	致远新能	2021/04/29	创业板	工业机械	1.7	31.88	−57.9%	−350.6%
688113	联测科技	2021/05/06	科创板	工业机械	3.7	30.3	10.2%	6.4%
688355	明志科技	2021/05/12	科创板	工业机械	6.1	30.41	−14.2%	−70.0%
301006	迈拓股份	2021/06/07	创业板	工业机械	3.6	32.94	−12.3%	−22.1%
301016	雷尔伟	2021/06/30	创业板	工业机械	4.5	23.99	−11.7%	−28.4%
301028	东亚机械	2021/07/20	创业板	工业机械	7.9	34.78	−11.0%	−11.6%
301040	中环海陆	2021/08/03	创业板	工业机械	10.4	20.9	−2.5%	−45.2%
688622	禾信仪器	2021/09/13	科创板	工业机械	2.8	24.44	−39.6%	−206.5%
301070	开勒股份	2021/09/23	创业板	工业机械	3.0	20.52	−11.4%	−42.2%
301063	海锅股份	2021/09/24	创业板	工业机械	13.5	22.42	27.7%	4.7%
688255	凯尔达	2021/10/25	科创板	工业机械	3.9	25.7	−27.4%	−37.98%
001288	运机集团	2021/11/01	主板	建筑机械与重型卡车	9.1	24.22	16.1%	0.6%
301128	强瑞技术	2021/11/10	创业板	工业机械	4.6	30.86	8.1%	−30.2%
301199	迈赫股份	2021/12/07	创业板	工业机械	7.0	30.97	−13.4%	−70.2%
	可比企业				13.6	32.7	8.1%	−36.9%

利通科技、凯腾精工、五新隧装和中寰股份等4家公司均于2021年上市，目前市值处于1亿~10亿元区间，如表8-11所示，这4家公司2022年营业收入平均增长率约为3.2%，高于同行业可比企业营业收入平均增长率0.6个百分点。

表 8-11　利通科技、凯腾精工、五新隧装和中寰股份等 4 家公司与同行业可比企业业绩比较

证券代码	证券简称	上市日期	上市板	所属行业名称（四级行业）	2022年营业总收入（亿元）	市值（亿元）	营业收入增长率	利润增长率
834475	三友科技	2020/07/27	北交所	工业机械	3.46	6.27	20.3%	64.81%
830839	万通液压	2020/11/09	北交所	工业机械	5.05	8.02	50.4%	48.5%
871396	常辅股份	2020/11/18	北交所	工业机械	2.08	3.74	−8.8%	−19.0%
871245	威博液压	2022/01/06	北交所	工业机械	2.98	4.43	−6.1%	−28.4%
831689	克莱特	2022/03/21	北交所	工业机械	4.22	6.08	7.7%	9.7%
873169	七丰精工	2022/04/15	北交所	工业机械	2.02	4.91	−7.9%	2.5%
873223	荣亿精密	2022/06/09	北交所	工业机械	2.46	4.78	−5.9%	−64.38%
833943	优机股份	2022/06/24	北交所	工业机械	8.11	6.88	14.8%	51.4%
836270	天铭科技	2022/09/02	北交所	工业机械	1.65	5.81	−12.9%	22.5%
832662	方盛股份	2022/11/28	北交所	工业机械	3.53	7.83	19.3%	47.8%
836942	恒立钻具	2022/12/08	北交所	工业机械	2.04	5.91	−5.9%	−35.6%
838810	春光药装	2022/12/16	北交所	工业机械	2.16	5.4	21.0%	17.3%
870508	丰安股份	2022/12/16	北交所	工业机械	1.48	4.89	−11.6%	−24.0%
833781	瑞奇智造	2022/12/26	北交所	工业机械	3.39	7	16.6%	8.1%
831855	浙江大农	2022/12/29	北交所	工业机械	2.35	4.95	−19.8%	−4.8%
832802	保丽洁	2023/02/06	北交所	工业机械	1.82	4.98	−6.6%	−0.16%
872895	花溪科技	2023/04/06	北交所	农用农业机械	1.38	3.43	−20.6%	−12.9%
832225	利通科技	2021/02/25	北交所	工业机械	3.75	8.48	13.0%	175.7%
871553	凯腾精工	2021/08/06	北交所	工业机械	3.78	4.61	−4.0%	−31.3%
835174	五新隧装	2021/08/20	北交所	工业机械	5.41	6.64	−21.6%	−21.3%
836260	中寰股份	2021/11/15	北交所	工业机械	2.69	5.26	25.5%	−3.6%
	可比企业				2.95	5.61	2.6%	5.9%

（二）化工（三级行业）与同行业可比企业业绩比较

诺普信、三力士、江南化工、北化股份、联化科技、泰和新材、利尔化学、大东南、华昌化工、硅宝科技等 10 家化工企业均于 2021 年上市，目前市值处于 100 亿~200 亿元区间，如表 8-12 所示，这 10 家公司 2022 年营业收入平均增长率为 34.9%，与同行业可比企业相比低 3.8 个百分点。

表 8-12 诺普信、三力士等 10 家公司与同行业可比企业的业绩比较

证券代码	证券简称	上市日期	上市板	所属行业名称（三级行业）	所属行业名称（四级行业）	2022年营业总收入（亿元）	市值（亿元）	营业收入增长率	利润增长率
000953	河化股份	1992/12/04	主板	化工	基础化工	389.4	121.6	−2.7%	−52.1%
600500	中化国际	1993/12/03	主板	化工	化肥与农用化工	373.8	186.1	20.4%	273.1%
600230	沧州大化	1996/08/15	主板	化工	化肥与农用化工	207.1	110.9	11.7%	31.3%
00097	佛塑科技	1997/05/28	主板	化工	基础化工	99.4	120.1	22.7%	39.1%
000301	东方盛虹	1999/04/08	主板	化工	化肥与农用化工	159.6	147.0	35.2%	9.7%
600281	华阳新材	2001/01/10	主板	化工	化肥与农用化工	83.5	105.7	28.8%	125.4%
600309	万华化学	2003/03/06	主板	化工	基础化工	228.4	114.6	17.2%	28.4%
600389	江山股份	2003/06/18	主板	化工	基础化工	236.3	124.3	2.1%	−28.4%
600378	昊华科技	2003/06/27	主板	化工	基础化工	115.0	136.1	28.4%	−11.7%
600319	亚星化学	2006/12/08	主板	化工	基础化工	559.1	179.2	−10.5%	−63.6%
600346	恒力石化	2008/05/06	主板	化工	基础化工	70.4	136.7	8.7%	−48.3%
600596	新安股份	2008/06/19	主板	化工	特种化工	78.7	118.6	19.4%	127.9%
600486	扬农化工	2008/06/25	主板	化工	化纤	37.5	181.0	−14.8%	−56.9%
600426	华鲁恒升	2008/07/08	主板	化工	化肥与农用化工	101.4	116.0	56.1%	74.2%
600458	时代新材	2009/12/03	主板	化工	基础化工	100.2	175.8	50.8%	4.7%
600370	三房巷	2009/12/18	主板	化工	基础化工	67.6	144.6	38.8%	931.1%
600409	三友化工	2009/12/22	主板	化工	特种化工	63.4	154.8	41.8%	98.5%
600273	嘉化能源	2010/02/23	主板	化工	基础化工	88.9	102.7	−4.1%	45.69%
600423	柳化股份	2011/01/18	主板	化工	化肥与农用化工	205.0	124.3	37.6%	20.6%
600352	浙江龙盛	2011/05/20	主板	化工	特种化工	36.4	108.4	12.6%	23.5%
600527	江南高纤	2011/06/02	主板	化工	基础化工	60.6	112.7	2.2%	−49.6%
600143	金发科技	2011/12/20	主板	化工	特种化工	50.8	165.1	16.6%	19.4%
002002	鸿达兴业	2012/08/01	创业板	化工	基础化工	20.6	106.8	12.4%	153.7%
002004	华邦健康	2015/05/13	主板	化工	化肥与农用化工	90.6	190.8	63.3%	60.7%
002068	黑猫股份	2017/04/18	主板	化工	化纤	507.9	156.8	13.4%	−109.1%

(续表)

证券代码	证券简称	上市日期	上市板	所属行业名称（三级行业）	所属行业名称（四级行业）	2022年营业总收入（亿元）	市值（亿元）	营业收入增长率	利润增长率
002092	中泰化学	2017/05/23	创业板	化工	特种化工	17.5	125.6	−4.7%	−19.7%
002096	南岭民爆	2017/08/25	主板	化工	基础化工	34.5	112.3	36.3%	105.1%
002108	沧州明珠	2019/04/02	主板	化工	基础化工	47.7	185.3	17.8%	−9.4%
002109	兴化股份	2019/07/22	科创板	化工	特种化工	10.8	180.6	56.8%	141.0%
002125	湘潭电化	2019/09/25	科创板	化工	特种化工	18.4	123.4	39.5%	45.0%
002136	安纳达	2020/03/12	创业板	化工	基础化工	67.3	122.8	55.4%	−55.6%
002145	中核钛白	2020/06/16	科创板	化工	工业气体	19.7	127.9	13.0%	44.4%
002165	红宝丽	2020/07/22	创业板	化工	基础化工	17.6	110.1	61.8%	192.1%
002170	芭田股份	2020/08/20	科创板	化工	工业气体	27.0	116.3	47.3%	55.3%
002206	海利得	2020/10/30	科创板	化工	特种化工	26.3	102.2	21.7%	−31.03%
002211	宏达	2020/11/27	创业板	化工	基础化工	30.5	144.0	181.8%	192.4%
002312	川发龙蟒	2022/06/14	创业板	化工	工业气体	9.2	115.6	10.3%	−35.2%
002319	乐通股份	2022/06/17	创业板	化工	特种化工	61.3	159.8	17.9%	27.7%
002324	普利特	2022/09/29	科创板	化工	基础化工	123.5	143.4	454.0%	170.2%
002326	永太科技	2023/01/31	主板	化工	特种化工	33.1	124.4	30.6%	52.2%
002215	诺普信	2021/01/22	科创板	化工	多元化工	53.2	108.8	71.4%	10.10%
002224	三力士	2021/07/09	主板	化工	基础化工	38.0	112.4	31.2%	8.0%
002226	江南化工	2021/07/28	创业板	化工	化肥与农用化工	144.6	176.2	47.6%	75.8%
002246	北化股份	2021/08/05	科创板	化工	特种化工	287.5	193.9	84.7%	98.9%
002250	联化科技	2021/08/10	主板	化工	基础化工	96.0	147.9	8.8%	−0.2%
002254	泰和新材	2021/08/31	北交所	化工	化纤	20.8	138.4	72.3%	−56.92%
002258	利尔化学	2021/09/15	主板	化工	基础化工	78.0	114.3	−19.1%	−71.7%
002263	大东南	2021/09/27	创业板	化工	基础化工	10.1	103.5	14.9%	21.3%
002274	华昌化工	2021/10/26	创业板	化工	化纤	173.3	145.9	37.7%	70.5%
300019	硅宝科技	2021/11/26	主板	化工	基础化工	67.4	139.9	0.0%	−46.3%

（三）电子设备、仪器和元件（三级行业）与同行业可比企业的业绩比较

如表8–13、表8–14、表8–15所示，电子设备、仪器和元件上市公司市值在50亿元以上时，2021年新上市公司营业收入平均增长率高于可比企业；2021年新上

市公司市值大于 200 亿元时，其营业收入增长率为 24.19%，较可比企业高出 1.39 个百分点。

表 8-13　市值 200 亿元以上的电子设备、仪器和元件企业与同行业可比企业业绩比较

证券代码	证券简称	上市日期	上市板	所属行业名称（三级行业）	市值区间	营业收入增长率	利润增长率
688538	和辉光电	2021/05/28	科创板	电子设备、仪器和元件	大于 200 亿元	4.35%	-69.70%
003031	中瓷电子	2021/01/04	主板	电子设备、仪器和元件	大于 200 亿元	28.72%	22.19%
301029	怡合达	2021/07/23	创业板	电子设备、仪器和元件	大于 200 亿元	39.49%	26.40%
	可比企业			电子设备、仪器和元件	大于 200 亿元	22.80%	29.45%

表 8-14　市值 100 亿~200 亿元的电子设备、仪器和元件企业与同行业可比企业业绩比较

证券代码	证券简称	上市日期	上市板	所属行业名称（三级行业）	市值区间	营业收入增长率	利润增长率
688772	珠海冠宇	2021/10/15	科创板	电子设备、仪器和元件	100 亿~200 亿元	6.14%	-93.84%
688696	极米科技	2021/03/03	科创板	电子设备、仪器和元件	100 亿~200 亿元	4.57%	3.70%
688183	生益电子	2021/02/25	科创板	电子设备、仪器和元件	100 亿~200 亿元	-3.09%	18.40%
688776	国光电气	2021/08/31	科创板	电子设备、仪器和元件	100 亿~200 亿元	54.38%	0.72%
	可比企业			电子设备、仪器和元件	100 亿~200 亿元	4.13%	-115.57%

表 8-15　市值 50 亿~100 亿元的电子设备、仪器和元件行业企业与同行业可比企业业绩比较

证券代码	证券简称	上市日期	上市板	所属行业名称（三级行业）	市值区间	营业收入增长率	利润增长率
688630	芯碁微装	2021/04/01	科创板	电子设备、仪器和元件	50 亿~100 亿元	32.51%	28.66%
688230	芯导科技	2021/12/01	科创板	电子设备、仪器和元件	50 亿~100 亿元	-29.33%	4.30%

（续表）

证券代码	证券简称	上市日期	上市板	所属行业名称（三级行业）	市值区间	营业收入增长率	利润增长率
688665	四方光电	2021/02/09	科创板	电子设备、仪器和元件	50亿~100亿元	10.04%	−19.17%
300951	博硕科技	2021/02/26	创业板	电子设备、仪器和元件	50亿~100亿元	39.94%	28.39%
688103	国力股份	2021/09/10	科创板	电子设备、仪器和元件	50亿~100亿元	37.53%	17.50%
301051	信濠光电	2021/08/27	创业板	电子设备、仪器和元件	50亿~100亿元	−15.21%	−220.56%
301180	万祥科技	2021/11/16	创业板	电子设备、仪器和元件	50亿~100亿元	−10.73%	5.51%
688112	鼎阳科技	2021/12/01	科创板	电子设备、仪器和元件	50亿~100亿元	30.90%	73.67%
003040	楚天龙	2021/03/22	主板	电子设备、仪器和元件	50亿~100亿元	31.37%	181.56%
688661	和林微纳	2021/03/29	科创板	电子设备、仪器和元件	50亿~100亿元	−22.06%	−69.70%
301031	中熔电气	2021/07/15	创业板	电子设备、仪器和元件	50亿~100亿元	96.04%	91.11%
688800	瑞可达	2021/07/22	科创板	电子设备、仪器和元件	50亿~100亿元	80.23%	122.49%
688768	容知日新	2021/07/26	科创板	电子设备、仪器和元件	50亿~100亿元	37.76%	42.86%
	可比企业			电子设备、仪器和元件	50亿~100亿元	9.24%	−35.25%

如表8-16、表8-17所示，电子设备、仪器和元件上市公司在市值低于50亿元时，2021年新上市公司营业收入平均增长率低于可比企业；2021年新上市公司市值区间处于30亿~50亿元时，其营业收入增长率为−4.82%，较可比企业低13.39个百分点。

表 8-16　市值 30 亿~50 亿元的电子设备、仪器和元件行业企业与同行业可比企业业绩比较

证券代码	证券简称	上市日期	上市板	所属行业名称（三级行业）	市值区间	营业收入增长率	利润增长率
300940	南极光	2021/02/03	创业板	电子设备、仪器和元件	30 亿~50 亿元	-31.87%	-208.32%
688619	罗普特	2021/02/23	科创板	电子设备、仪器和元件	30 亿~50 亿元	-76.64%	-324.85%
688079	美迪凯	2021/03/02	科创板	电子设备、仪器和元件	30 亿~50 亿元	-5.84%	-77.90%
688609	九联科技	2021/03/23	科创板	电子设备、仪器和元件	30 亿~50 亿元	-14.06%	-38.70%
688195	腾景科技	2021/03/26	科创板	电子设备、仪器和元件	30 亿~50 亿元	13.74%	11.67%
300968	格林精密	2021/04/15	创业板	电子设备、仪器和元件	30 亿~50 亿元	10.17%	30.00%
300975	商络电子	2021/04/21	创业板	电子设备、仪器和元件	30 亿~50 亿元	5.18%	-43.67%
301021	英诺激光	2021/07/06	创业板	电子设备、仪器和元件	30 亿~50 亿元	-18.21%	-68.62%
300964	本川智能	2021/08/05	创业板	电子设备、仪器和元件	30 亿~50 亿元	0.94%	-11.64%
300814	中富电路	2021/08/12	创业板	电子设备、仪器和元件	30 亿~50 亿元	6.69%	0.31%
301086	鸿富瀚	2021/10/20	创业板	电子设备、仪器和元件	30 亿~50 亿元	-3.28%	13.12%
301099	雅创电子	2021/11/22	创业板	电子设备、仪器和元件	30 亿~50 亿元	55.36%	76.20%
	可比企业			电子设备、仪器和元件	30 亿~50 亿元	8.57%	-35.03%

表 8-17　市值 30 亿元以下的电子设备、仪器和元件行业企业与同行业可比企业业绩比较

证券代码	证券简称	上市日期	上市板	所属行业名称（三级行业）	市值区间	营业收入增长率	利润增长率
300928	华安鑫创	2021/01/06	创业板	电子设备、仪器和元件	小于 30 亿元	22.83%	-12.52%
833509	同惠电子	2021/01/11	北交所	电子设备、仪器和元件	小于 30 亿元	28.77%	33.96%
300936	中英科技	2021/01/26	创业板	电子设备、仪器和元件	小于 30 亿元	13.94%	-33.43%

（续表）

证券代码	证券简称	上市日期	上市板	所属行业名称（三级行业）	市值区间	营业收入增长率	利润增长率
300956	英力股份	2021/03/26	创业板	电子设备、仪器和元件	小于30亿元	−18.78%	−146.09%
688260	昀冢科技	2021/04/06	科创板	电子设备、仪器和元件	小于30亿元	−10.90%	−1 377.28%
688655	迅捷兴	2021/05/11	科创板	电子设备、仪器和元件	小于30亿元	−21.17%	−27.67%
300991	创益通	2021/05/20	创业板	电子设备、仪器和元件	小于30亿元	−13.62%	−88.56%
837212	智新电子	2021/06/08	北交所	电子设备、仪器和元件	小于30亿元	−4.06%	−20.25%
688367	工大高科	2021/06/28	科创板	电子设备、仪器和元件	小于30亿元	20.40%	−10.80%
688511	天微电子	2021/07/30	科创板	电子设备、仪器和元件	小于30亿元	−45.94%	−60.85%
301042	安联锐视	2021/08/05	创业板	电子设备、仪器和元件	小于30亿元	−8.42%	41.84%
301045	天禄科技	2021/08/13	创业板	电子设备、仪器和元件	小于30亿元	−26.62%	−70.49%
301067	显盈科技	2021/09/22	创业板	电子设备、仪器和元件	小于30亿元	20.65%	36.25%
688272	富吉瑞	2021/10/18	科创板	电子设备、仪器和元件	小于30亿元	−65.12%	−214.65%
301083	百胜智能	2021/10/21	创业板	电子设备、仪器和元件	小于30亿元	−22.46%	−0.80%
831305	海希通讯	2021/11/05	北交所	电子设备、仪器和元件	小于30亿元	−22.84%	−33.07%
871981	晶赛科技	2021/11/15	北交所	电子设备、仪器和元件	小于30亿元	−18.45%	−33.44%
301182	凯旺科技	2021/12/23	创业板	电子设备、仪器和元件	小于30亿元	−18.03%	−40.92%
688210	统联精密	2021/12/27	科创板	电子设备、仪器和元件	小于30亿元	43.47%	106.59%
	可比企业			电子设备、仪器和元件	小于30亿元	−4.75%	−56.61%

（四）电气设备（三级行业）与同行业可比企业业绩比较

如表 8-18 所示，当 2021 年新上市电气设备公司市值处于 100 亿~200 亿元、50 亿~100 亿元和小于 30 亿元等这些区间时，这些公司营业收入增长均值高于可比企业；而 2021 年新上市公司市值大于 200 亿元或者处于 30 亿~50 亿元时，这些公司营业收入增长均值低于可比企业。

表 8-18　2021 年新上市电气设备公司与可比企业业绩比较

	所属行业名称（三级行业）	市值区间	营业收入增长均值	利润增长均值
2021 年上市公司	电气设备	大于 200 亿元	7.10%	0.30%
可比企业	电气设备	大于 200 亿元	9.20%	13.70%
2021 年上市公司	电气设备	100 亿~200 亿元	43.70%	20.30%
可比企业	电气设备	100 亿~200 亿元	17.90%	147.60%
2021 年上市公司	电气设备	50 亿~100 亿元	10.40%	−20.20%
可比企业	电气设备	50 亿~100 亿元	1.25%	−23.30%
2021 年上市公司	电气设备	30 亿~50 亿元	10.60%	6.40%
可比企业	电气设备	30 亿~50 亿元	13.40%	−4.70%
2021 年上市公司	电气设备	小于 30 亿元	5.30%	−3.20%
可比企业	电气设备	小于 30 亿元	3.50%	38.60%

（五）制药（三级行业）与同行业可比企业业绩比较

如表 8-19 所示，除上市公司市值处于 100 亿~200 亿元这个区间外，2021 年新上市制药公司营业收入增长均值均低于可比企业。

表 8-19　2021 年新上市制药公司与可比企业业绩比较

	所属行业名称（三级行业）	市值区间	营业收入增长均值	利润增长均值
2021 年上市公司	制药	大于 200 亿元	−100.00%	9.87%
可比企业	制药	大于 200 亿元	33.33%	25.17%
2021 年上市公司	制药	100 亿~200 亿元	1 444.98%	−900.80%
可比企业	制药	100 亿~200 亿元	16.87%	−42.58%

(续表)

	所属行业名称（三级行业）	市值区间	营业收入增长均值	利润增长均值
2021年上市公司	制药	50亿~100亿元	11.10%	98.42%
可比企业	制药	50亿~100亿元	28.62%	45.73%
2021年上市公司	制药	30亿~50亿元	1.36%	−18.00%
可比企业	制药	30亿~50亿元	3.19%	−41.85%
2021年上市公司	制药	小于30亿元	0.54%	−22.12%
可比企业	制药	小于30亿元	3.08%	−88.46%

（六）金属、非金属和采矿（三级行业）与同行业可比企业业绩比较

从金属、非金属和采矿这个行业来看，如表8-20所示，除了市值小于30亿元这个区间以外，其余市值区间2021年新上市公司营业收入增长均值高于可比企业，例如当市值大于200亿元时，2021年新上市公司营业收入增长均值高达162.75%，较可比企业高许多。

表8-20　2021年新上市金属、非金属和采矿公司与可比企业业绩比较

	所属行业名称（三级行业）	市值区间	营业收入增长均值	利润增长均值
2021年上市公司	金属、非金属和采矿	大于200亿元	162.75%	112.59%
可比企业	金属、非金属和采矿	大于200亿元	56.14%	59.07%
2021年上市公司	金属、非金属和采矿	100亿~200亿元	32.38%	26.12%
可比企业	金属、非金属和采矿	100亿~200亿元	22.37%	71.39%
2021年上市公司	金属、非金属和采矿	50亿~100亿元	58.63%	72.35%
可比企业	金属、非金属和采矿	50亿~100亿元	17.31%	121.09%
2021年上市公司	金属、非金属和采矿	30亿~50亿元	18.42%	8.41%
可比企业	金属、非金属和采矿	30亿~50亿元	4.27%	−14.11%
2021年上市公司	金属、非金属和采矿	小于30亿元	0.71%	−16.52%
可比企业	金属、非金属和采矿	小于30亿元	11.06%	118.82%

（七）汽车零配件（三级行业）与同行业可比企业业绩比较

从汽车零配件这个行业来分析，如表8-21所示，当市值处于50亿~100亿元

区间时，2021年新上市公司2022年营业收入增长均值稍低于可比企业；其余市值区间2021年新上市公司2022年营业收入增长均值高于可比企业，其中市值在30亿~50亿元时，2022年营业收入增长均值为27.3%，较可比企业高22.3个百分点。

表8-21 2021年新上市汽车零配件公司与可比企业业绩比较

	所属行业名称（三级行业）	市值区间	营业收入增长均值	利润增长均值
2021年上市公司	汽车零配件	50亿~100亿元	8.2%	−35.2%
可比企业	汽车零配件	50亿~100亿元	9.3%	−135.2%
2021年上市公司	汽车零配件	30亿~50亿元	27.3%	25.5%
可比企业	汽车零配件	30亿~50亿元	5.0%	−22.6%
2021年上市公司	汽车零配件	小于30亿元	8.5%	−7.0%
可比企业	汽车零配件	小于30亿元	4.7%	−123.0%

（八）食品（三级行业）与同行业可比企业业绩比较

从食品行业来看，如表8-22所示，当市值处于30亿~50亿元时，2021年新上市公司2022年营业收入增长均值高于可比企业，其余市值区间公司2022年营业收入增长均值均低于可比企业。

表8-22 2021年新上市食品公司与可比企业业绩比较

	所属行业名称（三级行业）	市值区间	营业收入增长均值	利润增长均值
2021年上市公司	食品	100亿~200亿元	18.9%	4.1%
可比企业	食品	100亿~200亿元	24.5%	−39.5%
2021年上市公司	食品	50亿~100亿元	17.6%	14.6%
可比企业	食品	50亿~100亿元	72.3%	−71.6%
2021年上市公司	食品	30亿~50亿元	10.0%	−91.1%
可比企业	食品	30亿~50亿元	7.7%	−8.4%
2021年上市公司	食品	小于30亿元	14.0%	68.3%
可比企业	食品	小于30亿元	30.9%	−28.7%

（九）半导体产品和半导体设备（三级行业）与同行业可比企业业绩比较

从半导体产品和半导体设备这个行业来看，如表8-23所示，市值大于200亿元和处于50亿~100亿元时，2021年新上市公司2022年营业收入增长均值高于可比企业，而其他市值区间公司2022年营业收入增长均值低于可比企业。

表8-23　2021年新上市半导体产品和半导体设备公司与可比企业业绩比较

	所属行业名称（三级行业）	市值区间	营业收入增长均值	利润增长均值
2021年上市公司	半导体产品和半导体设备	大于200亿元	88.4%	47.7%
可比企业	半导体产品和半导体设备	大于200亿元	42.1%	−194.9%
2021年上市公司	半导体产品和半导体设备	100亿~200亿元	22.4%	16.3%
可比企业	半导体产品和半导体设备	100亿~200亿元	35.8%	−59.8%
2021年上市公司	半导体产品和半导体设备	50亿~100亿元	16.8%	8.1%
可比企业	半导体产品和半导体设备	50亿~100亿元	9.6%	−57.2%
2021年上市公司	半导体产品和半导体设备	30亿~50亿元	−20.0%	−37.3%
可比企业	半导体产品和半导体设备	30亿~50亿元	−6.7%	−16.5%
2021年上市公司	半导体产品和半导体设备	小于30亿元	−33.2%	−143.5%
可比企业	半导体产品和半导体设备	小于30亿元	−1.2%	−151.0%

一年期股份解禁与股票价格走势

一、一年期股份解禁后公司二级市场股票价格走势分析

作为上市过程中很常见的做法，股份限售制度能够限制原始股东和内部持股人在公司上市后某段时间内出售股份，在本质上可以视为原有股东为了降低道德风险所做的一项承诺，从股票供需的角度来看也能为稳定股价提供一定的支撑。

关于解禁对股票市场价格走势的影响，按照市场有效理论，可以理解为解禁对股票供给的影响在解禁日之前就已被市场所消化，因此解禁日到期后不会出现由外部股东导致的异常负收益情况，解禁日之后的股票异常下跌则被认为是限售股解禁

后的抛售行为所致。一般来讲，限售股解禁会导致市场可流通的股份数量增加，尤其是解禁股份数量占比较大的情况下，即便解禁时间属于公开信息，市场能充分消化这些信息，股票供给增加依旧会造成股票价格下跌。

在实践中，一个常见的可观察现象就是，在解禁日之后，大股东和私募基金、公募基金等机构投资者便会开始减持股份，并在一段时期内造成股票价格明显下跌。事实上，现有研究也表明，一些持有股份较多的股东会出于对公司未来发展的考虑继续持股而不是直接减持，只有一些追求短期利益的投资者会倾向于选择套现离场，因此实际上的股份解禁抛售力度会显著低于理论预期。另一个较为常见的情况则是，很多大股东本身也是公司管理层，其能够了解公司的内部信息，并且在公司重要的经营决策方面具有一定的影响，这种内部优势使得大股东可以根据自身的利益关系选择股份减持时机。并且，从信号传递理论来讲，大股东减持在一定程度上是向市场传递潜在的负面信息，从而进一步刺激投资者抛售股票，产生抛压。

综上所述，不管是从内部信息优势来看，还是从套现投机和流动性需求来看，限售股解禁后可能出现的减持变现都会导致股价出现下跌压力，市场的预期也会因此受到影响。

（一）解禁后一段时间内股价出现明显的小幅下跌，但是下跌持续时间并不长

有鉴于此，我们对 2021 年实现 IPO 的公司在 2022 年解禁后的市场表现进行了统计分析。根据万得金融终端的数据统计结果，有 499 家 2021 年 IPO 公司在 2022 年至少出现过一次解禁行为，我们专门统计了这些公司在 2022 年第一次解禁时的市场表现情况。统计结果如图 8–3 所示，在解禁日当天，499 家公司的日均收益率为 –0.6%，中位数为 –0.42%，25% 分位数和 75% 分位数分别为 –2.45% 和 1.41%，54.91% 的样本公司在解禁日当天出现了股价下跌的情况。解禁后 3 个交易日、5 个交易日、10 个交易日和 30 个交易日的市场表现统计结果显示，499 家公司的平均区间收益率分别为 –0.57%、–0.65%、–0.61% 和 –0.18%，表明在解禁后一段时间内样本公司的股价会出现明显的小幅下跌，但是下跌持续时间并不长。

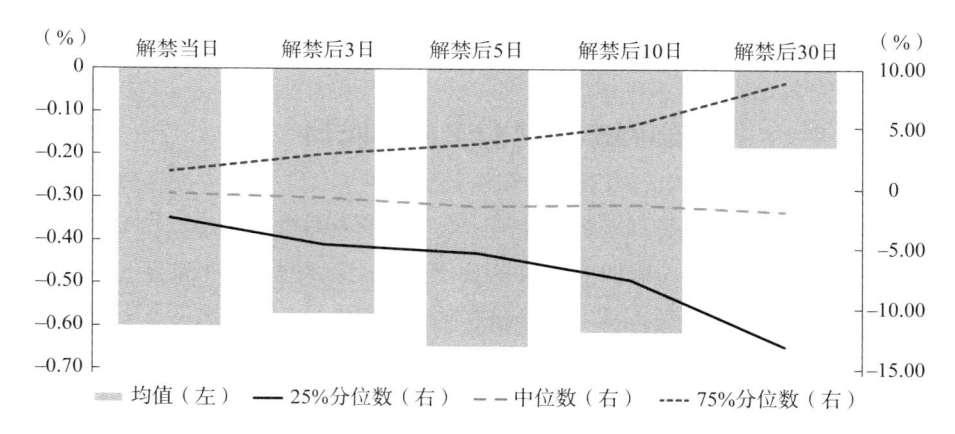

图 8-3　IPO 后一年期解禁市场表现情况

数据来源：万得金融终端。

考虑到样本公司可能受到一些其他的行业和市场层面的扰动因素影响，我们进一步考察了经过行业指数市场表现调整后的股价变化趋势，行业指数调整因子选择二级指数，如图 8-4 所示，在解禁日当天 499 家公司的平均收益率为 –0.59%，与未经调整时相比几乎没有多少变化，解禁后 3 个交易日、5 个交易日、10 个交易日和 30 个交易日的平均区间收益率分别为 –0.59%、–0.55%、–0.68% 和 0.74%，解禁后 30 个交易日的收益率由负转正并出现明显上升，表明限售股解禁对股价的影响并不会持续太长的时间。

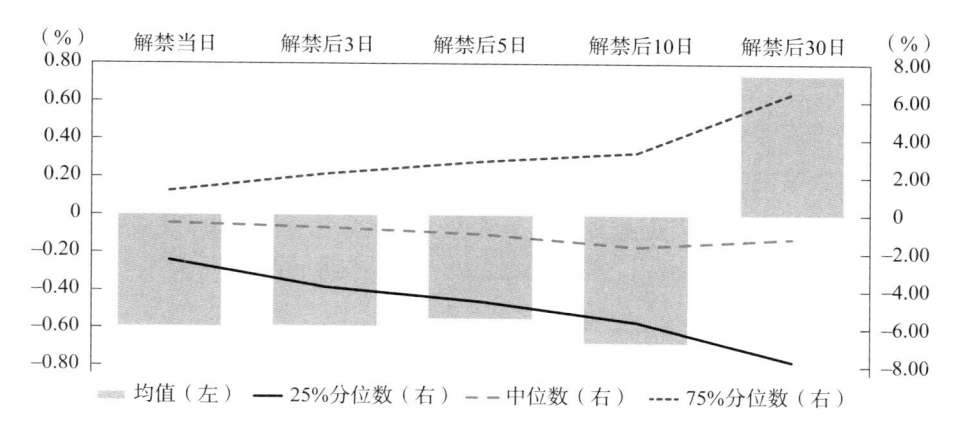

图 8-4　IPO 后一年期解禁市场表现情况（经行业指数调整）

数据来源：万得金融终端。

公司上市指导手册　348

（二）主板公司受解禁的负面影响最小，北交所公司受到的负面冲击最大

在图 8-5 中，我们进一步对不同板块的解禁后市场表现进行了统计分析，结果表明，主板公司股价受解禁的负面影响最小，北交所公司受到的负面冲击最大，创业板和科创板则处于两者中间。在解禁日当天，北交所公司的平均收益率为 –1.3%，科创板则为 –0.86%，创业板和主板分别为 –0.4% 和 –0.31%。主板公司在解禁后 3 个交易日的收益率就由负转正，而北交所公司则出现区间收益率逐渐下降的情况，到解禁后 30 个交易日时，北交所公司平均区间收益率为 –8.65%，这表明股价承受了持续的减持抛压。

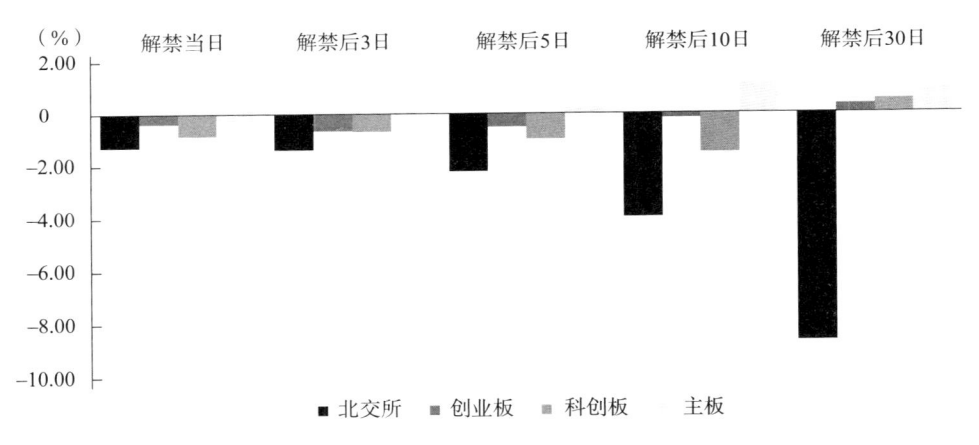

图 8-5 不同板块 IPO 后一年期解禁市场表现情况

数据来源：万得金融终端。

我们也统计了经行业指数市场表现调整后的收益率变化情况，对比未经调整的结果，发现在解禁日当天的变化并不明显，如图 8-6 所示，北交所公司的收益率为 –1.27%，科创板为 –1%，创业板和主板分别为 –0.27% 和 –0.3%。在解禁后的 30 个交易日区间内，北交所公司的收益率依旧表现出逐渐下降的趋势，而主板则表现出逐渐上升的趋势。

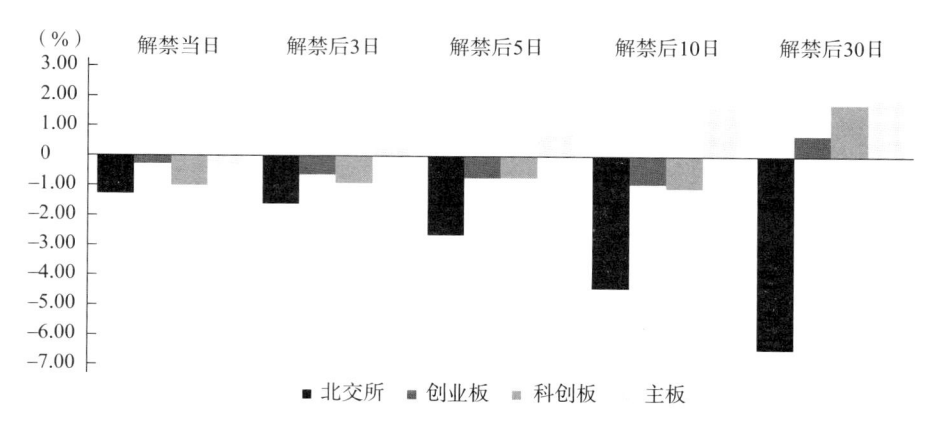

图 8-6　不同板块 IPO 后一年期解禁市场表现情况（经行业指数调整）
数据来源：万得金融终端。

（三）电信服务，半导体与半导体生产设备，能源存在明显的正收益

如表 8-24 所示，我们进一步统计了不同行业的公司解禁后的市场表现情况。对于未经调整的原始收益率情况来讲，在解禁当日股价下跌较为明显的行业主要有零售业（-1.565 5%）、公用事业Ⅱ（-1.146 7%）、耐用消费品与服装（-1.009 7%）、汽车与汽车零部件（-1.869 0%）、食品与主要用品零售Ⅱ（-4.429 5%）、制药、生物科技与生命科学（-1.562 3%）和银行（-2.555 9%）等，而电信服务Ⅱ（1.437 5%）、半导体与半导体生产设备（1.260 9%）和能源Ⅱ（1.283 5%）等行业则存在明显的正收益。其中，在解禁后 30 个交易日内，半导体与半导体生产设备行业的收益率并未出现明显波动，而电信服务Ⅱ则表现出明显下跌的情况，在解禁当日表现较差的食品与主要用品零售Ⅱ以及银行此后同样也表现出持续的负收益现象。至于经过行业指数市场表现调整后的收益率情况，各行业的表现并未出现明显的差异，但食品与主要用品零售Ⅱ行业的调整后市场表现有较为明显的改善。

表 8-24 不同行业解禁后市场平均走势一览

单位：%

行业	原始收益率				
	解禁当日	解禁后3日	解禁后5日	解禁后10日	解禁后30日
半导体与半导体生产设备	1.260 9	0.938 8	0.245 4	0.490 9	3.479 7
材料Ⅱ	−0.317 6	−0.227 5	−0.082 0	1.447 4	0.393 8
电信服务Ⅱ	1.437 5	−1.138 7	−1.408 5	−2.666 7	−13.019 1
多元金融	−0.735 1	1.526 3	1.042 0	7.037 9	16.307 0
公用事业Ⅱ	−1.146 7	−0.744 8	−0.759 7	0.334 2	−6.305 5
技术硬件与设备	−0.889 0	−0.878 7	−1.501 7	−2.690 4	−5.126 6
家庭与个人用品	0.582 4	−0.834 6	−0.128 6	−1.582 0	0.683 3
零售业	−1.565 5	−3.067 5	−8.652 4	1.036 6	10.323 7
媒体Ⅱ	0.044 1	0.502 3	−2.839 4	−3.192 6	−2.218 6
耐用消费品与服装	−1.009 7	−0.433 7	−0.191 3	2.644 3	2.541 4
能源Ⅱ	1.283 5	−0.758 5	−1.575 3	−5.659 3	0.116 7
汽车与汽车零部件	−1.869 0	−0.451 7	−0.820 1	−1.227 9	1.855 3
软件与服务	−0.224 6	0.494 2	0.451 5	−0.980 0	−3.819 3
商业和专业服务	0.072 0	0.531 4	1.271 4	1.537 3	−2.713 9
食品、饮料与烟草	0.158 0	−1.767 1	−1.281 7	−2.109 3	4.643 8
食品与主要用品零售Ⅱ	−4.429 5	−2.938 7	0.786 8	−7.802 2	−3.981 7
消费者服务Ⅱ	0.310 4	2.493 9	3.639 7	8.087 6	9.624 0
医疗保健设备与服务	0.817 0	−0.062 1	−1.583 6	−2.779 1	1.661 6
银行	−2.555 9	−2.929 9	−2.680 8	−3.991 1	−7.218 5
运输	0.889 1	1.197 9	1.313 5	4.754 6	−1.841 7
制药、生物科技与生命科学	−1.562 3	−2.257 7	−1.861 3	−3.595 5	−2.994 3
资本货物	−0.811 0	−0.817 4	−0.941 4	−0.782 3	2.235 4
行业	市场调整收益率				
	解禁当日	解禁后3日	解禁后5日	解禁后10日	解禁后30日
半导体与半导体生产设备	−0.232 4	−0.540 4	−1.123 4	−0.509 6	2.998 0
材料Ⅱ	−0.223 8	−0.533 9	−0.366 1	0.096 8	−0.289 4
电信服务Ⅱ	0.599 2	−1.947 3	−1.140 9	−2.539 3	−7.697 3
多元金融	−0.903 9	−0.173 7	−0.560 4	3.581 5	4.985 0

(续表)

行业	市场调整收益率				
	解禁当日	解禁后3日	解禁后5日	解禁后10日	解禁后30日
公用事业Ⅱ	−1.487 7	−1.848 0	−1.022 2	−0.388 4	−5.665 9
技术硬件与设备	−0.815 3	−0.348 2	−0.174 6	−0.358 1	0.583 4
家庭与个人用品	−0.166 2	−0.627 1	−0.809 2	−4.011 1	−1.581 2
零售业	−1.435 8	−3.011 8	−6.614 8	0.673 3	12.838 2
媒体Ⅱ	0.630 2	1.616 5	−1.506 4	−1.679 4	1.685 1
耐用消费品与服装	−0.794 6	0.216 3	0.252 9	3.223 9	4.189 6
能源Ⅱ	1.247 6	2.040 2	3.381 4	−0.502 4	−0.717 6
汽车与汽车零部件	−1.466 0	−0.526 4	−1.768 5	−3.416 0	−2.941 5
软件与服务	−0.255 9	0.838 2	0.572 1	−0.208 6	−0.191 7
商业和专业服务	−.247 9	−0.326 9	0.818 4	1.432 7	2.078 0
食品、饮料与烟草	−0.098 0	−1.659 8	−0.962 7	−1.453 2	4.999 6
食品与主要用品零售Ⅱ	−3.114 8	−1.863 6	1.383 5	−2.538 3	3.933 5
消费者服务Ⅱ	−1.062 5	2.741 9	3.872 3	5.375 4	3.830 4
医疗保健设备与服务	0.832 9	−0.511 5	−1.770 5	−1.888 4	1.831 7
银行	−3.507 8	−4.022 6	−4.777 3	−6.058 6	−4.015 7
运输	0.307 3	0.174 3	0.011 7	2.450 1	−4.459 7
制药、生物科技与生命科学	−1.169 3	−2.196 2	−1.788 2	−4.122 9	−2.447 1
资本货物	−0.666 1	−0.631 7	−0.624 4	−0.918 0	1.977 0

数据来源：万得金融终端。

（四）小市值公司的股价下跌压力更大

如表 8–25 所示，我们进一步探讨了不同市值规模公司的解禁后表现差异，我们将 499 家样本公司按照解禁日当天的市值规模平均划分为 5 个小组，发现市值最小的 20% 样本组解禁当日的原始收益率为 −1.289 2%，在解禁后的 30 个交易日内区间收益率也均明显为负。相比之下，其余各组股价受到的影响明显较小，这意味着解禁对小市值公司股价而言需要承受更大的下跌压力。这一结论在经过行业指数市场表现调整后依然成立，小市值公司的股价下跌压力明显更大。

表8-25 不同市值规模公司解禁后市场平均走势表现

单位：%

市值规模	原始收益率				
	解禁当日	解禁后3日	解禁后5日	解禁后10日	解禁后30日
市值最小20%公司	−1.289 2	−1.299 7	−1.773 6	−2.364 5	−3.354 9
市值20%~40%公司	0.127 2	−0.391 1	−0.065 3	−0.295 1	−0.278 6
市值40%~60%公司	−0.629 1	−0.699 7	−0.150 4	1.153 0	1.733 9
市值60%~80%公司	−0.587 1	0.042 6	0.090 2	0.025 5	−0.342 2
市值最大20%公司	−0.627 2	−0.508 8	−1.347 0	−1.594 9	1.350 6

市值规模	市场调整收益率				
	解禁当日	解禁后3日	解禁后5日	解禁后10日	解禁后30日
市值最小20%公司	−1.311 7	−1.642 3	−2.211 2	−3.003 5	−3.074 4
市值20%~40%公司	−0.175 5	−0.547 3	−0.264 7	−0.891 3	−0.700 6
市值40%~60%公司	−0.430 4	−0.388 4	0.314 5	1.532 9	2.699 6
市值60%~80%公司	−0.365 1	0.306 6	0.963 7	0.723 1	2.111 3
市值最大20%公司	−0.672 8	−0.657 2	−1.549 3	−1.761 6	2.682 2

数据来源：万得金融终端。

（五）不同解禁比例公司解禁日市场表现差异不明显

我们按照解禁股份占总股份的比重将样本划分为五等分，并尝试观察不同解禁比例公司的解禁日市场表现。结果表明，解禁股份占比与解禁当日的市场表现并不存在明显的负向相关关系，也就是说，解禁占比偏高的样本组公司在解禁日当天并没有表现出更显著的股票下跌情况，这一结论即便在解禁后30个交易日内依然大致成立，市场表现较差的反而是处于最中间的20%样本组。如果进一步观察经行业指数市场表现调整后的数据，我们甚至发现了解禁占比相对较高的样本组在解禁日当天市场表现更好的情况，在解禁后3到10个交易日中，解禁股份占比高低不同的组别之间的差异非常不明显。

二、总体结论

考虑到对于某些样本公司来讲，在统计一年期解禁时该公司已经发生过更早时期的解禁行为，于是我们分别统计了第一次解禁和并非第一次解禁的市场表现差异情况。依据万得金融终端的解禁日期信息，我们将499家样本公司中在一年内已经发生过解禁事件的样本归类为非首次解禁，其余的样本则归类为首次解禁。通常来讲，首次解禁的信号指示意义应该更加明显，因此我们预期首次解禁的公司股价变动可能会更加明显。如表8-26所示，我们发现302家首次解禁的样本公司在解禁日当天股价平均下跌0.737 9%，跌幅明显高于非首次解禁的样本组。但在解禁日之后，首次解禁的股价下跌幅度则相对小一些。在经过行业指数市场表现调整后，首次解禁的样本公司跌幅依然比非首次解禁公司更高，但两者的差距有所缩小。

表8-26 首次与非首次解禁的市场表现对比

单位：%

	原始收益率				
	解禁当日	解禁后3日	解禁后5日	解禁后10日	解禁后30日
首次解禁	−0.737 9	−0.416 4	−0.492 2	0.044 3	−0.352 2
非首次解禁	−0.417 2	−0.779 7	−0.856 7	−1.496 2	0.048 1
	市场调整收益率				
	解禁当日	解禁后3日	解禁后5日	解禁后10日	解禁后30日
首次解禁	−0.646 8	−0.439 5	−0.462 4	−0.170 9	0.495 0
非首次解禁	−0.516 0	−0.781 7	−0.661 5	−1.358 7	1.068 3

数据来源：万得金融终端。

如表8-27所示，我们进一步对首次解禁的样本的市场表现进行了考察，按照解禁日的总市值规模将样本均分为3组，不难发现，相对来讲市值规模较大的样本组股价下跌幅度更小一些。另外，在持续影响时间层面来讲，大市值公司更短一些，除了解禁当日出现明显下跌外，解禁后3日开始转变为正收益。这一结论在经过行业指数市场表现调整后依然成立。

表 8-27　首次解禁后按照市值分类的市场表现

单位：%

市值	原始收益率				
	解禁当日	解禁后 3 日	解禁后 5 日	解禁后 10 日	解禁后 30 日
市值最小 1/3 样本	−0.810 1	−0.739 6	−0.612 5	−0.502 3	−1.917 2
市值中间 1/3 样本	−0.960 8	−1.282 2	−1.343 2	0.192 6	−0.785 4
市值最大 1/3 样本	−0.445 9	0.760 3	0.468 9	0.438 5	1.625 1
市值	市场调整收益率				
	解禁当日	解禁后 3 日	解禁后 5 日	解禁后 10 日	解禁后 30 日
市值最小 1/3 样本	−0.877 6	−0.966 3	−1.164 2	−1.666 3	−2.439 4
市值中间 1/3 样本	−0.744 4	−0.957 1	−0.874 2	0.831 3	1.347 9
市值最大 1/3 样本	−0.321 7	0.594 0	0.639 6	0.317 1	2.554 9

数据来源：万得金融终端。

我们继续按照解禁股份占比对首次解禁样本公司的市场表现进行分析，与全样本的统计结果较为类似，如表 8-28 所示，统计数据并不支持解禁占比更大的公司股价表现更差，甚至在解禁当日解禁占比最小的 1/3 样本组公司跌幅明显更大一些，即便经过行业指数市场表现调整后，结果也是如此。

表 8-28　首次解禁后按照解禁比例分类的市场表现

单位：%

解禁比例	原始收益率				
	解禁当日	解禁后 3 日	解禁后 5 日	解禁后 10 日	解禁后 30 日
解禁占比最小 1/3 样本	−1.084 2	−0.384 4	−0.822 1	−1.265 1	−1.537 6
解禁占比中间 1/3 样本	−0.457 7	0.257 8	0.548 9	1.761 0	1.899 7
解禁占比最大 1/3 样本	−0.672 5	−1.115 2	−1.196 2	−0.358 7	−1.407 7
解禁比例	市场调整收益率				
	解禁当日	解禁后 3 日	解禁后 5 日	解禁后 10 日	解禁后 30 日
解禁占比最小 1/3 样本	−0.848 8	−0.289 2	−0.597 2	−1.040 0	0.373 4
解禁占比中间 1/3 样本	−0.605 1	−0.390 0	−0.105 3	0.371 0	1.196 8
解禁占比最大 1/3 样本	−0.488 1	−0.637 3	−0.682 4	0.152 8	−0.079 2

数据来源：万得金融终端。

如表 8-29 所示，我们还针对单次解禁股份的不同性质进行了市场表现统计分析，结果显示，单纯首发原始股东限售股份解禁和首发战略配售股份解禁的样本在解禁日当天跌幅最低，而两者兼有的解禁样本在解禁日平均下跌 1.23%，在进一步控制行业指数市场表现后这一结论也未发生变化。

表 8-29 不同性质股份解禁后的市场表现

单位：%

股份性质	原始收益率					
	解禁当日	解禁后 3 日	解禁后 5 日	解禁后 10 日	解禁后 30 日
首发一般股份，首发机构配售股份	−0.876 7	0.023 8	−0.015 8	0.073 8	0.686 1
首发原股东限售股份	−0.285 9	−0.516 2	−0.531 9	−0.400 1	−0.612 6
首发原股东限售股份，首发战略配售股份	−1.234 5	−2.572 3	−2.953 2	−3.033 8	−0.453 9
首发战略配售股份	−0.158 3	0.348 3	0.278 1	−0.561 1	−0.872 2
股份性质	原始收益率				
	解禁当日	解禁后 3 日	解禁后 5 日	解禁后 10 日	解禁后 30 日
首发一般股份，首发机构配售股份	−0.869 2	−0.434 5	−0.248 8	−0.545 2	1.350 2
首发原股东限售股份	−0.303 2	−0.266 6	−0.161 0	−0.014 7	0.702 6
首发原股东限售股份，首发战略配售股份	−1.111 7	−2.409 5	−2.493 8	−2.743 3	0.742 8
首发战略配售股份	−0.172 5	0.230 7	−0.870 5	−2.118 8	−2.502 6

数据来源：万得金融终端。

根据理性预期假设，由于解禁时间和股份数量等信息自 IPO 之后即为公开信息，市场有足够的时间来消化这些信息，因此市场对解禁的反应也可能在解禁前的股价变化中展现出来。如表 8-30 所示，我们进一步对比分析了在解禁前 5 个交易日和 10 个交易日的股价走势数据，结果显示，与解禁后的 5 个交易日和 10 个交易日相比，解禁前的股价跌幅明显更大，解禁前 10 个交易日平均下跌 3.287 4%，解禁前 5 个交易日平均下跌 2.214 0%，分别比解禁后 10 个交易日和 5 个交易日高出 2.67 个百分点和 1.57 个百分点。在经过行业指数市场表现调整后，解禁前的股价下跌幅度依然明显高于解禁后同期，这表明股票市场确实提前对解禁信息做出了反应。

表8-30　解禁前后市场表现对比

单位：%

	原始收益率			
	均值	25%分位数	中位数	75%分位数
解禁前10日	−3.287 4	−9.857 5	−3.596 5	2.331 5
解禁前5日	−2.214 0	−6.473 6	−2.537 2	2.031 3
解禁当日	−0.601 0	−2.446 4	−0.414 9	1.411 0
解禁后5日	−0.647 8	−5.364 5	−1.461 4	3.719 1
解禁后10日	−0.613 2	−7.534 9	−1.303 2	5.330 1
	市场调整收益率			
	均值	25%分位数	中位数	75%分位数
解禁前10日	−2.545 4	−7.346 7	−3.047 9	1.558 4
解禁前5日	−1.657 9	−5.605 0	−1.807 3	1.356 9
解禁当日	−0.590 9	−2.424 2	−0.458 1	1.256 2
解禁后5日	−0.547 4	−4.560 4	−1.005 5	2.815 6
解禁后10日	−0.677 9	−5.645 4	−1.695 1	3.278 0

数据来源：万得金融终端。

最后，我们还进一步考察了解禁前后的股票价格走势的变化，分别对解禁前后5个交易日和10个交易日的股票价格涨跌走势进行了对比分析。统计结果显示，在499只股票中，有286只股票在解禁前后5个交易日的走势并未发生变化，在发生走势逆转的样本中，有128只股票出现了由跌转涨，而由涨转跌的有85只股票。在对比分析解禁日前后10个交易日的股票价格走势后，发现由跌转涨的公司有118家，由涨转跌的有81家，其余300家公司的股票价格走势维持不变。

综上所述，通过对解禁日前后的股票价格走势进行统计，我们发现2021年公司一年期解禁整体上会表现出轻微的股票价格下跌现象，并且市场会提前对这一趋势做出反应，解禁日前的平均跌幅明显更大一些，在板块分布上北交所公司的解禁市场表现相对更差一些，小市值公司尤其是首次解禁的小市值公司股价下跌幅度更大一些，而解禁股份占比与解禁市场表现则并未有明显的关联趋势。

一年期解禁标的与投资建议

本部分将结合上市公司市值、流动性、业绩、控股股东性质等因素，分析限售股解禁对股票价格走势的影响，并在此基础上形成对投资者投资的启示。从长期来看，股票价格最终会向价值回归，建议投资者以价值投资、长期投资为导向，更加关注上市公司的长期业绩表现。

一、一年期解禁对股价影响分析

根据实际数据和相关理论，一年期解禁事件对相关上市公司的股价有短期负面影响，其影响程度跟公司的市值规模、企业性质、板块的流动性和业绩表现等因素都有一定的关联。但是长期来看，股票价格最终会向价值回归，限售股解禁的短期负面影响会逐渐淡化，股票价格会回归正常。

（一）一年期解禁对股票价格有短期负面影响

限售股解禁通常会对股价造成短期性下跌的影响，我们的分析也印证了该结论。一方面，投资者预期限售股持股股东会在解禁后大规模减持套现，导致股价急剧下跌，从而影响到自己的投资收益，也会导致部分投资者提前抛售股票；另一方面，限售股股东在解禁后可以选择抛售股票，从而对供求关系造成影响，进而对股价产生影响。

首先，解禁预期刺激了投资者的提前退出，导致解禁日前股价下跌，下跌幅度甚至大于解禁日后。通过前文的分析，我们能发现样本上市公司股票总体在解禁日前的价格跌幅明显大于解禁日后。具体而言，解禁前10个交易日和前5个交易日平均下跌约3.29%和2.21%，比解禁后10个交易日和5个交易日分别高出2.67个百分点和1.57个百分点。解禁的预期刺激了投资者的提前退出，而投资者的不同偏好产生了不同的避险日期。从实际数据看，大量投资者在解禁日前10个交易日开始对解禁时间产生预期，选择卖出持有股份，从而造成股票价格下跌。投资者预期限售股持股股东会在解禁后大规模减持套现，从而提前抛售股票，这使得其他投资者预期股价的下跌会在解禁期之前，因此开始更早一轮的抛售。这引起的羊群效应以及巨大的恐惧心理会促使持股者快速卖出手中的股份。

解禁日后，上市公司限售的股份会在证券市场中获得自由卖出的权利，这在股票数量上给股市增添了一层压力，对现有的股市存量进行了扩充，股票存量的增加将会影响大家的进一步预期和股票操作行为。观察发生解禁事件后的499家样本公司，我们发现解禁日当天的日均收益率为 –0.6%、中位数为 –0.42%，25% 和 75% 分位数分别为 –2.45% 和 1.41%，54.91% 的样本公司在解禁日当天出现了股价下跌的情况。解禁后3个交易日、5个交易日、10个交易日和30个交易日的市场表现统计数据显示，499家公司的平均区间收益率分别为 –0.57%、–0.65%、–0.61% 和 –0.18%，这表明在解禁后一段时间内样本公司的股价会出现明显的小幅下跌。

（二）一年期解禁事件对市值规模较小的公司形成更大的股价下行压力

对样本公司市值规模分组的分析结果显示，市值最小的20%样本组在解禁当日的原始收益率为 –1.289 2%，在解禁后的30个交易日内区间收益率也明显为负，相比之下，其余各组股价受到的影响明显较小，这意味着解禁对小市值公司的股价而言需要承受更大的下跌压力。对比不同板块公司在解禁后的市场表现也可以发现，主板公司股价受解禁的负面影响最小，北交所公司受到的负面冲击最大，创业板和科创板则处于两者中间，这也印证了解禁后小市值公司股价需要承受更大下跌压力的判断。

一般而言，小市值公司股价通常具有更大的波动性。限售股解禁前，市场中的股票数量不会发生改变，此时会有市场股票增多的预期，这种预期导致一些投资者提前抛售持有的股票，因小市值公司的股价对股东抛售行为更敏感，由此引起的羊群效应也将更加显著，从而加速股价的下跌。

（三）一年期解禁事件对板块内公司股价的负面冲击大

不同板块的解禁后市场表现显示，北交所公司受到的负面冲击最大。除了市值规模受到影响外，如表8–31所示，我们还发现，北交所从2021年到2022年流动性在降低。具体而言，2021年北交所所有股票日均换手率（算术平均）约为

2.058 9%，低于股票市场其他板块；2022年该指标降低到1.861 4%，显著低于创业板的4.661 3%和科创板的4.275 7%。

表8-31 各交易所日均换手率比较

单位：%

板块	2022年日均换手率（算术平均）	2021年日均换手率（算术平均）
北交所	1.861 4	2.058 9
创业板	4.661 3	6.264 0
科创板	4.275 7	5.976 6
上证主板	2.200 4	2.399 9
深证主板	3.330 3	2.581 5

数据来源：万得金融终端，海通证券研究所。

流动性是影响限售股解禁流通后股价表现的重要因素之一。对于流动性环境好、交易活跃的板块，市场可以较快消化解禁流通后的股份供给，快速平缓其对股价的冲击；而对于流动性环境相对较弱的板块，解禁事件造成市场供给的股票增多，市场资金不能较快消化新增的股票数量。以我们的上市公司样本看，主板公司在解禁后3个交易日的收益率就由负转正，而北交所公司则会出现区间收益率逐渐下降的情况，到解禁后30个交易日时，北交所公司平均区间收益率为-8.65%，表明股价承受了持续的减持抛压。

（四）企业性质不同，一年期解禁对上市公司的影响程度不同

我们将上市公司按照实际控制人分为地方国有企业、中央国有企业、民营企业和外资企业4类上市公司，并统计它们在限售股解禁后股票价格的表现情况。如表8-32所示，对于未经调整的原始收益率情况来讲，仅民营企业从解禁当日到解禁后30日的原始收益率持续为负，且跌幅未见收敛。经市场调整后的收益率统计结果呈现类似结果，而样本内的16家外资企业和35家地方国有企业仅在解禁当日下跌，平均跌幅分别为0.019 4%和0.063 6%，解禁后3日均开始转跌为升，中央国有企业则在解禁后30日开始转跌为升。

表 8-32　不同企业性质解禁后市场平均走势一览

单位：%

企业性质	原始收益率					
	解禁当日	解禁后 3 日	解禁后 5 日	解禁后 10 日	解禁后 30 日
地方国有企业	−0.063 6	1.035 4	1.329 0	0.282 6	1.174 7
中央国有企业	−1.744 3	−0.686 0	−1.477 5	−1.400 9	0.241 8
民营企业	−0.520 4	−0.742 6	−0.854 5	−0.776 2	−0.617 4
外资企业	−0.019 4	2.629 1	3.375 7	2.834 0	6.548 9
企业性质	市场调整收益率				
	解禁当日	解禁后 3 日	解禁后 5 日	解禁后 10 日	解禁后 30 日
地方国有企业	−0.063 6	1.035 4	1.329 0	0.282 6	1.174 7
中央国有企业	−1.744 3	−0.686 0	−1.477 5	−1.400 9	0.241 8
民营企业	−0.520 4	−0.742 6	−0.854 5	−0.776 2	−0.617 4
外资企业	−0.019 4	2.629 1	3.375 7	2.834 0	6.548 9

中央国有企业普遍是行业中优势较明显的企业，因此股东减持意愿不强。地方国有企业在一些行业中优势明显，具有资金优势和政策支持，因此股东也具有长期持有的意愿。民营企业的股东，可能为了资本运营而出现抛售行为，这会对股价造成较大的下行压力。当然这些影响都是短期的，放眼长远，民营企业是中国经济驱动的重要力量，民营上市公司是中国先进制造业龙头，其中不乏众多具有长期投资价值的企业。

（五）对于基本面扎实、业绩增速表现较好的上市公司而言，一年期解禁对其股价的负面影响较小

业绩是股票价格趋势形成的基础，长期而言，两者呈现正相关关系。从解禁事件对股票价格的影响来看，基本面扎实、业绩表现较好的公司受解禁事件的影响更小，其对负面影响的消化更快，股价也更快地回归正常水平。对于业绩不佳的上市公司，特别是上市后不久业绩发生变化的上市公司，解禁股票加剧了它们面临市场抛售压力的风险。

我们将不同业绩表现的公司分为 5 组进行统计观察，如表 8-33 所示，利润增速最快的前20%公司股价表现最为稳定，仅在解禁当日的原始收益率为–0.326 1%，在解禁后3日的收益率统计即转为正值；利润增速在20%~40%区间的公司，在解禁后3日的收益率显示为–0.335 4%，而解禁后5日的收益率由负转正，显示为0.523 7%；利润增速在后20%的公司，在解禁后30日的原始收益率依然为负。对于经过市场调整的收益率的统计，也有类似结论。

表8–33　不同业绩表现的公司解禁后市场平均走势表现

单位：%

业绩表现	原始收益率				
	解禁当日	解禁后3日	解禁后5日	解禁后10日	解禁后30日
利润增速最快20%公司	–0.326 1	0.131 0	0.127 4	0.001 1	1.295 5
利润增速20%~40%公司	–0.428 7	–0.335 4	0.523 7	1.864 4	–0.066 2
利润增速40%~60%公司	–0.917 5	–1.340 7	–0.963 4	–0.920 0	3.721 5
利润增速60%~80%公司	–1.207 2	–1.826 3	–2.548 8	–2.422 2	–1.890 5
利润增速最慢20%公司	–0.066 8	0.515 5	–0.318 8	–1.555 4	–3.582 6
业绩表现	市场调整收益率				
	解禁当日	解禁后3日	解禁后5日	解禁后10日	解禁后30日
利润增速最快20%公司	–0.545 4	–0.372 4	–0.166 8	–0.884 1	0.664 5
利润增速20%~40%公司	–0.152 6	–0.267 5	0.253 4	1.113 0	0.260 0
利润增速40%~60%公司	–0.856 4	–1.377 5	–0.989 9	–1.087 1	4.173 1
利润增速60%~80%公司	–0.881 9	–1.045 9	–1.433 5	–1.326 8	0.315 1
利润增速最慢20%公司	–0.434 6	0.163 7	–0.366 2	–1.203 0	–1.556 1

数据来源：万得金融终端。

（六）股票价格终会向价值回归，一年期解禁的负面影响会逐渐淡化

长期来看，股票价格最终会向价值回归，限售股解禁的短期的负面影响会逐渐淡化。从样本公司的统计数据看，在解禁后30个交易日公司经行业指数市场表现调整的平均收益率由负转正，并出现明显上升。数据显示，在解禁日当天499家公司经行业指数市场表现调整的平均收益率为–0.59%，解禁后3个交易日、5个交易日、10个交易日和30个交易日的平均区间收益率分别为–0.59%、–0.55%、–0.68%

和 0.74%，解禁后 30 个交易日的收益率由负转正，并出现明显上升，这表明限售股解禁对股价的影响并不会持续太长的时间，同时也表明解禁前投资者的避险情绪导致市场过度反应，但在解禁后 30 个交易日收益率会大致稳定，股票价格会回归正常。

二、投资建议

基于以上研究结论，建议投资者以价值投资、长期投资为导向，更加关注上市公司的长期业绩表现；对于相关股票持有者，在解禁前后 20 个工作日期间，建议减少操作，避开股价波动；在综合自身风险承受能力和资金配置需求基础上，投资者可以关注业绩向好、有基本面支撑的相关公司在解禁事件前后的投资机会。

（一）建议关注上市公司的长期业绩表现，以价值投资、长期投资为导向

价格是价值的外在表现形式，价值是价格形成的基础。解禁事件引起的短期市场情绪、股票增量供给都是干扰股价波动的因素，长期而言，这些波动只是构成上市公司价格的上下浮动，而业绩是决定价格趋势的根本因素。

不仅是我们对样本公司的分析显示，一年期解禁对股价的负面影响会逐渐淡化，从历史上看，产业资本增减持也并不会改变市场原有运行趋势。根据海通证券策略研究报告《减持解禁是洪水猛兽吗？》（2015 年 12 月 30 日），产业资本增减持的规模主要受市场的影响，市场行情高涨时，净减持规模会不断上升。A 股历史上共出现 3 次产业资本减持高峰，分别为 2007 年 4 月至 2008 年 1 月、2009 年 5 月至 12 月、2014 年 12 月至 2015 年 6 月，它们都发生在行情整体比较热的阶段，而减持并没改变市场上涨的趋势。从股票市场资金供求关系来看，2013—2015 年产业资本净减持规模分别为 1 056 亿元、1 415 亿元、2 108 亿元，在资金总流出中占比分别为 18%、14%、11%，不及 IPO 再融资对资金供求关系的影响，因此减持并不是市场决定性影响因素。

所谓价值投资，就是说投资者在投资股票时，更需要关注的是企业的内在价值，选择低估值或者基本面良好的股票，并进行长期持有。实践中投资者通常会运用一系列财务指标来评估公司的价值，包括市盈率、市净率、股息收益率等。此外，投

资者还会关注公司的管理层、行业地位、竞争优势等因素，以确保所投资的公司具备长期盈利的能力。通过基于公司基本面的分析，投资者可以确定公司的实际价值，并判断股票价格是否低于其内在价值；如果股票价格低于内在价值，那么投资者就可以进行买入，并等待股票价格回归其实际价值。

（二）在解禁前后的 20 个工作日期间，减少操作，避开股价波动

限售股解禁对于个股的短期负面影响是客观存在的，它可能带来一定程度的波动并形成短期的风险。对于相关股票持有者而言，建议"以静制动"，在解禁前 10 个工作日和解禁后 10 个工作日的时间范围内减少交易，避免在这段股价波动幅度最大的时间区间内产生交易亏损，承担不必要的损失。

如表 8–34 所示，样本公司在解禁前 10 个交易日平均下跌 3.287 4%，前 5 个交易日平均下跌 2.214 0%，解禁后 5 个交易日和 10 个交易日平均下跌 0.647 8% 和 0.613 2%。可见，解禁前的股价下跌幅度明显高于解禁后，在解禁事件前市场抛售情绪骚动、容易反应过度。对于股票持有者而言，轻举妄动反而会损失解禁事件发生后市场情绪平复、股价回归理性的盈利部分。数据显示，经过行业指数市场表现调整后，样本公司在解禁后 30 个交易日的平均收益率为 0.739 7%。

表 8–34 样本公司解禁前后市场表现对比

单位：%

	原始收益率			
	均值	25% 分位数	中位数	75% 分位数
解禁前 10 日	−3.287 4	−9.857 5	−3.596 5	2.331 5
解禁前 5 日	−2.214 0	−6.473 6	−2.537 2	2.031 3
解禁后 5 日	−0.647 8	−5.364 5	−1.461 4	3.719 1
解禁后 10 日	−0.613 2	−7.534 9	−1.303 2	5.330 1
解禁后 30 日	−0.181 3	−13.087 1	−1.849 8	8.880 2
	市场调整收益率			
	均值	25% 分位数	中位数	75% 分位数
解禁前 10 日	−2.545 4	−7.346 7	−3.047 9	1.558 4

（续表）

	市场调整收益率			
	均值	25% 分位数	中位数	75% 分位数
解禁前 5 日	−1.657 9	−5.605 0	−1.807 3	1.356 9
解禁后 5 日	−0.547 4	−4.560 4	−1.005 5	2.815 6
解禁后 10 日	−0.677 9	−5.645 4	−1.695 1	3.278 0
解禁后 30 日	0.739 7	−7.724 0	−1.249 3	6.437 3

数据来源：万得金融终端。

（三）在综合自身风险承受能力和资金配置需求基础上，投资者可以关注业绩向好、有基本面支撑的相关公司在解禁事件前后的投资机会

限售股解禁可能带来一定程度的股价波动，同时也孕育着一定的投资机会。对于投资者来说，在限售股解禁前，应进行深入了解企业的基本面，细心观察市场的波动，并根据个人情况选择适合的投资策略。

根据我们对解禁前后股票价格走势变化情况的观察，在 499 只股票样本中，有 286 只股票在解禁前后 5 个交易日的走势并未发生变化，有 213 只股票价格走势发生逆转；在发生走势逆转的样本中，有 128 只股票出现了由跌转涨，其余的则由涨转跌。在解禁日前后 10 个交易日，由跌转涨的公司有 118 家，300 家公司的股票价格走势维持不变，其余的则由涨转跌。而在解禁前 10 个交易日到解禁后 30 个交易日的股价走势变化中，则有 136 只股票出现由跌转涨。这表明，在解禁事件前后，一些股票的价格出现下跌后可能存在被低估的投资机会，在投资者综合考虑资金配置需求和自身风险承受能力后，可以挖掘一些业绩向好、有基本面支撑的相关公司的投资机会。

第 9 章　三年期限售股份解禁企业分析

　　延续前文对中国企业首次发行上市的研究，本章聚焦于对三年期限售股解禁企业的分析，深入探讨解禁对企业经营业绩与市场表现的影响。在第 8 章"一年期限售股份解禁企业经营业绩与估值"的基础上，我们进一步研究三年期限售股解禁带来的挑战与机遇。通过对解禁企业指标的统计分析，我们将揭示在三年期限后，企业的整体表现与前期的变化情况。股份减持情况的统计分析将有助于我们了解股东对解禁的应对策略，以及这些策略对企业价值的影响。

　　在深入分析解禁企业当年经营业绩的基础上，我们将评估解禁对企业业绩的短期影响，以及可能出现的变化趋势。通过考察三年期限售股解禁企业在二级市场中的表现，我们可以更全面地理解解禁对公司股票价格走势的影响。此外，本章还将探究上市公司业绩对解禁后收益率的潜在影响，进一步分析业绩与市场表现之间的关联性。

　　通过上述深入分析，我们有望全面把握三年期限售股解禁企业的情况，为投资者和决策者提供有价值的洞察。这项研究将进一步丰富我们对中国公司首次发行上市及其后续发展的理解，为资本市场的参与者提供更为明晰的决策依据。

解禁企业指标统计分析

一、分上市板块统计

深圳证券交易所和上海证券交易所都规定，上市公司应当在深圳证券交易所/上海证券交易所受理股票及其衍生品种解除限售申请后，及时办理完毕有关登记手续，并在限售股票及其衍生品种解除限售前3个交易日内披露提示性公告。因此，当首次公开发行前已发行股份限售解禁时，上市公司会发布关于首次公开发行前已发行股份上市流通的提示性公告，公告内容包括解除限售时间、解除限售数量及占总股本的比例、有关投资者所做出的限售承诺及其履行情况、本次解除限售后公司的股本结构等。申请解除股份限售的股东尤其是大股东在《首次公开发行A股股票上市公告书》中做出的承诺包括但不限于"自公司股票上市之日起三十六个月内，不转让或者委托他人管理本人持有的公司股份，也不由公司回购该部分股份"，以及"三十六个月锁定期满之后，每年转让的股份不超过所持有公司股份总数的百分之二十五。本公司所持股票在锁定期满后两年内减持的，其减持价格不低于发行价；公司上市后6个月内如公司股票连续20个交易日的收盘价均低于发行价，或者上市后6个月期末收盘价低于发行价，持有公司股票的锁定期限自动延长6个月。（上市公司发生派发股利、转增股本等除息、除权行为的，上述发行价格亦将作相应调整）"等。为此，我们梳理统计所有2019年IPO、2022年三年期限售股解禁的企业的相关指标，并从总量和结构上进行统计分析。

总量上，我们通过梳理共筛选出190家在2019年IPO并在2022年三年期限售股份解禁的上市公司。如表9-1所示，这些公司2022年的解禁数量为990.53亿股，解禁市值为12 731.94亿元，总股本为2 089.71亿股，解禁前流通A股为703.36亿股，解禁数量占解禁前流通A股的比例平均值为133.30%，解禁前流通A股占总股本比例平均值为45.74%，解禁数量占总股本比例平均值为43.40%。总体而言，2019年IPO并在2022年三年期限售股份解禁的上市公司解禁的限售股数量和所占总股本比例较高。

按照上市公司所属板块对2019年IPO并在2022年三年期限售股份解禁的企

业进行分类，我们可以发现在主板上市的企业最多，达到 76 家，占比为 40%；在科创板上市的企业次之，达到 63 家，占比为 33%；在创业板上市的企业达到 51 家，占比为 27%。

表 9-1　2019 年 IPO 并在 2022 年三年期限售股份解禁的上市公司相关指标

公司数量（家）	解禁数量（亿股）	解禁市值（亿元）	总股本（亿股）	解禁前流通 A 股（亿股）	解禁数量占解禁前流通股的比例平均值（%）	解禁前流通股占总股本比例平均值（%）	解禁数量占总股本比例平均值（%）
190	990.53	12 731.94	2 089.71	703.36	133.30	45.74	43.40

数据来源：万得。[①]

（一）解禁限售股份的数量

2019 年 IPO 并在 2022 年三年期限售股份解禁的企业在主板解禁的股份数为 872.43 亿股，占比约 88%；在创业板解禁的股份数为 50.90 亿股，占比约 5%；在科创板解禁的股份数为 67.20 亿股，占比约 7%。可以看出，解禁的限售股份数绝大部分分布在主板市场，创业板及科创板分布的股份数较少，合计约 12%。从 2019 年末总流通股数量占比情况来看，主板流通股数量在 A 股市场的占比为 94.75%，而创业板和科创板占比合计约为 5%。

（二）解禁市值

2019 年 IPO 并在 2022 年三年期限售股份解禁的企业的解禁市值共 12 731.94 亿元，其中在主板上市企业的解禁市值为 6 106.13 亿元，占比约 48%；在创业板上市企业的解禁市值为 2 173.29 亿元，占比约 17%；在科创板上市企业的解禁市值为 4 452.53 亿元，占比约 35%。可以看出，2019 年 IPO 并在 2022 年三年期限售股份解禁的企业的解禁市值主要分布在主板，解禁市值约占整体解禁市值的 1/2，创业板与科创板合计的解禁市值约占 50%。

[①] 如无特别说明，本章数据来源为万得数据库，下同。

（三）解禁上市公司总股本

2019 年 IPO 并在 2022 年三年期限售股份解禁的企业的总股本共 2 089.71 亿股，其中在主板上市的企业的总股本为 1 804.62 亿股，占总股本约 86%；在创业板上市的企业的总股本为 136.18 亿股，占总股本约 7%；在科创板上市的企业的总股本为 148.91 亿股，占总股本约 7%。可以看出，2019 年 IPO 并在 2022 年三年期限售股份解禁的企业的总股本主要分布在主板，创业板与科创板企业的总股本合计占比约为 14%，占比较低。

（四）解禁限售股份数量占总股本的比例

2019 年 IPO 并在 2022 年三年期限售股份解禁的企业中在主板上市的，其解禁的限售股份数量占总股本的比例平均值为 50.41%；在创业板上市的企业解禁的限售股份数量占总股本的比例平均值为 33.26%，在科创板上市的企业解禁的限售股份数量占总股本的比例平均值为 43.13%。可以看出，IPO 三年后解禁的限售股份数量占总股本的比例平均值处于较高水平，其中在主板上市的企业解禁的股份数量占总股本的比例平均值最高，科创板次之，创业板最低。

（五）解禁前流通 A 股的数量

2019 年 IPO 并在 2022 年三年期限售股份解禁的企业解禁前流通 A 股共 703.36 亿股，其中在主板上市企业的流通 A 股为 564.16 亿股，占总流通 A 股数约 80%；在创业板上市企业的流通 A 股为 63.11 亿股，占总流通 A 股数约 9%；在科创板上市企业的流通 A 股为 76.10 亿股，占总流通 A 股数约 11%。可以看出，2019 年 IPO 并在 2022 年三年期限售股份解禁的企业解禁前的流通 A 股大部分分布在主板，创业板与科创板企业的总流通 A 股合计占比约为 20%，占比较低。

（六）解禁数量占解禁前流通 A 股的比例平均值

2019 年 IPO 并在 2022 年三年期限售股份解禁的企业解禁股份数量占解禁前流通 A 股的比例平均值为 133.3%，其中在主板上市企业解禁股份数量占解禁前流通 A 股的比例平均值为 187.13%；创业板上市企业解禁股份数量占解禁前流通 A 股的比例平均值为 84.44%；科创板上市企业解禁股份数量占解禁前流通 A 股的比例平均值为 107.91%。可以看出，2019 年 IPO 并在 2022 年三年期限售股份解禁的企业解禁股份数量占解禁前流通 A 股的比例平均值在主板相对较高，在科创板次之，在创业板较低。

（七）解禁企业大股东持股比例

2019 年 IPO 并在 2022 年三年期限售股份解禁的企业中，主板上市企业的大股东持股比例均值为 40.15%，创业板上市企业的大股东持股比例均值为 30.79%，科创板上市企业的大股东持股比例均值为 29.31%。可以看出，2019 年 IPO 并在 2022 年三年期限售股份解禁的企业中，解禁企业大股东持股比例均值在主板相对较高，在创业板次之，在科创板较低。

（八）解禁日企业股价与 IPO 价格的倍数

2019 年 IPO 并在 2022 年三年期限售股份解禁的企业中，主板上市企业解禁日股价与 IPO 价格的比率均值为 1.96 倍，最大值为 21.81 倍，最小值为 0.4 倍；创业板上市企业解禁日股价与 IPO 价格的比率均值为 2.50 倍，最大值为 15.44 倍，最小值为 0.26 倍；科创板上市企业解禁日股价与 IPO 价格的比率均值为 2.35 倍，最大值为 7.36 倍，最小值为 0.61 倍。可以看出，2019 年 IPO 并在 2022 年三年期限售股份解禁企业中，解禁日企业股价与 IPO 价格的比率均值在创业板相对较高，在科创板次之，在主板较低；在主板波动最大，在创业板次之，在科创板波动最小。整体而言，解禁日股价较 IPO 价格都有较大幅度上涨。

二、分行业统计

根据申万行业划分标准将上述上市公司按行业进行划分，共 190 个公司分布在 27 个行业中。分布上市公司数量最多的前 5 个行业分别是电子、计算机、机械设备、基础化工和生物医药。电子行业的公司数量为 25 家，计算机行业的公司数量为 23 家，机械设备行业的公司数量为 22 家，基础化工的公司数量为 16 家，生物医药的公司数量为 16 家。

（一）解禁限售股份数量

2019 年 IPO 并在 2022 年三年期限售股份解禁的企业的限售股份数量在不同行业差别较大，上市公司限售股份数量最多的前 5 个行业分别是公用事业、银行、交通运输、石油石化和非银金融。公用事业行业的解禁限售股份数量为 299.09 亿股，银行业的解禁限售股份数量为 188.10 亿股，交通运输行业的解禁限售股份数量为 89.57 亿股，石油石化行业的解禁限售股份数量为 83.00 亿股，非银金融行业的解禁限售股份数量为 52.82 亿股。

（二）解禁市值

2019 年 IPO 并在 2022 年三年期限售股份解禁的企业的解禁市值在不同行业差别较大，上市公司解禁市值最多的前 5 个行业分别是电子、电力设备、计算机、生物医药和国防军工。电子行业的解禁市值为 1 838.20 亿元，电力设备行业的解禁市值为 1 580.43 亿元，计算机行业的解禁市值为 1 346.84 亿元，生物医药行业的解禁市值为 1 189.70 亿元，国防军工行业的解禁市值为 907.67 亿元。

（三）解禁上市公司总股本

2019 年 IPO 并在 2022 年三年期限售股份解禁的企业的总股本在不同行业差别较大，上市公司总股本最多的前 5 个行业分别是银行、公用事业、交通运输、基础化工和石油石化。银行业解禁公司的总股本为 557.74 亿股，公用事业解禁公司的总股本为 513.88 亿股，交通运输业解禁公司的总股本为 190.11 亿股，基础化工业解禁公司的总股本为 109.03 亿股，石油石化业解禁公司的总股本为 101.65 亿股。

（四）解禁上市公司解禁前流通 A 股数量

2019 年 IPO 并在 2022 年三年期限售股份解禁的企业的解禁前流通 A 股数量在不同行业差别较大，上市公司解禁前流通 A 股数量最多的前 5 个行业分别是银行、公用事业、交通运输、非银金融和基础化工。银行业解禁公司解禁前流通 A 股为 216.77 亿股，公用事业解禁公司解禁前流通 A 股为 103.15 亿股，交通运输业解禁公司解禁前流通 A 股为 68.10 亿股，非银金融业解禁公司解禁前流通 A 股为 39.46

亿股，基础化工业解禁公司解禁前流通 A 股为 36.54 亿股。

（五）解禁上市公司解禁股份数量占总股本比例均值

2019 年 IPO 并在 2022 年三年期限售股份解禁的企业的解禁股份数量占总股本比例均值在不同行业差别较大，上市公司解禁股份数量占总股本比例均值最多的前 5 个行业分别是建筑材料、石油石化、非银金融、轻工制造和食品饮料。其中，建筑材料业解禁数量占总股本比例均值为 83.88%，石油石化业解禁数量占总股本比例均值为 81.65%，非银金融业解禁数量占总股本比例均值为 63.38%，轻工制造业解禁数量占总股本的比例均值为 58.42%，食品饮料业解禁数量占总股本的比例均值为 57.05%。

（六）解禁上市公司解禁数量占解禁前流通股的比率均值

2019 年 IPO 并在 2022 年三年期限售股份解禁的企业解禁数量占解禁前流通股的比率均值在不同行业差别较大，上市公司解禁数量占解禁前流通股的比率均值最高的前 5 个行业分别是建筑材料、石油石化、轻工制造、美容护理和食品饮料。其中，建筑材料业解禁数量占解禁前流通股的比率均值为 545.57%，石油石化业解禁数量占解禁前流通股的比率均值为 445.02%，轻工制造业解禁数量占解禁前流通股的比率均值为 310.02%，美容护理业解禁数量占解禁前流通股的比率均值为 263.39%，食品饮料业解禁数量占解禁前流通股的比率均值为 252.55%。

（七）解禁上市公司解禁大股东持股比例均值

2019 年 IPO 并在 2022 年三年期限售股份解禁的公司解禁大股东持股比例均值在不同行业差别较大，上市公司解禁大股东持股比例均值最高的前 5 个行业分别是石油石化、建筑材料、美容护理、非银金融和食品饮料。其中，石油石化业解禁大股东持股比例均值为 79.84%，建筑材料业解禁大股东持股比例均值为 74.45%，美容护理业解禁大股东持股比例均值为 65.75%，非银金融业解禁大股东持股比例均值为 53.62%，食品饮料业解禁大股东持股比例均值为 48.41%。

（八）解禁上市公司解禁日股价与 IPO 价格倍数均值

2019 年 IPO 并在 2022 年三年期限售股份解禁的公司解禁日股价与 IPO 价格倍数均值在不同行业差别较大，上市公司解禁日股价与 IPO 价格倍数均值最高的前 5 个行业分别是电力设备、国防军工、通信、商贸零售和生物医药。其中，电力设备业解禁日股价与 IPO 价格倍数均值为 6.48，最大值为 21.81，最小值为 1.16；国防军工业解禁日股价与 IPO 价格倍数均值为 4.04，最大值为 8.14，最小值为 0.65；通信业解禁日股价与 IPO 价格倍数均值为 3.33，最大值为 3.33，最小值为 3.33；商贸零售业解禁日股价与 IPO 价格倍数均值为 3.21，最大值为 6.36，最小值为 0.68；生物医药业解禁日股价与 IPO 价格倍数均值为 3.06，最大值为 15.44，最小值为 0.63。

三、分控股股东性质统计

根据 2019 年 IPO 并在 2022 年三年期限售股份解禁的上市公司控股股东性质可将该类上市公司控股股东分为 5 种类型，分别是国有法人、境内自然人、境内非国有法人、境外法人和境外自然人。其中，国有法人控股的上市公司有 25 家，境内自然人控股的上市公司有 83 家。

（一）解禁股份数量

不同类型控股股东的公司的解禁股份数量差别较大。其中，国有法人控股的上市公司解禁股份数量为 613.89 亿股，境内自然人控股的上市公司解禁股份数量为 74.93 亿股，境内非国有法人控股的上市公司解禁股份数量为 114.55 亿股，境外法人控股的上市公司解禁股份数量为 184.23 亿股，境外自然人控股的上市公司解禁股份数量为 2.93 亿股。可以看出，国有法人控股的上市公司解禁股份数量占比最高，约为 62%，境外法人控股的上市公司解禁股份数量占比排名第二，约为 19%。境内自然人控股的上市公司解禁股份数量最少，约占 8%。

（二）解禁市值

不同类型控股股东的公司解禁的市值差别较大。其中，国有法人控股的上市公司解禁市值为 3 313.44 亿元，境内自然人控股的上市公司解禁市值为 3 108.90 亿元，境内非国有法人控股的上市公司解禁市值为 3 800.97 亿元，境外法人控股的上市公司解禁市值为 2 414.76 亿元，境外自然人控股的上市公司解禁市值为 93.88 亿元。可以看出，境内非国有法人控股的上市公司解禁市值占比最高，约为 30%，国有法人控股的上市公司解禁市值占比排名第二，约为 26%，境外自然人控股的上市公司解禁市值最少，约占 1%。

（三）解禁上市公司总股本

不同类型控股股东的公司总股本差别较大。其中，国有法人控股的上市公司总股本为 1 083.63 亿股，境内自然人控股的上市公司总股本为 181.56 亿股，境内非国有法人控股的上市公司总股本为 283.04 亿股，境外法人控股的上市公司总股本为 532.83 亿股，境外自然人控股的上市公司总股本为 8.65 亿股。可以看出，国有法人控股的上市公司总股本占比最高，约为 52%，境外法人控股的上市公司总股本占比排名第二，约为 25%，境外自然人控股的上市公司总股本占比最少。

（四）解禁前上市公司流通股数量

不同类型控股股东的公司解禁前流通股数量差别较大。其中，国有法人控股的上市公司流通股数量为 314.54 亿股，境内自然人控股的上市公司流通股数量为 84.13 亿股，境内非国有法人控股的上市公司流通股数量为 104.63 亿股，境外法人控股的上市公司流通股数量为 195.96 亿股，境外自然人控股的上市公司流通股数量为 4.10 亿股。可以看出，国有法人控股的上市公司流通股占比最高，约为 45%，境外法人控股的上市公司流通股占比排名第二，约为 28%，境外自然人控股的上市公司流通股占比最少。

（五）解禁数量占总股本比例

不同类型控股股东的公司解禁数量占总股本比例差别较大。其中，国有法人控股的上市公司解禁数量占总股本比例为 50.56%，境内自然人控股的上市公司解禁数量占总股本比例为 37.31%，境内非国有法人控股的上市公司解禁数量占总股本比例为 47.84%，境外法人控股的上市公司解禁数量占总股本比例为 47.69%，境外自然人控股的上市公司解禁数量占总股本比例为30.36%。

（六）解禁数量占解禁前流通股的比率平均值

不同类型控股股东的公司解禁数量占解禁前流通股的比率平均值差别较大。其中，国有法人控股的上市公司解禁数量占解禁前流通股的比率平均值为174.95%，境内自然人控股的上市公司解禁数量占解禁前流通股的比率平均值为95.93%，境内非国有法人控股的上市公司解禁数量占解禁前流通股的比率平均值为151.11%，境外法人控股的上市公司解禁数量占解禁前流通股的比率平均值为186.02%，境外自然人控股的上市公司解禁数量占解禁前流通股的比率平均值为66.78%。

（七）解禁大股东的持股比例均值

不同类型控股股东的公司解禁大股东的持股比例均值略有不同，境外自然人控股的上市公司大股东持股比例均值较低。其中，国有法人控股的上市公司解禁大股东的持股比例均值为35.95%，境内自然人控股的上市公司解禁大股东的持股比例均值为31.49%，境内非国有法人控股的上市公司解禁大股东的持股比例均值为36.67%，境外法人控股的上市公司解禁大股东的持股比例均值为35.92%，境外自然人控股的上市公司解禁大股东的持股比例均值为16.57%。

（八）解禁日股价与IPO价格倍数

不同类型控股股东的公司解禁日股价与IPO价格倍数略有不同，境外自然人控股的上市公司解禁日股价与IPO价格倍数均值较高。其中，国有法人控股的上市公司解禁日股价与IPO价格倍数均值为2.14，最大值为6.73，最小值为0.7；境内自然人控股的上市公司解禁日股价与IPO价格倍数均值为1.97，最大值为12.24，最小值为0.26；境内非国有法人控股的上市公司解禁日股价与IPO价格倍数均值为2.39，最大值为15.44，最小值为0.4；境外法人控股的上市公司解禁日股价与IPO价格倍数均值为2.76，最大值为21.81，最小值为0.4；境外自然人控股的上市公司解禁日股价与IPO价格倍数均值为4.28，最大值为7.36，最小值为1.19。

股份减持情况统计分析

根据筛选出的限售股解禁公司大股东是否在 2022 年底或 6 个月后实际减持股份，我们将上市公司分成两类。其中，大股东在 2022 年底或 6 个月后未实际减持的公司有 162 家，实际减持的公司有 28 家，大股东实际减持公司数约占总公司数的 15%；未实际减持公司解禁数量共 953.79 亿股，实际减持公司解禁数量共 36.73 亿股，大股东实际减持公司解禁数量约占总解禁数量的 4%；未实际减持公司解禁市值共 10 429.09 亿元，实际减持公司解禁市值共 2 302.85 亿元，大股东实际减持公司解禁市值约占总解禁市值的 18%；未实际减持公司总股本共 2 008.86 亿股，实际减持公司总股本共 80.85 亿股，大股东实际减持公司总股本约占所有公司总股本的 4%；未实际减持公司解禁前流通 A 股共 666.36 亿股，实际减持公司解禁前流通 A 股共 37.00 亿股，大股东实际减持公司解禁前流通 A 股约占总流通 A 股的 5%。具体如表 9–2 所示。

表 9–2 大股东实际减持公司与未实际减持公司相关总量统计数据对比

大股东在 2022 年底或 6 个月后是否减持	公司数量	解禁数量（亿股）	解禁市值（亿元）	总股本（亿股）	解禁前流通 A 股（亿股）
未实际减持	162	953.79	10 429.09	2 008.86	666.36
实际减持	28	36.73	2 302.85	80.85	37.00

从相关比例数据对大股东实际减持公司与未实际减持公司进行对比。大股东在 2022 年底或 6 个月后未实际减持的公司解禁数量占总股本比例均值为 43.75%，大股东实际减持公司解禁数量占总股本比例均值为 41.32%。大股东未实际减持公司解禁前流通股占总股本比例均值为 45.5%，大股东实际减持公司解禁前流通股占总股本比例均值为 47.14%。大股东未实际减持公司解禁数量占解禁前流通股的比例均值为 138.23%，大股东实际减持公司解禁数量占解禁前流通股的比例均值为 104.74%。大股东未实际减持公司解禁大股东持股比例均值为 35.03%，大股东实际减持公司解禁大股东持股比例均值为 28.34%。大股东未实际减持公司解禁日股价与 IPO 价格倍数均值为 2.03，大股东实际减持公司解禁日股价与 IPO 价格倍数均值为 3.42。具体如表 9–3 所示。

表 9-3 大股东实际减持公司与未实际减持公司相关比例统计数据对比

大股东在 2022 年底或 6 个月后是否减持	解禁数量占总股本比例均值（%）	解禁前流通股占总股本比例均值（%）	解禁数量占解禁前流通股的比例均值（%）	解禁大股东持股比例均值（%）	解禁日股价与IPO价格倍数均值
未实际减持	43.75	45.5	138.23	35.03	2.03
实际减持	41.32	47.14	104.74	28.34	3.42

一、分上市板块统计

我们将按照大股东是否实际减持划分的两类公司分别按照上市所属板块进行分组，对相关统计指标进行分析。可以看到，实际减持公司在主板、创业板和科创板都有分布，其中主板的实际减持公司数量最少，为 7 家，科创板的实际减持公司数量最多，为 11 家，创业板实际减持公司为 10 家。可以看出，科创板上市公司中实际减持比例最高，约为 20%，创业板上市公司中实际减持比例约为 17%，主板上市公司中实际减持比例约为 9%。

（一）解禁数量

实际减持公司在三个板块中解禁的限售股数量较为接近，在主板的解禁数量共 11.08 亿股，在创业板的解禁数量共 12.30 亿股，在科创板的解禁数量共 13.35 亿股，它们约占相应板块解禁总数量的比值分别为 1%、24% 和 20%。

（二）解禁市值

实际减持公司在三个板块中解禁的限售股市值差别较大，在主板的解禁市值共 320.59 亿元，在创业板的解禁市值共 899.76 亿元，在科创板的解禁市值共 1 082.50 亿元，它们约占相应板块解禁总市值的比值分别为 5%、41% 和 24%。

（三）总股本

实际减持公司在三个板块中的总股本有所不同，在主板减持公司总股本共 21.58 亿股，在创业板总股本共 31.48 亿股，在科创板的总股本共 27.79 亿股，它们约占相应板块总股本的比值分别为 1%、23% 和 19%。

（四）解禁前流通A股

实际减持公司在三个板块中的解禁前流通A股有所不同，在主板减持公司解禁前流通A股共8.60亿股，在创业板解禁前流通A股共14.10亿股，在科创板的解禁前流通A股共14.30亿股，它们约占相应板块解禁前流通A股的比值分别为2%、22%和19%。

（五）解禁数量占总股本比例

不同上市板块的减持和非减持公司的解禁数量占总股本比例差别不大。平均而言，实际减持公司的解禁数量占总股本比例在创业板较低。实际减持公司的解禁数量占总股本比例均值在主板、创业板和科创板分别为43.99%、33.91%和46.36%。

（六）解禁数量占解禁前流通股的比例

不同上市板块的减持和非减持公司的解禁数量占解禁前流通股的比例差别较大。平均而言，实际减持公司的解禁数量占解禁前流通股的比例在主板最高。实际减持公司的解禁数量占解禁前流通股的比例均值在主板、创业板和科创板分别为129.01%、84.37%和107.81%。

（七）解禁大股东持股比例

不同上市板块的减持和非减持公司的解禁大股东持股比例差别较大。平均而言，实际减持公司的解禁大股东持股比例在主板最高。实际减持公司的解禁大股东持股比例均值在主板、创业板和科创板分别为37.46%、25.45%和25.16%。

（八）解禁日股价与IPO价格倍数

不同上市板块的减持和非减持公司的解禁日股价与IPO价格倍数差别较大。平均而言，实际减持公司的解禁日股价与IPO价格倍数在创业板最高。实际减持公司的解禁日股价与IPO价格倍数均值在主板、创业板和科创板分别为2.01、4.6和3.24。

二、分控股股东性质统计

我们将按照大股东是否实际减持划分的两类公司分别按照大股东性质进行分组，对相关统计指标进行分析。可以看到，实际减持公司的大股东性质主要分为境内自然人、境内非国有法人和境外法人这三类，实际减持公司中大股东性质为境内自然人的有 11 家，境内非国有法人的有 12 家，境外法人的有 3 家。在 25 家国有法人控股的公司中，只有 1 家实际减持，可见国有法人控股公司的大股东减持比例较低。

（一）解禁数量

实际减持公司解禁的限售股主要分布在大股东性质为境内自然人和境内非国有法人的两类公司。大股东性质为境内自然人的实际减持公司解禁数量为 8.89 亿股，大股东性质为境内非国有法人的实际减持公司解禁数量为 22.51 亿股。

（二）解禁市值

实际减持公司解禁的市值主要分布在大股东性质为境内自然人和境内非国有法人的两类公司。大股东性质为境内自然人的实际减持公司解禁市值为 680.45 亿元，大股东性质为境内非国有法人的实际减持公司解禁市值为 1 370.34 亿元。

（三）总股本

实际减持公司的总股本主要分布在大股东性质为境内自然人和境内非国有法人的两类公司。大股东性质为境内自然人的实际减持公司总股本为 20.42 亿股，大股东性质为境内非国有法人的实际减持公司总股本为 48.34 亿股。

（四）解禁前流通 A 股

实际减持公司的解禁前流通 A 股主要分布在大股东性质为境内自然人和境内非国有法人的两类公司。大股东性质为境内自然人的实际减持公司解禁前流通 A 股为 7.95 亿股，大股东性质为境内非国有法人的实际减持公司解禁前流通 A 股为 22.29 亿股。

（五）解禁数量占总股本比例

不同控股股东性质的减持和非减持公司的解禁数量占总股本比例差别不大，其中控股股东性质为境内自然人、境内非国有法人和境外法人的三类公司差别最小。这三类实际减持公司的解禁数量占总股本比例均值分别为 38.5%、43.7% 和 49.32%。

（六）解禁数量占解禁前流通股的比例

不同控股股东性质的减持和非减持公司的解禁数量占解禁前流通股的比例有较大差别，其中控股股东性质为境内自然人、境内非国有法人和境外法人的三类公司差别最小。这三类实际减持公司的解禁数量占解禁前流通股的比例均值分别为 117.83%、102.46% 和 105.11%。

（七）解禁大股东持股比例

不同控股股东性质的减持和非减持公司的解禁大股东持股比例有较大差别，其中控股股东性质为境内自然人、境内非国有法人和境外法人的三类公司差别最小。这三类实际减持公司的解禁大股东持股比例均值分别为 32.36%、24.12% 和 42.5%。

（八）解禁日股价与 IPO 价格倍数

不同控股股东性质的减持和非减持公司的解禁日股价与 IPO 价格倍数差别较大，控股股东性质为境内自然人、境内非国有法人和境外法人的三类实际减持公司解禁日股价与 IPO 价格倍数均值分别为 3.11、3.72 和 2.69。

三、分行业统计

我们将按照大股东是否实际减持划分的两类公司分别按照所属申万行业进行分组。可以看到，实际减持公司主要分布在机械设备、电子、电力设备和生物医药行业，实际减持公司中属于机械设备行业的有 9 家，电子行业的有 7 家，电力设备行业的有 3 家，生物医药行业的有 3 家。该 4 个行业实际减持公司数约占减持公司总数的 79%。

（一）实际减持公司解禁所在季度

从实际减持公司解禁所在季度看，第三季度实际减持公司最多，达到 12 家；第一季度实际减持公司为 6 家；第二季度实际减持公司为 5 家；第四季度实际减持公司为 5 家。

（二）大股东在解禁当季是否实际减持

从大股东在解禁当季是否实际减持看，在解禁当季实际减持的公司数量为 15 家，大股东在解禁当季未实际减持的公司数量为 13 家。

（三）大股东实际减持比例

从大股东实际减持比例看，在 2022 年末或 6 个月后大股东实际减持比例均值为 2.03%。分行业看，电子、生物医药、非银金融、电力设备和环保行业减持比例较高，减持比例均值分别是 3.01%、2.81%、2.15%、2.04% 和 2.00%。

（四）交易方式

从交易方式来看，实际减持公司共用 3 种方式进行减持，分别是大宗交易、集中竞价和询价转让。其中，大宗交易方式有 22 家公司使用，占比较高；集中竞价方式有 11 家公司使用，占比次之；询价转让方式有 4 家公司使用，占比最低。

（五）减持收益

从减持收益看，考虑到公司减持公告一般公示价格区间，我们简单以减持价格区间下限作为减持价格计算依据进行减持收益估算，分别计算减持价格下限与 IPO 价格比值和解禁日股价比值进行对比。通过计算，实际减持价格区间下限与 IPO 价格比值均值为 2.44，实际减持价格区间下限与解禁日股价比值为 0.76，平均而言，实际减持价格区间下限低于解禁日股价。

解禁企业当年经营业绩分析

一、三年期解禁企业在解禁时点前后业绩变化

（一）数据获取及处理

沪深 A 股市场三年期解禁的企业共计 190 家，从盈利能力和价值分析两个方面的 7 个指标对解禁前后公司业绩变化进行比较分析。盈利能力方面的指标包括净资产收益率（ROE）、资产收益率（ROA）、净利润/营业总利润比率、营业总成本/营业总收入比率以及每股收益（EPS）五项。净资产收益率反映了公司每一元投资所产生的盈利能力；资产收益率反映了公司利用全部资产进行经营活动的能力；净利润/营业总收入比率衡量公司的盈利能力；营业总成本/营业总收入比率衡量公司的成本控制能力；每股收益反映了每一股股票所代表的盈利能力。价值分析方面的指标包括市净率（P/B）以及市盈率（P/E）两项。市净率是指公司股价与每股净资产的比值，用于衡量公司的估值水平，通常低于 1 被认为是被低估的。市盈率是指公司股价与每股收益的比值，用于衡量公司的估值水平，通常越低越被认为是被低估的。各指标均采取根据企业财报计算得到的单季度数据，市盈率和市净率使用每个季度最后一天的数据。

为了比较分析解禁前后的指标变化，需要对各指标数据进行差分编制。具体而言，若将解禁时间记为 T，则 T+1 列表示企业解禁时间后第一个季度的数据，T–1 表示企业解禁时间前第一个季度的数据，以此类推，T+2/T–2 列分别表示企业解禁时间后/前第二个季度的数据。根据此种差分数据编制方法，我们可以通过比较 T–1 与 T+1 的指标差值来分析解禁前后企业的业绩数据变化。

本文进一步按照所属行业、公司性质和股东持股比例三个维度对上述指标数据进行拆解分析。在所属行业这一维度上，采取申万一级行业分类进行拆解，目的是考虑到不同行业解禁企业的业绩变化可能具有不同的特点，因此需要对行业的异质性进行考虑。在公司性质这一维度上，分为国央企和非国央企两种，其中国央企包括央企国资控股、省属国资控股、地市国资控股和其他国有企业，非国央企则包括民营企业、集体企业、外资企业和其他企业。在股东持股比例这一维度上，根据

最大股东持股比例的大小将企业分为绝对控股（最大股东持股比例大于50%）、相对控股（最大股东持股比例在33%~50%之间）和无控股（最大股东持股比例小于33%）三类，以反映公司内部治理结构对公司业绩变化的影响。

为了进行数据分析，首先需要对原始数据做清洗工作，主要包含以下两个方面：一方面，我们需要去除无法比较解禁前后信息的样本，即T−1列和T+1列数据存在缺失的样本；另一方面，为了保证大样本分析的可靠性，我们需要甄别并去除数据中明显极端值和严重离群值样本。

（二）总体分析

净资产收益率（ROE）：

初始样本总计190个，全部有效。计算有效样本各期净资产收益率的平均值，同时计算沪深A股公司该项指标的平均值，并将它们进行对比。将样本分为总的和解禁的季度来比较。总的来看，样本企业在三年期解禁后的平均净资产收益率指标从2.55%下降至2.07%，下降幅度为0.48%，相比市场变化下降0.24%。

分季度看，在第一季度中，样本企业在三年期解禁后的平均净资产收益率指标从2.08%下降至1.77%，下降幅度为0.31%，相比市场变化下降1.90%；在第二季度中，样本企业在三年期解禁后的平均净资产收益率指标从3.58%下降至3.00%，下降幅度为0.58%，相比市场变化下降0.73%；在第三季度中，样本企业在三年期解禁后的平均净资产收益率指标从2.85%下降至2.41%，下降幅度为0.44%，相比市场变化下降0.10%；在第四季度中，样本企业在三年期解禁后的平均净资产收益率指标从2.02%下降至1.47%，下降幅度为0.55%，相比市场变化上升1.73%。

资产收益率（ROA）：

初始样本总计190个，全部有效。计算有效样本各期资产收益率的平均值，同时计算沪深A股该项指标的平均值，并将它们进行对比。将样本分为总的和解禁的季度来比较。总的来看，样本企业在三年期解禁后的平均资产收益率指标从1.62%下降至1.23%，下降幅度为0.39%，相比市场变化下降0.24%。

分季度看，在第一季度中，样本企业在三年期解禁后的平均资产收益率指标从1.31%下降至0.80%，下降幅度为0.51%，相比市场变化下降0.94%；在第二季度中，样本企业在三年期解禁后的平均资产收益率指标从 2.35% 下降至 2.10%，下降幅度为 0.25%，相比市场变化下降 0.45%；在第三季度中，样本企业在三年期解禁后的平均资产收益率指标从 1.70% 下降至 1.39%，下降幅度为 0.31%，相比市场变化下降 0.05%；在第四季度中，样本企业在三年期解禁后的平均资产收益率指标从 1.36% 下降至 0.90%，下降幅度为 0.46%，相比市场变化上升 0.49%。

净利润/营业总利润比率：

初始样本总计 190 个，数据清洗后剩余有效样本 189 个。计算有效样本各期净利润/营业总利润比率，同时计算沪深 A 股该项指标的平均值，并将它们进行对比，为保证市场指标的稳定性，对市场数据也进行了去除极端值处理。将样本分为总的和解禁的季度来比较。总的来看，样本企业在三年期解禁后的平均净利润/营业总利润比率指标从解禁前的 11.16% 下降至 4.70%，下降幅度为 6.46%，相比市场变化下降 5.33%。

分季度来看，在第一季度中，样本企业在三年期解禁后的平均净利润/营业总利润比率指标从 11.32% 下降至 6.08%，下降幅度为 5.24%，相比市场变化下降 7.88%；在第二季度中，样本企业在三年期解禁后的平均净利润/营业总利润比率指标从 17.07% 下降至 15.98%，下降幅度为 1.09%，相比市场变化下降 2.65%；在第三季度中，样本企业在三年期解禁后的平均净利润/营业总利润比率指标从 13.05% 下降至 10.72%，下降幅度为 2.33%，相比市场变化下降 1.57%；在第四季度中，样本企业在三年期解禁后的平均净利润/营业总利润比率指标从 6.65% 下降至 –6.60%，下降幅度为 13.25%，相比市场变化下降 5.22%。

营业总成本/营业总收入比率：

初始样本总计 190 个，数据清洗后剩余有效样本 179 个。计算有效样本各期营业总成本/营业总收入比率，同时计算沪深 A 股该项指标的平均值，并将它们进行对比，为保证市场指标的稳定性，对市场数据进行了去除极端值处理。将样本分为总的和解禁的季度来比较。总的来看，样本企业在三年期解禁后的平均营业总成本/营业总收入比率指标从解禁前的 91.36% 上升到 100.52%，上涨幅度为 9.16%，相比市场变化上升 7.93%。

分季度来看，在第一季度中，样本企业在三年期解禁后的平均营业总成本/营业总收入比率指标从92.10%上升至100.49%，上升幅度为8.39%，相比市场变化上升13.00%；在第二季度中，样本企业在三年期解禁后的平均营业总成本/营业总收入比率指标从82.18%上升至85.24%，上升幅度为3.06%，相比市场变化上升3.77%；在第三季度中，样本企业在三年期解禁后的平均营业总成本/营业总收入比率指标从88.84%上升至91.19%，上升幅度为2.35%，相比市场变化上升2.05%；在第四季度中，样本企业在三年期解禁后的平均营业总成本/营业总收入比率指标从97.64%上升至115.95%，上升幅度为18.31%，相比市场变化上升8.45%。

每股收益（EPS）：

初始样本总计190个，全部有效。计算有效样本各期每股收益，同时计算沪深A股该项指标的平均值，并将它们进行对比。将样本分为总的和解禁的季度来比较。总的来看，样本企业在三年期解禁后的平均每股收益指标从解禁前的0.32元下降到0.23元，下降幅度为0.09元，相比市场变化下降0.07元。

分季度来看，在第一季度中，样本企业在三年期解禁后的平均每股收益指标从0.17元下降至0.13元，下降幅度为0.04元，相比市场变化下降0.09元；在第二季度中，样本企业在三年期解禁后的平均每股收益指标从0.58元下降至0.33元，下降幅度为0.25元，相比市场变化下降0.25元；在第三季度中，样本企业在三年期解禁后的平均每股收益指标从0.29元下降至0.26元，下降幅度为0.03元，相比市场变化下降0.01元；在第四季度中，样本企业在三年期解禁后的平均每股收益指标从0.31元下降至0.22元，下降幅度为0.09元，相比市场变化下降0.01元。

市净率（P/B）：

初始样本总计190个，全部有效。计算有效样本各期市净率，同时计算沪深A股该项指标的平均值，并将它们进行对比。将样本分为总的和解禁的季度来比较。总的来看，样本企业在三年期解禁后的平均市净率指标从解禁前的4.25下降到3.94，下降幅度为0.31，相比市场变化下降0.12。

分季度来看，在第一季度中，样本企业在三年期解禁后的平均市净率指标从4.65下降至3.69，下降幅度为0.96，相比市场变化下降0.32；在第二季度中，样本企业在三年期解禁后的平均市净率指标从3.90上升至3.98，上升幅度为0.08，相比市场变化下降 0.01；在第三季度中，样本企业在三年期解禁后的平均市净率指标从 4.57 下降至 3.88，下降幅度为 0.69，相比市场变化下降 0.25；在第四季度中，样本企业在三年期解禁后的平均市净率指标从 3.92 上升至 4.12，上升幅度为 0.20，相比市场变化下降 0.02。

市盈率（P/E）：

初始样本总计 190 个，数据清洗后剩余有效样本 178 个。计算有效样本各期市盈率，同时计算沪深 A 股该项指标的平均值，并将它们进行对比，为保证市场指标的稳定性，对市场数据也进行了去除极端值处理。将样本分为总的和解禁的季度来比较。总的来看，样本企业在三年期解禁后的平均市盈率指标从解禁前的 36.98 下降到 31.64，下降幅度为 5.34，相比市场变化下降 3.40。

分季度来看，在第一季度中，样本企业在三年期解禁后的平均市盈率指标从 47.41 下降至 25.53，下降幅度为 21.88，相比市场变化下降 15.45；在第二季度中，样本企业在三年期解禁后的平均市盈率指标从 35.86 下降至 27.52，下降幅度为 8.34，相比市场变化下降 4.92；在第三季度中，样本企业在三年期解禁后的平均市盈率指标从 45.05 下降至 44.07，下降幅度为 0.98，相比市场变化上升 0.59；在第四季度中，样本企业在三年期解禁后的平均市盈率指标从 24.96 上升至 25.70，上升幅度为 0.74，相比市场变化下降 2.51。

总的来看，三年期解禁限售企业解禁后盈利能力和成本控制能力均出现下降，同时股票估值也出现下降态势。盈利能力方面，解禁企业的净资产收益率、资产收益率、净利润/营业总利润比率、每股收益的绝对值和相对市场变化均下滑，说明解禁企业的盈利效率和盈利水平均随着解禁限售出现下滑。此外，营业总成本/营业总收入比率在解禁后的增大也意味着企业的成本控制能力减弱。价值分析层面，解禁企业市净率和市盈率指标随着解除限售同样出现下滑，企业的估值随着解禁限售出现下降。

（三）按行业拆解分析

净资产收益率（ROE）：

将净资产收益率数据按所属行业拆解并计算平均值和解禁前后差值，可以得到表 9-4。考虑到按照所属行业、公司性质以及股东持股比例进行分季度拆解将导致样本量过少，故下文不按解封季度来分析，以避免结果不具有参考价值。如表9-4所示，在样本数大于5的9个行业中，仅有机械设备和食品饮料行业在三年期解禁后净资产收益率所提高，解禁前后差值分别为0.27%和0.30%。其余行业下降幅度最大的是生物医药行业，下降幅度为2.05%。对于样本数小于等于5的行业，由于数据量过小，此处不做分析。

表9-4 净资产收益率（按行业拆解）

行业	T-1（%）	T+1（%）	解禁前后差值（%）	解禁前后变化	样本数（个）
电子	2.76	2.23	-0.53	下降	25
计算机	1.02	0.78	-0.24	下降	23
机械设备	1.96	2.23	0.27	上升	22
基础化工	2.96	2.71	-0.25	下降	16
生物医药	3.83	1.78	-2.05	下降	16
电力设备	5.43	4.46	-0.97	下降	11
国防军工	3.82	2.60	-1.22	下降	9
食品饮料	1.44	1.74	0.30	上升	7
银行	2.27	2.01	-0.26	下降	7
传媒	2.40	0.36	-2.04	下降	5
非银金融	3.02	1.28	-1.74	下降	5
环保	1.66	1.37	-0.29	下降	5
建筑装饰	0.88	0.14	-0.74	下降	5
汽车	1.41	0.37	-1.04	下降	5
轻工制造	1.09	-0.01	-1.10	下降	5
交通运输	2.43	2.95	0.52	上升	4
商贸零售	3.58	4.63	1.05	上升	3
社会服务	1.78	7.59	5.81	上升	3
房地产	3.40	3.93	0.53	上升	2
公用事业	2.73	2.17	-0.56	下降	2
美容护理	2.47	2.32	-0.15	下降	2
农林牧渔	3.34	-1.81	-5.15	下降	2
有色金属	3.91	3.55	-0.36	下降	2

（续表）

行业	T−1（%）	T+1（%）	解禁前后差值（%）	解禁前后变化	样本数（个）
家用电器	2.05	4.24	2.19	上升	1
建筑材料	1.20	0.53	−0.67	下降	1
石油石化	1.47	3.54	2.07	上升	1
通信	4.56	4.60	0.04	上升	1
合计	2.54	2.07	−0.47	下降	190

资产收益率（ROA）：

将资产收益率数据按所属行业拆解并计算平均值和解禁前后差值，可以得到表9–5。如表9–5所示，样本数大于5的9个行业中，仅有机械设备和食品饮料行业在三年期解禁后资产收益率有所提高，但提高的幅度较小，解禁前后差值分别为0.10%和0.19%，下降幅度最大的行业为生物医药行业，解禁前后差值为−1.63%。

表9–5　资产收益率（按行业拆解）

行业	T−1（%）	T+1（%）	解禁前后差值（%）	解禁前后变化	样本数（个）
电子	2.08	1.61	−0.47	下降	25
计算机	0.64	0.27	−0.36	下降	23
机械设备	1.37	1.47	0.10	上升	22
基础化工	2.09	1.99	−0.10	下降	16
生物医药	2.79	1.16	−1.63	下降	16
电力设备	2.46	2.02	−0.44	下降	11
国防军工	2.80	1.78	−1.02	下降	9
食品饮料	1.04	1.23	0.19	上升	7
银行	0.17	0.15	−0.02	下降	7
传媒	1.82	0.50	−1.32	下降	5
非银金融	1.01	0.22	−0.79	下降	5
环保	1.00	0.66	−0.34	下降	5
建筑装饰	0.71	−0.22	−0.93	下降	5
汽车	0.93	0.09	−0.84	下降	5
轻工制造	0.69	−0.02	−0.71	下降	5
交通运输	1.41	1.80	0.39	上升	4
商贸零售	2.11	2.58	0.47	上升	3

(续表)

行业	T-1（%）	T+1（%）	解禁前后差值（%）	解禁前后变化	样本数（个）
社会服务	1.00	5.03	4.03	上升	3
房地产	2.23	2.44	0.21	上升	2
公用事业	1.31	1.11	−0.20	下降	2
美容护理	1.93	1.79	−0.14	下降	2
农林牧渔	2.51	−1.14	−3.65	下降	2
有色金属	2.78	2.59	−0.19	下降	2
家用电器	1.22	2.39	1.17	上升	1
建筑材料	0.69	0.30	−0.39	下降	1
石油石化	0.93	2.14	1.21	上升	1
通信	1.73	1.72	−0.01	下降	1
总计	1.62	1.23	−0.39	下降	190

净利润/营业总利润比率：

将净利润/营业总利润比率按所属行业拆解并计算平均值和解禁前后差值，可以得到表9-6。如表9-6所示，样本数大于5的9个行业中，机械设备和食品饮料行业在三年期解禁后净利润/营业总利润比率有所提高，分别为0.99%和1.21%，提升幅度相对较小，下降幅度较大的行业包括生物医药和国防军工行业，分别下降了22.58%和20.92%。

表9-6 净利润/营业总利润比率（按行业拆解）

行业	T-1（%）	T+1（%）	解禁前后差值（%）	解禁前后变化	样本数（个）
电子	10.28	9.33	−0.95	下降	25
计算机	−3.63	−15.51	−11.87	下降	23
机械设备	10.79	11.78	0.99	上升	22
基础化工	14.19	12.74	−1.45	下降	16
生物医药	15.22	−7.36	−22.58	下降	16
电力设备	15.01	14.62	−0.39	下降	11
国防军工	30.82	9.90	−20.92	下降	9
食品饮料	8.24	9.45	1.21	上升	7

（续表）

行业	T–1（%）	T+1（%）	解禁前后差值（%）	解禁前后变化	样本数（个）
银行	30.29	29.35	–0.94	下降	7
传媒	15.62	10.31	–5.31	下降	5
环保	8.91	2.93	–5.98	下降	5
建筑装饰	9.97	–39.65	–49.61	下降	5
汽车	0.34	–5.05	–5.39	下降	5
轻工制造	3.57	–0.51	–4.08	下降	5
非银金融	7.67	15.05	7.38	上升	4
交通运输	9.12	11.76	2.64	上升	4
商贸零售	8.18	7.10	–1.08	下降	3
社会服务	8.04	17.62	9.58	上升	3
房地产	24.38	27.35	2.97	上升	2
公用事业	18.03	12.71	–5.32	下降	2
美容护理	12.93	7.43	–5.50	下降	2
农林牧渔	19.86	–16.82	–36.68	下降	2
有色金属	16.95	16.88	–0.07	下降	2
家用电器	5.04	10.83	5.79	上升	1
建筑材料	11.27	6.52	–4.75	下降	1
石油石化	3.95	6.30	2.35	上升	1
通信	4.24	4.60	0.36	上升	1
总计	11.16	4.70	–6.46	下降	189

营业总成本/营业总收入比率：

将营业总成本/营业总收入比率按所属行业拆解并计算平均值和解禁前后差值，可以得到表9–7。如表9–7所示，样本数大于5的8个行业中，仅有机械设备和食品饮料行业在三年期解禁后营业总成本/营业总收入比率有所下降，下降幅度分别为1.72%和0.63%，大部分行业的该比率呈现上升趋势，上升幅度较大的行业为生物医药和国防军工，分别上升了32.83%和21.02%。

表 9-7 营业总成本/营业总收入比率（按行业拆解）

行业	T-1（%）	T+1（%）	解禁前后差值（%）	解禁前后变化	样本数
电子	91.38	92.88	1.5	上升	25
计算机	109.84	127.10	17.26	上升	23
机械设备	92.75	91.03	−1.72	下降	22
基础化工	85.18	87.79	2.61	上升	16
生物医药	85.58	118.41	32.83	上升	16
电力设备	83.97	85.36	1.39	上升	11
国防军工	70.87	91.89	21.02	上升	9
食品饮料	92.41	91.78	−0.63	下降	7
传媒	85.86	90.87	5.01	上升	5
环保	93.43	99.70	6.27	上升	5
建筑装饰	91.59	150.36	58.77	上升	5
汽车	101.12	108.40	7.28	上升	5
轻工制造	97.84	102.23	4.39	上升	5
交通运输	93.41	88.37	−5.04	下降	4
商贸零售	91.91	92.31	0.40	上升	3
社会服务	98.12	86.37	−11.75	下降	3
房地产	76.71	73.09	−3.63	下降	2
公用事业	82.17	88.41	6.24	上升	2
美容护理	86.48	94.30	7.82	上升	2
农林牧渔	78.17	114.31	36.14	上升	2
有色金属	81.49	87.04	5.55	上升	2
非银金融	85.26	92.65	7.39	上升	1
家用电器	91.58	90.24	−1.34	下降	1
建筑材料	90.24	100.26	10.02	上升	1
石油石化	95.90	94.76	−1.14	下降	1
通信	95.99	98.27	2.28	上升	1
总计	91.36	100.52	9.16	上升	179

每股收益（EPS）：

将每股收益按所属行业拆解并计算平均值和解禁前后差值，可以得到表 9-8。如表 9-8 所示，在样本数大于 5 的 9 个行业中，计算机、机械设备、食品饮料行业在三年期解禁后每股收益有小幅上升，分别为 0.12 元、0.04 元、0.01 元，其他大部分行业的每股收益呈现下降趋势，下降幅度最大的行业为生物医药行业，下降了 0.62 元。

表 9-8 每股收益（按行业拆解）

行业	T-1（元）	T+1（元）	解禁前后差值（元）	解禁前后变化	样本数（个）
电子	0.31	0.26	−0.05	下降	25
计算机	0.08	0.20	0.12	上升	23
机械设备	0.14	0.18	0.04	上升	22
基础化工	0.34	0.31	−0.03	下降	16
生物医药	0.92	0.30	−0.62	下降	16
电力设备	1.18	0.65	−0.53	下降	11
国防军工	0.35	0.26	−0.09	下降	9
食品饮料	0.12	0.13	0.01	上升	7
银行	0.17	0.14	−0.03	下降	7
传媒	0.29	0.17	−0.12	下降	5
非银金融	0.16	0.06	−0.10	下降	5
环保	0.12	0.09	−0.03	下降	5
建筑装饰	0.07	−0.05	−0.12	下降	5
汽车	0.17	0.10	−0.07	下降	5
轻工制造	0.06	0.00	−0.06	下降	5
交通运输	0.13	0.14	0.01	上升	4
商贸零售	0.33	0.43	0.10	上升	3
社会服务	0.08	0.32	0.24	上升	3
房地产	0.18	0.27	0.09	上升	2
公用事业	0.09	0.07	−0.02	下降	2
美容护理	0.28	0.31	0.03	上升	2
农林牧渔	0.32	−0.23	−0.55	下降	2
有色金属	0.40	0.40	0.00	下降	2
家用电器	0.28	0.59	0.31	上升	1
建筑材料	0.02	0.01	−0.01	下降	1
石油石化	0.03	0.07	0.04	上升	1
通信	0.81	0.84	0.03	上升	1
合计	0.32	0.23	−0.09	下降	190

市净率（P/B）：

将市净率按所属行业拆解并计算平均值和解禁前后差值，可以得到表 9-9。如表 9-9 所示，样本数大于 5 的 9 个行业中，仅有计算机行业在三年期解禁后市净率有比较明显的上升，为 0.34，其他大部分行业的该比率呈现下降趋势，下降幅度较大的行业为电力设备，为 –1.91。

表 9-9　市净率（按行业拆解）

行业	T–1	T+1	解禁前后差值	解禁前后变化	样本数（个）
电子	4.67	4.21	–0.46	下降	25
计算机	4.51	4.85	0.34	上升	23
机械设备	3.80	3.40	–0.40	下降	22
基础化工	3.74	3.21	–0.53	下降	16
生物医药	5.38	5.14	–0.24	下降	16
电力设备	9.82	7.91	–1.91	下降	11
国防军工	5.30	5.24	–0.06	下降	9
食品饮料	3.82	3.56	–0.26	下降	7
银行	0.66	0.62	–0.04	下降	7
传媒	2.34	2.35	0.01	上升	5
非银金融	3.41	2.95	–0.46	下降	5
环保	2.42	2.14	–0.28	下降	5
建筑装饰	1.97	1.91	–0.06	下降	5
汽车	2.79	3.18	0.39	上升	5
轻工制造	2.23	2.02	–0.21	下降	5
交通运输	1.29	1.25	–0.04	下降	4
商贸零售	6.14	5.80	–0.34	下降	3
社会服务	4.75	5.35	0.60	上升	3
房地产	2.88	2.68	–0.20	下降	2
公用事业	1.70	1.61	–0.09	下降	2
美容护理	6.73	6.57	–0.16	下降	2
农林牧渔	2.19	2.23	0.05	上升	2
有色金属	5.76	3.93	–1.83	下降	2
家用电器	4.59	3.71	–0.88	下降	1

(续表)

行业	T-1	T+1	解禁前后差值	解禁前后变化	样本数（个）
建筑材料	4.42	4.39	-0.03	下降	1
石油石化	1.30	1.26	-0.04	下降	1
通信	7.47	6.11	-1.36	下降	1
合计	4.25	3.94	-0.31	下降	190

市盈率（P/E）：

将市盈率按所属行业拆解并计算平均值和解禁前后差值，可以得到表9-10。如表9-10所示，样本数大于5的9个行业中，生物医药、食品饮料以及银行三个行业解禁后市盈率出现上升，解禁前后差值分别为9.32、1.66以及0.05，其他大部分行业的该比率呈现下降趋势，下降较大的为电子和基础化工行业，分别下降12.29和13.87。

表9-10 市盈率（按行业拆解）

行业	T-1	T+1	解禁前后差值	解禁前后变化	样本数（个）
电子	46.33	34.04	-12.29	下降	24
计算机	16.31	5.97	-10.34	下降	22
机械设备	44.99	40.70	-4.29	下降	17
生物医药	22.84	32.16	9.32	上升	16
基础化工	40.37	26.50	-13.87	下降	15
电力设备	64.58	54.10	-10.48	下降	11
国防军工	91.85	83.70	-8.15	下降	9
食品饮料	46.78	48.43	1.66	上升	7
银行	5.94	5.99	0.05	上升	7
传媒	16.24	35.40	19.16	上升	5
环保	31.09	18.46	-12.63	下降	5
建筑装饰	14.60	-27.74	-42.34	下降	5
非银金融	39.80	34.44	-5.36	下降	4
交通运输	15.97	12.45	-3.52	下降	4
汽车	22.93	58.25	35.31	上升	4

（续表）

行业	T−1	T+1	解禁前后差值	解禁前后变化	样本数（个）
轻工制造	95.08	13.09	−81.99	下降	3
商贸零售	39.78	35.21	−4.57	下降	3
社会服务	−0.86	56.05	56.91	上升	3
房地产	17.42	17.17	−0.25	下降	2
公用事业	13.26	13.96	0.70	上升	2
美容护理	57.88	66.14	8.26	上升	2
农林牧渔	−4.06	16.89	20.95	上升	2
有色金属	38.27	32.69	−5.58	下降	2
家用电器	32.79	24.87	−7.92	下降	1
建筑材料	96.84	117.87	21.03	上升	1
石油石化	22.22	12.67	−9.55	下降	1
通信	45.64	37.13	−8.51	下降	1
总计	36.98	31.64	−5.34	下降	178

为了展现统计学性质，主要对样本数大于5的电子、计算机、机械设备、基础化工、生物医药、电力设备、国防军工、食品饮料、银行等9个行业进行分析。总的来看，盈利层面，机械设备、食品饮料行业公司三年期限售解禁后的盈利水平和成本控制能力出现上升，其余大部分行业公司的该指标下降，其中生物医药和国防军工行业企业下降较多；受股市波动影响，股票价值规律并不明显，市净率指标仅有计算机行业企业上升，市盈率指标有生物医药、食品饮料、银行行业出现上升。

（四）按公司性质拆解分析

净资产收益率（ROE）：

将净资产收益率数据按公司性质拆解并计算平均值，在总计190个有效样本中有国央企样本24个，非国央企样本166个。国央企解禁后其净资产收益率从3.35%小幅上升至3.38%，非国央企解禁后其净资产收益率从2.43%下降至1.87%。从相对变化来看，国央企相对市场增加0.22%，非国央企相对市场下降0.29%，国央企相比非国央企解禁后的净资产收益率相对表现更好。

资产收益率（ROA）：

将资产收益率数据按公司性质拆解并计算平均值，在总计190个有效样本中有国央企样本24个，非国央企样本166个。国央企资产收益率从1.84%小幅上升至1.93%，非国央企资产收益率从1.59%下降至1.13%。从相对变化来看，国央企相对市场上涨0.15%，非国央企相对市场下降了0.27%，幅度相对较大，国央企相对非国央企解禁后的资产收益率相对表现更好。

净利润/营业总利润比率：

将净利润/营业总利润比率数据按公司性质拆解并计算平均值，在总计189个有效样本中有国央企样本23个，非国央企样本166个。国央企净利润/营业总利润比率从21.45%小幅下降至21.14%，非国央企净利润/营业总利润比率从9.74%大幅下降至2.42%。从相对变化来看，国央企相对市场上涨0.29%，非国央企相对市场大幅下降了5.97%，国央企在这项盈利能力指标上相对表现更好。

营业总成本/营业总收入比率：

将营业总成本/营业总收入比率数据按公司性质拆解并计算平均值，在总计179个有效样本中有国央企样本20个，非国央企样本159个。国央企营业总成本/营业总收入比率从82.79%小幅下降至82.33%，非国央企营业总成本/营业总收入比率从92.44%上升至102.81%。从相对变化来看，国央企相对市场小幅下降1.20%，非国央企相对市场上升8.95%。

每股收益（EPS）：

将每股收益数据按公司性质拆解并计算平均值，在总计190个有效样本中有国央企样本24个，非国央企样本166个。国央企每股收益从0.27元小幅下降至0.26元，非国央企每股收益从0.33元下降至0.23元。从相对变化来看，国央企和非国央企相对市场分别下降0.01元和0.08元，非国央企的下降幅度相对更大。

市净率（P/B）：

将市净率数据按公司性质拆解并计算平均值，在总计190个有效样本中有国央企样本24个，非国央企样本166个。国央企市净率从3.09下降至2.96，非国央企市净率从4.41下降至4.09。从相对变化来看，国央企相对市场下降了0.05，而非国央企相对市场下降了0.10，两者相对变化情况类似。

市盈率（P/E）：

将市盈率数据按公司性质拆解并计算平均值，在总计 178 个有效样本中有国央企样本 23 个，非国央企样本 155 个。国央企市盈率从 32.50 下降至 25.95，非国央企市盈率从 37.64 下降至 32.49。从相对变化来看，国央企相对市场下降了 5.39，而非国央企相对市场下降了 2.89。

总的来看，国央企和非国央企三年期解禁限售企业盈利能力相关指标存在明显差异，国央企的净资产收益率和资产收益率两个衡量盈利效率的指标解禁后相对值均上升，而非国央企这些指标均下降。盈利水平和成本控制方面，国央企解禁后表现明显优于非国央企；股票价值层面，无论是国央企还是非国央企的绝对变化和相对变化均出现下降，两者下降情况类似，没有显著差别。

（五）按股东持股比例拆解分析

净资产收益率（ROE）：

将净资产收益率数据按股东持股比例拆解并计算平均值，在总计 190 个有效样本中有绝对控股样本 32 个，相对控股样本 49 个，无控股样本 109 个。在三种股东持股结构下，绝对控股企业解禁后净资产收益率小幅上涨 0.03%，相对控股企业和无控股企业解禁后净资产收益率分别下降 0.26% 和 0.73%。从相对市场表现来看，绝对控股企业相对上升 0.15%，相对控股企业相对上升 0.01%，无控股企业相对下降 0.47%。随着股权结构的分散，三种类型企业的净资产收益率相对逐渐变差。

资产收益率（ROA）：

将资产收益率数据按股东持股比例拆解并计算平均值，在总计 190 个有效样本中有绝对控股样本 32 个，相对控股样本 49 个，无控股样本 109 个。在三种股东持股结构下，绝对控股、相对控股、无控股企业资产收益率均出现下降，分别从 1.70%、1.55%、1.63% 下降至 1.67%、1.28%、1.08%。从相对表现来看，绝对控股企业相对上升 0.06%，相对控股企业相对下降 0.11%，无控股企业相对下降 0.39%。随着股权结构的分散，三种类型企业的资产收益率相对逐渐变差。

净利润/营业总利润比率：

将净利润/营业总利润比率数据按股东持股比例拆解并计算平均值，在总计

189 个有效样本中有绝对控股样本 32 个，相对控股样本 49 个，无控股样本 108 个。在三种股东持股结构下，绝对控股企业净利润/营业总利润比率从 13.23% 上升至 13.57%，相对控股和无控股企业净利润/营业总利润比率分别从 12.05% 和 10.15% 下降至 6.09% 和 1.44%。从相对表现看，绝对控股企业相对上升 0.98%，相对控股和无控股企业分别相对下降 4.86% 和 7.45%。随着股权结构的分散，企业解禁后净利润/营业总利润比率呈下降趋势。

营业总成本/营业总收入比率：

将营业总成本/营业总收入比率数据按股东持股比例拆解并计算平均值，在总计 179 个有效样本中有绝对控股样本 29 个，相对控股样本 49 个，无控股样本 101 个。在三种股东持股结构下，绝对控股企业、相对控股企业和无控股企业营业总成本/营业总收入比率分别从 87.81%、89.46%、93.31% 上升至 89.72%、99.27%、104.23%。从相对表现来看，绝对控股企业解禁后营业总成本/营业总收入比率上升最少，仅为 0.97%，相对控股企业和无控股企业的营业总成本/营业总收入比率上升幅度均较大，分别上升 8.53% 和 9.66%。随着股权结构的分散，企业解禁后成本控制能力呈现下降趋势。

每股收益（EPS）：

将每股收益数据按股东持股比例拆解并计算平均值，在总计 190 个有效样本中有绝对控股样本 32 个，相对控股样本 49 个，无控股样本 109 个。在三种股东持股结构下，绝对控股企业、相对控股企业和无控股企业每股收益分别从 0.22 元、0.23 元、0.33 元下降至 0.19 元、0.20 元、0.26 元。从相对表现来看，绝对控股和相对控股企业解禁后每股收益相对下降最少，均为 0.03 元；无控股企业解禁后每股收益相对下降最多，达到了 0.07 元。

市净率（P/B）：

将市净率数据按股东持股比例拆解并计算平均值，在总计 190 个有效样本中有绝对控股样本 32 个，相对控股样本 49 个，无控股样本 109 个。绝对控股企业市净率从 4.05 上升至 4.12，相对控股企业和无控股企业市净率分别从 3.47 和 4.66 下降至 3.24 和 4.21。从相对表现来看，绝对控股企业解禁后市净率相对上升 0.20，相对控股企业和无控股企业市净率均相对市场下降，分别下降 0.01 和 0.26。

市盈率（P/E）：

将市盈率数据按股东持股比例拆解并计算平均值，在总计192个有效样本中有绝对控股样本34个，相对控股样本56个，无控股样本102个。绝对控股企业市盈率从55.75上升至57.56，相对控股企业和无控股企业市盈率分别从29.06和34.94下降至28.51和25.05。从相对表现来看，绝对控股和相对控股企业解禁后市盈率相对上升3.62和1.64，无控股企业市盈率相对市场下降8.05。

总的来说，随着股权结构趋于分散，三种类型的三年期解禁企业的盈利能力和股票价值指标普遍呈现下降趋势。其中，绝对控股企业解禁后的盈利效率、盈利水平、成本控制、股票价值等各个指标均出现上升，相对控股企业这些指标普遍小幅下降，无控股企业出现了较为明显的下降。

二、解禁企业与同行业可比企业相比的业绩表现

（一）可比企业寻找

为了分析解禁企业与同行业可比企业的业绩表现，首先需要为解禁企业匹配可比企业，待筛选企业的范围为沪深A股中非特别处理状态的全部公司。匹配的步骤分为两步：首先，保证非数值型指标相同，即所属申万行业、所属申万二级行业、公司性质这三项指标相同；其次，针对数值型指标计算标准化后的平方欧氏距离，本章采用的数值型指标包括营业总收入、资产负债率、净利润/营业总利润比率、总市值、市盈率、市净率、净资产收益率以及资产收益率。选取距离最小的5个企业作为与目标企业最相似的可比企业，这种方法使得筛选出的可比企业在非数值型指标上与目标企业相同，同时在数值型指标上与目标企业尽可能相近。

（二）总体分析

净资产收益率（ROE）：

初始样本总计190个，全部有效。计算解禁前后差值，并于可比企业变化差值相对比。结果显示，样本企业三年期解禁后的平均净资产收益率指标下降0.48%，相比可比企业下降0.13%。

资产收益率（ROA）：

初始样本总计 190 个，全部有效。计算解禁前后差值，并与可比企业变化差值相对比。结果显示，样本企业三年期解禁后的平均资产收益率指标下降 0.39%，相比可比企业下降 0.18%。

净利润/营业总利润比率：

初始样本总计 190 个，其中有效样本 189 个。计算解禁前后差值，并与可比企业变化差值相对比。结果显示，样本企业三年期解禁后的平均净利润/营业总利润比率指标下降 6.46%，相比可比企业下降 5.93%。

营业总成本/营业总收入比率：

初始样本总计 190 个，其中有效样本 179 个。计算解禁前后差值，并与可比企业变化差值相对比。结果显示，样本企业三年期解禁后的平均营业总成本/营业总收入比率指标上升 9.16%，相比可比企业上升 5.48%。

每股收益（EPS）：

初始样本总计 190 个，全部有效。计算解禁前后差值，并与可比企业变化差值相对比。结果显示，样本企业三年期解禁后的平均每股收益指标下降 0.09 元，相比可比企业下降 0.05 元。

市净率（P/B）：

初始样本总计 190 个，全部有效。计算解禁前后差值，并与可比企业变化差值相对比。结果显示，样本企业三年期解禁后的平均市净率下降了 0.30，然而相比可比企业上升了 0.22。

市盈率（P/E）：

初始样本总计 190 个，全部有效。计算解禁前后差值，并与可比企业变化差值相对比。结果显示，样本企业三年期解禁后的平均市盈率下降了 16.30，相比可比企业下降 16.58。

总的来说，盈利能力层面，三年期解禁限售企业解禁后的盈利能力相比可比企业出现下降，具体而言，盈利效率、盈利水平和成本控制等指标均出现下降；在衡量价值的指标市净率和市盈率方面，三年期解禁限售企业与可比企业间并无大的差别。

（三）按行业拆解分析

净资产收益率（ROE）：

将净资产收益率数据按所属行业拆解并计算解禁前后差值，以及与可比企业变化差值相对比。可以观察到，社会服务行业企业相比可比企业差值上涨幅度最大，为 7.63%，其他上涨较多的还有建筑材料、家用电器、有色金属等行业，农林牧渔业企业相比可比企业下降幅度最大，为 –3.31%。具体如表 9–11 所示。

表 9–11　净资产收益率（按行业拆解，可比企业）

行业	解禁前后差值（%）	相比可比企业差值（%）
社会服务	8.11	7.63
建筑材料	–0.68	2.78
家用电器	2.19	2.52
有色金属	0.04	2.22
商贸零售	1.05	1.75
房地产	0.53	1.32
石油石化	2.07	0.68
交通运输	0.53	0.50
机械设备	0.23	0.49
环保	–0.29	0.43
电子	–0.53	0.33
食品饮料	0.31	0.24
通信	0.03	0.14
建筑装饰	–0.74	–0.05
美容护理	–0.16	–0.11
基础化工	–0.18	–0.17
银行	–0.26	–0.34
生物医药	–2.06	–0.38
传媒	–2.04	–0.39
综合	1.20	–0.42
汽车	–1.13	–0.50
公用事业	–0.55	–0.62
计算机	–0.24	–0.75
轻工制造	–1.10	–0.97

（续表）

行业	解禁前后差值（%）	相比可比企业差值（%）
电力设备	−1.15	−1.39
国防军工	−1.22	−1.49
非银金融	−1.74	−1.81
农林牧渔	−3.86	−3.31

资产收益率（ROA）：

将资产收益率数据按所属行业拆解并计算解禁前后差值，以及与可比企业变化差值相对比。可以观察到，社会服务行业企业相比可比企业差值上涨幅度最大，为6.06%，其余涨幅较大的还有有色金属、家用电器等行业，农林牧渔业企业相比可比企业下降幅度最大，为–2.67%。具体如表9–12所示。

表9–12 资产收益率（按行业拆解，可比企业）

行业	解禁前后差值（%）	相比可比企业差值（%）
社会服务	6.26	6.06
有色金属	−0.04	1.34
家用电器	1.17	1.31
商贸零售	0.47	0.88
房地产	0.20	0.56
石油石化	1.21	0.56
建筑材料	−0.39	0.40
交通运输	0.39	0.29
机械设备	0.09	0.26
食品饮料	0.19	0.21
美容护理	−0.13	0.19
环保	−0.35	0.10
通信	0	0.08
公用事业	−0.20	0
银行	−0.02	−0.02
电子	−0.47	−0.04
传媒	−1.32	−0.09
基础化工	−0.03	−0.20

(续表)

行业	解禁前后差值（%）	相比可比企业差值（%）
生物医药	-1.63	-0.40
轻工制造	-0.71	-0.51
电力设备	-0.51	-0.58
建筑装饰	-0.93	-0.59
汽车	-0.98	-0.62
计算机	-0.36	-0.72
非银金融	-0.79	-0.81
国防军工	-1.02	-1.19
综合	-0.40	-1.36
农林牧渔	-2.84	-2.67

净利润/营业总利润比率：

将净利润/营业总利润比率数据按所属行业拆解并计算解禁前后差值，以及与可比企业变化差值相对比。可以观察到，社会服务行业企业相比可比企业差值上涨幅度最大，为24.91%，其他上涨较多的还有有色金属、非银金融、家用电器、房地产等行业，相反，建筑装饰、农林牧渔、国防军工、计算机、生物医药等行业相比可比企业下降幅度较大。具体如表9-13所示。

表9-13 净利润/营业总利润比率（按行业拆解，可比企业）

行业	解禁前后差值（%）	相比可比企业差值（%）
社会服务	17.32	24.91
有色金属	-0.26	9.16
非银金融	7.37	7.64
家用电器	5.79	6.69
房地产	2.97	6.50
建筑材料	-4.75	2.32
机械设备	0.91	2.01
电子	-0.95	1.82
食品饮料	1.21	1.79

(续表)

行业	解禁前后差值（%）	相比可比企业差值（%）
商贸零售	−1.08	0.78
交通运输	2.64	0.48
通信	0.36	−0.11
电力设备	−0.36	−0.43
基础化工	−1.13	−0.62
传媒	−5.31	−0.80
石油石化	2.34	−1.22
公用事业	−5.32	−1.31
轻工制造	−4.08	−2.17
银行	−0.95	−2.44
环保	−5.98	−3.52
汽车	−6.57	−4.68
综合	−5.89	−4.94
美容护理	−5.50	−6.95
生物医药	−22.58	−17.32
计算机	−11.87	−17.57
国防军工	−20.92	−23.30
农林牧渔	−26.50	−40.12
建筑装饰	−49.61	−47.47

营业总成本／营业总收入比率：

将营业总成本／营业总收入比率数据按所属行业拆解并计算解禁前后差值，以及与可比企业变化差值相对比。可以观察到，社会服务行业企业相比可比企业差值下降幅度最大，为 −37.21%，相反，生物医药、国防军工等行业相比可比企业上升幅度较大。具体如表 9–14 所示。

表 9-14 营业总成本／营业总收入比率（按行业拆解，可比企业）

行业	解禁前后差值（%）	相比可比企业差值（%）
社会服务	−19.40	−37.21
房地产	−3.63	−11.05

(续表)

行业	解禁前后差值（%）	相比可比企业差值（%）
建筑装饰	58.77	−8.79
有色金属	3.94	−8.07
传媒	5.01	−5.30
机械设备	−1.57	−3.55
商贸零售	0.40	−2.07
电子	1.49	−2.00
家用电器	−1.34	−1.28
食品饮料	−0.64	−1.02
交通运输	−5.04	−0.43
电力设备	1.46	1.05
建筑材料	10.02	1.67
基础化工	2.37	1.70
石油石化	−1.14	3.04
公用事业	6.24	3.05
通信	2.28	3.28
轻工制造	4.39	4.21
环保	6.26	4.51
汽车	8.66	5.89
美容护理	7.82	6.73
非银金融	7.39	10.08
综合	3.53	17.57
农林牧渔	26.15	20.31
计算机	17.26	20.56
国防军工	21.02	22.24
生物医药	32.83	25.74

每股收益（EPS）：

将每股收益数据按所属行业拆解并计算解禁前后差值，以及与可比企业变化差值相对比。可以观察到，家用电器行业企业相比可比企业差值涨幅最大，为0.65元，电力设备行业相比可比企业下降幅度最大，为−0.73元。具体如表9–15所示。

表 9-15　每股收益（按行业拆解，可比企业）

行业	解禁前后差值（元）	相比可比企业差值（元）
家用电器	0.31	0.65
社会服务	0.35	0.33
有色金属	0.05	0.16
商贸零售	0.10	0.14
计算机	0.12	0.10
房地产	0.09	0.09
美容护理	0.03	0.08
机械设备	0.03	0.07
建筑材料	−0.01	0.06
电子	−0.04	0.05
通信	0.03	0.02
环保	−0.03	0.02
汽车	−0.08	0
食品饮料	0.01	0
基础化工	−0.03	−0.01
石油石化	0.04	−0.01
公用事业	−0.02	−0.02
传媒	−0.12	−0.03
交通运输	0.01	−0.03
建筑装饰	−0.11	−0.03
银行	−0.03	−0.04
综合	0.05	−0.07
轻工制造	−0.06	−0.08
非银金融	−0.11	−0.09
国防军工	−0.09	−0.10
农林牧渔	−0.39	−0.34
生物医药	−0.62	−0.44
电力设备	−0.60	−0.73

市净率（P/B）：

将市净率数据按所属行业拆解并计算解禁前后差值，以及与可比企业变化差值相对比。可以观察到，家用电器行业企业相比可比企业差值涨幅最大，为 1.28，汽车、建筑材料等行业相比可比企业上升幅度也较大，有色金属行业相比可比企业下降幅度最大，为 –1.55。具体如表 9–16 所示。

表 9–16　市净率（按行业拆解，可比企业）

行业	解禁前后差值	相比可比企业差值
家用电器	–0.87	1.28
汽车	0.32	1.06
建筑材料	–0.03	1.06
生物医药	–0.24	0.90
国防军工	–0.06	0.68
美容护理	–0.15	0.53
计算机	0.34	0.46
社会服务	0.86	0.45
电子	–0.46	0.39
轻工制造	–0.21	0.27
机械设备	–0.35	0.20
传媒	0.02	0.16
公用事业	–0.09	0.13
建筑装饰	–0.06	0.12
农林牧渔	–0.04	0.06
石油石化	–0.04	0.06
商贸零售	–0.34	0.02
基础化工	–0.55	0.01
非银金融	–0.46	0.01
交通运输	–0.05	–0.01
银行	–0.04	–0.02
食品饮料	–0.26	–0.06
房地产	–0.19	–0.07
环保	–0.28	–0.12
综合	0.09	–0.19
通信	–1.37	–0.74
电力设备	–1.88	–0.88
有色金属	–1.98	–1.55

市盈率（P/E）：

将市盈率数据按所属行业拆解并计算解禁前后差值，以及与可比企业变化差值相对比。可以观察到，汽车行业企业相比可比企业差值涨幅最大，为 289.37，非银金融、商贸零售等行业相比可比企业上升幅度也较大，轻工制造行业相比可比企业下降幅度最大，为 –566.97。具体如表 9–17 所示。

表 9–17 市盈率（按行业拆解，可比企业）

行业	解禁前后差值	相比可比企业差值
汽车	278.07	289.37
非银金融	187.13	183.43
商贸零售	–4.58	103.13
农林牧渔	22.41	38.88
建筑材料	21.03	26.43
石油石化	–9.55	25.98
综合	–2.47	22.88
国防军工	–8.15	18.57
食品饮料	1.66	17.97
美容护理	8.26	15.73
生物医药	9.32	11.70
基础化工	2.63	8.63
银行	0.05	0.56
家用电器	–7.92	–0.55
房地产	–0.25	–1.60
交通运输	–3.52	–3.42
电力设备	–10.17	–5.40
通信	–8.51	–6.36
有色金属	–8.25	–8.50
环保	–12.63	–14.31
传媒	19.16	–18.11
机械设备	–25.52	–22.98

(续表)

行业	解禁前后差值	相比可比企业差值
公用事业	0.70	−23.96
电子	−32.33	−30.52
社会服务	86.61	−35.66
计算机	−41.64	−66.44
建筑装饰	−42.34	−70.68
轻工制造	−567.41	−566.97

总的来说，盈利水平层面，社会服务、家用电器、有色金属、商贸零售、房地产等行业企业三年期解禁限售后的盈利效率、盈利水平、成本控制指标出现较为显著的提升，而电力设备、国防军工、非银金融、农林牧渔、生物医药等行业相关指标普遍呈现下降趋势；股票价值层面，汽车和建筑材料行业企业解禁后的市盈率和市净率指标出现较为显著的提升，当然也没有这两个指标同时显著下降的行业。

（四）按公司性质拆解分析

净资产收益率（ROE）：

将净资产收益率数据按公司性质拆解并计算解禁前后差值和相比可比企业差值。总计190个有效样本中有国央企样本24个，非国央企样本166个。国央企解禁后净资产收益率提升了0.03%，非国央企下降0.55%。国央企和非国央企解禁后的净资产收益率分别相比可比企业下降了0.08%和0.13%。具体如表9–18所示。

表9–18 净资产收益率（按公司性质拆解，可比企业）

公司性质	解禁前后差值（%）	相比可比企业差值（%）
国央企	0.03	−0.08
非国央企	−0.55	−0.13

资产收益率（ROA）：

将资产收益率数据按公司性质拆解并计算解禁前后差值和相比可比企业差值。总计190个有效样本中有国央企样本24个，非国央企样本166个。国央企资产收益率小幅上升 0.09%，非国央企下降 0.46%。国央企相比可比企业依然维持 0.05% 的上升，非国央企相比可比企业下降 0.21%。具体如表 9-19 所示。

表 9-19 资产收益率（按公司性质拆解，可比企业）

公司性质	解禁前后差值（%）	相比可比企业差值（%）
国央企	0.09	0.05
非国央企	-0.46	-0.21

净利润/营业总利润比率：

将净利润/营业总利润比率数据按公司性质拆解并计算解禁前后差值和相比可比企业差值。总计 189 个有效样本中有国央企样本 23 个，非国央企样本 166 个。国央企净利润/营业总利润比率下降 0.30%，非国央企大幅下降 7.32%。国央企相比可比企业小幅上升 0.09%，非国央企相比可比企业下降 6.76%。具体如表 9-20 所示。

表 9-20 净利润/营业总利润比率（按公司性质拆解，可比企业）

公司性质	解禁前后差值（%）	相比可比企业差值（%）
国央企	-0.30	0.09
非国央企	-7.32	-6.76

营业总成本/营业总收入比率：

将营业总成本/营业总收入比率数据按公司性质拆解并计算解禁前后差值和相比可比企业差值。总计 179 个有效样本中有国央企样本 20 个，非国央企样本 159 个。国央企营业总成本/营业总收入比率下降 0.46%，非国央企上升 10.37%。从相对变化来看，国央企相比可比企业下降 0.42%，非国央企相比可比企业上升 6.24%。具体如表 9-21 所示。

表 9-21 营业总成本/营业总收入比率（按公司性质拆解，可比企业）

公司性质	解禁前后差值（%）	相比可比企业差值（%）
国央企	-0.46	-0.42
非国央企	10.37	6.24

每股收益（EPS）：

将每股收益数据按公司性质拆解并计算解禁前后差值和相比可比企业差值。总计 190 个有效样本中有国央企样本 24 个，非国央企样本 166 个。国央企每股收益小幅下降 0.01 元，非国央企下降了 0.10 元。两者相比可比企业均出现下降，分别下降了 0.03 元和 0.06 元。具体如表 9–22 所示。

表 9–22 每股收益（按公司性质拆解，可比企业）

公司性质	解禁前后差值（元）	相比可比企业差值（元）
国央企	–0.01	–0.03
非国央企	–0.10	–0.06

市净率（P/B）：

将市净率数据按公司性质拆解并计算解禁前后差值和相比可比企业差值。总计 190 个有效样本中有国央企样本 24 个，非国央企样本 166 个。国央企和非国央企市净率分别下降 0.14 和 0.33。国央企相比可比企业小幅下降 0.03，非国央企相比可比企业上升了 0.26。具体如表 9–23 所示。

表 9–23 市净率（按公司性质拆解，可比企业）

公司性质	解禁前后差值	相比可比企业差值
国央企	–0.14	–0.03
非国央企	–0.33	0.26

市盈率（P/E）：

将市盈率数据按公司性质拆解并计算解禁前后差值和相比可比企业差值。总计 190 个有效样本中，有国央企样本 24 个，非国央企样本 166 个。国央企市盈率上升 33.60，非国央企市盈率下降 23.52。相对于可比企业变化而言，国央企相比可比企业上升 39.16，非国央企相比可比企业则下降了 24.63。具体如表 9–24 所示。

表 9-24　市盈率（按公司性质拆解，可比企业）

公司性质	解禁前后差值	相比可比企业差值
国央企	33.60	39.16
非国央企	-23.52	-24.63

总的来说，国央企和非国央企的三年期解禁限售企业盈利能力相关指标相比可比企业普遍出现下降，但同样存在明显差异。盈利效率、盈利水平和成本控制方面，国央企解禁后表现明显优于非国央企。股票价值层面，受市场波动影响，各企业的市盈率和市净率指标波动较大，因而无法总结出普遍的价值变动规律。

（五）按股东持股比例拆解分析

净资产收益率（ROE）：

将净资产收益率数据按股东持股比例拆解并计算解禁前后差值和相比可比企业差值。总计 190 个有效样本中有绝对控股样本 33 个，相对控股样本 55 个，无控股样本 102 个。在三种股东持股结构下，相对控股企业以及无控股企业净资产收益率解禁前后差值均出现下降。随着股权结构趋于分散，解禁前后差值逐渐增大；从相对变化看，绝对控股企业相比可比企业增加 0.47%，相对控股和无控股企业分别相对下降 0.09% 和 0.33%。具体如表 9-25 所示。

表 9-25　净资产收益率（按股东持股比例拆解，可比企业）

股东持股比例	解禁前后差值（%）	相比可比企业差值（%）
绝对控股	0	0.47
相对控股	-0.46	-0.09
无控股	-0.64	-0.33

资产收益率（ROA）：

将资产收益率数据按股东持股比例拆解并计算解禁前后差值和相比可比企业差值。总计 190 个有效样本中有绝对控股样本 33 个，相对控股样本 55 个，无控股样本 102 个。在三种股东持股结构下，绝对控股企业、相对控股企业以及无控股企业资产收益率解禁前后差值均出现下降，绝对控股企业相比可比企业增加0.26%，相对控股和无控股企业分别相对下降0.10%和0.35%。具体如表9-26所示。

表9-26　资产收益率（按股东持股比例拆解，可比企业）

股东持股比例	解禁前后差值（%）	相比可比企业差值（%）
绝对控股	-0.05	0.26
相对控股	-0.37	-0.10
无控股	-0.51	-0.35

净利润/营业总利润比率：

将净利润/营业总利润比率数据按股东持股比例拆解并计算解禁前后差值和相比可比企业差值。总计189个有效样本中有绝对控股样本33个，相对控股样本55个，无控股样本101个。在三种股东持股结构下，绝对控股企业净利润/营业总利润比率小幅上升，相对控股企业以及无控股企业净利润/营业总利润比率下降。与可比企业相比，绝对控股企业相对增加2.72%，相对控股和无控股企业分别相对下降5.54%和8.81%。具体如表9-27所示。

表9-27　净利润/营业总利润比率（按股东持股比例拆解，可比企业）

股东持股比例	解禁前后差值（%）	相比可比企业差值（%）
绝对控股	0.46	2.72
相对控股	-6.08	-5.54
无控股	-8.94	-8.81

营业总成本/营业总收入比率：

将营业总成本/营业总收入比率数据按股东持股比例拆解并计算解禁前后差值和相比可比企业差值。总计179个有效样本中有绝对控股样本30个，相对控股样本55个，无控股样本94个。在三种股东持股结构下，绝对控股企业营业总成本/营业总收入比率小幅上升，相对控股企业以及无控股企业营业总成本/营业总收入比率上升幅度更大。相比可比企业，绝对控股和相对控股企业分别下降1.54%和0.13%，无控股企业上升10.30%。具体如表9-28所示。

表 9-28　营业总成本/营业总收入比率（按股东持股比例拆解，可比企业）

股东持股比例	解禁前后差值（%）	相比可比企业差值（%）
绝对控股	1.64	−1.54
相对控股	9.55	−0.13
无控股	11.33	10.30

每股收益（EPS）：

将每股收益数据按股东持股比例拆解并计算解禁前后差值和相比可比企业差值。总计 190 个有效样本中有绝对控股样本 33 个，相对控股样本 55 个，无控股样本 102 个。在三种股东持股结构下，绝对控股企业、相对控股企业以及无控股企业每股收益解禁前后差值均出现下降。相比可比企业，绝对控股企业上升 0.01 元，相对控股和无控股企业分别下降 0.03 元和 0.09 元。具体如表 9-29 所示。

表 9-29　每股收益（按股东持股比例拆解，可比企业）

股东持股比例	解禁前后差值（元）	相比可比企业差值（元）
绝对控股	−0.03	0.01
相对控股	−0.05	−0.03
无控股	−0.13	−0.09

市净率（P/B）：

将市净率数据按股东持股比例拆解并计算解禁前后差值和相比可比企业差值。总计 190 个有效样本中有绝对控股样本 33 个，相对控股样本 55 个，无控股样本 102 个。在三种股东持股结构下，绝对控股企业和无控股企业市净率分别上升 0.07 和 0.40，相对控股企业市净率下降 0.34。相比可比企业，绝对控股企业上升 0.29，相对控股企业上升 0.49，无控股企业小幅上升 0.06。具体如表 9-30 所示。

表 9-30　市净率（按股东持股比例拆解，可比企业）

股东持股比例	解禁前后差值	相比可比企业差值
绝对控股	0.07	0.29
相对控股	−0.34	0.49
无控股	0.40	0.06

市盈率（P/E）：

将市盈率数据按股东持股比例拆解并计算解禁前后差值和相比可比企业差值。总计 190 个有效样本中有绝对控股样本 33 个，相对控股样本 55 个，无控股样本 102 个。在三种股东持股结构下，绝对控股企业市净率上升 30.58，相对控股企业下降了 84.03，无控股企业上升了 5.05。相比可比企业，绝对控股企业上升 30.42，相对控股企业下降 84.05，无控股企业上升 4.63。具体如表 9-31 所示。

表 9-31　市盈率（按股东持股比例拆解，可比企业）

股东持股比例	解禁前后差值	相比可比企业差值
绝对控股	30.58	30.42
相对控股	-84.03	-84.05
无控股	5.05	4.63

总的来说，随着股权结构趋于分散，三种类型的三年期解禁企业的盈利能力呈现下降趋势，其中无控股企业的下降更为显著，绝对控股和相对控股企业相对变化的差值相对较小。股票价值层面，受市场波动影响，各企业的市盈率和市净率指标波动较大，因而无法总结出普遍的价值变动规律。

三年期股份解禁企业二级市场表现

本文以 190 家上市公司在解禁前后股市收盘价走势变化来衡量股票解禁的影响。既考察绝对收益率，也考察沪深 300 指数和行业指数的相对收益率。在时间区间上，我们考察股票解禁前一月、前一周、后一周和后一月 4 个时间维度。

一、总体解禁收益率

（一）绝对收益率

从绝对收益率来看，解禁前上市公司股票收益率上升概率较大。上市公司解禁前一月平均收益率为 2.03%。其中，共有 107 家上市公司股价上涨，占比为 56.32%，上涨的上市公司平均收益率为 10.78%，最高收益率为 43.21%。共有 83 家上市公司股价下跌，占比为 43.68%，下跌的上市公司平均收益率为 –9.26%，最低收益率为 –30.18%。

上市公司解禁前一周平均收益率为 2.45%。其中，共有 122 家上市公司股价上涨，占比为 64.21%，上涨的上市公司平均收益率为 6.36%，最高收益率为 34.37%。共有 68 家上市公司股价下跌，占比为 35.79%，下跌的上市公司平均收益率为 –4.56%，最低收益率为 –13.13%。

解禁后，上市公司股票收益率呈现出先升后降的趋势，并且波动幅度有所收窄。上市公司解禁后一周平均收益率为 0.25%。其中，共有 93 家上市公司股价上涨，占比为 48.95%，上涨的上市公司平均收益率为 5.50%，最高收益率为 33.89%。共有 107 家上市公司股价下跌，占比为 51.05%，下跌的上市公司平均收益率为 –4.78%，最低收益率为 –23.58%。

上市公司解禁后一月平均收益率为 –0.40%。其中，共有 85 家上市公司股价上涨，占比为 44.74%，上涨的上市公司平均收益率为 10.92%，最高收益率为 67.48%。共有 105 家上市公司股价下跌，占比为 32.52%，下跌的上市公司平均收益率为 –9.56%，最低收益率为 –31.02%。

（二）沪深 300 指数相对收益率

从相对于沪深 300 指数的收益率来看，解禁前上市公司股票平均收益率能跑赢沪深 300 指数。上市公司解禁前一月相对于沪深 300 指数的平均超额收益率为 3.80%。其中，共有 109 家上市公司跑赢沪深 300 指数，占比为 57.37%，平均超额收益率为 12.43%，最高超额收益率为 45.54%。共有 81 家上市公司跑输沪深 300 指数，占比为 42.63%，平均超额收益率为 –7.83%，最低超额收益率为 –33.49%。

上市公司解禁前一周相对于沪深 300 指数的平均超额收益率为 2.70%。其中，共有 125 家上市公司跑赢沪深 300 指数，占比为 65.79%，平均超额收益率为 6.32%，最高超额收益率为 33.15%。共有 65 家上市公司跑输沪深 300 指数，占比为 34.21%，平均超额收益率为 –4.24%，最低超额收益率为 –14.35%。

解禁后，上市公司股票相对于沪深 300 指数的超额收益率呈现出先升后降的趋势，并且波动幅度有所收窄。上市公司解禁后一周相对于沪深300指数的平均超额收益率为0.36%。其中，共有91家上市公司跑赢沪深300指数，占比为47.89%，平均超额收益率为5.46%，最高超额收益率为35.44%。共有99家上市公司跑输沪深300指数，占比为52.11%，平均超额收益率为–4.33%，最低超额收益率为–20.45%。

上市公司解禁后一月相对于沪深300指数的平均超额收益率为–0.24%。其中，共有87家上市公司跑赢沪深300指数，占比为45.79%，平均超额收益率为10.55%，最高超额收益率为57.50%。共有103家上市公司跑输沪深300指数，占比为54.21%，平均超额收益率为–9.35%，最低超额收益率为–28.52%。

（三）行业指数相对收益率

从相对于行业指数的收益率来看，解禁前上市公司股票平均收益率能跑赢行业指数。上市公司解禁前一月相对于行业指数的平均超额收益率为1.27%。其中，共有96家上市公司跑赢行业指数，占比为50.52%，平均超额收益率为8.84%，最高超额收益率为34.29%。共有94家上市公司跑输行业指数，占比为49.48%，平均超额收益率为–6.31%，最低超额收益率为–29.96%。

上市公司解禁前一周相对于行业指数的平均超额收益率为2.10%。其中，共有127家上市公司跑赢行业指数，占比为66.84%，平均超额收益率为4.92%，最高超额收益率为29.17%。共有63家上市公司跑输行业指数，占比为33.16%，平均超额收益率为–3.59%，最低超额收益率为–14.02%。

上市公司解禁后一周相对于行业指数的平均超额收益率为0.33%。其中，共有86家上市公司跑赢行业指数，占比为45.26%，平均超额收益率为4.93%，最高超额收益率为34.48%。共有104家上市公司跑输行业指数，占比为54.74%，平均超额收益率为–3.53%，最低超额收益率为–16.18%。

上市公司解禁后一月相对于行业指数的平均超额收益率为–0.18%。其中，共有78家上市公司跑赢行业指数，占比为41.05%，平均超额收益率为9.75%，最高超额收益率为53.79%。共有112家上市公司跑输行业指数，占比为58.94%，平均超额收益率为–6.86%，最低超额收益率为–23.39%。

从总体来看，解禁期前后上市企业收益率走势均保持一致，即解禁前一月和前一周取得较高的绝对收益率和相对收益率，解禁后一周绝对收益率和相对收益率幅度收窄，解禁后一月股价下跌，超额收益率转负。因此，建议在上市公司股票解禁前一月或前一周持有股票，待股票解禁后卖出，有较大概率取得收益。上市公司股东如果存在减持意向，建议在解禁期满后一周内减持。

二、不同行业上市公司解禁收益率

（一）绝对收益率

从绝对收益率来看，各类行业上市公司股票解禁前后股价收益率走势差异较大，具体如表 9-32 所示。上市公司解禁前一月绝对收益率排名前三的行业分别是建筑装饰业、机械设备业和通信业，绝对收益率分别为 9.90%、8.04% 和 6.29%。绝对收益率排名后三的行业分别是非银金融业、食品饮料业和美容护理业，绝对收益率分别为 –5.42%、–4.95% 和 –4.07%。

上市公司解禁前一周绝对收益率排名前三的行业分别是通信业、汽车业和建筑装饰业，绝对收益率分别为 10.70%、7.51% 和 6.41%。绝对收益率排名后三的行业分别是农林牧渔业、石油石化业和非银金融业，绝对收益率分别为 –3.34%、–3.33% 和 –3.09%。

上市公司解禁后一周绝对收益率排名前三的行业分别是社会服务业、环保业和家用电器业，绝对收益率分别为 14.25%、4.68% 和 3.23%。绝对收益率排名后三的行业分别是传媒业、美容护理业和房地产业，绝对收益率分别为 –6.10%、–4.95%、–3.22%。

上市公司解禁后一月绝对收益率排名前三的行业分别是社会服务业、建筑材料业和通信业，绝对收益率分别为 24.53%、10.75% 和 10.00%。绝对收益率排名后三的行业分别是有色金属业、非银金融业和基础化工业，分别为 –6.66%、–5.91% 和 –5.68%。

不同行业股价走势存在明显的异质性。解禁前后绝对收益率先涨后跌的行业有公用事业、基础化工业、计算机业、家用电器业、汽车业、轻工制造业、建筑装饰业、生物医药业和银行业。解禁前后绝对收益率先跌后涨的行业有电子业、商贸零售业。单边上涨的行业有环保业、机械设备业、建筑材料业、社会服务业。单边下跌的行业有石油石化业。

表 9-32 行业绝对收益率

单位：%

行业分类	前一月	前一周	后一周	后一月
传媒	3.03	0.76	−6.10	−5.41
电力设备	−1.65	−0.47	0.22	−1.94
电子	−2.30	4.79	1.30	4.25
房地产	2.54	−1.03	−3.22	2.66
非银金融	−5.42	−3.09	1.71	−5.91
公用事业	0.83	−1.17	−0.80	−3.59
国防军工	5.37	3.21	−0.92	5.51
环保	5.60	5.91	4.68	2.20
机械设备	8.04	4.75	2.72	2.02
基础化工	3.16	1.14	−0.85	−5.68
计算机	2.75	1.79	−1.90	−3.92
家用电器	4.84	2.04	3.23	−1.84
建筑材料	0.04	3.05	0.88	10.75
建筑装饰	9.90	6.41	−1.89	−3.51
交通运输	2.44	−0.19	0.67	6.55
美容护理	−4.07	1.54	−4.95	−1.04
农林牧渔	2.53	−3.34	0.82	4.95
汽车	5.66	7.51	0.55	−3.88
轻工制造	1.26	0.18	0.44	−3.90
商贸零售	−1.47	1.69	2.40	2.73
社会服务	0.71	1.98	14.25	24.53
石油石化	−1.88	−3.33	−1.15	−1.50
食品饮料	−4.95	2.50	−2.99	2.34
通信	6.29	10.70	−0.50	10.00

（续表）

行业分类	前一月	前一周	后一周	后一月
生物医药	1.77	1.64	0.33	−5.44
银行	1.34	0.46	−0.70	−2.63
有色金属	−0.85	4.15	1.86	−6.66

（二）沪深300指数相对收益率

从相对沪深300指数的收益率来看，各类行业上市公司股票解禁前后股价相对收益率走势差异较大，具体如表9-33所示。上市公司解禁前一月相对收益率排名前三的行业分别是建筑装饰业、机械设备业和汽车业，相对沪深300指数的超额收益率分别为13.94%、8.69%和8.29%。相对收益率排名后三的行业分别是石油石化业、非银金融业和美容护理业，相对沪深300指数的超额收益率分别为 −13.18%、−3.88% 和 −2.87%。

上市公司解禁前一周相对收益率排名前三的行业分别是通信业、汽车业和建筑装饰业，相对沪深300指数的超额收益率分别为13.77%、7.91%和5.95%。相对收益率排名后三的行业分别是石油石化业、美容护理业和农林牧渔业，相对沪深300指数的超额收益率分别为 −6.47%、−2.62% 和 −0.62%。

上市公司解禁后一周相对收益率排名前三的行业分别是社会服务业、环保业和商贸零售业，相对沪深300指数的超额收益率分别为8.96%、5.46%和3.49%。相对收益率排名后三的行业分别是美容护理业、石油石化业和传媒业，相对沪深300指数的超额收益率分别为 −4.11%、−3.45% 和 −3.19%。

上市公司解禁后一月相对收益率排名前三的行业分别是社会服务业、建筑材料业和通信业，相对沪深300指数的超额收益率分别为15.91%、13.52%和11.61%。相对收益率排名后三的行业分别是有色金属业、生物医药业和建筑装饰业，相对沪深300指数的超额收益率分别为 −10.48%、−7.45% 和 −5.81%。

相较于沪深300指数，不同行业股价走势存在明显的异质性。解禁前后相对收益率先正后负的行业有传媒业、电力设备业、公用事业、基础化工业、计算机业、建筑装饰业、汽车业、轻工制造业、生物医药业、银行业、有色金属业。解禁前后相对收益率先负后正的行业有电子业和石油石化业。解禁前后均跑赢沪深300指数的行业有环保业、机械设备业、家用电器业、建筑材料业、交通运输业、商贸零售业、社会服务业和通信业。解禁前后均跑输沪深300指数的行业有美容护理业。

表9-33 相对沪深300指数解禁收益率

单位：%

行业分类	前一月	前一周	后一周	后一月
传媒	0.71	0.55	−3.19	−4.25
电力设备	2.23	0.05	1.23	−0.53
电子	−0.95	4.98	2.12	4.06
房地产	0	−0.53	−1.84	−1.29
非银金融	−3.88	−0.43	2.72	−1.29
公用事业	1.24	0.89	1.72	−2.73
国防军工	6.24	3.09	−0.62	4.51
环保	7.69	4.26	5.46	0.27
机械设备	8.69	4.36	2.89	2.09
基础化工	2.95	0.65	−1.70	−4.41
计算机	5.61	2.54	−2.47	−4.56
家用电器	7.29	2.55	2.90	4.26
建筑材料	0.62	3.74	1.92	13.52
建筑装饰	13.94	5.95	−2.93	−5.81
交通运输	5.01	0.86	2.59	8.37
美容护理	−2.87	−2.62	−4.11	−0.21
农林牧渔	8.25	−0.62	−0.45	7.47
汽车	8.29	7.91	0.26	−4.71
轻工制造	3.03	1.30	0.13	−2.21
商贸零售	4.26	2.41	3.49	9.32
社会服务	5.28	1.77	8.96	15.91
石油石化	−13.18	−6.47	−3.45	2.36
食品饮料	−2.81	4.31	−0.88	5.00

（续表）

行业分类	前一月	前一周	后一周	后一月
通信	6.67	13.77	0.35	11.61
生物医药	4.07	1.08	−0.54	−7.45
银行	5.07	2.57	−1.32	−0.65
有色金属	1.93	4.07	−0.11	−10.48

（三）行业指数相对收益率

从相对行业指数的收益率来看，各类行业上市公司股票解禁前后股价相对收益率存在明显差异，具体如表9-34所示。上市公司解禁前一月相对收益率排名前三的行业分别是建筑装饰业、农林牧渔业和汽车业，相对行业指数的超额收益率分别为8.96%、7.42%和6.24%。相对收益率排名后三的行业分别是非银金融业、社会服务业和美容护理业，相对行业指数的超额收益率分别为−6.10%、−5.35%和−5.21%。

上市公司解禁前一周相对收益率排名前三的行业分别是通信业、汽车业和建筑装饰业，相对行业指数的超额收益率分别为8.31%、6.56%和6.13%。相对收益率排名后三的行业分别是社会服务业、美容护理业和非银金融业，相对行业指数的超额收益率分别为−2.76%、−2.50%和−0.79%。

上市公司解禁后一周相对收益率排名前三的行业分别是社会服务业、环保业和商贸零售业，相对行业指数的超额收益率分别为7.02%、5.17%和4.93%。相对收益率排名后三的行业分别是建筑装饰业、美容护理业和银行业，相对行业指数的超额收益率分别为−3.13%、−2.73%和−2.64%。

上市公司解禁后一月相对收益率排名前三的行业分别是建筑材料业、社会服务业和商贸零售业，相对行业指数的超额收益率分别为14.74%、13.16%和9.73%。相对收益率排名后三的行业分别是有色金属业、建筑装饰业和生物医药业，相对行业指数的超额收益率分别为−11.72%、−7.92%和−6.62%。

相较于沪深300指数，不同行业上市公司的相对收益率存在较大差异。解禁前后相对收益率先正后负的行业有传媒业、电力设备业、基础化工业、计算机业、建筑装饰业、轻工制造业、银行业、有色金属业。解禁前后相对收益率先负后正的行业有电子业、房地产业、非银金融业、美容护理业、社会服务业。解禁前后相对收益率始终为正的行业有公用事业、环保业、机械设备业、建筑材料业、交通运输业、农林牧渔业、商贸零售业。不存在解禁前后相对收益率始终为负的行业。

表 9-34 相对行业指数解禁收益率

单位：%

行业分类	前一月	前一周	后一周	后一月
传媒	1.23	1.10	−1.99	−3.00
电力设备	2.09	0.64	0.30	−3.30
电子	−0.71	3.81	2.75	2.73
房地产	−3.75	0.86	0.77	8.77
非银金融	−6.10	−0.79	2.78	1.00
公用事业	0.86	1.04	1.47	1.77
国防军工	1.42	1.45	−1.32	2.81
环保	0.55	2.76	5.17	2.92
机械设备	4.09	3.55	1.84	1.99
基础化工	1.20	0.32	−0.72	−1.65
计算机	2.65	1.76	−1.52	−2.66
家用电器	1.52	−0.42	0.89	5.02
建筑材料	0.77	4.70	2.99	14.74
建筑装饰	8.96	6.13	−3.13	−7.92
交通运输	1.49	0.46	0.92	3.19
美容护理	−5.21	−2.50	−2.73	0.12
农林牧渔	7.42	3.41	1.21	7.66
汽车	6.24	6.56	1.28	−2.82
轻工制造	1.42	0.47	−0.04	−1.60
商贸零售	0.83	0.40	4.93	9.73
社会服务	−5.35	−2.76	7.02	13.16
石油石化	−2.86	0.71	−1.82	1.31

（续表）

行业分类	前一月	前一周	后一周	后一月
食品饮料	−4.73	2.61	−1.57	5.35
通信	1.01	8.31	−2.34	1.29
生物医药	−0.02	1.58	−1.40	−6.62
银行	3.91	1.97	−2.64	−5.69
有色金属	2.87	4.00	−0.20	−11.72

三、不同所有制和股权结构上市公司解禁收益率

（一）所有制

从绝对收益率来看，国央企和非国央企在解禁前收益率走势一致，解禁后收益率走势分化。解禁前一月，国央企和非国央企平均收益率分别为4.41%和1.83%。解禁前一周，国央企和非国央企平均收益率分别为2.36%和2.54%。解禁后两者的收益率出现差异，国央企在解禁后一周下跌1.51%，而非国央企上涨0.49%。解禁后一月收益率出现反转，国央企上涨1.29%，非国央企下跌0.57%。

从相对收益率来看，国央企和非国央企在解禁前收益率走势一致，解禁后收益率走势分化。一方面，解禁前一月，国央企和非国央企相对沪深300指数的超额收益率分别为2.15%和4.03%；解禁前一周，国央企和非国央企平均收益率分别为1.51%和2.87%；解禁后两者相对沪深300指数的超额收益率出现差异，国央企在解禁后一周超额收益率为−0.18%，而非国央企超额收益率为0.44%；解禁后一月超额收益率出现反转，国央企超额收益率为1.19%，非国央企超额收益率为−0.45%。

另一方面，解禁前一月，国央企和非国央企相对行业指数的超额收益率分别为0.62%和1.36%；解禁前一周，国央企和非国央企平均收益率分别为1.22%和2.23%；解禁后两者相对行业指数的收益率出现差异，国央企在解禁后一周超额收益率为−0.29%，而非国央企超额收益率为0.42%；解禁后一月超额收益率均转为负，国央企超额收益率为−0.06%，非国央企超额收益率为−0.20%。

（二）股权结构

从绝对收益率来看，各类股权结构的上市公司在解禁前均实现正收益率。解禁前一个月，绝对控股、相对控股和无控股的上市公司平均上涨1.93%、2.19%和1.98%。解禁前一周，绝对控股、相对控股和无控股的上市公司平均上涨2.92%、3.15%和2.00%。解禁后不同股权结构的上市公司收益率走势分化。绝对控股上市公司股价先跌后涨，解禁后一周股价下跌0.99%，解禁后一月反弹至0.07%。相对控股上市公司股价持续下跌，解禁后一周小幅下跌0.29%，解禁后一月跌幅扩大至2.12%。无控股上市公司股价涨幅收窄，解禁后一周股价上涨0.86%，解禁后一月涨幅回落至0.24%。

从相对收益率来看，解禁前各类股权结构的上市公司均能实现相对于沪深300指数的超额收益率。解禁前一月，绝对控股、相对控股和无控股上市公司的超额收益率分别为3.21%、3.46%和4.12%。解禁前一周，绝对控股、相对控股和无控股上市公司的超额收益率分别为2.91%、2.79%和2.59%，超额收益率涨幅较前一月有所收窄。解禁后一周，各类股权结构的上市公司超额收益率走势出现差异化。绝对控股上市公司解禁后一周相对于沪深300指数的超额收益率为−0.20%，解禁后一月超额收益率反弹至1.69%。相对控股公司解禁后一周相较沪深300指数的超额收益率为−0.48%，解禁后一月进一步拉大到−2.74%。无控股上市公司解禁后一周实现0.90%的超额收益率，解禁后一月超额收益率回落到0.32%。

从相对收益率来看，解禁前各类股权结构的上市公司均能实现相对于行业指数的超额收益率。解禁前一月，绝对控股、相对控股和无控股上市公司的超额收益率分别为1.05%、0.43%和1.71%。解禁前一周，绝对控股、相对控股和无控股上市公司的超额收益率分别为2.24%、2.29%和1.98%，超额收益率较前一月有所上涨。解禁后一周，各类股权结构的上市公司超额收益率走势出现差异化。绝对控股上市公司解禁后一周较行业指数的超额收益率为−0.32%，解禁后一月超额收益率反弹至1.08%。相对控股公司解禁后一周相较行业指数的超额收益率为−0.10%，解禁后一月差距拉大到−0.98%。无控股上市公司解禁后一周实现0.72%的超额收益率，解禁后一月超额收益率由正转负，为−0.20%。

上市公司业绩对解禁收益率的影响

本节以净资产收益率、资产收益率、净利率、每股收益来衡量企业业绩，以上市公司股票解禁前一季度和后一季度季报公布的数据差额来衡量上市公司业绩对解禁收益率的影响。尽管少数行业的上市公司因企业业绩好转而股价上扬，例如机械设备业和社会服务业，但是也存在着明显的反例，例如石油石化业企业四项经营指标均有所好转，但是股票解禁前后股价收益率均为负数。从整体来看，上市公司业绩变化对股票解禁收益率的影响并不大。这可能是因为，上市公司股票解禁时点均匀分布在全年，而上市公司业绩公报则是以季报、半年报和年报的形式集中发布。因此，当企业解禁时，投资者无从获取准确的上市公司经营信息。而对于上市公司高管来说，影响管理者继续持有和卖出股票的因素较为复杂，通常受业绩短期波动的影响较小。最后，我们将数据总结为以下三张表格（见表9-35、表9-36、表9-37），分别是上市公司业绩变化对三项收益率指标的影响。

表9-35　上市公司业绩变化对绝对收益率的影响

行业	ROE差值（%）	ROA差值（%）	净利率差值（%）	每股收益差值（元）	好转指标（项）	前一月（%）	前一周（%）	后一周（%）	后一月（%）
传媒	−2.04	−1.32	−5.31	−0.12	0	3.03	0.76	−6.10	−5.41
电力设备	−0.97	−0.44	−0.38	−0.53	0	−1.65	−0.47	0.22	−1.94
电子	−0.53	−0.47	−0.95	−0.04	0	−2.30	4.79	1.30	4.25
房地产	0.53	0.20	2.97	0.09	4	2.54	−1.03	−3.22	2.66
非银金融	−1.74	−0.79	7.37	−0.11	1	−5.42	−3.09	1.71	−5.91
公用事业	−0.55	−0.20	−5.32	−0.02	0	0.83	−1.17	−0.80	−3.59
国防军工	−1.22	−1.02	−20.92	−0.09	0	5.37	3.21	−0.92	5.51
环保	−0.29	−0.35	−5.98	−0.03	0	5.60	5.91	4.68	2.20
机械设备	0.27	0.10	0.99	0.03	4	8.04	4.75	2.72	2.02
基础化工	−0.25	−0.10	−1.45	−0.03	0	3.16	1.14	−0.85	−5.68
计算机	−0.24	−0.36	−11.87	0.12	1	2.75	1.79	−1.90	−3.92
家用电器	2.19	1.17	5.79	0.31	4	4.84	2.04	3.23	−1.84
建筑材料	−0.68	−0.39	−4.75	−0.01	0	0.04	3.05	0.88	10.75

（续表）

行业	ROE差值（%）	ROA差值（%）	净利率差值（%）	每股收益差值（元）	好转指标（项）	前一月（%）	前一周（%）	后一周（%）	后一月（%）
建筑装饰	−0.74	−0.93	−49.61	−0.11	0	9.90	6.41	−1.89	−3.51
交通运输	0.53	0.39	2.64	0.01	4	2.44	−0.19	0.67	6.55
美容护理	−0.16	−0.13	−5.50	0.03	1	−4.07	1.54	−4.95	−1.04
农林牧渔	−5.16	−3.65	−36.68	−0.55	0	2.53	−3.34	0.82	4.95
汽车	−1.04	−0.83	−5.39	−0.07	0	5.66	7.51	0.55	−3.88
轻工制造	−1.10	−0.71	−4.08	−0.06	0	1.26	0.18	0.44	−3.90
商贸零售	1.05	0.47	−1.08	0.10	3	−1.47	1.69	2.40	2.73
社会服务	5.81	4.04	9.59	0.25	4	0.71	1.98	14.25	24.53
石油石化	2.07	1.21	2.34	0.04	4	−1.88	−3.33	−1.15	−1.50
食品饮料	0.31	0.19	1.21	0.01	4	−4.95	2.50	−2.99	2.34
通信	0.03	0	0.36	0.03	3	6.29	10.70	−0.50	10.00
生物医药	−2.06	−1.63	−22.58	−0.62	0	1.77	1.64	0.33	−5.44
银行	−0.26	−0.02	−0.95	−0.03	0	1.34	0.46	−0.70	−2.63
有色金属	−0.36	−0.19	−0.08	0	3	−0.85	4.15	1.86	−6.66

表9-36 上市公司业绩变化对沪深300指数相对收益率的影响

行业	ROE差值（%）	ROA差值（%）	净利率差值（%）	每股收益差值（元）	好转指标（项）	前一月（%）	前一周（%）	后一周（%）	后一月（%）
传媒	−2.04	−1.32	−5.31	−0.12	0	0.71	0.55	−3.19	−4.25
电力设备	−0.97	−0.44	−0.38	−0.53	0	2.23	0.05	1.23	−0.53
电子	−0.53	−0.47	−0.95	−0.04	0	−0.95	4.98	2.12	4.06
房地产	0.53	0.20	2.97	0.09	4	0	−0.53	−1.84	−1.29
非银金融	−1.74	−0.79	7.37	−0.11	1	−3.88	−0.43	2.72	−1.29
公用事业	−0.55	−0.20	−5.32	−0.02	0	1.24	0.89	1.72	−2.73
国防军工	−1.22	−1.02	−20.92	−0.09	0	6.24	3.09	−0.62	4.51
环保	−0.29	−0.35	−5.98	−0.03	0	7.69	4.26	5.46	0.27
机械设备	0.27	0.10	0.99	0.03	4	8.69	4.36	2.89	2.09

(续表)

行业	ROE差值（%）	ROA差值（%）	净利率差值（%）	每股收益差值（元）	好转指标（项）	前一月（%）	前一周（%）	后一周（%）	后一月（%）
基础化工	−0.25	−0.10	−1.45	−0.03	0	2.95	0.65	−1.70	−4.41
计算机	−0.24	−0.36	−11.87	0.12	1	5.61	2.54	−2.47	−4.56
家用电器	2.19	1.17	5.79	0.31	4	7.29	2.55	2.90	4.26
建筑材料	−0.68	−0.39	−4.75	−0.01	0	0.62	3.74	1.92	13.52
建筑装饰	−0.74	−0.93	−49.61	−0.11	0	13.94	5.95	−2.93	−5.81
交通运输	0.53	0.39	2.64	0.01	4	5.01	0.86	2.59	8.37
美容护理	−0.16	−0.13	−5.50	0.03	1	−2.87	−2.62	−4.11	−0.21
农林牧渔	−5.16	−3.65	−36.68	−0.55	0	8.25	−0.62	−0.45	7.47
汽车	−1.04	−0.83	−5.39	−0.07	0	8.29	7.91	0.26	−4.71
轻工制造	−1.10	−0.71	−4.08	−0.06	0	3.03	1.30	0.13	−2.21
商贸零售	1.05	0.47	−1.08	0.10	3	4.26	2.41	3.49	9.32
社会服务	5.81	4.04	9.59	0.25	4	5.28	1.77	8.96	15.91
石油石化	2.07	1.21	2.34	0.04	4	−13.18	−6.47	−3.45	2.36
食品饮料	0.31	0.19	1.21	0.01	4	−2.81	4.31	−0.88	5.00
通信	0.03	0	0.36	0.03	3	6.67	13.77	0.35	11.61
生物医药	−2.06	−1.63	−22.58	−0.62	0	4.07	1.08	−0.54	−7.45
银行	−0.26	−0.02	−0.95	−0.03	0	5.07	2.57	−1.32	−0.65
有色金属	−0.36	−0.19	−0.08	0	3	1.93	4.07	−0.11	−10.48

表 9-37　上市公司业绩变化对行业指数相对收益率的影响

行业	ROE差值（%）	ROA差值（%）	净利率差值（%）	每股收益差值（元）	好转指标（项）	前一月（%）	前一周（%）	后一周（%）	后一月（%）
传媒	−2.04	−1.32	−5.31	−0.12	0	1.23	1.10	−1.99	−3.00
电力设备	−0.97	−0.44	−0.38	−0.53	0	2.09	0.64	0.30	−3.30
电子	−0.53	−0.47	−0.95	−0.04	0	−0.71	3.81	2.75	2.73
房地产	0.53	0.20	2.97	0.09	4	−3.75	0.86	0.77	8.77

（续表）

行业	ROE差值（%）	ROA差值（%）	净利率差值（%）	每股收益差值（元）	好转指标（项）	前一月（%）	前一周（%）	后一周（%）	后一月（%）
非银金融	−1.74	−0.79	7.37	−0.11	1	−6.10	−0.79	2.78	1.00
公用事业	−0.55	−0.20	−5.32	−0.02	0	0.86	1.04	1.47	1.77
国防军工	−1.22	−1.02	−20.92	−0.09	0	1.42	1.45	−1.32	2.81
环保	−0.29	−0.35	−5.98	−0.03	0	0.55	2.76	5.17	2.92
机械设备	0.27	0.10	0.99	0.03	4	4.09	3.55	1.84	1.99
基础化工	−0.25	−0.10	−1.45	−0.03	0	1.20	0.32	−0.72	−1.65
计算机	−0.24	−0.36	−11.87	0.12	1	2.65	1.76	−1.52	−2.66
家用电器	2.19	1.17	5.79	0.31	4	1.52	−0.42	0.89	5.02
建筑材料	−0.68	−0.39	−4.75	−0.01	0	0.77	4.70	2.99	14.74
建筑装饰	−0.74	−0.93	−49.61	−0.11	0	8.96	6.13	−3.13	−7.92
交通运输	0.53	0.39	2.64	0.01	4	1.49	0.46	0.92	3.19
美容护理	−0.16	−0.13	−5.50	0.03	1	−5.21	−2.50	−2.73	0.12
汽车	−1.04	−0.83	−5.39	−0.07	0	6.24	6.56	1.28	−2.82
轻工制造	−1.10	−0.71	−4.08	−0.06	0	1.42	0.47	−0.04	−1.60
商贸零售	1.05	0.47	−1.08	0.10	3	0.83	0.40	4.93	9.73
社会服务	5.81	4.04	9.59	0.25	4	−5.35	−2.76	7.02	13.16
石油石化	2.07	1.21	2.34	0.04	4	−2.86	0.71	−1.82	1.31
食品饮料	0.31	0.19	1.21	0.01	4	−4.73	2.61	−1.57	5.35
通信	0.03	0	0.36	0.03	3	1.01	8.31	−2.34	1.29
生物医药	−2.06	−1.63	−22.58	−0.62	0	−0.02	1.58	−1.40	−6.62
银行	−0.26	−0.02	−0.95	−0.03	0	3.91	1.97	−2.64	−5.69
有色金属	−0.36	−0.19	−0.08	0	3	2.87	4.00	−0.20	−11.72

第三部分

IPO 审核要点和经典案例

第 10 章　近年 IPO 审核重点关注问题剖析

本章将近年 IPO 审核重点关注问题总结为以下 7 点，分别为收入成本相关问题、内控规范问题、持续盈利能力问题、同业竞争与关联交易问题、资金流水核查问题、板块定位问题以及股权相关问题。对于前 5 点，本章均首先对监管部门主要规定进行列举，随后根据近年来 IPO 审核过程中披露的问询情况，通过分析问询材料总结出监管审核关注要点，最后对所分析要点逐一通过企业实例进行说明。在板块定位问题的相关研究中，本章分别对主板定位、创业板定位、北交所定位、科创板定位以及相关监管规定进行了研究，剖析了各个板块的审核关注要点。本章的最后，分别对突击入股、对赌协议、私募投资基金股东、证监会系统离职人员核查、实际控制人的认定等 5 种不同类型的股权相关问题进行了剖析，对不同问题下的监管规定、关注要点以及所产生的不同情况进行了讨论。

收入成本相关问题

收入和成本一向是 IPO 核查中的重要关注点，在 IPO 审核中，收入和成本的确认、计量以及特定交易的会计处理是监管关注的重中之重。

一、监管部门主要规定

《保荐人尽职调查工作准则》第三十五条、第三十六条分别对收入、成本的核查进行了明确规定。

第三十五条 销售收入

通过询问会计师，查阅银行存款、应收账款、营业收入及其他相关科目等方法，结合发行人的业务模式、交易惯例、销售合同关键条款、同行业可比公司收入确认政策等，核查：

（一）发行人确认收入的具体标准以及实际会计核算中该行业收入确认的一般原则，判断收入确认具体标准是否符合会计准则的要求、与发行人的业务是否匹配、相关内部控制制度是否有效，发行人的收入确认政策及具体标准与同行业可比公司存在较大差异的，核查该差异产生的原因及对发行人的影响；

（二）发行人是否存在为客户提供信贷担保的情况，若存在，核查相关交易的真实性及会计处理的合规性；

（三）发行人是否存在提前或延迟确认收入或虚计收入的情况，是否存在会计期末突击确认收入的情况；

（四）是否存在通过第三方回款的情形。存在第三方回款的，需进一步核查第三方回款的必要性、合理性、可验证性，以及对应收入确认的真实性。

通过抽查期后货币资金大额流出情况等，核查期末收到销售款项是否存在期后不正常流出的情况；分析销售商品、提供劳务收到的现金的增减变化情况是否与发行人销售收入变化情况相符，关注交易产生的经济利益是否真正流入企业。

取得发行人收入的产品构成、地域构成及其变动情况的详细资料，分析收入及其构成变动情况是否符合行业和市场同期的变化情况。发行人收入存在季节性波动或存在强周期波动的，应分析季节性因素或周期性因素对经营成果的影响，参照同行业可比公司的情况，分析发行人收入的变动情况及其与成本、费用等财务数据之间的配比关系是否合理。

取得发行人主要产品报告期价格变动的资料，了解报告期内的价格变动情况，分析发行人主要产品价格变动的基本规律及其对发行人收入变动的影响；搜集市场上相同或相近产品的价格信息和近年的走势情况（如有），与发行人产品价格的变动情况进行比较，分析是否存在异常；取得发行人报告期主要产品的销量变化资料，了解报告期内主要产品销售数量的变化情况，分析发行人主要产品销量变动的基本规律及其对发行人收入变动的影响。存在异常变动或重大变动的，应分析并追查原因。必要时取得发行人产品的产量、销量、合同订单完成量、价格政策等业务执行数据，核查与财务确认数据的一致性。

结合发行人的产品构成、价格资料等，了解发行人是否存在异常、偶发或交易标的不具备实物形态（例如技术转让合同、技术服务合同、特许权使用合同等）、交易价格明显偏离正常市场价格、交易标的对交易对手而言不具有合理用途的交易，核查该等交易的真实性、公允性、可持续性及上述交易相关损益是否应界定为非经常性损益。

关注发行人销售模式、销售区域（如经销商模式、加盟商模式或境外销售收入占比较高等）对其收入确认的影响及是否存在异常，可以在合理信赖会计师收入核查工作的基础上，合理利用实地走访、访谈、合同调查、发询证函等手段核查相应模式下的收入真实性。

发行人的业务主要采取互联网销售或其客户主要采用互联网销售发行人产品（服务）的，结合客户地域分布、活跃度、购买频次和金额、注册时间及购买时间等，核查业务数据的真实性和可靠性；发行人的业务高度依赖信息系统的，应对开展相关业务的信息系统可靠性进行核查，核查信息系统业务数据与财务数据的一致性、匹配性。核查互联网销售的业务流程、信息系统支撑业务开展程度、管理情况和用户数量及交易量级，必要时，在确保外部专家胜任能力和独立性的基础上，合理利用外部专家的工作对互联网销售或信息系统的可靠性、有效性进行核查；了解发行人业务运营、信息系统以及数据体量，认为以传统手段开展实质性核查存在覆盖范围等方面的局限性时，应考虑引入信息系统专项核查工作。

第三十六条　营业成本与销售毛利

根据发行人的生产流程，搜集相应的业务管理文件，了解发行人生产经营各环节成本核算方法和步骤，核查发行人报告期成本核算的方法是否保持一致。获取报告期营业成本明细表，营业成本分部信息（如有），了解产品单位成本及构成情况，包括直接材料、直接人工、燃料和动力、制造费用等。报告期内主要产品单位成本大幅变动的，应进行因素分析并结合市场和同行业企业情况判断其合理性。

　　了解发行人主要产品的产能、产量情况，判断其合理性；分析报告期内发行人主要原材料及单位能源耗用与主要产品的产能、产量、销量是否匹配，报告期内发行人料工费波动情况及合理性。对照发行人的工艺流程、生产周期和在产品历史数据，分析期末在产品余额的合理性，关注期末存货中在产品是否存在余额巨大等异常情况，判断是否存在应转未转成本的情况。

　　查阅发行人历年产品（服务）成本计算单，计算主要产品（服务）的毛利率、贡献毛利占当期主营业务利润的比重指标，与同类公司数据比较，分析发行人较同行业公司在成本方面的竞争优势或劣势；根据发行人报告期上述数据，分析发行人主要产品的盈利能力，分析单位成本中直接材料、直接人工、燃料及动力、制造费用等成本要素的变动情况，计算发行人产品的主要原材料、动力、燃料的比重，存在单一原材料所占比重较大的，分析其价格的变动趋势，并分析评价可能给发行人销售和利润所带来的重要影响。计算发行人报告期的综合毛利率、分产品（服务）的毛利率、营业利润率等利润率指标，结合发行人行业及市场变化趋势、产品（服务）的价格和成本因素，分析其报告期内的变化情况并判断其未来变动趋势，与同行业企业进行比较分析，判断发行人产品（服务）毛利率、营业利润率等是否正常，存在重大异常的应进行多因素分析并进行重点核查。

　　结合发行人所从事的主营业务、采用的经营模式及行业竞争情况，分析报告期利润的主要来源、可能影响发行人盈利能力持续性和稳定性的主要因素。发行人主要产品的销售价格或主要原材料、燃料价格频繁变动且影响较大的，分析价格变动对利润的影响以及报告期后、招股书签署日前产品价格、原材料价格的变化情况。

二、监管审核关注要点

根据近年来IPO审核过程中披露的问询情况，监管机构对收入的关注重点包括收入确认政策是否符合规定与企业业务模式、收入的真实性、终端销售情况（若存在经销商或代理商）、收入确认时点合理性（是否存在跨期、业务条款）、销售定价政策、付款（信用）政策、期后回款情况、与收入确认有关的内部控制有效性等；对成本的关注要点主要包括成本核算内部控制的有效性、成本核算方法与过程合理性、成本核算相关数据准确性、其他方面对成本准确性的验证、成本核算ERP（企业资源规划）系统的有效性、成本跨期、成本的构成、成本的变动等。

三、相关案例

1. 收入确认与成本核算案例：海天水务集团股份公司

报告期内，公司工程业务收入分别为2 057.90万元、11 705.85万元、4 338.99万元。反馈意见中，监管机构要求说明工程施工收入的取得方式、收入确认依据、时点及相关会计处理，BT（建设—移交）项目收入按实际利率法确认相关收入的原因及具体会计处理，相关收入确认是否符合会计准则规定及行业惯例。

成本方面，监管机构要求发行人结合各类业务流程，说明并披露主营业务成本的主要核算方法和归集过程，是否按照不同项目清晰归类，产品成本确认与计量的完整性与合规性，收入确认与相应营业成本结转是否配比。

2. 收入真实性案例：哈尔滨城林科技股份有限公司

发行人2016年度技术服务收入的毛利为1 183.10万元，毛利率为98.41%；其他产品收入的毛利为513.21万元，毛利率为52.13%。请发行人代表说明：①2016年度技术服务和其他收入各前两名合同对应的发票开具、收款情况及期末应收账款金额；②北京华宇埃斯特科技发展有限公司、哈尔滨龙航仓储设备制造有限公司的公司性质、与发行人的业务合作渊源；③技术服务收入2017年度的合同签订及履行情况。

监管机构在反馈意见中要求保荐机构和会计师说明对北京华宇埃斯特科技发展有限公司、哈尔滨龙航仓储设备制造有限公司交易的核查过程，并对技术服务收入、其他产品收入的真实性发表明确的核查意见。

3.成本构成和变动情况案例：影石创新科技股份有限公司（科创板）

招股说明书披露，报告期内，公司营业成本主要由主营业务成本构成，主营业务成本占营业成本比例分别为 99.90%、99.80%、99.62% 和 99.28%，公司的主营业务成本主要由直接材料成本和外协加工费用构成，报告期各期占比分别为 96.85%、97.78%、98.49% 和 97.46%，合计占比总体保持稳定。

问询函中，监管机构要求发行人披露：①主营业务成本按照产品或服务类型划分的构成情况；②各产品或服务的成本构成及变动的原因；③结合采购流程、生产流程披露产品成本具体核算流程和核算方法，以及共同费用的分摊方法。

内控规范问题

一、监管部门主要规定

《监管规则适用指引——发行类第 5 号》的"5-8 财务内控不规范情形"中对财务内控规范性进行了明确规定，具体如下。

（一）适用情形

发行人申请上市成为公众公司，需要建立、完善并严格实施相关财务内部控制制度，保护中小投资者合法权益，在财务内控方面存在不规范情形的，应通过中介机构上市辅导完成整改（如收回资金、结束不当行为等措施）和建立健全相关内控制度，从内控制度上禁止相关不规范情形的持续发生。

部分发行人在提交申报材料的审计截止日前存在财务内控不规范情形，如：①无真实业务支持情况下，通过供应商等取得银行贷款或为客户提供银行贷款资金走账通道（简称"转贷"行为）；②向关联方或供应商开具无真实交易背景的商业票据，通过票据贴现获取银行融资；③与关联方或第三方直接进行资金拆借；④频繁通过关联方或第三方收付款项，金额较大且缺乏商业合理性；⑤利用个人账户对外收付款项；⑥出借公司账户为他人收付款项；⑦违反内部资金管理规定对外支付大额款项、大额现金收支、挪用资金；⑧被关联方以借款、代偿债务、代垫款项或者其他方式占用资金；⑨存在账外账；⑩在销售、采购、研发、存货管理等重要业务循环中存在内控重大缺陷。发行人存在上述情形的，中介机构应考虑是否影响财务内控健全有效。

发行人确有特殊客观原因，认为不属于财务内控不规范情形的，需提供充分合理性证据，如外销业务因外汇管制等原因确有必要通过关联方或第三方代收货款，且不存在审计范围受到限制的情形；连续 12 个月内银行贷款受托支付累计金额与相关采购或销售（同一交易对手或同一业务）累计金额基本一致或匹配等；与参股公司（非受实际控制人控制）的其他股东同比例提供资金。

首次申报审计截止日后，发行人原则上不能存在上述内控不规范和不能有效执行的情形。

（二）核查要求

（1）中介机构应根据有关情形发生的原因及性质、时间及频率、金额及比例等因素，综合判断是否对内控制度有效性构成重大不利影响。

（2）中介机构应对发行人有关行为违反法律法规、规章制度情况进行认定，判断是否属于舞弊行为，是否构成重大违法违规，是否存在被处罚情形或风险，是否满足相关发行条件。

（3）中介机构应对发行人有关行为进行完整核查，验证相关资金来源或去向，充分关注相关会计核算是否真实、准确，与相关方资金往来的实际流向和使用情况，判断是否通过体外资金循环粉饰业绩或虚构业绩。

（4）中介机构应关注发行人是否已通过收回资金、纠正不当行为、改进制度、加强内控等方式积极整改，是否已针对性建立内控制度并有效执行，且未发生新的不合规行为；有关行为是否存在后续影响，是否存在重大风险隐患。发行人已完成整改的，中介机构应结合对此前不规范情形的轻重或影响程度的判断，全面核查、测试，说明测试样本量是否足够支撑其意见，并确认发行人整改后的内控制度是否已合理、正常运行并持续有效，不存在影响发行条件的情形。

（5）中介机构应关注发行人的财务内控是否持续符合规范要求，能够合理保证公司运行效率、合法合规和财务报告的可靠性，不影响发行条件及信息披露质量。

（三）信息披露

发行人应根据重要性原则，充分披露报告期内的财务内控不规范行为，如相关交易形成原因、资金流向和用途、违反有关法律法规具体情况及后果、后续可能影响的承担机制，并结合财务内控重大缺陷的认定标准披露有关行为是否构成重大缺陷、整改措施、相关内控建立及运行情况等。

二、监管审核关注要点

监管机构针对财务内控规范性的审核问询主要围绕以下几个方面展开：会计基础工作是否规范、相关内部控制制度是否健全、关联方及资金往来问题，相关问题具体包括个人卡、体外资金收支、账外收入、票据违规（无真实背景票据融资）、贷款违规、资金占用、第三方回款、现金交易、资金流转、资产减值准备、追溯调整等财务内控问题。

拟上市公司在报告期内作为非公众公司，在财务内控方面存在上述不规范情形的，应通过中介机构上市辅导完成整改或纠正（如收回资金、结束不当行为等措施）和相关内控制度建设，达到与上市公司要求一致的财务内控水平。对首次申报审计截止日前报告期内存在的财务内控不规范情形，中介机构应根据有关情形发生的原因及性质、时间及频率、金额及比例等因素，综合判断是否构成对内控制度有效性的重大不利影响，是否属于主观故意或恶意行为并构成重大违法违规。发行人已按照程序完成相关问题整改或纠正的，中介机构应结合此前不规范情形的轻重或影响程度的判断，全面核查、测试并确认发行人整改后的内控制度是否已合理、正常运行并持续有效，出具明确意见。首次申报审计截止日后，发行人原则上不能再出现上述内控不规范和不能有效执行情形。

三、相关案例

（一）会计基础工作是否规范

1. 科拓股份

科拓股份是专业的智慧停车价值运营商，2019 年至 2021 年，发行人未获取收入确认凭证的项目对应营业收入金额分别为 4 573.50 万元、4 299.20 万元和 3 203.65 万元。另外，发行人以"合同期限与 5 年孰短原则"确定折旧年限。现场督导发现，报告期内发行人实际存在 120 个项目因故提前终止，导致实际运营期限短于合同期限。在发行人与管理方签订的 2 340 个合同中，2 288 个合同未取得管理方与业主方的合同期限信息，占比 97.78%；24 个合同发行人与管理方约定的合同期限长于管理方与业主方的合作期限。监管问询机构关注会计基础工作是否规范，相关内部控制制度是否健全并有效运行。

2. 北农大

北农大主营业务为蛋鸡饲料的研发、生产及销售，蛋鸡育种、扩繁及雏鸡销售。报告期内发行人存在代管客户银行卡并通过 POS 机刷卡大额收款的情况，通过代管银行卡合计收款 4 104.77 万元。现场督导发现，发行人持有的 82 张代管客户银行卡中仅有 29 张能获取银行流水，且其中 23 张代管卡存在较大比例非客户本人转入资金或者无法识别打款人名称的情形。此外，报告期内发行人及各子公司普遍存在财务人员混同、岗位分离失效的情形，如会计凭证制单人与审核人为同一人，记账人与审核人为同一人，出纳与会计岗位混同。此外，发行人还存在销售订单与物流单不能匹配，个别员工用个人银行账户从客户收款、归集并取现，部分原材料出库单及产成品入库单缺少审批人签名或签章等不规范情形。监管机构关注代管客户银行卡相关信息披露的准确性、收入确认的真实性、会计基础规范性及内部控制有效性。

（二）相关内部控制制度是否健全且有效运行

1. 九州风神

九州风神主要从事以电脑散热器为核心的电脑硬件产品的研发、生产及销售。2019 年至 2021 年，公司营业收入分别为 5.29 亿元、8.30 亿元和 8.00 亿元。此次 IPO，九州风神所聘请的会计师事务所是中勤万信会计师事务所（特殊普通合伙），保荐机构是中天国富证券。在 IPO 过程中，监管层曾对九州风神进行过现场检查。检查发现九州风神部分记账凭证缺乏附件；公司财务电子账套数据未按经审计数进行审计调整和差错更正，内控制度未有效得到执行，相关中介机构未及时督导公司进行审计调整。其中，涉及资产负债表科目 19 个，涉及利润表科目 12 个。会计师出具的审计报表数据和公司电子账套报表数据差异明细达 467 页。

2. 华夏万卷

自 2006 年至 2020 年，发行人未经认证或申请流程，在部分产品封面印有"教育部门推荐练字用书"字样。监管机构关注上述情况是否违反相关法律法规的规定，是否属于重大违法行为，发行人的内控制度是否健全且被有效执行，是否能够合理保证发行人经营合法合规。

（三）关联方及资金往来问题

1. 大额资金往来案例：鲁华泓锦

鲁华泓锦是一家专业从事新型高分子材料研发、生产和销售的高新技术企业。创业板上市委员会审议关注到，报告期内，发行人实际控制人郭强与其亲属、发行人员工存在大额资金往来。在第二轮、第三轮问询时，监管机构对上述大额资金往来情况进行了问询和追问，主要关注相关资金往来的具体情况、原因和合理性及发行人资金管理相关内部控制制度是否存在较大缺陷，是否存在应披露未披露的重要信息。发行人及中介机构未能充分说明相关资金往来的合理性，最终被否。

2. 关于转贷案例：浙江华业

浙江华业主要从事塑料成型设备核心零部件研发、生产和销售，主要产品为塑料成型设备的螺杆、机筒、哥林柱及相关配件。根据申报材料，2019 年及 2020 年，公司存在以向舟山市海明特殊钢有限公司采购的名义进行转贷的行为，共发生 15 笔，发生金额为 27 260 万元。此外，报告期内公司存在向关联方资金拆借行为。审核机构在问询中要求详细说明舟山市海明特殊钢有限公司的具体情况，包括但不限于成立时间、注册资本、股权结构、与公司的业务往来情况、是否具有关联关系等，公司与舟山市海明特殊钢有限公司的其他业务往来是否具有真实商业背景，说明上述转贷的流向和具体用途，转贷行为的清理过程，是否存在受到处罚的风险。

3. 关于现金结算案例：神农农业

报告期内，发行人现金销售占营业收入的比重逐年上升，2016 年占当年销售金额的 25.43%，2017 年 1—6 月占比 28.16%，发行人交易过程中免税环节较多。同时，发行人经销收入占比接近99%，客户较为分散且变动较大，大多为个体工商户，ERP系统不健全，保荐机构未取得经销商的进销存数据。审核机构关注现金交易的真实性、必要性以及逐年上升的原因，现金交易的流程及相关内部控制措施，未来拟降低现金交易的相关措施。发行人实际控制人及其关联方，与发行人董监高及其控制的企业或其他利益相关方、主要客户、供应商之间是否存在资金往来，是否存在资金体外循环以及第三方向发行人输送利益的情形，并要求保荐机构对经销模式终端销售的真实性明确发表核查意见。

4. 关于票据找零案例：骏鼎达

骏鼎达主营业务为高分子改性保护材料的设计、研发、生产与销售。报告期内，发行人存在票据找零情形，其中各期向客户票据找零金额分别为1 258.81万元、406.05万元和0元，收到供应商票据找零金额分别为3.42万元、2.17万元和2.90万元。深交所对其票据找零业务进行问询，要求说明票据找零的基本业务模式，可能存在的风险，是否存在被相关主管部门处罚的潜在风险；报告期内与供应商之间进行票据找零所对应的交易情况，是否有合理的商业背景，是否存在变相通过供应商进行票据变现等情形。

5. 关于无真实交易背景的信用证融资/票据贴现等案例：彩虹新能

彩虹新能主营光伏玻璃。报告期内存在5 000万元无真实交易背景的信用证融资，原因是2020年，公司光伏玻璃业务增长较快，对原材料采购的资金需求加大，公司通过开具银行承兑汇票后进行贴现的方式取得的资金全部用于支付供应商货款等日常生产经营。监管问询关注上述财务不规范行为的发生额、时间及原因、资金占用具体用途，通过供应商进行大额转贷的具体情况，相关供应商是否与发行人存在关联关系，上述财务不规范行为履行的内部决策程序，发行人采取的具体整改措施，是否建立有效资金管理制度。

6. 关于关联方资金拆借案例：六淳科技

六淳科技主要从事应用于电子产品高精密功能性器件的设计、研发、生产和销售。发行人2018年向深圳六淳拆入719.50万元，偿还4 388.95万元，支付资金占用费110.18万元；2019年向深圳六淳拆出612.20万元，收回711.35万元，支付资金占用费12.06万元。此外，发行人与其实际控制人之间也存在较多的资金拆借，例如 2018 年发行人向唐淑芳拆出 1 099.11 万元，收回 3 057.89 万元。审核问询关注公司与关联方深圳六淳、实际控制人唐淑芳和莫舒润之间资金拆借的具体情况，包括相关资金用途、归还情况、计息公允性等。

7. 关于个人卡收付案例：筠诚和瑞

筠诚和瑞是一家服务三农环保领域的整体解决方案提供商，其主营业务包括环保工程、环保装备研发与制造、环保项目运营以及有机肥生产与销售。报告期内发行人存在通过个人卡向供应商进行采购的情形，2019—2020 年涉及金额分别为 1 003.22 万元和 121.10 万元。同时，还存在通过个人卡收取退款、发放奖金和支付费用的情形。问询要求保荐机构以列表形式说明个人卡收付涉及的具体情况，包括涉及的账户数量、具体人员、金额与归还情况、具体整改措施，对报告期内的整改情况、申报审计截止日后是否还存在财务内控不规范的情形发表意见。

8. 关于会计差错更正案例：诺泰生物

诺泰生物是将多肽药物及小分子化药自主研发与定制研发生产相结合的生物医药企业。报告期内，发行人在新三板挂牌期间曾于 2018 年 4 月 27 日、2019 年 5 月 1 日、2020 年 6 月 10 日、2020 年 10 月 13 日多次进行前期会计差错更正，其中 2020 年 6 月 10 日对公司 2017 年、2018 年财务报表中涉及 25 个会计科目的会计差错事项进行了更正及追溯调整。监管机构在问询中要求发行人说明在报告期内历次会计差错更正发生的背景及原因、相关会计差错事项是否对各期财务报表构成重大影响，详细说明公司财务会计制度、内控制度制定及执行情况，是否存在会计基础工作不规范、内控制度薄弱情形和公司于 2020 年 4 月 1 日变更审计机构的原因。

持续盈利能力问题

2019 年《中华人民共和国证券法》修订，第十二条第（二）款中规定，公司首次公开发行新股应当"具有持续盈利能力，财务状况良好"，修订为"具有持续经营能力"。《首次公开发行股票注册管理办法》和 2019 年 12 月证券法的修订保持一致，即关于持续经营能力的表述。对比证券法修订前的相关表述，"持续经营能力"的表述更为中性，但是无论是对核准制还是注册制而言，持续盈利/经营能力始终是拟 IPO 企业发行上市的重要实质性条件。

一、监管部门主要规定

1.《首次公开发行股票注册管理办法》在第二章的发行条件中有如下规定。

第十二条 发行人业务完整，具有直接面向市场独立持续经营的能力：

（一）资产完整，业务及人员、财务、机构独立，与控股股东、实际控制人及其控制的其他企业间不存在对发行人构成重大不利影响的同业竞争，不存在严重影响独立性或者显失公平的关联交易；

（二）主营业务、控制权和管理团队稳定，首次公开发行股票并在主板上市的，最近 3 年内主营业务和董事、高级管理人员均没有发生重大不利变化；首次公开发行股票并在科创板、创业板上市的，最近 2 年内主营业务和董事、高级管理人员均没有发生重大不利变化；首次公开发行股票并在科创板上市的，核心技术人员应当稳定且最近 2 年内没有发生重大不利变化；

发行人的股份权属清晰，不存在导致控制权可能变更的重大权属纠纷，首次公开发行股票并在主板上市的，最近 3 年实际控制人没有发生变更；首次公开发行股票并在科创板、创业板上市的，最近 2 年实际控制人没有发生变更；

（三）不存在涉及主要资产、核心技术、商标等的重大权属纠纷，重大偿债风险，重大担保、诉讼、仲裁等或有事项，经营环境已经或者将要发生重大变化等对持续经营有重大不利影响的事项。

2.《监管规则适用指引——发行类第 5 号》的"5-7 持续经营能力"中规定如下。

发行人存在以下情形的，保荐机构及申报会计师应重点关注是否影响发行人持续经营能力：

一、发行人因宏观环境因素影响存在重大不利变化风险，如法律法规、汇率税收、国际贸易条件、不可抗力事件等。

二、发行人因行业因素影响存在重大不利变化风险，如：

1.发行人所处行业被列为行业监管政策中的限制类、淘汰类范围，或行业监管政策发生重大变化，导致发行人不满足监管要求；

2.发行人所处行业出现周期性衰退、产能过剩、市场容量骤减、增长停滞等情况；

3.发行人所处行业准入门槛低、竞争激烈，导致市场占有率下滑；

4.发行人所处行业上下游供求关系发生重大变化，导致原材料采购价格或产品售价出现重大不利变化。

三、发行人因自身因素影响存在重大不利变化风险，如：

1.发行人重要客户或供应商发生重大不利变化，进而对发行人业务稳定性和持续性产生重大不利影响；

2.发行人由于工艺过时、产品落后、技术更迭、研发失败等原因导致市场占有率持续下降，主要资产价值大幅下跌、主要业务大幅萎缩；

3.发行人多项业务数据和财务指标呈现恶化趋势，由盈利转为重大亏损，且短期内没有好转迹象；

4.发行人营运资金不能覆盖持续经营期间，或营运资金不能够满足日常经营、偿还借款等需要；

5.对发行人业务经营或收入实现有重大影响的商标、专利、专有技术以及特许经营权等重要资产或技术存在重大纠纷或诉讼，已经或者将对发行人财务状况或经营成果产生重大不利影响。

四、其他明显影响发行人持续经营能力的情形。

保荐机构及申报会计师应详细分析和评估上述因素的具体情形、影响程度和预期结果，综合判断上述因素是否对发行人持续经营能力构成重大不利影响，审慎发表明确意见，并督促发行人充分披露可能影响持续经营的风险因素。

3.《监管规则适用指引——发行类第 4 号》《监管规则适用指引——发行类第 5 号》中有如下涉及持续经营能力的规定。

"4–3 对赌协议"中规定：投资机构在投资发行人时约定对赌协议等类似

安排的，保荐机构及发行人律师、申报会计师应当重点就以下事项核查并发表明确核查意见……四是对赌协议是否存在严重影响发行人持续经营能力或者其他严重影响投资者权益的情形。

"4-13 土地使用权"中规定：发行人生产经营用的主要房产系租赁上述土地上所建房产的，如存在不规范情形，原则上不构成发行上市障碍。保荐机构和发行人律师应就其是否对发行人持续经营构成重大影响发表明确意见。

"4-16 社保、公积金缴纳"中规定：发行人报告期内存在应缴未缴社会保险和住房公积金情形的，应当在招股说明书中披露应缴未缴的具体情况及形成原因，如补缴对发行人的持续经营可能造成的影响，揭示相关风险，并披露应对方案。保荐机构、发行人律师应对前述事项进行核查，并对是否属于重大违法行为出具明确意见。

"5-16 尚未盈利或最近一期存在累计未弥补亏损"中规定：发行人尚未盈利或最近一期存在累计未弥补亏损的，中介机构应充分核查尚未盈利或最近一期存在累计未弥补亏的原因，并就其是否影响发行人持续经营能力发表意见。

发行人应充分披露尚未盈利或最近一期存在累计未弥补亏损对公司现金流、业务拓展、人才吸引、团队稳定、研发投入、战略投入、生产经营可持续性等方面的影响。尚未盈利的发行人应充分披露尚未盈利对公司经营的影响，是否对未来持续经营能力产生重大不利影响。

"5-17 客户集中"中规定：发行人存在单一客户主营业务收入或毛利贡献占比较高情形的，保荐机构应重点关注该情形的合理性、客户稳定性和业务持续性，是否存在重大不确定性风险，进而影响发行人持续经营能力。

对于因行业因素导致发行人客户集中度高的，保荐机构通常还应关注发行人客户集中与行业经营特点是否一致，是否存在下游行业较为分散而发行人自身客户较为集中的情形。对于非因行业因素导致发行人客户集中度偏高的，保荐机构通常还应关注该客户是否为异常新增客户，客户集中是否可能导致发行人未来持续经营能力存在重大不确定性。

二、监管审核关注要点

监管机构针对持续盈利／经营能力的审核问询主要围绕以下几个方面展开：

（1）涉及主要资产、核心技术、商标等的重大权属纠纷，重大偿债风险，重大担保、诉讼、仲裁等；

（2）经营环境（包括宏观环境因素、行业因素、自身因素等）已经或将要发生重大变化：

①宏观因素的变化和风险，包括法律法规、汇率税收、国际贸易条件、不可抗力事件等；

②行业因素的变化和风险，包括行业监管政策中的限制类、淘汰类范围，行业衰退、产能过剩、未来市场发展空间明显不足等；

③自身因素的变化和风险，包括经营业绩持续下滑、客户高度集中、单一客户重大依赖等。

三、相关案例

1. 中健康桥医药集团股份有限公司

发审委要求公司说明其核心产品铝镁匹林片（Ⅱ）对应的原研药销售范围较小、市场占有率较低的原因，年复合增长率较高的原因，是否具有可持续性，被调出四川医保目录的原因，是否存在被调出国家医保药品目录或带量采购的可能，是否会影响公司的持续盈利能力等。

2. 江苏大丰农村商业银行股份有限公司

发审委要求该行结合农商行跨区展业的监管政策、区域经济发展趋势，说明其是否具有较为全面的竞争力，为提升核心竞争力采取的措施及其有效性；说明在我国利率持续下行的趋势下，如何保持持续盈利能力，结合经营区域、资金实力、科技投入等因素，说明提升抗风险能力采取的措施及有效性，相关风险因素是否充分披露。发审委还要求该行结合报告期主要经营地的经济运行情况等外部因素，说明对发行人资产质量的影响情况；个人储蓄存款揽储是否合法合规，定期储蓄存款增长是否可持续；相关内控制度是否有效执行等问题。

3. 深圳市兴禾自动化股份有限公司

2018 年、2019 年、2020 年、2021 年上半年，兴禾股份实现营业收入 6.40 亿元、7.05 亿元、5.34 亿元和 1.74 亿元，对应净利润分别为 1.77 亿元、2.34 亿元、1.12 亿元和 2 008.43 万元。其中，公司自 2019 年起收入整体下滑，主要系苹果产业链贡献的收入金额大幅下滑所致。就上述情况，深交所要求公司说明涉及苹果产业链收入及在手订单大幅减少的原因，以及与同行业可比公司变动情况不一致的原因，其下滑趋势是否将持续，是否对持续经营构成重大不利影响；进一步说明苹果公司要求公司自查的原因、自查的内容和结论，相关自查工作与报告期公司苹果产业链收入持续下降有何关联。

同业竞争与关联交易问题

同业竞争通常是指发行人与控股股东、实际控制人及其控制的其他企业存在主营业务相同或相似，且与发行人构成竞争的情形。上市公司的关联交易，是指上市公司或者其控股子公司与上市公司关联人之间发生的转移资源或者义务的事项。同业竞争和关联交易可能会导致发行人与竞争方之间的非公平竞争，致使发行人与竞争方之间存在利益输送，造成发行人与竞争方之间相互或者单方让渡商业机会的情形，或对发行人未来发展带来潜在不利影响。同业竞争和关联交易的核查一直是 IPO 审核过程中的关注重点。同业竞争和关联交易事项不仅会影响到信息披露的准确性和完整性，而且可能涉及利益输送、粉饰报表、体外资金循环等一系列问题，对发行人独立性和盈利能力有重要影响。

一、监管部门主要规定

（一）《首次公开发行股票注册管理办法》

1. "第二章　发行条件"中第十二条有如下规定。

发行人业务完整，具有直接面向市场独立持续经营的能力：（一）资产完整，业务及人员、财务、机构独立，与控股股东、实际控制人及其控制的其他企业间不存在对发行人构成重大不利影响的同业竞争，不存在严重影响独立性或者显失公平的关联交易。

2.《〈首次公开发行股票注册管理办法〉第十二条、第十三条、第三十一条、第四十四条、第四十五条和〈公开发行证券的公司信息披露内容与格式准则第 57 号——招股说明书〉第七条有关规定的适用意见——证券期货法律适用意见第 17 号》对"构成重大不利影响的同业竞争"的规定如下。

（一）判断原则。同业竞争的"同业"是指竞争方从事与发行人主营业务相同或者相似的业务。核查认定该相同或者相似的业务是否与发行人构成"竞争"时，应当按照实质重于形式的原则，结合相关企业历史沿革、资产、人员、主营业务（包括但不限于产品服务的具体特点、技术、商标商号、客户、供应商等）等方面与发行人的关系，以及业务是否有替代性、竞争性、是否有利益冲突、是否在同一市场范围内销售等，论证是否与发行人构成竞争；不能简单以产品销售地域不同、产品的档次不同等认定不构成同业竞争。竞争方的同类收入或者毛利占发行人主营业务收入或者毛利的比例达百分之三十以上的，如无充分相反证据，原则上应当认定为构成重大不利影响的同业竞争。

对于控股股东、实际控制人控制的与发行人从事相同或者相似业务的企业，发行人还应当结合目前自身业务和关联方业务的经营情况、未来发展战略等，在招股说明书中披露未来对于相关资产、业务的安排，以及避免上市后出现构成重大不利影响的同业竞争的措施。

（二）核查范围。中介机构应当针对发行人控股股东、实际控制人及其近亲属全资或者控股的企业进行核查。

如果发行人控股股东、实际控制人是自然人，其配偶及夫妻双方的父母、子女控制的企业与发行人存在竞争关系的，应当认定为构成同业竞争。

发行人控股股东、实际控制人的其他亲属及其控制的企业与发行人存在竞争关系的，应当充分披露前述相关企业在历史沿革、资产、人员、业务、技术、财务等方面对发行人独立性的影响，报告期内交易或者资金往来，销售渠道、主要客户及供应商重叠等情况，以及发行人未来有无收购安排。

（二）监管规则适用指引

《监管规则适用指引——发行类第4号》中"4-11 关联交易"对关联交易核查的规定如下。

保荐机构及发行人律师应对发行人的关联方认定，发行人关联交易信息披露的完整性，关联交易的必要性、合理性和公允性，关联交易是否影响发行人的独立性、是否可能对发行人产生重大不利影响，以及是否已履行关联交易决策程序等进行充分核查并发表意见。

《监管规则适用指引——发行类第4号》中"4-15 发行人与关联方共同投资"的规定如下。

发行人如存在与其控股股东、实际控制人、董事、监事、高级管理人员及其亲属直接或者间接共同设立公司情形，发行人及中介机构应主要披露及核查以下事项：

（1）发行人应当披露相关公司的基本情况，包括但不限于公司名称、成立时间、注册资本、住所、经营范围、股权结构、最近一年又一期主要财务数据及简要历史沿革。

（2）中介机构应当核查发行人与上述主体共同设立公司的背景、原因和必要性，说明发行人出资是否合法合规、出资价格是否公允。

（3）如发行人与共同设立的公司存在业务或资金往来的，还应当披露相关交易的交易内容、交易金额、交易背景以及相关交易与发行人主营业务之间的关系。中介机构应当核查相关交易的真实性、合法性、必要性、合理性及公允性，是否存在损害发行人利益的行为。

（4）如公司共同投资方为董事、高级管理人员及其近亲属，中介机构应核查说明公司是否符合《公司法》相关规定，即董事、高级管理人员未经股东会或者股东大会同意，不得利用职务便利为自己或者他人谋取属于公司的商业机会，自营或者为他人经营与所任职公司同类的业务。

（三）《保荐人尽职调查工作准则》对同业竞争的核查要求

第六十八条　独立情况

获取发行人控股股东、实际控制人关于保持发行人资产、人员、财务、机构和业务独立的承诺。……计算竞争方的同类收入或毛利占发行人该类业务及主营业务收入或毛利的比例，分析是否存在对发行人构成重大不利影响的同业竞争。

第六十九条　同业竞争情况

取得发行人改制方案，分析发行人、控股股东或实际控制人及其控制的企业的历史沿革、资产、人员、财务报告及主营业务构成等相关情况，必要时取得上述单位相关生产、库存、销售等资料，并通过询问发行人及其控股股东或实际控制人、实地走访生产或销售部门等方法，调查发行人控股股东或实际控制人及其控制的企业实际业务范围、销售区域、业务性质、客户对象、供应商、核心技术、商标商号、与发行人产品的可替代性、竞争性等情况，按照实质重于形式的原则判断是否构成同业竞争，分析和判断同业竞争情况对发行人的影响，并核查发行人控股股东或实际控制人是否对避免同业竞争做出承诺以及承诺的履行情况。

如发行人控股股东或实际控制人是自然人，参照上述方法，核查控股股东、实际控制人亲属所控制企业是否与发行人完全独立，报告期内与发行人是否存在交易或资金往来，销售渠道、主要客户及供应商是否存在重叠或潜在利益关系，以及发行人未来有无收购安排。

对关联方及关联交易的核查要求如下。

第七十条　关联方及关联交易情况

通过访谈发行人董监高人员、查阅发行人及其控股股东或实际控制人的股权结构和组织结构、查阅发行人重要会议记录和重要合同以及获取持股5%以上自然人、董监高人员声明及调查文件、对外投资企业网络查询等方法，按照《公司法》《企业会计准则》和中国证监会、证券交易所的相关规定，按照实质重于形式原则确认发行人的关联方及关联方关系，通过有资质的第三方商业信用机构查询或调档查阅关联方的市场主体登记资料。

通过获取发行人主要客户、供应商的成立时间、注册资本、注册地址、实际经营场所、股权结构、董监高人员、联系方式、市场主体登记经办人员等信息，访谈、网络查询以及交叉信息比对等方式，调查发行人主要供应商、客户与发行人是否存在关联关系。调查发行人董监高人员及其他核心人员是否在关联方任职、领取薪酬，是否存在由关联方直接或间接委派等情况。

通过访谈发行人董监高人员、财务部门和主要业务部门负责人，查阅账簿、相关合同、会议记录、独立董事意见，发函询证，咨询律师及注册会计师意见，查阅同类交易的市场价格数据等方法，调查发行人关联交易的以下内容（包括但不限于）：

（一）是否符合相关法律法规的规定；

（二）取得与关联交易相关的管理制度和会议资料，判断是否按照公司章程或其他规定履行了必要的批准程序，决策过程是否与章程相符，关联股东或董事在审议相关交易时是否回避表决，独立董事是否对关联交易履行的审议程序是否合法及交易价格是否公允发表了明确意见；

（三）从关联交易的交易内容、交易金额、交易背景以及相关交易与发行人主营业务之间的关系等方面分析交易的合理性、必要性；

（四）定价依据是否充分，定价是否公允，与市场交易价格或独立第三方价格是否有较大差异及其原因，是否存在明显属于单方获利性交易；

（五）向关联方销售产生的收入占发行人主营业务收入的比例、向关联方采购额占发行人采购总额的比例，分析是否达到了影响发行人经营独立性的程度；存在比例较高的情形时，应结合关联方财务状况和经营情况等，分析是否影响发行人业务独立性、是否构成对关联方的重大依赖，是否存在通过关联交易调节发行人收入利润或成本费用、对发行人利益输送的情形；

（六）计算关联方的应收、应付款项余额分别占发行人应收、应付款项余额的比例，获取发行人与关联方资金往来明细表等资料，关注关联交易的真实性和关联方应收款项的可收回性；

（七）关联交易产生的利润占发行人利润总额的比例是否较高，是否对发行人业绩的持续性、稳定性产生影响；

（八）获取关联交易合同等交易资料，调查关联交易合同条款的履行情况，以及有无大额销售退回情况及其对发行人财务状况和经营成果的影响；

（九）是否存在关联交易非关联化的情况；对于缺乏明显商业理由的交易，实质与形式明显不符的交易，交易价格、条件、形式等明显异常或显失公允的交易，与报告期内的非关联化的关联方持续发生的交易，与非正常业务关系单位或个人发生的偶发性或重大交易等，应当予以重点关注，分析是否为虚构的交易、是否实质上是关联交易，调查交易背后是否还有其他安排；报告期内由关联方变为非关联方的，应比照关联交易的要求持续关注与原关联方的后续交易情况，以及相关资产、人员的去向，关注已转让资产或业务的受让方的基本情况、股权转让是否真实、转让价格是否公允、受让方与发行人及其主要客户和供应商是否存在特殊关系等，核查非关联化的真实性；

（十）分析关联交易的偶发性和经常性；对于购销商品、提供劳务等经常性关联交易，分析增减变化的原因及是否仍将持续进行，关注关联交易合同重要条款是否明确且具有可操作性以及是否切实得到履行；对于偶发性关联交易，分析对当期经营成果和主营业务的影响，关注交易价格、交易目的和实质，评价交易对发行人独立经营能力的影响；

（十一）参照财政部关于关联交易会计处理的相关规定，核查发行人主要关联交易的会计处理是否符合规定；

（十二）核查发行人制定的未来减少与规范控股股东、实际控制人发生关联交易的具体措施或控股股东、实际控制人做出的承诺以及承诺的履行情况；

（十三）核查重要子公司少数股东与发行人是否存在其他利益关系；

（十四）关联方及关联交易披露的真实、准确、完整性。

二、监管审核关注要点

监管机构审核过程中通常会从以下几个方面进行问询。

1.按照相关规定的要求,概括性问询是否存在对发行人构成重大不利影响的同业竞争,是否存在严重影响独立性或者显失公平的关联交易。

同业竞争主要关注点:

(1)相关大股东是否与发行人构成同业竞争;

(2)相关同业竞争是否会对发行人构成重大影响,即与发行人之间是否存在非公平竞争、是否存在利益输送、是否存在相互或单方让渡商业机会的情况,竞争情况对未来发展的潜在影响;

(3)是否存在控股股东或实际控制人通过直接、间接投资大股东以规避同业竞争相关监管要求等。

关联交易主要关注点:

(1)关联方的认定是否合规,披露是否完整,是否存在隐瞒关联方的情况。

关注是否根据《公司法》《企业会计准则》《上市公司信息披露管理办法》以及证券交易所颁布的相关业务规则的规定准确、完整披露关联方及关联关系。关联关系的界定主要关注是否可能导致发行人利益转移,而不仅限于是否存在股权关系、人事关系、管理关系、商业利益关系等。

(2)关联交易的必要性、定价的公允性、决策程序的合规性。

对于经常性关联交易,关注关联交易的内容、性质和价格公允性,对于涉及产供销、商标和专利等知识产权、生产经营场所等与发行人生产经营密切相关的关联交易,重点考察其资产的完整性及发行人独立面向市场经营的能力。

对于偶发性关联交易,应关注其发生原因、价格是否公允、对当期经营成果的影响。

关注关联交易的决策过程是否与公司章程相符,关联股东或董事在审议相关交易时是否回避,独立董事和监事会成员是否发表不同意见,等等。

2.结合独立性、关联交易,具体问询或要求发行人就某一种或多种涉及同业竞争的特定情形、具体的关联方认定及关联交易事项进行说明。比如,问询供应商及其关联方与发行人是否存在关联关系或同业竞争关系、其他利益安排;是否对发行人独立性存在不利影响；是否有关联方的业务与发行人存在替代性、竞争性或利益冲突；是否存在市场竞争关系；是否存在侵害发行人和其他股东利益；是否存在通过重叠客户向前述同业竞争主体进行利益输送或前述同业竞争主体通过将销售价差由发行人承担的方式侵害发行人利益的情形；关联公司开展相关业务对发行人可能造成的不利影响；是否存在同业竞争、是否存在替发行人代为承担成本或者费用及其他利益输送情形；等等。

3.问询是否存在规避同业竞争、关联交易非关联化的情形，是否存在违反避免同业竞争、规范关联交易承诺的情形。关注发行人申报期内关联方注销及非关联化的情况；在非关联化后发行人与上述原关联方的后续交易情况，非关联化后相关资产、人员的去向；等等。

4.问询是否对已存在或可能存在的同业竞争、关联交易制定具体解决措施，前述解决措施是否充分，拟采取的减少关联交易的措施是否有效可行；问询是否存在潜在同业竞争及关联交易的情形。

三、相关案例

1.关联方及关联交易、同业竞争披露的完整性案例：东和新材

申报材料显示，发行人董事、监事、高级管理人员及其亲属控制或施加重大影响的其他企业共19家。发行人的关联方中存在相同或相似业务的企业和发行人实际控制人及其一致行动人亲属投资的企业共9家，其中海城市华林运输有限公司、凤城市宝山镇华山采采石场、海城市华胜进出口贸易有限公司未实际开展经营。

审核机构要求补充披露前述9家与发行人从事相同或相似业务的关联方的情况，说明相关企业与发行人相同或相似业务报告期内营业收入、毛利的具体情况及占发行人主营业务收入或毛利的比例；补充说明发行人与控股股东、实际控制人及其关系密切人员所控制或投资的企业在资产、人员、技术、经营场所、知识产权、财务管理等方面的重合情况，是否对发行人独立性产生重大影响。

同时，审核要求按照《深圳证券交易所创业板股票首次公开发行上市审核问答》中问题5的要求，结合发行人目前经营情况、未来发展战略等，在招股说明

书中进一步充分披露未来对上述可能构成同业竞争的资产、业务的安排，说明避免上市后出现重大不利影响同业竞争的措施是否切实可行，并对公司实际控制人及其一致行动人出具的《关于避免同业竞争的承诺函》的具体内容、履约方式及时间、履约能力分析、履约风险及对策、不能履约时的制约措施等方面进行充分披露。

2. **关联方及关联交易披露的准确性案例：赛赫投资**

上海赛赫投资管理中心（有限合伙）（简称"赛赫投资"）曾系公司实际控制人李泽晨持有83.70%的出资份额，并担任执行事务合伙人的企业。赛赫投资已于2020年2月24日注销。广州市柏联创建科技贸易有限公司（简称"广州柏联"）曾系公司监事会主席杨海涛任执行董事并持有51.98%股权的公司。广州柏联已于2019年4月10日注销。报告期内赛赫投资未与发行人存在关联交易。报告期内广州柏联与发行人未发生交易。2017年末、2018年末公司对广州柏联应付款项14.07万元，系报告期外交易产生。前次申报时，招股说明书中披露关联方赛赫投资为控股股东、实际控制人控制的企业，发行人对关联方广州市柏联创建科技贸易有限公司存在应付账款。第二次申报招股说明书未披露相关情况。第二次申报招股说明书中仅在"第七节 公司治理与独立性"之"十二、报告期内关联方变化情况"之"4.关联自然人直接或间接控制的、兼职企业的变化情况"处简单披露上述两个主体的注销信息。

上交所在现场督导后的问询函中对发行人前后两次申报文件中关联方及关联交易披露的差异情况进行了关注："请发行人说明：本次申报与前次申报关于关联方、关联交易披露的具体差异及原因。请保荐机构、申报会计师、发行人律师就下列事项核查并发表明确意见：（1）本次申报与前次申报关于关联方、关联交易披露的具体差异及原因；（2）是否按照规定披露了关联方及关联交易情况。"

3. **关联交易与独立性案例：老铺黄金**

老铺黄金的实际控制人为徐高明、徐东波父子二人，其二人拥有的主要资产除老铺黄金有限的股权外，还包括红乔金季、红乔旅游、金色宝藏、文房文化的股权。老铺黄金业务系从金色宝藏剥离而来。2017年至2018年，老铺黄金与金色宝藏存在大额的关联交易。2017年老铺黄金向金色宝藏采购黄金制品2 448.35万元，2018 年老铺黄金向金色宝藏采购 292.44 万元，此外，2017 年及 2018 年发行人通过金色宝藏及文房文化销售少量商品。发审会上，委员质疑老铺黄金的关联交易，"2017—2018 年发行人仍与金色宝藏发生较大金额关联采购的原因，是否影响发行人独立性，是否存在利益输送，金色宝藏将相关黄金制品销售给发行人后又对外采购黄金的原因及合理性"。

4. 关联交易非关联化案例：驰田汽车

报告期内，发行人存在多个关联方注销及被吊销的情况。根据反馈回复后披露的招股说明书，报告期内发行人被注销的关联方有 14 个，被吊销但尚未注销的关联方有 2 个。证监会在审核中对发行人关联方注销及吊销情况进行了关注："报告期内存在注销关联方或关联方被吊销的情形。请发行人补充说明并披露：（1）报告期内注销或吊销的关联方的基本情况，包括但不限于股权结构、业务开展情况及主要财务数据等，注销或吊销原因，注销程序是否合法合规，清算注销进展情况，注销后资产、业务、人员、技术的处置情况；（2）注销或吊销的关联方存续期间是否存在违法违规行为，是否影响发行人董事、监事、高级管理人员任职资格。"

资金流水核查问题

资金流水核查是 IPO 上市前必不可少的一项重要工作，资金流水核查工作量较大，程序较为烦琐，但它是发现财务造假的重要手段之一。对银行流水进行深入挖掘和分析，可以发现企业存在的风险和隐患。

一、监管部门主要规定

《监管规则适用指引——发行类第 5 号》中"5–15 资金流水核查"对资金流水核查做出了如下明确规定。

> 一、适用情形
> 保荐机构及申报会计师应当充分评估发行人所处经营环境、行业类型、业务流程、规范运作水平、主要财务数据水平及变动趋势等因素，确定发行人相

关资金流水核查的具体程序和异常标准，以合理保证发行人财务报表不存在重大错报风险。发行人及其控股股东、实际控制人、董事、监事、高管等相关人员应按照诚实信用原则，向中介机构提供完整的银行账户信息，配合中介机构核查资金流水。中介机构应勤勉尽责，采用可靠手段获取核查资料，在确定核查范围、实施核查程序方面保持应有的职业谨慎。在符合银行账户查询相关法律法规的前提下，资金流水核查范围除发行人银行账户资金流水以外，结合发行人实际情况，还可能包括控股股东、实际控制人、发行人主要关联方、董事、监事、高管、关键岗位人员等开立或控制的银行账户资金流水，以及与上述银行账户发生异常往来的发行人关联方及员工开立或控制的银行账户资金流水。

二、核查要求

保荐机构及申报会计师在资金流水核查中，应结合重要性原则和支持核查结论需要，重点核查报告期内发生的以下事项：（1）发行人资金管理相关内部控制制度是否存在较大缺陷；（2）是否存在银行账户不受发行人控制或未在发行人财务核算中全面反映的情况，是否存在发行人银行开户数量等与业务需要不符的情况；（3）发行人大额资金往来是否存在重大异常，是否与公司经营活动、资产购置、对外投资等不相匹配；（4）发行人与控股股东、实际控制人、董事、监事、高管、关键岗位人员等是否存在异常大额资金往来；（5）发行人是否存在大额或频繁取现的情形，是否无合理解释；发行人同一账户或不同账户之间，是否存在金额、日期相近的异常大额资金进出的情形，是否无合理解释；（6）发行人是否存在大额购买无实物形态资产或服务（如商标、专利技术、咨询服务等）的情形，如存在，相关交易的商业合理性是否存在疑问；（7）发行人实际控制人个人账户大额资金往来较多且无合理解释，或者频繁出现大额存现、取现情形；（8）控股股东、实际控制人、董事、监事、高管、关键岗位人员是否从发行人获得大额现金分红款、薪酬或资产转让款，转让发行人股权获得大额股权转让款，主要资金流向或用途存在重大异常；（9）控股股东、实际控制人、董事、监事、高管、关键岗位人员与发行人关联方、客户、供应商是否存在异常大额资金往来；（10）是否存在关联方代发行人收取客户款项或支付供应商款项的情形。

发行人在报告期内存在以下情形的，保荐机构及申报会计师应考虑是否需要扩大资金流水核查范围：（1）发行人备用金、对外付款等资金管理存在重大不规范情形；（2）发行人毛利率、期间费用率、销售净利率等指标各期存在较大异常变化，或者与同行业公司存在重大不一致；（3）发行人经销模式占比较高或大幅高于同行业公司，且经销毛利率存在较大异常；（4）发行人将部分生产环节委托其他方进行加工的，且委托加工费用大幅变动，或者单位成本、毛利率大幅异于同行业；（5）发行人采购总额中进口占比较高或者销售总额中出口占比较高，且对应的采购单价、销售单价、境外供应商或客户资质存在较大异常；（6）发行人重大购销交易、对外投资或大额收付款，在商业合理性方面存在疑问；（7）董事、监事、高管、关键岗位人员薪酬水平发生重大变化；（8）其他异常情况。

保荐机构及申报会计师应将上述资金流水的核查范围、资金流水核查重要性水平确定方法和依据、异常标准及确定依据、核查程序、核查证据编制形成工作底稿，在核查中受到的限制及所采取的替代措施应一并书面记录。保荐机构及申报会计师还应结合上述资金流水核查情况，就发行人内部控制是否健全有效、是否存在体外资金循环形成销售回款、承担成本费用的情形发表明确核查意见。

二、监管审核关注要点

监管机构针对资金核查的审核问询主要围绕以下几个方面展开。

（1）资金流水核查的基本情况。关注资金流水核查的范围、核查账户数量、取得资金流水的方法、核查完整性、核查金额重要性水平、核查程序、异常标准及确定程序、受限情况及替代措施等。

（2）关注核查中发现的异常情形，包括但不限于是否存在大额取现、大额收支等情形，是否存在相关个人账户与发行人客户及实际控制人、供应商及实际控制人、发行人股东、发行人其他员工或其他关联自然人的大额频繁资金往来。若存在，需说明对手方情况，相关个人账户的实际归属、资金实际来源、资金往来的性质及合理性，需存在客观证据予以核实。如否，中介机构应采取核查手段确保发行人不存在资金闭环回流、体外资金循环形成销售回款或承担成本费用等情形，关注具体核查程序、各项核查措施的覆盖比例和确认比例、获取的核查证据和核查结论。

（3）中介机构发表意见。中介机构就发行人内部控制是否健全有效、发行人是否存在体外资金循环形成销售回款、承担成本费用的情形发表明确核查意见。

三、相关案例

1. 频繁出现大额存现、取现情形案例：益丰股份

益丰股份主要从事硫化物的研发、生产和销售。报告期内，发行人的控股股东及实际控制人控制的其他企业存在大额取现的情况，金额分别为34 210.27万元、30 167.13万元和1 312.51万元，主要用于发放工资薪酬，发行人实际控制人账户资金流入和流出金额较大。根据首轮问询回复，保荐机构认为发行人资金管理相关内部控制制度不存在较大缺陷。在二轮问询中，监管机构对截至报告期末发行人是否就资金管理建立健全内控措施，针对大额取现和实际控制人的资金流水采取的具体核查措施、核查比例，是否存在与发行人相关的异常资金往来的情况进行了追问。

2. 与关联方、客户、供应商是否存在异常大额资金往来案例：亚洲渔港

亚洲渔港是一家生鲜餐饮食材品牌供应商。保荐业务现场督导发现，保荐人提供的前五大供应商之一大连兴强银行的账户流水，其2017年至2019年向发行人员工黄天宇合计转账5 699.86万元；黄天宇2012年9月入职发行人，目前任湛江采购主任；保荐人提供的黄天宇银行账户流水未显示对手方信息，无法判断其资金去向。监管机构要求发行人补充披露大连兴强与发行人员工黄天宇之间的关系，其向黄天宇大额转账的合理性和必要性，上述款项是否来源于发行人，款项的最终去向，是否通过客户或其他渠道流回发行人，是否存在体外资金循环，发行人相关采购是否真实、准确。

3. 为发行人代垫成本费用案例：澳华集团

澳华集团是以水产饲料为核心业务的高新技术企业。报告期内，发行人分红规模逐年增加，现金分红金额分别为900万元、1 500万元、7 800万元。在问询函中，监

管机构针对控股股东、实际控制人、董事、监事、高管、关键财务人员获得大额分红款的主要资金流向或用途是否存在重大异常，上述人员与发行人关联方、客户、供应商是否存在异常大额资金往来，是否存在为发行人代垫成本费用的情形进行了问询。

4. 大额资金分红或股权资产转让款，关注资金的去向案例：维克液压

维克液压系一家主要为客户提供液压传动整体解决方案的公司。招股说明书披露，报告期内发行人共进行 4 次股利分配，合计派发现金股利 7 550.40 万元。

监管机构在问询函中要求发行人补充披露控股股东、实际控制人分红款的去向，是否存在与发行人员工、发行人客户及关联方、供应商及关联方的资金往来，是否存在为发行人分担成本费用的情形，是否存在商业贿赂的情形；控股股东、实际控制人收到发行人现金分红的主要用途，与供应商及关联方、客户及关联方之间是否存在异常资金往来。

5. 核查程序方面主要问题之一，对资金流水核查不全面案例：亿华通

保荐业务现场督导发现，2016 年 4 月 23 日至 29 日，宋海英（发行人董事、副总经理、财务负责人）好友胡剑平、博瑞华通股东张璞、发行人财务经理张红黎向宋海英累计转账 56 万元，备注为"投资款""亿华通股权认购款""834613 亿华通股份认购款"。同期，自然人刘某、发行人出纳赵某、发行人监事戴东哲向宋海英累计转账 150 万元。在保荐机构前期尽调时，存在未完整调取发行人实控人、董监高等个人流水，未发现股权代持情况。在现场督导时发现该情况，被监管要求披露未发现上述情况的原因。

6. 核查程序方面主要问题之二，替代程序案例：洋紫荆

深交所首轮问询回复显示：受限于疫情影响，保荐人及申报会计师无法陪同打印实际控制人、香港籍董监高的境外银行流水及部分境内银行流水。保荐人及申报会计师回复已采取由相关人员进行网上银行登陆录屏，香港律师见证银行打印过程并现场封存邮寄等其他替代程序，以保证中国香港籍人员银行流水的真实性。

板块定位问题

全面注册制改革后，主板、科创板、创业板及北交所等各市场板块定位明晰、

突出特色、错位发展，进一步夯实多层次资本市场体系，提升支持科技创新、服务实体经济的能力。在企业申请股票发行上市过程中，板块定位是发行审核和注册的重点关注事项。

一、主板定位及审核关注要点

根据 2023 年 2 月 17 日全面实行股票发行注册制相关文件，沪深主板突出"大盘蓝筹"特色，重点支持业务模式成熟、经营业绩稳定、规模较大、具有行业代表性的优质企业。发行人生产经营需符合法律、行政法规的规定，符合国家产业政策。

二、科创板定位及审核关注要点

发行人申请首次公开发行股票并在科创板上市，应当符合科创板定位，面向世界科技前沿、面向经济主战场、面向国家重大需求，优先支持符合国家战略，拥有关键核心技术，科技创新能力突出，主要依靠核心技术开展生产经营，具有稳定的商业模式，市场认可度高，社会形象良好，具有较强成长性的企业。

申报科创板发行上市的发行人，应当属于下列行业领域的高新技术产业和战略性新兴产业：

（1）新一代信息技术领域，主要包括半导体和集成电路、电子信息、下一代信息网络、人工智能、大数据、云计算、软件、互联网、物联网和智能硬件等；

（2）高端装备领域，主要包括智能制造、航空航天、先进轨道交通、海洋工程装备及相关服务等；

（3）新材料领域，主要包括先进钢铁材料、先进有色金属材料、先进石化化工新材料、先进无机非金属材料、高性能复合材料、前沿新材料及相关服务等；

（4）新能源领域，主要包括先进核电、大型风电、高效光电光热、高效储能及相关服务等；

（5）节能环保领域，主要包括高效节能产品及设备、先进环保技术装备、先进环保产品、资源循环利用、新能源汽车整车、新能源汽车关键零部件、动力电池及相关服务等；

（6）生物医药领域，主要包括生物制品、高端化学药、高端医疗设备与器械及相关服务等；

（7）符合科创板定位的其他领域。

同时，科创板实行行业负面清单制度，限制金融科技、模式创新企业在科创板发行上市；禁止房地产和主要从事金融、投资类业务的企业在科创板发行上市。

根据《上海证券交易所科创板企业发行上市申报及推荐暂行规定》（简称《暂行规定》），上海证券交易所发行上市审核中，按照实质重于形式的原则，着重从以下方面关注发行人的自我评估是否客观，保荐机构的核查把关是否充分并做出综合判断：

（1）发行人是否符合科创板支持方向；

（2）发行人的行业领域是否属于《科创属性评价指引（试行）》和《暂行规定》所列行业领域；

（3）发行人的科创属性是否符合《科创属性评价指引（试行）》和《暂行规定》所列相关指标或情形要求；

（4）发行人是否具有突出的科技创新能力；

（5）上海证券交易所规定的其他要求。

三、创业板定位及审核关注要点

创业板定位于深入贯彻创新驱动发展战略，适应发展更多依靠创新、创造、创意的大趋势，主要服务成长型创新创业企业，并支持传统产业与新技术、新产业、新业态、新模式深度融合，即创业板注册制改革后明确"三创四新"的板块定位，提升对科技创新企业发展的支持力度。

同时，创业板实行行业负面清单制度，属于上市公司行业分类相关规定中下列行业的企业，原则上不支持其申报在创业板发行上市，但与互联网、大数据、云计算、自动化、人工智能、新能源等新技术、新产业、新业态、新模式深度融合的创新创业企业除外：

（1）农林牧渔业；（2）采矿业；（3）酒、饮料和精制茶制造业；（4）纺织业；（5）黑色金属冶炼和压延加工业；（6）电力、热力、燃气及水生产和供应业；（7）建筑业；（8）交通运输、仓储和邮政业；（9）住宿和餐饮业；（10）金融业；（11）房地产业；(12)居民服务、修理和其他服务业。

禁止产能过剩行业、《产业结构调整指导目录》中的淘汰类行业，以及从事学前教育、学科类培训、类金融业务的企业在创业板发行上市。

深圳证券交易所支持和鼓励符合下列标准之一的成长型创新创业企业申报在创业板发行上市：①最近3年研发投入复合增长率不低于15%，最近1年研发投入金额不低于1 000万元，且最近3年营业收入复合增长率不低于20%；②最近3年累计研发投入金额不低于5 000万元，且最近3年营业收入复合增长率不低于20%；③属于制造业优化升级、现代服务业或者数字经济等现代产业体系领域，且最近3年营业收入复合增长率不低于30%。最近1年营业收入金额达到3亿元的企业，或者按照《关于开展创新企业境内发行股票或存托凭证试点的若干意见》等相关规则申报创业板的已境外上市红筹企业，不适用前款规定的营业收入复合增长率要求。

四、北交所定位及审核关注要点

从新三板基础层、创新层，到北交所，是一个层层递进的市场结构。北交所向不特定合格投资者公开发行股票并上市的重要条件之一，即发行人为在全国股转系统连续挂牌满12个月的创新层挂牌公司。北交所主要服务创新型中小企业，特别是支持"专精特新"企业上市，致力于成为服务创新型中小企业的主阵地。

北交所实行负面清单制度，除了金融业、房地产业、从事学前教育、学科类培训等业务的企业以及产能过剩行业（产能过剩行业的认定以国务院主管部门的规定为准）、《产业结构调整指导目录》中规定的淘汰类行业外，对拟上市企业所属行业无其他限制。审核中主要关注企业是否属于负面清单中的行业，比如是否属于《产业结构调整指导目录》中的限制类、淘汰类产业，是否属于落后产能，等等。

五、相关案例

1. 兴嘉生物

案例背景：长沙兴嘉生物工程股份有限公司（以下简称"兴嘉生物"）于2020年5月申请上交所科创板上市。招股说明书披露，兴嘉生物自2002年成立以来，持续专注并聚焦于新型、安全、高效的矿物微量元素研发、生产、推广与销售，不断推动行业的技术升级和产品变革，为全球客户提供高品质的矿物微量元素平衡营养方案，促进畜禽养殖业的绿色发展，推动中国高端矿物微量元素在全球的广泛应用。根据中国证监会发布的《上市公司行业分类指引》（2012年修订）行业目录及行业分类原则，公司所处行业属于"C制造业"之"C14食品制造业"。根据国家质量监督检验检疫总局、国家标准化管理委员会发布的《国民经济行业分类》（GB/T 4754–2017），公司所处行业属于食品及饲料添加剂制造（C1495）。兴嘉生物在申报文件中认定其属于科创板"生物医药"行业，并多次修改行业归属及科创属性指标。

审核问题：首轮及二轮问询关于"发行人技术"中均关注发行人"科创指标"。上市委会议提出问询的主要问题中有关科创板定位的问题如下：请发行人进一步说明，（1）发行人认为其属于科创板"生物医药"行业的具体理由及依据；（2）请发行人代表结合发行人在审核期间，修改关于自身行业属性、专利数量等表述的情况，说明发行人是否已按照注册制的要求，对自身科创板定位进行合理的评价，相关信息披露是否充分、准确。请保荐代表人发表明确意见。

审核结果：科创板上市委员会2020年第110次审议会议认为，兴嘉生物的行业归属和多项科创属性指标，包括研发投入和发明专利数量等信息披露前后不一致，相关信息披露未能达到注册制的要求，不符合《科创板首次公开发行股票注册管理办法（试行）》第五条、第十一条、第三十四条和第三十九条的规定，不符合《上海证券交易所科创板股票发行上市审核规则》第五条、第二十八条的规定。
审议结果：不同意兴嘉生物发行上市（首发）。上交所向发行人出具了终止审核的决定。

2. 鸿基节能

案例背景：江苏鸿基节能新技术股份有限公司（以下简称"鸿基节能"）于2020年7月申请深交所创业板上市，招股说明书披露，鸿基节能的主要业务是致力于地基基础及既有建筑维护改造的设计和施工。根据招股说明书的披露，按照中国证监会《上市公司行业分类指引》（2012年修订），发行人主营业务属于"E48土木工程建筑业"。发行人自主研发形成一系列核心技术并成功运用于主营业务，如预应力管桩搅拌水泥土复合支护技术、格栅式地下连续墙支护技术等。截至 2019 年底，发行人在保护期内的专利为 34 项，其中发明专利为 19 项。公司运用的多项技术，如"地基基础和地下空间工程技术"、"钢筋与混凝土技术"和"绿色施工技术"等在 38 个项目中运用，占报告期总营业收入的 22.03%。发行人实现传统业务与新业态深度融合，积极开展对既有建筑的隔震加固、结构补强、整体移位、纠偏、顶升/迫降、地下空间开发利用和文物保护等业务，推出"既有建筑维护改造"这一新业态，报告期内完成相关项目 47 个、实现收入 24 076.16 万元，占报告期营业收入的 17.81%。

审核问题：在审核问询中重点关注了发行人是否符合创业板定位。根据申报材料，发行人所属证监会行业为"土木工程建筑业"，属于《深圳证券交易所创业板企业发行上市申报及推荐暂行规定》中规定的原则上不支持在创业板发行上市的行业之"（七）建筑业"。关注发行人是否适应发展更多依靠创新、创造、创意的大趋势，是否与新技术、新产业、新业态、新模式深度融合。首轮问询"关于创业板定位"的问题包括：（1）发行人披露"预应力管桩搅拌水泥土复合支护技术、格栅式地下连续墙支护技术"核心技术是否为同行业公司或房地产行业所普遍掌握，是否具有独创性和先进性；（2）招股书披露"实现传统业务与新技术的深度融合"，推出"既有建筑维护改造"这一新业态是否准确。上市委会议提出问询的主要问题包括：（1）结合建筑业企业运用《建筑业 10 项新技术（2017 版）》在列新技术开展业务的情况，说明发行人掌握并熟练运用行业通用技术属于传统产业与新技术深度融合的理由；（2）结合既有建筑维护改造业务的特点、合同签订及对应收入确认情况，说明既有建筑维护改造业务属于新业态的理由，以及相关业务收入占比持续下降的原因。

审核结果：上市委员会审议认为，发行人所处行业为"土木工程建筑业"，属于《深圳证券交易所创业板企业发行上市申报及推荐暂行规定》第四条规定的原则上不支持在创业板发行上市的行业。发行人未能充分证明掌握并熟练运用行业通用技术属于传统产业与新技术深度融合，也未能充分证明既有建筑维护改造业务属于新业态。同时，招股说明书披露的新技术、新业态相关业务收入占比、毛利占比分别从 2017 年度的 51.94%、60.24%，下降到 2020 年 1—6 月的 24.94%、29.30%。综上所述，会议认为，发行人不符合《创业板首次公开发行股票注册管理办法（试行）》第三条、《深圳证券交易所创业板股票发行上市审核规则》第三条、《深圳证券交易所创业板企业发行上市申报及推荐暂行规定》第二条及第四条的规定。创业板上市委员会 2021 年第 18 次会议审议认为，鸿基节能不符合发行条件、上市条件和信息披露要求。深交所发出终止审核决定。

股权相关问题

一、突击入股

突击入股主要是指拟上市公司在上市申报材料前一段时间内获得该公司的股份的情形。

（一）监管部门主要规定

《〈首次公开发行股票注册管理办法〉第十二条、第十三条、第三十一条、第四十四条、第四十五条和〈公开发行证券的公司信息披露内容与格式准则第 57 号——招股说明书〉第七条有关规定的适用意见——证券期货法律适用意见第 17 号》中规定："发行人申报前六个月内进行增资扩股的，新增股份的持有人应当承诺新增股份自发行人完成增资扩股工商变更登记手续之日起锁定三十六个月。在申报前六个月内从控股股东或者实际控制人处受让的股份，应当比照控股股东或者实际控制人所持股份进行锁定。相关股东刻意规避股份锁定期要求的，应当按照相关规定进行股份锁定。"

《监管规则适用指引——关于申请首发上市企业股东信息披露》中规定："发行人提交申请前 12 个月内新增股东的，应当在招股说明书中充分披露新增股东的基本情况、入股原因、入股价格及定价依据，新股东与发行人其他股东、董事、监事、高级管理人员是否存在关联关系，新股东与本次发行的中介机构及其负责人、高级管理人员、经办人员是否存在关联关系，新增股东是否存在股份代持情形。上述新增股东应当承诺所持新增股份自取得之日起 36 个月内不得转让。"

（二）监管审核关注要点

申报前入股，主要考察申报前一年新增的股东，包括发行人新股东的基本情况、产生新股东的原因、股权转让或增资的价格及定价依据，有关股权变动是不是双方真实意思表示，是否存在争议或潜在纠纷及关联关系。

申报后，通过增资或股权转让产生新股东的，原则上发行人应当撤回发行上市申请，重新申报。但股权变动未造成实际控制人变更，未对发行人控股权的稳定性和持续经营能力造成不利影响，且符合下列情形的除外：新股东产生系因继承、离婚、执行法院判决或仲裁裁决、执行国家法规政策要求或由省级及以上人民政府主导，且新股东承诺其所持股份上市后 36 个月之内不转让、不上市交易（继承、离婚原因除外）。

二、对赌协议

（一）监管部门主要规定

《监管规则适用指引——发行类第 4 号》中"4-3　对赌协议"规定如下。

> 投资机构在投资发行人时约定对赌协议等类似安排的，保荐机构及发行人律师、申报会计师应当重点就以下事项核查并发表明确核查意见：一是发行人是否为对赌协议当事人；二是对赌协议是否存在可能导致公司控制权变化的约定；三是对赌协议是否与市值挂钩；四是对赌协议是否存在严重影响发行人持续经营能力或者其他严重影响投资者权益的情形。存在上述情形的，保荐机构、发行人律师、申报会计师应当审慎论证是否符合股权清晰稳定、会计处理规范等方面的要求，不符合相关要求的对赌协议原则上应在申报前清理。
>
> 发行人应当在招股说明书中披露对赌协议的具体内容、对发行人可能存在的影响等，并进行风险提示。
>
> 解除对赌协议应关注以下方面：
>
> （1）约定"自始无效"，对回售责任"自始无效"相关协议签订日在财务报告出具日之前的，可视为发行人在报告期内对该笔对赌不存在股份回购义务，

发行人收到的相关投资款在报告期内可确认为权益工具；对回售责任"自始无效"相关协议签订日在财务报告出具日之后的，需补充提供协议签订后最新一期经审计的财务报告。

（2）未约定"自始无效"的，发行人收到的相关投资款在对赌安排终止前应作为金融工具核算。

（二）监管审核关注要点

审核重点关注相关对赌协议是否符合股权清晰稳定、会计处理规范等方面的要求，不符合相关要求的对赌协议原则上应在申报前清理。对于发行人解除对赌协议并约定"自始无效"条款，应关注以下方面：

（1）对赌协议清理约定对赌安排"自始无效"，对回售责任"自始无效"相关协议签订日在财务报告出具日之前的，可视为发行人在报告期内对该笔对赌不存在股份回购义务，发行人收到的相关投资款在报告期内可确认为权益工具；

（2）对回售责任"自始无效"相关协议签订日在财务报告出具日之后的，需补充提供协议签订后最新一期经审计的财务报告；

（3）对赌协议终止条款不包括"自始无效"相关表述的，发行人收到的相关投资款在对赌安排终止前应作为金融工具核算。

三、资产管理产品、契约型私募投资基金股东

（一）监管部门主要规定

《监管规则适用指引——发行类第4号》中"4-4 资产管理产品、契约型私募投资基金投资发行人的核查及披露要求"规定如下。

银行非保本理财产品，资金信托，证券公司、证券公司子公司、基金管理公司、基金管理子公司、期货公司、期货公司子公司、保险资产管理机构、金融资产投资公司发行的资产管理产品等《关于规范金融机构资产管理业务的指导意见》（银发〔2018〕106号）规定的产品（以下统称"资产管理产品"），以

及契约型私募投资基金,直接持有发行人股份的,中介机构和发行人应从以下方面核查披露相关信息:

(1)中介机构应核查确认公司控股股东、实际控制人、第一大股东不属于资产管理产品、契约型私募投资基金。

(2)资产管理产品、契约型私募投资基金为发行人股东的,中介机构应核查确认该股东依法设立并有效存续,已纳入国家金融监管部门有效监管,并已按照规定履行审批、备案或报告程序,其管理人也已依法注册登记。

(3)发行人应当按照首发信息披露准则的要求对资产管理产品、契约型私募投资基金股东进行信息披露。通过协议转让、特定事项协议转让和大宗交易方式形成的资产管理产品、契约型私募投资基金股东,中介机构应对控股股东、实际控制人、董事、监事、高级管理人员及其近亲属,本次发行的中介机构及其负责人、高级管理人员、经办人员是否直接或间接在该等资产管理产品、契约型私募投资基金中持有权益进行核查并发表明确意见。

(4)中介机构应核查确认资产管理产品、契约型私募投资基金已做出合理安排,可确保符合现行锁定期和减持规则要求。

(二)监管审核关注要点

审核重点关注此类主体与上市公司控股股东、实际控制人是否存在关联关系,原则上应确保公司控股股东、实际控制人、第一大股东不属于此类主体。关注此类主体依法设立并有效存续,已纳入国家金融监管部门有效监管,并已按照规定履行审批、备案或报告程序,其管理人也已依法注册登记。如果此类主体涉及《关于规范金融机构资产管理业务的指导意见》(银发〔2018〕106号),关注相关过渡期安排,以及相关事项对发行人持续经营的影响。

四、证监会系统离职人员核查

(一)监管部门主要规定

2021年2月,证监会发布《监管规则适用指引——关于申请首发上市企业股东信息披露》，要求发行人承诺并披露是否存在"法律法规规定禁止持股的主体直接或间接持有发行人股份"的情形，并要求中介机构针对股权架构为两层以上、无实际经营业务、入股交易价格异常的公司或有限合伙企业股东层层穿透至最终持有人及对其股东资格进行核查说明。《监管规则适用指引——发行类第2号》进一步规定，对于申请首次公开发行股票的企业，中介机构应按照本指引的要求，做好证监会系统离职人员（简称"离职人员"）入股的核查工作。

（二）监管审核关注要点

审核关注是否存在离职人员入股的情形，如存在，应核查离职人员基本信息、入股原因、入股价格及定价依据、清理过程、是否存在相关利益安排等。如果存在离职人员不当入股情形的，应当予以清理，不当入股情形包括但不限于：利用原职务影响谋取投资机会；入股过程存在利益输送；在入股禁止期内入股；作为不适格股东入股；入股资金来源违法违规。

五、实际控制人的认定

（一）监管部门主要规定

根据《〈首次公开发行股票注册管理办法〉第十二条、第十三条、第三十一条、第四十四条、第四十五条和〈公开发行证券的公司信息披露内容与格式准则第57号——招股说明书〉第七条有关规定的适用意见——证券期货法律适用意见第17号》等，实际控制人是指拥有公司控制权、能够实际支配公司行为的主体。发行人应当在招股说明书中披露公司控制权的归属、公司的股权及控制结构，并真实、准确、完整地披露公司控制权或者股权及控制结构可能存在的不稳定性及其对公司的持续经营能力的潜在影响和风险。

在确定公司控制权归属时，应当本着实事求是的原则，尊重企业的实际情况，以发行人自身的认定为主，由发行人股东予以确认。保荐机构、发行人律师应当通过核查公司章程、协议或者其他安排以及发行人股东大会（股东出席会议情况、表决过程、审议结果、董事提名和任命等）、董事会（重大决策的提议和表决过程等）、监事会及发行人经营管理的实际运作情况，对实际控制人认定发表明确意见。

发行人股权较为分散但存在单一股东控制比例达到30%的情形的，若无相反的证据，原则上应当将该股东认定为控股股东或者实际控制人。存在下列情形之一的，保荐机构、发行人律师应当进一步说明是否通过实际控制人认定规避发行条件或者监管并发表专项意见：①公司认定存在实际控制人，但其他持股比例较高的股东与实际控制人持股比例接近；②公司认定无实际控制人，但第一大股东持股接近30%，其他股东比例不高且较为分散。

保荐机构及发行人律师应当重点关注最近36个月（主板）或者24个月（科创板、创业板）内公司控制权是否发生变化。涉嫌为满足发行条件而调整实际控制人认定范围的，应当从严把握，审慎进行核查及信息披露。

发行人及中介机构通常不应以股东间存在代持关系、表决权让与协议、一致行动协议等为由，认定公司控制权未发生变动。

实际控制人为单名自然人或者有亲属关系的多名自然人，实际控制人去世导致股权变动，股份受让人为继承人的，通常不视为公司控制权发生变更。其他多名自然人为实际控制人，实际控制人之一去世的，保荐机构及发行人律师应当结合股权结构、去世自然人在股东大会或者董事会决策中的作用、对发行人持续经营的影响等因素综合判断公司控制权是否发生变更。

（二）监管审核关注要点

共同实际控制人：

发行人主张多人共同拥有公司控制权的，应当符合以下条件：①每人都必须直接持有公司股份或者间接支配公司股份的表决权。②发行人公司治理结构健全、运行良好，多人共同拥有公司控制权的情况不影响发行人的规范运作。③多人共同拥有公司控制权的情况，一般应当通过公司章程、协议或者其他安排予以明确。公司章程、协议或者其他安排必须合法有效、权利义务清晰、责任明确，并对发生意见分歧或者纠纷时的解决机制做出安排。该情况在最近36个月（主板）或者24个月（科创板、创业板）内且在首发后的可预期期限内是稳定、有效存在的，共同拥有公司控制权的多人没有出现重大变更。④根据发行人的具体情况认为发行人应当符合的其他条件。

法定或者约定形成的一致行动关系并不必然导致多人共同拥有公司控制权，发行人及中介机构不应为扩大履行实际控制人义务的主体范围或者满足发行条件而做出违背事实的认定。主张通过一致行动协议共同拥有公司控制权但无第一大股东为纯财务投资人等合理理由的，一般不能排除第一大股东为共同控制人。共同控制人签署一致行动协议的，应当在协议中明确发生意见分歧或者纠纷时的解决机制。

实际控制人的配偶、直系亲属，如持有公司股份达到5%以上或者虽未达到5%但是担任公司董事、高级管理人员并在公司经营决策中发挥重要作用，保荐机构、发行人律师应当说明上述主体是否为共同实际控制人。

如果发行人最近36个月（主板）或者24个月（科创板、创业板）内持有、实际支配公司股份表决权比例最高的主体发生变化，且变化前后的主体不属于同一实际控制人，视为公司控制权发生变更。发行人最近36个月（主板）或者24个月（科创板、创业板）内持有、实际支配公司股份表决权比例最高的主体存在重大不确定性的，比照前述规定执行。

无实际控制人：

发行人不存在拥有公司控制权的主体或者公司控制权的归属难以判断，如果符合以下情形，可视为公司控制权没有发生变更：①发行人的股权及控制结构、经营管理层和主营业务在首发前36个月（主板）或者24个月（科创板、创业板）内没有发生重大变化；②发行人的股权及控制结构不影响公司治理有效性；③发行人及其保荐机构和律师能够提供证据充分证明公司控制权没有发生变更。

相关股东采取股份锁定等有利于公司股权及控制结构稳定措施的，可将该等情形作为判断公司控制权没有发生变更的重要因素。

国有股权无偿划转或者重组等导致发行人控股股东发生变更：

因国有资产监督管理需要，国务院或者省级人民政府国有资产监督管理机构无偿划转直属国有控股企业的国有股权或者对该等企业进行重组等导致发行人控股股东发生变更的，如果符合以下情形，可视为公司控制权没有发生变更：①有关国有股权无偿划转或者重组等属于国有资产监督管理的整体性调整，经国务院国有资产监督管理机构或者省级人民政府按照相关程序决策通过，且发行人能够提供有关决策或者批复文件；②发行人与原控股股东不存在构成重大不利影响的同业竞争或者大量的关联交易，没有故意规避《首次公开发行股票注册管理办法》规定的其他发行条件；③有关国有股权无偿划转或者重组等对发行人的经营管理层、主营业务和独立性没有重大不利影响。

按照国有资产监督管理的整体性调整，国务院国有资产监督管理机构直属国有企业与地方国有企业之间无偿划转国有股权或者重组等导致发行人控股股东发生变更的，比照前款规定执行，但是应当经国务院国有资产监督管理机构批准并提交相关批复文件。

不属于前两款规定情形的国有股权无偿划转或者重组等导致发行人控股股东发生变更的，视为公司控制权发生变更。

第 11 章　2022 年 IPO 再次申报企业分析

首先，本章对 2022 年再次申报并成功上市的 44 家企业进行了分板块、分时间的梳理，随后通过对这些企业的剖析，将再次申报成功的要素总结为以下 6 点，分别是：具有明确的板块定位、企业经营业绩的改善、解决企业独立性问题、完善企业内部控制、解决企业合规问题以及提高企业信息披露质量。对于其中的每一个要素，本章首先依照交易所要求与常见问题进行了剖析与诠释，随后举证企业实例，通过企业公示材料、交易所文件等，解释企业上次申请上市被撤回的原因，从而验证本章对这些要素的总结，并在最后附载了企业对这些问题的回复以及再次申请上市并上市成功的过程。其次，本章在上述成功申报要素的基础上总结了再次（含二次）申报成功的启示，我们认为，对于再次申报上市的企业而言，板块定位精准是前提，经营全面合规是底线，内部控制健全是基础，企业"独立性"是首要，经营业绩优良是关键，信息披露充分是保障。再次，我们对再次申报的审核特殊询问事项进行了汇总，并认为拟上市企业再次申报 IPO，除了将上述问题回答好之外，与首次申报 IPO 审核没有本质区别。最后，本章附载了深沪主板、创业板以及北交所被否企业发审委聆讯问题。

再次申报成功上市企业概况

2022 年成功上市的企业中,有 44 家属于再次申报成功上市企业,具体情况整理如表 11-1 所示。

表 11-1 再次申报 IPO 成功企业统计

序号	代码	企业名称	本次申报时间	本次申报板块	前次申报时间	前次申报板块	前前次申报时间	前前次申报板块
1	301097.SZ	天益医疗	2020 年 11 月 23 日	创业板	2020 年 3 月 26 日	科创板	2017 年 4 月 28 日	上交所主板
2	301105.SZ	鸿铭股份	2021 年 6 月 25 日	创业板	2020 年 5 月 7 日	科创板	—	—
3	301130.SZ	西点药业	2020 年 7 月 17 日	创业板	2012 年 12 月	上交所主板	—	—
4	301151.SZ	冠龙节能	2021 年 6 月 29 日	创业板	2020 年 11 月 16 日	科创板	—	—
5	301153.SZ	中科江南	2020 年 11 月 17 日	创业板	2015 年 11 月 30 日	创业板	—	—
6	301181.SZ	标榜股份	2020 年 11 月 17 日	创业板	2020 年 6 月 17 日	上交所主板	—	—
7	301191.SZ	菲菱科思	2021 年 3 月 11 日	创业板	2017 年 9 月	创业板	—	—
8	301201.SZ	诚达药业	2020 年 10 月 13 日	创业板	2012 年 3 月 30 日	深交所主板	2010 年 9 月 17 日	深交所主板
9	301219.SZ	腾远钴业	2020 年 9 月 30 日	创业板	2017 年 4 月 21 日	深交所主板	—	—
10	301222.SZ	浙江恒威	2020 年 10 月 12 日	创业板	2017 年 12 月 12 日	上交所主板	—	—
11	301223.SZ	中荣股份	2021 年 3 月 23 日	创业板	2019 年 6 月 21 日	深交所主板	2018 年 6 月 22 日	深交所主板
12	301226.SZ	祥明智能	2020 年 12 月 8 日	创业板	2019 年 5 月 9 日	创业板	2017 年 6 月 13 日	创业板
13	301227.SZ	森鹰窗业	2020 年 12 月 29 日	创业板	2015 年 12 月 28 日	上交所主板	—	—

(续表)

序号	代码	企业名称	本次申报时间	本次申报板块	前次申报时间	前次申报板块	前前次申报时间	前前次申报板块
14	301237.SZ	和顺科技	2020年12月10日	创业板	2016年11月8日	创业板	—	—
15	301258.SZ	富士莱	2020年11月11日	创业板	2017年6月20日	上交所主板	—	—
16	301263.SZ	泰恩康	2020年11月10日	创业板	2017年9月15日	创业板	—	—
17	301266.SZ	宇邦新材	2020年12月15日	创业板	2016年9月20日	创业板	—	—
18	301276.SZ	嘉曼服饰	2020年12月31日	创业板	2018年3月23日	深交所主板	—	—
19	301278.SZ	快可电子	2021年6月29日	创业板	2020年11月10日	科创板	—	—
20	301286.SZ	侨源股份	2020年12月23日	创业板	2015年10月	创业板	—	—
21	301296.SZ	新巨丰	2020年9月23日	创业板	2017年6月30日	上交所主板	—	—
22	301302.SZ	华如科技	2020年10月20日	创业板	2017年12月15日	创业板	—	—
23	301333.SZ	诺思格	2020年7月6日	创业板	2016年6月20日	创业板	—	—
24	301335.SZ	天元宠物	2020年7月14日	创业板	2017年6月30日	上交所主板	—	—
25	301369.SZ	联动科技	2021年6月30日	创业板	2020年9月28日	科创板	—	—
26	301380.SZ	挖金客	2020年4月17日	创业板	2017年4月14日	上交所主板	2016年6月20日	创业板
27	688147.SH	微导纳米	2022年3月3日	科创板	2020年6月22日	科创板	—	—
28	688163.SH	赛伦生物	2020年11月9日	科创板	2019年5月1日	科创板	—	—
29	688170.SH	德龙激光	2021年6月25日	科创板	2015年9月23日	创业板		

(续表)

序号	代码	企业名称	本次申报时间	本次申报板块	前次申报时间	前次申报板块	前前次申报时间	前前次申报板块
30	688391.SH	钜泉科技	2021年12月13日	科创板	2016年6月15日	上交所主板	2011年9月29日	创业板
31	603051.SH	鹿山新材	2021年6月22日	上交所主板	2011年6月24日	创业板	—	—
32	603052.SH	可川科技	2021年9月13日	上交所主板	2019年6月6日	创业板	—	—
33	603150.SH	万朗磁塑	2021年4月22日	上交所主板	2017年5月26日	上交所主板	—	—
34	001236.SZ	弘业期货	2021年7月1日	深交所主板	2017年12月29日	深交所主板	—	—
35	001238.SZ	浙江正特	2021年7月2日	深交所主板	2016年6月24日	上交所主板	—	—
36	001309.SZ	德明利	2021年6月9日	深交所主板	2020年9月27日	创业板	—	—
37	001313.SZ	粤海饲料	2020年12月31日	深交所主板	2018年12月28日	深交所主板	—	—
38	001332.SZ	锡装股份	2019年6月14日	深交所主板	2015年11月13日	深交所主板	—	—
39	001333.SZ	光华股份	2021年8月18日	深交所主板	2020年5月26日	科创板	—	—
40	831087.BJ	秋乐种业	2022年6月23日	北交所	2020年6月12日	科创板	—	—
41	832491.BJ	奥迪威	2021年12月31日	北交所	2020年7月1日	北交所	2017年6月8日	创业板
42	833943.BJ	优机股份	2021年9月29日	北交所	2009年	创业板	—	—
43	836807.BJ	奔朗新材	2022年7月1日	北交所	2011年9月28日	创业板	—	—
44	836957.BJ	汉维科技	2022年6月25日	北交所	2020年11月26日	创业板	—	—

成功上市的企业包括创业板26家、科创板4家、上交所主板3家、深交所主板6家、北交所5家。累计三次申报才成功上市的企业有7家，累计两次申报才成

功上市的企业有 37 家。

本次申报时间（成功上市的 IPO 申报时间，只考察申报年份之差）与前一次申报时间间隔在 1 年及 1 年以下的企业数量为 11 家；间隔为 2 年的企业数量为 7 家；间隔为 3 年的企业数量为 8 家；间隔为 4 年及 4 年以上的企业数量为 18 家。本次申报板块（成功上市的申报板块）与前一次申报板块相同的企业数量为 15 家，不同的企业数量为 29 家。

再次（含二次）申报成功的原因

一、明确了板块定位

随着我国多层次资本市场建设日臻完善，上海证券交易所、深圳证券交易所、北京证券交易所等的各板块定位日益明确。

其中，主板的定位为：突出"大盘蓝筹"特色，重点支持业务模式成熟、经营业绩稳定、规模较大、具有行业代表性的优质企业。

科创板的定位为：面向世界科技前沿、面向经济主战场、面向国家重大需求，优先支持符合国家战略，拥有关键核心技术，科技创新能力突出，主要依靠核心技术开展生产经营，具有稳定的商业模式，市场认可度高，社会形象良好，具有较强成长性的企业。

创业板的定位为：深入贯彻创新驱动发展战略，适应发展更多依靠创新、创造、创意的大趋势，主要服务成长型创新创业企业，支持传统产业与新技术、新产业、新业态、新模式深度融合。

北交所的定位为：主要服务创新型中小企业，重点支持先进制造业和现代服务业等领域的企业，推动传统产业转型升级，培育经济发展新动能，促进经济高质量发展。

具有一定规模的拟上市企业，通常会根据自身规模和业务特点，对目标板块的市场美誉度、流动性等因素进行综合评价。核心能力突出、自认为科创属性较强的企业，通常会首先选择上市条件包容性最强的科创板，其次会选择流动性较高的创业板、主板，无法满足科创板、创业板板块定位要求的企业倾向于选择北交所。

因板块定位问题撤否、再次申报IPO的企业往往两次申报间隔时间较短，再次申报后，审核较为顺利。

1. 由科创板转创业板案例：天益医疗（301097.SZ）

2020年3月26日，上海证券交易所受理天益医疗提交的首次公开发行股票并在科创板上市申请文件，并于2020年6月10日获得科创板上市委审核通过，但在履行注册程序过程中，于2020年10月16日提交了关于撤回首次公开发行股票并在科创板上市申请文件的申请。天益医疗在本次申报审核过程中的《发行人及保荐机构回复意见》中明确说明前次申报科创板IPO撤回的原因：结合公司主营业务特征，经公司研究判断更加符合深圳证券交易所创业板的板块定位，因此决定申请撤回前期已向上海证券交易所申报的全部文件。

天益医疗本次申报创业板IPO的受理时间为2020年11月23日，于2021年7月29日通过创业板上市委审核，于2022年3月15日获得中国证监会注册。

2. 鸿铭股份（301105.SZ）

2020年5月7日，上海证券交易所受理鸿铭股份提交的首次公开发行股票并在科创板上市申请文件；2020年9月，上海证券交易所督导组对保荐机构进行现场督导；2021年1月14日，上海证券交易所科创板上市委员会发布审议会议公告，定于2021年1月21日召开2021年第7次上市委员会审议会议，对鸿铭股份首次公开发行股票并在科创板上市申请进行审议；2021年1月19日，鸿铭股份提交了关于撤回首次公开发行股票并在科创板上市申请文件的申请；同日，上海证券交易所决定终止对该公司首次公开发行股票并在科创板上市的审核。

鸿铭股份在本次申报审核过程中的《发行人及保荐机构回复意见》中明确说明前次申报科创板IPO撤回的原因：结合公司主营业务特征，经公司审慎研究判断，公司更加符合深圳证券交易所创业板的板块定位，因此决定申请撤回前期已向上海证券交易所申报的文件。同时，本次保荐机构亦就前次科创板IPO审核过程中现场督导后发现的主要问题及其整改发表了意见：现场督导后发现的主要问题以及相关事项对发行人财务数据影响较小，不影响发行人内部控制的有效性。目前，现场督导后发现的主要问题均已完成整改；发行人前次申报科创板不存在违法违规或影响发行上市条件的情形。

上述回复意见表明，鸿铭股份科创板 IPO 撤回主要原因仍为科创属性不强导致的板块定位问题。

鸿铭股份本次申报创业板 IPO 的受理时间为 2021 年 9 月 29 日，于 2022 年 5 月 12 日通过创业板上市委审核，于 2022 年 12 月 2 日获得中国证监会注册。

3. 冠龙节能（301151.SZ）

2020 年 11 月 16 日，上海证券交易所受理冠龙节能提交的首次公开发行股票并在科创板上市申请文件；经过三轮问询回复之后，冠龙节能撤回了科创板首发申请；2021 年 5 月 7 日，上海证券交易所决定终止该公司首次公开发行股票并在科创板上市的审核。

冠龙节能在本次申报审核过程中的《发行人及保荐机构回复意见》中明确说明前次申报科创板 IPO 撤回的原因：发行人主要从事节水阀门的研发、设计、生产和销售，属于阀门行业，与半导体和集成电路、人工智能、航空航天等典型的新兴产业相比，阀门行业的科创属性和硬科技含量相对不突出。于是，发行人调整了上市规划，撤回了科创板首发申请。

冠龙节能本次申报创业板 IPO 的受理时间为 2021 年 6 月 29 日，并于 2021 年 12 月 17 日通过创业板上市委审核，并于 2022 年 2 月 23 日获得中国证监会注册。

4. 快可电子（301278.SZ）

2020 年 11 月 10 日，上海证券交易所受理快可电子提交的首次公开发行股票并在科创板上市申请文件；经过两轮问询回复之后，快可电子撤回了科创板首发申请；2021 年 4 月 30 日，上海证券交易所决定终止该公司首次公开发行股票并在科创板上市的审核。

快可电子在本次申报审核过程中的《发行人及保荐机构回复意见》中明确说明前次申报科创板 IPO 撤回的原因：2022 年 4 月 16 日，中国证监会发布《关于修改〈科创属性评价指引（试行）〉的决定》，强调科创板"硬科技"定位并新增研发人员占比超过 10% 的指标，发行人和保荐机构就科创属性与上海证券交易所科创板审核中心进行沟通后，经综合考虑决定撤回申请文件。

上述回复意见表明，快可电子科创板 IPO 撤回主要原因为无法满足科创板的科创属性定位。

快可电子本次申报创业板IPO的受理时间为2021年6月29日，于2022年2月24日通过创业板上市委审核，于2022年7月18日获得中国证监会注册。

5. 联动科技（301369.SZ）

2020年9月28日，上海证券交易所受理联动科技提交的首次公开发行股票并在科创板上市申请文件；经过两轮问询回复之后，联动科技撤回了科创板首发申请；2021年3月12日，上海证券交易所决定终止该公司首次公开发行股票并在科创板上市的审核。

联动科技在本次申报审核过程中的《发行人及保荐机构回复意见》中明确说明前次申报科创板IPO撤回的原因：

一是拟将募投项目地点变更，涉及重新履行项目备案及环境影响评价手续。

二是科创属性问题。在前次科创板IPO申请过程中，对符合《上海证券交易所科创板企业发行上市申报及推荐暂行规定》（简称《暂行规定》）第五条规定的情形之一——"依靠核心技术形成的主要产品（服务），属于国家鼓励、支持和推动的关键设备、关键产品、关键零部件、关键材料等，并实现了进口替代"进行了多方面的论证，但由于半导体测试系统属于半导体产业的细分行业，公司无法获取更多客观数据和依据以充分论证《暂行规定》第五条规定中的相关内容。

三是认为公司股东、管理层更适合申请在创业板进行首次公开发行股票并上市。

上述回复意见表明，联动科技的科创板IPO撤回主要原因仍为公司科创属性不足导致的板块定位问题。

联动科技本次申报创业板IPO的受理时间为2021年6月30日，于2022年3月25日通过创业板上市委审核，并于2022年8月24日获得中国证监会注册。

6. 由科创板转主板案例：光华股份（001333.SZ）

2020年5月25日，上海证券交易所受理光华股份提交的首次公开发行股票并在科创板上市申请文件；经过三轮问询回复之后，光华股份撤回了科创板首发申请；2021年1月25日，上海证券交易所决定终止公司首次公开发行股票并在科创板上市的审核。在第二轮问询回复期间，保荐机构还接受了上海证券交易所的现场督导。

根据光华股份本次申报审核过程中的《国浩律师（杭州）事务所关于公司首次

公开发行股票并上市之补充法律意见书（二）》：在前次科创板 IPO 申报和现场督导过程中，上海证券交易所等监管部门未向公司下发过规范整改要求，也未受到上海证券交易所等监管部门的行政处罚或被采取监管措施。光华股份撤回前次申报科创板 IPO 的文件主要是基于公司自身实际情况、发展战略需求及科创板定位等因素。

上述信息披露表明，光华股份的科创板 IPO 撤回主要原因仍为板块定位问题。

光华股份本次申报主板 IPO 系基于自身所处行业、产品应用、公司规模等因素经审慎考虑后的决定，中国证监会的受理时间为 2021 年 8 月 13 日，并于 2022 年 10 月 27 日获得中国证监会批复。

二、企业经营业绩的改善

业绩不高、业绩下滑或业绩波动是 IPO 审核过程中比较普遍存在的问题。通常而言，业绩不高、业绩下滑或业绩大幅波动，会导致监管部门对其持续盈利能力、持续经营能力产生疑问，进而判定其不符合发行上市条件。

面对业绩不高、业绩下滑或者业绩波动导致 IPO 申请撤否的情形，企业往往选择较长时间等待业绩规模足够大或者稳定在上升趋势后再行申报，从而成功上市。北交所创立后，部分企业为了缩短等待时间，转而在北交所申报，从而成功上市。

（一）长时间等待后再申报案例

1. 菲菱科思（301191.SZ）

菲菱科思于 2017 年 9 月向中国证监会正式报送了首次公开发行股票并在创业板上市申请文件；2018 年 6 月，收到了中国证监会下发的《关于请做好相关项目发审委会议准备工作的函》；2018 年 6 月，公司撤回前次 IPO 申请；2018 年 7 月，公司取得了中国证监会下发的《中国证监会行政许可申请终止审查通知书》。

菲菱科思在本次申报审核过程中的《发行人及保荐机构回复意见》中披露，前次申报 IPO 的具体撤回原因：公司前次申请报告期 2014—2017 年营业收入分别为 33 670.62 万元、49 995.28 万元、63 147.43 万元和 74 924.78 万元，扣除非经常性损益后净利润分别为 1 170.52 万元、3 128.08 万元、3 335.17 万元和 3 824.53 万元。公司最后一年扣除非经常性损益后净利润不足 4 000 万元，前次申请报告期内营业收入、净利润规模均较小。公司根据报告期内营业收入、净利润规模，并结合企业发展情况，调整了企业上市具体规划，集中精力发展业务，扩大业务规模，提升盈利能力，择机再启动上市计划。

可见，菲菱科思前次IPO撤回主要原因为净利润不高，即业绩不高。

菲菱科思于2021年3月申报创业板IPO时，业绩已经大为改观，2020年度、2019年度、2018年度扣除非经常性损益后归属于母公司所有者的净利润分别为8 868.76万元、5 008.90万元和696.15万元。

2. 诚达药业（301201.SZ）

诚达药业累计三次申报IPO，前两次申报撤否都可以归结为财务业绩问题。

诚达药业于2010年9月向中国证监会递交了首次公开发行股票的上市申请文件；2011年3月30日，中国证监会发行审核委员会召开2011年第59次发行审核委员会工作会议，审核诚达药业首发申请；2011年4月30日，中国证监会下发《关于不予核准诚达药业股份有限公司首次公开发行股票申请的决定》。

诚达药业在本次申报审核过程中的《发行人及保荐机构回复意见》中披露，2011年申报的发审委否决意见和要求落实的主要问题如下：

> 招股说明书披露，你公司主要产品左旋肉碱系列产品报告期内毛利率逐年下降，2008—2010年分别为42.59%、40.14%、29.23%。本次募集资金拟继续投入1 000吨左旋肉碱扩建项目，计划使用资金占本次拟募集资金总额的44.44%，且对新增产能消化有较大作用的原料药批准文号、GMP（药品生产质量管理规范）证书等尚未取得，存在不确定性。
>
> 你公司抗艾滋及乙肝药物中间体产品销售收入和毛利贡献报告期内逐年下降，销售收入2008—2010年分别为1 785.08万元、877.36万元、651.40万元，毛利贡献2008—2010年分别为572.29万元、404.83万元、214.78万元。本次募集资金拟继续投入150吨福韦酯类中间体–DESMP及10吨恩曲他滨扩建项目，计划使用资金占本次拟募集资金总额的27.77%，且10吨恩曲他滨原料药的原料药批准文号、GMP证书尚未取得，存在不确定性。
>
> 发审委认为，上述情形与《首次公开发行股票并上市管理办法》（证监会

令第 32 号）第三十七条规定不符。

《首次公开发行股票并上市管理办法》（证监会令第 32 号）第三十七条规定如下：

第三十七条　发行人不得有下列影响持续盈利能力的情形：
（一）发行人的经营模式、产品或服务的品种结构已经或者将发生重大变化，并对发行人的持续盈利能力构成重大不利影响；
（二）发行人的行业地位或发行人所处行业的经营环境已经或者将发生重大变化，并对发行人的持续盈利能力构成重大不利影响；
（三）发行人最近 1 个会计年度的营业收入或净利润对关联方或者存在重大不确定性的客户存在重大依赖；
（四）发行人最近 1 个会计年度的净利润主要来自合并财务报表范围以外的投资收益；
（五）发行人在用的商标、专利、专有技术以及特许经营权等重要资产或技术的取得或者使用存在重大不利变化的风险；
（六）其他可能对发行人持续盈利能力构成重大不利影响的情形。

可见，诚达药业第一次申报 IPO 被否的主要原因是产品毛利率逐年下滑，致使持续盈利能力成疑。

诚达药业于 2012 年 3 月再次向中国证监会递交了首次公开发行股票的申请文件；2014 年 4 月，向中国证监会递交了关于撤回首次公开发行股票并上市申请文件的申请；2014 年 4 月 30 日，中国证监会下发《中国证监会行政许可申请终止审查通知书》（〔2014〕66 号）。

诚达药业在本次申报审核过程中的《发行人及保荐机构回复意见》中披露，发行人 2014 年撤回首次公开发行股票申请的主要原因如下：一方面，2012 年 10 月中国证监会公告暂停审核 IPO 申请，IPO 排队企业数量急剧增加；而当时公司黄河路新厂区的投资规模较大，建设资金短缺，公司在会审核时间过长，无法进行及时的股权融资。发行人需要结合企业正常生产经营规划和资本市场的政策变化对申报计划进行调整。另一方面，2013年10月公司老厂区发生的不可预见的火灾事故对当期经营情况产生了短暂的负面影响。为尽快恢复公司正常的生产经营活动，有效应对不可抗力因素给公司运营带来的负面影响，集中精力加大生产和研发力度，公司决定撤回IPO申请。

我们认为，无论是投资规模较大导致资金短缺，还是火灾事故的短暂影响，都反映了诚达药业当时业绩不高，难以解决上述问题、抵抗上述风险，进而撤回IPO申请，谋求尽快解决相关问题。

诚达药业于2020年10月申报创业板IPO时，已针对上述问题做了整改，业绩大为改观，2020年1—6月、2019年度、2018年度、2017年度扣除非经常性损益后归属于母公司所有者的净利润分别为4 276.40万元、5 099.40万元、748.72万元、563.69万元。

3. 浙江恒威（301222.SZ）

浙江恒威于2017年12月向中国证监会报送了首次公开发行股票并上市申请文件；2018年3月，向中国证监会报送了《关于撤回浙江恒威电池股份有限公司首次公开发行股票并上市申请文件的申请》；中国证监会于2018年3月22日向公司出具了《中国证监会行政许可申请终止审查通知书》（〔2018〕109号）。

浙江恒威在本次申报审核过程中的《发行人及保荐机构回复意见》中披露，撤回前次IPO申报的主要原因：前次申报报告期内业绩波动及自身发展战略调整。

前次IPO申请时，报告期2017年1—6月、2016年度、2015年度、2014年度的净利润分别为2 515.45万元、6 076.25万元、6 705.52万元、4 979.74万元，当时主板IPO审核较为强调净利润规模和增长趋势，因此业绩波动不利于IPO审核。本次IPO申请时，报告期2020年1—6月、2019年度、2018年度、2017年度的净利润分别为3 503.85万元、6 484.57万元、5 939.15万元、4 820.47万元，增长趋势明显。

4. 和顺科技（301237.SZ）

和顺科技于2016年11月向中国证监会提交首次公开发行股票并在创业板上市的申请文件，后于2017年4月撤回IPO申请。

和顺科技在本次申报审核过程中的《发行人及保荐机构关于第三轮审核问询函的回复意见》中披露，撤回前次IPO申报的主要原因是：（1）发行人业绩规模增长不及预期，整体规模偏小；（2）需要调整发展策略，稳步扩张产能。

前次 IPO 申报的报告期 2016 年 1—6 月、2015 年度、2014 年度、2013 年度的净利润分别为 479.39 万元、1 608.01 万元、743.44 万元、224.04 万元，确实系规模较小，虽然符合《首次公开发行股票并在创业板上市管理办法》第十一条第二项规定的上市条件，但难以通过审核。

因此，和顺科技待到业绩明显上升到一定规模后，于 2020 年 12 月提出创业板 IPO 申请。2020 年 1—6 月、2019 年度、2018 年度、2017 年度的净利润分别为 1 344.79 万元、3 585.84 万元、2 231.91 万元、1 667.35 万元，且其 2020 年业绩快速增长，全年净利润为 7 417.44 万元。

5. 新巨丰（301296.SZ）

新巨丰于 2017 年 6 月向中国证监会报送 IPO 申请文件；2018 年 5 月，向中国证监会提交了关于撤回首次公开发行股票并上市申请文件的请示；2018 年 5 月，中国证监会下发了终止审查通知书。

新巨丰在本次 IPO 申报审核过程中的《发行人及保荐机构回复意见》中披露，撤回前次 IPO 的主要原因是：

（1）审核期间股份支付审计调整对净利润的影响过大。前次申报撤回主要原因是，在上一轮申报时点（发行人在会审核期间），基于当时证监会最新监管政策，针对 2015 年伊利和 2016 年西藏诚融信（员工持股平台）两次增资进行了审计调整，2016 年度、2015 年度净利润分别由 3 825.87 万元、6 876.49 万元，调整为 1 003.06 万元、1 350.13 万元。

（2）发行人第一大客户持股和关联交易比例较高。前次 IPO 申报时伊利作为公司第一大客户，持有 6 426.00 万股新巨丰股份，为公司第二大股东，持股比例为 18.00%。

经新巨丰股东、董事会及管理层认真研究和审慎思考后，鉴于前次申报审核期间因股份支付审计调整对净利润的影响较大，以及前次申报时发行人第一大客户伊利持股发行人 18.00% 的股份，基于当时首发审核问答关于审计调整与差错更正、关联交易等的审核政策要求及发行人战略考虑，撤回上市申请。

新巨丰本次 IPO 申报前，已经降低了伊利的持股比例，同时因为报告期的更迭，上述股份支付处理对本次 IPO 申报没有影响。

6. 华如科技（301302.SZ）

华如科技于 2017 年 12 月 7 日向证监会申报创业板 IPO，2018 年 7 月 30 日因战略调整撤回申请。

华如科技在本次 IPO 申报审核过程中的《发行人及保荐机构回复意见》中披露，撤回第一次 IPO 申报的主要原因是：前次 IPO 在会审核期间，公司由于业务发展，亟须外部资金支持，考虑到当时 IPO 审核周期较长，无法进行外部融资，所以经过慎重考虑，决定调整相应的战略安排，先行撤回 IPO 申请，尽快进行新三板层面的股票发行，以支持业务发展。

我们推断，导致前次 IPO 排队时间较久而不得不撤回的原因是华如科技当时业绩规模较小，难以通过发审委审核。2017 年 1—6 月、2016 年度、2015 年度、2014 年度的净利润分别为 1 175.92 万元、3 304.59 万元、1 615.56 万元、1 046.49 万元。而华如科技本次 IPO 申报报告期内业绩为：2020 年 1—6 月、2019 年度、2018 年度、2017 年度净利润分别为 –5 330.40 万元、7 083.96 万元、5 646.33 万元、4 781.49 万元；此后 2020 年度净利润为 9 175.20 万元。

7. 诺思格（301333.SZ）

诺思格于 2016 年 6 月 20 日向中国证监会报送创业板 IPO 申请文件；2017 年 6 月 9 日，向中国证监会递交了《诺思格（北京）医药科技股份有限公司关于撤回首次公开发行 A 股股票并上市申请文件的申请》（诺字〔2017〕第 07 号），并于 2017 年 6 月 29 日取得中国证监会出具的《中国证监会行政许可申请终止审查通知书》（〔2017〕439 号），前次申报首发申请审核工作终止。

诺思格在本次 IPO 申报审核过程中的《发行人及保荐机构回复意见》中披露，撤回前次 IPO 申报的主要原因是：2015 年 7 月，CFDA（国家食品药品监督管理总局）发布了《关于开展药物临床试验数据自查核查工作的公告》（2015 年第 117 号）等关于开展自查核查工作的通知要求，并配套出台了系列的政策法规，要求所有已申报并在 CFDA 待审的药品注册申请人对已申报生产或进口的待审药品注册申请药物临床试验情况开展自查，此次药物临床试验自查涉及 1 622 个品种。受行业监管趋严的影响，对于已经委托但尚未进入注册申报阶段的项目，临床试验机构也普遍要求在执行项目参照自查核查标准采取临床试验自查措施，放缓开展临床试验的速度。基于前述原因，发行人 2016 年度的业绩受到了一定影响。经公司和保荐人的综合研判，决定撤回前次 IPO 申报。

诺思格前次 IPO 申请报告期内业绩如下：2015 年度、2014 年度、2013 年度的归属于母公司所有者的净利润分别为 2 364.83 万元、1 449.51 万元、1 196.72 万元。本次 IPO 申请报告期内业绩如下：2019 年度、2018 年度、2017 年度的归属于母公司股东的净利润分别为 8 263.34 万元、4 835.02 万元、2 878.02 万元。

8. 德龙激光（688170.SH）

德龙激光于 2015 年 9 月向中国证监会申报了首次公开发行股票并在创业板上市的申请文件。2017 年 2 月，发行人向中国证监会提交了《关于撤回苏州德龙激光股份有限公司首次公开发行股票并在创业板上市申请文件的申请》(〔2017〕006 号)。2017 年 3 月 22 日，中国证监会出具《中国证监会行政许可申请终止审查通知书》(〔2017〕116 号)。

德龙激光在本次 IPO 申报审核过程中的《发行人及保荐机构回复意见（二）》中披露，撤回前次 IPO 申请的主要原因是：2016 年全年实现营业收入 2.76 亿元，业绩增长未达预期。根据中国证监会于 2017 年 6 月 9 日集中公布的《2017 年 1—4 月 35 家终止审查的 IPO 企业名单及审核中关注的主要问题》，德龙激光审核中的主要问题为"发行人客户集中度持续上升，不同业务的毛利率波动较大"。

总之，德龙激光前次 IPO 申请撤回的主要问题是在业绩方面，本次 IPO 申请前，对上述事项都做了认真整改并充分披露。

9. 钜泉科技（688391.SH）

钜泉科技第一次 IPO 申报撤回，是因为业绩问题。

钜泉科技于 2011 年 9 月向中国证监会提交了创业板 IPO 申请文件；2012 年 12 月 28 日，向中国证监会提交了关于撤回首次公开发行股票并在创业板上市申请文件的申请，并获中国证监会批准同意。

钜泉科技本次 IPO 申报审核过程中的《发行人及保荐机构回复意见》中披露，第一次 IPO 申请撤回原因如下：

根据当时适用的《首次公开发行股票并在创业板上市管理暂行办法》(中国证券监督管理委员会令第 61 号)第十条的规定，发行人申请首次公开发行股票应当符合的利润标准为：最近两年连续盈利，最近两年净利润累计不少于1 000万元，且持续增长；或者最近一年盈利，且净利润不少于500万元，最近一年营业收入不少于5 000万元，最近两年营业收入增长率均不低于30%。净利润以扣除非经常性损益前后孰低者为计算依据，即对申请在创业板上市的发行人有净利润或收入持续增长的要求。

2011年度发行人实现营业收入13 876.17万元，实现归属于母公司股东的净利润（扣除非经常性损益前）5 067.56万元。2011年至2012年，发行人产品线相比目前较为单一，仅在电能计量芯片市场有所布局，尚未涉猎电力线载波通信和电表MCU（多点控制单元）领域。2012年内主要受到三相计量芯片市场竞争环境的影响，发行人调低了产品售价，导致三相计量芯片产品的毛利率出现明显下滑，同时收入的增长幅度也未达预期。发行人在2012年第四季度的时点预计全年业绩无法继续维持对于拟上市企业净利润或收入的增长要求，因而主动申请撤回申报。

第一次IPO申请文件撤回后，2012年全年发行人经审计后的营业收入为14 577.99万元，相比2011年增长5.06%，未达30%的增长率要求；同时，2012年经审计的归属于母公司股东的净利润（扣除非经常性损益前）为3 454.66万元，相比2011年下滑31.83%；而综合毛利率从68.53%降至62.48%。

此后，钜泉科技于2016年、2021年先后进行了第二次、第三次IPO申报，后两次IPO申报的前一年，即2015年、2020年，营业收入分别为15 010.42万元、37 901.97万元，净利润分别为3 517.06万元、6 210.80万元。可见，业绩的明显改善为钜泉科技第三次IPO申报成功奠定了扎实的基础。

10. 鹿山新材（603051.SH）

鹿山新材于2011年6月向中国证监会申报了创业板IPO申请文件；2013年3月撤回了创业板IPO申请文件。根据鹿山新材本次IPO的《鹿山新材首次公开发行股票招股意向书附录（二）》之《北京市君合律师事务所关于广州鹿山新材料股份有限公司首次公开发行股票并上市之法律意见书》，撤回前次IPO申请的主要原因是："前次申报IPO时有效的《首次公开发行股票并在创业板上市管理暂行办法》中第十条的相关规定：'发行人申请首次公开发行股票应当符合下列条件……（二）最近两年连续盈利，最近两年净利润累计不少于1 000万元，且持续增长；或者最近一年盈利，且净利润不少于500万元，最近一年营业收入不少于5 000万元，最近两年营业收入增长率均不低于30%。净利润以扣除非经常性损益前后孰低者为计算依据……'2012—2013 年，发行人经营业绩受到欧美对华光伏企业'反倾销、反补贴'调查等宏观因素影响，增速放缓，存在不满足前述业绩持续增长的相关发行条件的风险，因此决定撤回首次公开发行股票并上市的申请文件。"

前次撤回 IPO 申请后，鹿山新材通过扩大生产规模、加大研发投入、丰富产品类别、加强市场营销等诸多举措做大做强主营业务。经过多年发展，发行人已成为一家专注于绿色环保高性能的高分子热熔粘接材料研发、生产和销售的高新技术企业，是国内领先的高性能热熔粘接材料企业之一。2018—2020 年，发行人营业收入分别为 76 631.61 万元、79 497.40 万元和 101 151.19 万元，扣除非经常性损益后归属于母公司股东的净利润分别为 4 155.77 万元、6 253.72 万元和 10 347.61 万元，持续保持良好经营业绩，且呈现良好增长态势，为本次 IPO 申报成功奠定了基础。

11. 浙江正特（001238.SZ）

根据浙江正特本次 IPO 申请的《北京植德律师事务所关于浙江正特股份有限公司申请首次公开发行股票并上市的补充法律意见书之二》，浙江正特于 2016 年 6 月进行首发 IPO 的申报，后由于预计 2018 年经营业绩将有较为明显下滑，发行人于 2018 年上半年申请将申报文件撤回。

两次 IPO 申请的招股说明书披露，浙江正特 2016 年、2015 年归属于母公司股东的净利润分别为 8 472.82 万元、6 655.25 万元，而 2018 年则降至 4 779.15 万元。本次 IPO 申报的报告期内 2020 年度、2019 年度、2018 年度归属于母公司股东的净利润分别为 8 021.94 万元、4 159.15 万元、4 779.15 万元。

12. 优机股份（833943.BJ）

优机股份曾向中国证监会报送创业板 IPO 申请；2010 年 6 月 25 日，未能通过 2010 年举行的第 38 次创业板发审委会议；2010 年 7 月 23 日，中国证监会下发了《关于不予核准四川优机实业股份有限公司首次公开发行股票并在创业板上市申请的决定》。根据前述决定，优机股份前次 IPO 申请被否的主要原因是："报告期内，申请人 2009 年度较 2008 年度主营业务收入下降较大，2009 年度归属于母公司所有者的净利润增加依赖于海运费用、佣金费用和部分外协加工产品的加工成本大幅下降，上述事项能否持续具有重大不确定性，对申请人持续盈利能力构成重大不利影响。上述情形不符合《首次公开发行股票并在创业板上市管理暂行办法》第十四条第六项的有关规定。"

《首次公开发行股票并在创业板上市管理暂行办法》第十四条的规定如下：

> 第十四条　发行人应当具有持续盈利能力，不存在下列情形：
> （一）发行人的经营模式、产品或服务的品种结构已经或者将发生重大变化，并对发行人的持续盈利能力构成重大不利影响；
> （二）发行人的行业地位或发行人所处行业的经营环境已经或者将发生重大变化，并对发行人的持续盈利能力构成重大不利影响；
> （三）发行人在用的商标、专利、专有技术、特许经营权等重要资产或者技术的取得或者使用存在重大不利变化的风险；
> （四）发行人最近一年的营业收入或净利润对关联方或者有重大不确定性的客户存在重大依赖；
> （五）发行人最近一年的净利润主要来自合并财务报表范围以外的投资收益；
> （六）其他可能对发行人持续盈利能力构成重大不利影响的情形。

由于距前次 IPO 申请被否时间较为久远，优机股份本次 IPO 申请审核过程中并未关注其前次 IPO 申请。

（二）短时间等待后再申报案例

1. 中荣股份（301223.SZ）

中荣股份累计三次申请 IPO。

中荣股份于 2018 年 6 月向证监会提交 IPO 申请文件，并于 2018 年 9 月向证监会申请撤回 IPO 申请文件。这是中荣股份第一次申请 IPO。

中荣股份在本次 IPO 申报审核过程中的《发行人及保荐机构回复意见》中披露，撤回第一次 IPO 申报的主要原因是：基于业务规模扩张以及工厂智能化升级的需要，2017 年 10 月开始，母公司新工厂落成并进行整体搬迁，搬迁涉及 20 多台大型印刷机的拆卸、安装、维修和调试，客户对新工厂的验厂，自动化立体库调试运行以及ERP系统上线等复杂事项。公司原计划2018年6月完成搬迁工作，但截至2018年9月，搬迁进度未达预期，设备大修费用超出原有预算。公司预计2018年扣除非经常性损益后归属于母公司所有者的净利润会较2017年大幅下降，可能会对公司IPO审核造成实质性影响。

2018年9月中荣股份撤回第一次IPO申请后，集中精力解决搬迁等相关事项，2019年上半年公司的中山工厂整体已稳定运行。公司2018年扣除非经常性损益后归属于母公司所有者的净利润较2017年下降20.12%。2019年和2020年公司发展势头较好，扣除非经常性损益后归属于母公司所有者的净利润分别较前一年增加47.98%和7.92%。

由于当时IPO审核较为强调业绩增长趋势，中荣股份第一次IPO撤回的主要原因是业绩增长趋势问题。

2. 祥明智能（301226.SZ）

祥明智能累计三次申请IPO。

祥明智能于2017年6月13日第一次申请IPO，后于2018年3月撤回IPO申请。祥明智能在本次申报（第三次IPO申请）审核过程中的《发行人及保荐机构回复意见》中披露，撤回第一次IPO申报的主要原因是：公司2017年扣除非经常性损益后归属于母公司所有者的净利润低于5 000万元。

祥明智能于2019年5月9日第二次申请IPO，后于2019年7月撤回IPO申请。祥明智能在本次申报（第三次IPO申请）审核过程中的《发行人及保荐机构回复意见》中披露，撤回第二次IPO申报的主要原因是：公司拟对股权结构进行调整，同时因市场经营环境发生变化，预计2019年全年业绩会有较大幅度下滑，公司管理层决定调整上市计划，终止第二次申报。

此后，祥明智能业绩出现回暖趋势，其2020年度、2019年度、2018年度、2017年度的归属于母公司股东的净利润分别为5 964.61万元、4 475.39万元、6 267.71万元、3 993.11万元，于是2020年12月第三次申请IPO。

3. 秋乐种业（831087.BJ）

秋乐种业于2020年6月12日向上海证券交易所提交科创板IPO申请，经两轮问询后于 2020 年 10 月 21 日撤回申请。本次 IPO 申请审核过程中的《秋乐种业及招商证券关于第一轮问询的回复》中披露，秋乐种业撤回前次 IPO 申请的主要原因是："公司前次申报撤回的主要原因系受 2020 年年初突发公共卫生事件新冠疫情对 2020 年上半年营销、推广产生较大不利影响，叠加公司当年正好处于品种迭代，从而对公司 2019—2020 年经营季的销售产生较大不利影响以及我国 2020 年玉米种子销售形势不如 2019 年，公司 2020 年经营业绩不佳，扣除非经常性损益后的净利润下滑较大，结合当时科创板的审核形势，公司决定进行战略调整，主动撤回首发申请文件。"

2021 年，由于政策支持、行业景气回升、市场认可公司产品，公司的秋乐 368 玉米种、秋乐 618 玉米种的市场需求量大幅增加，经销商客户下达订单踊跃，2021 年，公司扣除非经常性损益后的净利润较 2020 年大幅增长 95.93%。

秋乐种业 2021 年度、2020 年度、2019 年度的归属于母公司所有者的扣除非经常性损益后的净利润分别为 3 373.15 万元、1 722.97 万元、3 144.81 万元。于是，秋乐种业于 2022 年 6 月向北交所提交了 IPO 申请文件。

4. 奥迪威（832491.BJ）

奥迪威累计三次提交 IPO 申请。

第一次，2017 年 6 月向中国证监会提交创业板 IPO 申请，后于 2018 年 3 月撤回 IPO 申请；第二次，2020 年 6 月向全国股转公司报送了向不特定合格投资者公开发行股票并在精选层挂牌的申请文件，后于 2021 年 2 月终止申请。

奥迪威本次 IPO 申请审核过程并未披露前两次 IPO 撤回、终止的原因。奥迪威自 2015 年即在新三板挂牌，较为规范。我们推断，应为业绩下滑、净利润波动大所致。其 2014—2021 年度归属母公司股东的扣除非经常性损益后的净利润如表 11-2 所示。

表 11-2　奥迪威 2014—2021 年度归属母公司股东的扣除非经常性损益后的净利润

年份	2021 年度	2020 年度	2019 年度	2018 年度	2017 年度	2016 年度	2015 年度	2014 年度
金额（万元）	5 442.72	3 134.80	−202.25	1 929.11	1 896.78	5 420.91	4 733.19	3 443.12

可见，奥迪威第一次 IPO 申请当年（2017 年）净利润下滑；第二次 IPO 申请当年净利润不高，报告期内净利润大幅波动。2021 年 12 月第三次申请 IPO（即本次申请）时，业绩增长趋势和规模都较好，为本次 IPO 成功奠定了基础。

5. 汉维科技（836957.BJ）

汉维科技于 2020 年 11 月向深交所报送了创业板 IPO 申请文件，2021 年 12 月 16 日向深交所申请终止创业板上市的申请并撤回相关申请文件。2021 年 12 月 21 日公司收到深交所出具的《关于终止对东莞市汉维科技股份有限公司首次公开发行股票并在创业板上市审核的决定》。

汉维科技本次 IPO 申请审核过程中的《汉维科技及东莞证券关于第一轮问询的回复》中披露，撤回前次 IPO 申请的主要原因是："受新冠疫情和主要原材料采购价格大幅增长的影响，公司业绩自 2020 年开始持续下滑，结合业绩规模情况，公司调整了上市战略。"

汉维科技 2017—2022 年度归属母公司股东的扣除非经常性损益后的净利润如表 11–3 所示，可见其 2020 年及以后的净利润水平较低。因此，与创业板比较而言，汉维科技更适合在北交所上市。

表 11–3　汉维科技 2017—2022 年度归属母公司股东的扣除非经常性损益后的净利润

年份	2022 年度	2021 年度	2020 年度	2019 年度	2018 年度	2017 年度
金额（万元）	3 300.29	2 946.96	4 032.47	4 991.88	3 628.20	2 211.74

三、解决企业独立性问题

拟上市企业的独立性问题，主要是指企业必须具有直接面向市场独立持续经营的能力或持续盈利的能力。

1. 西点药业（301130.SZ）

西点药业于 2012 年 12 月向中国证监会提交了 IPO 申请文件，2016 年 7 月 5 日，中国证监会出具了《关于不予核准吉林省西点药业科技发展股份有限公司首次公开发行股票申请的决定》（证监许可〔2016〕1498 号）。中国证监会做出不予核准决定的原因是："发行人可同产品的专有技术系从北京德众万全药物技术开发有限公司购买获得，可同产品的专利属于万全万特制药江苏有限公司所有，并由其无偿授权发行人使用。由于发行人一直未能与专利权人万全万特制药江苏有限公司达成正式的专利实施许可合同，故存在对方单方面撤销专利使用许可的风险。因此，发行人在用的可同产品的专利的使用存在重大不利变化的风险，发行人前次公开发行股票的申请不符合《首次公开发行股票并上市管理办法》第三十条第（五）项的相关规定。"

《首次公开发行股票并上市管理办法》（证监会令第 122 号）第三十条规定如下：

> 第三十条　发行人不得有下列影响持续盈利能力的情形：
> （一）发行人的经营模式、产品或服务的品种结构已经或者将发生重大变化，并对发行人的持续盈利能力构成重大不利影响；
> （二）发行人的行业地位或发行人所处行业的经营环境已经或者将发生重大变化，并对发行人的持续盈利能力构成重大不利影响；
> （三）发行人最近 1 个会计年度的营业收入或净利润对关联方或者存在重大不确定性的客户存在重大依赖；
> （四）发行人最近 1 个会计年度的净利润主要来自合并财务报表范围以外的投资收益；
> （五）发行人在用的商标、专利、专有技术以及特许经营权等重要资产或技术的取得或者使用存在重大不利变化的风险；
> （六）其他可能对发行人持续盈利能力构成重大不利影响的情形。

鉴于此，根据西点药业在本次申报审核过程中的《发行人及保荐机构回复意见》，西点药业在本次申报的报告期内，对上述问题进行了整改。

2017 年 2 月 27 日，发行人与万全万特制药江苏有限公司、江苏万全特创生物医药技术有限公司签订《专利权和商标权转让协议》，万全万特制药江苏有限公司决定将第 200710064583.4 号、发明名称为"一种利培酮口腔崩解片及其制备方法"的专利权之所有权转让给发行人，转让价格为 300 万元。江苏万全特创生物医药技术有限公司决定将第 3473787 号"可同"注册商标之所有权转让给发行人,转让价格为 200 万元。

发行人已按照《专利权和商标权转让协议》的约定向转让方支付完毕上述可同相关的专利权、商标权的转让款,并已办理完毕相关专利权、商标权的所有权的变更登记,成为可同相关专利权和商标权的所有权人,发行人自此合法、完整拥有上述可同相关专利权、商标权的所有权利。至此,发行人在用的可同产品的专利的使用存在重大不利变化的风险已经解决,符合《首次公开发行股票并上市管理办法》(证监会令第 122 号)第三十条第(五)项的相关规定。

2. 奔朗新材(836807.BJ)

奔朗新材于 2011 年 9 月向中国证监会提交了创业板 IPO 申请文件,2012 年 7 月 2 日,向中国证监会提交了关于撤回首次公开发行股票并在创业板上市申请文件的申请,并于 2012 年 7 月 19 日收到中国证监会出具的《中国证监会行政许可申请终止审查通知书》(〔2012〕115 号)。

奔朗新材本次 IPO 申请审核过程中的《奔朗新材及海通证券关于第一轮问询的回复》中披露,撤回前次 IPO 申请的主要原因是,前次 IPO 申报时,公司与原股东卢勤担任董事长的关联方广东科达机电股份有限公司(现已更名为"科达制造股份有限公司",以下简称"科达制造")之间存在关联交易。2009 年至 2011 年,公司对科达制造的关联销售金额分别为 666.65 万元、1 365.73 万元及 2 616.78 万元,占营业收入的比例分别为 1.89%、2.80% 及 4.77%。关联销售虽然占比较低,对公司的经营业绩影响较小,但呈现增长趋势。为进一步明确关联销售变动情况,本着审慎原则,公司决定暂缓上市进程,撤回此次 IPO 申报。

此后,2012 年,原股东卢勤决定不再持有公司股份,主动联系第三方投资机构并将其所持有的公司 7.16% 的股权转让给第三方投资机构。2012 年 11 月 3 日,奔朗新材召开 2012 年第三次临时股东大会,审议通过上述事项。此次股权转让完成后,卢勤不再持有公司股份。因此,此事项未对奔朗新材本次 IPO 申请产生影响。

四、完善企业内部控制

内部控制问题往往与业绩问题共生。尽管业绩符合发行上市条件,但内部控制问题丛生，就会降低公众对企业业绩的信任程度，进而怀疑其持续盈利能力或持续经营能力。

1. 腾远钴业（301219.SZ）

腾远钴业于2017年4月向中国证监会提交了首次公开发行股票的申请文件；2018年1月，中国证监会第十七届发行审核委员会2018年第20次发行审核委员会工作会议审核了公司的首发申请；2018年3月14日，中国证监会下发《关于不予核准赣州腾远钴业新材料股份有限公司首次公开发行股票申请的决定》，指出了腾远钴业前次IPO被否的原因：

> 报告期内，你公司原始财务报表和申报财务报表存在差异，其中2014年涉及项目较多。同时，你公司在招股说明书中对2015年扩产项目未取得环境影响评价审批即开工建设和未完成项目竣工环保验收即投产的情况未充分说明和披露。
>
> 鉴于上述情形，发审委认为，你公司内部控制制度存在缺陷，信息披露不充分，本次申请不符合《首次公开发行股票并上市管理办法》（证监会令第122号）第十七条和第四十一条的相关规定。

《首次公开发行股票并上市管理办法》（证监会令第122号）第十七条和第四十一条的规定如下：

> 第十七条　发行人的内部控制制度健全且被有效执行，能够合理保证财务报告的可靠性、生产经营的合法性、营运的效率与效果。
>
> 第四十一条　招股说明书内容与格式准则是信息披露的最低要求。不论准则是否有明确规定，凡是对投资者作出投资决策有重大影响的信息，均应当予以披露。

腾远钴业在本次IPO申报审核过程中的《发行人及保荐机构回复意见》中披露，腾远钴业在本次申报前，对上述事项都做了整改。

2. 嘉曼服饰（301276.SZ）

根据嘉曼服饰在本次IPO申报审核过程中的《发行人及保荐机构回复意见》中的披露：

嘉曼服饰于2018年3月向中国证监会申报深交所中小板IPO，于2019年1月至2月接受中国证监会现场检查，上市申请于2020年1月被中国证监会发审会否决。在前次IPO申请的审核期间，嘉曼服饰因"在申请首次公开发行股票并上市过程中，存在刷单与自买货行为、固定资产相关内控不健全、使用个人账户支付款项或费用、未能充分抵消内部交易未实现利润、存货及其减值计提存在瑕疵等问题"，于2019年7月被中国证监会采取出具警示函的行政监管措施；而且，前次IPO的保荐代表人宋卓、吴春玲因"在担任北京嘉曼服饰股份有限公司首次公开发行股票并上市保荐代表人过程中，未勤勉尽责，对发行人第三方回款、固定资产等情况的核查不充分"，被中国证监会采取监管谈话的行政监管措施。

2020年3月13日，中国证监会出具《关于不予核准北京嘉曼服饰股份有限公司首次公开发行股票并上市申请的决定》（证监许可〔2020〕416号），嘉曼服饰的前次IPO申报不予核准的主要原因如下：

（1）主要固定资产天津嘉曼车间仓库存在无立项、预算及结算报告、验收记录、在建工程完工结转报告等内部控制文件，有部分发票开具单位与合同方不一致、部分工程款收款方与合同方不一致等问题，报告期内存在使用个人账户支付款项或代垫费用的情形，且在2018年3月申报后仍存在，直至2019年6月。

（2）报告期直至申报后存在较多会计差错更正情形，包括：①内部交易未充分抵消；②将预存款提前确认收入；③多项费用会计核算跨期；④存货跌价准备计提不足；⑤未预提返利；⑥刷单；⑦自买货。

嘉曼服饰在本次申报前，对前次IPO审核的现场检查发现的问题、警示函指出的问题、保荐代表人被监管谈话的原因、被否的原因等事项都做了积极认真的整改和充分的信息披露。

3. 天元宠物（301335.SZ）

天元宠物于2017年6月向证监会提交了首次公开发行股票并在主板上市的申请文件，并于2019年3月被证监会发审委否决。2019年4月24日，证监会向公司出具了《关于不予核准杭州天元宠物用品股份有限公司首次公开发行股票并上市申请的决定》，前次IPO申报被否的原因如下：

你公司在招股说明书中未能充分说明和披露：设计研发支出、研发团队及薪酬水平与"设计研发"核心竞争优势的匹配关系，研发设计成果的性质、内容及在产品中的附加值体现；外协产品毛利率较低但占比不断提升的原因及合理性，外协厂商规模、资金实力、生产能力和你公司外协生产的匹配性，外协管理相关内控制度及其有效性；报告期主营业务毛利率高于同行业可比公司平均水平且毛利率下滑幅度低于同行业可比公司的原因及合理性，报告期自主品牌与ODM/OEM（原始设计制造商/原始设备制造商）模式的毛利率差异、自产产品与外协产品的毛利率差异及境内外销售毛利率差异的原因及合理性；设计研发支出归集的准确性及合理性，前五名供应商和外协厂商采购金额计量方法、计量依据的合理性及内部控制的有效性。报告期对关联关系及关联交易的界定不准确、披露不完整，调整的理由不适当。

发审委认为，你公司存在会计基础工作不规范、信息披露不完整的情形，不符合《首次公开发行股票并上市管理办法》（证监会令第141号）第二十三条和第四十一条的相关规定。

《首次公开发行股票并上市管理办法》（证监会令第141号）的第二十三条和第四十一条的规定如下：

第二十三条　发行人会计基础工作规范，财务报表的编制符合企业会计准则和相关会计制度的规定，在所有重大方面公允地反映了发行人的财务状况、经营成果和现金流量，并由注册会计师出具了无保留意见的审计报告。

第四十一条　招股说明书内容与格式准则是信息披露的最低要求。不论准则是否有明确规定，凡是对投资者作出投资决策有重大影响的信息，均应当予以披露。

根据天元宠物在本次申报审核过程中的《发行人及保荐机构回复意见》中的披露，天元宠物在本次 IPO 申报过程中，对上述事项都做了认真的整改和充分的披露。

4. 微导纳米（688147.SH）

微导纳米于 2020 年 6 月向上海证券交易所报送了科创板 IPO 申请文件，经历了三轮问询及回复；2020 年 12 月，向上交所申请撤回了科创板 IPO 申请文件，并于当月收到了上交所出具的《关于终止对江苏微导纳米科技股份有限公司首次公开发行股票并在科创板上市审核的决定》[上证科审（审核）〔2020〕1017 号]。

根据微导纳米在本次 IPO 申报过程中的《发行人及保荐机构关于首轮审核问询函的回复报告》中的披露，撤回前次 IPO 申请的主要原因是："前次申报招股说明书的报告期为 2017—2019 年度，财务数据更新后为 2017—2019 年度以及 2020 年 1—6 月。2017 年 12 月，公司及其全体股东与先导智能签署委托经营管理协议，同意将微导纳米委托给先导智能进行经营管理。2019 年 9 月，公司与先导智能解除了委托经营管理协议。前次申报基准日距委托经营管理解除时间较短，不足一个完整会计年度。"

前次申报基准日距委托经营管理解除时间不足一个完整会计年度，这就反映出微导纳米的内部控制情况还不能让审核员放心，进而使其对公司独立性、持续经营能力产生怀疑。

微导纳米在本次 IPO 申报前，对上述事项已经进行了整改和充分披露。

5. 赛伦生物（688163.SH）

赛伦生物于 2019 年 5 月向上海证券交易所报送了科创板 IPO 申请文件；2019 年 11 月，公司申请撤回科创板 IPO 申请文件，当月，上海证券交易所出具了《关于终止对上海赛伦生物技术股份有限公司首次公开发行股票并在科创板上市审核的决定》[上证科审（审核）〔2019〕703 号]。

根据赛伦生物在本次 IPO 申报审核过程中的《发行人及保荐机构的回复意见》中的披露，撤回前次 IPO 申请的主要原因是：根据《上海证券交易所科创板股票发行上市审核规则》第四十八条规定的"发行人及其保荐人、证券服务机构回复本所审核问询的时间总计不超过三个月"，由于无法在规定时限内对第四轮审核问询函进行回复，公司决定撤回前次首发上市申请。

根据前次申报过程中上海证券交易所下发的审核问询函，前次申报的反馈问题主要集中在：（1）收入确认政策及备货产品收入确认情况；（2）抗狂犬病血清的生产、销售、相关资产计提减值情况。

同时，赛伦生物本次IPO申报更换了会计师，理由是：新任会计师项目团队具有科创板项目首发上市审计经验。

综合上述信息，赛伦生物的内部控制、会计基础存在薄弱环节，以致无法在规定时限内对第四轮审核问询函进行回复，从而不得不撤回前次申请。

赛伦生物在本次IPO申请前，对上述事项都进行了整改，并做了充分的披露。

6. 万朗磁塑（603150.SH）

万朗磁塑于2017年5月向中国证监会提交IPO申报文件；2018年6月5日，未能通过中国证券监督管理委员会第十七届发行审核委员会2018年第85次发审委会议审核。根据中国证监会于2018年7月22日下发的《关于不予核准安徽万朗磁塑股份有限公司首次公开发行股票并上市申请的决定》（证监许可〔2018〕1160号），万朗磁塑前次申报未予核准的原因和事项：" 报告期内，你公司与部分关联方存在客户与供应商重叠的情形，且相关交易金额占你公司及该等关联方的营业收入比例较高，你公司未能对前述交易的原因和合理性、是否存在利益输送和其他利益安排进行充分说明及披露。同时，报告期内你公司存在关联方资金拆借、向第三方购买小面额承兑汇票并支付供应商、欠缴社会保险费和住房公积金等情形。鉴于上述情形，发审委认为，你公司存在信息披露不规范、内部控制制度尚不健全且未能有效执行的情形，与《首次公开发行股票并上市管理办法》（证监会令第122号）第十七条和第四十一条的规定不符。"

《首次公开发行股票并上市管理办法》（证监会令第122号）第十七条和第四十一条的规定如下：

第十七条　发行人的内部控制制度健全且被有效执行，能够合理保证财务报告的可靠性、生产经营的合法性、营运的效率与效果。

第四十一条　招股说明书内容与格式准则是信息披露的最低要求。不论准则是否有明确规定，凡是对投资者作出投资决策有重大影响的信息，均应当予以披露。

根据万朗磁塑在本次IPO申请审核过程中的《安徽万朗磁塑股份有限公司首次公开发行股票招股意向书附录》中的披露，万朗磁塑本次IPO申请前，对上述事项都做了认真整改和充分披露。

7. 粤海饲料（001313.SZ）

粤海饲料于2018年12月向中国证监会报送IPO申请文件，2019年7—8月接受现场检查（现场检查报告期为2015年1月1日至2018年12月31日），2019年11月收到现场检查告知函且未回复，2019年12月撤回IPO申报文件，并于2020年4月被出具警示函。

粤海饲料在本次IPO审核过程中，并未披露撤回前次IPO申请的具体原因，只是披露因为"公司战略规划调整"。根据本次IPO审核过程中的《国浩律师（深圳）事务所关于公司首次公开发行股票并上市之补充法律意见书（二）（四）（五）》的披露，笔者推断，粤海饲料撤回前次IPO申请，与现场检查问题较多有关，警示函亦揭示了其撤回前次IPO申请的主要原因。

"前次申报现场检查过程中，检查组成员与发行人律师就发行人历史沿革中国企改制，股权代持形成、清理过程，主要资产合法完整性，业务合规性等问题进行了充分的口头沟通了解，并要求发行人律师对珠海强竞农业有限公司、珠海强竞水产养殖有限公司、钦州市丰大农业投资有限公司应收账款可回收性涉及的相关问题发表书面意见。"

2020年4月，中国证监会在《关于对广东粤海饲料集团股份有限公司采取出具警示函监管措施的决定》中指出：

> 经查，我会发现你公司在申请首次公开发行股票并上市过程中，存在大量使用代管的客户银行卡进行结算、应收账款坏账准备计提不准确、银行存款余额披露不准确、非流动资产—上市费用核算不准确等问题。
>
> 上述行为违反《首次公开发行股票并上市管理办法》第十七条、第二十二

条、第二十三条的规定，构成《首次公开发行股票并上市管理办法》第五十五条规定所述行为。按照《首次公开发行股票并上市管理办法》第五十五条的规定，我会决定对你公司采取出具警示函的行政监管措施。

《首次公开发行股票并上市管理办法》（证监会令第141号）第十七条、第二十二条、第二十三条、第五十五条的规定如下：

第十七条　发行人的内部控制制度健全且被有效执行，能够合理保证财务报告的可靠性、生产经营的合法性、营运的效率与效果。

第二十二条　发行人的内部控制在所有重大方面是有效的，并由注册会计师出具了无保留结论的内部控制鉴证报告。

第二十三条　发行人会计基础工作规范，财务报表的编制符合企业会计准则和相关会计制度的规定，在所有重大方面公允地反映了发行人的财务状况、经营成果和现金流量，并由注册会计师出具了无保留意见的审计报告。

第五十五条　发行人、保荐人或证券服务机构制作或者出具的文件不符合要求，擅自改动已提交的文件，或者拒绝答复中国证监会审核中提出的相关问题的，中国证监会将视情节轻重，对相关机构和责任人员采取监管谈话、责令改正等监管措施，记入诚信档案并公布；情节特别严重的，给予警告。

粤海饲料在本次IPO申请前，对上述事项都做了认真整改，并进行了充分的信息披露。

8. 锡装股份（001332.SZ）

锡装股份于2015年11月向中国证监会提交IPO申请文件，2017年10月向证监会申请撤回IPO申请文件。根据锡装股份本次IPO申请审核文件补充法律意见书的披露，其撤回前次IPO申请的主要原因如下：

发行人主要从事炼油及石油化工、基础化工、核电及太阳能发电、高技术船舶及海洋工程应用的金属压力容器的研发、设计、制造、销售及相关技术服务。

2015年和2016年市场环境不佳，对发行人的经营业绩产生了一定的影响，发行人在2015年度和2016年度扣除非经常性损益后的净利润分别为2 701.89万元和3 459.61万元，考虑到报告期的业绩情况及当时的资本市场环境，经与时任保荐机构沟通，发行人于2017年10月向证监会申请撤回对《无锡化工装备股份有限公司首次公开发行股票申请文件》的审查。

前次IPO申请过程中，锡装股份接受了中国证监会的现场检查，发现了财务、内控、信息披露、关注等四大类问题；2017年9月，证监会下发了《关于对无锡化工装备股份有限公司采取出具警示函措施的决定》（中国证券监督管理委员会行政监管措施决定书〔2017〕73号），并指出如下问题："部分产品未计提存货跌价准备的依据不充分，资金账户记载交易方与实际不一致，部分经济业务内部控制存在缺陷。"

整体来看，笔者认为锡装股份前次IPO撤回的主要原因在于财务规范性、内部控制方面存在不足。

本次IPO申报前，锡装股份对前次IPO审核过程中的上述问题都做了认真整改和充分披露，同时业绩亦有所回升，2018年度、2019年度、2020年度和2021年1—6月的净利润分别为8 340.66万元、16 720.45万元、19 309.47万元和10 030.35万元，为本次IPO申请成功奠定了基础。

五、解决企业合规问题

拟上市企业自身的合规问题往往短时间内难以解决，因为合规问题撤否后，拟上市企业往往选择长时间等待，解决合规问题或者待其影响消除后，再选择新的报告期进行IPO申报。

如果是拟上市企业的外部合规问题，比如保荐机构的合规问题，那么撤否后，拟上市企业短期内即可更换保荐机构，然后重新申报。

（一）拟上市企业自身合规事项

1. 中荣股份（301223.SZ）

2019年上半年，中荣股份经营稳定，搬迁对其生产经营影响已经消除，于

2019年6月上旬第二次提交了IPO申请文件,后公司于2019年6月下旬撤回了第二次IPO申请文件。

根据中荣股份在本次申报审核过程中的《发行人及保荐机构回复意见》中的披露,撤回第二次IPO申报的主要原因如下:第二次申报前夕(2019年5月)中山市市场监督管理局向公司下达了《行政处罚决定书》,拟因叉车使用相关情况对公司处以25.00万元罚款(经发行人整改后,中山市市场监管局对发行人减轻处罚金额,于2019年6月26日向发行人下发《行政处罚决定书》,处以罚款10.00万元)。提交第二次IPO申请文件后,2019年6月10日,昆山市环境保护局向昆山中荣送达《行政处罚事先(听证)告知书》,拟因昆山中荣环保违法事项对昆山中荣处以15.10万元的行政处罚。中荣股份以及第二次IPO的保荐机构认为:(1)连续受到金额相对较大的行政处罚,在未进行充分整改前上述处罚事项可能对公司IPO审核造成较大影响;(2)发行人主要客户多为国际知名企业,此类客户对供应商的社会责任感、合法合规性要求较高,特别是涉及环境保护相关事项。若未有效整改上述处罚事项,可能会影响公司与重要客户的合作,进而对公司生产经营造成较大不利影响。

此后,中荣股份对上述事项进行了积极整改,制定或完善了相关安全生产和环境保护制度,内部控制健全并得到有效执行,且根据《深圳证券交易所创业板股票首次公开发行上市审核问答》关于"重大违法行为"的界定,上述行政处罚不构成重大违法违规行为,故第二次申报后撤回文件的原因没有对第三次IPO申请即本次IPO申请造成实质性障碍。

2. 弘业期货(001236.SZ)

弘业期货作为香港联合交易所有限公司(香港联交所)的H股上市公司(2015年上市),于2017年12月向中国证监会提交了IPO申报文件;2019年12月3日取得中国证监会《关于请做好相关项目发审委会议准备工作的函》。后鉴于公司决定调整A股上市计划,于2020年8月3日向中国证监会提交了《弘业期货股份有限公司关于撤回首次公开发行股票并上市申请文件的申请》。中国证监会于2020年8月17日下发了《中国证监会行政许可申请终止审查通知书》(〔2020〕87号)。

弘业期货本次IPO申请过程中并未披露前次IPO申请撤回的具体原因,结合两次 IPO 申请的招股说明书，以及本次 IPO 申请的《发行保荐工作报告》，笔者推断撤回前次 IPO 申请的原因如下：

第一是业绩下滑。弘业期货 2019 年归属于母公司所有者的净利润仅为 2 126.64 万元，而 2018 年、2017 年归属于母公司所有者的净利润分别为 8 051.41 万元、9 233.21 万元。

第二是受到监管处罚。2018—2020 年监管部门对弘业期货做出了一系列的监管检查，并发现了诸多问题，特别是监管检查过程中指出的存在将资管计划募集期利息归属公司、客户保证金穿仓时员工未经客户同意为其垫资金等问题，并做出了相应处罚。

弘业期货本次 IPO 申请前对上述事项都做了认真整改和充分的信息披露。

（二）拟上市企业的外部合规事项

1. 中科江南（301153.SZ）[控股股东合规性]

中科江南于 2015 年 11 月向中国证监会提交首次公开发行股票并在创业板上市的申请文件。2016 年 12 月，按照中国证监会《关于组织对首发企业信息披露质量进行抽查的通知》的要求，公司被抽签选中作为信息披露质量检查的企业。2017 年 2 月，撤回了前次 IPO 申请。由于公司撤回前次 IPO 申请，中国证监会未实际开展相应的信息披露质量检查，公司亦未收到中国证监会信息披露质量检查的整改通知或问题。

中科江南在本次申报审核过程中的《发行人及保荐机构回复意见》中披露：在前次申报审核期间，公司实际控制人丁绍连因个人投资房产出租事项被司法机关采取强制措施，公司考虑到实际控制人情况对 IPO 申报的影响，于是撤回前次 IPO 申请。

中科江南在本次 IPO 申报报告期内，控股股东发生变更，由自然人丁绍连变更为国有控股上市公司广电运通（002152.SZ）。2018 年 2 月，广电运通受让丁绍连等持有公司合计 46% 的股份，本次股权转让完成后，广电运通成为公司控股股东。2020 年 11 月 17 日，本次申报获得深圳证券交易所受理。

2. 侨源股份（301286.SZ）[控股股东合规性]

根据侨源股份在本次IPO申报审核过程中的《发行人及保荐机构回复意见》中的披露：

侨源股份于2015年10月向证监会提交首次公开发行股票并在创业板上市的申请文件，2017年3月通过证监会审核并取得发行批文，2017年4月发行人向证监会申请暂停发行，2018年5月申请撤回首发申报文件，终止发行上市。

侨源股份暂停发行的原因是：2017年4月8日，微信公众号"IPO案例库"发布文章《董事长近30万元行贿案未披露 这家拟上市公司拿到IPO批文》，文章内容主要是关于公司董事长乔志涌作为黄学平受贿罪案件证人。因上述媒体质疑事项，根据证监会要求，2017年4月15日，发行人暂缓后续发行工作。

此后，随着钢铁行业经济效益稳步回升，对高纯度液态气体的需求日益增大，侨源股份预计未来几年业绩将出现爆发式增长，综合考虑暂缓发行已逾1年、前次发行拟募集资金可能不满足发行人后续生产经营需求等因素，发行人于2018年5月决定申请撤回首发申报文件，终止发行上市。

侨源股份本次IPO申请的保荐机构及发行人律师经核查，认为：（1）前次发行人取得发行批文后暂停发行的原因是黄学平受贿罪案件媒体质疑事项，发行人在暂停发行后取得了经办检察机关及发行人所在地检察机关的书面确认文件；（2）乔志涌及发行人在黄学平受贿罪案件中不存在谋取不正当利益的情形，乔志涌及发行人不存在因上述案件被追究相关责任的风险，上述案件不构成本次发行上市障碍；（3）《红周刊》2017年4月8日文章质疑事项不属实。

3. 标榜股份（301181.SZ）[保荐机构合规性]

标榜股份于2020年6月向中国证监会提交了首次公开发行股票的申报文件，拟在上交所主板上市。2020年8月，公司撤回了前次IPO申请。根据标榜股份在本次申报审核过程中的《发行人及保荐机构回复意见》中的披露，"公司战略规划导致上市计划调整，经慎重考虑"，公司撤回前次IPO申请。

标榜股份未披露撤回前次IPO申请的具体原因，笔者推断存在如下两个原因：

第一，2020年8月，创业板实施注册制。

第二，2020年7月，前次申报的保荐人广发证券股份有限公司被中国证监会广东监管局依法暂停保荐资格 6 个月。（因此，本次申报，发行人更换保荐人为中信建投证券股份有限公司。）

综上，笔者认为，标榜股份是以更换保荐人为契机，为了抓住创业板实施注册制的红利，撤回前次 IPO 申请，并于 3 个月后，即 2020 年 11 月向深交所提交创业板 IPO 的申请。

六、提高企业信息披露质量

1. 天益医疗（301097.SZ）

天益医疗的前前次申报，即 2017 年 4 月 13 日，向中国证监会提交首次公开发行股票并在主板上市的申请文件；2018 年 6 月 25 日，天益医疗收到证监会《关于不予以核准宁波天益医疗器械股份有限公司首次公开发行股票申请的决定》（证监许可〔2018〕1024 号）。当时，发审委否决的理由如下："发审委在审核中关注到，你公司存在以下情形：你公司报告期内经销收入占主营业务收入 96% 以上，第一大经销商宁波汉博国际贸易有限公司以外销为主。你公司未充分说明并披露终端客户销售的具体情况，未充分说明并披露销售人员数量少、销售费用率低于行业可比公司的原因及合理性。此外，你公司亦未充分说明并披露 2017 年收购关联方泰瑞斯科技有限公司的原因和必要性。鉴于上述情形，发审委认为，你公司信息披露不完整的情形，不符合《首次公开发行股票并上市管理办法》（证监会令第 122 号）第四十一条的相关规定。"

《首次公开发行股票并上市管理办法》（证监会令第 122 号）第四十一条的规定如下：

> 第四十一条 招股说明书内容与格式准则是信息披露的最低要求。不论准则是否有明确规定，凡是对投资者作出投资决策有重大影响的信息，均应当予以披露。

鉴于此，根据天益医疗在本次申报审核过程中的《发行人及保荐机构回复意见》，天益医疗在本次申报过程中，对上述问题均进行了充分披露。

2. 森鹰窗业（301227.SZ）

森鹰窗业于 2015 年 12 月 28 日向中国证监会递交了首次公开发行股票的申请文件；2017 年 10 月 31 日，中国证监会发行审核委员会召开 2017 年第 21 次发行审核委员会工作会议，审核森鹰窗业首发申请，审核结果为未通过。2017 年 12 月 18 日，中国证监会下发《关于不予核准哈尔滨森鹰窗业股份有限公司首次公开发行股票申请的决定》。

根据森鹰窗业在本次申报审核过程中的《发行人及保荐机构回复意见》中的披露，前次 IPO 申报被否的主要原因如下：

1. 发行人披露的招股说明书未能充分说明报告期内经销渠道收入占比逐年上升，经销产品单位售价、毛利率显著高于其他渠道的原因，以及 2017 年 6 月末应收账款余额超过当期主营业务收入，其中工程渠道应收账款余额大幅高于当期工程渠道业务收入的原因。

2. 发行人在首次申报时未披露 2013 年 8 月因业务人员伪造检测报告被上海市城乡建设和交通委员会予以行政处罚的情况。

发审委认为，发行人存在信息披露不规范、内部控制制度尚不健全且未能有效执行等情形，不符合《首次公开发行股票并上市管理办法》（证监会令第 122 号）第四条和第十七条的规定。

《首次公开发行股票并上市管理办法》（证监会令第 122 号）第四条和第十七条的规定如下：

第四条　发行人依法披露的信息，必须真实、准确、完整，不得有虚假记载、误导性陈述或者重大遗漏。

第十七条　发行人的内部控制制度健全且被有效执行，能够合理保证财务报告的可靠性、生产经营的合法性、营运的效率与效果。

森鹰窗业本次 IPO 申报前，对上述事项都进行了认真整改和充分的信息披露。

3. 富士莱（301258.SZ）

富士莱于 2017 年 6 月 20 日向中国证监会递交了首次公开发行股票的申请文件；2018 年 12 月 18 日，中国证监会发行审核委员会召开 2017 年第 194 次发行审核委员会工作会议，审核富士莱首发申请，审核结果为未通过；在审核期间，中国证监会还对富士莱的信息披露质量进行抽查（现场检查）。

富士莱在本次 IPO 申报审核过程中的《发行人及保荐机构回复意见》中披露，前次 IPO 申报被否的主要原因是在外汇方面，实际控制人、经销、毛利率等方面信息披露、核查不充分，以及在财务内控方面存在问题。

富士莱在本次 IPO 申报及其审核过程中，对前次 IPO 申报审核过程中现场检查发现的问题、发审委关注的问题都做了积极认真的整改和充分的信息披露。

4. 泰恩康（301263.SZ）

泰恩康于 2017 年 9 月 15 日向中国证监会递交了首次公开发行股票的申请文件；2019 年 8 月 22 日，中国证监会发行审核委员会召开 2019 年第 103 次发行审核委员会工作会议，审核泰恩康首发申请，审核结果为未通过。根据《关于不予核准广东泰恩康医药股份有限公司首次公开发行股票并在创业板上市申请的决定》（证监许可〔2019〕1854 号），前次 IPO 申报审核落实意见涉及问题及发审委未通过的原因如下：

1. 报告期内，发行人控股子公司山东华铂凯盛生物科技有限公司对受托研发和一致性评价服务按完工百分比法确认技术服务收入，对转让注射用多西他赛聚合物胶束临床批件按"里程碑"条款分期确认技术转让收入。发行人未能充分说明合同约定的结算比例与实际工作量的匹配性，合同完工进度确认依据的充分性，技术服务收入确认方法、时点的合理性；也未能充分说明与上海凯茂生物医药有限公司技术转让合同条款的商业合理性，技术转让收入确认方法、时点的谨慎性。

2. 报告期内，发行人与子公司马鞍山天福康药业有限公司（简称"天福康"，后更名为"安徽泰恩康"）业绩实现数均大幅低于收购时评估报告的预测数，但发行人未能充分说明 2016 年末、2017 年末不对天福康资产组计提商誉减值的理由和依据，也未能充分说明调整 2018 年末商誉减值测试预测基础并计提减值准备的理由和依据。

基于上述两个关注问题，发审委认为：发行人不符合《首次公开发行股票并在创业板上市管理办法》（证监会令第 142 号）第四条和第三十一条的相关规定。

《首次公开发行股票并在创业板上市管理办法》（证监会令第 142 号）第四条和第三十一条的规定如下：

第四条　发行人依法披露的信息，必须真实、准确、完整、及时，不得有虚假记载、误导性陈述或者重大遗漏。

发行人作为信息披露第一责任人，应当及时向保荐人、证券服务机构提供真实、准确、完整的财务会计资料和其他资料，全面配合保荐人、证券服务机构开展尽职调查。

第三十一条　中国证监会制定的创业板招股说明书内容与格式准则是信息披露的最低要求。不论准则是否有明确规定，凡是对投资者作出投资决策有重大影响的信息，均应当予以披露。

泰恩康在本次 IPO 申报及其审核过程中，对前次 IPO 申报的发审委关注的问题都做了积极认真的整改和充分的信息披露。

5. 宇邦新材（301266.SZ）

宇邦新材于 2016 年 9 月 20 日向中国证监会提交了前次创业板 IPO 申报文件；2017 年 12 月 27 日，在中国证监会第十七届发行审核委员会 2017 年第 82 次发行审核委员会工作会议中未通过审核。根据《关于不予核准苏州宇邦新型材料股份有限公司首次公开发行股票并在创业板上市申请的决定》（证监许可〔2018〕238 号），因存在下述情形，发审委认为公司不符合《首次公开发行股票并在创业板上市管理办法》（证监会令第 142 号）第四条、第三十条和第三十三条的相关规定：

你公司所在行业竞争加剧，你公司毛利率由2014年度的35.17%下降至2017年1—9月的15.42%，2017年1—9月净利润为3 507万元，同比下降41.37%。你公司未在招股说明书中充分披露对持续盈利能力构成重大不利影响的有关因素，也未作出特别风险提示。

2017年1—9月，你公司处置废料形成其他业务收入998万元，高于报告期其他各期。你公司未在招股说明书中充分披露对当期净利润的影响金额，不利于投资者判断该因素对公司盈利能力的影响。

报告期内你公司与实际控制人肖锋之配偶王歌曾控股的常熟市鑫腾电子设备有限公司交易额持续增加，各期交易额占鑫腾电子营业收入比例接近100%，鑫腾电子持续微利。你公司未就王歌与鑫腾电子是否延续关联关系以及王歌按出资额转让鑫腾电子股权的原因作出合理的解释。

《首次公开发行股票并在创业板上市管理办法》（证监会令第142号）第三十条和第三十三条的规定如下：

第三十条　发行人应当以投资者的决策需要为导向，按照中国证监会的有关规定编制和披露招股说明书，内容简明易懂，语言浅白平实，便于中小投资者阅读。

第三十三条　发行人应当在招股说明书中分析并完整披露对其持续盈利能力产生重大不利影响的所有因素，充分揭示相关风险，并披露保荐人对发行人是否具备持续盈利能力的核查结论意见。

宇邦新材在本次IPO申报及其审核过程中，对前次IPO申报的发审委关注的问题都做了积极认真的整改和充分的信息披露。

6. 挖金客（301380.SZ）

挖金客第二次IPO申请时间是2017年4月，向中国证监会提交上交所主板上市申请，2018年1月未通过发审委审核。2018年3月14日，中国证监会下发了《关于不予核准北京挖金客信息科技股份有限公司首次公开发行股票申请的决定》

（证监许可〔2018〕445号）。挖金客第二次IPO申请被否的原因如下：

发审委在审核中关注到，公司存在以下情形：

报告期内，公司直接来自中国移动的收入占营业收入比例分别为12.67%、31.87%、77.67%和77.33%，同时构成收入主要来源的四大类业务收入占比大幅波动，各类业务收入变化趋势差异较大。公司报送的《首次公开发行股票并上市招股说明书（申报稿）》未能谨慎、客观、完整地披露上述情况对公司未来财务状况和盈利能力可能产生的影响。

鉴于上述情况，发审委认为，公司信息披露存在不够完整的情形，本次申请不符合《首次公开发行股票并上市管理办法》（证监会令第122号）第四十一条的规定。

《首次公开发行股票并上市管理办法》（证监会令第122号）第四十一条的规定如下：

第四十一条　招股说明书内容与格式准则是信息披露的最低要求。不论准则是否有明确规定，凡是对投资者作出投资决策有重大影响的信息，均应当予以披露。

挖金客在本次申报（第三次IPO申报）审核过程中的《发行人及保荐机构回复意见》中披露，挖金客在本次IPO申报过程中，对上述事项都做了认真的整改和充分的披露。

7. 钜泉科技（688391.SH）

钜泉科技第二次IPO申报被否，是因为信息披露不充分的问题。

钜泉科技于2016年6月向中国证监会提交了IPO申请；2017年11月3日，经中国证监会第十七届发行审核委员会2017年第24次发审委工作会议审核，发行人上市申请未获通过。

2018年3月14日，中国证监会下发了《关于不予核准钜泉光电科技（上海）股份有限公司首次公开发行股票申请的决定》（证监许可〔2018〕438 号），并指出了钜泉科技第二次 IPO 申请未获核准的原因为：

> 报告期内，你公司通过经销商向参股公司北京前景无忧电子科技有限公司（以下简称"前景无忧"）销售芯片产品，截至 2017 年上半年，前景无忧已成为你公司第一大最终客户，但你公司未充分披露与前景无忧的交易情况。鉴于上述情形，发审委认为你公司信息披露不够完整，本次申请不符合《首次公开发行股票并上市管理办法》（证监会令第 122 号）第四条和第四十一条的规定。

钜泉科技在本次申报（第三次 IPO 申报）审核过程中的《发行人及保荐机构回复意见》中披露，钜泉科技在本次 IPO 申报过程中，对上述事项都做了认真的整改和充分的披露。

8. 可川科技（603052.SH）

可川科技于 2019 年 6 月 6 日向中国证监会递交首次公开发行股票并在创业板上市的申请文件；2020 年 4 月 27 日，中国证监会发布并实施《关于创业板改革并试点注册制实施前后相关行政许可事项过渡期安排的通知》，根据该通知，创业板试点注册制实施之日起，中国证监会终止尚未经发审委审核通过的创业板在审企业首次公开发行股票的审核，并将相关在审企业的审核顺序和审核资料转深圳证券交易所。2020 年 6 月 12 日，中国证监会发布创业板改革并试点注册制相关制度规则。2020 年 7 月 8 日，可川科技召开 2020 年第一次临时股东大会，审议通过《关于公司终止首次公开发行股票并在创业板上市的申请的议案》。

根据可川科技本次 IPO 申请审核期间的《北京德恒律师事务所关于苏州可川电子科技股份有限公司首次公开发行股票并上市的法律意见》的披露，可川科技未向深交所报送创业板 IPO 申请的原因是：在创业板注册制实施的过渡期间，由于面对新冠疫情带来的经营压力，可川科技决定调整发展战略，集中资源稳定业务。此外，前次申报发行人未对公司的外协形式进行详细说明。

可川科技本次 IPO 申请过程中已对上述事项进行了认真整改和充分披露。

9. 德明利（001309.SZ）

德明利于 2020 年 9 月 27 日向深圳证券交易所报送了创业板 IPO 申请文件；2020 年 11 月 6 日收到《关于深圳市德明利技术股份有限公司首次公开发行股票并在创业板上市申请文件的审核问询函》（审核函〔2020〕010739 号）；2021 年 2 月 5 日向深圳证券交易所提交关于首次公开发行股票并在创业板上市终止审核的申请，并于 2021 年 2 月 9 日收到深圳证券交易所出具的《关于终止对深圳市德明利技术股份有限公司首次公开发行股票并在创业板上市审核的决定》。

根据本次 IPO 申请过程中《广东信达律师事务所关于公司首次公开发行股票并上市的补充法律意见书（一）》的披露，撤回前次 IPO 申请的主要原因如下：

在收到审核问询函后，发行人会同各方中介机构根据相关要求积极落实深交所审核中心意见并补充完善相关核查事项，由于前次申报的报告期基准日（2020 年 6 月 30 日）和申报受理时点（2020 年 10 月 13 日）较为接近，在当前注册制背景下，审核问询节奏较快，发行人会同各方中介机构在完成首次问询回复事项的同时还需结合问询事项叠加补充 2020 年财务报告执行进一步核查工作，且无法通过财务数据更新原因在 2 月 3 日审核时限到期前申请中止审核以争取更多的回复时间。同时，综合发行人所处行业特点、境外销售及分销模式占比较高、外销客户存在第三方回款等情形，尤其是在疫情影响下，发行人和各方中介机构根据问询问题和审核人员的要求进一步获取外部确认文件、提高核查比例的沟通、走访或确认周期较长，最终导致在问询回复阶段使用时间较多。经与审核中心沟通，在当前法规明确规定问询回复时间不得超过 90 天的情况下，发行人综合考虑审核时限、企业发展战略及公司经营情况等，最终决定从深交所撤回首次申报材料。

德明利本次 IPO 申请前，保荐机构及各方中介机构针对发行人"境外销售及分销模式占比较高、外销客户存在第三方回款等情形"，在前期尽职调查的基础上对 2020 年度相关情形进行补充核查确认，并获取核查所需的相关外部确认文件，确认发行人符合相关发行条件，这为本次 IPO 成功奠定了基础。

再次（含二次）申报成功的启示

通过分析上述44家企业IPO再次申报成功之路，我们认为上述企业再次申报成功，主要是在以下方面做得较为到位。

一、板块定位精准是前提

自2013年党的十八届三中全会通过了《中共中央关于全面深化改革若干重大问题的决定》以来，我国多层次资本市场建设和股票发行注册制改革是同步进行的，主板（含中小板）、创业板、科创板以及股转公司、北交所的各自板块定位日趋清晰，从规模、产业特征、企业发展阶段等多个层面明确了各板块定位，并提出了相应的负面清单，为资本设置了"红绿灯"。

《首次公开发行股票注册管理办法》（2023年2月17日中国证券监督管理委员会2023年第2次委务会议审议通过）明确指出：

第三条　发行人申请首次公开发行股票并上市，应当符合相关板块定位。

主板突出"大盘蓝筹"特色，重点支持业务模式成熟、经营业绩稳定、规模较大、具有行业代表性的优质企业。

科创板面向世界科技前沿、面向经济主战场、面向国家重大需求。优先支持符合国家战略，拥有关键核心技术，科技创新能力突出，主要依靠核心技术开展生产经营，具有稳定的商业模式，市场认可度高，社会形象良好，具有较强成长性的企业。

创业板深入贯彻创新驱动发展战略，适应发展更多依靠创新、创造、创意的大趋势，主要服务成长型创新创业企业，支持传统产业与新技术、新产业、新业态、新模式深度融合。

在IPO审核过程中，科创板、创业板的板块定位问题往往成为审核问询的重要方面。从前述案例可以看出，由科创板申报IPO撤否后转创业板、主板是常见的现象。因此，企业再次（含二次）IPO申报成功，板块定位精准是前提。

二、经营全面合规是底线

我国"四个全面"战略布局的提出，是新的时代条件下坚持和发展中国特色社会主义、推动改革开放和社会主义现代化建设迈上新台阶的强力保障，其中"全面依法治国"作为战略布局之一，也体现在经济社会生活的方方面面。经营全面合法合规，既是企业长期生存发展的底线，又是企业登陆资本市场的底线，对此，拟上市企业不能有任何侥幸心理。企业经营全面合法合规，是历年来 IPO 相关法律法规的基本要求。

《首次公开发行股票注册管理办法》（2023 年 2 月 17 日中国证券监督管理委员会 2023 年第 2 次委务会议审议通过）明确指出：

> 第十三条　发行人生产经营符合法律、行政法规的规定，符合国家产业政策。
>
> 最近三年内，发行人及其控股股东、实际控制人不存在贪污、贿赂、侵占财产、挪用财产或者破坏社会主义市场经济秩序的刑事犯罪，不存在欺诈发行、重大信息披露违法或者其他涉及国家安全、公共安全、生态安全、生产安全、公众健康安全等领域的重大违法行为。
>
> 董事、监事和高级管理人员不存在最近三年内受到中国证监会行政处罚，或者因涉嫌犯罪正在被司法机关立案侦查或者涉嫌违法违规正在被中国证监会立案调查且尚未有明确结论意见等情形。

在 IPO 审核过程中，企业经营的合法合规问题往往成为审核问询的重要方面。从前述案例可以看出，拟上市企业若合法合规出现问题导致 IPO 撤否，往往需要较长时间解决、整改，将相应的违法违规行为排除在报告期之外，再行申报 IPO，才有成功的可能。

三、内部控制健全是基础

内部控制与合规，各有侧重，也有重叠的一面，广义的内部控制也包括合规。通常而言，合法合规，是对企业主体对外的行为要求；而内部控制，是对企业内部管理运营的行为要求，能够合理保证公司运行效率、合法合规，尤其是财务报告的可靠性。内部控制不到位，则意味着拟上市企业本身经营管理缺乏稳定性，不能保证合法合规经营，财务报告真实性存疑。这往往会牵扯出其他方面的问题，使经营管理面临的风险较大。同时，会计基础工作本身也属于内部控制的一部分，如果企业的会计基础工作薄弱，那么对其 IPO 申报审核而言，是致命的。

《首次公开发行股票注册管理办法》（2023 年 2 月 17 日中国证券监督管理委员会 2023 年第 2 次委务会议审议通过）明确指出：

> 第十一条　发行人会计基础工作规范，财务报表的编制和披露符合企业会计准则和相关信息披露规则的规定，在所有重大方面公允地反映了发行人的财务状况、经营成果和现金流量，最近三年财务会计报告由注册会计师出具无保留意见的审计报告。
>
> 发行人内部控制制度健全且被有效执行，能够合理保证公司运行效率、合法合规和财务报告的可靠性，并由注册会计师出具无保留结论的内部控制鉴证报告。

在企业准备 IPO 申报过程中，会计基础工作和内部控制规范工作是重中之重，是一切工作的基础。由前述案例可以看出，因为此类问题撤否后，企业再次申报审核时，往往必须在此类问题切实整改之后并且运营较长时间（至少一个完整的会计年度）以后才可能获得认可。

四、企业"独立性"是首要

对拟上市企业而言，独立性是指"发行人业务完整，具有直接面向市场独立持续经营的能力"，这是其作为上市公司向不特定投资者公开募资的首要条件，也是《公司法》意义上的"公司"的法人财产权和"有限"责任的内在本质要求。

《首次公开发行股票注册管理办法》（2023 年 2 月 17 日中国证券监督管理委员会 2023 年第 2 次委务会议审议通过）明确指出：

第十二条　发行人业务完整,具有直接面向市场独立持续经营的能力:

(一)资产完整,业务及人员、财务、机构独立,与控股股东、实际控制人及其控制的其他企业间不存在对发行人构成重大不利影响的同业竞争,不存在严重影响独立性或者显失公平的关联交易;

(二)主营业务、控制权和管理团队稳定,首次公开发行股票并在主板上市的,最近三年内主营业务和董事、高级管理人员均没有发生重大不利变化;首次公开发行股票并在科创板、创业板上市的,最近二年内主营业务和董事、高级管理人员均没有发生重大不利变化;首次公开发行股票并在科创板上市的,核心技术人员应当稳定且最近二年内没有发生重大不利变化;

发行人的股份权属清晰,不存在导致控制权可能变更的重大权属纠纷,首次公开发行股票并在主板上市的,最近三年实际控制人没有发生变更;首次公开发行股票并在科创板、创业板上市的,最近二年实际控制人没有发生变更;

(三)不存在涉及主要资产、核心技术、商标等的重大权属纠纷,重大偿债风险,重大担保、诉讼、仲裁等或有事项,经营环境已经或者将要发生重大变化等对持续经营有重大不利影响的事项。

前述案例表明,尽管在IPO审核过程中,对某个具体事项是否影响独立性的判断有一定弹性,但是企业必须拿出足够的证据证明该事项不影响独立性,否则必须彻底整改。

五、经营业绩优良是关键

在全面注册制下,对IPO企业的要求,以"持续经营能力"代替了"持续盈利能力",但是企业的经营业绩,特别是净利润规模及其发展趋势,仍然十分重要。其内在逻辑是,在通常情况下,对于收入规模较小的企业,如果其净利润不到一定的规模,不具备"持续盈利能力",则其"持续经营能力"也将受到质疑。同时,在"市值"标准下,没有一定规模的经营业绩做基础,企业能否满足市值标准也容易受到质疑。

前述案例表明，拟上市企业如遇业绩不高、业绩下滑或业绩大幅波动而导致IPO申报撤否的情形，往往要等到业绩规模较高、业绩回升或业绩稳定之后再行申报，而且往往等待时间较长。

六、信息披露充分（项目执行到位）是保障

信息披露是注册制的核心，也是资本市场内在的本质的要求，而信息披露充分是 IPO 审核长期以来坚持的要求。发行人要信息披露清楚，保荐人要核查清楚，监管机关要问清楚，投资者要看清楚。

《首次公开发行股票注册管理办法》（2023 年 2 月 17 日中国证券监督管理委员会 2023 年第 2 次委务会议审议通过）对信息披露做出了一系列的要求，比如：

> 第六条　发行人应当诚实守信，依法充分披露投资者作出价值判断和投资决策所必需的信息，充分揭示当前及未来可预见的、对发行人构成重大不利影响的直接和间接风险，所披露信息必须真实、准确、完整，简明清晰、通俗易懂，不得有虚假记载、误导性陈述或者重大遗漏。
>
> 发行人应当按保荐人、证券服务机构要求，依法向其提供真实、准确、完整的财务会计资料和其他资料，配合相关机构开展尽职调查和其他相关工作。
>
> 发行人的控股股东、实际控制人、董事、监事、高级管理人员、有关股东应当配合相关机构开展尽职调查和其他相关工作，不得要求或者协助发行人隐瞒应当提供的资料或者应当披露的信息。
>
> 第七条　保荐人应当诚实守信，勤勉尽责，按照依法制定的业务规则和行业自律规范的要求，充分了解发行人经营情况、风险和发展前景，以提高上市公司质量为导向，根据相关板块定位保荐项目，对注册申请文件和信息披露资料进行审慎核查，对发行人是否符合发行条件、上市条件独立作出专业判断，审慎作出推荐决定，并对招股说明书及其所出具的相关文件的真实性、准确性、完整性负责。

前述案例表明，如果拟上市企业某个方面、某个事项被认为是没有披露充分而

被撤否,那么这很可能是由于保荐人的尽职调查和财务核查工作不到位,或者发行人有意隐瞒某个事项,如此,将给保荐人和发行人带来极大的风险。因此,发行人的 IPO 成功,需要以信息披露充分来保障,而信息披露充分需要以保荐人的项目执行到位来保障。

七、IPO 再次申报审核的特殊询问事项

根据前述案例中关于本次 IPO 申报审核的问询及其答复情况,再次申报时,审核人员通常都会询问如下问题。

1. 披露前次 IPO 申报的简要过程及撤回(被否)原因、相关问题是否仍然存在,涉及问题及整改情况,是否存在影响本次上市的障碍。

2. 列表对比披露本次 IPO 申报、前次 IPO 申报时关于行业分析、公司财务、业务、主要客户、供应商等方面的同类信息披露重大差异情况及差异原因。

3. 披露前次 IPO 申报以来相关保荐人、证券服务机构及其签字人是否发生变更,如发生变更,请披露变更原因。

4. 披露前次 IPO 申报撤回(被否)后本次申报前是否存在会计调整事项,如存在,会计调整事项是否属于会计差错更正,是否符合《企业会计准则》相关规定。

如果前次 IPO 申报受到了现场检查、现场督导以及收到了警示函,还要求披露现场检查、现场督导以及警示函涉及的问题及整改情况,是否存在影响本次上市的障碍。比如,审核人员会做如下问询。

1. 前次现场检查发现的各项问题的出现原因,是否存在会计基础工作不规范、内部控制存在重大缺陷等情形,相关整改落实的具体方法、过程、结果。

2. 发行人前次申报收到警示函的行政监管措施的情况,警示函涉及事项的产生背景,涉及金额及占比情况,对发行人业绩真实性的影响,对发行人财务内控产生的不利影响;上述事项本次申报报告期内是否仍存在,对本次发行上市是否构成实质性障碍。

因此,拟上市企业再次申报 IPO,除了将上述问题回答好之外,与首次申报 IPO 审核没有本质区别。

深沪主板被否企业发审委聆讯问题

一、上海博隆装备技术股份有限公司

公司为提供以气力输送为核心的粉粒体物料处理系统解决方案的专业供应商，集处理过程方案设计、技术研发、核心设备制造、自动化控制、系统集成及相关技术服务于一体，主要提供物料气力输送、计量配混、存储、掺混、均化的成套设备及相应的部件、备件和服务。

1. 问题1：股权转让

周浜村村委会在2001年博隆有限设立时出资255万元，并于投资2年后按原投资额退出。请发行人代表说明：（1）周浜村村委会2001年入股时是否对退股事项进行了约定，是否有相关支持性政策文件；（2）周浜村村委会是否有权决定本次股权转让，是否符合集体资产管理的相关规定，是否存在诉讼、争议或其他风险；（3）周浜村村委会以原出资额转让所持股权是否存在集体资产流失的情况，是否存在其他利益安排，相关事项是否取得有权机关确认。

2. 问题2：实际控制人认定

博实股份现为发行人单一最大股东，其董事长邓喜军曾任发行人执行董事及法定代表人，目前担任发行人董事。请发行人代表说明：（1）邓喜军及博实股份参与发行人经营管理决策情况，是否曾实际控制发行人；（2）双方是否存在同业竞争，是否存在通过实际控制人认定规避同业竞争或潜在竞争的情形；（3）陈俊与邓喜军配偶间存在大额资金往来的原因及合理性；（4）认定林凯、林慧为共同实际控制人的依据及合理性，是否与其他认定保持一致；（5）未将博实股份认定为发行人共同实际控制人的依据是否充分，是否符合相关规定。

3. 问题3：会计收入确认合规性

请发行人代表：（1）说明对需要提供指导安装调试等技术服务产品的相关收入确认是否符合《企业会计准则》规定；（2）结合部分项目验收时间与公开报道的投产时间存在跨年差异的情况，说明是否存在通过人为调节项目发运、指导安装及验收时间进行跨期收入调节的情况；（3）说明项目验收阶段的成本构成及占比，并说明如果按照验收开始时点确认收入，对报告期各期收入、利润的影响情况；（4）说明 2021 年针对第一大客户确认的收入毛利率高达 52.29% 的原因及合理性。

4. 问题 4：存货

请发行人代表：（1）说明在产品的存放地以及期末盘点情况；（2）结合发行人正在执行的合同的原材料采购价格与初估价格的差异情况，说明产品成本的主要核算方法和核算过程及其准确性；（3）说明存货跌价准备计提是否充分，是否存在亏损合同。

二、宁波环洋新材料股份有限公司

宁波环洋新材料股份有限公司是一家专门从事环氧氯丙烷的研发、生产及销售的高新技术企业，主要产品为环氧氯丙烷。

1. 问题 1：关联方交易

发行人与万华氯碱、万华化学有关联。请发行人代表说明：（1）无偿受让 3 项专利申请权的合理性，是否存在其他利益安排，发行人的核心技术是否对万华氯碱存在依赖；（2）万华氯碱以土地使用权对发行人的前身增资、增资完成后不久即退出的原因及合理性，土地使用权取得的合法合规性；（3）部分间接股东为万华氯碱员工并由方福良代持的背景及原因；（4）发行人氯化氢采购价格明显低于第三方的商业合理性及可持续性，是否存在利益输送的情形。

2. 问题 2：供应商和毛利率问题

甘油为发行人的核心生产原材料，主要依赖进口。请发行人代表说明：（1）2020 年 1 月至 2021 年 6 月，甘油平均采购单价大幅低于市场价格的原因；（2）与海外甘油供应商是否存在关联关系，部分供应商成立不久即成为发行人主要供应商的原因；（3）2021 年第二季度实现销售较往年同期大幅增长的原因；（4）发行人毛利率远高于同行业可比公司的原因及合理性。

3. 问题 3：持续经营能力

发行人收入主要来自环氧氯丙烷的销售。请发行人代表说明：（1）2021 年下半年毛利率水平是否面临下滑的趋势，是否会对发行人业绩产生重大不利影响；（2）环氧氯丙烷是否存在产能过剩风险，是否对发行人持续盈利能力构成重大不利影响。

三、江苏大丰农村商业银行股份有限公司

公司成立于 2005 年，位于江苏省盐城市，是一家以从事货币金融服务为主的企业。

1. 问题 1：核心竞争力

发行人为区域性农商行，客户主要集中于盐城市大丰区。请发行人代表：（1）结合农商行跨区展业的监管政策、区域经济发展趋势，说明是否具有较为全面的竞争力，发行人为提升核心竞争力采取的措施及其有效性；（2）结合净利差和净利息收益率低于同行业可比公司平均水平，说明在我国利率持续下行的趋势下，如何保持持续盈利能力；（3）结合经营区域、资金实力、科技投入等因素，说明提升抗风险能力采取的措施及其有效性，相关风险因素是否充分披露。

2. 问题 2：内部控制

请发行人代表：（1）结合报告期发行人主要经营地的经济运行情况、新冠疫情影响等外部因素，说明对发行人资产质量的影响情况；（2）结合发行人各类贷款迁徙情况，说明五级分类的执行程序及相关内控措施的有效性，贷款减值准备计提是否充分；（3）说明部分集团客户贷款余额超过授信总额的原因，相关内控制度是否有效执行；（4）说明个人储蓄存款揽储是否合法合规，定期储蓄存款增长是否可持续。

3. 问题 3：独立性和信息披露

发行人接受江苏省联社监管，且核心系统由江苏省联社开发建设和运维管理。请发行人代表说明：（1）江苏省联社与发行人关系，省联社对发行人董事会成员构成、高管任命、日常监管、运营管理、风险管理、重要信息系统开发建设和运维管理等职责和管理情况，是否影响发行人的独立性和信息披露的公平性；（2）报告期发行人与省联社之间的投资及其他资金往来情况，债权债务关系，是否存在管理费分摊的情形；（3）报告期内发行人关联交易的决策程序、定价机制以及披露情况，是否涉及关联方资金占用情形，发行人营业收入或净利润是否对关联方存在重大依赖。

四、浙江珊溪水利水电开发股份有限公司

浙江珊溪水利水电开发股份有限公司负责珊溪水利枢纽工程的运行管理。公司的主营业务为原水供应和水力发电，公司主要给温州市区、瑞安市、平阳县、苍南

县等县市区供应生活原水。

1. **问题1：同业竞争**

发行人与温州市泽雅水库管理站按固定比例向温州市自来水公司供应原水，两者实际控制人均为温州市国资委。请发行人代表说明：（1）温州市泽雅水库原水业务是否存在挤占发行人市场份额的情况，是否存在利益冲突，两者不存在同业竞争的理由、依据是否充分；（2）未来是否存在进一步收购资产及业务的安排，温州市国资委以及相关单位是否有有效解决同业竞争的计划。

2. **问题2：关联方交易和独立性**

发行人向关联方温州市自来水有限公司销售原水占营业收入的比例较大。请发行人代表说明：（1）发行人与控股股东及其关联方之间交易的必要性和合理性，定价的公允性；（2）发行人采购及销售系统是否具备独立性，发行人的业务是否严重依赖关联方；（3）发行人采取的减少与控股股东及其关联方发生关联交易的具体措施是否得到有效执行。

3. **问题3：项目收购情况**

发行人于2021年收购平苍引水工程，同时发行人曾支付过委托运维费及托管费。请发行人代表说明：（1）平苍项目收购前后的经营情况；（2）委托运维及委托代管的原因及合理性，委托运维费及托管费的定价依据及公允性。

五、唐山曹妃甸木业股份有限公司

公司是一家以从事批发业为主的企业，主营业务是港口装卸、仓储服务和基础物流，木材检疫除害处理及木材加工产业配套服务。

1. **问题1：关联方交易**

发行人定位是专业的木材加工配套服务提供商。发行人为关联方提供成品钢及相关炼钢原材料的运输服务、港口装卸服务及租赁和管理服务的经常性关联交易占比较高。请发行人代表说明：（1）报告期内木材加工配套服务收入占比整体呈下降趋势的原因及合理性，与发行人的产业定位是否相匹配，木材加工配套服务业务是否存在萎缩风险并充分披露；（2）关联交易的必要性和合理性，关联交易占比逐年升高的原因及合理性，相关业务未来是否具有稳定性与可持续性，发行人是否对关联方构成重大依赖；（3）2020年以前发行人以文丰机械和文丰特钢为最终客户的大量运输业务通过金茂物流承接的原因及商业合理性，是否存在通过此类安排规避关联交易的情形；（4）关联交易的价格是否公允，是否存在通过关联交易操纵利润的情况，是否存在关联方利益输送、损害发行人利益的情形或其他利益安排；（5）发行人是否与文丰特钢及其关联方存在非交易性资金往来，发行人关联方的认定及关联交易披露是否真实、完整、准确。

2. 问题2：收入依赖

发行人当地政府给予发行人的补贴金额较大。请发行人代表说明：（1）报告期内补贴收入波动较大的原因，相关补贴政策是否可持续；（2）相关补贴收入计入主营业务收入并归类为经常性损益的依据是否充分，是否符合企业会计准则及相关规定；（3）是否存在对补贴收入的重大依赖，是否对发行人经营产生重大影响。

3. 问题3：代理采购服务问题

发行人为其产业园内木材加工企业提供代理采购服务，且应收代理业务代垫款账面价值较大。请发行人代表说明：（1）代理采购合同的主要条款，发行人开展此类业务的商业合理性，该业务实质上是否发行人替其客户提供的融资安排；（2）报告期内发行人存在应收代垫款余额远高于当期提货货值的原因；（3）报告期各期前五大委托方与木材加工配套相关服务主要客户重合的原因及合理性；（4）应收代垫款坏账准备计提的合理性。

六、青蛙泵业股份有限公司

公司是一家以从事电气机械和器材制造业为主的企业，主要从事井用潜水泵的研发、生产及销售。

1. 问题1：收入真实性

发行人以经销模式为主。请发行人代表：（1）结合市场及同行业可比公司，说明收入增长趋势是否合理；（2）说明公司对经销商管理、进销存等内部控制情况，是否能够有效了解经销商的库存与终端销售实现情况，经销收入是否真实实现；（3）说明非法人经销商占比较高的原因及合理性，与非法人实体经销商是否存在第三方回款、现金收付款等情况，是否符合行业惯例；（4）说明经销商与发行人及其实际控制人、董监高或其他核心人员是否存在关联关系或其他利益安排，相互之间是否存在异常资金往来，是否存在虚增销售或虚构销售回款的情况。

2. 问题2：毛利率过高

请发行人代表说明：（1）深井泵产品外销毛利率与同行业可比公司相当，但内销毛利率明显高于同行业可比公司的原因及合理性；（2）深井泵产品销售价格高于同行业可比公司的原因及合理性；（3）发行人主要原材料消耗量与主要产品产量的匹配关系。

七、中健康桥医药集团股份有限公司

公司是一家集药品研发、生产、销售为一体的综合医药企业，专注于心脑血管、妇科、抗肿瘤等领域药物的研发、生产和销售。

1. 问题1：知识产权

发行人核心产品为仿制药铝镁匹林片（Ⅱ）。请发行人代表说明：（1）铝镁匹林片（Ⅱ）是否存在侵犯第三方知识产权的情形，是否存在潜在纠纷；（2）铝镁匹林片（Ⅱ）对应的原研药销售范围较小、市场占有率较低的原因，铝镁匹林片（Ⅱ）年复合增长率较高的原因，是否具有可持续性；（3）铝镁匹林片（Ⅱ）一致性评价进展情况，在未完成一致性评价情况下，是否存在夸大产品功效误导消费者的情况；（4）铝镁匹林片（Ⅱ）被调出四川医保目录的原因，是否存在被调出国家医保药品目录或带量采购的可能，是否会影响发行人的持续盈利能力；（5）风险揭示中引用的外部数据是否可靠，表述是否准确，是否存在误导投资者的情形，信息披露是否真实、准确、完整。

2. 问题2：推广费合理性

发行人的销售费用中市场推广服务费占比较高。请发行人代表说明：（1）市场推广服务费占比较高的原因及合理性，是否涉及利益输送和商业贿赂；（2）主要推广服务商变动较大的原因，部分推广服务商成立不久即与发行人合作的原因及合理性，是否与发行人存在关联关系；（3）报告期内新增市场推广服务业务且客户仅为海思科的原因及合理性，后续减少合作的原因；（4）对推广服务商及相关费用的内部控制是否健全有效，相关风险是否充分披露。

八、四川湖山电器股份有限公司

公司是一家从事专业音响设备的研发、生产、销售及服务的企业，产品主要为数字扩声系统、数字广播系统、数字会议系统、文化装备等音视频成套设备。

1.问题1：同业竞争

2020年12月，发行人控股股东由九洲电器变更为九洲集团。请发行人代表说明：（1）九洲电器将发行人全部股份划转至九洲集团的原因及商业合理性；（2）九洲电器与发行人是否存在同业竞争或隐性关联交易；（3）前述控股股东变化未导致发行人实控人变更的认定论据是否充分，是否符合《首次公开发行股票并上市管理办法》相关规定，是否构成本次发行障碍。

2.问题2：内部控制

发行人因存在"投标文件提供虚假材料"的情形，被禁止3年内参加军队采购活动。请发行人代表说明：（1）上述事项产生的具体原因，相关内部控制是否存在重大缺陷，相关整改措施及其有效性；（2）禁止公司3年内参加军队采购活动是否对发行人经营产生重大不利影响，相关信息披露是否真实、准确、完整。

九、河南江河纸业股份有限公司

公司主营特种纸及造纸装备的研发、生产和销售，主要产品包括信息及商务交流用纸、特种印刷专用纸、食品包装及离型纸、造纸装备及技术服务四类。

1.问题1：关联方交易

请发行人代表说明：（1）报告期内向关联方销售与采购的必要性及合理性，定价依据及公允性，相关毛利率与非关联方相比存在较大差异的原因及合理性，是否存在关联方利益输送的情形，是否存在关联交易非关联化情形；（2）通过南京海卓、深圳西奈公司销售产品的合理性、定价的公允性，2021年对其销售大幅减少的原因及对发行人业绩的影响；（3）关联方为发行人银行借款提供无偿担保、进行关联方资金拆借的原因、必要性和真实性，是否存在资金体外循环或虚构业务情形。

2.问题2：客户供应商重叠和收入真实性

请发行人代表说明：（1）生产型客户占比逐年增加、贸易型客户占比逐年下降的原因及合理性；（2）客户供应商重叠的商业合理性及采购销售价格公允性，客户供应商重叠是否符合行业惯例，主要重叠客户供应商与发行人之间是否存在代持、委托持股等情形；（3）2022年第三季度营业收入增长的原因，净利润同比大幅增长的真实性及合理性；（4）境外客户第三方回款金额较高的原因及合理性，与可比公司是否一致。

3. 问题3：财务风险和会计处理合理性

请发行人代表说明：（1）报告期内财务管理中走账、转贷、非真实交易票据融资、利用个人账户收付款等行为，是否对发行人经营情况、财务状况构成重大不利影响；（2）在少林客车担保借款尚未到还款期的情况下，计提大额预计负债的依据是否充分，是否存在调节报告期利润的情形，2022年5月相关债权被荥阳市城投资产管理有限公司收购的商业合理性；（3）广源纸业股权代持是否对发行人及相关方前期涉及的刑事案件存在重大影响；（4）相关内控制度是否健全且有效运行。

4. 问题4：环保问题

请发行人代表说明：（1）生产过程中是否涉及"高污染、高环境风险"产品，是否涉及目录中所列示的半化学纸浆的情况；（2）主要能源资源消耗和污染物排放是否符合国家法规和国家标准，生产经营是否符合国家和地方环保法律法规及"节能减排"政策，相关行政处罚是否构成重大行政违法行为；（3）环保投入是否与产能、排污量相匹配，是否与同行业存在重大差异，相关制度是否健全并有效执行；（4）使用或租赁集体建设用地、划拨地及其上建造的房产是否符合《土地管理法》等法律法规的规定，是否依法办理了必要的审批或租赁备案手续，有关房产是否为合法建筑，是否存在被行政处罚的风险。

创业板被否企业发行审核关注问题

一、亚洲渔港股份有限公司

公司主营业务为标准化生鲜餐饮食材的研发、销售及配送服务，它是生鲜餐饮食材品牌供应商。公司主要产品和服务为深加工和初加工的生鲜食材产品以及仓储物流服务。

（一）创业板上市审核中心在审核问询中重点关注事项

一是创业板定位。关注发行人的创新、创造、创意特征，业务是否具有成长性，发行人的研发投入及研发转化能力、创新能力，发行人是否符合成长型创新创业企业的创业板定位。

二是发行人内部控制的有效性、会计基础工作的规范性、信息披露的充分性。结合现场督导情况，关注子公司业务模式及相关资金往来的合理性，向主要代工厂采购成本的完整性、准确性、相关内部控制的有效性、会计基础工作的规范性、信息披露的充分性。

（二）上市委会议提出问询的主要问题

1. 创业板定位

发行人2018年至2020年营业收入和净利润复合增长率均为负，报告期内研发费用占营业收入的比例分别为1.17%、0.83%、0.84%和0.71%；发行人拥有的4项发明专利均为2013年取得，发明专利相关产品收入占比分别为5.00%、2.74%、2.45%和2.16%；发行人目前仅对自有工厂和部分代工厂商通过Z网进行管控，尚未做到全流程管控；发行人主要采用外协加工模式开展生产。请发行人结合业务模式、业务成长性、创新能力及研发转化能力，说明发行人在"三创四新"方面的具体体现，是否符合创业板定位。

2. 业务收入真实性

报告期内，发行人与自然人合资成立"海燕号"，为发行人初加工业务的重要子公司。"海燕号"、"海燕号"负责人与客户三方之间存在大额资金往来，部分资金从"海燕号"流出后通过客户流回"海燕号"；"海燕号"收入确认及采购入库原始凭证大量缺失；不同客户的收货地址集中于"海燕号"负责人经营业务所在的维尔康市场，而客户实际经营地址位于全国各地。请发行人说明：（1）上述三方之间资金往来的合理性；（2）"海燕号"业务收入及采购单据大量缺失的原因和相关收入的真实性；（3）"海燕号"内部控制的健全和有效性、会计基础工作的规范性以及相关信息披露的充分性，发行人是否符合《创业板首次公开发行股票注册管理办法（试行）》第十一条的相关规定。

3.采购真实性

大连兴强、东港富润、大连港铭是发行人主要代工供应商，主要为发行人供货。上述代工厂毛利率较低，净利润为负。报告期内，大连兴强存在向发行人员工支付大额款项的情形，合计7 276.44万元；东港富润在收到发行人款项后存在大额取现情形；大连港铭的资产来源于发行人子公司，且其实控人系该子公司原生产经理，大连港铭未提供资金流水。请发行人说明：（1）是否存在体外资金循环等情形；（2）相关采购的真实性、采购金额的准确性；（3）内部控制的有效性以及信息披露的充分性，是否符合《创业板首次公开发行股票注册管理办法（试行）》第十一条关于内部控制制度健全且被有效执行的规定。请保荐人说明核查程序的完备性，取得证据的充分性，核查结论的严谨性。

（三）上市委会议审议结果

发行人未能充分说明其"三创四新"特征，以及是否符合成长型创新创业企业的创业板定位要求；未能充分说明与重要子公司管理、主要代工厂采购等事项相关的内部控制制度是否被有效执行；在业务开展过程中未完整取得和保存相关原始凭证，会计基础工作存在不规范情形。发行人不符合《创业板首次公开发行股票注册管理办法（试行）》（以下简称《注册管理办法》）第三条、第六条、第十一条以及《深圳证券交易所创业板股票发行上市审核规则》（以下简称《审核规则》）第三条、第十八条、第二十八条的规定。根据《注册管理办法》《审核规则》等相关规定，创业板上市委员会认为公司不符合发行条件、上市条件或信息披露要求。

二、湖南恒茂高科股份有限公司

发行人是网络通信设备制造商，业务包括相关产品的研发、设计、生产与销售。发行人产品主要包括交换机、路由器及无线Wi-Fi接入设备、网卡等，其中以交换机产品为主。

（一）创业板上市审核中心在审核问询中重点关注事项

一是发行人员工通过兆和惟恭持有发行人股份以及发行人实际控制人的一致行

动人蒋汉柏所持发行人股份是否代实际控制人持有，蒋汉柏不能控制兆和亚特、兆和众泰两个员工持股平台的依据是否充分，受实际控制人支配的股东所持发行人的股份权属是否清晰。

二是发行人毛利率显著高于同行业可比公司的解释是否充分，发行人毛利率披露是否准确。

三是现场督导发现，实际控制人及其一致行动人存在控制他人银行账户的情况，且相关账户存在异常资金往来、大额取现等情形，关注资金流水账户核查是否完整及相关资金去向的解释是否合理。

（二）上市委会议提出问询的主要问题

1. 股权清晰

2016年7月至2019年8月，发行人实际控制人郭敏及一致行动人蒋汉柏通过自身及控制的他人银行账户，为持有兆和惟恭出资份额的蒋汉柏等6人偿还银行借款（用于认购兆和惟恭出资份额）及利息提供资金。2019年11月，蒋汉柏以1元/份额的价格购买其他5人所持兆和惟恭部分出资份额。蒋汉柏等人取得分红款、份额转让款后，均发生大额取现行为。根据郭敏和蒋汉柏签署的《一致行动协议书》，蒋汉柏在公司重大事项表决上，与郭敏保持一致行动，均以郭敏意见作为最终意见。请发行人结合上述情况，说明发行人员工通过兆和惟恭持有发行人股权以及蒋汉柏所持有发行人股权是否为郭敏代持，控股股东、实际控制人及其一致行动人所持的发行人股份权属是否清晰。

2. 实际控制人认定

蒋汉柏持有兆和亚特85.84%出资额、兆和众泰61.62%出资额，其他合伙人退出份额均由蒋汉柏承接。兆和亚特、兆和众泰的普通合伙人及执行事务合伙人分别为汪辉明及易茂威。汪辉明系郭敏同学，易茂威系郭敏亲属，郭敏及蒋汉柏曾借用、控制二人银行账户。请发行人结合上述情况，说明未认定蒋汉柏实际控制兆和亚特、兆和众泰的原因及合理性。

3. 高毛利的合理性

请发行人结合业务模式、成本管控水平、客户议价能力等因素，说明报告期内产品毛利率显著高于同行业可比公司的合理性。

（三）上市委会议审议结果

发行人未能充分说明控股股东、实际控制人及其一致行动人所持发行人股份的权属清晰情况，以及蒋汉柏不实际控制兆和亚特、兆和众泰的合理性，不符合《创业板首次公开发行股票注册管理办法（试行）》第六条、第十二条以及《深圳证券交易所创业板股票发行上市审核规则》第十八条、第二十八条的相关规定。

三、深圳市兴禾自动化股份有限公司

公司主营工业自动化设备及配套配件治具的研发设计、制造销售和升级改造。公司销售的自动化设备主要应用于消费电子行业的电芯制造、电池封装、电源组装和手机组装4个领域，部分应用于光伏设备制造、动力电芯叠片、通信设备组装等领域。苹果品牌产品的生产制造是公司自动化设备的重要应用领域，苹果产业链厂商是公司的重要客户。2020年，公司实现的自动化设备销售收入中应用于苹果产业链的金额为32 118.98万元，占当期自动化设备销售收入的比例为73.68%。

（一）创业板上市审核中心在审核问询中重点关注事项

一是发行人收入主要来源于苹果产业链，李卫斌、韩涛作为苹果公司前员工曾参与发行人部分设备技术方案的评审且驻场对接发行人主要客户，两人入股发行人不足两年且退出获得收益约为8 000万元。关注苹果公司前员工入股发行人的背景、入股价格公允性及后续退出的合理性，该事项是否构成利益输送或不正当竞争，发行人生产经营是否合法合规。

二是报告期内苹果公司要求发行人自查公司在苹果产业链业务中是否存在支付回扣等违法违规或不正当商业行为，关注苹果公司要求发行人自查的原因、自查内容、自查结论及该事项对发行人生产经营的影响，自查事项与苹果公司前员工入股的关联性。

三是2020年开始发行人苹果产业链收入和利润大幅下滑且与同行业可比公司存在差异，关注原因及合理性，对发行人持续经营能力是否构成重大不利影响；

2020年开始非苹果产业链客户珠海冠宇（与发行人存在共同股东）收入大幅增长且收入集中在当年12月份确认的合理性。

（二）上市委会议提出问询的主要问题

1. 利益输送

李卫斌、韩涛系苹果公司前员工。2018年7月，二人控制的梅山宇达以750万元入股发行人，出资比例为5%。2020年3月，梅山宇达以8 740.09万元价格转让上述股权。梅山宇达入股时以2017年财务数据为基础计算的市盈率为7.84倍，以2018年财务数据为基础计算的市盈率为0.84倍。二人在苹果公司任职时参与设计产线过程中驻场对接的客户均为发行人主要客户，发行人来自相关客户的订单收入在二人入股当年大幅增加，在二人离职及转让股权后大幅减少。

请发行人：（1）结合李卫斌、韩涛在苹果公司经历和专业背景，说明二人入职发行人的原因，以及通过梅山宇达以750万元取得发行人5%股权的原因和合理性；（2）说明在2017年度发行人收入利润快速增长、2017年末及2018年6月末发行人在手订单数量大幅增长的情况下，李卫斌、韩涛入股定价主要参照历史业绩的公允性；（3）结合李卫斌、韩涛入职及梅山宇达入股前后发行人与苹果产业链相关客户收入的波动情况，说明二人的入股是否构成利益输送或不正当竞争，发行人生产经营是否合法合规。

2. 持续经营能力

2018年以来，发行人收入出现整体下降：（1）发行人苹果产业链收入金额及占比大幅下滑，收入金额从2018年的62 419.46万元下滑至2020年的39 908.52万元，收入占比从2018年的98.54%下滑至2020年的76.26%，且2021年上半年进一步下滑至47.55%；（2）发行人苹果产业链在手订单（含意向订单）金额从2018年末的57 412.82万元下滑至2021年6月末的14 227.35万元，其中苹果公司与厂商客户共同决定的在手订单金额从39 112.85万元下滑至1 088.22万元。

请发行人：（1）结合同行业可比公司收入变动情况，说明发行人涉及苹果产业链收入及在手订单大幅减少的原因，以及与同行业可比公司变动情况不一致的原因，其下滑趋势是否将持续，是否对持续经营构成重大不利影响；（2）说明苹果公司要求发行人自查的原因、自查的内容和结论，相关自查工作与报告期发行人苹果产业链收入持续下降有何关联。

3. 收入确认

2020年12月，发行人集中确认了非苹果产业链客户珠海冠宇的收入，占该客户全年收入比例的82.48%，当年发行人来自该客户的收入大幅增长。该客户与发行人存在共同股东。请发行人说明前述收入集中确认的合理性和对该客户收入增长的可持续性。

（三）上市委会议审议结果

报告期苹果公司要求发行人自查事件后，发行人苹果产业链收入大幅下滑，对发行人持续经营产生重大不利影响，不符合《创业板首次公开发行股票注册管理办法（试行）》第十二条、《深圳证券交易所创业板股票发行上市审核规则》第十八条的相关规定。

四、北农大科技股份有限公司

公司主营业务为蛋鸡饲料的研发、生产及销售，蛋鸡育种、扩繁及雏鸡销售。

（一）创业板上市审核中心在审核问询中重点关注事项

一是经审核问询发现，发行人存在规模较大的通过代管客户银行卡进行收款的情形，结合现场督导情况，关注发行人相关收入的真实性、会计基础工作的规范性、信息披露的准确性。

二是发行人重要子公司负责人与发行人客户之间存在资金往来，结合现场督导情况，关注相关资金往来的原因及合理性、内部控制的有效性、信息披露的准确性。

三是经现场督导发现发行人财务人员混同、岗位分离失效，关注发行人会计基础工作的规范性、内部控制的有效性。

（二）上市委会议提出问询的主要问题

1. 收入确认的真实性、会计基础工作的规范性及内部控制的有效性

报告期内发行人存在代管客户银行卡并通过POS机刷卡大额收款的情况，通

过代管银行卡合计收款 4 104.77 万元。现场督导发现，发行人持有的 82 张代管客户银行卡中仅有 29 张能获取银行流水，且其中 23 张代管卡存在较大比例非客户本人转入资金或者无法识别打款人名称的情形。请发行人说明代管客户银行卡相关信息披露的准确性、收入确认的真实性、会计基础工作的规范性及内部控制的有效性。

2. 异常资金往来

发行人重要子公司江苏农牧、泰州饲料的负责人陈亮与发行人重要客户陆长来和东台市飞翔蛋鸡养殖场的控股股东陈国庆存在异常资金往来，陈亮还与陆长来共同投资养鸡场，对于上述资金往来原因及合作情况，发行人在督导前后回复内容不一致。此外，发行人其他子公司负责人与其客户亦存在资金往来。请发行人说明，现场督导前后信息披露内容不一致的原因，相关收入的真实性，子公司负责人陈亮是否与发行人的其他重要客户或供应商存在合作关系，对子公司的管控是否存在重大缺陷。

3. 会计基础工作的规范性

报告期内发行人及各子公司普遍存在财务人员混同、岗位分离失效的情形，如会计凭证制单人与审核人为同一人，记账人与审核人为同一人，出纳与会计岗位混同。此外，发行人还存在销售订单与物流单不能匹配，个别员工用个人银行账户从客户收款、归集并取现，部分原材料出库单及产成品入库单缺少审批人签名或签章等不规范情形。请发行人结合上述情形说明会计基础工作是否规范，内部控制是否有效。

4. 高毛利的合理性

发行人饲料和母雏业务毛利率均高于同行业可比公司，母雏的销售价格波动幅度明显小于农业农村部公布的市场价格和同行业可比公司。

（三）上市委会议审议结果

报告期内发行人存在代管客户银行卡、重要子公司负责人与发行人客户之间异常资金往来、发行人及其子公司财务人员混同、岗位分离失效等会计基础工作不规范、内部控制不健全的情形，在上述重大方面未能公允反映报告期内发行人的财务状况和经营成果，不符合《创业板首次公开发行股票注册管理办法（试行）》第十一条、《深圳证券交易所创业板股票发行上市审核规则》第十八条的规定。

五、北京电旗通讯技术股份有限公司

公司是第三方通信技术服务企业，主要向主设备商和通信运营商提供移动通信网络优化及规划服务、无线网络工程服务和物联网全流程物资管理系统集成服务。其中，通信网络优化及规划服务收入占营业收入大部分比重。

（一）创业板上市审核中心在审核问询中重点关注事项

一是通信网络优化业务、无线网络工程服务存在偶发性、阶段性、临时性、地域性特点，发行人的劳务采购模式与同行业上市公司通常就近采购的模式存在差异，且前五大供应商集中度大幅高于同行业公司。报告期内，多个劳务供应商主要为发行人提供服务，部分劳务供应商存在成立后即与发行人合作、合作一两年后即注销情形，且相关信息披露与新三板挂牌期间存在差异。

二是发行人劳务采购费金额较大，占营业成本比例较高，对成本核算的准确性有较大影响。报告期内，发行人劳务采购费占营业收入比例持续低于同行业上市公司，且主要工种初级工程师的采购价格低于部分主要业务城市的社会平均工资。

（二）上市委会议提出问询的主要问题

1. 劳务采购

报告期各期，发行人劳务采购费金额较大且占营业成本的比重高。其中前五大供应商的集中度大幅高于同行业可比公司，且多个劳务供应商主要为发行人提供服务。请发行人说明：（1）劳务采购费占营业收入比例持续低于同行业可比公司的原因及合理性；（2）发行人业务地域分布较广但劳务供应商集中的合理性；（3）相关供应商主要为发行人服务的合理性和规范性，是否存在其他利益安排；（4）自有员工薪酬与同等级别劳务人员采购价格差异的原因，以及发行人劳务采购价格的公允性和完整性。

2. 劳务供应商利益关系

报告期内，发行人主要劳务供应商肇东亿科及其关联方（飞科信息、亿科信息和翰林信息）均系董静杰控制的公司，相关主体成立后即与发行人合作，合作一到两年后即注销。请发行人：（1）结合供应商选择标准、选择方式和流程、定价机制等因素，说明与上述供应商合作的合理性及定价公允性；（2）说明发行人新三板挂牌期间 2018 年度定期报告将 3 家供应商作为单独供应商披露的原因，发行人与肇东亿科及其关联方、董静杰之间是否存在关联关系或者其他利益安排。

3. 持续经营能力

发行人净利润已连续两年下滑。请发行人结合行业发展趋势、同行业可比公司经营业绩变化情况、自身核心竞争力等进一步说明是否存在净利润持续下滑的风险。

（三）上市委会议审议结果

发行人未能对劳务采购模式的合理性、相关供应商主要为发行人服务的合理性及规范性、劳务采购价格的公允性及劳务采购费的完整性做出合理充分说明，在上述重大方面未能公允反映发行人的财务状况、经营成果和现金流量，不符合《创业板首次公开发行股票注册管理办法（试行）》第十一条、《深圳证券交易所创业板股票发行上市审核规则》第十八条的规定。

六、北京市九州风神科技股份有限公司

公司主要从事以电脑散热器为核心的电脑硬件产品的研发、生产及销售，主要产品包括电脑散热器、机箱和电源等。

（一）创业板上市审核中心在审核问询中重点关注事项

一是发行人以境外销售为主，报告期各期外销收入占比均超过 70%，发行人外销收入增长的解释是否合理，中介机构对发行人外销收入真实性、最终销售情况的核查是否充分。

二是发行人 2021 年归属于母公司所有者的净利润大幅下滑，2022 年一季度经营业绩继续下滑，发行人持续经营能力是否发生重大不利变化。

三是发行人主要原材料采购价格与市场价格变动幅度存在较大差异，毛利率快速提高且高于同行业可比公司。

四是发行人会计差错较多，涉及范围较广，内部控制制度是否健全有效。

（二）上市委会议提出问询的主要问题

1. 持续经营能力

报告期内，发行人境外销售收入占比较高且主要为经销收入。请发行人：（1）说明外销收入大幅增长的原因及合理性；（2）说明国际形势变化对发行人的持续经营能力是否构成重大不利影响。请保荐人发表明确意见，并说明对外销收入核查的有效性。

2. 会计差错与内部控制

报告期内发行人会计差错较多，涉及范围较广，且未能及时调整入账。同时，报告期内发行人存在使用个人银行账户收付与经营相关款项的情况。请发行人说明报告期内相关内部控制制度建立情况及执行的有效性。

3. 原材料采购价格

发行人热管材料的主要原材料为铜。2020年4月以来，发行人热管材料采购价格的变动幅度和铜价的变动幅度差异较大。请发行人说明上述差异产生的原因及合理性。

（三）上市委会议审议结果

发行人关于外销收入增长及原材料采购成本的合理性等信息披露不够充分、合理，报告期内发行人内部控制制度未能得到有效执行，不符合《创业板首次公开发行股票注册管理办法（试行）》第六条、第十一条，《深圳证券交易所创业板股票发行上市审核规则》第十八条、第二十八条的规定。

七、陕西红星美羚乳业股份有限公司

公司主营业务是以羊乳粉为主的羊乳制品研发、生产和销售，产品包括婴幼儿配方乳粉、儿童及成人乳粉等。

（一）创业板上市审核中心在审核问询中重点关注事项

一是关于发行人管理层居间协调供应商向经销商借款。经现场检查发现，2018年12月发行人管理层居间协调供应商向经销商借款1 400万元用于采购发行人产品。关注发行人管理层居间协调借款的商业逻辑、是否存在提前确认收入的情形、是否实现真实销售，相关信息披露是否充分、真实、准确、完整，发行人相关内控制度的有效性。

二是关于主要经销商客户发生重大变化。关注对舍得生物、南宁澳丽源销售金额各年出现大幅波动且舍得生物于2020年注销事项的原因及商业合理性、中介机构核查的有效性及充分性，向萌宝婴童仅在2019年单次销售大包粉及毛利率高于报告期其他客户的合理性。

（二）上市委会议提出问询的主要问题

1. 收入真实性

经现场检查发现，2018年12月末，实际控制人王宝印协调供应商黄忠元等7人将1 400万元转借经销商殷书义等8人，经销商将该款项用于向发行人采购。请发行人：（1）说明发生该借款事项的合理性及商业逻辑；（2）说明上述经销商当年12月份销售金额较高的原因及合理性，并结合上述经销商及其他经销商当年末终端销售和库存比例情况，说明是否存在提前确认收入的情形；（3）说明相关内部控制制度是否健全并有效执行。

2. 大客户销售政策

2017年、2018年、2019年、2020年、2021年发行人对舍得生物销售金额分别为4 828.34万元、8 638.52万元、671.28万元、0元和0元，其中2017年和2018年舍得生物为发行人第一大客户。请发行人说明：（1）舍得生物与发行人销售收入大幅度变动，且于2020年注销的原因及商业合理性；（2）向舍得生物销售产品价格、返利政策、信用政策与向其他方销售同类产品是否存在差异，如存在，说明原因及合理性。

3. 高毛利的合理性

请发行人说明2019年向萌宝婴童销售大包粉毛利率显著高于报告期内其他客

户的商业合理性。

4. 研发费用分配

发行人报告期研发收入比一直维持在3%的水平，2021年度为2.9%。请发行人说明研发费用的具体分配以及相关进展。

（三）上市委会议审议结果

经现场检查发现，2018年12月发行人管理层协调供应商向经销商提供1 400万元借款，并使用财务人员个人账户作为中转，经销商将该借款用于采购发行人产品。发行人未能对该事项进行充分准确披露并说明其合理性，相关内部控制制度未得到有效执行，不符合《创业板首次公开发行股票注册管理办法（试行）》第六条、第十一条，《深圳证券交易所创业板股票发行上市审核规则》第十八条、第二十八条的规定。

八、万香科技股份有限公司

公司专注于香料的研发、生产和销售。主要产品包括二氢茉莉酮酸甲酯、龙涎酮、左旋香芹酮、乙基麦芽酚、薄荷油系列等，此类产品广泛应用于香精香料、日化、食品饮料等行业。

（一）创业板上市审核中心在审核问询中重点关注事项

发行人实际控制人、时任高管、核心人员存在多次行贿行为且报告期内仍有发生，发行人相关内部控制制度是否健全并有效执行，是否存在重大缺陷，能否合理保证公司合法合规。

（二）上市委会议提出问询的主要问题

1. 涉及多项行贿事件并时有发生

2005年至2019年，发行人实际控制人、时任高管、核心技术人员涉及9项行贿事项。

2. 偷漏税

红筹架构拆除期间，李春南等 15 名自然人因未能及时办理外汇投资登记被行政处罚，李春南等 15 名自然人未缴纳在万香国际私有化过程中涉及的个人所得税。

3. 行政处罚的警示

2017 年至 2021 年，发行人及其子公司因气体污染物排放超标、海关申报违规、消防违规等被行政处罚 11 次。

（三）上市委会议审议结果

2005 年至 2019 年，发行人实际控制人、时任高管、核心技术人员涉及 9 项行贿事项，报告期内仍有发生，不符合《创业板首次公开发行股票注册管理办法（试行）》第十一条、《深圳证券交易所创业板股票发行上市审核规则》第十八条的规定。

九、天津艺虹智能包装科技股份有限公司

公司主要从事彩色包装盒、水印包装箱及其他产品的研发、设计、生产、销售。公司产品主要应用于乳制品、食品、保健品、化妆品、在线教育、酒类或饮料、电子类及电商领域的包装。

（一）创业板上市审核中心在审核问询中重点关注事项

一是发行人是否符合创业板定位，发行人核心技术是否具备创新性，报告期内研发投入的具体构成及研发成果。

二是发行人对主要客户蒙牛集团是否存在重大依赖，相关依赖对其持续经营能力是否构成重大不利影响。

三是报告期内发行人毛利率持续下滑的原因及变动趋势，毛利率较同行业可比公司平均水平偏低的原因。

（二）上市委会议提出问询的主要问题

1. 核心竞争力与创业板定位

发行人对主要客户蒙牛集团存在重大依赖，作为蒙牛集团的卫星工厂，发行人

主要子公司均分布在蒙牛集团生产基地附近。报告期内受蒙牛集团调低产品单价及原材料原纸涨价等因素共同影响，发行人毛利率从20.05%下降至12.11%。报告期末，发行人拥有的105项专利中，有103项实用新型和2项外观设计。

2. 经营风险

报告期内发行人主营业务毛利率、应收账款周转率均低于同行业可比公司均值，且主营业务毛利率持续下滑。

（三）上市委会议审议结果

发行人未能充分说明其"三创四新"特征，结合发行人报告期内毛利率低于同行业可比公司均值且持续下滑、对主要客户议价能力较弱、报告期末专利全部为实用新型和外观设计等因素，发行人不符合成长型创新创业企业的创业板定位要求，不符合《创业板首次公开发行股票注册管理办法（试行）》第三条、《深圳证券交易所创业板股票发行上市审核规则》第三条的规定。

十、江苏伟康洁婧医疗器械股份有限公司

公司主营业务为一次性使用医用耗材的研发、生产和销售。经过多年的经营发展，公司产品已涵盖手术护理、呼吸、麻醉、泌尿和穿刺五大系列的上百种规格型号，主要产品为吸引管、吸痰管、鼻氧管、引流袋（包括防逆流引流袋、精密引流袋）等医用高分子材料类产品。

（一）创业板上市审核中心在审核问询中重点关注事项

一是报告期内发行人主营业务收入和净利润逐年下滑，发行人是否具备业绩成长性。

二是发行人的技术先进性具体表现在PVC（聚氯乙烯）造粒能力以及自动化生产技术，报告期内发行人研发投入年均复合增长率为负，研发投入占营业收入的比例分别为3.02%、2.69%、3.12%，低于同行业可比公司，发行人核心技术是否具备创新性。

（二）上市委会议提出问询的主要问题

1. 业绩成长性

发行人主营业务为一次性使用医用耗材的研发、生产和销售。报告期内，发行人主营业务收入、归母净利润、扣非后归母净利润复合增长率分别为 –2.54%、–11.05%、–8.86%。请发行人结合所处行业情况、自身竞争优劣势、2022 年上半年经营业绩、2022 年全年预计经营业绩，进一步说明发行人经营业绩是否具有成长性，是否符合创业板定位。

2. 创业板定位存疑

报告期内，发行人研发投入占营业收入的比例分别为 3.02%、2.69%、3.12%，研发投入年均复合增长率为 –1.97%，累计研发投入规模为 2 233.13 万元。请发行人结合自身研发投入、研发能力、研发成果、技术先进性的具体体现，进一步说明发行人的创新性，是否符合创业板定位。

（三）上市委会议审议结果

发行人未能充分说明其经营业绩具有成长性，未能充分说明其"三创四新"特征，以及是否符合成长型创新创业企业的创业板定位要求，不符合《创业板首次公开发行股票注册管理办法（试行）》第三条、《深圳证券交易所创业板股票发行上市审核规则》第三条的规定。

十一、厦门科拓通讯技术股份有限公司

公司主营业务为智慧停车管理系统的研发、生产、销售，以及智慧停车运营管理服务。

（一）创业板上市审核中心在审核问询中重点关注事项

一是发行人智慧停车运营管理服务业务收入增长的合理性，报告期内毛利率大幅上升的原因，部分项目未保留货物签收或工程验收凭证的原因及影响。

二是发行人无法核实智慧停车运营管理服务业务中业主方与管理方合作期限的原因，该项业务中折旧政策的准确性，设备投入、承包费用、人工成本、施工劳务成本的完整性。

三是发行人内部控制制度是否健全且被有效执行，是否能够合理保证公司运行效率、合法合规和财务报告的可靠性。

（二）上市委会议提出问询的主要问题

1. 交易的合理性、信息披露的准确完整性

中青汇杰为发行人2020年第五大客户。2020年发行人与中青汇杰先后签署停车场投资运营管理合作协议、设备销售合同和软件销售合同，设备销售合同的付款期限为8年。

2. 收入的真实性

2020年9月，发行人与深圳义德签署广告协议，协议及结算单中未约定广告推送内容。发行人2020年12月确认对深圳义德的广告收入452.83万元，相关毛利额408.80万元。

3. 信息披露的准确完整性

经现场督导发现，发行人2018年前五大客户之一的重庆一枝花科技有限公司持股40%的股东兼董事万朝云系发行人控股孙公司重庆速泊的财务负责人，发行人当年向上述客户的销售额为664.34万元。发行人2019年前五大客户之一的沈阳健安通讯技术有限公司长期使用发行人"科拓""速泊"商号并存在发行人员工为其办理工商变更登记、其实际控制人郭作有与发行人实际控制人存在大额资金往来的情形，2019年至2021年，发行人对沈阳健安通讯技术有限公司相关主体的销售、采购金额分别合计为1 888.36万元、365.23万元。

4. 会计基础工作规范性及内部控制有效性

2019年、2020年和2021年，发行人未获取收入确认凭证的项目对应营业收入金额分别为4 573.50万元、4 299.20万元和3 203.65万元。另外，发行人以"合同期限与5年孰短原则"确定折旧年限。经现场督导发现，报告期内发行人实际存在120个项目因故提前终止，导致实际运营期限短于合同期限。在发行人与管理方签订的2 340个合同中，2 288个合同未取得管理方与业主方的合同期限信息，占比97.78%；24个合同发行人与管理方约定的合同期限长于管理方与业主方的合作

期限。

（三）上市委会议审议结果

发行人部分业务原始单据不完整，固定资产折旧政策不谨慎，合同管理不规范，不符合《创业板首次公开发行股票注册管理办法（试行）》第十一条、《深圳证券交易所创业板股票发行上市审核规则》第十八条的规定。

十二、北京恒泰万博石油技术股份有限公司

公司主营业务为定向钻井专用MWD（随钻测量）、LWD（随钻测井）、RSS（旋转导向系统）的研发、设计、生产、销售和配套服务，以及定向井工程技术服务。

（一）创业板上市审核中心在审核问询中重点关注事项

一是报告期内发行人主营业务收入下滑，相关业务是否具备成长性。

二是发行人2021年新增设备租赁业务的商业合理性。

三是发行人设备销售业务毛利率远高于同行业可比公司的原因及合理性，单位生产设备产值与同行业存在差异的原因，人工成本、设备投入、外协成本核算的完整性、准确性。

（二）上市委会议提出问询的主要问题

1. 收入下滑的原因以及经营业绩是否具有成长性

发行人2021年营业收入较2020年、2019年有所下滑；2022年上半年，营业收入同比下滑约12%。

2. 新增设备租赁业务的合理性

发行人2021年新增设备租赁业务，西部钻探为该类业务的唯一客户。发行人确认LWD设备租赁收入2 163.66万元，毛利率为90.90%，毛利额为1 966.77万元，占当期毛利额的13.55%。

3. 综合业务高毛利率的合理性

报告期内，发行人主营业务综合毛利率高，且成套设备销售毛利率远高于同行

业可比公司。

（三）上市委会议审议结果

发行人未能充分说明其经营业绩的成长性以及主营业务高毛利率的合理性，不符合《创业板首次公开发行股票注册管理办法（试行）》第六条及第三十三条、《深圳证券交易所创业板股票发行上市审核规则》第二十八条的规定。

十三、广州科莱瑞迪医疗器材股份有限公司

公司主要从事放疗定位、骨科康复领域医疗器械的设计、研发、生产和销售。

（一）创业板上市审核中心在审核问询中重点关注事项

一是发行人产品的市场占有率、未来市场规模，新产品研发投入、研发转化情况及市场空间，发行人主营业务是否具有成长性，是否符合成长型创新创业企业的创业板定位。

二是"带量采购"政策和"两票制"政策对发行人业务的影响。

三是发行人经销销售、境外销售情况，以经销模式为主的原因，相关中介机构对收入的核查情况。

（二）上市委会议提出问询的主要问题

1. 主营业务是否具备成长性和持续经营能力

报告期各期发行人实现营业收入1.53亿元、1.60亿元、2.09亿元，各期营业收入70%以上来源于放疗定位产品，2021年在国内放疗定位产品的市场份额为59.40%。请发行人：（1）结合放疗定位产品行业的发展趋势和市场竞争格局，说明主营业务是否具备成长性；（2）说明随着"带量采购"政策的进一步推行，在已占有较高市场份额的情况下，是否存在主营业务收入规模减小的风险。

2. 新产品能否实现规模收入尚不明确

报告期内，发行人新产品成果转化收入分别为372.22万元、822.39万元和1 365.85万元。

（三）上市委会议审议结果

上市委员会审议认为，发行人目前的主营产品市场空间有限，新产品能否实现规模收入尚不明确。会议认为，发行人不符合《创业板首次公开发行股票注册管理办法（试行）》第三条、《深圳证券交易所创业板股票发行上市审核规则》第三条的规定。

十四、苏州维嘉科技股份有限公司

公司专注于精密数控、智能制造、机器人、工业激光、视觉检测、物联网、结构及软件设计等产品和技术的研发，产品应用于PCB（印制电路板）、半导体、SMT（表面安装技术）、3C（计算机、通信和消费类电子产品的统称）金属超精密加工等多个工业领域。

（一）创业板上市审核中心在审核问询中重点关注事项

一是发行人其他股东向实际控制人低价转让股权的合理性，实际控制人股权权属是否清晰。

二是未决知识产权诉讼的情况及其对发行人的影响。

三是发行人应收账款及逾期金额增加，坏账准备计提的充分性。

四是发行人财务内控制度执行的有效性。

（二）上市委会议提出问询的主要问题

1. 发行人其他股东向实际控制人低价转让股权的合理性

报告期内，胡泽洪在急需资金时两次低价出售发行人股权。请发行人说明：（1）胡泽洪在面临迫切资金需求、可以主张债权的情况下，未要求发行人实际控制人邱四军偿还借款和足额支付利息，而选择两次低价出售发行人股权的商业合理性；（2）胡泽洪的两次股权转让是不是真实交易；（3）邱四军与胡泽洪及其关联方之间是否有代持和任何形式的利益输送安排。

2. 实际控制人非经营性资金占用

报告期内，发行人存在实际控制人多次占用发行人资金的情况。同期，发行人自身通过民间借贷、向员工借款等方式进行资金周转。请发行人说明：（1）实际控制人是否仍存在大额到期债务未清偿的情形；（2）防范实际控制人、控股股东及其关联方资金占用和违规担保等损害发行人利益的内控制度是否健全且被有效执行。

3. 发行人应收账款及逾期金额增加

报告期内发行人应收账款账面余额快速增长，各期末应收账款逾期占比较高。请发行人：（1）结合行业发展、技术能力、业务开展、信用政策变化以及主要客户变动和回款情况，说明应收账款大幅增加的原因及合理性，逾期客户应收账款未采用单项计提坏账准备的合理性；（2）说明应收账款较大、逾期应收账款比例较高和经营性现金流状况恶化对发行人的持续经营能力和经营业绩是否构成重大不利影响，相关的风险揭示是否充分；（3）说明改善经营性现金流状况的有效措施。

（三）上市委会议审议结果

发行人未充分说明股东两次低价转让发行人股权的合理性和真实性；实际控制人所持发行人的股份权属清晰性存疑。报告期内，发行人存在实际控制人多次占用发行人资金的情况。会议认为，发行人不符合《创业板首次公开发行股票注册管理办法（试行）》第六条、第十一条、第十二条以及《深圳证券交易所创业板股票发行上市审核规则》第十五条、第十八条、第二十八条的规定。

十五、南京贝迪新材料科技股份有限公司

公司以电子光学、材料学、机械学等学科为基础，从事新型显示、5G通信领域功能高分子膜材料的研发、生产、精加工和销售。

（一）创业板上市审核中心在审核问询中重点关注事项

一是发行人产品的市场占有率、下游行业景气度情况，新业务尚未实现量产的原因，主营业务是否具备成长性，是否符合成长型创新创业企业的创业板定位。

二是认定发行人股东宋新波持有发行人股份不存在股份代持和利益输送情形的依据是否充分。

三是发行人新业务生产线转固后计提大额折旧可能对发行人产生的影响。

（二）上市委会议提出问询的主要问题

1. 发行人创业板定位和持续经营能力

发行人所处功能高分子膜材料精加工与生产行业参与企业众多，市场竞争激烈。发行人下游行业具有典型的周期属性。报告期内，发行人主营业务毛利率分别为 20.83%、18.60%、15.52%，呈下降趋势。发行人主要产品市场占有率较低。发行人新业务 LCP（液晶聚合物）膜生产线仍处于调试状态，尚未实现工业化量产及市场化推广。

2. 发行人原股东持股及退出情况

发行人原股东宋新波于 2017 年以 2 800 万元的对价受让实控人持有的部分发行人股份，并于 2022 年 9 月以 4 862 万元的对价将上述股权转让给高新区创投及实际控制人控制的公司南京宁翀。

（三）上市委会议审议结果

发行人所处行业参与企业众多，市场竞争激烈，发行人报告期内主营业务毛利率呈下降趋势，主要产品市场占有率较低，新业务尚未实现工业化量产及市场化推广，发行人未能充分说明其属于成长型创新创业企业及符合创业板定位。会议认为，发行人不符合《创业板首次公开发行股票注册管理办法（试行）》第三条、《深圳证券交易所创业板股票发行上市审核规则》第三条的规定。

十六、安徽安天利信工程管理股份有限公司

公司业务范围包含招标代理、造价咨询、规划建筑设计、项目管理、工程监理、全过程工程咨询等。

（一）创业板上市审核中心在审核问询中重点关注事项

一是发行人业务规模及市场占有率情况，下游行业景气度及变化趋势，发行人是否具备成长性。

二是发行人核心技术是否具备先进性，报告期内研发投入及研发人员配置情况，相关业务是否具备创新性，是否符合成长型创新创业企业的创业板定位。

（二）上市委会议提出问询的主要问题

1. 创业板定位

请发行人结合业务模式、业务成长性、创新能力及研发能力，说明发行人在"三创四新"方面的具体体现，是否符合创业定位。

2. 市场竞争力

请发行人：（1）结合市场规模和竞争格局，说明竞争优劣势、未来业务发展的成长性和高毛利率的可持续性；（2）说明招标代理市场竞争趋势是否将对发行人收入的持续增长构成不利影响。

3. 创新能力

请发行人进一步说明在专利技术、研发投入、研发人员数量等方面与同行业可比公司存在较大差异的原因及合理性。

（三）上市委会议审议结果

发行人未能充分说明其符合"三创四新"的特征及成长型创新创业企业的创业板定位要求。会议认为，发行人不符合《创业板首次公开发行股票注册管理办法（试行）》第三条、《深圳证券交易所创业板股票发行上市审核规则》第三条的规定。

北交所被否企业发行审核关注问题

一、安徽泰达新材料股份有限公司

公司是以化学原料和化学制品制造业为主的企业，主营重芳烃氧化系列产品的研发、生产、销售和进出口贸易。

1. 关注重点1：毛利率变动

关于毛利率变动。2018年至2021年，发行人偏酐产品毛利率分别为9.62%、10.20%、22.91%和30.74%，呈现快速增长趋势，与同行业可比公司正丹股份及百川股份同类产品毛利率变动趋势不一致，且2020年以来毛利率显著高于同行业可比公司。（1）请发行人对自身及可比公司的成本构成进行分项量化分析，说明单位成本显著低于可比公司是否具有合理性。（2）请发行人结合财务数据分析说明毛利率快速增长的主要原因及合理性，上述增长趋势是否可持续。（3）发行人的工艺路线是否有继续改造优化以达到大幅度降低成本的潜力，成本下降能否直接带来市场占有率的大幅度提升。

2. 关注重点 2：收入利润增长

关于收入利润增长。报告期内发行人营业收入分别为 13 899.60 万元、20 865.19 万元、28 237.24 万元，增幅分别为 50.11%、35.33%；净利润分别为 574.06 万元、3 538.51 万元、6 517.48 万元，增幅分别为 516.4%、84.18%。根据申报文件，2016 年至 2019 年，发行人净利润呈现显著下滑趋势，但 2020 年度大幅增加。请发行人说明：（1）2020 年度净利润改变下滑趋势且大幅度上升的主要影响因素，该因素是否具有可持续性，发行人未来是否存在业绩大幅下滑风险。（2）报告期净利润增长显著高于收入增长的原因，结合财务数据逐项分析各项影响因素的具体影响金额。

3. 关注重点 3：供应商

关于安庆亿成。根据申报文件，偏三甲苯供应商安庆亿成 2 万吨偏三甲苯装置自 2016 年投产至 2019 年期间生产不稳定，因此公司自 2016 年与安庆亿成合作至 2019 年采购量不大。安庆亿成 2019 年底流动资金压力大，其考虑让客户提前预付货款，安庆亿成以降低价格为代价的方式来缓解流动资金压力，因此希望获取发行人资金支持。经双方充分协商，2019 年 12 月，发行人与安庆亿成达成战略合作意向。2020 年，安庆亿成化工科技有限公司成为发行人偏三甲苯主供应商，发行人自安庆亿成采购价格较同期市场价格有平均每吨 200~300 元左右优惠。（1）请发行人说明在生产所需的主要原材料偏三甲苯市场供应充足的情况下，选择存在资金风险且历史上生产不稳定的安庆亿成作为主要供应商的原因及合理性。（2）请发行人结合预付款对发行人、安庆亿成的实际影响，通过量化数据解释说明 2 000 万元预付款产生的商业利益与低价销售偏三甲苯是否存在对等性，是否具有商业合理性。（3）发行人 2016 年度及 2019 年度净利润持续下滑，2020 年度净利润大幅上涨，净利润变动时点同公司与安庆亿成的合作时点吻合。请发行人说明业绩波动与安庆亿成采购之间的关系，发行人采购安庆亿成偏三甲苯的公允性，是否存在利用安庆亿成调节利润的情况。（4）请发行人说明安庆亿成等主要供应商的实际控制人和主要关联方与发行人及其董事、监事、高级管理人员等主要关联方是否存在关联关系，是否存在特殊利益安排。

上市委员会审议认为，发行人及中介机构未就报告期内毛利率显著高于同行业上市公司的合理性、净利润连续大幅增长的合理性进行充分的解释、说明，相关信息披露不符合相关上市规定，决定对发行人上市申请予以终止审核。

二、深圳市巍特环境科技股份有限公司

公司主营业务为管网检测与修复、智慧化建设和运营，主要客户为政府职能部门及国有企业等，公司主要为客户提供探测、检测、评估、设计、零开挖修复、软硬件开发、数据分析与应用、应急抢险及运营管理的管网全生命周期管理服务，主要产品和服务为管网检测与修复、管网智慧运营。

1. 关注重点1：合同资产

关于合同资产。根据申报文件，发行人合同资产库龄主要在1年以内。请发行人结合报告期各期末合同资产库龄的构成明细、库龄划分方式等，进一步说明合同资产减值准备计提比例显著低于应收账款坏账准备计提比例的合理性。

2. 关注重点2：行业竞争

关于行业竞争。管网新建或更新改造等项目资金来源主要为国家或地方政府财政投入。请发行人进一步说明：（1）新签订单获取趋势及在手项目推进情况。（2）发行人在管道修复行业的市占率、目前行业的竞争格局。（3）行业内企业数量众多、规模普遍较小，未来发行人提升市占率的措施。（4）结合管网行业定价机制说明管网行业是否存在低价竞争。

3. 关注重点3：技术问题

关于技术问题。请发行人进一步说明：（1）垫衬法的先进性，是否存在技术壁垒，发行人相对同行业可比公司类似方法的竞争优势。（2）发行人部分业务采用分包方式，是否存在技术泄露风险。（3）垫衬法修复使用的主要修复材料速格垫目前依赖奥地利Alois Gruber有限公司，其采购价格是否保持稳定，是否受到人民币贬值影响，是否存在被"卡脖子"的可能。（4）发行人未来计划自主生产速格垫，目

前相关设备的研发进度和所处的研发阶段、设备产能情况，是否能够满足内部自供需求。

上市委员会审议认为，发行人关于创新性的信息披露不准确、不完整，不符合相关上市规定，决定对发行人上市申请予以终止审核。

第 12 章　2022 年 IPO 经典案例

IPO 是系统性工程，涉及企业财务、业务、内部控制等多方面内容，财务、法律、管理等方面专业人士通过合作使企业满足 IPO 条件。成功 IPO 是企业发展过程中的重要环节，也是企业新的起点，企业通常以此为契机实现企业业务、盈利能力等方面的提升。成功 IPO 不仅在于企业成功融资，更重要的是，它会成为企业发展的加速器。

本章汇聚了部分券商 2022 年 IPO 经典案例，从不同视角展示了成功 IPO 的路径与核心要素，为准备 IPO 的企业及为之提供服务的券商等提供了参考。

中国海油（600938）

一、项目简要概况

（一）公司基本情况

中国海洋石油有限公司（简称"中国海油"，基本情况见表 12-1）主要业务为原油和天然气的勘探开发、生产及销售，是中国最大的海上原油及天然气生产运营商，也是全球最大的独立油气勘探及生产集团之一。截至 2020 年末，公司拥有净证实储量约 53.7 亿桶油当量，全年平均日净产量 144.3 万桶油当量。在国内，公司通过自营作业以及以签订产品分成合同的形式与合作伙伴合作，在渤海、南海西部、南海东部和东海等区域进行油气勘探开发和生产活动，并在陆上进行非常规油气勘探开发和生产活动。在海外，公司拥有多元化的优质资产，在多个世界级油气项目持有权益。公司资产遍及世界 20 多个国家和地区。在新能源领域，公司顺应全球能源行业低碳化发展大趋势，利用丰富的海上生产作业和管理经验，积极探索海上风电等新能源业务，开展前沿技术领域研究。

公司是一家在香港联交所上市的红筹企业。中国海油 BVI（英属维尔京群岛）是公司的控股股东，于 1999 年 8 月 6 日于英属维尔京群岛注册成立。截至公司招股说明书签署日（2022 年 4 月 11 日），中国海油 BVI 直接持有公司 28 772 727 268 股已发行普通股，它们约占公司已发行股份总数的 64.44%。中国海洋石油集团有限公司（简称"中海油集团"）为公司的实际控制人。截至公司招股说明书签署日，中海油集团间接持有中国海油 BVI 100% 的股权。中海油集团成立于 1982 年 2 月 15 日，是经国务院批准的国家授权投资机构和国家控股公司试点单位。

表 12-1 中国海洋石油有限公司基本情况

公司名称	中国海洋石油有限公司
英文名称	CNOOC Limited
成立日期	1999 年 8 月 20 日
董事长	汪东进
住所	香港花园道 1 号中银大厦 65 层
主要经营地	上海市浦东新区紫萍路 908 弄 19 号楼

（二）申报板块及申报标准

公司申请上市板块为上海证券交易所主板。申报标准参照"已在境外上市的红筹企业标准一"——拟上市企业市值不低于 2 000 亿元。

二、中国海油所处行业

中国海油所处行业为石油及天然气勘探开发和生产行业。

（一）石油及天然气勘探开发和生产行业简介

1.全球石油及天然气资源储量情况

全球油气资源总量丰富，勘探开发潜力较大。截至2020年末，全球石油证实储量约为1.7万亿桶，储量寿命为53.5年；全球天然气证实储量约为188万亿立方米，储量寿命为48.8年。总体上看，全球油气储量充足（见图12-1、图12-2）。

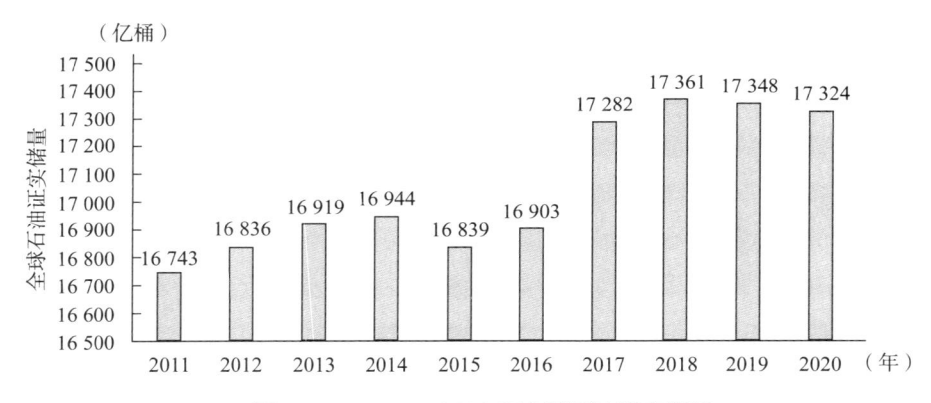

图12-1　2011—2020年全球石油证实储量

数据来源：《BP世界能源统计年鉴2020》。

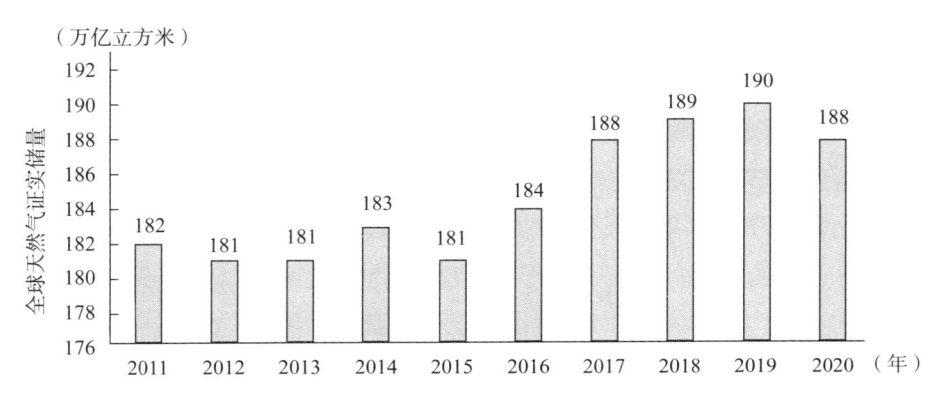

图12-2　2011—2020年全球天然气证实储量

数据来源：《BP世界能源统计年鉴2020》。

地质构造对盆地演化、油气藏形成条件等方面有着重要影响。由于全球各地区地质构造情况不同，全球的油气资源分布存在较大的不均衡性，油气储量区域集中度较高。全球石油资源主要分布在中东地区、北美洲以及中南美洲，其中，委内瑞拉、沙特阿拉伯、加拿大、伊朗和伊拉克五国石油证实储量占全球证实储量的61.9%。天然气资源主要分布在中东地区、独联体国家和北美洲，其中，俄罗斯、伊朗、卡塔尔、土库曼斯坦和美国五国天然气证实储量占全球证实储量的64.0%。

2. 全球石油及天然气供需情况

石油：近年来，全球经济稳定发展，石油需求量总体维持增长态势（见图12-3）。2019年，全球石油消费量约330亿桶，较2011年全球石油消费水平增长44亿桶，2011—2019年年复合增长率约为1.8%；2020年，受新冠疫情影响，石油需求量出现短暂波动，但随着经济逐渐复苏，石油需求量已逐步恢复。2011—2020年，全球石油产量与需求量变动基本一致，市场基本处于均衡状态。2019年，全球石油产量约330亿桶，较2011年增加41亿桶，2011—2019年年复合增长率约为1.7%。

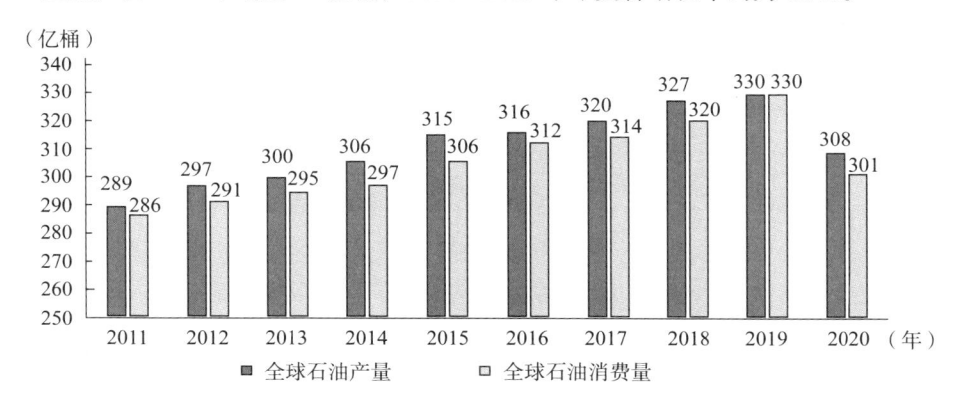

图12-3 2011—2020年全球石油产量及消费量情况

数据来源：伍德·麦肯兹（Wood Mackenzie），中国石油经济技术研究院（ETRI）。

天然气：近年来，天然气消费增速高于石油消费增速，且增速在逐步加快（见图12-4）。2019年，全球天然气消费量约为3.9万亿立方米，较2011年全球天然气消费量约增长0.7万亿立方米，2011—2019年年复合增长率约为2.7%。2020年，受新冠疫情影响，天然气需求量出现短暂波动，但随着经济逐渐复苏，天然气需求量已逐步提升。2011—2020 年，全球天然气产量与需求量变动基本一致。2019 年，天然气产量约为 4.0 万亿立方米，较 2011 年约增长 0.8 万亿立方米，2011—2019 年年复合增长率约为 2.7%，高于石油产量此时期的年复合增长率。

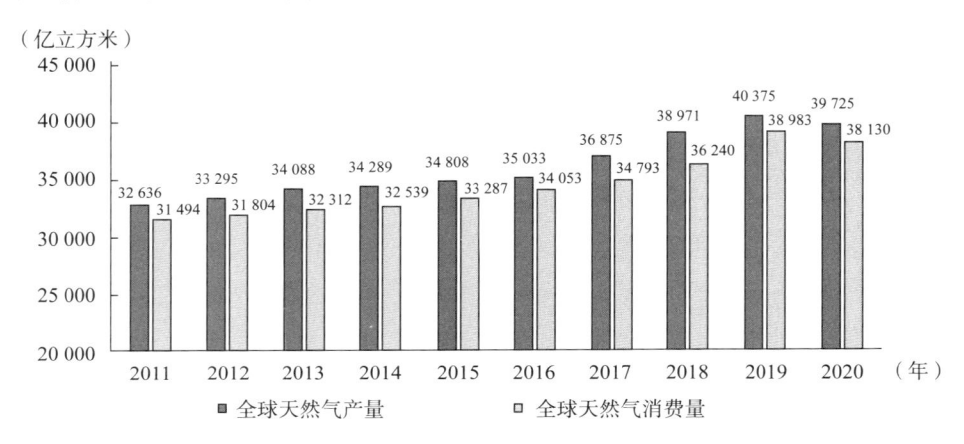

图 12-4　2011—2020 年全球天然气产量及消费量情况

数据来源：伍德·麦肯兹（Wood Mackenzie），中国石油经济技术研究院（ETRI）。

3. 全球石油及天然气勘探开发和生产行业发展趋势

（1）全球油气需求持续增长，新兴国家是主要驱动力。

随着全球经济持续增长，全球油气需求将稳步提升。预计 2035 年全球石油需求量将达到 50.9 亿吨，较 2020 年增长 23.7%；预计 2050 年全球天然气需求量将达到 6.1 万亿立方米，较 2020 年增长 60.0%。

同时，新兴国家对能源的需求将保持增长，是全球油气需求增长的关键驱动力量。随着发展中国家工业化发展、人口增长、中等收入群体增大，全球能源需求结构将会出现进一步调整，预计未来，中国、印度以及东南亚地区、非洲地区是全球油气消费增长的主要地区（见图 12-5）。

（2）天然气需求增速高于石油，其开发将进一步提速。

天然气资源丰富，其作为清洁低碳能源对优化能源结构和减碳减排有着重要作用。为应对全球气候变化，能源消费升级进程正在加快，天然气因其稳定性、灵活性、经济性和清洁性，将在其中扮演重要角色。目前，部分国际大型石油公司已在积极布局天然气及液化天然气①领域。预计未来，天然气开发利用将保持快速发展。

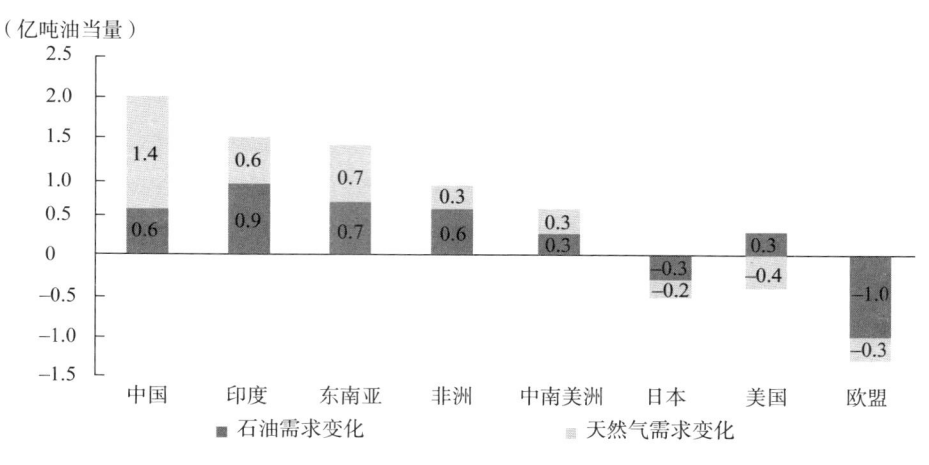

图 12-5　2019—2030 年全球石油和天然气需求变化

数据来源：国际能源署（IEA）。

（3）技术创新推动行业发展，油气勘探开发领域持续扩展。

页岩油气技术的突破掀起了全球页岩油气开发热潮。科技创新是推动行业新发展的主要力量，是石油企业应对油价波动和实现降本增效的关键。随着理论体系的升级、关键技术的突破、先进装备和技术的推广应用，探井成功率及开采效率将提高，单位开采成本将下降。油气勘探开发将持续扩展，如向"深水深层""低碳化"等新领域扩展，在"高温高压""低孔低渗""非常规""稠油"等难点领域继续拓宽，将进一步促进行业的发展。

（二）行业竞争状况

1. 国际竞争格局

油气上游市场规模较大，各类规模企业并存，但由于石油行业具有资本密集、技术密集及准入门槛高等特点，大型公司在该行业竞争中占据主导地位，该行业内

---

① 天然气及液化天然气，前者单指气化天然气，余同。——编者注

主要境外公司包括埃克森美孚、皇家壳牌、雪佛龙、英国石油、道达尔、康菲、挪威石油公司 Equinor、西方石油等。

2. 国内竞争格局

从国内来看，中国石油、中国石化、中国海油是中国油气上游市场主要经营主体。近年来油气行业政策频出，市场化改革不断推进，随着上游准入的放开与管网改革的深入，中国整个油气产业预计将逐步开放，形成以大型国有油气公司为主导、多种经济成分共同参与的油气全产业链竞争新格局。

（三）发行人行业竞争地位

公司与主要竞争对手的规模指标对比如表 12-2 所示。

表 12-2　2020 年公司与对标企业规模指标对比

公司	净利润（亿元）	桶油作业费（美元/桶当量）	净产量（百万桶油当量）	净证实储量（百万桶油当量）
中国海油	250	6.9	528	5 373
中国石油	335	11.9	1 626	18 202
中国石化	418	14.1	459	2 907
埃克森美孚	-1 607	10.2	1 416	15 211
皇家壳牌	-1 488	8.5	1 286	9 124
雪佛龙	-384	10.1	1 129	11 134
英国石油	-1 433	6.4	1 295	17 982
道达尔	-507	5.1	1 051	12 328
康菲	-183	11.0	432	4 459
Equinor	-380	5.1	710	5 260
西方石油	-1 025	6.4	484	2 911

三、中国海油具体介绍

（一）公司主营业务

公司主要业务为原油和天然气的勘探开发、生产及销售，是中国最大的海上原油及天然气生产运营商，也是全球最大的独立油气勘探及生产集团之一。

2020年，公司全年油气净产量约5.28亿桶油当量，较2011年约增长60%（见图12-6）。截至2020年末，公司油气净证实储量约53.73亿桶油当量，较2011年约增长68.4%（见图12-7）。

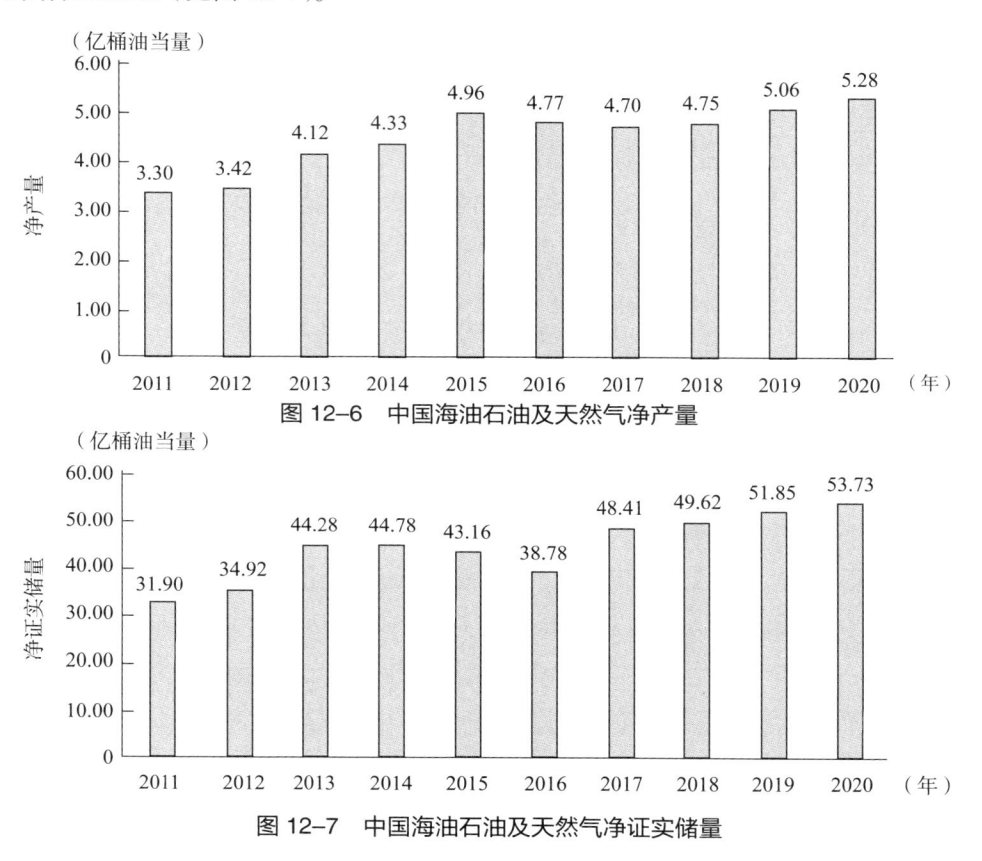

（亿桶油当量）

年份	2011	2012	2013	2014	2015	2016	2017	2018	2019	2020
净产量	3.30	3.42	4.12	4.33	4.96	4.77	4.70	4.75	5.06	5.28

图12-6 中国海油石油及天然气净产量

（亿桶油当量）

年份	2011	2012	2013	2014	2015	2016	2017	2018	2019	2020
净证实储量	31.90	34.92	44.28	44.78	43.16	38.78	48.41	49.62	51.85	53.73

图12-7 中国海油石油及天然气净证实储量

截至2020年末，公司约57.9%的净证实储量来自国内，该年度约67.4%的净产量来自国内。

在海外，公司拥有多元化的优质资产，在多个世界级油气项目持有权益。目前公司的资产遍及世界20多个国家和地区，包括印度尼西亚、澳大利亚、尼日利亚、伊拉克、乌干达、阿根廷、美国、加拿大、英国、巴西、圭亚那、俄罗斯和阿拉伯联合酋长国等。截至2020年末，公司海外油气资产约占公司油气总资产的50%，公司约 42.1%的净证实储量来自海外，该年度约 32.6%的净产量来自海外。

在新能源领域，公司顺应全球能源行业低碳化发展大趋势，利用丰富的海上生产作业和管理经验，积极探索海上风电等新能源业务，开展前沿技术领域研究。公司首个海上风力发电项目于 2020 年 9 月并网发电。

（二）公司报告期财务数据情况

报告期内（2018 年 1 月至 2021 年 6 月），公司实现的营业收入和利润总体情况如表 12-3 所示。

表 12-3 公司报告期内营业收入和利润总体情况

单位：万元

项目	2021 年 1—6 月	2020 年度	2019 年度	2018 年度
营业收入	11 023 323.38	15 537 267.14	23 319 855.62	22 771 021.48
利润总额	4 497 307.80	3 490 712.36	8 564 927.30	7 515 813.80
净利润	3 332 625.74	2 495 566.74	6 104 545.90	5 267 536.13
归属于母公司所有者的净利润	3 332 892.71	2 495 678.77	6 104 539.43	5 267 536.14

（三）公司竞争优势

1. 油气资源规模大，且拥有巨大的勘探潜力

中国海油是世界最大的油气勘探开发公司之一。截至 2020 年末，公司拥有净证实储量约 53.73 亿桶油当量，创历史新高；2018—2020 年 3 年储量寿命持续维持在 10 年以上。多年来，中国海油坚持价值勘探理念，统筹兼顾规模发现和效益储量，优化勘探部署。2018—2020 年 3 年公司储量替代率分别为 126%、144%和 136%，公司储量替代率持续保持高位。

公司报告期内（2018 年 1 月至 2021 年 6 月）共获得 65 个商业发现，成功评价 103 个含油气构造，未来仍有巨大的勘探潜力。2020 年，公司克服疫情影响，勘探成效不减，在中国海域，公司在渤海发现垦利 6-1、渤中 13-2 两个亿吨级油气田，在南海东部海域勘探发现了惠州 26-6 中型油气田；在海外，公司在圭亚那 Stabroek（斯塔布鲁克）区块再获 6 个新发现。截至 2021 年 10 月，公司已在该区块累计获得 20 余个新发现，该区块可采资源量进一步扩大至约 100 亿桶油当量。

2.产量增长能力行业领先，项目储备丰富

自 2001 年于香港联交所、纽交所上市以来，中国海油净产量实现大幅增长，保持了行业领先的产量增长能力。2018—2020 年 3 年，公司的油气净产量分别为 4.75 亿桶油当量、5.06 亿桶油当量和 5.28 亿桶油当量，持续稳步提升，年复合增长率约为 5.45%。根据同业公司的公开披露信息，该增速达到行业领先水平。展望未来，公司将继续寻求有效益的产量增长，2024 年年度净产量目标为 6.8 亿至 6.9 亿桶油当量。

目前，公司有超过 20 个新项目在建，将对未来产量增长提供有力支撑。同时，公司以提高采收率和降低单井产量递减率为目标，推动在产油田稳产增产和潜力挖掘，持续开展"注水提升年"活动，夯实注水开发油田稳产基础。

3.主导中国海域勘探开发，区域发展优势明显

中国海油是中国海域最主要的石油和天然气生产商，主要作业区域包括渤海、南海西部、南海东部和东海。其中，渤海勘探区对公司储量、产量贡献最大，且持续发现大中型油气田，奠定公司发展基础；南海勘探区成效显著，报告期内（2018 年 1 月至 2021 年 6 月）共获得 46 个成功评价，随着公司 1 500 米超深水勘探开发核心技术的进一步应用，未来南海海域深水油气勘探开发具有巨大的发展空间。截至 2020 年末，中国海油在中国海域拥有油气探矿权 239 个，探矿权面积约 130 万平方千米，分别超过中国海域探矿权总数量和总面积的 95%，具有绝对的优势，勘探区域广阔。相比美国墨西哥湾等其他产量丰富的近海勘探区，中国海域勘探程度较低，未来发现更多油气资源的潜力巨大。

中国海油在中国海域有数十年的勘探开发经验。经过多年耕耘，公司已成为中国海域的勘探开发专家，熟悉中国海域地质构造，并拥有成功的勘探开发纪录。目前，公司在中国海域拥有 120 多个在产油气田，建立了成熟的海上生产设施和海底管网系统，将助力公司未来的区域化勘探开发，支持公司长期可持续发展。

4.享有中国海域对外合作专营权，降低勘探风险

中国海油享有与外国公司合作进行海洋石油勘探开发、生产和销售的专营权。与外国合作伙伴签署产品分成合同后，中国海油将除管理和监管职能以外的商业权利和义务转让给外国公司。一般而言，勘探期内外国公司将根据产品分成合同承担

与勘探相关的所有成本，在取得商业发现并开始生产后，才能收回勘探成本。这种合作方式帮助公司降低了在中国海域的发现成本、勘探风险和资本要求，未来还将继续发挥积极作用。

5. 坚持创新驱动，建立海上油气勘探开发关键技术体系

公司坚持创新驱动发展，在海洋油气勘探开发领域加大研发投入，取得了一批重要科技成果并逐步加以应用。公司"南海高温高压钻完井关键技术及工业化应用"和"渤海湾盆地深层大型整装凝析气田勘探理论技术与重大发现"曾获"国家科学技术进步奖"一等奖。公司已逐步建立起500米水深以内完整的海上油气勘探开发生产技术体系，开创了1500米超深水油气田开发工程模式关键技术体系，并在中深层勘探技术、强化水驱及增产挖掘技术、稠油规模化热采有效开发技术以及提高在产油气田采收率技术等关键领域取得新进展。

未来，公司还将持续推进智能油田、无人平台建设，开辟更大成本控制空间，并将在深水、高温高压、稠油、低渗等重点方向持续开展技术攻关，通过科技创新引领公司向高质量发展。

四、交易所问询重点问题及发行人回复情况

（一）交易所问询及发行人回复之一

1. 交易所问询

关于境外上市期间合规性。请发行人补充披露：（1）在境外上市期间在信息披露、股权交易、董事会及股东大会决策等方面的合法合规性；是否存在受到处罚的情形，如存在，对本次发行上市的影响。（2）在境外上市期间是否新增持股5%以上的股东，如是，请进一步补充披露其基本情况及其是否为不适格股东。请保荐机构和发行人律师发表意见。

2. 发行人回复

（1）信息披露。

发行人在境外上市期间按照当时适用的上市地上市规则、证券及期货相关条例等监管规则以及《公司章程》等规定，在规定时间内编制并披露了按规定应披露

的相关公告文件。此外，发行人重视信息披露的管理，为规范公司信息披露工作的管理，根据相关规章制度，制定了《中国海洋石油有限公司信息披露政策》《中国海洋石油有限公司定期信息披露工作管理办法》，以确保信息披露的真实性、准确性和完整性，保护公司及广大投资人的合法权益。报告期内，公司已严格按照香港、纽约及多伦多三地各证券交易上市规则／手册的要求及时履行信息披露义务。

发行人在境外上市期间的信息披露符合当时适用的上市地证券交易所监管规则及制度的规定，合法合规。

（2）股权交易。

发行人历次股本变动均履行了内外部相关审批手续，符合上市地当时有效的法律法规以及当时适用的《公司章程》。

发行人在境外上市期间的股权交易符合当时适用的香港联交所上市规则等相关监管规则及相关制度的规定，合法合规。

（3）董事会及股东大会决策。

发行人在境外上市期间，历次董事会会议均按照当时适用的上市地证券交易所监管规则、《公司章程》相关规定履行召集、召开、表决等程序，董事会审议事项均属于当时适用的法律法规及《公司章程》规定的董事会职权范围内的事项，均按照相关表决规则进行审议表决。

发行人在境外上市期间，历次股东大会均按照当时适用的上市地证券交易所监管规则、《公司章程》的规定履行召集、召开、表决等程序，股东大会审议事项均属于当时适用的法律法规及《公司章程》规定的股东大会职权范围内的事项，均按照相关表决规则进行审议表决。

发行人在境外上市期间的历次董事会、股东大会决策均符合当时适用的上市地证券交易所监管规则、《公司章程》及相关制度的规定，合法合规。

（4）是否存在受到处罚的情形。

自 2001 年发行人在联交所和纽交所上市至招股说明书签署日（此间发行人还于 2013 年在多伦多证券交易所挂牌上市），发行人在信息披露、股权交易、董事会及股东大会决策等方面合法合规，不存在受到证券监管机构处罚的情形。

（5）持股 5% 以上股东情况。

截至招股说明书签署日，中国海油 BVI 为公司的控股股东，持有公司 64.44%的股权。海外油气公司作为公司的间接控股股东，持有中国海油 BVI 100% 的股权，中海油集团作为公司的实际控制人持有海外油气公司 100% 的股权。发行人控股股东中国海油 BVI、间接控股股东海外油气公司、实际控制人中海油集团均不存在自然人股东。除前述股东外，公司不存在单一直接或间接持有公司 5% 及以上股份的股东，其他股东均为公众投资者。

（二）交易所问询及发行人回复之二

1. 交易所问询

根据招股说明书，发行人与中海油集团及其控制的其他企业存在部分业务类似的情形，主要包括原油贸易业务、LNG（液化天然气）一体化生产项目、石油精炼和加油业务。

请发行人补充说明：（1）认定不存在同业竞争关系时，是否已经审慎核查并完整地披露发行人控股股东、实际控制人直接或间接控制的全部关联企业。（2）是否简单依据经营范围对同业竞争做出判断，是否仅以经营区域、细分产品、细分市场的不同来认定不构成同业竞争。（3）产生类似业务的原因，相关企业在历史沿革、资产、人员、业务和技术等方面与发行人的关系，发行人在采购销售渠道、客户、供应商等方面的架构是否影响自身的独立性；上述类似业务是否属于发行人的主营业务。（4）发行人及其控股股东、实际控制人对于上述类似业务未来是否有相关安排。请保荐机构及发行人律师对上述问题进行核查，并对照《首发业务若干问题解答》之问题 15 的要求发表核查意见。

2. 发行人回复

截至本招股说明书签署日，公司与中海油集团及其控制的其他企业存在部分业务类似的情形，但基于一些原因，相关业务不存在实质性竞争，不构成同业竞争关系，具体如下：

（1）原油贸易业务。

中海油集团下属的海油进出口与发行人均开展境外原油转口贸易业务。海油进出口是中海油集团专注于油品贸易的成员单位，在境内拥有集团体系内唯一的原油及成品油进出口资质；海油进出口所售原油的最终用户均为炼化企业，其借助资源、需求和市场研判等优势，利用区域、品种、供需关系等带来的油品价差获得部分贸易增值。发行人是专注原油和天然气勘探开发及生产的油气行业上游公司，其全资子公司新加坡国际主要负责其海外油气销售，在报告期内也开展了少量中国境外原油转口贸易业务，旨在更好获得商业利益，实现价格发现，维系现有客户及合作伙伴。海油进出口和新加坡国际在战略定位、发展目标、主营业务领域及聚焦产品上均不同，不存在实质性的同业竞争，海油进出口开展贸易业务不会损害发行人的利益。

（2）LNG一体化生产项目。

中海油集团自2010年起通过其全资子公司气电集团收购并持有位于澳大利亚昆士兰州的柯蒂斯项目。该项目为产供销一体化LNG生产项目，气电集团依照项目上、中、下游一体化合作开发要求，持有上游煤层气区块15%~25%的权益，持有Train 1 LNG液化厂50%的权益，并在合作框架下取得20年长期供气协议。发行人于2019年通过收购中联公司100%的股权在中国境内从事煤层气勘探开发、生产和销售；此外，发行人拥有俄罗斯Arctic LNG 2液化天然气项目10%的权益和印度尼西亚东固液化天然气项目约13.9%的权益。

气电集团参与柯蒂斯项目上游业务的目的是锁定上游煤层气资源，并为下游液化气销售获取稳定的气源供应，Train 1 LNG液化厂建设和运营作为柯蒂斯项目的中间环节，与上游煤层气开发和下游LNG销售业务密不可分，不属于独立业务。发行人收购中联公司100%的股权是为了优化在中国陆上的上游资产布局，拓展非常规资源市场，生产清洁能源；参与投资俄罗斯Arctic LNG 2项目和印度尼西亚东固液化天然气项目也是以获取优质上游资源为出发点，助力公司增储上产。发行人与气电集团二者开展的上述LNG相关业务在目的、商业模式、用户群体等方面均存在显著不同。此外，气电集团在柯蒂斯项目上游业务中持有15%~25%的权益，英国天然气集团持有44%~75%的权益，气电集团未对该项目上游业务形成控制权。发行人与气电集团双方不构成同业竞争。

（3）石油精炼和加油业务。

中海油集团通过其全资子公司中海炼化在中国从事石油炼化和石油化工产品销售业务，主要资产包括炼厂和加油站等；发行人相关合营企业BC公司通过阿根廷泛美能源集团有限公司在阿根廷开展油气勘探开发以及炼厂和加油站等的相关业务。BC 公司由发行人与阿根廷布里达斯能源控股有限公司（Bridas Energy Holdings Ltd.）共同控制，其中发行人持股 50%，未将其纳入合并报表范围。此外，BC 公司业务与中海炼化所经营的油气下游业务所处国家不同、覆盖半径不同，因此双方不构成同业竞争。

（三）交易所问询及发行人回复之三

1. 交易所问询

根据招股说明书，发行人与中海油集团及其控制的其他企业存在较多关联交易。报告期内，2018 年度、2019 年度、2020 年度、2021 年 1—6 月公司向关联方进行各类油气销售的总金额分别为 14 719 107.24 万元、14 764 734.91 万元、10 345 641.58 万元和 6 450 106.37 万元，占当期营业收入的比重分别为 64.64%、63.31%、66.59% 和 58.51%；公司向关联方进行各类采购的总金额分别为 4 339 447.85 万元、5 391 743.99 万元、5 822 649.52 万元和 2 620 356.84 万元，占当期总采购额的比重分别为 32.61%、40.01%、46.13% 和 42.63%。此外，发行人与中海油集团及其控制的其他企业还存在资产收购、关联借款、关联担保等交易。

请发行人：（1）披露关联交易的内容、金额、背景以及其与发行人主营业务之间的关系；请结合发行人与中海油集团及其控制的其他企业之间的关联交易产生的收入、利润、成本费用占发行人相应指标的比例披露，关联交易是否影响发行人的经营独立性、是否导致发行人构成对实际控制人的依赖，是否存在关联方通过关联交易调节发行人收入利润或成本费用、对发行人进行利益输送的情形。（2）结合可比市场公允价格、第三方市场价格、关联方与其他交易方的价格等，说明并摘要披露关联交易的公允性，以及其是否构成对发行人或关联方的利益输送。请保荐机构及发行人律师对发行人关联交易信息披露的完整性、关联交易的必要性、合理性和公允性，关联交易是否影响发行人的独立性、是否可能对发行产生重大不利影响，以及发行人是否已履行关联交易决策程序等进行充分核查并发表意见。

2. 发行人回复

（1）关联交易的原因。

石油方面，公司关联交易对手方主要为中海炼化和海油进出口，最终消纳方为中海炼化部分下属炼厂和海油进出口下游客户炼厂。由于部分海洋原油的品质特殊性，国内其他炼厂加工该类海洋原油不具有竞争优势。因此，为保证公司所产原油的消纳，中海炼化部分下属炼厂和海油进出口下游客户炼厂专门针对该类海洋原油的独特性质设计建造了相关生产装置。综上，公司向中海炼化和海油进出口销售海洋原油具有必要性。

天然气方面，公司关联交易对手方主要为中海化学和气电集团，且相关的大多数合同是过去签署的。气电集团借助其在广东等地区拥有的LNG接收站、管道资产，利用LNG灵活调峰的特性配合公司海上天然气业务拓展下游市场，既能保障上游气田平稳生产外输，也能满足下游用户需求；中海化学专门建设的生产装置可以高含二氧化碳天然气作为原料气制甲醇和化肥，有利于公司在海南地区所产天然气的消纳（海南东方、乐东气田群所产天然气为高含二氧化碳天然气，不能满足标准规范对我国气田产出商品天然气的技术指标规定要求且无其他用户可以接收利用该类天然气）。同时，按照国际行业惯例和规则，为支持气田开发，公司须通过签署长期"照付不议"天然气购销合同建立稳定合作关系，所以公司在气田停产或合同到期前是无法随意终止交易的。综上，公司向中海化学和气电集团销售天然气具有必要性。

（2）关联交易的合理性。

由于部分海洋原油的品质特殊性、其与特定炼厂装置的匹配性、公司已签署长期"照付不议"天然气购销合同等原因，公司与关联客户形成了长期稳定的合作关系，报告期内与关联客户的销售收入占当期营业收入的比重较为稳定（一直保持在60%左右）。

同时，公司与关联客户的关联交易均按公允原则执行，交易价格符合市场定价水平，公司与关联客户是互利共赢的平等关系，而非单一依赖关系。双方开展上述关联交易，既保证了关联客户货源的稳定性，也有利于公司油气产品的稳定消纳，可推动各自持续稳定经营，也可促进公司业务快速发展，具有商业合理性。

上述关联销售不影响公司的经营独立性，未导致公司构成对实际控制人的依赖；公司不存在关联方通过关联交易调节其收入利润或成本费用、对其进行利益输送的情形。

（3）关联交易的定价原则。

①石油和天然气产品的销售（天然气和液化天然气的长期销售除外）。

此类别下交易的适用定价政策为根据市场价格定价，具体地说：

就原油而言，价格是参考布伦特、迪拜、阿曼原油价格，西得克萨斯中质油价格，产油国国家石油公司官方报价以及阿格斯含硫原油价格指数等定期更新的信息而确定，并基于上述参考价格上下调整约20%（低于参考价格20%的调整通常在原油的质量没有达到要求的标准时才会发生；在与独立第三方进行的类似交易中，该等下调也会被触发）。本公司根据市场导向原则做出上述调整时，将考虑不同类型的原油质量、原油运费以及相似质量原油的国际市价（基于现货市场公开交易的各种类原油交易信息）。

就国内天然气及其副产品而言，天然气的价格是参考国家发改委规定并于其网站（http://www.ndrc.gov.cn）发布的当地省（自治区、直辖市）门站（每个省或自治区或直辖市只有一个门站）相关价格及/或当地市场上其他竞争气源的价格，通过公平协商确定的。凝析油价格与布伦特原油价格挂钩，液化石油气价格与当地市场标杆价格挂钩，升/贴水由买卖双方协商并参考当地市场提供类似品质产品的独立供应商收取的价格而确定。在上述定价过程中，本公司将考虑产品品质、当地市场供需状况、运输距离等因素，经市场调研、内部分析和方案比较，根据自愿、平等、公平、诚信等市场原则进行价格确定。

②天然气和液化天然气的长期销售。

此类别下交易的适用定价政策为根据市场价格定价，具体地说：

就海外液化天然气的长期销售而言，目前本公司亚太地区执行中的液化天然气长期销售合同项下的海外液化天然气，其销售价格是根据与日本全部进口石油加权平均到岸价格（即JCC指数，该指数为亚太地区液化天然气长期销售合同的常用参考价格指数）挂钩的价格公式计算得出，并通过合同各方之间公平协商确定的。

就国内天然气而言，价格是参考国家发改委规定并于其网站（http://www.ndrc.gov.cn）发布的当地省（自治区、直辖市）门站（每个省或自治区或直辖市只有一个门站）相关价格及/或当地市场上两至三家与本公司业务类似并向中海油集团及/或其控股子公司（不包括中国海油及其控股子公司）、联营企业或其他买家提供类似产品的主要独立供应商（根据其是否在特定的当地市场开展业务）收取的价格而确定。一旦本公司获得上述情况的其他独立供应商所收取的价格，本公司将会启动内部的比较和评价程序，并考虑产品质量、当地市场供需状况、运输距离等因素，经市场调研、内部分析和方案比较，根据自愿、平等、公平、诚信等市场原则，通过和各方进行公平协商确定价格。

（4）关联交易定价公允性分析。

①原油。

报告期内，公司原油关联销售主要发生在境内，境内原油关联销售占整体原油关联销售的比重分别为98%（2018年度）、97%（2019年度）、97%（2020年度）和96%（2021年1—6月），境内原油销售中（针对）关联方平均销售价格、（针对）非关联方平均销售价格、市场价格（即期布伦特）及差异率情况如表12-4所示。

表12-4　公司原油销售价格对比

项目	2021年1—6月	2020年度	2019年度	2018年度
关联方平均销售价格（元/桶）	416.02	300.21	459.54	472.82
非关联方平均销售价格（元/桶）	—	300.12	461.88	492.93
市场价格（即期布伦特，元/桶）	420.71	289.16	441.77	476.18
关联方平均销售价格相较于非关联方平均销售价格的差异率（%）	—	0.03	-0.51	-4.08
关联方平均销售价格相较于市场价格的差异率（%）	-1.11	3.82	4.02	-0.71

注1：表中价格均为不含税价格。
注2：2021年1—6月公司境内原油销售的交易对手方均为关联方。

由表12-4可知，公司境内原油销售中关联方平均销售价格与非关联方平均销售价格、市场价格（即期布伦特）不存在显著差异，体现了公司市场化的销售原则，公司境内原油销售与市场情况保持了合理的联动性，符合行业惯例，因此境内原油关联销售定价具有公允性。

②天然气。

报告期内，公司向关联方及非关联方销售天然气的平均价格对比如表 12-5 所示。

表 12-5　公司天然气销售价格对比

项目	2021 年 1—6 月	2020 年度	2019 年度	2018 年度
关联方平均销售价格（元/立方米）	1.62	1.65	1.65	1.67
非关联方平均销售价格（元/立方米）	1.97	2.13	2.20	1.95
关联方平均销售价格相较于非关联方平均销售价格的差异率（%）	−17.77	−22.54	−25.00	−14.36

由表 12-5 可知，公司向关联方销售天然气的平均价格低于向非关联方销售的平均价格，主要原因如下：向关联方供气的部分产区所产天然气为高含二氧化碳天然气，不能满足标准规范对我国气田产出商品天然气的技术指标规定要求且无其他用户可以接收利用；为支持气田开发，中海化学专门建设的生产装置可将高含二氧化碳天然气作为原料气制甲醇和化肥。因此，上述产区所产天然气仅能销售给关联方中海化学，且由于高含二氧化碳天然气的品质特性，要销售出去，需以较低价格才能实现。

报告期内，在关联方销售中剔除上述产区后，公司向关联方及非关联方销售天然气的平均价格对比如表 12-6 所示。

表 12-6　调整后的公司天然气销售价格对比

项目	2021 年 1—6 月	2020 年度	2019 年度	2018 年度
调整后关联方平均销售价格（元/立方米）	1.99	2.13	2.13	2.11
非关联方平均销售价格（元/立方米）	1.97	2.13	2.20	1.95
调整后关联方平均销售价格相较于非关联方平均销售价格的差异率（%）	1.02	0	−3.18	8.21

由表 12-6 可知，剔除上述产区后的天然气关联方平均销售价格 2019—2020 年及 2021 年 1—6 月相较于非关联方差异较小，在 2018 年高于非关联方，主要原因

为：关联销售与非关联销售的定价基准不同；关联销售的定价主要参考各省（自治区、直辖市）天然气门站价格及/或当地市场其他气源价格而确定，而各省（自治区、直辖市）天然气门站价格近年保持稳定；非关联方销售价格除了参考各省（自治区、直辖市）天然气门站价格及/或当地市场其他气源价格而确定之外，个别长期销售合同价格是根据与 JCC 指数挂钩的价格公式计算得出的，而 JCC 指数因随油价变动而变动，所以可能有较大波动。总体而言，报告期内发行人向关联方与非关联方销售的天然气价格没有重大差异，发行人的天然气关联销售定价具有公允性。

综上所述，发行人天然气关联销售定价具有公允性，发行人与关联方之间进行利益输送的情况是不存在的。

（四）交易所问询及发行人回复之四

1.交易所问询

报告期内，发行人部分子公司存在亏损。请发行人：（1）说明主要子公司经营状况，各子公司负责的具体业务环节、相关内部交易情况，说明内部交易定价机制及价格公允性；（2）补充披露主要子公司报告期内亏损的原因，它们与同行业可比公司的业绩变化趋势是否一致，它们是否为持续性亏损，目前亏损因素是否消除，涉及相关油气的资产减值准备计提是否充分。

2.发行人回复

（1）亏损主要原因。

2020 年度及 2021 年 1—6 月，公司亏损子公司均为境外子公司，包括海油国际、美国页岩油气公司、加拿大能源公司、北美公司、巴西公司及美国墨西哥湾公司，上述公司的净利润情况如表 12-7 所示。

表 12-7　境外亏损子公司净利润情况

单位：万美元

序号	公司名称	2020 年度净利润	2021 年 1—6 月净利润
1	海油国际	-193 662	13 410
2	美国页岩油气公司	-78 955	-311
3	加拿大能源公司	-4 926	3 430

(续表)

序号	公司名称	2020 年度净利润	2021 年 1—6 月净利润
4	北美公司	−44 500	−7 782
5	巴西公司	−3 062	−125
6	美国墨西哥湾公司	−16 458	8 506

注：表中序号 2~6 的公司均为海油国际下属子公司。

2020 年度，上述公司出现亏损的主要原因如下：①海油国际系投资控股公司，2020 年油价下跌，导致海油国际境外子公司盈利能力下降，且海油国际需要承担海外发行债券的利息；②美国页岩油气公司、加拿大能源公司和北美公司主要受到国际原油价格波动，以及储量下滑的综合影响；③巴西公司和美国墨西哥湾公司主要项目正处在试生产和逐渐投产的阶段。

随着 2021 年 1—6 月国际油价的回升，相关境外子公司的盈利状况得到大幅改善，其中，美国页岩油气公司、北美公司和巴西公司仍处于亏损状态。美国页岩油气公司主要是由于其油田产量仍处于较低水平，单位成本偏高；北美公司主要是由于加拿大资产出现干井，该一次性事项导致部分前期资本化支出在当期费用化；巴西公司主要是由于其油田仍处于试生产阶段。

从外部因素看，原油实现价格的参考基准为西得克萨斯中质油价格（WTI 原油价格）和布伦特原油价格，两者于 2020 年度出现了大幅下滑，导致上述境外子公司 2020 年度处于亏损状态。结合 2021 年 1—6 月的经营数据看，上述公司的经营情况已经随着国际原油价格的回升得到改善。

（2）发行人亏损子公司盈利波动情况与同行业可比公司一致。

报告期内，同行业境外可比上市公司的毛利率水平如表 12-8 所示。报告期内，康菲、西方石油、Equinor 三家境外可比上市公司的平均毛利率水平分别为 29.60%、20.56%、−2.69% 及 23.01%。2020 年度，境外可比上市公司受国际油价大幅下跌影响，毛利率大幅下滑甚至出现亏损；2021 年 1—6 月，境外可比上市公司毛利率随着国际油价同步回升。上述变化与公司境外子公司 2020 年度及 2021 年 1—6 月的盈利波动情况一致。

表 12-8 报告期内同行业境外可比上市公司毛利率水平

公司名称	2021年1—6月	2020年度	2019年度	2018年度
康菲	27.06%	−3.28%	26.31%	29.07%
西方石油	13.95%	1.28%	21.60%	34.45%
Equinor	28.01%	−6.08%	13.77%	25.28%
境外可比公司平均毛利率	23.01%	−2.69%	20.56%	29.60%

（3）发行人亏损子公司不涉及持续性亏损。

发行人亏损子公司最近一年及一期盈利波动的主要原因包括：①国际原油价格下降，从 WTI 及布伦特原油价格走势来看，目前国际油价逐渐回升，相关亏损的因素已经消除；②部分子公司重要项目处于试生产和逐渐投产的阶段，随着勘探储量的增加和油田产能释放，亏损因素预计将消除；③个别矿区出现储量下降，计提油气资产减值，以及因干井勘探支出费用化而当期亏损等情形，这些情形为非经常性因素所致，不具有持续性。综上，发行人亏损子公司盈利波动与国际油价变动及同行业境外可比公司盈利波动情况一致，不涉及持续性亏损。

综上，中国海油系中国最大的海上原油及天然气生产商，也是全球最大的独立油气勘探及生产集团之一。该公司是在香港联交所 2001 年上市的红筹企业。因此，在上市审核过程中，该公司在合规性、股权架构、关联交易、同业竞业及盈利波动等方面均受到了较大的关注。中国海油 IPO 案例在上述重点关注的领域具有较高的研究和参考价值，为其他类似 IPO 项目相关事项提供了较好的工作方法和问题解决思路。

海光信息（688041）

一、项目简要概况

（一）公司基本情况

海光信息技术股份有限公司（以下简称"海光信息"）成立于 2014 年，主要从事高端处理器、加速器等计算芯片产品和系统的研究、开发，目标是成为世界一流的芯片企业，为数字中国提供核心计算引擎。作为先进的国内微处理器产业的推动者，海光信息以务实的态度、创新的理念、先进的技术和可靠的产品，致力于促进我国信息产业核心竞争力的提升。

公司的主营业务是研发、设计和销售应用于服务器、工作站等计算及存储设备的高端处理器。公司的产品包括海光通用处理器（CPU）和海光协处理器（DCU）。自成立以来，公司一直采用 Fabless（无晶圆厂）经营模式，专注于高端处理器的研发、设计和销售，将晶圆制造、封装测试等环节交由晶圆制造企业、封装测试企业及其他加工厂商完成。公司注册信息如表 12-9 所示。

表 12-9　海光信息注册信息

公司名称	海光信息技术股份有限公司
英文名称	Hygon Information Technology Co., Ltd.
注册资本	202 433.809 1 万元
法定代表人	沙超群
成立日期	2014 年 10 月 24 日
行业分类	C39：计算机、通信和其他电子设备制造业
注册地址	天津华苑产业区海泰西路 18 号北 2-204 工业孵化-3-8
主要经营地	北京市海淀区东北旺西路 8 号中关村软件园 27 号楼 C 座 4-5 层

（二）申报板块与标准

公司的主营业务是研发、设计和销售应用于服务器、工作站等计算及存储设备的高端处理器，主要产品为海光 CPU 和海光 DCU。根据中国证监会颁布的《上市公司行业分类指引》（2012 年修订），公司属于"制造业"中的"计算机、通信和其他电子设备制造业"，行业代码为"C39"；根据国家发改委发布的《战略性新兴产业重点产品和服务指导目录》（2016 年），公司属于"新一代信息技术产业"中"电子核心基础产业"的"集成电路"领域；根据国家统计局发布的《战略性新兴产业分类（2018）》，公司属于"1. 新一代信息技术产业"中"1.3 新兴软件和新型信息技术服务"中"1.3.4 新型信息技术服务"之"6520 集成电路设计"领域。根据《上海证券交易所科创板企业发行上市申报及推荐暂行规定》，公司属于"新一代信息技术领域"中的"半导体和集成电路"领域。故公司符合科创板行业领域定位要求。

根据立信会计师事务所出具的《审计报告》（信会师报字〔2022〕第 ZG10035号），2021 年度发行人经审计的营业收入为 231 041.53 万元，不低于人民币 2 亿元。发行人最近 3 年（2019 年、2020 年、2021 年）累计研发投入合计 353 902.71 万元，占最近 3 年累计营业收入的比例为 95.35%，不低于 15%。结合发行人最近 1 年外部股权转让对应的估值情况以及可比公司在境内市场的近期估值情况，基于对发行人市值的预先评估，预计发行人股票公开发行后总市值不低于人民币 15 亿元。故公司符合并适用《上海证券交易所科创板股票上市规则》第 2.1.2 条第（二）款规定的上市标准：预计市值不低于人民币 15 亿元，最近 1 年营业收入不低于人民币 2 亿元，且最近 3 年累计研发投入占最近 3 年累计营业收入的比例不低于 15%。

（三）发行基本情况

公司发行基本情况见表 12-10。

表 12-10　公司发行基本情况

股票种类	人民币普通股（A 股）
每股面值	1.00 元
发行股数	30 000.00 万股
其中：发行新股数量	30 000.00 万股
发行后总股本	232 433.809 1 万股
发行价格	36.00 元 / 股
发行市盈率	315.18 倍（每股收益按 2021 年经审计的、扣除非经常性损益前后孰低的归母净利润除以本次发行后总股本计算）

二、海光信息所处行业

海光信息所处行业为计算机、通信和其他电子设备制造业，主营业务为集成电路设计。

（一）全球集成电路行业概况

集成电路行业作为全球信息产业的基础，其产业链主要包括集成电路设计、芯片制造和封装测试。集成电路行业属于资本密集型和技术密集型行业，该行业企业要具备较强的经济实力、研发能力、客户及供应商资源以及较强的上下游整合能力。

根据全球半导体贸易统计组织（WSTS）的数据，2013年至2018年，全球集成电路行业呈现快速增长趋势，产业收入年复合增长率为9.33%；2019年，受国际贸易摩擦的影响，全球集成电路产业总收入为3 304亿美元，较2018年度下降15.99%；因贸易摩擦缓解，加上数据中心设备需求增加、5G商用带动各种服务供需扩大、车辆持续智能化等因素，2020年全球集成电路产业市场规模为3 612亿美元，较2019年增长9.32%，市场重回增长态势（见图12-8）。

图12-8　2013—2020年全球集成电路产业市场规模

纵观全球竞争格局，集成电路产业的头部效应较为明显，少数领军企业占据了市场的主导地位。目前，全球集成电路市场主要由美国、日本、韩国以及欧洲的企业占据。

（二）中国集成电路产业概况

我国集成电路产业起步较晚，但最近几年，在结构和规模两方面得到了较大提升。2010年以来，我国智能手机全球市场份额持续提升，催生了我国对半导体的强劲需求，加上国家对半导体产业的大力支持以及该产业在人才、技术、资本等方面的环境不断优化，全球半导体产业酝酿第三次区域转移，即向中国大陆转移趋势逐渐显现。

我国集成电路产业持续高速发展，市场规模复合增长率达到全球增速的近3倍。

2013 年到 2020 年的年复合增长率（CAGR）为 19.73%，产业持续保持高速增长趋势。2020 年实现总销售额达 8 848 亿元，较上年增长 17.01%（见图 12-9）。受益于人工智能、大数据、5G 等技术的成熟和相关产品的普及，预计我国集成电路产业将在未来继续保持快速增长趋势。

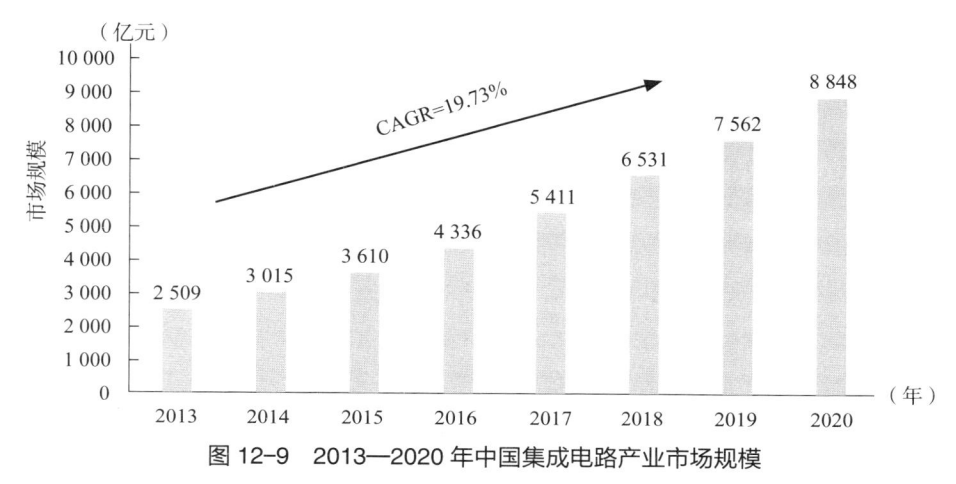

图 12-9 2013—2020 年中国集成电路产业市场规模

数据来源：中国半导体行业协会、前瞻产业研究院。

从集成电路设计、芯片制造、封装测试三类产业的结构来看，2020 年，我国集成电路设计产业销售收入 3 778.4 亿元，同比增长 23.3%，所占比重从 2013 年的 32.2% 增加到 42.7%；芯片制造产业销售收入 2 560.1 亿元，同比增长 19.1%，所占比重从 2013 年的 24.0% 增加到 28.9%；封装测试产业销售收入 2 509.5 亿元，同比增长 6.8%，所占比重从 2013 年的 43.8% 降低到 28.4%。集成电路设计产业规模占比逐年攀升，使得我国集成电路产业链逐渐从低端走向高端，展现了我国集成电路产业发展质量正稳步提升。

（三）行业面临的机遇与挑战

1. 行业机遇

（1）国家政策大力扶持集成电路相关产业发展。

集成电路产业是信息化社会的支柱，其发展水平是国家科技实力的重要体现，对国家的信息安全具有极其重要的意义。我国一直高度关注以处理器为代表的集成电路产业的发展，近年来，国家相继推出了一系列鼓励集成电路产业发展的优惠政策，对我国集成电路产业的快速发展起到了重要推动作用。国家通过出台产业政策、税收优惠政策以及成立产业基金等方式支持集成电路和处理器产业发展，有望带动行业技术水平和市场需求不断提升。

（2）集成电路产业迎来国产替代巨大机遇。

集成电路产业目前呈现专业化分工深度细化、细分领域高度集中的特点。目前，我国拥有全球最大且增速最快的半导体消费市场。2020年，我国集成电路产业市场规模达8848亿元，比上年增长17.01%。巨大的下游市场，加上积极的国家产业政策与活跃的社会资本，正在全方位、多角度地支持国内集成电路产业发展。随着集成电路产业链相关技术的不断突破，加上我国在物联网、人工智能、新能源汽车等下游市场走在世界前列，我国有望在更多细分市场实现国产替代。

（3）稳步增长的市场需求持续推动高端处理器发展。

集成电路产业的下游应用领域十分广泛，包括大型数据中心、消费电子、汽车电子、工业控制、网络设备、移动通信等，下游广阔的应用领域稳定支撑着集成电路设计产业的持续发展。随着各类终端向便携化、智能化、网络化方向发展，以及以人工智能、云计算、智能家居、可穿戴设备、物联网等为代表的新兴产业崛起，海量数据的处理运算需求逐步提升，催生出大量高端处理器需求。同时，5G网络、数据中心等新型基础设施的大力建设，扩大了市场对商业计算和大数据处理器的需求。下游市场需求的稳步增长逐步成为推动集成电路产业发展的新力量，为集成电路设计企业带来了新的发展机遇。

（4）新兴科技产业的发展孕育新的市场机会。

随着物联网、5G、人工智能等新技术的不断成熟，消费电子、工业控制、汽车电子等集成电路主要下游制造产业升级进程加快。下游市场的革新带动了集成电路产业市场规模的增长。在物联网领域，根据工厂研究与咨询公司Gartner提供的数据，全球联网设备从2014年的37.5亿台上升到2020年的250亿台，市场规模超过3000亿美元，其中整体成本集中在MCU（多点控制器）、通信芯片和传感芯片三项，该三项总共占60%至70%。在汽车领域，相较于传统汽车，以自动驾驶汽车为代表的新一代汽车需要使用更多传感器与集成电路设备，并包含多个 CPU、GPGPU（通用图形处理器）和人工智能专用处理器，单车半导体价值将达到传统汽车的两倍。新兴科技产业将成为集成电路行业新的市场推动力，并且随着国内企业技术研发实力的不断增强，国内集成电路行业将会出现发展新契机。

（5）集成电路国产化进程加速，安全可控趋势日趋明显。

信息产业是国民经济的主导产业，同时支撑着传统产业的转型升级。信息产业的持续发展，带来了集成电路消费需求的持续增长。根据中国海关的统计数据，集成电路已经超过原油，成为我国第一大进口商品，2020 年，我国集产电路进口规模已经达到 24 207 亿元，同比增长 14.8%。对国外集成电路产品的高度依赖，极大影响了我国信息产业的可持续发展。

高端处理器具有极高的技术门槛，是集成电路领域技术综合性最强、地位最重要的产品。高端处理器是所有高端信息设备的"大脑"和"中枢"，是信息安全的基石。如无自主可控的高端处理器，我国所有用户的安全防护基本无意义。如无法持续获得高端处理器，我国整体产业安全、经济安全将受到不可想象的影响。因此，研制和推广安全可控的高端处理器对我国至关重要。

2. 行业挑战

（1）行业高端专业人才不足。

高端处理器研发是典型的技术密集型行业，在架构设计、电路设计、先进工艺应用、先进封装设计等方面对人才在创新能力和工程技术能力上的要求很高。经过多年的发展，虽然我国已经培养了一批高水平芯片研发专业人才，但是高水平人才的供给难以满足我国蓬勃发展的集成电路产业的需求。高水平集成电路研发人才培养周期长，且我国高端芯片设计行业发展时间较短，技术水平较低，导致行业高端专业人才紧缺。

（2）我国集成电路行业竞争力有待提升。

国际主流集成电路设计公司大都经历了数十年的发展，积累了大量的技术、市场和人才资源。我国集成电路设计企业多处于成长期，与国际同行相比，资金实力相对较弱，技术差距尚待缩小。另一方面，产业链上下游存在的不足也在一定程度上限制了我国高端芯片设计行业的发展。我国集成电路产业环境有待进一步完善，以 CPU 和 GPU（图形处理单元）为代表的高端芯片设计行业的整体研发实力、创新能力和应用推广能力仍有待提升。

（3）国际贸易摩擦持续升温。

近年来，由于政治、贸易保护主义、逆全球化等因素的影响，国际形势愈发复杂，商业行为面临着越来越多的行政干预，集成电路的供应链安全存在重大不确定性。实践证明，只有坚持自主创新，实现核心芯片的自主可控，才是应对国际形势不确定性的确定性方法。

三、海光信息公司具体介绍

（一）公司发展历程

公司成立于2014年，总部设于天津，于2022年8月在科创板上市。公司主营业务为研发、设计和销售应用于服务器、工作站等计算及存储设备的高端处理器，目前拥有海光通用中央处理器（CPU）和海光协处理器（DCU）两条产品线。

公司技术来源于AMD（超威半导体公司）授权，起点高，水平先进。2016年，公司与AMD合作成立了子公司：海光集成及海光微电子。2016年3月和2017年10月，海光微电子、海光集成分别与AMD签署了《技术许可协议》，公司通过海光集成和海光微电子两家公司得到AMD的技术授权并展开研发运营工作。

2016年，公司引进AMD技术，开始CPU的研发工作，2018年，公司第一代CPU产品——海光一号CPU实现量产，之后公司通过对CPU技术的理解与吸收，对CPU的性能做了优化升级，并于2020年、2022年实现海光二号CPU和海光三号CPU的量产。2018年，公司切入DCU领域，并启动深算一号的研发工作；2021年末，深算一号DCU实现量产（见图12-10）。

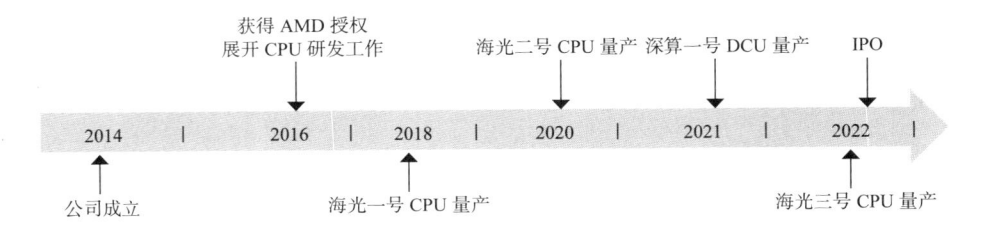

图 12-10 海光信息公司发展历程

（二）公司主营业务

公司的主营业务是研发、设计和销售应用于服务器、工作站等计算及存储设备的高端处理器。公司的产品包括海光 CPU 和海光 DCU，报告期内营业收入情况见 12-11。

表 12-11　公司主要产品营业收入情况[1]

产品类别	2021 年度 收入（万元）	2021 年度 占比（%）	2020 年度 收入（万元）	2020 年度 占比（%）	2019 年度 收入（万元）	2019 年度 占比（%）
海光 CPU	207 138.29	89.66	102 187.85	100.00	37 916.51	100.00
海光一号	29 170.03	12.63	50 988.31	49.90	37 916.51	100.00
海光二号	177 968.27	77.03	51 199.54	50.10	—	—
海光 DCU	23 893.81	10.34	—	—	—	—
深算一号	23 893.81	10.34	—	—	—	—

根据我国信息产业发展的实际需要，公司研发出了多款性能达到国际同类型主流高端处理器水平的产品。公司专注于高端处理器的研发、设计与技术创新，掌握了高端处理器核心微结构设计、SoC（单片系统）架构设计、处理器安全、处理器验证、高主频与低功耗处理器实现、IP（互联网协议）设计、先进工艺物理设计、先进封装设计、基础软件等关键领域的技术。秉承"销售一代、验证一代、研发一代"的产品研发策略，公司建立了完善的高端处理器的研发环境和流程，产品性能逐代提升，功能不断丰富，已经研发出可广泛应用于服务器、工作站的高端处理器产品。截至报告期末（2021 年末），海光 CPU 系列产品海光一号、海光二号已经实现商业化应用，海光三号已经完成实验室验证，海光四号处于研发阶段；海光 DCU 系列产品深算一号已经实现商业化应用，深算二号处于研发阶段。

海光 CPU 系列产品兼容 x86（16 位微处理器）指令集以及国际上主流操作系统和应用软件，性能优异，软硬件生态丰富，安全可靠，得到了国内用户的高度认可，已经广泛应用于电信、金融、互联网、教育、交通等重要行业或领域。海光

---

[1] 表中合计数与各部分数直接相加得数存在差异是由四舍五入引起的，本章其余表格出现类似情况原因相同；另各案例财务数据来自公开招股说明书。——编者注

DCU 系列产品以 GPGPU 架构为基础，兼容通用的"类 CUDA（计算统一设备体系结构）"环境以及国际主流商业计算软件和人工智能软件，软硬件生态丰富，可广泛应用于大数据处理、人工智能、商业计算等领域。

（三）公司财务数据情况

报告期内，公司实现的营业收入和利润总体情况如表 12-12 所示。

表 12-12　公司报告期内财务数据情况

项目	2021 年度	2020 年度	2019 年度
营业收入（万元）	231 041.53	102 197.28	37 916.51
利润总额（万元）	43 670.56	−8 228.69	−13 850.71
净利润（万元）	43 760.64	−8 297.52	−13 735.93
归母净利润（万元）	32 710.95	−3 914.45	−8 290.46
扣非归母净利润（万元）	26 548.98	−9 519.08	−9 263.12
研发投入占比（%）	68.60	106.60	228.04

2019 年度、2020 年度、2021 年度，公司实现的营业收入分别为 37 916.51 万元、102 197.28 万元、231 041.53 万元。2018—2020 年，公司营业收入年复合增长率达 79.70%，增速较快，公司于 2021 年已实现扭亏为盈。

总体上，公司业务快速增长，盈利水平逐渐提升，整体经营状况呈现良好的发展趋势。

（四）公司先进性情况

1. 技术先进性

高端处理器设计复杂，其核心技术此前仅掌握在几家国际领先企业的手中。公司是中国少数几家同时具备高端 CPU 和 DCU 研发能力的集成电路设计企业。基于 x86 指令框架、"类 CUDA"计算环境和国际先进处理器设计技术，公司大力发展满足中国信息化发展需要的高端处理器产品。公司对海光 CUP 和海光 DCU 的微结构进行持续研发和优化，不断提升高端处理器性能。公司高度重视处理器的安全性，通过扩充安全算法指令集及原生支持可信计算等方法，有效地提升了海光处理器的安全性。

公司研发出的第一代、第二代 CPU 和第一代 DCU 产品在性能上均达到了国际上同类型主流高端处理器的水平，在国内处于领先地位。海光 DCU 系列产品深算一号目前已经实现商业化应用，未来将广泛应用于大数据处理、人工智能、商业计算等领域。

公司在高端处理器及相关领域开展了系统化的知识产权布局，为公司保持技术的持续领先奠定了坚实的基础。截至 2021 年 12 月 31 日，公司拥有 179 项已授权专利（其中发明专利 136 项）、154 项软件著作权和 81 项集成电路布图设计专有权等知识产权。

2. 研发技术产业化情况

公司同时拥有海光 CPU 和海光 DCU 两类高端处理器产品，可以满足服务器、工作站等计算及存储设备对高端处理器的功能需求。

海光 CPU 兼容 x86 指令集，处理器性能参数与国际同类型主流处理器产品相当，支持国内外主流操作系统、数据库、虚拟化平台或云计算平台，能够有效兼容目前存在的数百万款基于 x86 指令集的系统软件和应用软件，具有显著的生态系统优势。

海光 DCU 兼容"类 CUDA"环境，软硬件生态丰富，典型应用场景下性能指标达到国际上同类型高端产品的水平。海光 DCU 主要面向大数据处理、商业计算等计算密集型应用领域，以及人工智能乃至泛人工智能类运算加速领域。

公司主动融入国内外开源社区，积极向开源社区提供适用于海光 CPU、海光 DCU 的适配和优化方案，保证了海光高端处理器在开源生态的兼容性。随着信息技术应用创新的不断推进，国内更多的龙头企业积极开展基于海光高端处理器的生态建设和适配工作，在操作系统、数据库、中间件、云计算平台软件、人工智能技术框架和编程环境、核心行业应用等方面进行研发、互相认证和持续优化，研发了一批具有国际影响力的国产整机系统、基础软件和应用软件，在金融、电信、交通等国民经济关键领域基本实现自主可控，初步形成了基于海光 CPU 和海光 DCU 的完善的国产软硬件生态链。

四、海光信息 IPO 项目申报情况

（一）项目中介机构和人员

海光信息 IPO 项目中介机构和人员构成如表 12-13 所示。

表 12-13　海光信息 IPO 项目中介机构和人员构成

保荐机构	中信证券股份有限公司	保荐代表人	黄新炎、彭捷
会计师事务所	立信会计师事务所（特殊普通合伙）	签字会计师	郭健、李娅丽
律师事务所	北京市中伦律师事务所	签字律师	杨开广、张明、田雅雄
评估机构	银信资产评估有限公司	签字评估师	李银松、朱冰洁

（二）项目申报重难点

海光信息 IPO 项目募集资金总额 108 亿元，截至 2022 年 8 月，是科创板创立以来募资规模第三大的 IPO 项目，也是科创板唯一一个融资规模超百亿元且独家保荐、承销的超大规模 IPO 项目。作为半导体领域的标杆项目，海光信息 IPO 项目在申报阶段遇到的重难点问题具有一定的参考价值。

1. 关于核心业务与技术安全

（1）分析。

作为芯片设计研发制造企业，海光信息核心业务容易受到国外制裁影响，同时其信息安全与技术安全关系到公司正常发展甚至国家信息安全。为降低投资者潜在风险，上交所问询函关注了公司核心业务合规性、安全性以及公司技术保护情况。

（2）问询及回复一。

①问询。根据申报材料，发行人委外开发了部分处理器软件、验证平台、芯片硅后验证、处理器验证测试板卡等，但招股说明书对委外开发项目的介绍并不清晰，请发行人清晰说明委外开发项目有哪些，是否涉及核心环节，委外开发是否符合行业惯例，报告期内相关委外供应商的订单存在波动或中断的原因，后续向谁采购相关服务。

②问询回复。

报告期内，公司仅双核处理器封装基板开发涉及研发核心环节的工作，曾委托给第三方完成，除上述项目以外，公司对外委托的研发项目均不涉及研发核心环节。目前，公司涉及研发核心环节的工作均自主完成。

虽然公司不断扩大研发团队规模、增强研发能力，但是公司与国际先进处理器设计企业相比，在技术人员规模、技术覆盖度等方面，都存在显著差距。当前，公司将重点聚焦到构建公司核心技术能力上，有选择地将部分非核心环节或工程实现环节委托给第三方完成，以有效节约公司人力、资金投入，显著提升公司产品研发速度。该策略方法符合公司现阶段发展需要，与国内外众多芯片设计企业选择策略方法一致，符合行业惯例。

2019年6月，受美国商务部《出口管理条例》影响，公司与AMD和SoCtronics（一家专门从事超大规模集成电路设计和嵌入式软件研发的设计服务公司）的委外开发项目被迫终止。随着公司加大研发投入，研发技术团队组建完成，公司后续能够独立完成类似裸片分选测试、封装和硅后验证，以及新工艺物理设计环节的工作，不再需要委外进行。

公司后端设计外包、验证测试板卡开发、评估软件开发、测试服务等方面的委外工作一般由公司根据项目需求选择国内专业人力外包单位或技术优势显著单位完成。这些委外工作不属于研发设计核心环节，具有较高的可替代性。

（3）问询及回复二。

①问询。请发行人说明发行人在授权指令集及IP核的基础上进行芯片设计研发及后续使用是否存在违反国家有关信息安全规定的情况，是否存在信息泄密风险，以及发行人为维护信息安全所采取的措施。

②问询回复。

第一，发行人在授权指令集及IP核的基础上进行芯片设计研发及后续使用未违反国家有关信息安全的规定，不存在信息泄密风险。

公司在授权指令集及IP核的基础上进行芯片设计研发时，不需要向授权方反馈公司产品规格细节、涉及的研发技术数据，不存在违反国家有关信息安全规定的问题，不存在信息泄密风险。

根据授权协议，当公司需要按使用数量支付知识产权费时，公司仅需向授权方提供相关知识产权的总体使用数量信息，无须进一步提供具体使用信息或用户信息。该类信息不属于对国家安全、公共利益，或者个人、组织合法权益具有重大影响的信息，亦不属于关系国家安全、国民经济命脉、重要民生、重大公共利益的重要信息，不涉及维护国家安全和利益、履行国际义务的问题。同时，公司建立了完善的信息安全管理体系，并定期组织开展信息安全教育培训，采取了相应的技术措施和其他必要措施以保障信息安全。

第二，发行人为维护信息安全所采取的措施。

公司高度重视产品开发过程中和产品使用过程中的信息安全。一方面，公司成立了信息安全与保密委员会，负责制定公司内部的信息安全管理制度，以维护处理器研发过程中的信息安全；另一方面，公司开发了一系列与 CPU 产品安全相关的核心技术，以保障产品使用过程中用户的信息安全。

首先，处理器研发过程中，公司维护信息安全的相关措施包括：

公司研发内网采用 MPLS（多协议标签交换）专线连接，部署了边界防火墙和入侵检测系统，避免研发内网被外部恶意攻击。

公司制定了多项制度，对于出网数据，需由合规和信息安全等部门进行审批，对于敏感数据，则必须进行加密；严格控制研发内网的准入权限；对研发资料进行分级定密管理，分别采取不同的访问控制措施，设定不同的知悉范围。

公司建立了完善的开发和测试体系，开发、测试和生产环境分离，以减少意外操作或未经授权访问正式环境中的生产软件和业务数据的风险。

其次，公司为维护用户信息安全所提供的技术保障如下：

公司扩充了处理器的安全指令，研发了国密算法专用硬件和安全固件，提高了海光处理器的安全应用性能。

公司通过了信息安全管理体系标准 ISO27001 认证，根据标准要求建立信息安全方针、信息安全目标和信息安全实施计划，并严格按照方针和目标执行计划；公司已经连续 4 年通过了 ISO27001 认证的监督审核。

2. 关于采购与生产模式

（1）分析。国内许多半导体企业受到美国制裁影响出现原材料成本上升甚至原材料短缺的情况。海光信息的采购生产模式关系到其未来的发展持续性。企业应对潜在或已有制裁的措施是企业持续发展的重要保障之一，也是上交所在科技型企业审核中的重点。

（2）问询。请发行人说明：报告期内晶圆、封装测试服务供应商情况，是否存在替代困难的供应商，若存在，其提供的具体产品/服务有哪些；若发行人EDA（电子设计自动化）、IP工具以及流片服务的采购受到美国出口限制，发行人会受到哪些具体影响，应对措施有哪些，可行性如何，上述影响是否对持续经营构成重大不利影响。

（3）问询回复。

晶圆代工生产工艺要求高，替代困难。受到美国《出口管理条例》限制，公司已经开始选择多个晶圆代工企业为公司进行晶圆代工生产。若公司后续需要选择更多晶圆代工厂为公司提供晶圆代工生产服务，晶圆代工厂的可选择范围有限，工艺迁移需要一定时间，且需要投入一定的研发成本。

从技术上看，封装测试工艺可替代性强，公司也有计划引进其他封装测试服务供应商，以保障公司供应链的稳定和多元化，但由于封测服务供应商需要导入工艺、匹配设备、安排产能等，进行供应商替代仍然需要一定时间和研发成本投入。

2019年6月，美国政府将海光信息列入"实体清单"，在未获得美国豁免的情况下，公司无法获得美国管制技术含量占比25%以上的出口管制产品。目前公司采购EDA、IP工具以及芯片流片服务受到美国《出口管理条例》的影响。公司当前通过购买授权许可的方式使用由其他企业提供的EDA工具，根据美国《出口管理条例》，上述EDA工具的升级服务和技术支持服务被暂停，但未对当前使用造成不利影响。上述EDA工具授权许可期限到期后，公司若不能获得EDA工具厂商的后续授权，将会对公司未来产品研发产生不利影响。

针对公司后续可能不能继续采购在用EDA工具的情况，公司亦已采取相应应对措施：（1）公司已经取得了一家EDA工具厂商相关产品永久授权，并正在与另一家EDA工具厂商就授权延期事项进行沟通；（2）对现有EDA工具及相关服务进行国产化替代；（3）自行解决EDA工具的售后技术服务问题。随着我国集成电路产业相关技术水平的不断提升，产业链上下游企业的进一步发展，国内EDA和IP工具相关厂商技术与产品也将持续成熟完善。

目前与公司合作的晶圆代工厂已向美国相关部门申请了许可,将为公司继续提供流片服务直至原协议履行完毕。同时,公司主动选择了其他晶圆代工厂为公司提供流片服务。考虑到美国出口限制的潜在影响,公司保持与多家晶圆代工厂同时合作。

综上,截至本报告期末,美国《出口管理条例》的相关规定及执行未对公司持续经营构成重大不利影响。

3. 关于研发投入及资本化

(1)分析。作为科技型公司,海光信息有较大的研发投入。其对研发投入的运用及资本化情况会对自身财务情况产生较大影响。高科技企业只有对研发投入进行正确运用,并对研发投入资本化进行正确处理才能降低自身潜在财务风险,并实现自身稳定发展。故上交所就海光信息在研发投入及研发投入资本化方面的情况进行了问询。

(2)问询。请发行人说明:研发支出的核算流程,成本费用的归集范围,研发支出资本化及无形资产摊销的会计处理是否符合《企业会计准则》的规定,与同行业可比公司是否存在重大差异,公司以研发费用与资本化的研发支出的总和计算发行人研发投入占比是否合理。

(3)问询回复。

公司研发成本的归集范围包括人员费用、固定资产折旧及无形资产摊销、外采服务及材料费、租赁费、其他等五项费用以及股份支付费用。与项目相关的五项费用按照研发项目进行归集、核算,其中研究类项目和费用化开发类项目支出计入研发费用;资本化开发类项目支出计入开发支出,并于结项时转入无形资产,该无形资产摊销直接计入主营业务成本(如相关产品当期尚未实现销售收入,则将该摊销计入当期损益-研发费用)。此外,股份支付费用直接计入研发费用。

公司将资本化项目的研发支出于发生时计入开发支出,项目验收结项时,将开发支出结转至无形资产。公司以《资本化评审报告》显示的项目满足《企业会计准则》中关于资本化的五个条件,即将项目通过资本化评审作为研发支出资本化开始时点。公司研发支出资本化的会计处理符合《企业会计准则》的相关规定。

公司资本化研发项目在结项时转入无形资产并开始摊销。如相关产品当期已实现销售收入，则该摊销计入当期销售产品的主营业务成本，按照无形资产与产品的相关性以及当期实现产品（裸片）销售数量进行分配；如特定情况下相关产品当期尚未实现销售收入，则根据《一般企业财务报表格式》中关于"'研发费用'项目，反映企业进行研究开发过程中发生的费用化支出，以及计入管理费用的自行开发无形资产的摊销"的规定，将该摊销计入"研发费用"核算。其中，"通用技术"摊销年限为10年，可长期应用于公司多代处理器产品设计及研发活动；"专用技术"摊销年限为3年，主要应用于单一特定代或某一阶段产品设计及研发活动，但由于公司产品技术属于迭代开发，专用技术仍会对公司后续研发设计活动产生影响。

公司研发支出资本化会计处理符合《企业会计准则》的规定，与同行业可比公司不存在实质性差异；公司基于对自研无形资产后续使用用途的判断，将摊销计入主营业务成本（如相关产品当期尚未实现销售收入，则将该摊销计入当期损益-研发费用），符合《企业会计准则》的规定，与前述公司相较，不存在实质性差异。

公司基于授权技术进行高端处理器产品开发的业务模式导致报告期内公司研发支出资本化率提升12.22~25.77个百分点；若不考虑此提升影响，报告期内公司研发支出资本化率在38.96%至53.94%之间。公司研发业务在模式上具有一定特殊性，且具有高端处理器产品开发投入大、相关产品迭代开发周期短等特点。报告期内公司研发支出资本化率较高与公司研发模式、行业属性、产品属性等因素高度相关，业务上具有合理性。

4.关于存货

（1）分析。作为高科技研发型企业，公司在资金流转、发展健康程度及财务状况等方面均受存货量较大影响。部分公司可能存在利用存货计提进行财务造假的情况。为降低风险，避免出现财务造假，并确保公司处于健康发展状态，上交所对公司存货情况进行了较大关注。

（2）问询。请发行人说明：各类存货中库龄在1年以上的金额、存在原因及后续耗用情况，存货跌价准备计提情况及充分性；针对半成品计提的存货跌价准备金额较高的原因，各期末金额的变动情况及原因。

（3）问询回复。

公司各类存货中库龄在1年以上的存货金额及占比很小。库龄在1年以上的存货的库存时间较长主要原因包括：①1年以上原材料主要为晶圆，在新产品开发和新技术研发阶段，公司需要对不同批次晶圆进行对比测试，以精确定义新产品的测试条件，此部分存货将随着后续研发活动的开展逐渐耗用；②超过1年的半成品主要系封装测试过程中不完全符合产品性能要求的裸片、封装半成品和测试半成品，后续可以用于研发测试；③1年以上的产成品主要系公司保留的早期型号产品，主要用于销售换货、后期维修及后期研发活动测试。

公司对于预计可用于出售的存货、预计可用于后续研发的存货未计提跌价准备，对于研发过程中形成的已测试为性能不良的存货、丧失实验价值的存货（某研发相关实验环节已完成，针对该实验环节的多投料形成的且预计不再用于后续研发活动的存货），全额计提存货跌价准备。这是因为：半成品含各加工节点不同状态的物料，公司对产品的检测分布在众多节点，完成每个节点的检测后均可能产生不良品，导致半成品的不良品率高于原材料、产成品的不良品率；用于研发测试的存货分布在生产的各个环节，所以丧失后续研发价值的存货多处在半成品状态，因此针对半成品计提的存货跌价准备金额较高。

各期末，公司结合存货所处具体状态、技术人员对处于各个实验环节相关物料使用价值的判定，针对已测试为性能不良及丧失使用价值的存货全额计提减值；对于公司存在的部分因产品生命周期处于末期、预计将被降价处理的存货，按可变现净值减去存货成本计算存货跌价准备。

五、发行定价情况

海光信息（688041.SH）于2022年8月12日在上交所科创板正式挂牌上市，发行价为36.00元/股，发行数量为3亿股，募资总额为13.23亿元。海光信息开盘价为70.00元/股，较发行价上涨94.44%，首日收盘价报价60.10元/股，较发行价上涨66.94%，公司总市值1 397亿元。

海光信息IPO项目是半导体领域的标杆项目，借助其成功发行，中信证券扩大了在超大规模企业上市融资方面的行业影响力，并提升了在半导体领域的行业知名度。在项目执行过程中，中信证券项目执行团队攻坚克难，表现出的高效的项目执行能力、专业能力和协调组织能力，得到了客户的充分认可。

联影医疗（688271）

一、项目简要概况

（一）公司基本情况

联影医疗致力于为全球客户提供高性能医学影像设备、放射治疗产品、生命科学仪器以及医疗数字化、智能化解决方案。联影医疗总部位于上海，同时在美国、马来西亚、阿拉伯联合酋长国、波兰等地设立了区域总部及研发中心，在上海、常州、武汉、美国休斯敦进行产能布局，已建立全球化的研发、生产和服务网络。

自设立以来，联影医疗持续进行高强度研发投入，致力于攻克医学影像设备、放射治疗产品等大型医疗装备领域的核心技术。经过多年努力，联影医疗已经构建包括医学影像设备、放射治疗产品、生命科学仪器在内的完整产品线布局。截至报告期末，联影医疗累计向市场推出80余款产品，包括磁共振成像（MR[①]）系统、X射线计算机断层扫描（CT）系统、X射线成像系统（XR）、分子影像（MI）系统、医用电子直线加速器系统（RT）以及生命科学仪器。在数字化诊疗领域，联影医疗基于联影云系统架构，提供联影医疗云服务，实现设备与应用云端协同，进而实现医疗资源共享，为终端客户提供综合解决方案。联影医疗基本信息见表12-14。

表12-14 联影医疗基本信息

公司名称	上海联影医疗科技股份有限公司
英文名称	Shanghai United Imaging Healthcare Co., Ltd.
注册资本	72 415.798 8 万元人民币
注册地址及主要生产经营地址	上海市嘉定区城北路2258号
有限公司成立日期	2011年3月21日
股份公司成立日期	2020年9月23日

[①] MR指MRI，即医疗专业术语"magnetic resonance imaging"。——编者注

(续表)

法定代表人	张强
控股股东	联影集团
实际控制人	薛敏
行业分类	专用设备制造类（行业代码：C35）

（二）申报板块及申报标准

联影医疗主营业务是为全球客户提供高性能医学影像设备、放射治疗产品、生命科学仪器以及医疗数字化、智能化解决方案。根据国家发改委发布的《战略性新兴产业重点产品和服务指导目录》（2016版），联影医疗隶属于"4.2 生物医学工程产业"之"4.2.1 医学影像设备及服务"；根据国家统计局发布的《战略性新兴产业分类（2018）》，联影医疗隶属于"4.2 生物医学工程产业"中的"4.2.1 先进医疗设备及器械制造"之"医疗诊断、监护及治疗设备制造"。因此，根据《上海证券交易所科创板企业发行上市申报及推荐暂行规定》，联影医疗属于其中规定的"生物医药领域"之"高端医疗设备与器械及相关服务"行业。

2021年，联影医疗实现营业收入725 375.57万元；结合联影医疗融资情况和未来发展前景，预计联影医疗市值不低于人民币30亿元，符合《上海证券交易所科创板股票上市规则》第二章2.1.2条第（四）款"预计市值不低于人民币30亿元，且最近一年营业收入不低于人民币3亿元"之规定。

二、公司基本情况

（一）主营业务

联影医疗致力于为全球客户提供高性能医学影像设备、放射治疗产品、生命科学仪器以及医疗数字化、智能化解决方案，产品线覆盖MR产品、CT产品、XR产品、MI产品和RT产品以及生命科学仪器等。

联影医疗的主营业务可以分为以下四类：医学影像设备，放射治疗产品，生命科学仪器，基于云的医疗互联网软件。其中，医学影像设备为联影医疗的主要收入来源。各业务具体情况如表12-15所示。

表12-15 各业务具体情况

序号	分类	产品	产品用途
1	医学影像设备	磁共振成像（MR）系统	具有无辐射、对比度丰富、软组织分辨率高等优势，广泛应用于各类疾病诊断、体检筛查、手术导航等临床场景，并可以为基础医学、脑科学、分子生物学等前沿学科研究提供重要诊断信息
		X射线计算机断层扫描（CT）系统	具有扫描速度快、空间分辨率高的特点，适用于各级医疗机构，能够为体检、诊断及治疗提供所需信息
		X射线成像系统(XR)	包含常规DR（数字X射线摄影）、移动DR、乳腺机、C形臂X射线机、DSA（数字减影血管造影）等，可用于多种疾病的筛查与诊断以及外科手术与介入手术的影像引导
1	医学影像设备	分子影像（MI）系统	包含PET/CT和PET/MR等，可将PET（正电子发射计算机体层扫描术）扫描的分子代谢活动图像与CT或MR扫描的形态学、功能信息相结合；在全身组织诊断，特别是在肿瘤、心血管、神经系统等方面都具有广泛的临床价值；同时在科研及转化医学等多个领域也极具价值
2	放射治疗产品	医用电子直线加速器系统（RT）	放射治疗是目前肿瘤治疗中的一种重要治疗方式，其中医用电子直线加速器具备适应证广泛和操作难度中等等优势，是主流的放射治疗设备
3	生命科学仪器	动物MR	可呈现活体动物组织结构与功能信息，助力动物模型的病理学、药理学研究，为转化医学提供帮助
		动物PET/CT	可实现动态分子水平上对各类动物模型生理、病理及药物代谢过程的实时检测，助力药物研发以及为转化医学提供帮助
4	基于云的医疗互联网软件	联影云平台、云胶片、云PACS（影像存储与传输系统）、数字化医疗解决方案等	面向医技、临床、科研和患者提供基于云平台的医学影像数据管理及应用，面向用户的基于物联网的智慧设备管理服务，以及数字化综合解决方案

注：动物MR和动物PET/CT分别是应用于动物模型成像领域的MR系统和MI系统。

在报告期内，联影医疗主营业务的收入构成情况如表12-16所示。

表12-16 联影医疗主营业务收入构成情况

项目	2021年度		2020年度		2019年度	
	金额（万元）	占比（%）	金额（万元）	占比（%）	金额（万元）	占比（%）
销售设备	662 377.71	92.67	525 086.57	92.18	261 004.57	88.94

（续表）

项目	2021年度 金额（万元）	2021年度 占比（%）	2020年度 金额（万元）	2020年度 占比（%）	2019年度 金额（万元）	2019年度 占比（%）
维保服务	43 942.87	6.15	28 377.70	4.98	16 465.39	5.61
软件业务	8 415.76	1.18	16 155.90	2.84	15 981.99	5.45
合计	714 736.33	100.00	569 620.17	100.00	293 451.95	100.00

（二）公司发展历程

联影医疗发展历程如图12-11所示。

2011年3月，上海联汇智投资管理有限公司（已于2019年3月更名为"联影医疗技术集团有限公司"）、张强共同投资设立了联影有限。成立初期，联影有限公司建立MR、CT、X光、分子影像四大事业部，打造完整研发团队，进行医疗设备研发，并在3年内拿下了全部产品线的多款注册证，之后不断快速更新产品。2020年9月，联影有限整体变更设立股份有限公司联影医疗。2022年8月22日，联影医疗正式登陆科创板。

（三）公司主要财务指标

在报告期内，联影医疗的主要财务指标如表12-17所示。

表12-17 联影医疗主要财务指标

项目	2021-12-31/ 2021年度	2020-12-31/ 2020年度	2019-12-31/ 2019年度
资产总额（万元）	1 036 188.32	966 052.30	779 694.27
负债总额（万元）	532 833.22	605 044.72	537 474.16
归属于母公司股东所有者权益（万元）	503 731.90	360 016.84	224 241.14
资产负债率（母公司，%）	34.25	42.61	60.84
营业收入（万元）	725 375.57	576 103.37	297 944.99
净利润（万元）	140 350.94	93 664.45	-4 804.76
归属于母公司股东净利润（万元）	141 718.48	90 291.59	-7 351.98

联影医疗发展历程

2011
- 联影有限公司成立

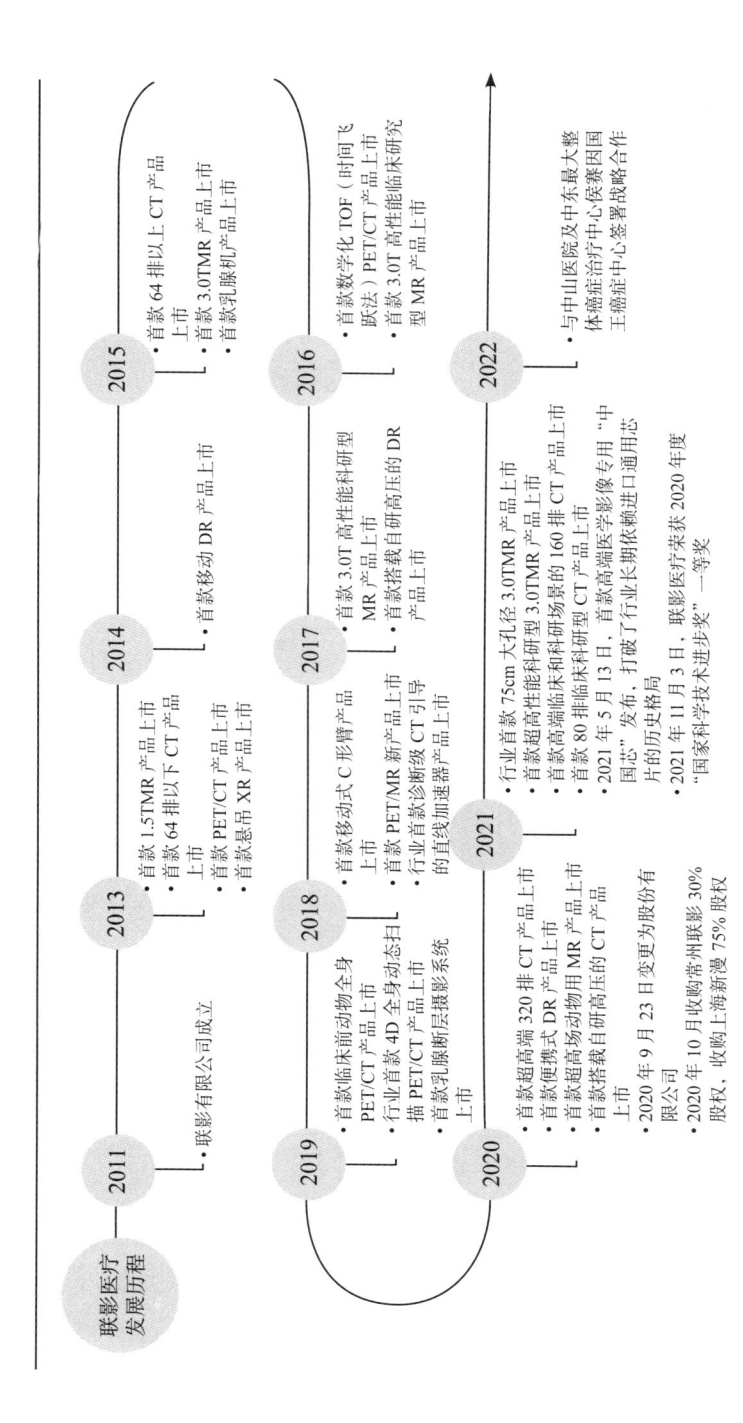

2013
- 首款 1.5TMR 产品上市
- 首款 64 排以下 CT 产品上市
- 首款 PET/CT 产品上市
- 首款悬吊 XR 产品上市

2014
- 首款移动 DR 产品上市

2015
- 首款 64 排以上 CT 产品上市
- 首款 3.0TMR 产品上市
- 首款乳腺机产品上市

2016
- 首款数字化 TOF（时间飞跃法）PET/CT 产品上市
- 首款 3.0T 高性能临床研究型 MR 产品上市

2017
- 首款 3.0T 高性能科研型 MR 产品上市
- 首款搭载自研高压的 DR 产品上市

2018
- 首款移动式 C 形臂产品上市
- 首款 PET/MR 新产品上市
- 行业首款诊断级 CT 引导的直线加速器产品上市

2019
- 首款临床前动物全身 PET/CT 产品上市
- 行业首款 4D 全身动态扫描 PET/CT 产品上市
- 首款乳腺断层摄影系统上市

2020
- 首款超高端 320 排 CT 产品上市
- 首款超便携式 DR 产品上市
- 首款超高场动物用 MR 产品上市
- 首款搭载自研高压的 CT 产品上市
- 2020 年 9 月 23 日变更为股份有限公司
- 2020 年 10 月收购常州联影 30% 股权，收购上海新漫 75% 股权

2021
- 行业首款 75cm 大孔径 3.0TMR 产品上市
- 首款超高性能科研型 3.0TMR 产品上市
- 首款高端临床和科研场景专用 160 排 CT 产品上市
- 首款 80 排临床科研型 CT 产品上市
- 2021 年 5 月 13 日，首款高端医学影像专用"中国芯"发布，打破了行业长期依赖进口通用芯片的历史格局
- 2021 年 11 月 3 日，联影医疗荣获 2020 年度"国家科学技术进步奖"一等奖

2022
- 与中山医院及中东最大整体癌症治疗中心侯赛因国王癌症中心签署战略合作

图 12-11 联影医疗发展历程

(续表)

项目	2021-12-31/2021 年度	2020-12-31/2020 年度	2019-12-31/2019 年度
扣除非经常性损益后归属于母公司股东净利润（万元）	116 569.49	87 771.71	−25 506.24
基本每股收益（元）	1.96	1.30	不适用
稀释每股收益（元）	1.96	1.30	不适用
加权平均净资产收益率（%）	32.83	32.20	−3.24
经营活动产生的现金流量净额（万元）	94 245.16	330 976.01	25 754.03
现金分红（万元）	—	—	—
研发投入占营业收入的比例（%）	14.45	14.76	23.17

报告期内，2019—2021 年 3 年营业收入分别为 297 944.99 万元、576 103.37 万元、725 375.57 万元，2019—2021 年营业收入年复合增长率达 56.03%，增速较快；报告期 3 年，公司扣除非经常性损益后归属于母公司股东净利润分别为−25 506.24 万元、87 771.71 万元、116 569.49 万元，公司 2020 年已实现扭亏为盈。

总体上，联影医疗业务快速增长，盈利水平逐渐提升，整体经营状况呈现良好的发展趋势。

（四）公司核心技术

自设立以来，联影医疗在医学影像设备、放射治疗产品等大型医疗装备领域的核心技术方面进行了大量的研究，构建出包括医学影像设备、放射治疗产品、生命科学仪器在内的完整产品线布局。目前，联影医疗的核心技术主要包括：（1）超导磁体、梯度、射频、谱仪等 MR 核心部件的研制技术；（2）实现 CT 主要核心部件的自研自产技术；（3）包括基于深度学习研发的金属植入物识别和图形降噪技术、基于层析成像原理与滤波反投影算法的断层图像重建技术、在 X 射线系统上实现三维断层成像技术、高压发生器技术在内的 XR 产品技术；（4）包括探测器技术、晶体制造技术、数据传输和处理技术在内的先进 MI 技术。以上技术均处于行业先进水平。

联影医疗核心技术已应用于全线高端医学影像设备和放射治疗产品，报告期3年，公司应用联影医疗核心技术的高端医学影像设备和放射治疗产品占联影医疗主营业务收入的比例分别为87.36%、91.31%和88.39%。

（五）公司业务特点

1. 以科技研发为基础

联影医疗以科技研发为基础，对科技研发进行高额度的投入，报告期内投入研发的经费逐年增长，2021年研发经费已超过10亿元。联影医疗打造了垂直化研发体系，构建了贯穿技术、产品与软件的垂直创新体系，围绕各产品线核心部件开展核心技术研发，为实现核心技术自主可控、铸造产品竞争力壁垒奠定了坚实基础。联影医疗自研比例位居行业前列，各产品线主要核心部件均实现自研自产。

联影医疗采用平台化研发模式，搭建了通用软件及通用硬件研发平台，跨产品线的平台化研发模式为技术的借鉴与交流、产品的融合与迭代提供了基础。研发层面，通用的底层架构为开发多模态产品提供了创新便利；项目层面，共享的软件和硬件设计可提升研发效率、加速产品迭代；产品层面，统一的系统配合统一的工业设计和界面设计，联影医疗不同产品线在品牌形象和使用体验上保持了高度的一致性，有助于品牌影响力的增强和产品的持续推广。

联影医疗实施前沿创新策略，以前瞻研究、市场动向引导创新方向。一方面，联影医疗在上海、美国休斯敦设立未来实验室，积极布局前瞻性研究，探索把握行业转型发展的新机遇，为自身研发创新做好技术储备；另一方面，各产品事业部与市场形成紧密连接，通过对市场需求的快速反馈持续推进全线产品的技术创新与迭代升级。

联影医疗在全球范围内进行研发人才储备，人才是联影医疗持续研发创新的根基，联影医疗通过自主培养与外部引进，搭建了一支由多位顶尖科学家及深具行业管理与研发经验的人员领衔的、具有全球化视野的研发队伍。截至报告期末，联影医疗共有员工5 479名，其中研发人员2 147名，和医疗机构联系紧密。

2. 产研联系紧密

联影医疗产品自上市以来已入驻全国近 900 家三甲医院，获得了终端客户的广泛认可。根据复旦大学医院管理研究所发布的"2020 年度中国医院综合排行榜"，全国排名前 10 位的医疗机构均为联影医疗用户，排名前 50 位的医疗机构中，联影医疗用户达 49 家。根据灼识咨询的数据，按 2020 年度国内新增台数口径统计，联影医疗 MR、CT、PET/CT、PET/MR 及 DR 产品排名均处在行业前列，其中 MR 产品在国内新增市场占有率排名第一，1.5T MR 及 3.0T MR 分别排名第一和第四；CT 产品在国内新增市场占有率排名第一，64 排以下 CT 排名第一，64 排及以上 CT 排名第四；PET/CT 及 PET/MR 产品在国内新增市场占有率均排名第一；DR 产品及移动 DR 产品在国内新增市场占有率分别排名第二和第一。

联影医疗逐步从以产品和技术赋能临床的单一维度，向构建全方位科技支撑的产学研医深度融合创新体系转变。联影医疗打通"基础研究—临床应用—转化医学—产业转化"全链条，以临床需求和重大医学难题带动产品定义、性能优化、应用拓展、临床示范，形成从创新到商业转化的闭环管理，持续扩大创新领导力与商业竞争力。

3. 积极履行社会责任

联影医疗以客户体验为中心，围绕常规售后需求、应急反应需求和意见反馈需求，打造了完善的客户服务体系。联影医疗建立了一个注重细节、精益求精的售后团队，为客户提供涵盖培训、安装、维修、升级、保养等方面的综合服务。此外，联影医疗高度重视与客户持续沟通，并根据反馈意见，推动研发团队进行产品优化升级。

在 2020 年席卷全球的新冠疫情中，联影医疗积极践行科技抗疫。联影医疗针对抗疫需求开展紧急研发并快速实现定制化方舱 CT 的量产；此外，联影医疗积极配合上海市公共卫生临床中心建设上海市发热门诊，"发热门诊上海模式"由国家卫健委发文在全国推广。2020 年 9 月在国务院"全国抗击新冠疫情表彰大会"上，联影医疗荣获"抗疫先进集体"，是高端医学影像设备行业唯一一家入选的企业。与此同时，联影医疗还向乌克兰、泰国、日本、美国等近 30 个国家及地区紧急驰援高端医学影像设备及专家团队，积极助力全球抗疫。

三、所处行业分析

根据《国民经济行业分类》(GB/T 4754-2017)，联影医疗所处行业属于"专用设备制造业"（分类代码 C35）中的"医疗仪器设备及器械制造"（分类代码 C358）之"医疗诊断、监护及治疗设备制造"（分类代码 C3581）。

（一）市场结构

全球老龄化、慢性病增加和医疗支出增长带来了全球医疗器械市场规模的扩大，新冠疫情加速了市场的扩张。灼识咨询数据显示，全球医疗器械市场规模在 2020 年已经突破 4 400 亿美元，中国以 23% 的市场份额成为全球第二大市场。预计到 2030 年，全球医疗器械市场规模将超过 8 000 亿美元，2020 年到 2030 年年复合增长率将到达 6.3%（见图 12-12）。

与全球医疗器械市场相比，中国医疗器械市场发展更加迅速。受制于生产力发展水平，中国医疗器械行业整体起步较晚，但随着国家整体实力的增强、国民生活水平的提高、人口老龄化、政府对医疗领域大力扶持等因素的驱动，中国医疗器械市场增长迅速。2015—2020 年，中国医疗器械市场规模已经从 3 125.5 亿元增长至 7 789.3 亿元，年复合增长率约 20.0%。未来随着市场需求的提升、国家对医疗产业的扶持以及医疗器械行业技术发展带来的产业升级，医疗器械行业将有望继续保持高速增长的良好态势，并实现从中低端产品自给自足向高端产品自主研发、进口替代的转化，预计 2030 年中国医疗器械市场规模将超过 22 000 亿元，2020—2030 年年复合增长率将达到 11.2%。

根据功能及作用不同划分，医疗器械可分为医学影像设备、手术相关设备、体外诊断设备等类别（见图 12-13）。其中，医学影像设备是指以实现诊断或治疗引导为目的，通过对人体施加包括可见光、X 射线、超声、强磁场等各种物理信号，记录人体反馈的信号强度分布，形成图像，使得医生可以从中判读人体结构、病变信息的设备。

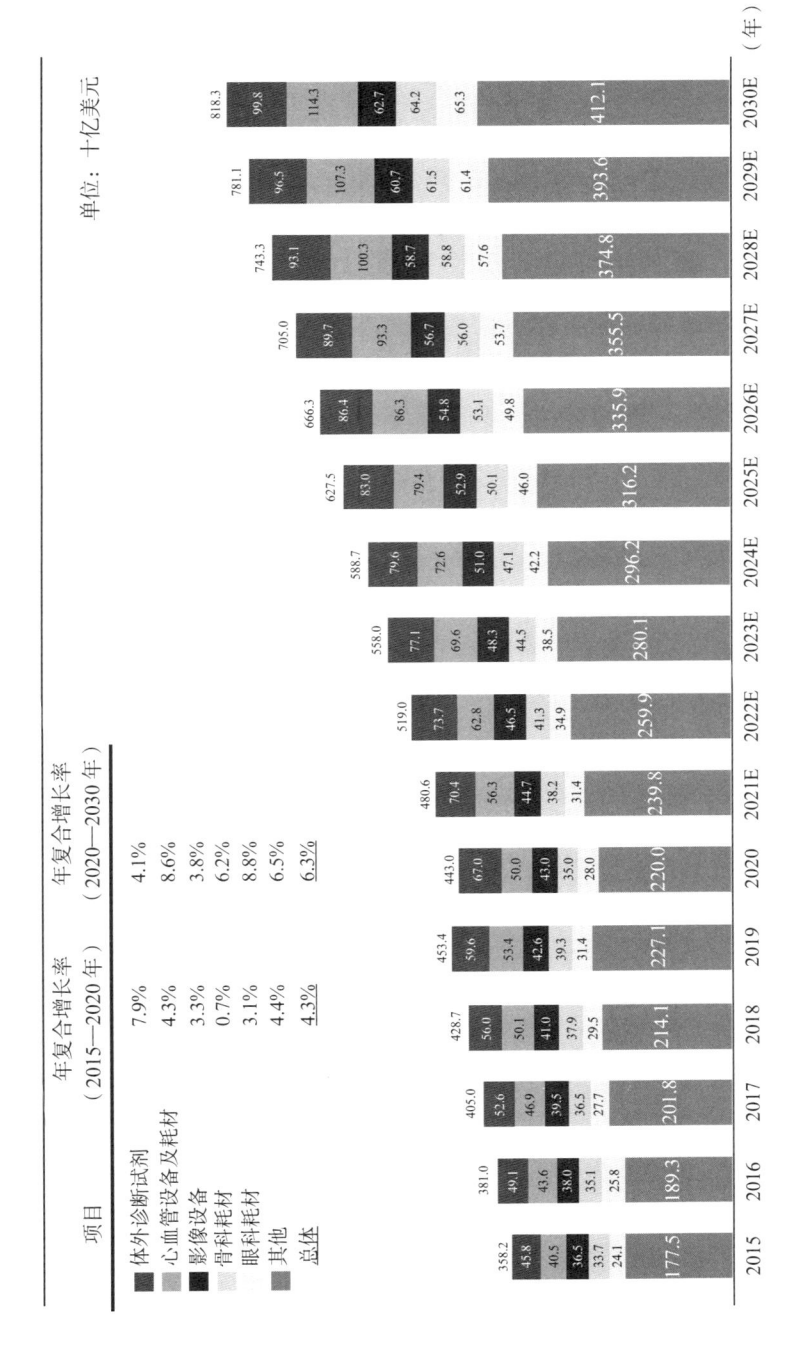

图 12-12 2015—2030 年全球医疗器械市场规模

项目	年复合增长率 （2015—2020 年）	年复合增长率 （2020—2030 年）
体外诊断试剂	7.9%	4.1%
心血管设备及耗材	4.3%	8.6%
影像设备	3.3%	3.8%
骨科耗材	0.7%	6.2%
眼科耗材	3.1%	8.8%
其他	4.4%	6.5%
总体	4.3%	6.3%

单位：十亿美元

年份	体外诊断试剂	心血管设备及耗材	影像设备	骨科耗材	眼科耗材	其他	总体
2015	45.8	40.5	36.5	33.7	24.1	177.5	358.2
2016	49.1	43.6	38.0	35.1	25.8	189.3	381.0
2017	52.6	46.9	39.5	36.5	27.7	201.8	405.0
2018	56.0	50.1	41.0	37.9	29.5	214.1	428.7
2019	59.6	53.4	42.6	39.3	31.4	227.1	453.4
2020	67.0	50.0	43.0	35.0	28.0	220.0	443.0
2021E	70.4	56.3	44.7	38.2	31.4	239.8	480.6
2022E	73.7	62.8	46.5	41.3	34.9	259.9	519.0
2023E	77.1	69.6	48.3	44.5	38.5	280.1	558.0
2024E	79.6	72.6	51.0	47.1	42.2	296.2	588.7
2025E	83.0	79.4	52.9	50.1	46.0	316.2	627.5
2026E	86.4	86.3	54.8	53.1	49.8	335.9	666.3
2027E	89.7	93.3	56.7	56.0	53.7	355.5	705.0
2028E	93.1	100.3	58.7	58.8	57.6	374.8	743.3
2029E	96.5	107.3	60.7	61.5	61.4	393.6	781.1
2030E	99.8	114.3	62.7	64.2	65.3	412.1	818.3

注：图中"E"代表所列年份数据为预测数据。

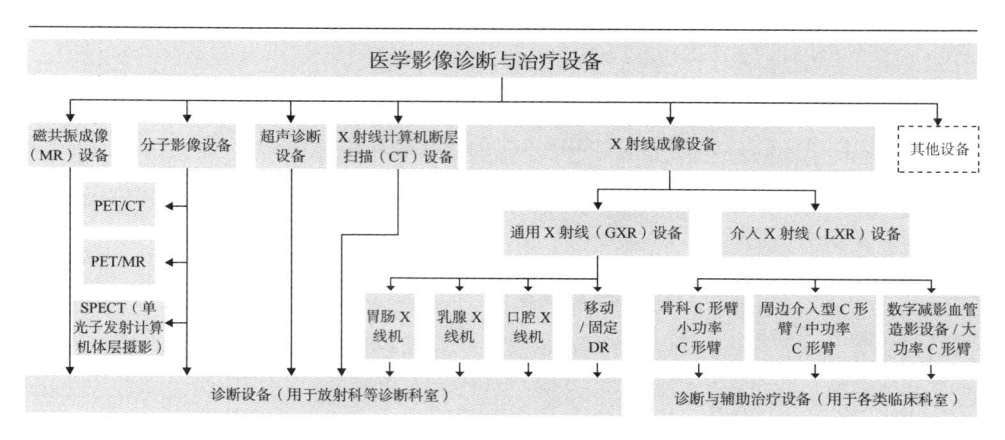

图 12-13 医学影像设备细分示意

医学影像设备是医疗器械行业中技术壁垒最高的细分领域。随着我国经济高速发展、人口老龄化问题加重，民众健康意识提高，医疗保健服务的需求持续增加，国内市场对高品质医学影像检查的需求相应快速增长。同时，自 2012 年医改以来，国家相关部门陆续出台了一系列的医疗行业相关政策，旨在提升医疗服务水平、鼓励分级诊疗实施、推动医疗资源下沉，这为医学影像设备销售开辟了新的市场空间。在市场需求增加及政策红利的双轮驱动下，中国医学影像设备市场将持续增长，2020 年市场规模已达到 537 亿元，预计 2030 年市场规模将接近 1 100 亿元，2020—2030 年年复合增长率将达到 7.3%（见图 12-14）。

	2015—2020 年	2020—2030 年	单位：亿元人民币
年复合增长率	12.4%	7.3%	

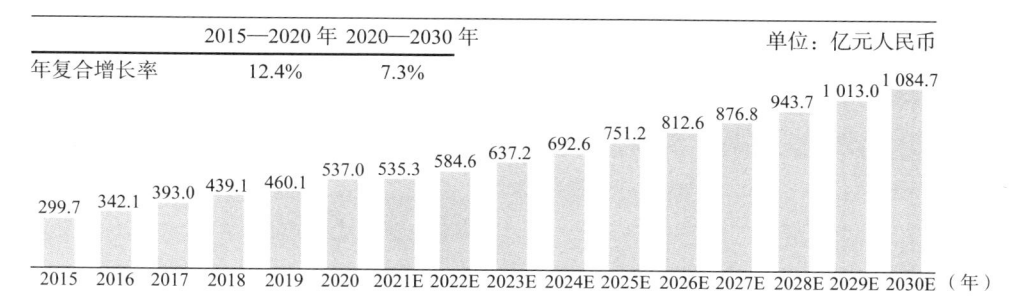

年份	数值
2015	299.7
2016	342.1
2017	393.0
2018	439.1
2019	460.1
2020	537.0
2021E	535.3
2022E	584.6
2023E	637.2
2024E	692.6
2025E	751.2
2026E	812.6
2027E	876.8
2028E	943.7
2029E	1 013.0
2030E	1 084.7

图 12-14 2015-2030 年中国医学影像设备市场规模

与全球相比，我国医学影像设备行业一直呈现行业集中度低、企业规模偏小、中高端市场国产产品占有率低的局面。近年来，伴随国产医疗设备整体研发水平的进步，产品核心技术被逐步攻克，产品品质与口碑崛起，部分国产企业已通过技术创新实现弯道超车，进口垄断的格局正在发生变化，国产医学影像设备行业正逐步实现与国际知名品牌比肩并跑的目标。

（二）竞争格局

医学仪器设备行业是一个有着高集中度的小行业，伴随人类对健康愈发重视，行业目前正处于成长阶段。联影医疗作为国内兴起的医疗器械行业龙头，主要竞争对手是国际化的医疗器械企业。本行业中，中低端产品市场已经逐步实现国产替代，高端产品市场仍以进口品牌为主。技术、人才和资金是行业竞争的关键点。

联影医疗产品覆盖高端医学影像诊断产品和放射治疗产品，实现了诊疗一体化布局。联影医疗产品与国内外市场主要参与者产品对比如表12-18所示。

表12-18 联影医疗产品与国内外市场主要参与者产品对比

设备种类	联影医疗	GE医疗	西门子医疗	飞利浦医疗	医科达	万东医疗	东软医疗
MR产品							
3.0T及以上	▲	▲	▲	▲			
1.5T及以下	▲	▲	▲	▲		▲	▲
CT产品							
320排/640层	▲						
256排/512层		▲	▲				▲
128排及以下	▲	▲	▲	▲		▲	▲
XR产品							
Mammo	▲	▲	▲	▲		▲	▲
常规/移动DR	▲	▲	▲	▲		▲	▲
中小C	▲	▲	▲	▲		▲	▲
大C（DSA）		▲	▲	▲		▲	▲
MI产品							
PET/CT							
AFOV（轴向视野）>120cm	▲						
AFOV50~120cm	▲	▲	▲				

（续表）

设备种类	联影医疗	GE医疗	西门子医疗	飞利浦医疗	医科达	万东医疗	东软医疗
AFOV<50cm	▲	▲	▲	▲			▲
PET/MR	▲	▲	▲				
超声产品		▲	▲	▲		▲	▲
RT产品							
直线加速器		▲		▲	▲		▲
图像引导直加	▲	▲		▲	▲		
生命科学仪器	▲						

由表12-18可知，在高端医学影像及放射治疗产品领域，联影医疗产品线的覆盖范围与GE（通用电气）医疗、西门子医疗、飞利浦医疗等国际医疗公司基本一致。

从产品上看，联影医疗产品在国内新增设备市场上份额领先，根据灼识咨询的数据，2020年度，按新增台数占有率口径统计，联影医疗MR、CT、PET/CT、PET/MR及DR产品排名均处在行业前列。其中MR产品在国内新增市场占有率排名第一，1.5T MR及3.0T MR分别排名第一和第四；CT产品在国内新增市场占有率排名第一，64排以下CT排名第一，64排及以上CT排名第四；PET/CT及PET/MR产品在国内新增市场占有率均排名第一；DR产品及移动DR产品在国内新增市场占有率分别排名第二和第一。

（三）行业地位

将联影医疗的经营情况与上述公司进行对比，可以发现，相比于较早进入行业、发展时间较长的国际医疗公司，联影医疗在营收规模、利润水平上仍存在一定差距（见表12-19）。

表12-19 国际医疗公司营业收入及利润比较

单位：亿元

公司名称	2021年 营业收入	2021年 净利润	2020年 营业收入	2020年 净利润	2019年 营业收入	2019年 净利润
GE医疗	1 130.09	189.10	1 175.07	199.66	1 391.19	260.7
西门子医疗	965.95	—	860.12	—	824.07	—

(续表)

公司名称	2021年		2020年		2019年	
	营业收入	净利润	营业收入	净利润	营业收入	净利润
飞利浦医疗	623.42	67.94	656.04	39.72	663.15	51.58
瓦里安	—	—	206.71	17.55	224.98	20.37
医科达	104.93	9.56	108.97	8.09	99.20	8.77
万东医疗	11.56	1.80	11.32	2.18	9.82	1.65
东软医疗	—	—	24.59	0.93	19.08	0.82
迈瑞医疗	252.70	80.04	210.26	66.60	165.56	46.85

仅考虑国内的情况，从政策上看，为了推动医学影像设备行业发展、鼓励行业自主创新，国家陆续出台了鼓励高端医学影像设备发展的行业政策。例如：2015年5月，国务院印发《中国制造2025》，提出"提高医疗器械的创新能力和产业化水平，重点发展影像设备、医用机器人等高性能诊疗设备"；2020年10月，《中共中央关于制定国民经济和社会发展第十四个五年规划和二〇三五年远景目标的建议》印发，鼓励"发展高端医疗设备"。根据灼识咨询统计数据，2020年我国医学影像设备市场规模已达到537亿元，2015年至2020年年复合增长率达12.4%，预计2020—2030年年复合增长率将达7.3%，该行业将继续保持相对高速增长。

随着国产CT、MR、MI和RT产品制造商的自主研发能力及创新水平不断提升，国产替代的步伐未来有望加快。在国家鼓励国产设备进口替代的大背景下，中国有望迎来国产医疗设备繁荣的新阶段，国内龙头企业将享有行业高速增长以及进口替代的双重红利。随着行业的快速发展，国内企业的自研创新能力不断提高，技术进步将极大促进进口替代的实现。以XR为例，多家国内厂商已掌握平板探测器、高压发生器、X射线管等核心部件的生产制作以及关键成像技术。

联影医疗作为高端医疗装备行业的国内龙头企业，在目前国家大力发展医学影像设备行业和国内企业自主创新水平不断提升的背景之下，已经取得先机。总体而言，联影医疗仍处于高速成长期，未来发展空间巨大。

四、联影医疗 IPO 项目申报情况

（一）时间线

2021 年 12 月 31 日，联影医疗在科创板递交招股书；

2022 年 1 月 22 日，上交所官网显示，联影医疗科创板 IPO 审核状态更新为"已问询"。

2022 年 4 月 15 日，联影医疗科创板上会；

2022 年 7 月 19 日，联影医疗 IPO 注册成功。

（二）项目亮点

中信证券具备丰富的医疗行业资本运作经验，凭借专业的行业研究、项目执行能力和高超的组织协调能力，与发行人及其他中介机构高效合作，在前期扎实工作的基础上，努力克服新冠疫情对项目时间表落实的影响，统筹推进各项工作，推动本项目成为 2022 年科创板从申报到过会用时最短的 IPO 项目。发行过程中，中信证券深度挖掘联影医疗的投资亮点，协助成功引入多家国家级基金、大型保险公司及产业投资者参与战略配售，并通过与主流机构投资者深入沟通交流，向市场积极宣传企业投资价值，最终取得较理想的认购倍数及发行价格。中信证券专业的保荐、研究、定价及承销能力获得发行人高度认可。

（三）项目中介机构和人员

项目中介机构和人员构成见表 12-20。

表 12-20　项目中介机构和人员构成

保荐机构 （主承销商）	中信证券股份有限公司	保荐代表人	焦延延、邵才捷
	中国国际金融股份有限公司		张坚柯、杨光
联席主承销商	海通证券股份有限公司		
保荐机构律师	上海市通力律师事务所	签字律师	陈军、朱晓明
审计机构	普华永道中天会计师事务所	签字注册会计师	李雪梅、王建保
资产评估机构	上海东洲资产评估有限公司	签字注册评估师	王欣、施江蕾

（四）项目申报重难点

1. 关于资产重组问题

分析：资产重组问题是交易所上市审核的重点问题。联影医疗的子公司存在控制权问题，未开展实际业务的子公司以出资额作价转让给实控人，事实上，该子公司已申请两项授权专利。此外，联影医疗并未披露其向实控人转让专利的情况。此外，联影医疗将控股子公司的股权在半年内转出又转入，招股书却只字未提。这种资产界定不清的情况会受到交易所的关注。

问询：

2020年10月，发行人以发行股份购买资产方式收购常州联影30%股权和上海新漫75%股权。发行人认为，收购前薛敏通过一致行动协议和投票权转让实际支配上海新漫51.50%的表决权，所以将对上海新漫的收购认定为同一控制下的企业合并，并调整原始报表。发行人于2015年收购深圳联影数据51%股权，其中20%股权受让来自金证股份。报告期内深圳联影数据主要向金证股份提供软件开发服务，其确认收入金额与金证股份公开披露的采购金额差异较大。

请发行人：（1）说明收购上海新漫时股份价值的确定依据，收购后资产业务整合情况；（2）结合收购前后上海新漫实际控制权情况，分析将收购上海新漫认定为同一控制下企业合并的依据是否充分，调整原始报表的原因；（3）说明发行人对软件开发业务的定位及规划，报告期内软件服务的主要客户以及产品内容，深圳联影数据是否为发行人开展软件业务的主体，发行人收购深圳联影数据后主要向金证股份提供软件开发服务的原因，发行人与金证股份的交易金额与金证股份公开信息存在差异的原因。

问询回复：

发行人首先介绍了上海新漫的3次股权转让过程以及增资过程中上海新漫的股权情况，并结合收购前后子公司上海新漫的实际控制权情况，分析将收购上海新漫认定为同一控制下企业合并的依据是否充分，进而解释调整原始报表的原因，还证明了薛敏作为发行人实际控制人亦间接控制上海新漫。因此收购前后，薛敏实际控制上海新漫。因此，发行人2020年10月收购上海新漫构成同一控制下的企业合并，上海新漫的资产负债以其在最终控制方的账面价值（包括最终控制方收购新漫晶体形成的商誉）纳入发行人合并财务报表，并相应调整合并日前合并财务报表。

2. 业务模式对收入确认的方式的影响，收入的真实性、准确性

分析：收入确认的方式、收入的真实性等问题是上市审核的重点问题。联影医疗主要采取经销和直销相结合的销售模式。报告期内，即2019—2021年3年，公司主营业务收入中经销收入分别为191 192.07万元、385 651.74万元和471 314.87万元，占主营业务收入的比例分别为65.15%、67.70%和65.94%。在不同模式下发行人如何合理确定收入时点，以及发行人在经销模式下的履约成本，往往会引起交易所的关注。

问询1：

请发行人对比直销模式和经销模式下，销售合同对发行人履约义务规定的差异，并结合该情况，说明不同销售方式下，收入确认时点存在差异的原因。请发行人补充说明报告期内，经销模式下，在取得安装调试报告并确认收入后，是否存在大额履约成本支付、返工、商品退回等情形，并结合该情况，说明经销模式收入确认时点的合理性。

问询回复：

（1）发行人首先对比了在直销模式和经销模式下履行合同情况时的不同支出，发行人相关履约义务对比分析如表12-21所示。

表12-21　发行人不同销售模式下的履约义务对比分析

履约义务	发行人履约义务		分析
	经销模式	直销模式	
发货/到货	客户书面通知发行人交货日期且根据合同约定情况支付相应的合同价款后，发行人应按约定时间将货物运抵客户指定的最终用户处。包装按卖方标准完成，包装费、运输费及保险费由发行人承担	客户书面通知发行人交货日期且根据合同约定情况支付相应的合同价款后，发行人应按约定时间将货物运抵最终用户处。包装按卖方标准完成，包装费、运输费及保险费由发行人承担	两种模式下，发行人均按约定将货物运送至最终用户处。发行人均按照统一标准进行包装、运输，发行人均承担装运及保险费用

（续表）

履约义务	发行人履约义务		分析
	经销模式	直销模式	
产品安装调试	产品运达指定地点后，卖方负责产品安装调试。产品安装调试完毕，卖方以最终用户签署《安装调试报告》或同等效力书面文件作为卖方已对买方履行了本销售合同中约定的与产品销售相关的义务的依据，买方接受了卖方的产品，确认了安装调试验收合格	产品运达指定地点后，卖方负责安装调试设备	两种模式下，发行人均承担安装调试义务。经销模式下，发行人在完成安装调试获取最终用户签署的《安装调试报告》或同等效力书面文件后，即表示买方接受了发行人的产品，卖方完成产品交付
产品验收	产品安装调试完成后，买方（经销商）另行配合最终用户对产品进行验收	买卖双方在产品安装、验收完毕后，共同完成产品验收工作。验收合格后，买方工作人员签署《验收报告》或同等效力书面文件	经销模式下，买方（经销商）负责配合最终用户进行产品验收。直销模式下，发行人需要与最终用户共同完成产品验收工作，验收合格后买方工作人员签署《验收报告》或同等效力书面文件确认，完成产品交付
售后服务	根据合同约定，卖方提供产品质保服务，保修期根据合同约定自一年至多年不等	根据合同约定，卖方提供产品质保服务，保修期根据合同约定自一年至多年不等	两种模式下，发行人均需在合同约定的质保期内履行产品质保服务

（2）发行人根据不同模式下履行合同时的不同支出以及发行人的履约义务，进一步说明了在两种模式下发行人收入确认的时点存在差异以及产生差异的原因。

（3）针对经销模式下确认收入后是否存在履约成本、返工、商品退回的问题，发行人分析了不同的情况，并证明大额履约成本主要为保修成本，对此发行人已按照《企业会计准则》通过计提预计负债或者确认单独履约义务进行相应会计核算。发行人不存在取得安装调试报告并确认收入后发生返工及商品退回的情形，不会因此影响经销模式下整机产品销售收入时点的确认。

问询2：

根据招股说明书及申报材料，（1）对于需要安装调试的产品，经销模式下，发行人在完成设备安装调试并取得安装调试报告后（初验阶段）确认收入；直销模式下，发行人在完成设备安装调试并取得验收报告后确认收入。对于不需要安装调试的产品，发行人在购买方接受产品并签收后确认收入，该部分主要针对国际援助机构或疫情期间的采购订单。（2）发行人2020年第四季度主营业务收入占比达38.15%。

请发行人说明：（1）报告期各期不需要安装调试的产品销售数量、收入金额及客户情况；（2）经销及直销模式下自合同签订到确认收入之间的主要环节、时间周期、各环节发行人主要的履约义务，安装调试环节和最终验收环节的区别，按照不同方法确认收入的金额及占比，初验阶段确认收入是否符合《企业会计准则》及行业惯例。

问询回复：

（1）发行人按照不同方法确认收入的金额及占比如表12-22所示。

表12-22　发行人按照不同方法确认收入的金额及占比

项目	2021年度	2020年度	2019年度
无须安装调试销售设备，签收确认收入金额（万元）	6 542.94	12 277.88	522.15
占设备销售收入比（%）	0.99	2.34	0.20
经销模式下销售设备，完成安装调试确认收入金额（万元）	439 684.96	353 108.50	170 826.83
占设备销售收入比（%）	66.38	67.25	65.45
直销模式下销售设备，完成验收确认收入金额（万元）	216 149.82	1 59 700.19	89 655.59
占设备销售收入比（%）	32.63	30.41	34.35
收入合计（万元）	662 377.71	525 086.57	261 004.57

（2）发行人在经销模式下完成产品安装调试，设备已经达到可以正常使用的状态，依据合同约定即完成对于经销商客户的产品交付义务，发行人后续没有任何对于产品的管理权。后续最终客户和经销商组织对产品进行验收，主导产品的使用并获取相应经济利益。发行人在完成产品安装调试后，产品的风险报酬/控制权即转移至经销商客户。因此，发行人经销模式下以完成安装调试确认收入符合《企业会计准则》的规定。

（3）发行人列出了经销和直销模式下自合同签订到确认收入之间的主要环节、时间周期以及履约义务。其中，经销模式下主要环节包括发货/到货、安装调试、验收，具体时间周期与发行人、经销商主要履约义务如表 12-23 所示。

表 12-23 经销模式下具体时间周期与发行人、经销商主要履约义务

主要环节	时间周期		发行人主要履约义务
发货/到货	1~7 天		签订合同后，发行人根据客户要求，安排物流将货物运送到合同约定的目的地（通常为最终用户设备安装场地）
安装调试	CT 产品	0.8 个月	发行人安排工程师现场完成设备的硬件组装及软硬件调试，具体包括： 1. 发行人工程师按照不同产品标准的安装调试流程完成设备的安装； 2. 发行人工程师对设备的各项性能指标逐项测试，各项工作逐项记录于《安装调试记录》报告，调试过程中对可能出现的问题通过装配调整及更换配件等方式进行解决。
	MI 产品	6.7 个月	
	MR 产品	1.7 个月	
	RT 产品	2.0 个月	
	XR 产品	1.3 个月	
主要环节	时间周期		经销商主要履约义务
验收	CT 产品	1.1 个月	最终用户即医院内部各相关科室（使用科室、设备科或总务科、院长办公室等）组织验收，主要内容及经销商履行的义务包括： 1. 验收设备物理外观，完成备品备件、用户手册、技术资料等物品的移交； 2. 依据招标文件和采购合同中规定，结合前期安装调试报告，检查设备是否与合同约定不相符或者存在缺少的配置和功能； 3. 现场验收会后验收结果由设备科提交院长办公室，医院择期召开院内办公会，通过院内办公会审批后正式完成验收流程
	MI 产品	2.0 个月	
	MR 产品	1.4 个月	
	RT 产品	2.4 个月	
	XR 产品	1.5 个月	

而直销模式下除完成上述发货、安装调试环节外，发行人在验收环节的主要履约义务如表 12-24 所示。

表 12-24 直售模式下验收环节时间周期与发行人主要履约义务

主要环节	时间周期		发行人主要履约义务
验收	CT 产品	1.1 个月	最终用户即医院内部各相关科室（使用科室、设备科或总务科、院长办公室等）组织验收，主要内容及发行人履行的义务包括： 1. 验收设备物理外观，完成备品备件、用户手册、技术资料等物品的移交； 2. 依据招标文件和采购合同中规定，结合前期安装调试报告，检查设备是否与合同约定不相符或者存在缺少的配置和功能； 3. 对接保修事宜； 4. 现场验收会后验收结果由设备科提交院长办公室，医院择期召开院内办公会，通过院内办公会审批后正式完成验收流程
	MI 产品	2.0 个月	
	MR 产品	1.4 个月	
	RT 产品	2.4 个月	
	XR 产品	1.5 个月	

问询 3：

根据问询回复，（1）2021 年，发行人 CT 业务收入的增长主要来自经济型产品。

在医保控费的大背景下,各类医疗器械价格均承压。2021年,安徽省医保局首次针对乙类大型医用设备开展集中采购工作。(2)发行人积极开拓境外业务,境外分部较多,报告期内境外销售收入快速增长。

请发行人补充披露:报告期各期各产品系列的收入构成。

请发行人补充说明:(1)2021年,安徽省医保局首次针对乙类大型医用设备集中采购工作的具体情况,截至回复之日国内对于大型医用设备的集采情况,发行人可能涉及的产品类型,集采的进一步扩大对发行人产品销售的可能影响;(2)发行人境外分部的主要财务情况,对发行人整体业绩当前及未来的影响;(3)根据实际情况完善招股说明书相关信息披露。

问询回复:

(1)报告期内,公司主营业务收入构成情况如表12-25所示。

表12-25 报告期内公司主营业务收入构成

收入项目	2021年度 金额(万元)	2021年度 占比(%)	2020年度 金额(万元)	2020年度 占比(%)	2019年度 金额(万元)	2019年度 占比(%)
高端医学影像诊断设备及放射治疗设备	662 377.71	92.67	525 086.57	92.18	261 004.57	88.94
其中:MR	152 889.92	21.39	123 203.55	21.63	91 048.76	31.03
CT	342 134.86	47.87	257 153.88	45.14	101 730.58	34.67
XR	49 356.93	6.91	82 360.19	14.46	36 338.23	12.38
MI	104 023.10	14.55	57 645.32	10.12	30 982.42	10.56
RT	13 972.90	1.95	4 723.63	0.83	904.58	0.31
维保服务	43 942.87	6.15	28 377.70	4.98	16 465.39	5.61
软件业务	8 415.76	1.18	16 155.90	2.84	15 981.99	5.45
合计	714 736.33	100.00	569 620.17	100.00	293 451.95	100.00

(2)报告期内,发行人在安徽省收入变动如表12-26所示。

表 12-26　报告期内发行人在安徽省收入变动

设备/服务类型	2021年度 数量（台）	2021年度 收入（万元）	2021年度 平均单价（万元/台）	2020年度 数量（台）	2020年度 收入（万元）	2020年度 平均单价（万元/台）	2019年度 数量（台）	2019年度 收入（万元）	2019年度 平均单价（万元/台）
CT	92	12 914.90	140.38	79	10 759.04	136.19	49	7 177.90	146.49
MI	—	628.32	—	—	—	—	—	1 194.64	—
MR	10	3 208.49	320.85	7	2 476.93	353.85	13	4 260.88	327.76
RT	—	1 243.36	—	—	—	—	—	—	—
XR	27	1 444.10	53.49	55	2 717.88	49.42	44	1 988.03	45.18
维保服务等	—	3 091.33	—	—	2 362.30	—	—	1 792.46	—
合计	—	22 530.50	—	—	18 316.16	—	—	16 413.91	—

报告期内，发行人在安徽省的销售收入金额分别为 16 413.9 万元、18 316.16 万元和 22 530.50 万元，占发行人销售收入的比重分别为 5.59%、3.22% 和 3.15%，销售收入呈稳步增长趋势，且各品类产品的平均单价保持稳定，安徽省对乙类大型医用设备的集中采购政策对发行人销售收入和产品单价的影响较小。

（3）国内对于大型医用设备的集采情况主要分甲类大型医用设备和乙类大型医用设备，大型医疗设备的集中采购系长期存在的政府采购管理模式，与药品及高值耗材领域的集中带量采购政策存在明显区别，这主要是由于政策出台背景不同以及政策情况和实施影响不同。如果大型医用设备集中采购进一步扩大，对发行人产品销售的可能影响包括：设备采集将带动设备销售价格下降；销售费用将有所节约，销售环节将有所简化。

（4）对于境外分部的财务情况，报告期初，公司境外分部资产总额及收入占公司整体比例较低，但报告期内，境外分部资产占比逐年提高，收入总额及占比整体亦呈上升趋势，收入贡献逐年增加。报告期内，随着境外业务的逐步增长，境外分部合计净亏损金额逐年降低。依据各境外分部的未来发展规划，可以预见，境外分部对于发行人收入贡献占比在未来将逐步提高，境外分部资产规模将逐步扩大。未来公司通过执行境外分部的发展规划，逐步拓展境外市场，预计主要境外分部，如美洲分部,将扭亏为盈,欧洲分部将继续保持盈利并进一步提升其自身盈利能力。

3.关于库存库龄较长的合理性以及该部分产品可变现净值的合理性

分析:库存问题一直是本行业的重点问题。联影医疗主营的医疗影像设备属于高价设备,一旦有库存可能造成存货金额较高,合同和购买意向成疑的情况,而对于这类库存,其可变现净值如何与是否计提存货跌价准备对公司净值的影响较大,因此库存计价的确定依据会引发交易所的注意。

问询1:

发行人存货金额较大,部分存货库龄较长;发行人存在未签订销售合同发出商品的情况。报告期各期末,发行人发出商品金额较大,部分发出商品库龄较长,根据问询回复,发出商品终端客户不得使用,请补充说明该情况下,发行人向客户发出商品并长时间存放于客户处的目的,以及该等安排的商业合理性。

问询回复:

(1)发行人发出商品的整体库龄较短,大多数发出商品能较快实现收入,期末结存的发出商品库龄主要集中在1年以内。2021年末库龄在1年以上的发出商品占2021年当年发出商品总额的比例为5.87%,说明仅有很少部分发出商品是长库龄发出商品。发行人不同产品线的产品规格参数及功能复杂度差异较大,安装调试及验收周期存在较大差异;从发货到收入确认的平均周期最短为0.81个月,最长为8.65个月,发出商品通常在发货后的1年以内可实现收入确认。

(2)发行人所发出商品主要为向客户发出的尚未完成安装调试或尚未完成产品验收交付的大型医疗设备。发行人向终端客户发出商品时的目的均为尽快实现所发运设备的销售,但受制于各种客观因素影响,无法针对每台设备准确预测其形成收入的时间。

(3)未签署销售合同即发出商品并长期存放客户处主要是为了继续推进销售业务的达成,对于发行人及终端医疗机构而言,均有商业合理性。

问询2:

针对库龄3年以上的发出商品,请发行人说明跟踪和确定对方是否仍具有购买意向的方式,以及如何评估是否有结转收入的可能;发行人单个发出商品价值较高且较容易区分,请发行人说明是否已按照单个发出商品确定可变现净值并计提存货跌价准备，同时分析说明理由。

问询回复：

（1）对于长库龄发出商品，发行人持续进行产品软件升级等保证设备先进性，同时发行人会积极与终端用户管理层进行沟通，了解项目进展情况并提供相应技术协助，以推进项目进展。对于报告期末库龄3年以上的发出商品，公司整体评估仍具有较大结转收入的可能性，项目仍在持续推进中。

（2）发行人发出商品均以实现销售为目的，发行人绝大部分发出商品均在国内生产并销售，发出商品所处的经济环境、法律环境以及市场环境基本相同。发行人发出商品结转收入的可能性主要与发出商品库龄相关，随着发出商品库龄增长，其后续结转收入的可能性逐步降低。由此，发行人以发出商品库龄为标准，按照库龄组合，结合过去发出商品后续结转收入情况，评估不同库龄阶段发出商品实现销售的可能性并相应计提存货跌价准备，符合《企业会计准则》的要求。

（3）发行人各产品系列的生产周期如表12-27所示。

表12-27 发行人各产品系列的生产周期

单位：天

产品类型	生产周期
MR系列	50~65
CT系列	10~15
XR系列	10~15
MI系列	31~76
RT系列	55~75

（4）报告期内，发行人在产品的库龄主要在1年以内，各年占比分别为96.60%、91.40%和93.97%。库龄超过1年的在产品金额及占比均较低，发行人库龄超过1年的在产品主要分为两个类别，具体情况如下：类别一主要为梯度、高压探测器等高价值备品备件，系经过部分加工集成形成的半成品，主要用于售后业务的物料储备。随着装机数量的增加，为提供可及时响应的售后维修服务，公司对新老机型设

定了备品备件的安全库存，形成部分长库龄存货。类别二主要为各产品系列下的不同选配定制件，系公司根据部分客户定制化需求生产的特定选装配件。为了快速响应客户需求和缩短交付周期，公司对部分部件进行了提前生产和储备，所以形成了部分长库龄存货。

问询3：

请发行人补充说明产品生产周期，发行人部分在产品库龄超过1年的合理性，该部分在产品可变现净值的确定依据，未计提存货跌价准备的理由。

问询回复：

（1）报告期各期末，库龄超过1年的在产品主要为高价值备品备件和选配定制件，属于公司为了生产或售后维修进行的正常备货，为公司的策略性安排，这些在产品均处于正常的周转过程中，未出现积压或滞销的情形，均具有正常的使用价值。

（2）报告期各期末，对于在产品，发行人结合期末在手订单合同、同类产品市场销售情况、将在产品加工为产成品将发生的成本、产品销售费用率、期间平均税率等对在产品期末可变现净值进行测算。报告期内，发行人整机毛利较高且保持稳定，不存在市场销售价格低于存货成本、未来加工成本、销售费用与相关税费之和的情况，无须计提跌价准备。

五、发行定价情况

联影医疗于2022年8月22日在上交所科创板正式挂牌上市，发行价为109.88元/股，发行总数为1亿股，募资总额为1 072 384.15万元。开盘价为169.91元/股，较发行价上涨54.63%，首日收盘报价181.02元/股，较发行价上涨64.74%，总市值约1 500亿元。

联影医疗作为高端医疗设备的国内龙头企业，其上市成为2022年发行规模最大的科创板IPO项目，也是中国医疗器械行业史上最大规模的IPO项目。其在上市后成为科创板市值最高的医疗健康行业上市公司，掀起了医疗公司上市的热潮，这足以证明保荐机构和联席主承销商的实力。

萤石网络（688475）

一、项目简要概况

（一）公司基本情况

杭州萤石网络股份有限公司成立于 2015 年，主要从事智能家居服务和物联网设备与平台服务。公司利用智能硬件、互联网云服务、人工智能（AI）和机器人等技术，面向智能家居场景下的消费者用户，提供以视觉交互为主的智能生活解决方案；面向商业客户，提供用于管理物联网设备的开放式云平台服务。

萤石网络构建"1+4+N"智能家居生态，以安全为核心，以萤石云为中心，搭载包括智能家居摄像机、智能入户、智能控制、智能服务机器人在内的四大自研硬件，开放接入环境控制、智能影音等子系统生态，实现家居及类家居场景的全屋智能化，同时利用互联互通的萤石云开放平台，与合作伙伴分享智能视频的云平台服务资源，共同打造物联网云生态。公司基本信息见表 12-28。

表 12-28 公司基本信息

公司名称	杭州萤石网络股份有限公司
英文名称	Hangzhou EZVIZ Network Co., Ltd.
注册资本	45 000 万元
法定代表人	蒋海青
成立日期	2015 年 3 月 25 日
行业分类	C39——计算机、通信和其他电子设备制造业；I65——软件和信息技术服务业
注册地址	浙江省杭州市滨江区丹凤路 399 号 2 号楼 B 楼 301 室
主要经营地	浙江省杭州市

（二）申报板块与标准

根据中国证监会颁布的《上市公司行业分类指引》（2012 年修订），公司主营的智能家居业务所属行业为"计算机、通信和其他电子设备制造业"（行业代码为C39），公司主营的物联网云平台业务所属行业为"软件和信息技术服务业"（行业代码I65）。根据《上海证券交易所科创板企业发行上市申报及推荐暂行规定》，公司从事的智能家居产品及物联网云平台业务，均属于新一代信息技术领域。公司满足《科创板首次公开发行股票注册管理办法（试行）》第三条规定的关于申报企业性质的相关条件。

发行人选择的具体上市标准为《上海证券交易所科创板股票上市规则》第2.1.2条第（一）款"预计市值不低于人民币10亿元，最近两年净利润均为正且累计净利润不低于人民币5 000万元"之规定。根据保荐机构出具的《预计市值的分析报告》，发行人预计发行市值不低于10亿元；根据德勤华永出具的《审计报告》，发行人2020年及2021年净利润（净利润以扣除非经常性损益前后的孰低者计算）分别为27 175.03万元以及39 661.61万元，这两年净利润均为正且累计净利润不低于人民币5 000万元。发行人满足前述上市标准。

（三）发行基本情况

公司发行基本情况如表12-29所示。

表12-29 公司发行基本情况

股票种类	人民币普通股（A股）
每股面值	1.00元
发行股数	11 250.00万股
其中：发行新股数量	11 250.00万股
发行后总股本	56 250.00万股
发行价格	28.77元/股
发行市盈率	40.80倍（每股收益按2021年经审计的、扣除非经常性损益前后孰低的归母净利润除以本次发行后总股本计算）
发行市净率	3.57倍（按每股发行价除以发行后每股净资产计算）

二、萤石网络所处行业

根据国家发改委发布的《战略性新兴产业重点产品和服务指导目录》（2016年版），智能家居产品及服务属于"1.5 人工智能"中的"1.5.3 智能机器人及相关硬件"以及"1.5.4 人工智能系统"中的"智能家居"领域，物联网云平台属于"1.2 信息技术服务"中的"1.2.1 新兴软件及服务"中的云计算软件及服务。

（一）智能家居产品及服务行业概况

智能家居指以住宅为平台，利用互联网通信技术、智能控制技术、音视频技术等将家居有关的设施自动化和集成化，由此构建而成的高效的住宅设施管理系统。

从产品形态的维度来看，智能家居的发展趋势可分为三个阶段：

阶段一，单品智能化。其以家电产品智能化为代表，传统家居产品也紧跟智能化步伐，实现家居产品与信息技术的融合，同时，新一代信息技术的发展，也会催生新型的智能家居产品。

阶段二，单品之间互联互通。不同品牌、不同品类的产品之间在物理上互联、在数据上互通，这需要智能家居中的所有产品运营在同一平台之上。

阶段三，系统智能化。继跨品牌、跨品类实现数据互通和互动之后继续发展，这一阶段产品间的互动互通都是机器的主动行为，不需要用户人为干涉，这一阶段的实现不仅需要大量物联网设备感知数据，还需要AI算法技术深度参与和配合。

智能家居是传统家居产品结合新一代信息技术发展的必然结果。根据德国商业数据平台Statista的分析及预测，2020年全球智能家居市场规模约276亿美元，未来几年将延续15%左右的年复合增长率，到2024年智能家居设备消费者支出将超471亿美元（见图12-15）。在各类智能家居设备中，家居安防、控制与连接、智能家电等是占据较高市场份额的品类。

安全是智能家居场景的刚性需求之一，家居安防产品在智能家居市场中占据重要地位。按照Statista的数据分析，家居安防产品占全球智能家居市场的份额有望从2020年的24%左右提升至2024年的28%左右，预计到2024年全球家居安防类产品市场规模有望超100亿美元（见图12-16）。

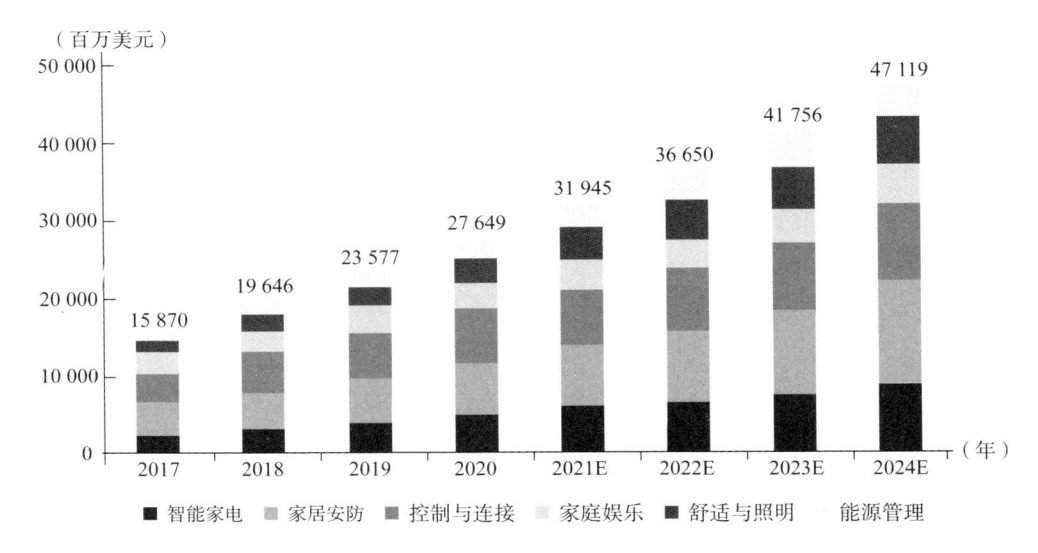

图 12-15　2017—2024 年全球智能家居市场规模

数据来源：Statista。

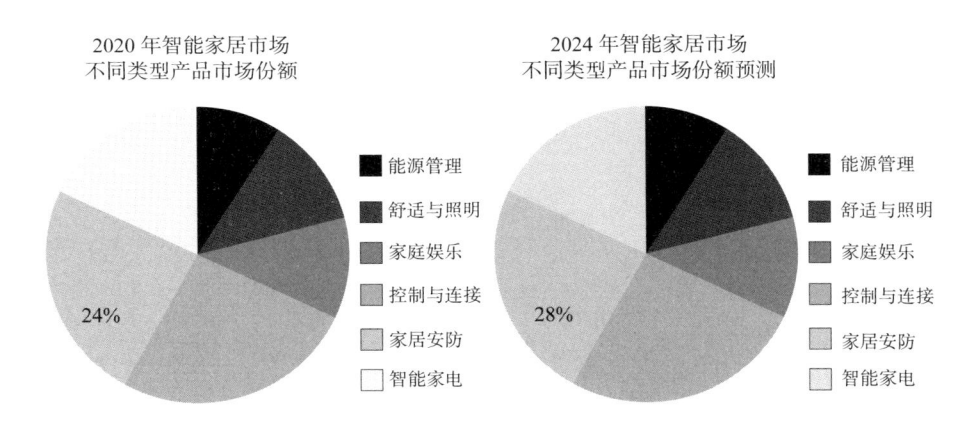

图 12-16　2020 年及 2024 年全球不同类型智能家居产品市场份额情况

数据来源：Statista。

（二）物联网云平台行业发展概况

云服务指的是云计算产品提供的服务，云计算的服务类型一般可分为三个层次，分别是 IaaS（基础设施即服务）、PaaS（平台即服务）、SaaS（软件即服务）。上述三个层次组成了云计算服务技术层面的整体架构，该架构还包含了一些虚拟化的技术和应用，自动化的部署，以及分布式计算等技术。

根据中国信息通讯研究院的分析，2020 年以 IaaS、PaaS 和 SaaS 为代表的全球云计算市场规模达到 2 253 亿美元，未来几年市场平均年增长率在 18% 左右，到 2023 年市场规模将超过 3 500 亿美元（见图 12-17）。

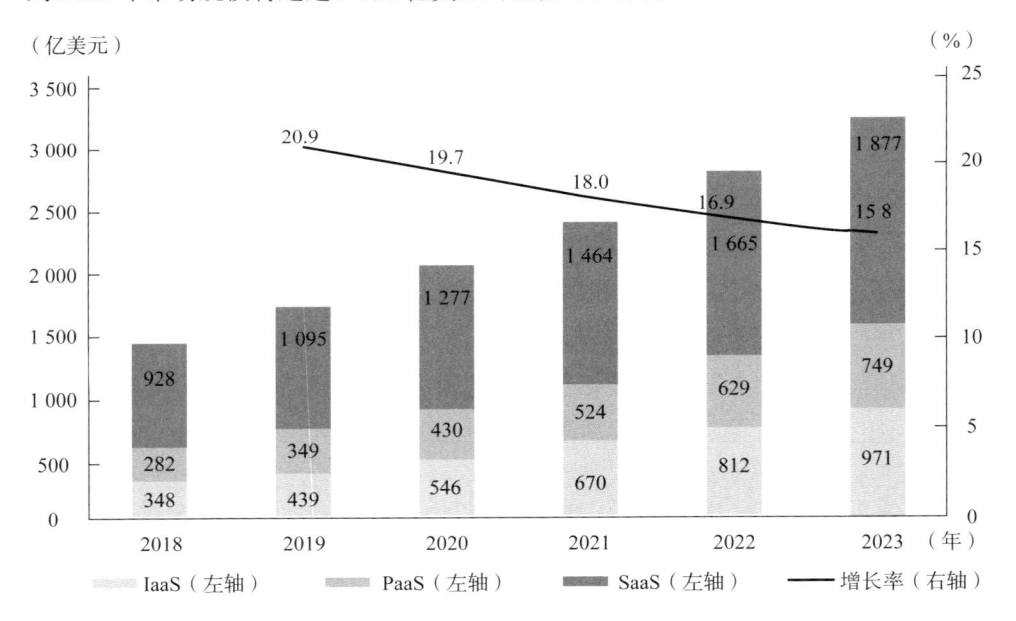

图 12-17　2018—2023 年全球云计算市场规模及增速

数据来源：中国信息通讯研究院。

物联网是云服务的重要应用场景，随着新一代信息技术的全面应用，以物联网连接为核心的云服务正在快速发展，成为云计算行业增长最快的应用场景之一。物联网技术和云服务技术融合发展从而衍生出物联网云平台概念。该平台是架设在 IaaS 层上的 PaaS 层云服务平台，通过联动感知层和应用层，向下连接、管理物联网终端设备，归集、存储感知数据，向上提供应用开发的标准接口和共性工具模块。

物联网云平台是物联网体系的中枢神经，协调整合海量设备、信息，是物联网产业的价值结晶。随着设备连接量增长、数据资源沉淀、分析能力提升、场景应用丰富且深入，物联网云平台的市场潜力将持续释放。

受益于传感器成本的降低和传输技术的升级，物联网全产业链的技术成熟度大幅提升。根据物联网研究机构 IoT Analytics 的分析，2020 年，全球 IoT（物联网）设备连接数将首次超过非 IoT 设备（如智能手机和笔记本电脑等），2020 年各类设备总连接量约为 216 亿个，其中 IoT 设备连接量约为 117 亿个，占比超 53%。预计到 2025 年，IoT 设备连接量为 309 亿个，非 IoT 设备连接量为 103 亿个，前者占比提升到 75%，IoT 设备成为连接量主体的地位进一步夯实（见图 12-18）。

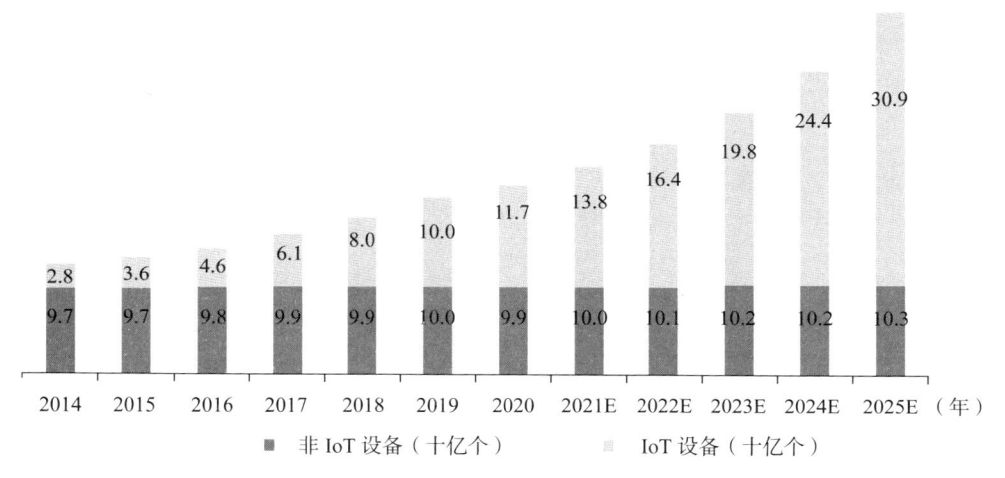

图 12-18　2014—2025 年全球 IoT 设备及非 IoT 设备连接量情况
数据来源：IoT Analytics。

根据艾瑞咨询的数据，2020 年中国物联网设备连接量达 74 亿个（见图 12-19），受疫情影响同比增速放缓。过往因用户规模庞大，需求相对简单且标准化程度高，消费类物联网设备占据了连接量当中的主流。随着数字化转型的持续推进，餐饮零售、建筑工业等行业对物联网的需求愈发高涨，预计到 2025 年，中国物联网设备连接量将突破 150 亿个。物联网设备连接量的持续增长为物联网云平台的发展助力，推动平台在设备积聚、数据累计的基础上，发展出更为丰富的应用服务。

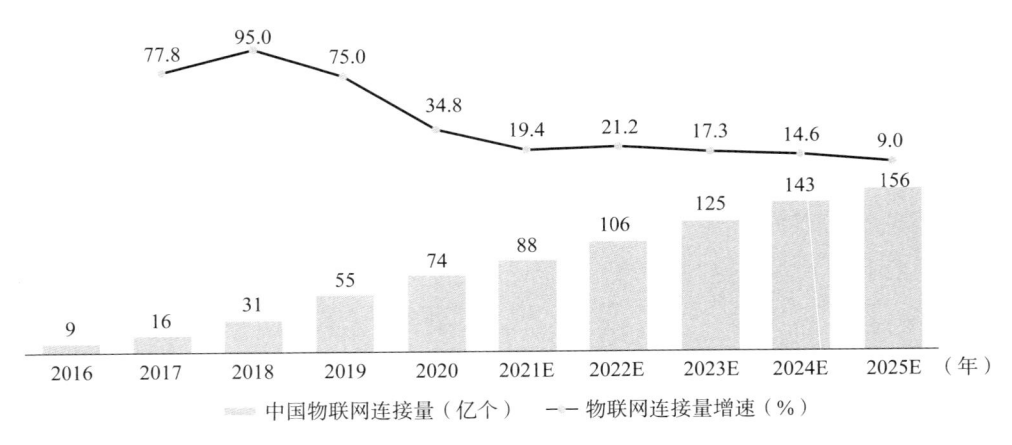

图 12-19　2016—2025 年中国物联网设备连接量情况

数据来源：艾瑞咨询。

（三）行业未来发展趋势

1. 智能家居视觉类行业发展趋势

（1）共建生态体系，探索应用场景。

家用智能视觉厂商通过产品销售和增值服务能够直接触达下游消费者，从而及时获悉消费者偏好并获得售后反馈，进而为上游的模组制造商与 AI 芯片、AI 算法供应商指明产品及技术革新方向；同时，家用智能视觉厂商基于云平台运营经验积累，赋能模型训练，提升算法精确度以及自家产品与其他产品的兼容性；先进的家用智能视觉厂商可以向同行业厂商提供标准化的智能模组和开放式云平台服务，以产品和技术赋能中游的中小厂商，在持续扩大生态圈的同时与同行业厂商一起挖掘数据价值，探寻用户痛点，开发家用智能视觉应用的新场景。

（2）联动全屋智能，提升整体交互体验。

年轻消费者在家居场景下不仅有生活、消费和娱乐的需求，还有工作和学习需求，随着"宅经济"的兴起，这些需求也更多地出现在了这种场景中。家用智能视觉厂商以家用安防产品作为初始立足点，切入智能家居行业。家用安防已成为智能家居领域落地最快且最具象的应用场景，涉及与视频流相关的大量前端数据感知和云端数据处理，如消息推送、视频回放、安全预警等。随着视觉能力在智能家居产品中的广泛应用,未来的家用智能视觉应用将不局限于家用安防单个场景的单独联动,而是围绕视觉能力打造多场景自主联动,使智能家居各产品间能够主动感知、识别、信息共享,实现全屋智能反馈执行。例如,家用摄像头采集信息时识别到厨房地面水渍,调度扫地机器人中断当前工作,优先清洁有致人摔倒隐患的水渍;家庭成员通过智能可视门锁开锁入户,家居系统识别确定该成员身份,根据其偏好提供对应的服务,如指令空调开启并设定特定温度、窗帘关闭、顶灯打开并设定特定亮度等。

2.物联网云平台行业发展趋势

部署形式方面,对系统独立性、安全性要求较高的工业、城市交通与公共安全等领域的企业在云平台方面的需求以自建私有居多。自建方式的优点是自给自足、数据安全保障系数高,但技术与用户规模难以寻求突破,造成物联网云平台应用的"不经济"效应。随着设备入网逐渐增多,硬件设备厂商追求规模经济,工业、城市交通与公共安全等领域的企业将更多探索混合云的部署形式,兼顾安全性和经济性,寻求更快的规模增速,在应用层面开放共享,保证资源池的私密性与稳定性。

产业格局方面,基础云资源厂商具备 IaaS 资源优势,其 PaaS 模型在多领域都有应用,具备打造物联网云平台的能力,相关厂商可以抽取物联网云平台上的通用功能模块,并将其打造为基础平台产品向外输出,提升自身在物联网云平台行业的影响力。同时,深耕于细分领域的物联网云平台企业,其平台能力更为下沉,可以提供支撑物联网云平台开发的全套产品。软件开发能力较弱的中小企业存在自建物联网云平台的需求,但自建平台不具有经济效益优势,从零开始开发的平台在成本、资源、时间等方面都不具备竞争优势,因此中小企业有望利用云资源厂商和专业化云平台厂商的成熟平台,打造"平台上的平台",促进物联网云平台行业的生态建设,助推传统制造业智能化、数字化转型。

另外,随着芯片算力的不断增强以及 5G 通信的大规模应用,各类公共网络设备的视频化趋势明显,从消费互联网的短视频应用、直播电商等,到产业互联网的远程会议、应急指挥等,AR(增强现实)、VR(虚拟现实)等高阶视频数据应用的占比将持续提高。因此,伴随着视频化应用越来越广泛的趋势,在未来的物联网云平台中,视频的信息传递、分析和处理将成为主流应用。视觉传感器能采集到空间、道路、人物、动植物、其他物体等信息并叠加其他传感器采集到的各种信息，通过物联网云平台进行计算、存储和分析，在虚拟空间里实现数字孪生，消费者用户可以将此模式用于日常生活、娱乐社交、购物等，商业客户可用于社区管理、教育会议等。因此，发行人的主要客户（包括消费者用户和商业客户）均有加强视觉分析能力的需求。

三、萤石网络公司具体介绍

（一）公司发展历程

萤石母公司海康威视作为物联网解决方案提供商，于2013年正式创立萤石网络品牌，并将智能家居市场视为拥有视频监控技术业务延展空间的C端市场之一。萤石网络于2014年开启云平台搭建，并自2015年起正式开始公司化经营。

2013—2015年，萤石网络以打造云平台为出发点，发布"萤石云视频"App（移动应用程序），并推出面向行业客户的软件开放平台；2016—2019年，萤石网络通过不断研发与创新，打造了以计算机视觉为核心技术的产品矩阵，并发布了"1+4+N"生态体系。随着产品矩阵的不断扩大，萤石云平台注册用户数及接入设备数量不断增长。

2020年之前，萤石网络主要为海康威视的设备提供设备接入与运维保障服务，2020年初，萤石网络依托海康威视快速搭建独立的"采购+生产+销售"体系，限制包括海康威视在内的其他品牌摄像机等视频前端设备直接接入萤石物联云平台，推出IoT开放平台，发布了Wi-Fi（威发）模组、蓝牙模组和视频模组等多款模组产品，正式对其他品牌的硬件设备开放接口。2020年4月，萤石网络启动拆分上市计划，2022年12月28日成功登陆科创板。

（二）公司主营业务

萤石网络致力于成为可信赖的智能家居服务商及物联网云平台提供商，面向智能家居场景下的消费者用户，提供以视觉交互为主的智能生活解决方案；面向商业客户，提供用于管理物联网设备的开放式云平台服务。萤石网络主营业务分产品收入情况见表 12-30。

表 12-30 公司主营业务分产品收入情况

项目	2022 年 1—6 月 金额（万元）	占比（%）	2021 年度 金额（万元）	占比（%）	2020 年度 金额（万元）	占比（%）
智能家居产品	175 656.81	85.04	366 068.00	87.19	264 759.34	86.28
智能家居摄像机	143 439.73	69.45	293 850.80	69.99	201 945.93	65.81
智能入户	15 265.59	7.39	33 470.51	7.97	26 559.92	8.66
其他智能家居产品	5 409.07	2.65	9 734.72	2.32	5 509.73	1.80
配件产品	11 472.42	5.55	29 011.98	6.91	30 743.76	10.02
云平台服务	30 892.73	14.96	53 795.77	12.81	41 548.72	13.54
计算机软件产品	—	—	—	—	541.73	0.18

在各类物联网设备中，视频类设备能够获取海量的数据和密集的信息。它以视频 IoT 设备感知的信息为基础，结合人工智能、大数据、云服务等新一代信息技术，能够发展出具备智能化应用能力的视觉技术。萤石网络自成立以来，致力于挖掘视觉技术的应用价值，始终坚持将视觉技术作为产品的核心特色，围绕视觉能力打造其智能家居产品的差异化优势。针对消费者用户，萤石网络坚持以视觉交互形式的智能家居产品为基础，通过多元化的增值服务和开放式 AI 算法切实赋能用户的智慧生活；针对商业客户，萤石网络聚焦于自身擅长的视觉技术，依托萤石物联云平台，通过开放平台帮助客户推进智能化转型，或协助客户开发面向复杂场景的解决方案。

2021 年度，萤石网络各类智能硬件销量近 2 000 万台，在智能家居摄像机、智能猫眼、智能门锁等智能家居产品的细分领域均处于市场领先地位。截至 2022 年 6 月末，萤石物联云平台接入 IoT 设备数超过 1.82 亿台，萤石物联云平台注册用户数量突破 1 亿个，月活跃用户近 4 000 万个（见表 12-31）。"萤石云视频"应用中的平均月付费用户数量超过 170 万个，开放平台注册的境内外商业客户近 24 万个。

表 12-31　萤石物联云平台运营数据统计

类别	2022年6月30日/2022年1—6月	2021年12月31日/2021年度	2020年12月31日/2020年度
连接设备数（万台）	18 219.69	15 891.92	11 701.03
注册用户数（万个）	10 883.59	9 573.87	7 183.12
月活跃用户数（万个）	3 966.59	3 530.67	2 688.26
平均日活跃用户数（万个）	1 603.67	1 419.45	1 013.75

注：月活跃用户数是指当月使用过由萤石物联云平台支撑的应用程序的用户数量；平均日活跃用户数是指当月各日使用过由萤石物联云平台支撑的应用程序的平均用户数量。

（三）公司报告期财务数据情况

报告期内，公司实现的营业收入和利润总体情况如表12-32所示。

表 12-32　报告期内公司实现的营业收入和利润总体情况

单位：万元

项目	2022年1—6月	2021年度	2020年度
营业收入	209 119.28	423 793.57	307 858.95
利润总额	14 896.50	48 662.11	34 624.18
净利润	15 197.10	45 071.28	32 620.95
归母净利润	15 197.10	45 071.28	32 620.95
扣非归母净利	14 779.63	45 190.01	33 167.71

报告期内，营业收入分别为 209 119.28 万元（2022年1—6月）、423 793.57 万元（2021年度）、307 858.95 万元（2020年度）。2018—2020年，公司营业收入年复合增长率达 33.89%，增速较快；扣除非经常性损益后归属于母公司所有者的净利润分别为 14 779.63 万元（2022年1—6月）、45 190.01 万元（2021年度）、33 167.71 万元（2020年度），盈利能力增长显著。

总体上，公司业务快速增长，盈利水平逐渐提升，整体经营状况呈现良好的发展趋势。

（四）公司先进性情况

1. 技术先进性

自成立以来，萤石网络始终坚持独立自主地进行技术创新，自主掌握核心科技，快速响应用户需求，形成了体系成熟、屡经验证的技术研发管理体系，在云平台构建技术、视音频 AI 技术、产品智能化技术等领域均有坚实的技术基础。截至 2022 年 6 月末，公司拥有 1 150 名研发人员；2022 年 1—6 月，发行人研发费用占营业收入比例为 13.66%，发行人属于以技术创新驱动业务发展的公司。

萤石网络不以单一硬件产品研发为核心，而是以用户对智能家居场景下的实际需求为驱动，以自主研发的萤石物联云平台为基础，以视觉交互形式和视音频 AI 算法技术为特色，自主研发或与战略合作伙伴协同开发面向不同场景的各类智能家居产品及服务，使增值服务和智能家居产品能够按照用户需求进行快速迭代和拓展，能够为用户提供高度一体化的使用体验和质量保证。作为行业内少有的兼具云平台服务功能和智能家居产品研发能力的企业，公司借助物联网云平台强大的技术能力，基于技术架构的完整性、产品体系的多元性、增值服务的丰富性铸造了其长期发展的核心竞争力。

公司在云平台构建技术、视音频 AI 算法技术、产品智能化技术等领域，已取得了一系列科研成果，截至 2022 年 6 月末，公司拥有 74 项授权发明专利及 74 项软件著作权，在申请发明专利 375 项。

2. 研发技术产业化情况

自成立以来，公司核心技术均围绕主营业务的发展持续进行升级迭代，公司已经形成了相对完整的技术架构和业务架构，核心技术也已全部应用至各类智能家居产品及物联网云平台。

在智能家居产品方面，公司围绕各类家居设备进行智能化升级改造，重点发展了产品智能化技术。其中，通用型智能化技术主要聚焦设备的互联互通能力、无线通信能力和视觉交互能力等智能家居产品的通用性能力，主要发展了编解码及传输技术、无线通信技术、智能互联互通技术、综合低功耗技术、多维感知技术、差分及模块化 IoT 设备升级技术、图像自适应技术、多目计算视觉技术和雾计算应用技术等；专用型智能化技术则围绕发行人重点发展的四大智能家居品类展开，包括摄像机家居环境适应技术、智能锁结构与智能应用技术、传感控制设备能力拓展技术以及机器人控制与应用技术等，这些核心技术在公司的各类智能家居产品中均有较为广泛的应用。

在物联网云平台方面，公司主要在云基础设施、物联接入、运维保障、服务中台等方向形成了核心技术，包括云基础设施运维技术、物联接入技术、云安全技术、多媒体技术、云存储技术、AI 计算框架技术、大数据技术、消息技术等，并以上述技术为基础在公有云之上构建了大规模、高安全的物联网云平台；同时，公司基于云平台的 AI 计算框架，重点发展视音频 AI 算法，形成了视频编解码调优技术、视频检测与分类技术、视频识别技术、音频处理技术、音频分析技术等核心算法技术，使得公司服务中台具备了智能化分析能力。公司具备了通过各类 IoT 设备从接入、加密、转发到存储、智能分析的完整平台化能力，从而能够为消费者用户提供增值服务，为商业客户提供开放平台服务。

四、萤石网络 IPO 项目申报情况

（一）项目中介机构和人员

项目中介机构和人员构成如表 12-33 所示。

表 12-33　项目中介机构和人员构成

保荐机构	中国国际金融股份有限公司	主承销商	中国国际金融股份有限公司
会计师事务所	德勤华永会计师事务所（特殊普通合伙）	联席主承销商	无
律师事务所	国浩律师（杭州）事务所	评估机构	中瑞世联资产评估集团有限公司
保荐人（主承销商）律师	北京市海问律师事务所	保荐人（主承销商）会计师	天职国际会计师事务所（特殊普通合伙）

（二）项目申报重难点

萤石网络作为海康威视的子公司，脱胎于海康威视的互联网部门。如何说明其

与海康威视之间各方面的关联性，保证其资产独立、采购与销售合规，并且减少同业竞争带来的经营风险，是项目申报的重难点。作为智能家居龙头企业，萤石网络的案例能为行业相关公司提供一定的参考。

1.关于同业竞争

分析：萤石网络作为海康威视的子公司，其产品与母公司产品存在用途相似的可能，它们也存在相互替代的可能；而同时作为科创板申报企业，其竞争能力与创新能力需要得到保证。分拆上市企业如何减少潜在同业竞争以及重大不利影响同业竞争带来的风险，是上交所对其IPO申报项目关注的重点之一。

问询1：根据首轮问询回复，海康威视中小企业事业群的商业专用视频设备虽然在技术方案上与发行人的智能家居摄像机存在众多差异，但为了满足中小企业客户在特殊场景下的应用需求，发行人也允许其直接连接萤石物联云平台，其与发行人智能家居摄像机存在用途相同或相似的可能，也存在相互替代的可能；报告期内，海康威视上述产品所产生营业收入及毛利占发行人智能家居摄像机营业收入及毛利的比例保持在10%左右，且海康威视出具了同业竞争补充承诺，针对该部分产品，未来其所产生营业收入及毛利占发行人同类产品营业收入及毛利的比例将控制在10%以下，该部分产品对发行人不构成重大不利影响同业竞争。

请发行人说明：海康威视主营产品与发行人主营产品是否构成竞争。

问询回复：

海康威视的主营产品是视频监控系统，该系统由前端设备、后端设备、集中控制设备、显示设备、VMS（垂直营销系统）管理软件等组成。在视频监控系统基础上，海康威视发展了门禁对讲等大安防领域产品，同时还发展了工业机器人、汽车电子、存储设备、红外设备、消防设备、安检设备、术野设备等创新业务。

发行人的主营产品包括智能家居摄像机、智能入户产品、智能控制产品、智能服务机器人等智能家居产品，相关产品在技术方案上均围绕公共网络环境设计，均可直接接入物联网云平台，并且发行人独立研发了在公有云上运行的萤石物联云平台。

基于审慎性考虑，在商住两用、小型店铺、家庭农场等智慧生活场景中，海康威视中小企业事业群的商业专用视频设备与发行人产品存在用途相同或相似的可能，但前者产生的营业收入及毛利占发行人同类产品的比例不足10%，对发行人不构成重大不利影响同业竞争。

海康威视除中小企业事业群的商业专用视频设备外，其主营业务中的视频监控系统、泛安防产品、创新业务产品均与发行人的主营产品不构成同业竞争，中小企业事业群的商业专用视频设备与发行人产品存在用途相同或相似的可能，但前者对发行人不构成重大不利影响同业竞争。

问询2：海康威视相关产品对发行人是否构成重大不利影响同业竞争，并说明依据。

问询回复：

除中小企业事业群的商业专用视频设备以外，海康威视其他相关产品对发行人不构成同业竞争；中小企业事业群的商业专用视频设备对发行人不构成重大不利影响同业竞争，具体分析及依据如下：

（1）发行人自主研发并构建了海康威视内唯一在公有云上运行的物联网云平台，并以此为基础自主研发了各类智能家居产品，该云平台的运营权以及连接该云平台的技术方案，是构建发行人与控股股东业务差异化的基础。

（2）海康威视约85%的硬件设备是应用于专用网络的，是由前后端等多种设备共同构成的复杂系统，不接入萤石物联云平台，与发行人的主营产品存在本质差异，不存在同业竞争。

（3）海康威视约15%的硬件设备接入萤石物联云平台，其中约95%是由前端设备、后端设备等共同组成的视频监控系统，并且是通过后端设备接入云平台的，后端设备在该类视频监控系统中的关键作用无法被替代，且在技术方案、产品功能上与发行人产品存在显著差异，不存在同业竞争。

（4）海康威视约15%的硬件设备接入萤石物联云平台，其中约5%可直接接入云平台。在该等产品中，商业专用视频设备的占比最高。其中，公共服务事业群和企事业事业群的商业专用视频设备与发行人产品在技术方案、功能、应用场景上存在显著区别，不存在同业竞争；中小企业事业群的商业专用视频设备虽然在技术方案上与发行人的智能家居摄像机存在众多差异，但在智慧生活场景中，与发行人产品存在用途相同或相似的可能，但该部分产品产生的营业收入及毛利占发行人同类产品的比例不足10%，且海康威视出具承诺该比例未来也不会超过10%，因此该部分产品对发行人不构成重大不利影响同业竞争。

（5）海康威视其他直接接入云平台的设备主要包括门禁系统等大安防产品以及工业机器人、汽车电子、红外设备、安检设备、术野设备等，相关产品也与发行人产品在功能和应用领域方面存在显著差异，不存在同业竞争。

2.关于资产独立性

分析：在公司上市过程中，公司生产经营的独立性是上市审核的重要方面。萤石网络作为上市公司子公司，其资产独立性受到上交所的重点关注，在两轮问询中均有涉及。萤石网络在阐述资产独立性时运用的方式以及其从母公司拆分的经验可供相关分拆上市企业参考。

问询：申报材料显示，（1）截至问询日，发行人仍然在使用海康威视生产管理系统、研发项目管理系统、财务系统、人事管理系统、办公系统等（以下统称"授权系统"），且将持续使用；双方通过《系统授权使用协议》等约定了使用期限、价格、账户安全保障措施等。（2）公司主要生产经营场所系向海康威视及其下属企业租赁而来。公司目前尚无自有产权的生产经营场所，公司共承租15处用于生产经营的房产，租赁总面积105 561.63平方米，其中89 678.46平方米系向海康威视及其下属企业租赁而来，这类关联租赁占上述租赁总面积的比例为84.95%；募投项目建成后，发行人关联租赁的面积比例将大幅降低。（3）发行人在部分合同中使用海康威视及其关联方授权使用的商标，发行人许可海康威视使用其拥有的与云平台服务相关的部分域名。

请发行人说明：结合前述情况及关联采购、销售的情况，依据《公开发行证券公司信息披露内容与格式准则第41号——科创板公司招股说明书》（以下简称《格式准则第41号》）第62条，分析发行人资产、人员、财务、机构、业务的独立性。

问询回复：

（1）资产独立性。

①发行人系由萤石有限整体变更而来，发行人及其前身萤石有限设立时的注册资本，以及它们历次注册资本变更后的注册资本已经会计师事务所验证，发行人的注册资本已足额缴纳。

②发行人整体变更为股份有限公司后，萤石有限的资产全部由发行人承继。发

行人具备与生产经营有关的生产系统、辅助生产系统和配套设施，合法拥有与生产经营有关的土地、房产、机器设备以及注册商标、专利、作品著作权、计算机软件著作权等主要相关资产的所有权或使用权，发行人的主要资产权利不存在产权归属纠纷或潜在的纠纷。

③发行人及其控股子公司目前的生产经营用房主要是向控股股东及其关联方租赁取得的，就发行人向关联方租赁的主要办公楼、厂房，发行人已与相关关联方签订了租赁期限不少于3年的租赁协议，租赁费用参照市场公允价值定价，租赁合同还约定了合同续期和优先续租等条款以确保发行人能长期使用，发行人对上述向关联方租赁的生产经营所需土地房产拥有使用权。发行人及其全资子公司已分别取得位于杭州市滨江区、重庆市大渡口区的国有建设用地使用权，以实施本次发行募投项目——萤石智能家居产品产业化基地项目和萤石智能制造重庆基地项目，建设研发、办公、生产基地，待厂房、办公楼建成后，发行人及其控股子公司的主要研发、办公、生产场地将为发行人自有场地。发行人在自有厂房、办公楼建成前租赁关联方的土地房产开展生产经营不会对发行人资产的独立性、完整性以及本次发行上市构成重大不利影响。

④发行人拥有独立的前端核心业务系统，存在使用控股股东海康威视授权的部分研发、生产、财务、办公及人事管理等中后台系统的情形，但发行人拥有独立的账套及账号，并通过技术手段在信息、数据、流程方面将自身与海康威视及其子公司进行有效隔离，发行人已与海康威视签署《系统授权使用协议》，明确约定海康威视在维护系统安全，保证发行人信息安全及独立使用系统而不受干扰等方面的义务与责任，并由海康威视就授权使用信息系统出具专项承诺。因此，发行人使用海康威视授权系统已完成权限的切割和系统的隔离，发行人的独立性未受重大不利影响。同时发行人计划5年内完成生产、研发和财务系统自建，使其替代海康威视授权系统，进一步提高自身的独立性。

⑤截至本回复出具之日，发行人存在使用海康威视及其控股子公司授权的品牌标识及商标的情况，相关商标不涉及发行人的核心商标，使用授权商标不会对发行人资产的完整性和独立性构成重大不利影响。除上述情况外，发行人不存在其他商标、专利、主要技术的使用来自控股股东、实际控制人授权的情况。

综上，发行人已具备与生产经营有关的主要生产系统、辅助生产系统和配套设施，合法拥有与生产经营有关的土地、房屋、机器设备以及商标、专利、非专利技术的所有权或者使用权，具有独立的原料采购体系和产品销售系统，符合《格式准则第 41 号》第 62 条关于资产完整的相关要求，发行人的资产独立、完整。

3. 关于关联采购

分析：萤石网络与母公司海康威视及其下属公司有一定的业务往来，所涉及交易的价格公允性受到关注。为确保萤石网络生产采购的独立性并排除双方间利益输送的可能性，上交所在首轮及二轮问询中均就关联采购问题要求发行人进行说明，以降低投资者对该企业的投资风险。

问询 1：招股书披露，（1）发行人报告期内关联采购主要为向海康威视及其下属企业采购材料及成品；2018—2021 年 4 年，关联采购材料及成品金额占采购物料总额比例分别为 100%、99.57%、17.34% 和 9.46%；（2）2018 年、2019 年金额较高的原因在于发行人委托海康科技生产智能家居产品，并向其采购。2019 年末，发行人因进行组装产线切分，向海康科技采购与其生产产品相关的原材料及电装外协；2020 年以后采购占比下降主要是由于公司自主采购原材料。

请发行人说明：在向关联方及主要新增供应商采购中定价的依据，采购价格与市场价格比较情况，以及采购价格公允性。

问询回复：

公司向关联方采购主要包括 2019 年产线切分前向其采购智能家居成品，及 2020 年和 2021 年产线切分后向其采购存储配件，以及集成电路等原材料。

2020 年，公司向海康科技采购智能家居摄像机单价为 122.13 元，与公司 2019 年向海康科技采购智能家居摄像机单价 121.01 元基本接近，所以公司 2020 年向海康科技采购智能家居摄像机的价格公允。

2020 年，公司向海康科技采购智能家居摄像机主板等半成品，金额为 2 911.52 万元，因该等半成品品类较杂，且公司未向其他第三方采购同类产品，故无可比对价格。公司采购该等半成品定价原则亦系在海康科技账面成本基础上进行加成，与公司向其采购成品和原材料所采用的定价原则一致。

2021 年，公司向海康存储采购 16G 和 32G 产品单价整体上与向江波龙采购单价较为接近；采购 64G 产品单价相较于向江波龙采购单价低 16.82%，主要是因为公司向江波龙采购主要集中在 2 月和 6 月至 8 月，而向海康存储采购则各月相对平均，整体采购单价随市场行情变动有所波动。

2021 年，公司向凤凰新能源采购的产品单价整体上与向立方新能源采购的单价存在差异，主要是因为整体采购单价随市场行情变动有所波动，采购单价差异处于合理范围内。

问询 2：结合前述情况，分析发行人采购及生产的独立性。

问询回复：

公司完成产线切分后，已形成了自主完善的采购和生产体系，生产所需设备已全部自有，募投项目建成后，公司也将具备自有的厂房，物业租赁及关联租赁比例将显著下降；公司向关联方和主要新增供应商采购均按公允定价原则计价；产线切分完成后，2021 年，公司与海康威视及其下属企业仍存在关联采购具有业务合理性。因此，公司采购及生产具备独立性。

4. 关于关联销售

分析：萤石网络作为智能家居龙头企业，其产品销售是其生产经营、获得营收的重要环节。其与母公司间的关联销售也是上交所关注的要点。为防止发生利益输送等风险，上交所在两轮问询中均提及关联销售问题。萤石网络的处理模式可以为相关企业解决类似问题提供参考。

问询：根据首轮问询回复，（1）2020 年初公司切换为自主生产模式后，对海康威视及其下属企业的业务由销售计算机软件产品变更为直接销售自主生产的智能家居产品，故使得智能家居产品关联销售收入金额增长较大。（2）2020 年和 2021 年 1—6 月，发行人向海康威视及其下属企业销售智能家居产品缘于三个方面：境外市场经销业务、境内市场解决方案配套产品和境内市场运营商业务。（3）随着发行人先后设立萤石香港、萤石欧洲，以及后续根据情况需要逐步设立境外子公司，境外市场经销业务类关联经销业务占比逐步减少；境内市场解决方案配套产品类关联销售预计长期存在；境内市场运营商业务在完成现有长期框架性协议后将不再发生。（4）2018—2021 年 4 年，发行人关联销售中其他业务收入分别为 244.18 万元、590.84 万元、415.48 万元、373.20 万元。

请发行人：定量分析在境外市场经销业务、境内市场解决方案配套产品和境内运营商业务中，关联销售与非关联销售的毛利率差异、定价公允性。

问询回复：

（1）境外市场经销业务。

2021年，公司向关联方销售的用于境外市场经销的产品毛利率自35.84%下降至26.65%，主要是由于公司于2020年8月设立萤石欧洲后，萤石欧洲于2021年投入运行，销售毛利率相对较高的欧洲地区产品销售模式由原来的通过关联方经销调整为萤石欧洲自主销售，使得公司通过关联方于境外市场经销的毛利率有所下降。

2021年，公司自主境外市场经销毛利率的提升，主要是欧洲区域渠道的收入占比和毛利率提升所致，在公司将毛利率相对较高的欧洲地区产品销售模式由原来的通过关联方经销调整为萤石欧洲自主销售情况下，公司通过关联方境外市场经销毛利率会有所下降。

（2）境内市场解决方案配套成品。

2021年，公司向关联方销售的境内市场解决方案配套产品的毛利率自31.84%下降至24.89%，这主要是包括房地产在内的下游应用行业竞争激烈，智能入户工程门锁等相关产品毛利率降低所致。

2020年和2021年，公司自主销售的境内市场解决方案配套产品的占比分别为6.09%和14.37%，占比较小，公司的境内市场解决方案配套产品的销售主要由关联方进行。由于销售规模整体较小，单个客户购买金额较少，公司对客户可保持较高的议价能力，所以2020年和2021年，公司自主销售毛利率分别为28.27%和25.60%，保持相对稳定。

2020年和2021年，公司关联销售与非关联销售的毛利率不存在重大差异。

（3）境内运营商业务。

2021年，公司通过关联方向境内市场运营商销售的产品毛利率自23.14%下降至15.80%，主要是随着境内电信运营商客户近年来加大了对智能家居产品的投入，电信运营商智慧家庭业务的市场竞争更为激烈，使得相关产品毛利率有所降低。

2020年和2021年，公司自主销售运营商产品占比分别为80.48%和94.32%，占比较高，公司销售运营商产品主要由公司自主进行，且随着运营商业务转为由公司直接签约，公司自主销售占比仍将进一步提升。2020年由于公司运营商业务处于初始切分过程中，公司通过关联方销售产品和自主销售产品的毛利率基本保持一致。2021年，受市场竞争激烈影响，公司通过关联方销售产品和自主销售产品的毛利率均有所下降。

2020年公司通过关联方向境内运营商销售智能家居产品的毛利率与自主向境内运营商销售智能家居产品的毛利率基本一致。2021年，公司自主向境内运营商销售智能家居产品的毛利率高于通过关联方销售的毛利率，主要是产品结构差异所致。

公司通过关联方销售和自主向境内运营商销售的智能家居产品均以智能家居摄像机产品为主，且鉴于关联方在销售过程中担任经销商角色，公司通过关联方向境内运营商销售智能家居摄像机产品毛利率整体略低于自主销售情形。同时，由于公司通过关联方销售的智能入户产品结构与自主向境内运营商销售的存在差异，公司通过关联方向境内运营商销售的智能入户产品均为商用工程锁，自主向境内运营商销售的智能入户产品则均为智能猫眼和智能门铃。商用工程锁本身毛利率较低，与智能入户产品毛利率存在差异，使得公司通过关联方进行销售的毛利率进一步低于自主销售的毛利率。

综上，公司在境外市场经销业务、境内市场解决方案配套产品业务和境内运营商业务中，关联销售与非关联销售的毛利率存在差异均有合理原因，相关定价公允。

五、发行定价情况

萤石网络于2022年12月28日在上交所科创板正式挂牌上市，发行价为28.77元/股，发行总数为1.125亿股，募资总额为32.37亿元。其开盘价为27.77元/股，与发行价基本持平，首日收盘报价25.25元/股，较发行价下跌12.23%，总市值142亿元。

受市场基本面影响及当年营收利润下滑影响，萤石网络在上市首日出现破发现象，但在公司龙头地位及市盈率较低等因素加持下，萤石网络在一个月内实现股价累计涨幅超30%。其股价波动整体表现符合市场逻辑。

和元生物（688238）

一、项目简要概况

（一）公司基本情况

和元生物是一家聚焦基因治疗领域的生物科技公司，专注于为基因治疗的基础研究提供基因治疗载体研制、基因功能研究等 CRO（合同研究组织）服务，以及为基因药物的研发提供 IND-CMC（临床研究申请—化学、生产和质量控制）药学研究、临床样品 GMP（药品生产管理规范）生产等 CDMO（定制研发生产机构）服务。

公司以"基因药·中国造"为使命，围绕病毒载体研发和大规模生产工艺开发，打造了核心技术集群，建立了适用于多种基因药物的大规模、高灵活性 GMP 生产体系。通过提供①质粒、腺相关病毒、慢病毒等载体产品；②溶瘤疱疹病毒、溶瘤痘病毒等多种溶瘤病毒产品；③ CAR-T（嵌合抗原受体 T 细胞免疫治疗）等细胞治疗产品的技术研究、工艺开发和 GMP 生产服务，公司致力于加快基因治疗的基础研究、药物发现、药学研究、临床和商业化进程，推动基因治疗产业整体发展，实现"让基因治疗造福人类"的公司愿景。和元生物基本信息见表 12-34。

表 12-34　和元生物基本信息

公司名称	和元生物技术（上海）股份有限公司
英文名称	Obio Technology（Shanghai）Corp.，Ltd.
注册资本	39 318.90 万元
法定代表人	潘讴东
有限公司成立日期	2013 年 3 月 5 日
股份公司成立日期	2015 年 12 月 23 日
住所	上海市浦东新区国际医学园区紫萍路 908 弄 19 号楼
主要经营地	上海市浦东新区紫萍路 908 弄 19 号楼

（二）申报板块及申报标准

公司符合《上海证券交易所科创板股票上市规则》第二章 2.1.2 条第（一）款"预计市值不低于人民币 10 亿元，最近一年净利润为正且营业收入不低于人民币 1 亿元"之规定。

二、和元生物所处行业介绍

和元生物所处行业为基因治疗研发和生产外包服务行业。

（一）基因治疗简介

基因治疗与分子生物学、基因组学、基因编辑技术等基础科学的发展关联十分紧密。自 1953 年 DNA（脱氧核糖核酸）双螺旋结构模型提出后，相关理论研究和技术取得了巨大进步，为基因的研究及应用奠定了基础。基因治疗的主要发展历程如图 12-20 所示。

1972 年，弗里德曼（Friedmann）和卢布林（Roblin）首次提出基因治疗的概念；2003 年，全球首款基因治疗药物"重组人 p53 腺病毒注射液"（商品名：今又生/Gendicine）在中国获批；2005 年，由腺病毒改造而来的溶瘤病毒治疗产品安柯瑞（Oncorine）在中国获批上市，为全球第一个获批的溶瘤病毒药物；2012 年，基于 AAV（腺相关病毒）的基因治疗药物 Glybera 获 EMA（欧洲药物管理局）批准上市；2015 年，Amgen（安进）公司的黑色素瘤治疗药物 Imlygic 成为 FDA（美国食品药品监督管理局）和 EMA 批准的首款溶瘤病毒治疗产品；2016 年，EMA 批准针对 ADA-SCID（腺苷脱氨酶严重联合免疫缺陷）的基因治疗产品上市。

2017 年，美国基金治疗公司 Spark Therapeutics 的基因疗法 Luxturna 获批上市，成为 FDA 批准的首款基于 AAV 的基因疗法；2017 年，诺华的 Kymriah 成为全球首个获 FDA 批准的 CAR-T 产品；2017 年至今，Yescarta、Tecartus、Breyanzi、Abecma 等多款 CAR-T 产品获 FDA 批准上市。NMPA（国家药品监督管理局）亦于 2021 年 6 月和 9 月分别批准中国首款 CAR-T 产品奕凯达以及首款一类新药 CAR-T 产品倍诺达上市。

2003年，中国批准全球首款基因治疗药物今又生上市
2012年，EMA批准全球首款AAV基因治疗药物Glybera上市
2016年，EMA批准针对ADA-SCID的基因治疗产品上市
2019年，FDA批准AAV基因治疗产品Zolgensma上市
2021年6月，中国批准国内首款CAR-T产品奕凯达上市

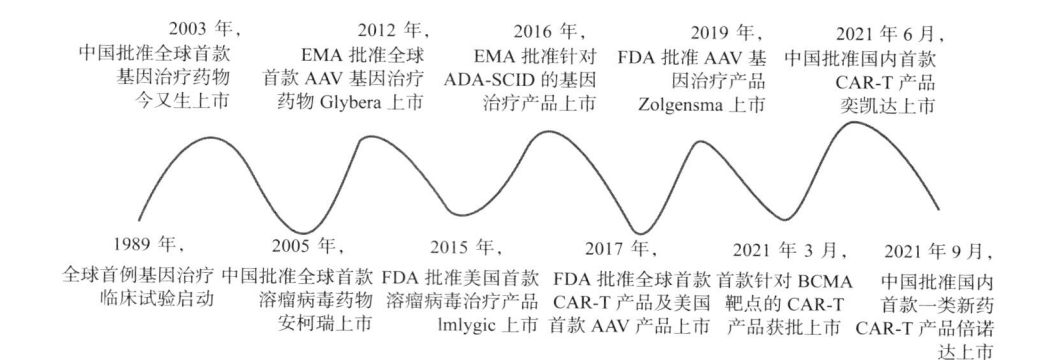

1989年，全球首例基因治疗临床试验启动
2005年，中国批准全球首款溶瘤病毒药物安柯瑞上市
2015年，FDA批准美国首款溶瘤病毒治疗产品lmlygic上市
2017年，FDA批准全球首款CAR-T产品及美国首款AAV产品上市
2021年3月，首款针对BCMA靶点的CAR-T产品获批上市
2021年9月，中国批准国内首款一类新药CAR-T产品倍诺达上市

图12-20 基因治疗的主要发展历程

近年来，在基础生命科学和前沿生物科技进步的推动下，全球创新药行业的发展逐步达到新的临界点；以基因疗法为代表的新一代精准医疗快速兴起，发展趋势明晰，对以小分子和大分子药物为主的创新药市场起到了重要的补充、迭代和开拓作用。近年来，部分重要的基因治疗药物已纳入美国、英国、日本等多个发达国家的医保体系。如同小分子药物、抗体药物引领生物医药的前两次产业变革，基因治疗将引领生物医药的第三次产业变革；参照2002年首款全人源单抗药物阿达木单抗（商品名：修美乐）上市后，全球大分子药物领域开启了约20年的高速发展并仍保有较大增长潜力，可以看出，基因治疗领域自2017年若干里程碑式的CAR-T产品上市后进入快速发展阶段，并有望在未来15~20年成为主要的创新药领域之一。

（二）基因治疗行业格局

目前，全球主要基因治疗药物研发公司（见表12-35）的核心技术包括腺相关病毒载体技术、T细胞治疗技术、溶瘤病毒技术等，治疗领域集中于各类罕见疾病和肿瘤。

表12-35 全球主要基因治疗药物研发公司

公司	核心技术类型	主要治疗领域
诺华	腺相关病毒载体技术	复发或难治性急性淋巴细胞白血病、脊髓性肌萎缩（SMA）等
罗氏	腺相关病毒载体技术	遗传性视网膜疾病（IRD）

(续表)

公司	核心技术类型	主要治疗领域
吉利德科学	T细胞治疗技术（CAR-T细胞平台与TCR-T细胞平台）	血液系统肿瘤和实体瘤等
安进	基因修饰的溶瘤病毒研发平台	溶瘤病毒疗法，主要用于治疗不能经手术完全切除的黑色素瘤病灶
生物基因	等位基因特异的寡核苷酸（ASO）药物研发平台	脊髓性肌萎缩
Bluebird Bio	慢病毒载体技术、T细胞治疗技术、核酸内切酶和巨噬细胞基因编辑技术	输血依赖性β-地中海贫血（TDT）、镰状细胞病（SCD）、复发性/难治性多发性骨髓瘤（R/RMM）
Sarepta Therapeutics	腺相关病毒载体技术、CRISPR-Cas9基因编辑技术	神经肌肉系统罕见疾病，如杜氏肌肉营养不良症、肢带型肌营养不良，SanfilippoA型综合征（MPSIIIA）和夏科-马里-图思病（CMT）
Orchard Therapeutics	靶向干细胞的基因治疗技术	腺苷脱氨酶严重联合免疫缺陷（ADA-SCID）

国内主要基因治疗药物研发公司（见表12-36）主要专注于CAR-T、TCR-T等免疫细胞产品，以及基因修饰溶瘤病毒产品的研发，治疗领域为血液瘤、淋巴系统肿瘤、实体瘤等。

表12-36 中国主要基因治疗药物研发公司

公司	核心技术类型	主要治疗领域
博雅辑因	造血干细胞平台、通用型CAR-T平台、RNA（核糖核酸）剪辑编辑平台	贫血、血液及淋巴系统肿瘤、实体瘤
亦诺微医药	基因修饰的溶瘤病毒研发平台	血液瘤及实体瘤
上海复诺健	Synerlytic溶瘤病毒平台	实体瘤
复星凯特	CAR-T、TCR-T	血液及淋巴系统肿瘤、实体瘤
纽福斯	AAV基因治疗技术平台	神经损伤疾病、血管性视网膜病变等多种眼部疾病
滨会生物	基因修饰的溶瘤病毒研发平台	实体瘤

（续表）

公司	核心技术类型	主要治疗领域
传奇生物	CAR-T、TCR-T、同种异体细胞疗法	血液及淋巴系统肿瘤、实体瘤、HIV（人类免疫缺陷病毒）
药明巨诺	CAR-T、TCR-T	血液及淋巴系统肿瘤、实体瘤

（三）基因治疗研发和生产外包服务行业概况

医药研发和生产外包服务产业链涵盖从药物发现到上市、商业化生产的各阶段，可以为不同规模的制药企业、医院等提供药物研究和开发服务。

2016—2020年，我国医药研发和生产外包服务市场规模从325亿元增长至839亿元，预计到2025年，市场规模将增长至约2 520亿元（见图12-21）。

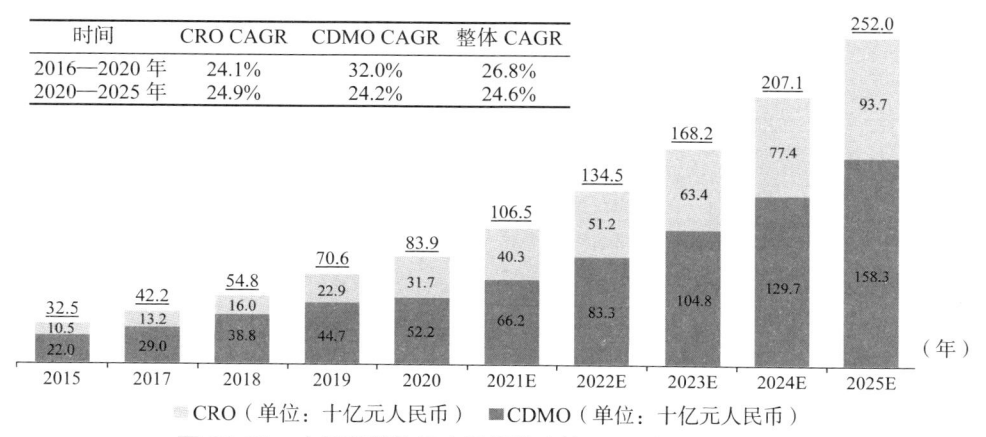

时间	CRO CAGR	CDMO CAGR	整体CAGR
2016—2020年	24.1%	32.0%	26.8%
2020—2025年	24.9%	24.2%	24.6%

年份	总计	CDMO	CRO
2015	32.5	22.0	10.5
2017	42.2	29.0	13.2
2018	54.8	38.8	16.0
2019	70.6	44.7	22.9
2020	83.9	52.2	31.7
2021E	106.5	66.2	40.3
2022E	134.5	83.3	51.2
2023E	168.2	104.8	63.4
2024E	207.1	129.7	77.4
2025E	252.0	158.3	93.7

图12-21 中国医药外包市场规模（按CRO和CDMO拆分）

数据来源：弗若斯特沙利文。

1. 基因治疗CRO

基因治疗CRO服务覆盖基础研究、药物发现、临床前研究、临床研究等阶段。其中，在药物发现阶段，主要包括基因靶点筛选和确证、基因功能研究、载体开发、包装及测试等（横跨药物发现、临床前研究阶段）；在临床前研究阶段，主要包括目的基因动物模型构建（疾病靶点等）、药理药效学研究、药代动力学研究、毒理学研究等；在临床研究阶段，主要包括I—III期临床试验、临床试验现场管理、数据管理与生物统计等。

和传统药物 CRO 服务相比，基因治疗 CRO 服务除同样包括药理药效学研究、药代动力学研究、毒理学研究和临床研究阶段的相关服务外，还包括：（1）目的基因的筛选、确认与功能研究；（2）针对目的基因的模型构建；（3）载体选择和构建。目前，基因治疗上市药物还较少，成熟开发经验不多，且鉴于基因治疗的特点，其临床转化与生命科学基础研究关联紧密，需深入解析基因功能，故基因治疗 CRO 服务现阶段多集中于临床前及更早期研究阶段，所服务客体为科研院所和新药公司的基因治疗先导研究。

2. 基因治疗 CDMO

基因治疗 CDMO 产业链上游主要为设备、仪器、试剂、耗材供应商，下游主要为基因治疗药物研发公司，产业链如图 12-22 所示。

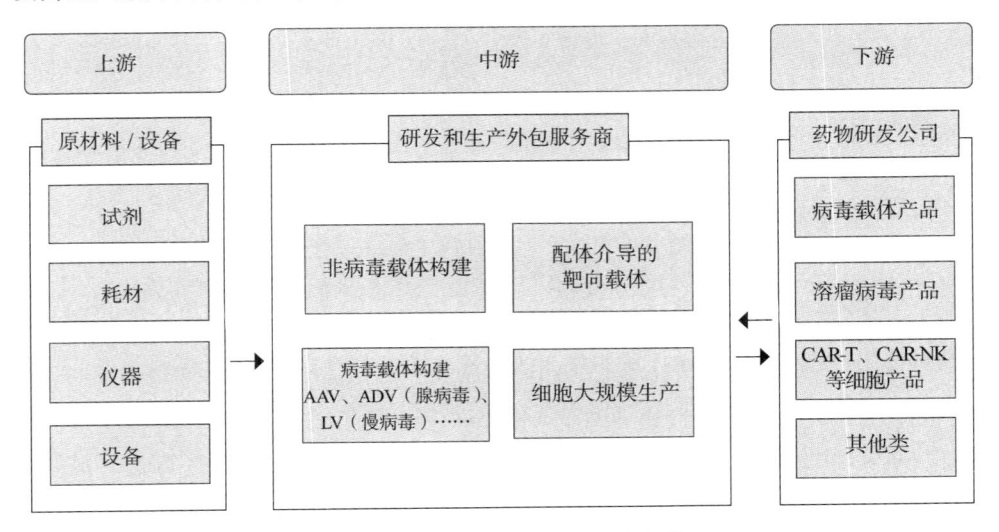

图 12-22　基因治疗 CDMO 产业链

基因治疗 CDMO 提供临床前研究阶段、临床研究阶段、商业化生产阶段的相关工艺开发和生产服务。其中，在临床前研究阶段，主要提供生产用材料研究、制备工艺开发与过程控制、稳定性研究、质量研究与控制等服务；在临床研究阶段，主要提供临床级样品的 GMP 生产服务；在商业化生产阶段，主要提供大规模 GMP 生产服务。此外，CDMO 还提供 CMC（化学、生产和质量控制）材料撰写服务。

生产用材料包括生产用原材料和辅料（如培养基及其添加成分）、起始物料（生产用细胞、菌毒种等）。生产用材料直接关系到产品的质量，因此应规范建立生产用材料的质量管理体系。

制备工艺一般是指从细胞或微生物培养发酵到最终产品密封保存的过程，或是无细胞的体外合成或转录体系。根据目标产品的质量属性，经充分的工艺开发后，生产工艺逐步从适用于实验室规模发展到适用于量化生产规模。固化的生产工艺应具有合理的工艺步骤、明确的工艺参数，以及全面的过程控制信息。

稳定性研究一般包括长期稳定性、加速稳定性、影响因素研究、运输稳定性、使用稳定性等。质量研究选用代表性工艺批次和适当生产阶段的样品，研究内容应覆盖与产品安全性、有效性相关的特性。质量控制的目的是保证最终产品的质量和批间一致性，具体应根据工艺和控制的需要，针对不同阶段的样品分别制定质量标准，其一般包括原液、半成品（如有）和制剂的质量标准。

三、和元生物公司具体介绍

（一）公司发展历程

和元生物成立于 2013 年，是一家聚焦基因细胞治疗的生物科技公司，公司已拥有近 4 500 平方米研发平台、近 7 000 平方米 GMP 生产平台，拥有质粒生产线 1 条、病毒载体生产线 3 条、CAR-T 细胞生产线 2 条、建库生产线 3 条、灌装线 1 条。2020 年公司在上海自由贸易试验区临港新片区启动建设 77 000 平方米的精准医疗产业基地，设计 GMP 生产线 33 条，反应器规模最大可达 2 000L。公司已经成长为一家集基因功能基础研究服务，细胞和基因治疗药物孵化，临床级细胞和基因治疗药物商业化生产服务三大发展方向于一体的高新技术企业。2022 年 3 月 21 日，公司成功登陆科创板，成为国内第一家专注于细胞与基因治疗 CRO&CDMO 业务的上市公司。

（二）公司主营业务

和元生物是一家聚焦基因治疗领域的生物科技公司，专注于为基因治疗的基础研究提供基因治疗载体研制、基因功能研究等 CRO 服务，以及为基因药物的研发提供 IND-CMC 药学研究、临床样品 GMP 生产等 CDMO 服务。

基因治疗是继小分子、大分子靶向疗法之后的新一代精准疗法，为肿瘤、罕见病、慢性病及其他难治性疾病患者提供了新的治疗理念和手段，具备了一般药物可能无法企及的长期性、治愈性疗效。2017 年以来，随着里程碑式的 CAR-T 产品（Kymriah、Luxturna、Zolgensma 等）获 FDA 批准上市，基因治疗持续取得突破性进展，成为最具发展潜力的全球性前沿医药领域之一；2019 年以来，国内基因治疗行业加快发展，CAR-T 产品、溶瘤病毒产品、AAV 产品等基因治疗临床试验持续增加，NMPA 亦于 2021 年 6 月和 9 月分别批准中国首款 CAR-T 产品奕凯达，以及首款一类新药 CAR-T 产品倍诺达上市。

基因治疗由于其复杂的技术机制、高门槛的工艺开发和大规模生产、严苛的法规监管要求、有限的产业化经验、差异化的适应证药物用量，相比传统制药更加依赖于研发和生产外包服务。近年来，随着国家和各省市高度重视生物医药创新发展，在"十三五"规划、"十四五"规划下出台了系列产业政策，对基因治疗及其 CRO/CDMO 行业进行支持，以 CDMO 为核心的基因治疗服务快速兴起，产业投融资不断增加，市场规模持续增长。

公司以"基因药·中国造"为使命，围绕病毒载体研发和大规模生产工艺开发，打造了核心技术集群，建立了适用于多种基因药物的大规模、高灵活性 GMP 生产体系。通过提供质粒、腺相关病毒、慢病毒等载体产品，溶瘤疱疹病毒、溶瘤痘病毒等多种溶瘤病毒产品，以及 CAR-T 等细胞治疗产品的技术研究、工艺开发和 GMP 生产服务，发行人致力于加快基因治疗的基础研究、药物发现、药学研究、临床和商业化进程，推动基因治疗产业整体发展，实现"让基因治疗造福人类"的公司愿景。

报告期内，发行人主营业务收入构成如表 12-37 所示。

表 12-37　报告期内发行人主营业务收入

业务类别	2021 年 1—6 月 金额（万元）	占比（%）	2020 年度 金额（万元）	占比（%）	2019 年度 金额（万元）	占比（%）	2018 年度 金额（万元）	占比（%）
基因治疗 CRO	2 386.47	24.16	3 668.62	25.78	3 608.52	57.42	2 934.85	67.71

(续表)

业务类别	2021年1—6月 金额(万元)	占比(%)	2020年度 金额(万元)	占比(%)	2019年度 金额(万元)	占比(%)	2018年度 金额(万元)	占比(%)
基因治疗CDMO	7 224.53	73.13	10 171.35	71.47	2 483.02	39.51	1 291.17	29.79
生物制剂、试剂及其他	267.89	2.71	391.21	2.75	192.74	3.07	108.68	2.51
合计	9 878.89	100.00	14 231.18	100.00	6 284.28	100.00	4 334.70	100.00

(三)公司报告期财务数据情况

报告期内,公司实现的营业收入和利润总体情况如表12-38所示。

表12-38 报告期内公司实现的营业收入和利润总体情况

项目	2021年1—6月	2020年度	2019年度	2018年度
营业收入(万元)	9 901.73	14 276.91	6 291.45	4 420.97
利润总额(万元)	1 744.92	8 937.76	-4 283.03	-3 341.08
净利润(万元)	1 544.57	9 128.50	-4 283.03	-3 341.08
归属于母公司所有者的净利润(万元)	1 544.57	9 443.93	-3 652.33	-3 232.61
扣除非经常性损益后归属于母公司所有者的净利润(万元)	1 053.92	2 666.77	-3 486.26	-2 639.83
研发投入占营业收入的比例(%)	8.52	15.40	37.83	45.84

报告期内,营业收入分别为4 420.97万元(2018年度)、6 291.45万元(2019年度)、14 276.91万元(2020年度)及9 901.73万元(2021年1—6月),2018—2020年营业收入年复合增长率达79.70%,增速较快;公司同期扣除非经常性损益后归属于母公司所有者的净利润分别为-2 639.83万元、-3 486.26万元、2 666.77万元及1 053.92万元,公司2020年度已实现扭亏为盈。

总体上,公司业务增长快速,盈利水平逐渐提升,整体经营状况呈现良好的发展趋势。

（四）公司核心技术

公司核心技术分为两大类集群：一是基因治疗载体开发技术，二是基因治疗载体生产工艺及质控技术。它们均为公司自主研发而成。

作为新兴治疗方式，基因治疗近年来得到了快速发展，但仍在基因药物的开发和生产上面临技术瓶颈，需解决的瓶颈问题包括：①开发更高效、更安全、更低剂量的基因治疗载体；②发掘或改造新的病毒或非病毒基因治疗载体；③提升基因治疗载体的大规模制备工艺和质量控制；④构建适用于基因药物筛选的动物模型。

公司的两大核心技术集群，从基因治疗载体的基础底层技术和产业化技术层面，着重解决基因治疗载体开发、工艺、大规模生产等方面的瓶颈问题，并通过与先进的 GMP 生产平台和完善的质量控制体系有效协同，完成多种基因药物定制化开发，向国际多个研究中心交付临床试验样品，技术先进性显著。

（五）公司业务特点

1. 覆盖基因治疗主流药物

公司提供的 CRO 和 CDMO 服务覆盖腺相关病毒、慢病毒、腺病毒等基因治疗载体构建，溶瘤病毒产品、CAR-T 产品等基因治疗主流药物研发。

公司具备覆盖主流基因治疗产品的技术工艺和 GMP 生产经验：（1）腺相关病毒领域，公司拥有 rAAV2/2、rAAV2/5、rAAV2/8、rAAV2/9 等多种血清型腺相关病毒的技术工艺和 GMP 生产经验；（2）溶瘤病毒领域，公司拥有多种溶瘤腺病毒包括溶瘤疱疹病毒、溶瘤痘病毒、溶瘤新城疫病毒的技术工艺和 GMP 生产经验；（3）细胞治疗领域，公司可提供质粒、慢病毒的工艺开发及 GMP 生产服务，以及 T 细胞分离、感染、扩增等 CAR-T 全流程服务。

2. 采用契合基因治疗特点的商业模式

基因治疗作为新兴、前沿的精准疗法，具有以下特点：

（1）与基础研究关联紧密。基因治疗的先导研究以基因功能研究、病毒学研究、免疫学研究、疾病模型构建等生物医学研究为基础；在基因治疗领域，临床药物产品通常转化自实验室基础研究，研发团队人员亦多有学术研究背景，因此，基因治疗与实验室基础研究关联紧密。

（2）以基因治疗载体为核心，工艺开发和质控难度大。基因治疗药物的核心是将治疗性基因片段递送至特定细胞，而基因治疗载体决定了递送效率、靶向性以及临床给药方式等基因治疗药物的关键属性，并最终影响药物的临床药效、安全性和商业化成本。基因治疗药物生产过程复杂，涉及细胞大规模培养、质粒转染、病毒纯化等多个环节的工艺开发和质控方法开发，容错率低，对于过程控制的要求非常严苛，整体难度较大。因此，生产工艺及质量控制是基因治疗的核心开发内容，也是基因治疗CDMO企业竞争力的主要所在。

（3）较多依赖CDMO产业化服务。基因治疗药物的开发及GMP生产难度大、壁垒高、质控严苛，而基因治疗药物研发公司以初创型为主，资金实力、工艺开发能力和技术经验有限，因此依赖于CDMO公司提供工艺开发及测试、IND-CMC药学研究、临床样品生产等服务。

基于上述特点，公司采用"院校合作+基因治疗先导研究+基因治疗产业化"的商业模式，从而加强对基础科学、基因治疗研究趋势的追踪，保持自身技术的先进性；提升CRO/CDMO业务布局，以及技术研发、储备方向的精准性，同时关注市场动态和业务机会；深入把握前沿技术工艺的发展方向，持续积累技术知识（know-how），不断提高核心技术竞争力。

四、和元生物IPO项目申报情况

（一）项目申报时间线

项目申报时间线如图12-23所示。

已受理	已问询	上市委会议	提交注册	注册生效
2021-06-08	2021-07-05	2021-11-04	2021-11-26	2022-01-11

通过

图12-23 项目申报时间线

（二）项目中介机构和人员

项目中介机构和人员构成见表12-39。

表12-39　项目中介机构和人员构成

保荐机构	海通证券股份有限公司	保荐代表人	陈恒瑞，张子慧
会计师事务所	天健会计师事务所（特殊普通合伙）	签字会计师	曹小勤，义国兵
律师事务所	上海市金茂律师事务所	签字律师	任真，茅丽婧，张晶
评估机构	开元资产评估有限公司	签字评估师	张佑民，许洁

（三）项目执行亮点

和元生物早期业务相对较杂，海通证券为和元生物制定了清晰的资本市场定位与规划，主导公司IPO前多次股权融资，帮助公司在1年内实现估值从6亿元提升至26亿元。在IPO申报过程中，从海通证券正式进场开展辅导工作到IPO完成申报，整个过程仅实际耗时5个月。项目执行期间，海通证券项目组按照证监会和交易所要求，以高质量的工作妥善应对包括突击入股新规出台、自查表更新、股东穿透核查要求调整、科创板科创属性判断标准从"3+5"变成"4+5"、证监会系统离职人员核查要求调整等一系列无先例的审核要求变动，高效通过了质控内核流程和证监局辅导验证，最终顺利完成申报工作。

（四）和元生物项目申报重难点

1. CDMO业务稳定性

分析：CDMO公司的业务稳定性是交易所针对CDMO行业所关注的重点问题，业务的稳定确保收入的稳定及未来经营的可持续性。交易所往往需要发行人从多个维度诠释未来业务的稳定程度，例如在手订单情况、是否对单一业务过度依赖、与客户合作的可持续性、发行人不具备III期和商业化生产的能力对业务稳定性的影响。

问询1：报告期内，发行人CDMO服务业务收入分别为1 291.17万元（2018年度）、2 483.02万元（2019年度）、10 171.35万元（2020年度），2018—2020年复合增长率180.67%，这主要是由于IND-CMC服务业务增长较快。根据首轮问询回复，报告期内，发行人 IND-CMC 服务客户数量约 17 个，完成项目数量分别为 1.27 个（2018 年度）、2.04 个（2019 年度）、6.22 个（2020 年度）。报告期内，公司服务的药物管线尚无进入临床 III 期试验和取得新药证书并商业化的情况。

请发行人说明：（1）报告期后 CDMO 业务新客户开拓情况及在手订单情况；（2）CDMO 服务的订单执行周期，结合订单约定、产能安排等因素，分析未来收入分布情况。请发行人结合以下问题针对 CDMO 业务的稳定性做出重大事项提示和风险揭示：（1）报告期内，发行人 CDMO 业务客户数量和完成项目数量较少，业务开拓是否存在不确定性；（2）服务的药物管线尚无进入临床 III 期试验和取得新药证书的情况，技术路径是否存在不确定性。

问询回复：

（1）发行人披露了截至 2021 年 8 月 CDMO 服务业务与新、老客户的新签合同情况及在手未执行 CDMO 合同按产品类别分布情况。

（2）发行人按服务类型披露发行人的订单执行周期，并根据在手未执行 CDMO 合同及现有 GMP 生产排产计划，预计未来 12 个月 CDMO 服务收入分布情况，从而证明业务、收入的稳定性。

（3）发行人补充披露了因 CDMO 业务客户数量和完成项目数量较少，基因治疗行业整体处于起步阶段，发行人可能存在新技术应用、监管要求变化导致的部分 CDMO 工艺变更的情况以及由此导致的技术路径的不确定性，因此业务稳定性具有一定不确定性。

问询 2：（1）请发行人说明尚未取得《药品生产许可证》对公司开展 CDMO 业务的影响，已具备相关服务能力的表述是否准确；（2）请发行人结合公司与客户合作的可持续性、业务集中于 IND-CMC 和临床 I&II 期生产及配套服务是否符合行业惯例、在手订单的项目分布情况等因素，进一步说明 CDMO 业务的稳定性。

问询回复：

（1）发行人通过阐述自身并无临床 III 期及商业化阶段 CDMO 订单，所以无须持有《药品生产许可证》，且未来商业化生产需求的产生时点将不早于申请《药品生产许可证》的时点，来论证尚未取得《药品生产许可证》对发行人开展 CDMO 业务影响不大。

（2）发行人进一步阐述基因治疗CDMO行业整体发展迅速且持续增长，基因治疗特点决定了CDMO业务发展具有较好的可持续性。例如：基因药物CMC难度大，商业化苛刻，高度依赖CDMO服务并且更换原CDMO成本高、风险大。

（3）发行人通过列举同行业公司情况，说明了业务集中于IND-CMC和临床I&II期的合理性。

2. 核心技术先进性、研发投入

分析：核心技术先进性、研发投入等问题是科创板上市审核的重点问题。上述问题直接关系到企业科创属性，在当下注册制审核中属于被首要考量的基础问题。CDMO企业作为原创药企的外包服务商，具备一定的技术水平，但因为其所处行业特点，其并非专注于研发领域，因此其核心竞争力、科创属性、核心技术水平易受到交易所的关注。

问询1：根据招股说明书，发行人核心技术分为两大类集群：一是基因治疗载体开发技术，二是基因治疗载体生产工艺及质控技术。它们均为公司自主研发而成。

请发行人：（1）结合与同行业公司的对比情况以及核心技术在解决基因治疗载体开发、工艺、大规模生产等方面的瓶颈问题中发挥的作用，进一步说明公司核心技术的先进性；（2）说明除专利外，核心技术是否存在较多的技术知识，若存在，请进一步说明公司采取的保护措施；（3）说明在业务开展过程中，公司核心技术与生产设备、试剂、耗材之间的关系，关键生产设备、试剂、耗材是否构成公司核心技术发挥作用的基本条件，服务开展是否主要依靠相关设备、试剂、耗材；（4）说明所使用的关键生产设备和关键试剂、耗材从境外采购的情况，是否存在对境外供应商的重大依赖，境外采购对公司业务发展的影响，公司持续开展与设备和材料相关的技术工艺创新、降低供应链"卡脖子"风险的具体成果。

问询回复：

（1）审核员关注发行人在解决瓶颈问题中核心技术发挥的作用，为此发行人通过与同行业公司对比核心技术或核心技术平台，阐述其在解决基因治疗载体开发、工艺、大规模生产等方面的瓶颈问题中采取的措施，具体如下：①开发了更高效、安全、低剂量的基因治疗载体；②发掘或改造新的病毒或非病毒基因治疗载体；③进行基因治疗载体的大规模制备工艺和质量控制提升。

（2）审核员关注发行人是否存在除专利之外的技术知识，是否可以进一步证明其核心竞争力、科创属性，是否有相应的保护措施确保技术知识不会外泄。为此，发行人表明，自身的两大核心技术集群，均是由专利技术和大量技术知识共同构成的多层次技术体系。其中，技术知识产生于公司工艺方法和项目经验的体系化整合和积累，包含了关键的技术细节和工艺优化要点（工艺控制、参数设置、质量控制等），凝结了公司尖端的技术实力。同时，公司制定了严格的保密制度，并采取信息技术手段保护、管理手段保护、人员行为管理保护等方式确保技术知识安全，从而保障了核心技术的安全性。

（3）审核员试图从核心技术与生产设备、耗材之间的关系角度问询发行人核心技术先进性，看发行人是否存在核心技术依赖设备、耗材的情况。为此，发行人解释，公司核心技术是公司基于丰富多元的项目经验自行探索研究形成的，而设备与耗材是开展CDMO业务的必要生产要素，公司通过核心技术研发不断提升技术系统容错率，增加对设备和试剂耗材的容忍度。因此关键生产设备、试剂、耗材不构成核心技术发挥作用的基本条件，服务开展不主要依靠相关设备、试剂、耗材。

（4）因公司关键设备、耗材源自境外，因此审核员质疑公司是否对境外供应商存在重大依赖。发行人列举了主要设备、材料的采购情况，境外采购比例高主要是因为境外产品品质具有一定的优势，但随着境内设备与耗材的质量水平逐年提高，预计未来境内设备采购比例将有所提升，且发行人境外供应商较为多元，因此不存在重大依赖。

问询2：招股说明书披露，报告期内，发行人研发投入金额分别为2 026.77万元（2018年度）、2 379.86万元（2019年度）、2 198.26万元（2020年度）。2020年5月，发行人将艾迪斯39.93%的股权转让给上海和迪，丧失了对其的控制权。剔除艾迪斯、新药研发项目后，发行人同期实际研发费用分别为810.48万元、984.50万元和1 254.78万元，合计3 049.76万元。

请发行人说明：（1）报告期内，公司丧失对艾迪斯控制权后研发投入规模及相关比例是否仍符合《科创属性评价指引（试行）》；（2）研发人员构成情况，研发人员人均薪酬与同行业公司比较情况；（3）公司研发投入绝对金额与同行业公司比较情况，研发投入规模与技术先进性水平的匹配情况，如何保证发行人核心技术的先进性和竞争优势。

问询回复：

（1）研发费用是《科创属性评价指引（试行）》中的重要指标，是评价企业是否具备科创属性的重要指引。发行人因在丧失对艾迪斯的控制权后，研发费用有较大的降低，所以引起了审核员的注意。审核员要求发行人说明剔除艾迪斯涉及的研发项目后，是否依旧满足《科创属性评价指引（试行）》的要求。发行人经测算，相关指标仍符合《科创属性评价指引（试行）》关于营业收入复合增长率、研发投入比例的相关规定。

（2）截至2020年末，发行人共有研发人员68人，其中研究人员35人，技术人员28人，辅助人员5人。报告期内，发行人研发人员平均薪酬与同行业可比上市公司平均水平基本相当，不存在显著差异。

（3）审核员关注发行人研发投入，关注发行人的研发投入是否有效转化为核心技术，从而促进发行人进一步强化技术先进性，并要求发行人进一步阐述如何保证其核心技术的先进性和竞争优势。①发行人同行业可比公司CDMO业务主要细分领域为小分子化学药、大分子生物药领域，该细分领域市场发展多年，相对成熟，可比上市公司营收规模显著高于发行人，前者整体的研发投入与发行人不具有可比性。②就研发投入与技术先进性水平匹配情况而言，发行人研发投入高度聚焦于核心技术的优化，研发投入方向与公司核心技术的发展方向一致，研发均是围绕载体开发技术以及基因治疗载体生产工艺和质控技术的优化、创新进行的。③发行人将持续加强研发投入，进一步聚焦技术前沿，提升研发效率、推进现有项目交付，加强新业务拓展，增加技术知识积累、储备技术人才，激发研发人员创新积极性。

3. 收入确认的方式，收入的真实性、准确性

分析：收入确认的方式、收入的真实性等问题是上市审核的重点问题。CDMO业务属于在某一时段内履约的业务，通常按照履约进度确认收入。公司按照产出法即合同约定里程碑确认履约进度与交付技术服务成果，并经客户确认后确认收入；履约进度不能合理确定时，已经发生的成本预计能够得到补偿的，公司按照已经发生的成本金额确认收入，直到履约进度能够确定为止。

问询1：招股书说明书披露，发行人基因治疗CRO服务、生物制剂、试剂等

业务属于在某一时点履约的业务，公司在交付并经客户确认后确认收入；基因治疗CDMO业务属于在某一时段内履约的业务，按照履约进度确认收入，公司按照产出法即合同约定里程碑确定履约进度。

请发行人说明：（1）基因治疗CRO服务交付成果的表现形式、收入确认依据以及相关客户确认情况；（2）基因治疗CDMO合同关于里程碑的约定情况，里程碑约定与同行业公司是否可比，确定里程碑节点是否具有相关的外部证据，报告期内的合同关于里程碑节点的确定是否具有一致性；（3）里程碑节点所确定的履约进度，履约进度与成本、合同约定收款节点、客户确认节点的匹配情况，关于履约进度的会计估计是否谨慎，是否具有经济实质；（4）报告期内已完成交付的合同，公司按履约进度估计确认的收入、成本的准确性。

问询回复：

（1）交易所首先针对交付成果的表现形式及收入确认依据进行问询，了解收入确认的基本情况。发行人回复，公司基因治疗CRO服务交付的成果为根据合同约定交付的质粒、病毒等制剂样品以及各类实验报告等。公司收入确认依据为交付确认单以及与技术成果交付相关的物流签收记录、实验报告邮件发送记录等。公司基因治疗CRO服务收入确认依据以客户交付确认单为主，此项占比98.73%。

（2）按里程碑法确认收入的方式是一种与其他行业不同的收入确认模式，因此交易所关注发行人选取此方式是否符合行业惯例，是否具有外部证据支撑。发行人解释，公司根据服务内容、工序、预估成本等与客户协商确定工作里程碑，并在双方签订的合同中约定各个里程碑的服务内容及金额，合同即为核心外部证据。经查阅近期上市或拟上市企业的公开披露信息，公司基因治疗CDMO服务的主要业务IND-CMC服务在内容、流程上与百诚医药、阳光诺和等公司仿制药临床前药学研究服务具有一定的相似性。

（3）交易所进一步追问里程碑节点是否与成本、合同约定的收款节点、客户确认节点匹配，以此判断发行人收入的真实性与准确性。发行人根据测算列明预估成本、收款占比及基于里程碑节点确认的收入进度，从而论证它们之间的匹配性。

（4）审核员要求发行人进一步证明收入、成本的准确性。为此，发行人首先列举了基因治疗CDMO服务项目按照履约进度估计确认收入、成本的相关内控制度。其次详细介绍前五大合同金额各期确认收入、成本情况，例如列出各期单个项目的总体毛利率以及单个项目各个里程碑节点毛利率，以此论证收入、成本的准确性。报告期期初，受前期工艺开发复杂、无可直接参考的开发经验等影响，公司项目毛利率低、各里程碑节点毛利率亦存在波动。随着工艺方面研究投入、执行项目数量不断增加，公司积累了大量技术知识和开发经验，2020年度公司已实现交付合同毛利率较高、各里程碑节点毛利率亦知识总体保持稳定，这也与公司实际发展状况相符。

五、发行定价情况

和元生物（688238.SH）于2022年3月22日在上交所科创板正式挂牌上市，发行价为13.23元/股，发行总数为1亿股，募资总额为13.23亿元。和元生物开盘价为20.7元/股，较发行价上涨56.46%，首日收盘报价21.91元/股，较发行价上涨65.61%，总市值108.06亿元。

值得一提的是，和元生物上市时A股生物医药行业估值整体处于低位，在大盘整体行情较为低迷的情况下，海通证券依托研究所和资本市场部，协助企业在路演环节吸引机构投资者，确保和元生物股票顺利发行，公司价值获得了市场投资者的充分认可，显示了海通证券强大的估值定价能力。

均普智能（688306）

一、项目简要概况

宁波均普智能制造股份有限公司（以下简称"均普智能"）是一家全球化的智能制造装备供应商，主要从事成套定制化装配与检测智能制造装备以及数字化软件的研发、生产、销售和服务等业务，为汽车工业、工业机电、消费品、医疗健康等领域的全球知名制造商提供智能制造整体解决方案。

均普智能适用的上市标准为《上海证券交易所科创板股票上市规则》第二章2.1.2条第（四）款"预计市值不低于人民币30亿元，且最近一年营业收入不低于人民币3亿元"。

根据《科创属性评价指引（试行）》和《上海证券交易所科创板企业发行上市申报及推荐暂行规定》，公司符合"科创属性评价标准一"的相关规定，截至发行人招股说明书（注册稿）签署日，相关指标符合情况如表12-40所示。

表12-40 发行人"科创属性评价标准一"符合情况分析

科创属性评价标准一	公司指标情况	是否符合
最近三年累计研发投入占最近三年累计营业收入比例≥5%，或最近三年累计研发投入金额≥6 000万元	公司最近三年累计研发投入为21 313.81万元（≥6 000万元）	是
研发人员占当年员工总数的比例不低于10%	最近一年末，公司研发人员人数为513人，占当年末员工总数的31.43%	是
形成主营业务收入的发明专利（含国防专利）≥5项	公司形成主营业务收入的发明专利为30项（≥5项）	是
最近三年营业收入复合增长率≥20%，或最近一年营业收入金额≥3亿元	公司最近一年营业收入为168 688.10万元（≥3亿元）	是

2019年10月初，海通证券作为均普智能保荐机构正式开启现场办公；2021年6月16日，均普智能顺利过会；2022年1月21日，均普智能取得中国证券监督管理委员会《关于同意宁波均普智能制造股份有限公司首次公开发行股票注册的批复》（证监许可〔2022〕125号）；2022年3月22日，均普智能正式登陆科创板。

均普智能系近年来在国内A股实现上市的资产、人员、收入和研发等均在境外的典型案例，且企业主要系通过海外并购优质资产实现初始业务发展，与一般的企业发展路径不同，因此，均普智能于IPO申请过程中在资产来源、收购产生的商誉、收入确认、境外子公司核查等方面都受到了较大的关注，该案例在这些受关注领域具有一定的参考价值。

二、均普智能公司具体介绍

（一）公司主要产品情况

均普智能具有为众多《财富》"世界500强"榜单中的企业提供智能制造装备

的项目开发和管理经验，通过持续不断研发和技术积累，公司的智能制造装备已在汽车工业、工业机电、消费品、医疗健康等领域建立了竞争优势。

公司拥有丰富的智能制造装备系列产品，产品涵盖高效的精益生产系统、可单项或组合使用的单元生产系统、成套智能制造装备、数字工厂整体解决方案。公司可以实现微小零部件（重量在1g到50g）的高精度快速（平均节拍低至0.1秒/件）装配和检测，同时也能为中重型产品（重量在300kg以下）提供高精密可靠的智能制造装备。通过安装智能传感器，应用自主开发的工业数字化应用软件，公司的智能制造装备能够实现生产产品可追溯、生产流程可监控、设备维护可预见、设备性能可优化等功能。

（二）公司核心竞争优势

公司目前已逐步建立了以下优势：

1. 全球协同、合作优势

公司是立足中国的全球化企业，在欧洲、亚洲、美洲拥有八大生产、研发基地和三处售后服务基地，公司2017年完成产业并购，并通过实施"olymPIA 计划"完成全球整合，进行全球范围内的协同、合作的优势较为显著。

2. 产品类别丰富，应用行业覆盖领域广

公司产品类别丰富，目前已覆盖汽车工业、工业机电、消费品、医疗健康等领域，特别是公司境外子公司具有丰富的项目经验，报告期内公司在全球已完成超过880套智能制造装备的交付。公司丰富的产品类别及较广的行业应用一方面能够保证公司经营规模的稳定发展，另一方面能够有效地降低公司的经营风险，分散单一行业集中度过高导致的风险，形成行业风险对冲。

3. 具有先进的工业数字化应用整体解决方案

不同于传统的以工业控制器为核心的智能制造装备，公司智能制造装备通过应用自主开发的工业数字化应用软件，结合人工智能、工业大数据、数字孪生、5G、边缘计算、云计算等，同时配备云服务决策系统，利用智能制造装备大数据分析，实现了优化。目前公司已经开发了piaOptimum、piaDynamics、piaLineController、piaBottleneck等工业数字化应用软件，它们已成熟应用于公司各类智能制造装备。

4.技术研发优势突出，技术覆盖面较广

公司具有较强的技术研发优势，在齿轮动态装配、仿真测试、激光焊接、性能测试、自动装配、工业数字化软件应用等领域拥有核心技术和自主研发能力。公司在汽车动力总成前后桥驱动单元、汽车主被动安全系统、新能源汽车电驱动系统、汽车电子HMI（人机交互）产品、汽车泵类产品、电动剃须刀、电动牙刷等细分应用领域的智能制造装备处于行业领先地位。

（三）公司主要资产来源

发行人主要资产来自境外收购，主要的生产经营活动在境外。发行人2017年先后收购了工业自动化公司Preh IMA和Macarius GmbH，通过全球产业并购，发行人实现了全球业务布局，区域布局覆盖中国、德国、美国、奥地利、加拿大、克罗地亚等国，客户涉及汽车工业、工业机电、消费品、医疗健康等领域。

（四）公司核心技术介绍

作为全球工业自动化领域具有核心竞争力的经济体，公司专注于提供中高端工业自动化生产线及智能制造整体解决方案。通过持续不断研发和技术积累，公司已建立核心技术壁垒，形成单元化、智能化、柔性化的工艺及系统模块，同时不断探索将人工智能、数字孪生、边缘计算等新技术应用于智能制造装备中。另外，公司核心技术已在主要客户的产品中实现产业化应用。报告期各期，公司的核心技术产品收入占主营业务收入的比例均超过了90%。

（五）公司报告期内财务数据情况

公司报告期内财务数据情况如表12-41所示。

表12-41　公司报告期内财务数据情况

项目	2021年6月末/2021年1—6月	2020年末/2020年度	2019年末/2019年度	2018年末/2018年度
资产总额（万元）	341 410.08	361 610.41	366 580.29	355 568.55
归属于母公司所有者权益（万元）	52 241.64	51 988.17	56 004.65	−2 417.02

(续表)

项目	2021年6月末/2021年1—6月	2020年末/2020年度	2019年末/2019年度	2018年末/2018年度
资产负债率（母公司，%）	47.75	46.93	48.13	64.39
资产负债率（合并，%）	84.70	85.62	84.72	100.68
营业收入（万元）	127 947.26	168 688.10	219 309.85	165 720.87
净利润（万元）	4 048.92	−5 383.11	8 923.83	−13 078.86
归属于母公司所有者的净利润（万元）	4 048.92	−5 383.11	8 923.83	−13 078.86
扣除非经常性损益后归属于母公司所有者的净利润（万元）	1 832.54	−7 852.37	5 712.73	−12 458.90
基本每股收益（元）	0.04	−0.06	0.11	—
稀释每股收益（元）	0.04	−0.06	0.11	—
加权平均净资产收益率（%）	7.77	−9.97	62.43	—
经营活动产生的现金流量净额（万元）	9 003.51	−12 212.91	3 935.90	−5 572.91
现金分红（元）	—	—	—	—
研发投入占营业收入的比例（%）	3.26	2.94	3.15	5.71

三、问询反馈重点问题及回复情况

（一）关于资产来源

发行人主要业务来源于2017年6月30日同一控制下收购的Preh IMA和非同一控制下收购的Macarius GmbH，其中，同一控制下所收购的标的公司为上市公司均胜电子（600699.SH）持有的Preh IMA 100%股权。上交所在审核过程中对公司资产来源情况进行了重点关注，主要关注事项包括：

1. 资产收购的具体过程

（1）同一控制下收购Preh IMA。

为优化公司在智能制造装备领域的业务布局，均普有限 2017 年通过设立 PIA 控股收购均胜电子全资子公司 Preh GmbH 所持有的 Preh IMA 100%股权，双方于 2017 年 6 月 30 日完成交割，PIA 控股分别于 2017 年 6 月 16 日和 2017 年 7 月 10 日向 Preh GmbH 支付收购款，共计 1.3 亿欧元，收购款高于被收购资产账面价值导致公司合并报表未分配利润减少 63 018.79 万元。

发行人收购的 Preh IMA 资产主要来源于均胜电子子公司 Preh GmbH 的工业自动化业务以及 Preh IMA 2014 年收购的工业自动化公司 IMA 安贝格和 2016 年收购的工业自动化公司 EVANA，同时 Preh IMA 相关资产涉及"均胜普瑞工业机器人"募集资金项目。

（2）非同一控制下收购 Macarius GmbH。

为加强发行人在汽车智能制造领域的竞争力，公司于 2017 年 6 月通过 PIA 控股收购 Macarius GmbH 100%股权，公司通过本次收购引进境外先进的汽车动力总成装配、检测及工业 4.0 前瞻技术。

2017 年 5 月 8 日，PIA 控股与 Macarius GmbH 原股东签署《股权转让协议》，收购后者合计持有的 Macarius GmbH 100%股权。此次股权转让的金额为 8 991 万欧元。2017 年 6 月，PIA 控股向卖方支付全部转让价款，并于 2017 年 6 月 30 日完成交割。

综上所述，发行人主要业务来源于收购，通过对 Preh IMA 和 Macarius GmbH 的收购，进一步优化了在智能制造装备领域的技术、应用和全球化布局，扩大了客户群体。

2. 公司对收购的子公司，特别是对主要境外子公司实施控制的情况

考虑到发行人主要资产均来源于收购，上交所在审核过程中特别关注发行人对收购的境外子公司的控制情况，充分评估其相关管理风险。

发行人在 IPO 申请过程中反复强调已通过行使股东权利、建立健全子公司管理制度组建了以境内公司为主导的境外子公司治理架构，建立了有效的境外子公司核心人员的激励管理机制，实现了对主要境外子公司的有效控制。发行人在德国设立了 PIA 控股作为海外子公司管理平台，并组建了境外管理团队，通过对境外核心管理团队、关键技术人员等实施股权激励，稳定自身在境外的核心管理和研发团队，同时建立适合自身实际经营的授权管理体系和监督体系，建立有效的全球化信息管

理平台，确保自身在遵循所在国法律和文化传统的前提下，实现对境外的资产、经营活动、人员和资金流等方面的有效管理。

（二）关于商誉

1. 均普智能业务架构

均普智能业务架构如图 12-24 所示。

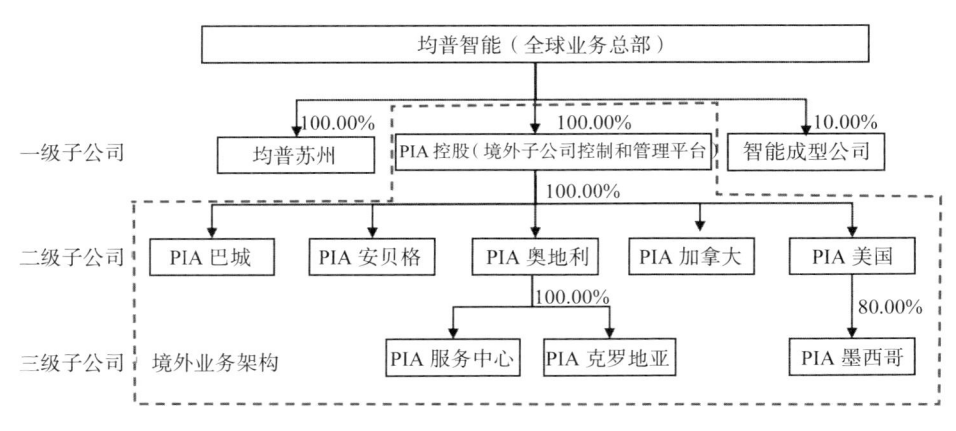

图 12-24　均普智能业务架构

2. 均普智能资产组商誉形成过程

均普智能三大商誉资产组分别为 Macarius GmbH、PIA 美国、PIA 安贝格，其中，收购 Macarius GmbH 资产组时，合并主体包括 PIA 奥地利、PIA 加拿大、PIA 克罗地亚和 PIA 服务中心。

截至 2021 年 6 月 30 日，公司合并报表商誉账面原值为 70 732.85 万元，账面净值为 67 252.40 万元，商誉系公司 2017 年并购所形成的。公司并购完成后，并购标的之一 PIA 美国 2018 年部分较大项目执行不及预期以及新接订单金额下降，导致公司对该资产组未来经营业绩的预测数据有所下滑，2018 年公司对 PIA 美国产生的商誉计提了 3 537.10 万元（不含外币报表折算差异）的减值准备。

（1）Macarius GmbH 商誉的具体形成过程。

2017 年 6 月 30 日，公司通过其全资子公司 PIA 控股向第三方收购其持有的

Macarius GmbH 100%股权，构成非同一控制下企业合并，形成商誉7 265万欧元。

（2）PIA安贝格和PIA美国商誉的具体形成过程。

2017年6月30日，公司通过全资子公司PIA控股收购均胜电子持有的Preh IMA（含下属PIA安贝格、PIA美国和均普机器人三家全资子公司）100%股权，公司与均胜电子同受均胜集团控制，即受同一最终控制方王剑峰控制，因此以上收购属于同一控制下企业合并。

PIA安贝格为Preh IMA于2014年6月向第三方收购而来，该收购构成非同一控制下企业合并，形成商誉1 059.70万欧元；PIA美国为Preh IMA于2016年4月向第三方收购而来，该收购构成非同一控制下企业合并，形成商誉1 001.04万美元。

3. 商誉减值测试过程

（1）针对"一个资产组"的商誉减值重点考虑事项如表12-42所示。

表12-42　针对"一个资产组"的商誉减值重点考虑事项

项目	重点考虑事项（一个资产组）
资产组的选择	充分考虑业务、盈利的独立性以及收购后的业务整合和协同效应
参数的合理性	①商誉减值压力较大的情况下，详细列示营业收入、EBIT（息税前利润）等数据的计算过程，其中营业收入的预测依据（在手订单、接洽订单等）尽可能充分 ②采用永续测算的，测算永续期现值占比情况，永续测算是否审慎合理 ③折现率需参考同行业、地区情况 结合在手订单、未来行业变化趋势、业务整合和协同效应，充分评估财务整合、业务联动、未来收入测算合理性
评估机构	聘请专业评估机构出具评估报告，应注意该评估报告相对于初始收购时的评估报告在无形资产的辨识、摊销年限、参数等方面是否有变化
其他	①减值资产组后续的盈利能力 ②并购后的商誉减值对公司管理层决策提出了调整要求 ③实际控制人、控股股东出具减值兜底承诺

为彻底打消监管层商誉减值相关顾虑，实际控制人、控股股东在招股书做出了减值兜底承诺：上市后三年内，针对承诺期发生的商誉减值无条件承担等额现金补足义务。

（2）资产组的选择。

商誉减值测试之前，首先面临的问题是资产组的划分问题，是维持初始收购的资产组,还是为了降低商誉减值的金额和风险,将初始资产组整合为一个整体资产组,具体分析如表 12-43 所示。

表 12-43 资产组选择的优、劣势分析

项目	一个资产组	三个资产组
优势	有利于整体商誉减值测算,从而降低减值金额和风险	维持了初始收购的资产组,监管机构对资产组独立性的质疑较小
劣势	因三个资产组在地域、产品、管理模式等方面均存在差异,且具备独立盈利能力,若被整合为一个资产组,容易受到质疑	部分资产组经营未及预期,出现商誉减值

发行人经综合考虑,选择维持初始收购时的资产组,将公司商誉划分为三个资产组并进行减值测试。

(3)商誉减值测试设计过程。

资产组划分完成后,重中之重是处理好减不减、减哪家、减多少的问题。

结合各资产组的实际经营情况,发行人对 PIA 美国进行 2018 年度商誉减值。这里以 Macarius GmbH 资产组(评估基准日为 2021 年 6 月 30 日)的商誉减值测算为例对资产组商誉减值测算过程进行说明,具体如下。

① 2021 年 6 月 30 日,Macarius GmbH 资产组预计未来现金流量折现值情况如表 12-44 所示。

表 12-44 Macarius GmbH 资产组预计未来现金流量折现值情况

序号	项目	2021 年 7—12 月	2022 年	2023 年	2024 年	2025 年	2026 年	2027 年(及永续年份)
1	营业收入(万欧元)	5 859.68	8 089.72	11 643.82	13 943.97	14 078.88	14 412.78	14 412.78
	增长率(%)	—	—	43.93	19.75	0.97	2.37	—

（续表）

序号	项目	2021年7—12月	2022年	2023年	2024年	2025年	2026年	2027年（及永续年份）
2	EBIT（万欧元）	841.02	387.85	1 067.36	1 618.20	1 709.25	1 856.94	1 816.67
	EBIT/营业收入（%）	14.35	4.79	9.17	11.61	12.14	12.88	12.60
3	折旧及摊销（万欧元）	185.79	230.28	190.30	184.82	189.83	198.27	238.67
4	资本性支出（万欧元）	92.80	—	92.12	15.72	342.17	80.56	329.36
5	营运资金增长（万欧元）	722.23	−637.69	508.64	473.66	177.93	165.89	—
6	其他：总部现金流量分摊（万欧元）	62.06	−171.36	−173.30	−166.86	−159.85	−152.26	−173.50
7	预计未来净现金流量（万欧元）	273.86	1 084.46	483.61	1 146.78	1 219.13	1 656.49	1 552.48
	增长率（%）	—	—	−55.41	137.13	6.31	35.87	−6.28
8	折现率（%）	13.10	13.01	12.92	12.89	12.89	12.89	12.89
9	各年净现金流量折现值（万欧元）	265.56	959.20	378.67	795.29	748.91	901.30	6 551.03
10	资产组预计未来现金流量折现值（万欧元）							10 599.96
11	减：期初货币资金最低保有量（万欧元）							524.92

（续表）

序号	项目	2021年7—12月	2022年	2023年	2024年	2025年	2026年	2027年（及永续年份）
12	资产组价值（万欧元）							10 075.04
13	资产组账面金额（万欧元）							9 561.88
14	增值额（万欧元）							513.16
15	增值率（%）							5.37

②营业收入的测算依据如表12-45所示。

表12-45 营业收入的测算依据

单位：万欧元

评估基准日	项目	2021年7—12月	2022年	2023年	2024年	2025年	2026年
2021年6月30日	在手订单带来的营业收入	5 174.67	2 769.27	2 082.39	605.32	—	—
	新接订单带来的营业收入	553.41	5 206.71	9 454.69	13 239.49	13 987.93	14 330.66
	其他业务收入	131.61	113.74	106.74	99.16	90.96	82.11
	内部收入抵销	291.00	401.75	578.25	692.48	699.18	715.76
	预测期营业收入	5 568.69	7 687.97	11 065.56	13 251.49	13 379.71	13 697.01

注：收购Macarius GmbH时合并主体包括PIA奥地利、PIA加拿大、PIA克罗地亚和PIA服务中心，表中预测期营业收入为减去内部收入抵销后的营业收入。

发行人根据Macarius GmbH评估基准日的在手订单，结合预计项目终验时间，预测未来年度确认收入的具体情况，如表12-46所示。

表 12-46　未来年度确认收入的具体情况

单位：万欧元

评估基准日	期末在手订单金额	在手订单预测期确认收入金额			
		2021 年 7—12 月	2022 年	2023 年	2024 年
2021 年 6 月 30 日	10 631.65	5 174.67	2 769.27	2 082.39	605.32

表 12-46 中截至评估基准日的在手订单金额系 Macarius GmbH 在基准日的实际未终验收完结的订单金额，在手订单预测期的确认收入情况系根据各项目的合同约定项目时间表、主管项目经理对项目进度的判断等因素综合判断项目终验时间计算的。截至 2021 年 11 月 30 日，Macarius GmbH 在手订单余额约为 1.3 亿欧元，其中新能源汽车产线在手订单余额超 5 800 万欧元，占比达 45%，Macarius GmbH 新能源汽车产线订单呈快速增长趋势。

基于 Macarius GmbH 评估基准日时点预计的新签订单接入量具体情况如表 12-47 所示。

表 12-47　预计新签订单接入量情况

评估基准日	项目	预计新签订单接入量				
		2021 年 7—12 月	2022 年	2023 年	2024 年	2025 年
2021 年 6 月 30 日	金额（万欧元）	7 032.91	12 041.74	12 963.77	13 425.36	13 521.68
	增长率（%）	—	—	7.66	3.56	0.72

基于评估基准日时点预测未来新签订单时，第一年的新签订单金额主要根据评估基准日时点未来 6 个月接入成功率在 50% 以上的订单金额进行预测，预测方法为：第一年的新签订单金额 =（未来 6 个月接入成功率在 50% 以上的订单金额 × 成功率）× 2。第二年及以后的新签订单金额主要在第一年预测的基础上，根据 Macarius GmbH 自身业务情况、客户投资计划、资产组未来业务发展情况、行业发展趋势等进行预测，预测期的增长率呈下降趋势，具有合理性。

（4）有关商誉的审核关注重点。

上交所对发行人商誉进行审核时关注重点如表12-48所示。

表12-48 对发行人商誉审核关注的重点

项目	关注重点
营业收入	营业收入测算的合理性、永续金额的合理性、未来增长有多少在手订单支持等；由于发行人报告期实际营业收入与预测数差异较大，所以特别关注营业收入合理性
营业收入增长情况	报告期营业收入波动情况，未来增长是否合理等
毛利率情况	预测的毛利率跟现有毛利率的差异及其合理性等
折现率	跟同行业公司相比是否存在差异，是否合理等

其中，报告期实际营业收入与预测数差异较大，发行人需重点分析营业收入合理性，其主要从未来市场环境、在手订单、预期确认收入时间、在手订单未来各期收入预测情况等方面入手进行了分析；而对于未来增长情况，发行人则从历史年度已签订的合同订单金额、项目周期、实际各年确认销售比例、原有客户开拓情况、新客户开拓情况、新业务开拓情况等方面入手进行了分析。这里以 Macarius GmbH 资产组预测值与实际值差异为例，分析预测值与实际值产生差异的原因。

由于2018年末商誉减值测试系追溯评估，相关评估报告于2020年出具，所以在 Macarius GmbH 2018年末的商誉减值测试中，有关 Macarius GmbH 2019年度的预测数据采用了 Macarius GmbH 2019年实际的财务报表数据，因此，2018年末商誉减值测试中 Macarius GmbH 2019年预测数据与实际数据一致。

Macarius GmbH 2018年末和2019年末的商誉减值测试中，有关2020年和2021年预测收入数据与实际收入数据的对比情况如表12-49所示。

表12-49 2020—2021年预测收入数据与实际收入数据的对比情况

单位：万欧元

时间	预测收入数据	实际收入数据
2020年	9 328.07	4 447.99
2021年	8 848.75	预测 >12 000.00

2020年暴发的新冠疫情对Macarius GmbH的生产经营造成了一定的影响，影响程度将取决于疫情持续时间和各地防控政策及实施情况。考虑到商誉减值测试是对基准日商誉公允价值的判断，新冠疫情为资产负债表日后的非调整事项，因此在进行2018年末以及2019年末商誉减值测试的盈利预测时，未考虑新冠疫情对企业经营的影响，进而导致2020年度实际经营业绩与2018年末、2019年末商誉减值测试的经营假设存在差异。

2020年，Macarius GmbH实际收入较预测收入低4 880.08万欧元，主要原因如下：第一，2020年新冠疫情暴发，对Macarius GmbH项目执行的稳定性造成不利影响，导致约2 600万欧元的项目终验时间延至2021年，进而导致2020年实际收入比预测的低；第二，部分大型项目由于技术难度大，项目执行周期超过预期，导致项目实际终验时间为2021年，其中主要包括戴姆勒的高精度减速器齿轮动态装配及减速器下线检测智能制造装备，合同总金额为2 522.32万欧元，该项目于2021年3月完成终验收并确认收入。

同时，Macarius GmbH超过95%的营业收入来源于汽车工业领域，受2018年下半年开始传统汽车市场景气度下降的影响，下游汽车零部件和整车厂商缩小固定资产投资规模、缩减增补订单体量以应对疫情导致的经济下行，导致2020年Macarius GmbH实际收入比预测收入低。

2021年Macarius GmbH已确认收入超过10 000万欧元，预测全年将超过12 000万欧元，2021年实际收入金额将超过预测金额8 848.75万欧元，主要原因一方面系涉及金额约2 600万欧元受新冠疫情影响的项目终验时间延至2021年，进而导致2021年实际收入上升；另一方面系2021年Macarius GmbH新签订单金额为9 580万欧元，同比增长约62%，其中部分执行期较短的小型项目于2021年内完成终验收，使得2021年实际收入比预测收入高。

（三）关于收入政策变更

2019年股份制改革时，发行人会计政策变更，由完工百分比法调整为终验法，导致发行人净资产减少约4 561万元。

1. 均普智能及其主要产品特点介绍

均普智能主要从事成套定制化装配与检测生产线的研发、生产、销售，并提供相关服务，为汽车工业、工业机电、消费品、医疗健康等领域的全球知名制造商提供智能制造设备整体解决方案。

公司智能制造装备业务一般分为项目规划、研发设计、原材料采购及加工制造、机械及电气装配、整线安装和调试、预验收、客户端整线安装和调试、小批量验证及调试和终验收等阶段，单价在 1 000 万元以上的成套装备收入占公司总收入的 80% 左右。公司业务具有高度定制化、执行周期较长的特点。

公司业务主要阶段划分和执行地点具体情况如表 12-50 所示。

表 12-50　公司业务主要阶段划分和执行地点具体情况

序号	主要阶段	执行地点
1	项目规划	公司项目管理部门
2	研发设计（机械设计、电气设计、虚拟调试）	公司研发中心
3	原材料采购及加工制造	公司生产车间
4	机械及电气装配	公司生产车间
5	整线安装和调试	公司生产车间
6	预验收	公司生产车间
7	客户端整线安装和调试	客户指点交付处
8	小批量验证及调试	客户指点交付处
9	终验收	客户指点交付处

2. 均普智能收入确认方法对比分析

（1）收入确认方法的调整。

完工百分比法：资产负债表日，以累计已发生成本占预计总成本的比例为基础确认合同完工进度，计算完工百分比，并结合合同金额计算并确认收入。

终验法：通过客户最终验收并取得客户签署的终验收单据时，按照合同或订单的金额一次性确认收入。

公司对收入确认方法进行调整主要是因为：①公司项目具有高度定制化的特点，执行周期长且存在一定波动，执行过程中亦发生过客户需求变更的情况，项目的预计总成本不能可靠估计，以完工百分比法确认收入具有较大主观性和不确定性；②绝大部分合同条款显示通过终验收才真正意味着风险和报酬的转移，这意味着如果由于客户的原因合同被单方面中止，发行人很可能无法得到已发生成本对应的收入补偿，采用终验法更符合公司业务特点和谨慎性原则；③项目的成本在项目执行期间并不均匀发生，根据公司项目阶段特征，各项目物料投入期集中在预验收合同签订后4个月至6个月，采用终验法可以有效地避免采用完工百分比法时基于不可靠的完工进度计算而导致的误差，以项目所有权上的风险和报酬转移时点作为收入确认时点更加严谨，成本配比也更准确。

在公司所处行业中，克来机电、瀚川智能、天永智能、豪森股份均采用终验法确认收入，仅埃夫特采用完工百分比法。因此，发行人将收入确认方法调整为终验法与同行业可比公司的收入确认惯例相一致。

（2）《企业会计准则第14号——收入》及其应用指南的相关规定。

采用终验法确认收入更符合《企业会计准则第14号——收入》及其应用指南的相关规定。《企业会计准则第14号——收入》关于销售商品收入确认需满足的条件有以下规定：已将商品所有权上的主要风险和报酬转移给购货方；公司不再保留通常与所有权相联系的继续管理权，也不再对已售出的商品实施有效控制；收入金额能够可靠地计量；相关的经济利益很可能流入销售方；相关已发生或将发生的成本能够可靠地计量。

项目取得终验收单据时，公司已经将实物交付给买方，符合合同交付条款且合同金额确定，并已经收取大部分合同价款。此时该交付项目的所有相关成本也已可靠地归集和计量，符合准则中销售商品收入确认的标准，也具备会计核算可靠性；结合公司项目特点，项目通过终验收才意味着发行人产品风险和报酬的真正转移，因此公司采用终验法确认收入符合《企业会计准则第14号——收入》的相关规定。

根据《企业会计准则第14号——收入》应用指南规定：销售商品需要安装和检验的，在客户接受商品以及安装和检验完毕前，不确认收入，待安装和检验完毕时确认收入。如果安装程序比较简单，可在发出商品时确认收入。公司项目对应的智能生产线和智能装备，不但需要安装和检验，而且终验收之前一般需要经过试生产、小规模生产和伴随产能爬坡陪产至连续大规模稳定生产阶段，故在终验收通过后确认收入符合应用指南的上述规定。

3. 会计差错更正对净资产的影响及履行的相关程序

2019年12月10日，均普有限股东会做出决议，同意由全体股东作为发起人，均普有限整体变更为股份有限公司，公司名称变更为"宁波均普智能制造股份有限公司"。此次变更以2019年9月30日为审计基准日，以经天健会计师事务所审计的截至2019年9月30日母公司个别报表的净资产126 871.57万元为基础，按照1.38∶1的比例折股为92 121.21万股①，每股面值1元，净资产大于股本的部分34 750.36万元计入资本公积。

2019年12月25日，公司第一届董事会第二次会议审议通过《关于公司前期会计政策变更及追溯调整的议案》，确认公司收入确认会计政策由原完工百分比法变更为终验法，并进行追溯调整，冲回截至股改基准日未完工项目按完工百分比法确认的累计收入及相关成本，并相应调整母公司个别报表的资产负债表项目。

2019年12月31日，2019年第一次临时股东大会审议通过了《关于会计调整事项对股改基准日净资产影响的议案》，确认公司自2019年起将收入确认方法由完工百分比法调整为终验法，前述会计政策变更致使公司股改基准日（2019年9月30日）净资产减少4 560.75万元，公司按调整后的净资产122 310.82万元折合股本为92 121.21万元，净资产大于股本的部分30 189.61万元计入资本公积。

天健会计师事务所于2020年1月10日出具"天健验〔2020〕6-46号"《宁波均普智能制造股份有限公司净资产折股补充验证说明》，确认上述折股净资产减少是因会计政策变更所致，公司资产、利益均已整体变更并投入股份有限公司，未因会计政策变更而流出至发起人/股东，认购股本（实收股本）92 121.21万元也未受到影响，发起人/股东无须向股份有限公司补足因会计政策变更所导致的出资净资产减少的相应金额。

---

① 此数据出自发行人公开招股说明书。——编者注

上述会计政策调整带来的整体变更时净资产减少事项未影响公司股本，公司股改时股本仍为 92 121.21 万元，此次会计政策调整不会导致公司股东出资不实，各股东出资已足额缴纳。

4.会计差错更正对公司合并报表及母公司个别报表的影响情况

均普智能首申报告期为 2017 年度、2018 年度、2019 年度和 2020 年 1—6 月，此次首发材料申报前公司对智能制造装备收入确认政策进行了更正，即自 2019 年起，公司将智能制造装备收入确认方法由完工百分比法调整为终验法，对 2017 年度、2018 年度财务数据进行更正调整，符合《企业会计准则》的规定。此次会计差错更正对母公司个别报表以及 2019 年度和 2020 年度合并财务报表不存在影响。

（四）境外子公司核查

1.境外核查的审核关注点分析

均普智能主要经营主体及营业收入发生在境外，对于该类型企业，审核机构在审核过程中主要就实地核查情况、境外收入的核查过程及核查比例、境外子公司纳税申报表与审计报告的差异情况进行了关注。

（1）实地核查情况。

关于实地核查情况，审核机构主要关注保荐机构、申报会计师事务所、评估机构的具体实地核查内容，以及境外实地核查的时间及参与人员情况。

对于主要收入来源于境外子公司的发行人，境外实地核查是核查机构尽职调查的基础之一，核查人员需尽量留足境外核查时间，夯实境外核查质量。

（2）境外收入的核查过程及核查比例。

关于境外收入核查过程及核查比例，审核机构在一轮反馈、二轮反馈及注册问询中给予多次关注，要求保荐机构及申报会计师事务所详细说明收入核查内容，列示实地访谈、视频访谈各期客户的比例，说明境外客户函证回函较低的原因及所履行的替代措施情况。

对于境外知名客户商业习惯性不予回函的情形，项目组通过获得客户官方邮件直接对中介机构提供的报告期内与发行人发生的主要项目情况予以确认，报告期内上述项目对应的收入金额加回函相符金额占营业收入的比例分别为 17.85%（2017

年度)、25.19%(2018年度)、41.89%(2019年度)和36.49%(2020年1—6月)。发行人主要客户采埃孚、戴姆勒因其内部管理规定不能就中介机构的书面函证进行回函,中介机构通过采埃孚、戴姆勒官方邮件验证项目信息,并检查相关的各境外重要子公司内外部文件单据,包括销售合同、销售发票、项目进度文件、客户验收单据和客户回款银行流水等,监管部门对上述通过官方邮件确认的情况给予了认可。

(3)境外子公司纳税申报表与审计报告的差异情况。

关于境外子公司纳税申报表,上交所在审核阶段未重点关注,考虑到发行人境外子公司的纳税申报制度、纳税申报时间及纳税申报文件样式等与境内申报存在较大差异等,项目组参考已过会科创板项目情况,未提供境外子公司纳税申报表,而是通过出具《关于宁波均普智能制造股份有限公司境外子公司纳税情况的说明》进行替代。

注册审核期间,证监会对发行人未提供境外子公司纳税申报表的情况进行了重点关注,要求发行人说明未提供原因并补充提交,同时详细说明境外子公司纳税申报表主要数据与申报报表相关数据的差异及其原因。项目组协同发行人、申报会计师事务所就收入确认方法、亏损合同确认、资产折旧摊销方法等方面不同导致的差异进行了逐一解释。

建议主要收入来源于境外子公司的发行人,尽量在首申时提交境外子公司的纳税申报表,并就纳税申报表主要数据与申报报表的差异情况进行前置分析。

2.境外子公司业务及核查的基本情况

均普智能是一家全球化的智能制造装备供应商及工业4.0智能制造整体解决方案提供商。IPO项目申报前,公司在欧洲、美洲等地共有8家境外全资子公司,境外子公司业务分布、主营业务及项目组实地核查情况如表12-51所示。

表12-51 境外子公司业务分布、主营业务及项目组实地核查情况

生产经营主体	境外业务分布情况	主营业务	是否实地核查
PIA控股	主要在德国开展业务	股权投资、资产管理	是
PIA巴城	主要在德国及欧洲其他区域开展业务	汽车安全及汽车电子系统智能制造装备的研发、生产、销售	是

(续表)

生产经营主体	境外业务分布情况	主营业务	是否实地核查
PIA 奥地利	主要在奥地利及欧洲其他区域开展业务	汽车动力总成系统智能制造装备、工业4.0产品、新能源汽车动力系统的研发、生产、销售	是
PIA 安贝格	主要在德国及欧洲其他区域开展业务	消费品、工业机电、医疗健康等领域智能制造装备的研发、生产、销售	是
PIA 美国	主要在美国开展业务	汽车零部件、医疗行业智能制造装备的研发、生产、销售	是
PIA 加拿大	主要在北美区域开展业务	新能源汽车动力系统及动力总成系统智能制造装备的研发、生产、销售	是
PIA 服务中心	主要在德国及欧洲其他区域开展业务	对公司其他子公司提供智能制造装备技术支持，对自动化设备进行检测升级，是售后服务中心	否
PIA 克罗地亚	主要在克罗地亚及欧洲其他区域开展业务	智能制造装备的安装调试及售后服务，是售后服务中心	否

项目组及参与此次尽职调查的会计师、律师、评估师高度重视均普智能IPO项目境外核查工作，项目组实地走访的经营主体2019年收入占公司同年营业收入比重超过90%。考虑到均普智能主要经营实体均在境外，项目组自2019年10月进场起，即着手制订境外核查整体计划，2019年11月中旬到2019年12月底，项目组成员根据不同阶段的尽职调查需求分批前往发行人位于德国巴城、德国安贝格、奥地利、美国、加拿大等的主要生产经营场所开展存货、固定资产、无形资产、营业收入、营业成本、法律事项等核查工作。

3.境外子公司核查过程及核查比例

（1）境外子公司核查过程。

保荐机构对境外子公司核查的主要过程包括：

①对公司及各子公司负责人进行实地访谈，了解公司及各子公司概况、工厂历史沿革、主要业务、主要客户、主要竞争对手、技术来源、核心技术等；

②对各子公司进行实地走访，查看公司生产厂地情况，了解公司生产计划、排班情况、在手订单情况、客户情况，了解公司正在执行的项目情况；

③对 2017—2019 年重要客户执行以实地走访为主、视频访谈为辅的核查程序，核查公司与重要客户的合作历史、合作现状、项目执行情况等，实地走访重要客户实际经营场所，核查公司销售收入的真实性；

④对公司重要供应商执行以实地走访为主、视频访谈为辅的核查程序，核查公司与重要供应商的合作历史、合作现状、供货情况等，实地走访供应商实际经营场所；

⑤对各子公司 2017 年、2018 年及 2019 年的主要项目实施细节性测试，于公司及各子公司生产经营场所现场收集公司销售合同、项目验收单据、项目收款凭证，并进行核查；

⑥对公司及子公司报告期内收入执行截止性测试，收集 2017—2019 年 3 年每年 1 月和 12 月以及 2020 年 6 月和 7 月的终验收单据、终验发票，核查收入是否是在恰当的会计期间确认；

⑦收集各子公司报告期银行流水，核查流水的完整性，并对大额银行流水进行核查。

（2）境外子公司核查比例。

①访谈比例。

结合境外子公司实际情况，中介机构对报告期主要客户进行了实地走访或视频访谈，对客户基本情况、客户与公司合作的历史和报告期交易情况以及客户与公司关联关系等进行了了解和确认，并形成书面访谈记录。境外实地走访和视频访谈客户收入及其占比如表 12-52 所示。

表 12-52　境外实地走访和视频访谈客户收入及其占比

区域	项目	2020 年 1—6 月	2019 年度	2018 年度	2017 年度
境外	实地走访客户收入金额（万元）	21 557.07	105 404.87	78 418.67	37 267.01
	视频访谈客户收入金额（万元）	15 475.64	18 479.32	7 041.45	19 423.25
	小计（万元）	37 032.71	123 884.19	85 460.12	56 690.26
	境外收入金额（万元）	55 517.33	200 283.50	159 333.52	95 576.71
	占比（%）	66.70	61.85	53.64	59.31

②函证比例。

报告期内,境外销售收入回函占发函的比例分别为25.77%(2017年度)、23.39%(2018年度)、25.58%(2019年度)和28.50%(2020年1—6月),同期回函相符收入占回函收入的比例分别为100.00%、100.00%、100.00%和85.85%,回函相符收入占营业收入的比例分别为15.73%、20.02%、24.66%和27.29%。

报告期内,回函相符境外销售收入占境外销售收入的比例较低系由于回函率较低。公司境外客户主要为采埃孚、戴姆勒、美国车桥、宝洁集团和麦格纳等全球知名企业,客户建立了较为完善的供应商管理系统,存在其内部管理要求,通常对第三方机构函证不予回函,因此导致公司境外销售收入回函率较低。

报告期各期公司境外客户函证情况如表12-53所示。

表12-53 报告期各期公司境外客户函证情况

函证情况	函证数量、金额及占比	2020年1—6月 数量	2020年1—6月 金额	2019年度 数量	2019年度 金额	2018年度 数量	2018年度 金额	2017年度 数量	2017年度 金额
发函情况	销售收入(万元)	—	55 517.33	—	200 283.50	—	159 333.52	—	95 576.71
发函情况	发函数量(个)/金额(万元)	17	39 697.80	49	148 414.18	39	118 164.07	28	49 589.96
发函情况	发函占比(%)	—	71.51	—	74.10	—	74.16	—	51.88
回函情况	回函数量(个)/金额(万元)	4	11 313.23	17	37 957.98	14	27 632.67	10	12 781.00
回函情况	回函率(%)	—	28.50	—	25.58	—	23.39	—	25.77
回函情况	未回函数量(个)/金额(万元)	13	28 384.57	32	110 456.20	25	90 531.40	18	36 808.96
回函情况	未回函率(%)	—	71.50	—	74.42	—	76.61	—	74.23
回函相符情况	回函相符数量(个)/金额(万元)	3	9 712.26	17	37 957.98	14	27 632.67	10	12 781.00
回函相符情况	回函相符占回函的比例(%)	—	85.85	—	100.00	—	100.00	—	100.00
回函相符情况	回函不符数量(个)/金额(万元)	1	1 600.97	—	—	—	—	—	—
回函相符情况	回函不符占回函的比例(%)	—	14.15	—	—	—	—	—	—

（续表）

函证情况	函证数量、金额及占比	2020年1—6月		2019年度		2018年度		2017年度	
		数量	金额	数量	金额	数量	金额	数量	金额
替代测试情况	未回函及回函不符替代测试数量（个）/金额（万元）	14	29 985.54	32	110 456.20	25	90 531.40	18	36 808.96
	未回函及回函不符替代测试占发函的比例（%）	—	75.53	—	74.42	—	76.61	—	74.23

注：虽然公司主要客户采埃孚因其内部管理规定不能对中介机构的书面函证进行回函，但采埃孚通过官方邮件直接向中介机构提供了报告期内与发行人发生的主要项目情况，上述项目对应的收入金额加回函相符金额占营业收入的比例分别为17.85%（2017年度）、25.19%（2018年度）、41.89%（2019年度）和36.49%（2020年1—6月）。

针对上述未回函或回函不符的客户，保荐机构、申报会计师事务所通过执行以下替代程序确认报告期内销售收入数据的准确性和真实性：一是针对回函不符的情况，分析不符事项，了解不符的原因；二是针对未回函的情况，向被函证方确认是否收到函证，了解未回函的原因，分析未回函的合理性；三是针对销售收入的准确性和真实性实施替代程序，检查客户销售合同（订单）、发运单、客户预验收单据、客户终验收单据、销售发票、记账凭证、银行收款回单等，并将其与公司账面记录进行核对。

4. 关于境外子公司所得税纳税申报表的审核关注重点

（1）首次申报文件未提供境外子公司所得税纳税申报表的原因。

发行人境外子公司的纳税申报制度、纳税申报时间及纳税申报文件样式等与境内存在较大差异。项目组结合科创板过会项目案例情况，针对上述境外子公司，核查了境外律师出具的《法律意见书》及备忘录，根据《科创板首次公开发行股票注册管理办法（试行）》等有关规定，出具了《关于宁波均普智能制造股份有限公司境外子公司纳税情况的说明》，针对公司境外子公司的纳税情况进行了核查，并发表了核查意见。

经核查，报告期内，公司各境外子公司依据其注册地相关法律、法规缴纳税款，不存在因违反税收法律、行政法规受到注册地行政部门重大行政处罚的情况。因此，基于上述核查结果，发行人申报材料中所得税纳税申报表未提供境外子公司相应情况。

（2）境外主要子公司申报报表与纳税报表的主要差异情况。

①申报报表与纳税报表存在差异的原因。

发行人境外子公司的申报报表按照中国《企业会计准则》及相关规定编制，纳税报表按照各国当地会计准则及税收法律相关规定编制，两者在收入确认方法、亏损合同确认、资产折旧摊销方法等方面存在准则要求及会计处理上的差异。其存在的主要差异情况如下：

第一，收入确认方法存在差异。

一是发行人申报报表和纳税报表在收入确认方法方面的差异情况。

发行人申报报表采用终验法确认收入，对于智能制造装备业务，公司按合同约定将产品交付给客户并终经客户验收后确认收入，即在智能制造装备通过客户最终验收、公司取得客户签署的终验收单据时，公司按照合同或订单的金额一次性确认收入。

公司境外主要子公司 PIA 巴城、PIA 安贝格、PIA 奥地利和 PIA 加拿大是在经客户确认并向客户开具发票时，按照开具的发票金额确认纳税收入，由于可能存在分批次开票的情况，同一合同对应收入可能在不同时点分多次确认；公司境外子公司 PIA 美国采用完工百分比法确认收入，并按投入法确认完工进度，以累计已发生成本占预计总成本的比例确定完工百分比，并结合合同金额计算确认纳税收入。

影响上述时间性差异的主要因素系合同金额、项目复杂程度等。通常情况下，合同金额越大、项目复杂程度越高，则项目实际执行越困难、周期越长，申报报表和纳税报表在收入确认时间上的差异越大。

此外，与标准化程度较高的批量性生产企业不同，公司业务具有高度非标定制化的特点，不同项目的毛利率具有一定差异，因此上述时间性差异可能导致公司不同项目之间销售收入及毛利率存在不一致的情况。

二是发行人收入确认差异相关调整情况。

发行人购置了 Lucanet 财务报表编制系统，各子公司将纳税报表确认收入对应的项目清单与项目终验收情况统计表进行比对，并据此按申报报表的调整分录编制纳税报表，调整跨期差异项目对应的收入，冲回未终验收但纳税报表已确认的项目收入，同时补确认已终验收但纳税报表未确认或已于以前年度确认的项目收入，进而生成中国《企业会计准则》下的申报报表。

三是境外子公司纳税报表的收入确认方法符合当地税收法律相关规定。

发行人申报报表按照终验法确认收入符合公司业务特点，能够提供更可靠、更相关的会计信息，更准确反映公司报告期各期的收入和成本情况。纳税报表的收入确认方法符合境外子公司当地税收法律相关规定，境外各子公司不存在因相关事项受到注册地行政部门行政处罚的情况。

综上，由于申报报表和纳税报表在上述收入确认方法方面存在不同，收入确认的时间与收入纳税义务发生时间存在差异，因此两者对于同一销售合同的收入确认存在时间性差异。

第二，亏损合同确认不同。

公司在编制申报报表时根据合同金额、项目执行进度、累计投入成本、预计需进一步投入成本情况，综合判断是否存在亏损合同，并相应地计提预计亏损及存货跌价准备，在项目完成终验收并确认收入的同时将其结转至主营业务成本。境外各子公司纳税报表未计提存货跌价准备或预计负债，导致针对同一项目的纳税报表和申报报表在主营业务成本、资产减值损失及税前利润方面存在差异。

报告期各期末，公司在编制申报报表时已严格按照公司会计政策的规定，对未完工合同项目是否存在预计亏损的迹象逐个进行分析判断，并针对所有存在预计亏损迹象的合同项目计提了存货跌价准备，符合中国《企业会计准则》及相关规定。

第三，资产折旧摊销方法不同。

纳税报表与申报报表对固定资产、无形资产采用的折旧摊销方法、年限不同，导致两者在报告期各期折旧摊销成本费用方面存在差异，进而造成两者在税前利润方面存在差异。

在境外各子公司所在地相关税收法律法规允许的范围内，纳税报表按照加速折旧、加速摊销的方法计提折旧摊销。此外，PIA美国纳税报表将并购产生的商誉计入单体报表，并按照一定年限进行摊销。上述会计处理符合境外各子公司所在地相关法律法规的规定，境外子公司不存在因资产折旧摊销事宜而受到相关行政部门处罚的情况。

申报报表对固定资产、无形资产按照平均年限法计提折旧摊销，相关会计处理符合中国《企业会计准则》的相关规定。

第四，养老金存在差异。

养老金在纳税报表中的列支标准与在申报报表中的列支标准存在差异。该差异是因申报报表与纳税报表采用的养老金折现率不同而产生的。申报报表采用的养老金折现率以与养老金到期日相匹配的最高信用等级的债券利率为基础确定，纳税报表采用的养老金折现率以当地税务机关要求的政府债券平均利率为基础确定，它们的不同导致两者在报告期各期确认的养老金支出出现了差异。

上述养老金支出差异主要存在于德国子公司 PIA 巴城和 PIA 安贝格。

第五，存在其他差异。

其他差异主要包括金融资产计价方式差异、研发资本化政策差异、PIA 奥地利购买日的存货评估增值结转差异以及其他由纳税报表与申报报表在会计处理方面存在不同导致的差异。

综上，均普智能系一家全球化的智能制造装备供应商，系国内成套定制化装配与检测智能制造装备领域的领军企业，其通过并购境外优质的工业 4.0 自动化企业实现业务、技术和人才等方面的积累，并通过技术转移，服务于国内的产业升级和转型。因此，在上市审核过程中，均普智能在资产来源、商誉、境外核查等方面均受到了较大的关注，其 IPO 项目在上述重点关注的方面具有较高的研究和参考价值，为同类型企业 IPO 提供了较好的工作方法和相关问题解决思路。

晶科能源（688223）

一、晶科能源基本情况

晶科能源股份有限公司（简称"晶科能源"）是一家以"改变能源结构，承担未来责任"为发展愿景，以光伏产业技术为核心，全球知名的光伏产品制造商。公司现阶段主要从事太阳能光伏组件、电池片、硅片的研发、生产和销售以及光伏技术的应用和产业化，建立了从拉棒、硅片生产、电池片生产到光伏组件生产的垂直一体化产能，并以此为基础向全球范围内的光伏电站投资商、开发商、承包商以及分布式光伏系统终端客户提供高效、高质量的太阳能光伏产品，持续输送清洁能源，践行"碳中和、碳达峰"战略规划，助力并推动全球能源绿色转型。

公司于 2006 年创立于江西省上饶市，自创立以来，公司紧密围绕国家新能源战略规划，凭借前瞻性的战略布局、持续的研发投入和自主创新、优质的产品质量和广泛的市场销售网络布局，在全球范围内建立了良好的市场地位。目前，公司产品累计销往全球 160 余个国家和地区，截至 2022 年末光伏组件出货量累计超过 130GW，是全球最大的光伏组件出货商之一。自 2022 年初上市以来，公司取得快速发展，2022 年实现营业收入 826.76 亿元，实现净利润 29.36 亿元，营收、利润双双大幅增长。

同时，公司也是国内光伏行业中研发实力最强的企业之一。自上市以来，公司进一步增加研发投入，2022 年度研发投入达到了 56.15 亿元。稳定充足的研发投入有效保障了晶科能源的技术积累。目前，公司拥有国家企业技术中心、国家技术创新示范企业、全国博士后科研工作站等国家级科研平台，13 个省级科研平台和 1 个省级创新团队，配套独立的分析测试实验室，以及千余名研发和技术人员，其中核心人员参与了多项国家级、省级研发项目和新产品开发项目。凭借持续的研发投入，公司在电池片转换效率和组件功率方面先后多次突破行业量产或实验室测试纪录。

公司与中国光伏行业同时期起步发展，经历过光伏行业因金融危机、欧债危机、阶段性产能过剩而低迷发展的阶段，遭遇过境外持续国际贸易摩擦的冲击，在行业起步发展、受挫、低迷、变革、回暖的十余载历程中，公司秉承"改变能源结构"的初心，坚持以市场为导向，以技术和创新为支撑，以优质的产品质量为基础，逐步发展壮大并成长为光伏行业最具规模的企业之一。事实上，在回归 A 股登陆科创板之前，公司也面临过发展迟滞的困境。

晶科能源（间接控股股东）于 2010 年在纽约证券交易所上市，但长期以来，受制于美股市场的低估值、低效率，美股上市平台对公司来说实质上已失去融资功能。2020 年 5 月，美国参议院通过《外国公司问责法案》，数百家在美上市中概股面临摘牌风险，美国证券监管逐渐走向政治化。近期，美国针对中国光伏企业的贸易壁垒动作频频，中概企业需时刻警惕美国证券监管、经贸合作政治化对公司战略甚至产业发展的影响。因此，晶科能源摆脱对美国资本市场的依赖迫在眉睫。另一方面，光伏行业的竞争格局逐步转向头部竞争，公司面临强劲的竞争，晶澳科技、隆基绿能、天合光能等行业内其他龙头陆续借助国内资本市场增强资本实力，竞争力逐渐提升。面对行业最新形势，公司必须迅速增加资本投入、实现产能扩张，并持续加大研发投入，以保持在光伏领域的领先地位。

2022年初成功登陆科创板，是晶科能源发展史上的里程碑。自上市以来，公司整体竞争力获得大幅提升。

二、上市过程回顾

（一）灵活机动，及时转向，捕捉新方案

晶科能源间接控股股东为美股上市公司晶科能源控股有限公司（美股代码：JKS.N，以下简称"晶科能源控股"），晶科能源控股于2010年在纽约证券交易所上市。

在美股市场中，光伏企业估值普遍较低，而反观国内，随着业内企业的发展壮大，政策支持力度的不断加大，中国早已成为全球光伏领域最大的主战场之一。而且，A股对光伏企业的认可度较高，光伏企业在A股融资更加便利，相应估值也更高。在此背景下，在美国上市的中国光伏企业纷纷私有化回A，如2015年，登陆纳斯达克八年之久的晶澳太阳能提出了私有化意向，于2018年7月借壳天业通联重组，成功回A；2017年，登陆纽交所十年之久的天合光能宣布正式完成与投资者财团达成的11亿美元的私有化协议，从纳斯达克退市并于2020年登陆科创板。参照光伏行业相关企业动向，晶科能源于2020年谋划通过私有化回A并在科创板上市。

上述美股私有化+A股上市整套方案有明显的弊端：时间长、成本高。考虑到行业周期、中美关系等因素，发行人提出，对于在国内IPO，第一诉求是"快"，而私有化方案至少要三年方可完成，不符合发行人预期，新的解决方案亟待提出。中介机构会同多位专家一同研究相关方案并利用长期服务优势不断挖掘发行人真实诉

求,其中,中信建投证券通过研究注意到,盛美股份拟采用的美股分拆上市方案是,直接促成境内运营主体在科创板上市,这样能大幅缩短上市周期;因此,中信建投证券快速根据晶科能源情况进行方案论证,并对方案做出调整后向公司提出新方案。

(二)稳健、高效推进,护航公司上市审核全流程

整体上市方案确定后,中介机构护航公司快速推进上市流程,高效地协助公司完成了Pre-IPO(首次公开发行前)融资、股改、上市辅导、辅导验收、受理、审核问询及回复、上市委会议、证监会注册、发行等IPO项目的全部流程。

在发行人和各中介机构的努力和高效协作下,公司及中介机构团队就公司基本情况、合规性、财务及审计情况进行全面梳理,提出优化整改方案并迅速落实,以最快速度扎实推进项目申报。由于前期工作扎实,多个尽调事项落实稳健,因此公司上市审核推进顺利。公司IPO项目自2021年6月28日申报至过会,仅用时3个月,是科创板过会最快的项目之一;而在发行阶段,其自2021年12月28日领取批文至启动发行仅用时6个交易日,是科创板启动发行最快的项目之一。

中信建投证券凭借出色的项目执行能力、优秀的项目执行质量,获得了发行人和各参与机构的高度认可。

(三)荣登科创板,创多项纪录

公司于2021年12月28日取得注册批复后,得益于中信建投证券提前做出的多场路演安排以及与交易所良好的沟通,仅用时6个交易日即于2022年1月7日披露招股意向书,启动发行工作,并于2022年1月26日成功登陆上海证券交易所科创板。

晶科能源首次公开发行20亿股,发行定价5元/股,募集资金总额100亿元。上市首日,涨幅高达111.00%,收盘价10.55元/股,市值破千亿元。晶科能源IPO项目是中信建投证券保荐承销的最大规模科创板IPO项目,也是继独家保荐晶科科技IPO、可转债后,服务晶科系新能源龙头企业的又一力作。

中信建投证券作为此次晶科能源IPO项目的独家保荐机构,组建了经验丰富的

新能源行业服务团队，并协同发行人及各中介机构圆满完成了该项目，该项目创造了多项佳绩：科创板开板以来融资规模第四大 IPO 项目，A 股第三单美股分拆子公司成功上市项目，新能源行业融资规模最大的科创板 IPO 项目。同时，中信建投证券凭借丰富的保荐承销项目经验和市场资源，引入包括员工战配平台在内的 14 个战略投资者，战配总规模 30 亿元，所以该项目也是科创板战略配售规模最大的项目之一。

（四）资本市场助力高质量发展

晶科能源于 2022 年 1 月于科创板上市后，借力资本市场，稳坐组件领域龙头位置，加速一体化产能扩大进程。截至 2022 年底，硅片、电池片、组件产能分别达到 65GW、55GW 和 70GW，且在境外已形成 7GW 的"硅片—电池—组件"的一体化生产制造能力，这有助于公司保证针对不同市场的供应弹性。

同时，公司加强在产品方面的研发投入，坚持高功率、高效率道路，累计 22 次打破电池和组件效率世界纪录。2022 年 12 月，公司 N 型 TOPCon 电池实现 26.4% 的转换效率，促成公司在两年内连续第 7 次打破 N 型 TOPCon 电池效率世界纪录。公司在 TOPCon 产品投产规模及节奏、量产平均效率、出货规模等方面均大幅领先同行业企业，先发优势显著，是 TOPCon 领域的领导者和定义者。2022 年末，公司 N 型 TOPCon 电池产能达到 35GW，量产平均效率达到 25.1%。

此外，在中信建投证券的协助下，公司于 2022 年 7 月发布公告启动向不特定对象发行可转换公司债券项目，募集资金 100 亿元，并于 2023 年 4 月圆满完成。该项目为主板注册制平移后首家通过上海证券交易所上市委审核的可转债项目。

在资本市场的助力下，公司实现了快速发展。未来，公司会进一步运用好资本市场融资平台，助推自身高质量发展。

三、解决方案

（一）分拆上市

晶科能源是继盛美上海（688082.SH）、大全能源（688303.SH）后第三家"美股拆 A"的上市公司，新的资本运作方案意味着新的情况、新的问题。中信建投证券、金杜律师事务所及天健会计师事务所组成的中介机构团队会同公司扎实推进创新模式的可行性及合规性论证，并针对性地提出新思路、新办法。

首先，晶科能源在设计上市方案时面临着"美股上市主体完成私有化并退市后在 A 股重新上市"（如天合光能）和"保留美股上市主体并分拆控股子公司至 A 股上市"（如盛美上海）两种选择。具体而言，公司选择分拆上市可享受以下便利：（1）上市进程更快，预计比私有化后再上市提前一年左右；（2）资金压力较小，若采取先私有化后上市形式，实际控制人短期内需筹措大量资金；（3）考虑到晶科能源境外销售收入占比较高，保留美国上市公司平台有利于维持公司在境外形成的良好品牌知名度，也有利于公司境外业务的拓展。然而，相对于私有化后再上市，分拆上市存在以下弊端：上市公司需要同时遵循两地法律法规，并接受两地监管，而两地证券监管部门对上市公司信息披露、规范运作等存在不同要求，这样上市公司将面临多方面创新性挑战。

考虑到行业周期、中美关系等因素，发行人提出对于 IPO 其第一诉求是"快"，而私有化方案至少要三年方可完成，不符合发行人预期。因此，中介机构在充分论证分拆上市方案符合开曼法律、纽约证券交易所相关法律法规及国内上市相关法律法规要求的基础上，又充分论证了方案可行性和合规性。论证工作包括：针对公司境外合法合规性，委托当地律师出具法律意见书进行论证；针对可能面临的信息披露、会计核算规则等差异，提出切实可行的比较分析和解决方案；针对实际控制人所持美股控制权较低的问题，在持股比例、董事会影响、管理层影响及毒丸计划分析等多个层面，论证其控制权的稳定性。经过多个方面的充分论证，分拆上市方案获得通过。

（二）信托架构

2010 年，晶科能源筹备在美国纽约证券交易所上市，出于保护、传承和管理家庭财富之目的，公司实际控制人通过委托信托公司 HSBC International Trustee Limited（以下简称"汇丰国际"）于开曼群岛设立的信托架构，实际控制设立于英属维尔京群岛的实控人 BVI 公司，并间接对晶科能源控股、晶科能源投资有限公司及晶科能源享有控制权。

境外（家族）信托在境外属于常见的财产处理途径和家庭财富管理途径，具有较为成熟的运作机制，而国内资本市场尚未对具体如何处理发行人股东存在家族信托安排的情况予以明确。实际上，信托管理和 A 股 IPO 在以下方面存在着天然的冲突：保密性（Confidentiality）和资产保护（Assets Protection）是信托管理的内在属性；但在 A 股 IPO 审核过程中，发行人需要对实际控制人及主要股东的持股路径进行公开、详尽披露，且根据《首次公开发行股票注册管理办法》第十二条的规定，发行人须股份权属清晰，不存在导致控制权可能变更的重大权属纠纷。具体分析如表 12-54 所示。

表 12-54 信托管理和 A 股 IPO 的主要冲突

信托管理的内在属性	A 股 IPO 基本原则	主要冲突
保密性	公开性	通常认为，实际控制人及主要股东的持股情况构成对投资者做出投资决策有重大影响的信息，因而发行人应对上述股东涉及的信托持股情况（特别是信托当事人的个人信息）进行充分披露。 信托（尤其是发展较为成熟的境外信托）的私密性必然要求信托主体对信托当事人个人信息及相关权利义务安排进行保密。 上述保密机制与上述信息披露要求存在不可避免的冲突
资产保护	股份权属清晰、控制权稳定	为达到资产保护之目的，信托通常会涉及委托人、受托人、受益人、保护人等诸多主体，相关法律关系较为复杂，导致与一般直接持股架构相比，信托架构下股份权利人和发行人控制权的认定更加复杂；同时，信托安排并非法律实体，与发行人对控制权稳定性的要求存在冲突。具体来说： ①信托财产权具有独立性，持有信托财产的受托人通常并非信托受益人，相较于通常的股权架构，信托持股安排下的股东权益归属较为复杂； ②信托架构下相关主体之间权利义务约定可能存在复杂的制衡机制，增加了清晰判断股份权属的难度； ③信托安排并非独立法律实体，其权利义务关系是基于信托协议安排的而非基于格式化的且具有公示效力的法律规定，此类安排是否满足公司控制权稳定性的监管要求是不好做出判断的； ④境内 A 股市场相关规则体系在实际控制人认定以及责任承担方面均有着较高要求，信托财产的破产隔离机制将信托财产独立于实际控制人财产范围之外，可能不利于对实际控制人监管的落实

发行人股份权属的清晰与控制权的稳定历来是 A 股 IPO 监管机构关注和问询的重点。《首次公开发行股票并上市管理办法》提出发行人的全部股份都应该满足清晰的要求，但在注册制下监管规则具有更强的包容性，科创板相关规定仅明确要求发行人控制权条线的各直接或间接股东的相关股份权属清晰。因此，部分拟上市公司股权架构中存在信托架构亦被认可，如表 12-55 所示。

表 12-55　部分存在信托架构的拟上市公司情况

序号	上市公司	上市板块	是否涉及控股股东、实际控制人	是否拆除	信托设立人国籍	（家族）信托持股具体情况
1	上市公司A	科创板	否	否	中国、美国	控股股东上层小股东（非实际控制人）存在家族信托
2	上市公司B	科创板	否	否	美国	第一大股东（非控股股东）上层存在家族信托
3	上市公司C	科创板	是	否	安提瓜和巴布达	实际控制人通过境外信托持股境外上市公司进而控制发行人
4	上市公司D	科创板	是	是（申报前拆除）	中国	实际控制人曾通过家族信托架构间接控制发行人，但在上市申报前拆除了家族信托
5	上市公司E	科创板	是	否	美国	实际控制人直接持有控股股东43.24%的投票权，也存在通过家族信托持有控股股东股份的情况，家族信托持股比例较小
6	上市公司F	科创板	是	是（审核过程中拆除）	美国	实际控制人通过家族信托持有控股股东股份，间接控制发行人，在上市审核过程中拆除了家族信托
7	上市公司G	科创板	是	是（申报前拆除）	中国	实际控制人曾通过家族信托架构间接控制发行人，但在上市申报前拆除了家族信托

晶科能源实际控制人在设立家族信托的初期即考虑到控制权的问题，在传统的开曼信托模式下设置了保护人机制。根据信托协议、受托人汇丰国际出具的《受托人确认函》及开曼信托律师出具的《信托法律意见书》，实控人家族信托对委托人、受托人、受益人、保护人等主体的权利义务划分清晰明确，有利于证明信托架构下

发行人实际控制人所涉及股份权属清晰及控制权稳定。此外，家族信托设立后，晶科能源控股已于 2010 年在纽约证券交易所上市，向后持续正常经营超 10 年，因此，晶科能源首次申报 IPO 时，保留了信托架构，并在问询回复中扎实论证其股份权属清晰与控制权稳定。然而，基于实质性和谨慎性原则，公司最终在审核过程中拆除了信托架构，以进一步保障控制权架构的清晰稳定。

关于信托的审核标准，监管机构亦展开了讨论研究，并最终于《科创板发行上市审核动态》（2022 年第 1 期）及《创业板注册制发行上市审核动态》（2022 年第 1 期）对试点注册制以来部分发行人的控制权条线存在信托持股的案例进行了分析，在提高制度包容性的同时，针对信托持股的情形明确了核查和信息披露要求，并对存在信托持股的情形下发行人控制权的稳定性提出以下要求：

①从法律要求来看，发行人控制条线的股份应该权属分明、真实确定、合法合规、权能完整；

②从政策要求来看，不得存在资本无序扩张、违法违规造富、利益输送等情形；

③从监管要求来看，要防止大股东滥用优势地位，保护公众投资者合法权益，维护股票市场秩序，明确市场主体预期。

自此，控制权条线不得存在信托架构的要求得以进一步明确。

（三）境外核查

在 IPO 相关核查工作中，无论监管政策如何随着时间更迭，财务方面的核查一直以来都是核查的重点。其中，对销售收入真实性、准确性和完整性的核查又是 IPO 财务核查中的重中之重。境外销售由于客户在境外，与境内销售相比存在法律法规、文化、客户沟通配合等方面的固有差异，这为发行人虚构收入、操纵利润提供了温床，也令境外销售收入核查成为 IPO 核查中的重点难点。晶科能源境外子公司数量较多且境外收入占比较高，加上项目核查期间全球新冠疫情的影响，给项目组的 IPO 相关核查工作带来了一定的挑战。在境外收入核查过程中，项目组采用内外部相结合的方式进行了全方位核查，相关核查工作获得了公司内部质控、内核部门和外部审核机构的认可。项目组采用的部分核查手段如下：

1. 使用 Confirmation 平台 ① 发送部分境外银行函证

不同于境内的券商核查时及会计师审计时向主要客户、供应商寄送纸质询证函或面函（亲函），由于晶科能源境外子公司较多，基于本地化经营的策略，其在境外子公司所在国家/地区开立了银行账户，中介机构需向境外银行寄送询证函。由于 2020 年境外特别是美国和欧洲新冠疫情形势较为严峻，经公司与境外银行沟通，部分合作银行处于人员居家办公的状态，以纸质或邮件询证函回函效率较低，且部分银行如 WELLS FARGO（美国富国银行）明确要求必须使用 Confirmation 平台进行银行函证的。同时，其间接控股股东美股上市公司晶科能源控股有限公司（JKS.N）聘请的 KPMG（毕马威）对其进行年度审计时，亦是通过 Confirmation 平台对部分银行进行函证的。结合上述情况，为提高境外银行回函效率，项目组经向公司质控、内核部门报告并取得其同意后，确定使用 Confirmation 平台对部分境外银行进行函证，这大大提高了函证的效率和可信度。

2. 通过视频访谈、调取中信保报告等方式对客户真实性进行核查

鉴于境外疫情的严峻形势，项目组无法对境外主要客户进行现场走访，仅能通过视频访谈的方式对主要客户信息及交易情况进行确认。项目组在进行视频访谈过程中，对访谈进行全程录像并将记录视频予以保存，访谈结束后中介机构通过邮件的方式直接将访谈记录发送给被访谈人，由被访谈人回复邮件确认或者在打印的访谈记录上签字并寄回，从而保证了视频访谈过程的独立性。

与实地走访相比，视频访谈的局限性主要为不能实地查看客户的经营场所，影响对客户真实性、采购合理性的直观判断。针对此局限性，项目组采取了针对性的替代核查手段，如进一步通过访谈发行人相关人员、搜集互联网公开资料、调取中国出口信用保险公司（简称"中信保"）的信用报告等手段进行相关信息确认。

---

① Confirmation 平台是一个在国外由私人创立的提供在线函证的第三方平台。平台创始人曾在国际四大会计师事务所之一任职，对于纸质函证流程效率低下、存在高欺诈风险等弊端有着切身体会，因而创建了这个取代了传统纸质函证形式的互联网电子询证函平台。confirmation.com 作为网上电子询证函平台，可以实现无纸化函证，并快速将询证函处理完毕且降低了舞弊风险，其使用多项技术确保信息安全，在国际上应用广泛，境内目前主要用于对境外银行进行函证，许多境外银行目前只接受通过该平台进行函证。

3.借力境外相关中介机构的工作

晶科能源在阿拉伯联合酋长国、马来西亚、美国等多个国家或地区设有子公司，且发行人上层股权结构中存在境外主体，涉及开曼群岛、美国等地，为确保相关事项的合法合规性，发行人聘请了 Cleary Gottlieb Steen & Hamilton LLP、WONG POON CHAN LAW & CO.、ADDISONS Law Firm 等多家境外律师事务所出具专项法律意见书。境外律师发表的专项法律意见，进一步支撑了发行人整体合法合规这一结论。

晶科美国工厂和晶科马来科技是公司在境外的两个生产基地，期末存货和固定资产金额较大，因此 2021 年 6 月末和 2020 年 12 月末，发行人聘请保荐机构中信建投证券和审计机构天健会计师事务所抽取盘点样本，商请美国 SMOAK,DAVIS&NIXON LLP、马来西亚 Grant Thornton Malaysia PLT 两家会计师事务所进行存货、固定资产和库存现金的实地盘点，并通过视频方式实时监督盘点。它们在实地盘点过程中确认存货的性质、摆放方式、摆放地点，观察固定资产标识卡、运行状态，检查手持摄像头人员的身份，保证盘点过程中未发生不正常的中断和切换摄像头的情况。

借力境外律师和境外会计师的相关工作，项目组高效、合规地完成了相关核查工作，提高了晶科能源 IPO 效率。

（四）投资＋投行联动

科创板设立并试点注册制以来，资本市场的改革速度加快。2019 年 4 月，《上海证券交易所科创板股票发行与承销业务指引》发布，首次明确了科创板试点跟投制度的具体内容，在跟投比例的区间、锁定期、规模分档等方面做出了具体规定。保荐机构可以通过设立另类投资公司参与科创板 IPO 跟投。根据发行规模的不同，保荐机构能够使用自有资金认购发行人首发股票数量的 2%~5%。同时，跟投股份设有 24 个月的锁定期。

推出跟投制度是 IPO 市场化改革的重要部分之一。历史上，由于 IPO 业务受到"信息不对称"带来的逆向选择和道德风险问题的影响，另由于一些保荐机构主要追求以承销费为主的短期利益，新股业绩"变脸"、上市公司财务造假的现象时有发生，损害了广大投资者的利益。监管机构被迫承担起了挑选企业、指导定价和控制发行节奏的责任，资本市场的运行效率受到了极大影响。在科创板试点注册制改革中，政策制定者借鉴"信号理论"和"机制设计理论"，引入了保荐跟投机制来强化投行的市场核心作用，督促保荐机构勤勉尽责。在跟投带来的资金压力下，保荐机构更能承担起择优筛选、合理定价的职责，同时券商自有资本规模也成了调控发行节奏的天然约束，这些都有利于提升IPO公司整体质量，促进市场的良性发展。

在注册制改革的背景下，跟投制度的推行以及投资机构退出渠道的放宽也倒逼券商对投行业务进行改革，从单纯的"通道"业务模式，过渡到"投行+投资"联动的业务模式。在证券公司越来越多地参与发行人Pre-IPO轮融资以及首发阶段战略配售的趋势下，投行业务正在成为券商推进以客户为中心的平台化和生态化战略，服务企业全生命周期的重要入口。具备优秀的产业研究能力与优质资产的挖掘能力的综合性券商能够更早布局潜力型新兴产业，把握经济发展的下一个风口，持续地为客户创造价值。

中信建投证券作为晶科能源IPO项目的保荐承销机构，也积极响应了资本市场市场化改革的大趋势，一方面积极开展尽职调查和上市辅导工作，协助发行人通过交易所审核，完成项目注册，实现股票首发上市；同时，也积极协调并参与企业的Pre-IPO轮融资，以及首发上市的股票跟投业务，充分利用投行这一平台向企业提供全方位的综合金融服务，实现"投资+投行"的有机联动。

在上市前的引战阶段，中信建投投资和中信建投资本，共同参与了晶科能源Pre-IPO轮战略融资，募集资金31亿元，有效保障了晶科能源N型组件的迅速投产。在首发阶段，中信建投证券遵循科创板跟投制度的要求，参与了晶科能源首发战略配售，获配金额2亿元，助力新股顺利发行。中信建投证券作为保荐承销机构入股晶科能源，不仅为公司提供了资金支持，保障发行顺利完成，也进一步绑定了与发行人之前的利益关系，压实了自身作为资本市场"看门人"的角色，有利于首发企业的长期可持续发展，同时也为保荐机构带来了新的收入来源。

（五）战略投资者优先配售

在科创板的注册制改革中，首发企业的战略配售规则也得到了修订。2019年3

月，《上海证券交易所科创板股票发行与承销实施办法》发布，首次提出首次公开发行股票可以向战略投资者配售。目前，首发战略配售已经在科创板IPO企业中得到广泛实践，成为大型产业资本以及发行人高管及核心员工参与IPO的重要途径。

可直接参与注册制下首发战略配售的机构类型包括：①有建立战略合作关系愿景的大型企业及其下属企业；②有长期投资意愿的大型保险公司和国家级大型投资基金及它们的下属企业；③主要投资策略中包括战略配售的封闭型公募基金；④参与跟投的券商子公司；⑤高管与核心员工参与战略配售的专项资产管理计划。另外，政策特别规定除了封闭型公募产品之外，其他类型的受委托资金不得参与首发战略配售，这意味着理财资金、开放式公募产品及私募产品等暂时都无法参与。

中信建投证券凭借丰富的保荐承销项目经验和市场资源，引入包括员工战配平台在内的14个战略投资者，战配总规模30亿元，所以晶科能源IPO项目也是科创板战略配售规模最大的项目之一。晶科能源IPO战略配售吸引了全国社保基金、中国人寿保险股份有限公司、中国保险投资基金（有限合伙）、深创投制造业转型升级新材料基金（有限合伙）、上海国盛产业赋能私募投资基金合伙企业（有限合伙）、电投建能（嘉兴）新能源投资合伙企业（有限合伙）、北京国能绿色低碳发展投资基金（有限合伙）、上饶市滨江投资有限公司、海宁市尖山新区开发有限公司等多家战略投资者，有效丰富了上市公司股东结构，并带来了其与上市公司的战略合作。

晶科能源IPO项目在发行阶段实施了员工战略配售，公司高级管理人员以及核心员工通过在中信建投证券设立的专项资产管理计划，参与了首发战略配售，获配股票167 562 188股。参与首发战略配售的人员包括公司的实际控制人、其他高管和核心员工。此次战略配售的覆盖范围较广，对公司核心管理人员起到了极大的激励作用，对公司上市前实施的股权激励计划形成了良好的补充。

中信建投证券作为此次晶科能源IPO项目的独家保荐机构，组建了经验丰富的新能源行业服务团队，协同发行人及各中介机构圆满完成了该项目，该项目创造了多项佳绩：科创板开板以来融资规模第四大IPO项目，A股第三单美股分拆子公司成功上市IPO项目，新能源行业融资规模最大的科创板IPO项目。中信建投证券凭借出色的项目执行能力、优秀的项目执行质量，获得了发行人和各参与机构的高度认可，真正践行了金融服务实体经济的初心和使命。

华海清科（688120）

2022年6月8日，华海清科股份有限公司（简称"华海清科"）登陆科创板，实现上市。

一、项目基本情况

（一）公司基本情况

华海清科基本情况见表12-56。

表12-56 华海清科基本情况

中文名称	华海清科股份有限公司
英文名称	Hwatsing Technology Co.,Ltd.
注册资本	8 000万元（IPO前）
法定代表人	张国铭
有限公司成立日期	2013年4月10日
股份公司成立日期	2020年3月18日
住所	天津市津南区咸水沽镇聚兴道11号
经营范围	机电设备技术的开发、转让、咨询、服务，相关产品的制造、安装、维修；货物及技术进出口业务；企业管理咨询服务；晶圆加工；机电设备及耗材制造、销售；电子专用材料研发、制造、销售；非居住类房地产租赁；机动车充电销售（依法须经批准的项目，经相关部门批准后方可开展经营活动）。公司的经营范围以登记机关核准的事项为准
主营业务	公司主要从事半导体专用设备的研发、生产、销售，以及相关技术服务，主要产品为化学机械抛光（CMP）设备
所属行业	根据中国证监会颁布的《上市公司行业分类指引》（2012年修订），公司经营业务属于专用设备制造业（行业代码：C35）。根据《国民经济行业分类》（GB/T 4754—2017），其属于"专用设备制造业"下的"半导体器件专用设备制造"行业（行业代码：C3562）；根据国家统计局发布的《战略性新兴产业分类（2018）》，其属于"1.新一代信息技术产业"下"1.2.1新型电子元器件及设备制造"中的"3562* 半导体器件专用设备制造"

（二）公司主营业务

1. 发行人主营业务介绍

华海清科是一家拥有核心自主知识产权的高端半导体设备制造商，主要从事半导体专用设备的研发、生产、销售，以及相关技术服务，主要产品为化学机械抛光（CMP）设备。CMP是先进集成电路制造前道工序、先进封装等环节必需的关键制程工艺，公司所生产CMP设备可广泛应用于12英寸和8英寸的集成电路大生产线，产品总体技术、性能已达到国内领先水平。公司推出了国内首台拥有核心自主知识产权的12英寸CMP设备并实现了量产、销售，是目前国内唯一一家为集成电路制造商提供12英寸CMP商业机型的高端半导体设备制造商；公司所产主流机型已成功填补国内空白，打破了国际巨头在此领域数十年的垄断，有效降低了国内下游客户采购成本及对国外设备的依赖，并为国内集成电路产业的快速发展提供了有力支撑。

2. 发行人的主要产品

公司的主要产品为公司拥有核心自主知识产权的CMP设备。集成电路系采用一定的工艺，把一个电路中所需的晶体管、电阻、电容和电感等元件及它们之间的连接导线全部集成在一小块或几小块半导体晶片如硅片或介质基片上，然后焊接封装在一个管壳内，最终形成具有所需电路功能的电子器件。集成电路的制造过程好比建多层的楼房，每搭建一层楼都需要让该层楼面足够平坦齐整，这样才能在其上方继续搭建另一层楼，否则上层楼面就会高低不平，影响整体性能和可靠性。而能够有效令集成电路的"楼层"达到纳米级全局平整的技术就是CMP技术，CMP设备则是对硅片/晶圆自动化实施CMP工艺的超精密装备。通过持续对关键技术进行自主攻关，公司研发的CMP设备集先进抛光系统、终点检测系统、超洁净清洗系统、精确传送系统等关键功能模块于一体，其内部高度集成的关键核心技术达数十项，尤其是其所采用的纳米级抛光、纳米颗粒超洁净清洗、纳米精度膜厚在线检测、大数据分析及智能化控制等关键技术，解决了集成电路制造纳米尺度"抛得光"、晶圆全局"抛得平"、纳米厚度"停得准"、纳米颗粒"洗得净"等关键难题，同时保证了晶圆纳米级全局平坦化与微结构完整无损。CMP设备是集成电路先进工艺制程中不可或缺的超精密自动化装备。

CMP设备主要依托CMP技术的化学-机械动态耦合作用原理,通过化学腐蚀与机械研磨的协同配合作用,实现晶圆表面多余材料的高效去除与纳米级全局平坦化;其涉及机械、材料、力学、化工、电子、计算机、仪器、光学、控制、软件工程等多学科,研发制造难度大,曾经,CMP设备全球市场主要被美国应用材料和日本荏原两家公司垄断,目前公司生产的CMP商业化机型已成功进入国内外先进集成电路制造商的大生产线中。

3. 发行人主营业务收入构成

发行人报告期内主营业务收入构成见表12-57。

表12-57 发行人报告期内主营业务收入构成

项目	2021年度 金额（万元）	占比（%）	2020年度 金额（万元）	占比（%）	2019年度 金额（万元）	占比（%）
CMP设备	69 372.30	86.19	35 328.12	91.55	19 488.03	92.39
其中：300系列	68 217.30	84.75	34 309.98	88.91	19 488.03	92.39
200系列	1 155.00	1.43	1 018.14	2.64	0	0
配套材料及技术服务	11 115.75	13.81	3 261.08	8.45	1 604.73	7.61
总计	80 488.05	100.00	38 589.19	100.00	21 092.75	100.00

（三）简要财务数据

发行人简要财务数据见表12-58。

表12-58 发行人简要财务数据

项目	2021年12月31日	2020年12月31日	2019年12月31日
资产总额（万元）	302 810.60	148 310.61	53 052.53
归属于母公司所有者权益（万元）	80 821.25	60 838.78	10 555.73
资产负债率（合并，%）	73.31	58.98	80.10

（续表）

项目	2021年度	2020年度	2019年度
营业收入（万元）	80 488.05	38 589.19	21 092.75
净利润（万元）	19 827.67	9 778.77	−15 420.15
扣除非经常性损益后归属于母公司所有者的净利润（万元）	11 397.60	1 461.46	−4 772.33
基本每股收益（元）	2.48	1.30	不适用
稀释每股收益（元）	2.48	1.30	不适用
加权平均净资产收益率（%）	27.98	21.45	不适用
扣除非经常性损益后的加权平均净资产收益率（%）	16.09	3.21	不适用
经营活动产生的现金流量净额（万元）	38 980.52	15 897.05	−2 784.31

（四）本次发行基本情况

1. 本次公开发行股票数量

本次公开发行股票数量为2 666.670 0万股，占发行后总股本的25%。本次发行股份均为新股，无老股转让，公司股东不进行股份公开发售。

2. 发行价格

发行价格为136.66元/股，市盈率为127.90倍，对应的每股收益按照2021年度经会计师事务所依据中国会计准则审计的扣除非经常性损益后归属于母公司股东净利润除以本次发行后总股本计算。

3. 每股面值

本次发行股票每股面值1.00元。

4. 发行方式

本次发行采用向战略投资者定向配售、网下向符合条件的投资者询价配售和网上向持有一定金额上海市场非限售A股股份和非限售存托凭证的社会公众投资者定价发行相结合的方式。

5. 募集资金及发行费用

本次发行募集资金总额364 427.12万元，扣除公司需承担的15 436.59万元发行费用（不含增值税，见表12-59）后，募集资金净额为348 990.53万元。

表12-59 发行费用构成

费用名称	不含税金额（万元）
保荐和承销费用（含辅导费）	13 789.70
审计、验资及评估费用	750.00
律师费用	316.04
用于本次发行的信息披露费用	452.83
发行手续费及其他费用	128.02
合计	15 436.59

二、项目主要障碍或难点及解决方案

（一）股东信息核查

1. 问题描述

项目组对发行人部分股东穿透核查后发现，存在三名证监会系统离职人员，其中部分人员至项目申报时点离职未满十年，三人间接持有发行人的股份比例分别为0.000 018%（折合14.39股）、0.068 75%（折合55 000股）、0.007 5%（折合6 031股）。注册环节，证监会对于离职人员清理要求较严格。

2. 解决方案

最终公司未对仅持股折合14.39股的人员做出清理，而令另外两人全部退出。

（二）技术人员存在兼职情形

1. 问题描述

报告期内部分高级管理人员存在同时在清华大学任职的情况，该部分人员于2020年9月在清华大学办理离岗创业，清华大学向其发放基本薪酬并为其缴纳社会保险和住房公积金（相关资金每年末由公司向清华大学返还）。监管机构在审核中关注上述高校人员兼职的合规性及整改情况，离岗创业安排的合法合规性，离岗创业的期限限制、到期后的安排及其对公司经营的影响。

2. 解决方案

项目组结合法规及兼职人员在高校的任职身份,分析说明了他们兼职符合国家鼓励高校教师对外投资创业及兼职的相关法规政策,并取得了他们在清华大学任职单位的相关确认证明。

针对上述高校人员离岗创业的安排,项目组主要结合国家(包括教育部)和清华大学相关规定,以及离岗创业协议条款,分析不存在实际控制人代垫费用、核心人员不独立等问题。上述相关人员出具承诺书,承诺若公司上市后,"离岗创业"到期并无法续期,则从清华大学辞职并全职在发行人处工作。

《关于华海清科股份有限公司首次公开发行股票并在科创板上市申请文件的审核问询函的回复》披露:

自报告期初至 2020 年 9 月,路新春、王同庆、赵德文为清华大学教职工,三人的劳动人事关系在清华大学,清华大学向他们发放薪酬,并为他们缴纳社会保险和住房公积金,同时,三人以兼职形式与华海清科签署劳务合同,领取劳务报酬。

2020 年 9 月,路新春、王同庆、赵德文按照相关规定分别办理了离岗创业手续,与清华大学签署了《离岗创新创业协议》,约定离岗创业期间,清华大学仅保留其人事关系,不负担其薪酬、社会保险和住房公积金。但由于三人的社会保险和住房公积金账户仍由清华大学维护,因此在清华大学向三人发放基本薪酬并为三人缴纳社会保险和住房公积金后,公司于每个自然年年末向清华大学返还相关资金。

2020 年 10 月,路新春、王同庆、赵德文分别与公司签署《劳动合同》,建立正式劳动关系,并全职在公司处工作。

根据《关于支持和鼓励事业单位专业技术人员创新创业的指导意见》(人社部规〔2017〕4 号),前述"离岗创业",是指事业单位专业技术人员带着科研项目和成果离岗创办科技型企业或者到企业开展创新工作。离岗创业分为两个部分:离岗是指相关人员在原单位办理离岗手续、变更聘用合同,原单位仅保留人事关系,不再安排教学、科研任务考核,也不再负担其薪酬、社会保险和住房公积金;创业是指离岗人员到企业开展创新工作,与企业签署劳动合同并在企业全职工作。因此,高校教职工经办理离岗创业并与企业签署《劳动合同》后,其与企业建立了《劳动法》

所规定的劳动关系，为企业的全职员工。

……………

路新春、王同庆、赵德文办理离岗创业前的劳动人事关系均在清华大学，三人于离岗创业前在公司兼职的情况符合相关法律法规及清华大学、清华大学天津高端装备研究院相关规定。2020年9月，三人均依据有关规定在清华大学办理了离岗创业手续。根据三人与清华大学签署的《离岗创新创业协议》及清华大学人事处出具的关于三人离岗创新创业考核方式的说明，三人离岗创新创业期间全职在公司工作，其年度考核是由公司提供考核意见，学校将该考核意见作为其考核结果记入其档案，不再另行安排工作与考核。截至公司本次IPO申请受理之日，公司主要管理人员、核心技术人员与实际控制人已保持独立，不会对本次发行构成障碍。

从路新春、王同庆、赵德文在清华大学任职期间形成的专利等无形资产权属和使用权情况来看，上述人员不存在违反清华大学保密相关规定的情况。就三人职务发明形成的清华大学独有或共有专利等无形资产，公司已通过作价出资或签署相关协议等方式保证自身对它们拥有所有权或使用权。截至公司本次IPO申请受理之日，公司的核心技术及资产权属与实际控制人保持独立，不会对本次发行构成障碍。

（三）核心技术来源

1. 问题描述

华海清科创始团队来自清华大学摩擦学国家重点实验室，最初的核心专利来源于清华大学知识产权，报告期内部分核心技术人员在清华大学兼职，由此导致监管机构重点关注：（1）发行人是否存在对清华大学研究和实验能力的依赖；②部分清华大学独有专利、与发行人共有专利未注入公司的合理性；③专利技术共有是否会导致潜在同业竞争。

2. 解决方案

项目组着重从定位方面梳理发行人与清华大学的关系，发行人亦与清华大学知识产权管理部门签署了相关协议并向其支付费用。

（1）发行人确认公司设立时的理论基础来自清华大学的理论研究和基础实验等，但同时认为清华大学未开展商业化应用，公司产品核心技术的取得应归功于公司设立后以市场需求为导向实现的积累和突破。

（2）发行人明确了自身与清华大学的专利技术关系，包括：①核心专利以出资形式注入上市主体；②公司设立前清华大学将独有的 CMP 相关专利授权发行人独家使用；③公司设立后对于双方共有的全部专利，清华大学放弃使用及许可第三方使用的权利（授权发行人独占使用）；④对于后续双方共同研发的项目，双方采用发行人委托清华大学进行技术开发的形式且清华大学仅拥有非商业用途的使用权、荣誉权、申请奖励权。

（3）发行人提出，报告期内公司自有专利数量及占比大幅提升。

（4）对于未来的定位，发行人明确指出，清华大学仅开展摩擦学领域的前瞻性理论研究，不开展与 CMP 直接相关的应用研究。

（5）发行人招股说明书关于"核心技术的来源和形成过程"的内容如下：

①发行人核心技术的起步阶段。

清华大学是国内率先从事 CMP 基础原理研究的高校之一，清华大学摩擦学国家重点实验室自 2000 年起持续开展抛光原理研究和关键技术攻关，结合摩擦学理论基础，对材料去除机理、CMP 工艺及设备关键技术进行攻坚，掌握了多项 CMP 设备核心技术并申请了相关专利，为 CMP 设备商用机型的研发设计提供了理论基础和关键技术支撑。

2008 年 10 月起，清华大学承担了国家 02 专项 "65-45nm 铜互连无应力抛光设备研发" 项目下属课题 "超低下压力 CMP 系统研制及工艺开发"。通过该专项课题的实施，清华大学掌握了 CMP 系列关键技术，初步形成了具有自主知识产权的成套国产化设备与工艺，开发出了第一台具有抛光性能的整机样机（研究阶段原理样机），为公司成立后开展 CMP 技术和设备的产业化奠定了理论和技术基础。

②发行人核心技术的积累与突破阶段。

2013 年 4 月，清华大学为践行 "京津冀一体化" 战略，推动我国 CMP 技术和设备产业化，促进学校科技成果转化，与天津市政府达成合作意向，合资成立了华海清科有限。清华大学将前期摩擦学国家重点实验室形成的 CMP 相关专利技术成果中，与 CMP 设备产业化发展密切相关的 30 项专利或专利技术，以科技成果转化的形式出资注入公司。同时，清华大学通过与公司签署专利许可协议的方式，将其余 70 项 CMP 相关专利或专利技术授权公司使用。

公司成立后，原清华大学摩擦学国家重点实验室 CMP 核心团队成员加入公司，公司还吸纳集成电路行业专业人才，以清华大学 CMP 技术成果为基础，进行 CMP 设备产业化应用的核心技术研发。公司重点以市场需求为导向，围绕集成电路厂商客户对工艺一致性、生产效率、可靠性等产业化关键指标的要求，在清华大学原理样机的硬件基础上进行软硬件测试和进一步开发，实现系统架构设计、控制软件开发、工艺开发等方面核心技术突破，于 2014 年成功研制出国内首台拥有核心自主知识产权的 12 英寸 CMP 设备商用机型 Universal-300，并取得了 SEMI（国际半导体产业协会）标准认证。

③发行人核心技术的产业化应用阶段。

2015 年后，公司独立承担了国家科技 02 重大专项"28-14nm 抛光设备及工艺、配套材料产业化"项目下属"CMP 抛光系统研发与整机系统集成"的产业化课题，核心技术团队在前期技术积累和首台 CMP 商用设备的研发经验基础上，经过自主研发逐步形成了纳米级抛光、纳米精度膜厚在线检测、纳米颗粒超洁净清洗、大数据分析及智能化控制等核心技术，并陆续推出 300 Plus、300 Dual 等技术升级了的商业化机型。

④发行人核心技术的丰富与再突破阶段。

2020 年开始，公司独立承担了两个与 CMP 相关的国家级重大专项课题和一个与减薄相关的国家级重大专项课题，进行先进制程的铜 CMP 系统及工艺、先进制程的钨 CMP 系统及工艺等技术或配套工艺开发和超精密减薄技术开发，并计划在大生产线上进行产业化应用。公司通过超精密减薄技术开发进一步将晶圆减薄与化学机械抛光合理结合，开展包括超精密研磨面形控制技术、超精密多工位减薄整机技术和减薄智能工艺控制技术在内的超精密减薄技术研发，从而实现晶圆面形的智能化控制。通过先进制程的铜及钨 CMP 系统及工艺开发，进一步攻克高精度金属膜厚在位检测及形貌调节技术难点，提升技术稳定性以及晶圆边缘的控制能力；创新研发新的晶圆抛光后清洗及干燥技术，为国产芯片制造提供关键装备支撑。

发行人在科创板上市委会议意见落实函的回复中说明了"公司目前和未来在

研发方面与清华大学的关系":"面对集成电路产业日新月异的技术发展,公司需要瞄准行业内领先技术水平和技术发展趋势,布局更先进技术的研究储备,并出于经济效益、合作分工等方面的考虑,通过与高校合作研发进行一些前瞻性的理论研究和实验论证。在此背景下,公司与清华大学的合作研发严格遵循'公司作为主导方,主要负责项目的应用研究及项目产业化技术开发,学校负责基础理论和实验室研究'的分工原则,并且双方在严格履行内部控制程序的基础上签署具体的合作研发协议,对相关研发成果权利归属、研发任务分工和研发经费分配进行明确。"

由于公司的产品和核心技术起源于清华大学摩擦学国家重点实验室,其在CMP涉及的部分学科领域的理论研究方面具有前瞻性并拥有人才储备,双方之间的分工合作已有一定基础,公司现阶段与清华大学正开展三个合作研发项目。其中,14-7nm CMP装备、工艺及配套材料的关键技术开发项目主要内容系开展CMP先进制程工艺技术研究,抛光垫特性及其修整机理研究,硅化学机械抛光后清洗技术研究,铜互连的CMP工艺及耗材研究;纳米金属薄膜厚度测量技术开发项目系在公司已形成的纳米精度膜厚在线检测技术基础上开展理论研究和基础实验;抛光耗材节约技术开发项目的主要内容为开展抛光液分布理论仿真与分析以及抛光液分布优化的工艺试验,以降低CMP设备的抛光液用量。双方之间系平等互利、分工明确的合作关系,清华大学主要围绕研发项目涉及的基础机理进行实验室研究,为研发项目及课题提供理论支持,公司作为主导方主要负责项目的应用研究及项目产业化,双方研发任务分工、相关研发经费分配、研发成果权利归属均明确,合作效果良好。

未来公司将综合根据公司自身技术发展需要、清华大学的集成电路学科理论研究发展情况等因素主动选择与清华大学在集成电路前沿技术研究领域开展平等互利的合作,合作需求将可能主要包括公司未来研发布局中所涉及的基础机理部分,例如,公司未来布局第三代半导体抛光设备市场可能需要针对SiC(碳化硅)、GaN(氮化镓)材料等的特点进行原子级材料快速均匀去除机理研究,公司布局减薄设备市场需要开展大尺寸晶圆的高效低损伤减薄磨削理论研究,以及针对未来集成电路制造工艺新原理或颠覆性技术的基础研究。双方未来将继续严格遵循前述分工原则和严格履行内部控制程序。同时,除了清华大学,公司也会基于前述原则与其他在集成电路学科研究方面具有一定优势的高校开展合作研究,共同把集成电路产业做大做强,解决国家重大战略需求。

三、案例启示

(一)项目承揽:准确判断行业和公司的未来发展前景

项目组在承揽阶段参与投标时,华海清科尚未形成规模化订单并长期亏损,且对中介机构的招标价格控制较严格。通常情况下,项目组面临此种情况,都会采取谨慎态度。因为贸然承接,很可能导致项目执行失败,机会成本较高。因此,项目组认真全面分析了该 IPO 项目可行性,以及相关风险。

第一,集成电路行业、半导体设备行业发展前景可期。根据中国半导体行业协会发布的数据,2013 年中国集成电路产业的销售规模为 2 508.5 亿元,到 2020 年销售规模增长至 8 848 亿元,年复合增长率达 19.73%,发展迅速;2021 年中国集成电路产业首次突破一万亿元规模,全国集成电路产业销售规模达 10 458.30 亿元,同比增长 18.2%。其中,中国半导体设备市场 2021 年前三季度销售规模达到 214.5 亿美元,同比增长 56.5%,显著高于全球增速,占据全球约 30% 的市场份额,为全球最大半导体设备市场,增长势头强劲。

第二,我国高度支持集成电路行业、半导体设备行业发展。根据《国家集成电路产业发展推进纲要》,到 2020 年我国集成电路产业与国际先进水平的差距要逐步缩小,关键装备和材料进入国际采购体系,基本建成技术先进、安全可靠的集成电路产业体系;到 2030 年集成电路产业链主要环节达到国际先进水平,一批企业进入国际第一梯队,实现跨越发展。考虑到国家对战略性新兴产业的产业链自主可控、相关科技自立自强的要求,华海清科作为中国半导体设备行业中具有国内领先技术水平、有望赶上世界先进技术水平的民族企业,其 IPO 项目具有一定的标杆意义。

第三,公司订单爆发式增长的可能性较大。虽然公司尚未形成规模化订单并长期亏损,但基于公司当前的研发水平、技术实力,特别是公司的产品已经通过主流晶圆厂验证,在国家产业政策的支持下,公司订单爆发式增长的可能性较大,有望实现跨越式发展。

第四，公司目前生产及销售规模小，尽职调查、规范整改等前期项目执行成本较低。

综上所述，项目组通过准确判断行业和公司的未来发展前景，认识到了公司未来业绩爆发的可能性以及该IPO项目的标杆意义，并中标、承揽了该项目。

（二）项目执行和问询：关键在"独立性"

在项目执行阶段，项目组抓住独立性这个关键，具体来说，就是抓住核心技术起源、知识产权独立性、人员等问题，这些问题是高校及科研院所下属企业、孵化企业IPO审核中被关注的重点。项目组提出了一系列的解决方案，解决了独立性问题，使得项目顺利通过问询审核，公司实现科创板上市。

《关于华海清科股份有限公司首次公开发行股票并在科创板上市申请文件的审核问询函的回复》披露，公司开始筹划首次公开发行股票并在科创板上市事宜后，经与清华大学充分协商，就知识产权独立性问题采取如下规范措施：

（1）公司于2019年与清华大学签署了三份《技术开发合同书》，并于2020年7月签署前述《技术开发合同书》之补充协议，对2019年1月起双方合作研发成果（专利或专利技术）归属及使用情况进行了约定。双方在共有专利相关技术实际研发过程中有明确分工：公司作为主导方，负责项目的应用研究及项目产业化，主要负责内容包括具体方案设计、工艺和技术研究、产品加工制造、安装及调试等；清华大学基于研发项目涉及的基础机理进行实验室研究，为研发项目及课题研究提供理论支持。

（2）双方于2020年8月签署了《〈专利实施许可合同书〉之补充协议》，调整授权公司使用专利的范围，将原许可范围内剩余有效的26项和原许可范围外的22项清华大学独有的、公司生产经营所需的CMP相关有效专利共计48项许可公司独占使用（其中1项已于2020年8月30日因有效期届满失效）。

（3）针对上述合同及补充协议签署前公司与清华大学已共有或共同申请的专利，公司与清华大学于2020年9月签署了《技术许可合同书》，约定对于2019年1月1日之前双方共有的59项共有专利或专利申请权，由清华大学放弃自身专利使用和许可第三方使用的权利，授权公司及其全资、控股子公司独占使用，许可期限至专利失效，专利许可使用费为 191.90 万元。

上述一系列协议的签订、履行，奠定了发行人在核心技术、知识产权方面独立性的基础，同时也奠定了公司能够成功上市的基础。

（三）项目意义：高校服务国家高水平科技自立自强的生动实践

清华大学在华海清科的创立、发展初期，发挥了基础性、决定性作用。华海清科是清华大学与天津市政府为了促进科技成果转化而设立的企业，其核心技术最初起源于清华大学孵化的摩擦学国家重点实验室，该实验室的 CMP 核心团队成员也加入了华海清科，公司还吸纳了集成电路行业专业人才，以清华大学 CMP 技术成果为基础，进行 CMP 设备产业化应用的核心技术研发。公司核心技术达到国内领先水平、有望赶上世界先进水平，促进了我国半导体设备行业、集成电路产业的发展。同时，在资本的支持下，华海清科逐渐发展、壮大，并成功上市。因此，华海清科 IPO 项目本身就是我国高校服务国家高水平自主科技的生动实践，也是"科技—产业—金融"良性循环的生动实践。

普源精电（688337）

2022 年 4 月 8 日，普源精电科技股份有限公司（简称"普源精电"）登陆科创板，实现上市。

一、项目基本情况

（一）公司基本情况

公司基本情况见表 12-60。

表 12-60 公司基本情况

中文名称	普源精电科技股份有限公司
英文名称	RIGOL TECHNOLOGIES CO.,LTD.

（续表）

注册资本	9 098.216 5 万元人民币（IPO 前）
法定代表人	王悦
有限公司成立日期	2009 年 4 月 27 日
股份公司设立日期	2019 年 12 月 31 日
住所	苏州市高新区科灵路 8 号
经营范围	研发、生产及销售示波器、万用表、信号发生器、频谱仪、分析仪器、光学仪器及相关产品，并提供相关技术和售后服务；销售计算机软硬件及外围设备、机械电器设备、办公设备、通信设备、环保设备、轻工产品、非危险化工产品、建筑材料；组装虚拟仪器；自营和代理各类商品及技术的进出口业务（国家限定企业经营或禁止进出口的商品和技术除外）。依法须经批准的项目，经相关部门批准后方可开展经营活动
主营业务	通用电子测量仪器的研发、生产和销售
所属行业	根据《国民经济行业分类》（GB/T 4754—2017），公司所处行业属于仪器仪表制造业（分类代码：40）中的电子测量仪器制造（分类代码：4028）；根据中国证监会颁布的《上市公司行业分类指引》（2012 年修订），公司所属行业为仪器仪表制造业（行业代码 C40）

（二）公司主营业务

1. 发行人主营业务介绍

公司自成立以来专注于通用电子测量仪器领域的前沿技术开发与突破，以通用电子测量仪器的研发、生产和销售为主要业务，主要产品包括数字示波器、射频类仪器、波形发生器、电源及电子负载、万用表及数据采集器等，公司是目前唯一搭载自主研发数字示波器核心芯片组并成功实现产品产业化的中国企业。公司产品逐步在时域和频域测试测量应用方向实现了多元化行业覆盖，为教育与科研、工业生产、通信行业、航空航天、交通与能源、消费电子等行业提供科学研究、产品研发与生产制造的测试测量保障，并为前沿科学技术、新一代信息技术和新型基础设施建设的发展提供一定支撑。

2. 发行人的主要产品

公司的主要产品包括数字示波器、射频类仪器、波形发生器、电源及电子负载、万用表及数据采集器等。

（1）数字示波器。

示波器是一种用途广泛、易于使用且功能强大的电子测量仪器，属于信号分析类仪器的一种，用于观测、分析和记录各种电信号的变化。示波器通过把被测电压随时间变动的变化情况转换为可视的波形图像，便于人们直观地研究各种电信号变化的过程。按照信号处理方式不同分类，示波器可分为模拟示波器和数字示波器两大类。模拟示波器是直接将被测电信号呈现在显示设备上，被测电信号通过控制从左到右扫过示波管的电子束在垂直方向的偏转来直接描绘出电压波形。数字示波器则是通过模数转换器（ADC）把被测电信号转换为数字信号，再以数字信号处理的方式将信号随时间变动的变化波形绘制在显示设备上。

（2）射频类仪器。

射频类仪器泛指对射频信号进行模拟、测量、分析的仪器，从频域、调制域、时域、阻抗域等对射频信号进行测量和分析，射频/微波信号发生器、频谱/信号分析仪、矢量网络分析仪是其中应用最广泛的仪器类型，根据应用需求在其基础上不断衍生出更多类型，如综测仪、噪声测试仪、功率计等。公司的射频类仪器主要包括射频/微波信号发生器、频谱/信号分析仪及其相关附件产品等。

（3）波形发生器。

波形发生器是一种能产生各种频率、波形和幅度电信号的设备。在测试各类电子系统的振幅特性、频率特性、传输特性及其他电参数时，波形发生器常被用作提供测试信号的激励源。公司提供的波形发生器包括函数/任意波形发生器、任意波形发生器等系列产品。

（4）电源及电子负载。

电源及电子负载主要用于给测试对象供电或者吸收测试对象产生的电能，并对测试回路的电能进行测量分析。电源及电子负载主要包括用于供电的可编程电源和用于吸收电能的电子负载两大类。其中可编程电源又分为高精度型和大功率型两大类。

（5）万用表及数据采集器。

万用表是一种多用途电子测量仪器，主要用于电压、电流等基本电学量准确测量以及电路故障诊断等，通常包括安培计、电压表、欧姆计等。

数据采集器是一种具有现场实时数据采集、处理功能的自动化设备，具备实时采集、自动存储、即时显示、即时反馈、自动处理、自动传输等功能，为现场数据的真实性、有效性、实时性、可用性提供了保证。

3. 发行人主营业务收入构成

报告期内，公司主营业务收入的构成情况如表 12-61 所示。

表 12-61　报告期内公司主营业务收入构成

产品类型	2021年1—6月 金额（万元）	2021年1—6月 比例（%）	2020年 金额（万元）	2020年 比例（%）	2019年 金额（万元）	2019年 比例（%）	2018年 金额（万元）	2018年 比例（%）
数字示波器	10 729.37	51.86	17 577.26	51.24	13 500.77	45.58	13 110.24	45.74
射频类仪器	3 075.18	14.86	5 462.40	15.92	4 879.43	16.47	5 095.60	17.78
波形发生器	2 108.43	10.19	3 855.08	11.24	3 999.47	13.50	3 878.50	13.53
电源及电子负载	2 017.39	9.75	3 634.72	10.60	3 110.03	10.50	2 805.20	9.79
万用表及数据采集器	867.47	4.19	1 331.76	3.88	1 442.10	4.87	1 188.34	4.15
其他	1 891.25	9.14	2 441.52	7.12	2 687.05	9.07	2 585.73	9.02
合计	20 689.09	100.00	34 302.74	100.00	29 618.86	100.00	28 663.60	100.00

（三）简要财务数据

公司简要财务数据见表 12-62。

表 12-62　公司简要财务数据

项目	2021年6月30日	2020年12月31日	2019年12月31日	2018年12月31日
资产总额（万元）	84 514.22	81 339.57	34 599.34	33 420.48
归属于母公司所有者权益（万元）	70 037.56	67 446.26	16 682.17	13 162.86
资产负债率（母公司，%）	18.62	17.01	62.63	56.92

(续表)

项目	2021年1—6月	2020年度	2019年度	2018年度
营业收入（万元）	21 214.31	35 420.72	30 388.97	29 213.81
净利润（万元）	-2 036.48	-2 716.64	4 599.04	3 909.56
归属于母公司所有者的净利润（万元）	-2 036.48	-2 716.64	4 599.04	3 909.56
扣除非经常性损益后归属于母公司所有者的净利润（万元）	-2 399.57	-3 538.18	3 866.00	-314.53
基本每股收益（元）	-0.22	-0.32	0.57	0.49
稀释每股收益（元）	-0.22	不适用	不适用	不适用
加权平均净资产收益率（%）	-2.96	-7.33	31.01	18.54
经营活动产生的现金流量净额（万元）	2 467.98	2 820.56	5 286.11	2 165.70
现金分红（万元）	—	—	1 000.00	8 200.00

（四）本次发行基本情况

公司本次发行基本情况见表12-63。

表12-63　公司本次发行基本情况

股票种类	人民币普通股（A股）
每股面值	1.00元
发行股数	本次公开发行股份数量为3 032.738 9万股，占公司发行后总股本的比例为25.00%。本次发行股份全部为新股，不涉及股东公开发售股份
发行价格	60.88元/股
发行后每股收益	-0.29元（以2020年度经审计的扣除非经常性损益前后归属于母公司股东的净利润的较低者除以本次发行后总股本计算）
发行市盈率	不适用
发行前每股净资产	7.70元（按2021年6月30日经审计的归属于母公司股东权益除以本次发行前总股本计算）
发行后每股净资产	19.51元（按2021年6月30日经审计的归属于母公司股东权益与募集资金净额的合计额除以本次发行后总股本计算）

（续表）

发行市净率	3.12 倍（按照发行价除以发行后每股净资产计算）
发行方式	本次发行采用向战略投资者定向配售、网下向符合条件的投资者询价配售和网上向持有一定金额上海市场非限售A股股份和非限售存托凭证的社会公众投资者定价发行相结合的方式
募集资金总额	184 633.14 万元
募集资金净额	166 612.72 万元
发行费用概算	合计约 18 020.43 万元，其中： （1）保荐承销费用：15 531.43 万元 （2）审计、验资费用：1 252.55 万元 （3）律师费用：669.81 万元 （4）用于本次发行的信息披露费用：471.70 万元 （5）发行手续费及其他费用：94.93 万元 注：本次发行各项费用均为不含增值税金额。发行手续费及其他费用根据最终发行情况计算并纳入 41.66 万元印花税。合计数与各部分数直接相加得数存在差异系由四舍五入引起的

二、项目主要障碍或难点及解决方案

（一）经销模式下收入真实性核查

1. 问题描述

公司根据不同档次的产品及不同的地区市场特点，采取不同销售模式。针对经济型及中端产品，公司主要采用经销为主、直销为辅的销售模式；针对高端产品及面向重点客户销售的产品，公司采用直销为主的销售模式。报告期内，公司通过经销模式实现的销售收入占主营业务收入的比例较高。

2. 解决方案

项目组针对报告期内经销模式及终端销售真实性开展了如下核查：

（1）获取报告期内发行人的销售明细表与订单明细表，分析复核主要经销商销售的主要产品、数量、金额及毛利率等的合理性。

（2）对报告期内各期主要经销商进行函证，向经销商确认当期销售金额、期末应收账款余额，对未能回函的经销商执行替代程序以核实其真实性。

（3）对报告期内各期主要经销商进行实地或视频访谈，了解其与发行人是否存在关联关系，其与发行人的合作历史、交易情况、信用政策、下游客户类型、定价模式、结算方式等。

（4）获取发行人销售明细表，核查了解主要经销商新增及退出情况，分析发行人与主要经销商之间的合作是否持续、稳定，向管理层了解主要经销商新增及退出的原因。

（5）获取报告期各期主要经销商的进销存数据，分析其各期采购金额与发行人销售金额的匹配性，其各期期末库存的合理性及最终实现销售的情况。

（6）调取报告期内各期前十大境内经销商的国家企业信用信息公示系统信息及企查查工商资料，了解其设立情况、主营业务、人员规模、股东及管理层、主要财务情况、资信情况等。

（7）抽取经销商的部分终端客户，对其进行走访、函证，或者发放确认函和调查问卷，了解经销商与终端客户开展合作的过程、业务规模，二者采购产品的具体情况、是否存在关联关系等，判断交易的真实性。

（8）执行报告期末截止性测试，获取发行人报告期各期末前后销售明细，查验物流信息和签收记录，判断发行人收入是否被记录于恰当的期间。

（9）执行回款测试，获取发行人报告期内银行账户开户清单和银行对账单，抽取销售相关大额银行流水，将其与银行日记账进行交叉核对；获取发行人报告期内的销售收款记录，检查销售收款的真实性。

（10）对于境外销售，另外获取了发行人出口退税申报表及申报明细，将其与发行人出口报关数据和境外销售收入进行匹配。

（二）科创板定位认定

1.问题描述

若发行人认定自身属于符合科创板定位的其他领域的高新技术产业和战略性新兴产业，保荐机构应当充分论证和审慎判断发行人的认定依据是否真实、客观、合理，并在《关于发行人科创属性符合科创板定位要求的专项意见》中详细说明核查内容、核查方法、核查过程及核查中取得的证据。

2. 解决方案

论证企业的主营业务与国家科技创新战略政策所支持领域有强对应关系；通过引用知名学刊文章、国家／行业标准等文件解释说明公司主要产品属于该领域推荐仪器范围，并且公司就该类产品取得了工信部相关技术委员会的证明；公司通过经销商模式进行销售，获取对应应用领域的销售数据难度较大，在回复中将新兴产业细分领域与公司相应领域的型号产品进行对应，并列明终端客户相关证明；招股书仅在所获奖项部分提及进口替代，对实现进口替代的产品收入进行统计并且列明相关行业证明。

通过引用一系列国家标准／行业标准以及工信部相关技术委员会和中国电子仪器行业协会出具的证明，说明公司产品符合电子测量仪器标准。列举公司上述领域内具体产品型号和客户案例，统计公司相关领域的收入和占比。由于公司仅部分产品（约 75% 产品符合上述领域应用的要求但是无法判断其具体实际使用的情况）属于产业目录范围，因此公司属于科创板定位的"其他"领域。项目组进一步论证公司产品对应的国家标准均由全国电子测量仪器标准化技术委员会负责制定，故产品归工信部管辖的该委员会进行审核，另公司还取得了中国电子仪器行业协会出具的分类证明。

（三）境外销售模式

1. 问题描述

境内外主体之间的内部交易主要包括母公司普源精电向香港普源进行的成品销售，及香港普源向美国普源、欧洲普源及日本普源进行的成品销售。请发行人说明：（1）通过香港普源对外销售的原因，相关产品销售的物流轨迹；（2）境外销售是否均通过境外子公司实现，不直接出口至境外经销商的原因；（3）除产品购销外，是否存在其他交易安排。

2. 解决方案

（1）项目组的核查程序如下：

①对发行人管理层及实际控制人进行访谈，了解境外子公司的设立目的、业务定位、业务开展情况和未来经营方向，了解报告期内通过各公司实现境外销售的具

体情况，如这些境外销售的区域分布情况等；了解境内外公司之间的交易安排、境外销售的物流安排，以及境外子公司之间各类交易安排等。

②查阅发行人设立香港普源、美国普源、欧洲普源及日本普源的注册文件、发改部门及商务部门审批文件、外汇业务登记凭证、出资凭证，核查境外子公司设立情况及股本变化情况。

③查阅发行人制定的《董事会议事规则》《监事会议事规则》《普源精电内部控制手册》等相关文件，了解公司对海外子公司管理的制度和流程。

④获取普源精电与香港普源签订的合同或订单、香港普源与境外第三方客户及子公司签订的合同或订单，查看贸易条款及物流安排，抽样查看相关的订单、装箱单、提货单、发票等原始凭证，检查香港普源产品销售的物流轨迹是否与访谈了解到的情况及合同条款一致；结合普源精电的海关报关数据，检查出口报关目的地情况，以及其是否与了解到的境外产品销售的物流轨迹一致。

⑤获取香港普源与日本普源及欧洲普源的借款合同，查看主要合同条款，获取银行回单等原始凭证，检查其与香港普源、日本普源及欧洲普源的借款账面记录是否一致。

（2）核查意见如下：

①发行人出于降低跨境交易结算成本及方便对境外子公司内部资金调拨等因素考虑，选择通过香港普源对外销售；通过香港普源转销至其他境外子公司的物流安排是，产品由普源精电从境内直接发货至境外子公司仓库；香港普源向境外第三方经销及直销客户销售产品时，根据与境外第三方客户约定的交货条件，产品由普源精电于境内交给客户指定的承运商，该承运商将货物运输至客户指定地点。

②发行人境外销售主要通过境外子公司美国普源、欧洲普源及日本普源实现，目的是设立境外当地销售渠道，提供售前及售后服务，同时将它们作为宣传窗口，拓展境外销售市场。

③发行人境外子公司间除了产品购销外，还存在香港普源与日本普源之间以及香港普源与欧洲普源之间的借款。

三、案例启示

（一）项目执行：加强项目管理和现场团队管理

本项目原计划 2020 年底申报，但由于收入踩线、经销商销售占比和海外销售占比高，核查难度和工作量较大，所以申报延期；临申报前，监管机构出台了"自查表"和股东穿透核查新规，没有可参考的相关案例。针对上述困难，项目组加强了项目管理，在尽调、问询等阶段商定非常详细可行的时间表，将时间表具体到天、工作责任到人、设置事项始终节点，并且全力遵守；项目组成员间多交流、磨合、相互学习、必要时向外求助，大家齐心协力梳理思路，同时注重劳逸结合、提高效率。

（二）审核问询：同行业企业 IPO 审核申报在先的镜鉴

公司 IPO 的申报时间比同行业企业 IPO 申报时间晚了 1 年，拿到证监会批文时间比该同行业企业晚了 5 个月，相比之下，审核周期缩短了 7 个月。

同行业企业 IPO 项目存在并且在先，有诸多好处。一是提高了该行业产品的市场认可度；二是监管机构积累了一定的关于该行业的审核经验，因此加快了审核速度；三是同行业企业 IPO 项目尽调核查和反馈回复也对项目组有一定的借鉴意义。但是，也有一定"坏处"。一是公司 IPO 项目与同行业企业 IPO 项目的差异之处，需要项目组更为充分、详细地描述说明。二是发行人为了追赶竞争对手，会给项目组施加较大的压力。

（三）项目意义：高端数字示波器产业化，打破国外垄断

公司 IPO 的募投项目之一是"以自研芯片组为基础的高端数字示波器产业化项目"。本次成功 IPO 帮助公司实现了该募投项目的推进，高端数字示波器得以产业化，打破了国外垄断。

高端数字示波器核心技术主要有如下特点：第一，高带宽、高采样率，满足日益提升的高速信号测试需求；第二，解决波形刷新速率和存储深度的矛盾，向高捕获、深存储的方向发展，提高设备故障诊断效率和信号完整性分析能力；第三，更

加智能化和综合化，配备各种总线的分析与解码功能，满足自动化测试测量需求。突破数字示波器技术的核心点在于宽带模拟前端和高速 ADC 技术的突破，其中包含了材料、半导体、工艺等相关产业技术的辅助提升。掌握芯片技术是突破数字示波器技术壁垒的关键，也是中国数字示波器达到国际一流水平的重要标志。

受国内材料及半导体行业发展水平的限制，目前国内数字示波器产业尚未实现 4GHz（吉赫）带宽产品的产业化，高端市场被国外优势厂商完全垄断，相关产品非常昂贵。公司作为中国数字示波器行业具备显著优势的企业，目前已经完全掌握带宽 4GHz 数字示波器的核心技术，并将通过上述项目的实施形成产业化能力，打破国外垄断，并为国家和广大用户节省大量的外汇和成本。

联动科技（301369）

一、案例背景简介

佛山市联动科技股份有限公司（简称"联动科技"），成立于 1998 年 12 月，一直专注于半导体行业后道封装测试领域专用设备的研发、生产和销售，主要产品包括半导体自动化测试系统、激光打标设备及其他机电一体化设备。半导体自动化测试系统主要用于半导体分立器件（含功率器件）的测试，模拟类及数模混合信号类集成电路的测试；激光打标设备主要用于半导体芯片及器件的打标。

2020 年 9 月 28 日，联动科技科创板 IPO 申请获受理。2021 年 3 月 11 日，发行人及海通证券经综合考虑，向上海证券交易所提交撤回申请，并于 2021 年 3 月 12 日收到上海证券交易所做出的《关于终止对佛山市联动科技股份有限公司首次公开发行股票并在科创板上市审核的决定》。

时隔三个月，联动科技向深交所递交了创业板 IPO 申请材料，并于 2021 年 6 月 30 日获得受理。2022 年 9 月 22 日，联动科技（股票代码：301369）在深圳证券交易所创业板成功上市，募集资金总额为 11.2 亿元，发行价格 96.58 元/股，发行市盈率 35.76 倍，股票上市首日涨幅 39.57%。

二、联动科技科创板申报及撤回情况分析

（一）科创属性评价标准

2020年3月20日，为落实科创板定位，支持和鼓励硬科技企业在科创板上市，根据《关于在上海证券交易所设立科创板并试点注册制的实施意见》和《科创板首次公开发行股票注册管理办法（试行）》，中国证监会公布《科创属性评价指引（试行）》，自公布之日起施行。

其中，"科创属性标准一"的3项指标为：（1）最近3年研发投入占营业收入比例5%以上，或最近3年研发投入金额累计在6 000万元以上；（2）形成主营业务收入的发明专利5项以上；（3）最近3年营业收入复合增长率达到20%，或最近1年营业收入金额达到3亿元。

另外，采用《上海证券交易所科创板股票发行上市审核规则》（该文件在联动科技股票发行上市期间有效，但已于2023年2月17日被废止）第二十二条第（五）款规定的上市标准申报科创板的企业可不适用上述第（3）项指标中关于"营业收入"的规定；软件行业不适用上述第（2）项指标的要求，研发占比应在10%以上。

"科创属性标准二"规定了5项例外情形，"支持和鼓励科创板定位"规定的相关行业领域中，虽未达到上述"科创属性标准一"的3项指标，但符合下列5项情形之一的企业可申报于科创板上市：（1）发行人拥有的核心技术经国家主管部门认定具有国际领先、引领作用或者对于国家战略具有重大意义；（2）发行人作为主要参与单位或者发行人的核心技术人员作为主要参与人员，获得国家科技进步奖、国家自然科学奖、国家技术发明奖，并将相关技术运用于公司主营业务；（3）发行人独立或者牵头承担与主营业务和核心技术相关的"国家重大科技专项"项目；（4）发行人依靠核心技术形成的主要产品（服务），属于国家鼓励、支持和推动的关键设备、关键产品、关键零部件、关键材料等，并实现了进口替代；（5）形成核心技术和主营业务收入的发明专利（含国防专利）合计50项以上。

（二）联动科技符合科创属性标准的情况

在审期间，联动科技最近三年累计研发费用为6 589.89万元，占最近3年累计

营业收入比例为14.51%;形成主营业务收入的发明专利6项,满足"科创属性标准一"关于研发投入、发明专利的要求。

在审期间,联动科技2020年营业收入为2.03亿元,2018年至2020年营业收入复合增长率为14.17%,不满足标准一的第(3)项指标"最近三年营业收入复合增长率达到20%,或最近一年营业收入金额达到3亿元"。

由于联动科技未能满足"科创属性标准一",发行人在科创板IPO申请时选择所符合的科创属性标准为《科创属性评价指引(试行)》中"科创属性标准二"之"依靠核心技术形成的主要产品(服务),属于国家鼓励、支持和推动的关键设备、关键产品、关键零部件、关键材料等,并实现了进口替代"。

(三)进口替代的论证

在审核过程中,发行人和保荐机构取得了工信部电子司出具的关于公司产品属于"关键设备"的复函,并对"实现进口替代"进行了多方面的论证,如通过协会证明、客户访谈、市场份额变化分析等方式。但由于半导体测试系统属于半导体产业的细分行业,发行人除在问询回复中已披露的客观依据外,无法获取更多关于"实现进口替代"的客观数据和依据。发行人和海通证券经与上海证券交易所科创板审核中心就发行人科创属性进行沟通,仍无法充分满足"实现进口替代"的论证要求。

基于以上原因,发行人和海通证券经综合考虑于2021年3月11日向上海证券交易所提交撤回申请,并于2021年3月12日收到上海证券交易所做出的《关于终止对佛山市联动科技股份有限公司首次公开发行股票并在科创板上市审核的决定》。

三、科创板申报撤回带来的启示

首先,科创属性论证需要充足的客观依据和清晰的论证逻辑。

科创属性的评价标准对企业的研发投入、专利水平、营收水平做出了清晰的规定,并针对属于科创板规定的相关领域的企业提出了五项补充条款,要求保荐机构在发行上市过程中对企业相关指标进行充分的衡量判断,提供充足的客观依据来证明企业满足三项基本指标。对于不满足三项基本指标但是属于科创板相关领域的企业,如可以论证企业满足五项补充条款之一,则依然可认定为符合科创属性。不同于三项基本标准提出的由明确数字组成的硬性指标，五项补充条款要求的是企业的科创水平与主营业务和核心技术之间的一种逻辑关系，要求保荐机构在对企业科创属性进行论证时不停留在企业满足某一项指标上，而要对企业的主营业务和核心技术是否具备科创属性进行更深、更清晰的逻辑论证。

其次，科创属性评价系根据实质重于形式的原则进行综合判断的。

"3+5"评价指标体系对企业科创水平提出了"量＋质"的要求，使得科创板申报企业的"硬科技"含量能够较为清晰地得到展现，强调了对科创属性的实质性要求，体现了审核机构"实质重于形式"的审核原则，将有利于资本市场筛选出真正具有科技属性的尖端企业。

最后，例外情形"进口替代"的论证具有明确的判断标准。

"进口替代"通常体现为在发行人相关产品（服务）出现前，国内产品（服务）主要依赖进口，发行人产品（服务）实现技术突破后，能打破外国产品（服务）的垄断地位，客观上具备在相同领域替代原有垄断产品（服务）的性能或效用且在国内相同产品（服务）中处于领先地位；或者发行人产品（服务）为世界首创或领先产品（服务），对整体市场竞争格局、产品（服务）定价权等产生重大影响。

四、联动科技创业板上市成功

保荐机构在对联动科技板块定位进行慎重考虑后，选择创业板再次申报。2021年6月25日，海通证券协同发行人向深圳证券交易所报送了首次公开发行股票并在创业板上市申请文件，于2021年6月30日获得受理，最终联动科技于2022年9月22日在创业板成功上市。

联动科技符合创业板定位的具体情况如下：

（一）公司符合创业板定位相关规定

《深圳证券交易所创业板企业发行上市申报及推荐暂行规定》第五条指出："属于上市公司行业分类相关规定中下列行业的企业，原则上不支持其申报在创业板发行上市，但与互联网、大数据、云计算、自动化、人工智能、新能源等新技术、新产业、新业态、新模式深度融合的创新创业企业除外：（1）农林牧渔业；（2）采矿业；（3）酒、饮料和精制茶制造业；（4）纺织业；（5）黑色金属冶炼和压延加工业；（6）电力、热力、燃气及水生产和供应业；（7）建筑业；（8）交通运输、仓储和邮政业；（9）住宿和餐饮业；（10）金融业；（11）房地产业；（12）居民服务、修理和其他服务业。"

根据中国证监会颁布的《上市公司行业分类指引》（2012年修订），联动科技主营业务属于专用设备制造业（行业代码：C35），不属于《深圳证券交易所创业板企业发行上市申报及推荐暂行规定》第五条规定的原则上不支持申报在创业板发行上市的行业。

（二）发行人属于成长型创新创业企业

1. 公司核心竞争力

（1）较强的先发优势和市场地位。

公司在半导体自动化测试和激光打标领域深耕多年，具备较强的先发优势和市场地位。公司是国内少数能够提供全自主研发配套半导体自动化测试系统的设备供应商，也是国内测试能力和测试功能模块覆盖面最广的半导体分立器件测试系统供应商之一，在国内半导体分立器件测试系统市场占有率在20%以上，主要客户包括了长电科技、通富微电、华天科技、扬杰科技、捷捷微电、三安光电、成都先进、安森美集团、安靠集团、力特半导体、威世集团等国内外知名的半导体厂商。近年来，公司在模拟及数模混合集成电路测试领域的市场开拓情况良好。2019—2021年，公司模拟及数模混合集成电路测试系统的销售收入复合增长率达到44.54%，保持较快增长。公司在激光打标领域具有20余年的供货经验和成熟稳定的技术，激光打标设备具备较高的打标效率和重复精度，与客户生产管理系统具有较高的匹配性，被长电科技、通富微电、华天科技等国内主流封测厂商广泛采用，并且还广泛应用于扬杰科技、安世半导体等国内外一线知名半导体制造厂商的后道封测环节，具有良好的市场口碑和较高的客户认可度。

（2）相对丰富的产品线，可满足半导体封测细分市场的需求。

公司的产品包括半导体分立器件测试系统、集成电路测试系统以及激光打标设备。其中，半导体分立器件测试系统能全面覆盖分立器件细分领域对于小信号器件、中高功率器件、大功率器件以及第三代半导体的直流参数和动态参数的测试需求，集成电路测试系统能够覆盖模拟和数模混合信号集成电路的测试需求，激光打标设备和其他机电一体化设备能够满足封测产线器件标识打印以及封测产线配套和工艺改进的需要。一般情况下，对同一客户来说，上述设备能够满足其不同产品在封测产线上不同工艺环节的细分需求，减少客户沟通接口，提升设备整体交付能力。

（3）优异的产品性能指标，顺应行业未来发展趋势。

随着新能源汽车的兴起和家电行业新应用的增多，分立器件适用的电压电流不断加大，其性能不断提高。未来半导体分立器件测试系统需要能够满足客户对于高电压大电流实现高精度、高效率的测试要求。公司的主要产品半导体分立器件测试系统具有较高的技术水平，具备6kV/300A高电压大电流功率半导体的测试能力和第三代半导体的测试能力。公司掌握大功率器件及第三代半导体器件的测试方法，在测试精度、信号抗干扰、被测器件保护、电路系统控制等方面具有核心技术和丰富的应用经验，设备具有较高的稳定性和一致性，能够在稳定工作情况下高效测试，产品技术指标已达到国内领先和国际先进水平。

（4）领先的功率半导体综合测试能力，确保测试数据准确完整。

随着国内半导体技术水平提升，中高端功率半导体对器件的综合测试要求逐渐增多，公司在综合测试方面，具有深厚的技术储备和丰富的应用经验，具有较强的市场竞争力。公司是国内少数能提供全自主研发配套功率半导体综合测试平台的供应商之一，能够实现器件直流参数和动态参数在同一系统中直接生成测试结果，具有较高的技术水平，较好地满足了国内中高端分立器件日益增多的直流参数和动态参数测试要求。

（5）深厚的技术储备，产品具有较强的升级迭代能力。

公司深耕半导体后道封测设备领域20余年，具备丰富的技术研发、产品应用和服务经验，积累和储备了大量的技术数据。一方面，公司对产品的升级迭代需求能够做出快速响应，满足客户自身产品不断升级迭代的测试要求，另一方面，深厚的技术储备能确保设备性能持续改良优化，确保测试系统的长期稳定性和可靠性。

2.公司的研发能力

报告期各期，公司的研发投入分别为2 669.26万元、3 507.02万元和4 905.16

万元（累计金额为 11 081.44 万元），占各期营业收入的比例分别为 18.02%、17.37% 和 14.28%。报告期内研发投入复合增长率达到 35.56%。截至招股说明书签署日，公司共获得发明专利 16 项，实用新型专利 21 项，外观专利 3 项，软件著作权 74 项。公司研发人员稳定，报告期各期末，公司研发人员分别为 111 人、131 人和 165 人，占各期末公司总人数的比例分别为 27.89%、29.64% 和 31.73%。

报告期各期，公司与核心技术相关的产品收入分别为 14 128.67 万元、19 376.24 万元、33 719.97 万元，占各期产品收入的比例均在 90% 以上。

公司经过近 20 年的持续研发，已经掌握了半导体自动化测试系统和激光打标设备所涉及的核心技术，涵盖了高精度快速电流／电压源技术，高精度宽范围信号测量、高速数字矢量测试、高电压超强电流动态测量、射频器件的测试技术，高可靠性数据整合技术，数字振镜驱动与高速振镜电机技术，全自动激光打标检测技术，分光能量／线宽连续可调的双头打标技术，激光打标软件控制技术，等等。公司对现有产品进行持续更新迭代并积极布局研发新一代产品，主要在研项目包括 QT-9000 VLSI 大规模数字集成电路测试系统、QT-8100HPC 综合测试系统、射频器件测试宽带测试模组和调制器项目、大规模混合信号测试系统、大功率分立器件测试技术、晶圆片激光打标设备、重力式双轨 4SIDE（道）光耦管对管分选机等。

公司是广东省战略性新兴产业培育企业（属于智能制造领域），拥有广东省半导体集成电路封装测试设备工程技术研究中心。2008 年，公司获得科学技术部科技型中小企业技术创新基金支持，完成了"一体化 SMD 激光打标机"项目的研制工作；2012 年，公司获得广东省科技型中小企业技术创新基金支持，完成了"半导体分立器件高速测试机"项目的研制工作；2020 年，公司获得广东省促进经济高质量发展专项资金（新一代信息技术）电子信息产业项目立项，承接了 200 兆位每位（Mbps）超大规模数字集成电路检测装备研发及产业化项目。

公司是中国集成电路测试仪器与装备产业技术创新联盟成员，粤港澳大湾区半导体装备及零部件产业技术创新联盟成员，以及国内第三代半导体产业技术创新战略联盟的理事单位，其积极参与第三代半导体测试标准体系的建设，与同行业公司共同推动国内第三代半导体发展。

3.公司的技术创新性与先进性

公司功率半导体分立器件测试系统对于直流参数具有 6kV/300A 的高电压大电流测试能力，并可通过外部扩展单元至 6kV/1 000A，处于行业领先水平；公司在中高端功率半导体和第三代半导体的综合测试能力方面，在直流参数和动态参数的电流、电压和分辨率等指标方面，以及综合数据整合技术方面均接近或超过同行业竞争对手，测试性能达到国际先进水平；公司小信号分立器件高速测试系统测试效率达到每小时 6 万颗器件，处于国内领先水平。

公司集成电路测试系统具有多通道的测试资源，能满足模拟和数字信号的测试，测试电压精确到微伏（μV）、测试电流精确到皮安（pA）、测试时间精确到百皮秒（100pS），测试响应时间 <100μs，具备良好的平台延展性和通用的应用程序开发平台，产品主要性能和指标达到国内先进水平。公司 QT-8200 系列产品是国内少数能满足 Wafer level CSP（晶圆级封装）芯片量产测试要求的数模混合信号测试系统之一，能提供高质量的系统对接和测试信号，具备 256 工位以上的并行测试能力和高达 100 兆赫（MHz）的数字测试能力，产品主要性能和指标与同类进口设备相当。

公司激光打标设备的技术水平主要体现在设备的稳定性和一致性上，设备的重复打标精度可达 0.005mm，设备在保证打标质量的情况下，可实现每小时 7 万件的打标效率，效率较高；公司具有较高的机电一体化能力，公司激光打标设备能够与视觉检测模块、分选机、晶圆切割模块等配套集成机电一体化产品，为客户提供更多有针对性的自动化解决方案，这有利于封测产线改进工艺和提升生产效率。

4.行业未来发展方向与市场潜力

公司深耕半导体后道封装测试专用设备领域 20 余年，具有深厚的技术储备和丰富的产品应用经验。公司技术研发和产品布局具有前瞻性，较好地顺应了行业发展趋势。

公司主营产品所处行业未来发展趋势及公司业务成长性情况具体如下：

（1）半导体分立器件呈现出高电压大电流的应用趋势，对测试系统的测试要求不断提高。

近年来，随着新能源汽车的兴起和家电行业新应用的增加，功率器件逐渐模块化、集成化，功率不断加大，性能不断提高。大功率器件有别于传统的分立器件，是分立器件发展演变的新领域，如MOS（金属－氧化物－半导体）模块、IGBT（绝缘栅双极型晶体管）模块及IPM（智能功率）模块。以MOSFET（金属－氧化物－半导体场效应晶体管）和IGBT为代表的大功率器件在电动汽车、储能设备、充电桩、逆变器等涉及电源管理领域的大规模应用，为功率半导体测试系统带来更多的市场需求和新的应用场景。根据国际知名市场调研公司Yole Développement的数据，2019年至2025年，全球功率器件市场将以4.3%的复合增长率保持增长。上述大功率半导体分立器件呈现出高电压大电流的应用趋势，它们的电路密度和功率密度更大，对功率半导体测试系统的电流/电压、脉宽控制精度和动态参数测试的要求不断提高，具体如下：

①半导体分立器件对于测试系统高电压大电流（大功率）的测试要求不断提高。

大功率器件和第三代半导体的测试技术的重点在于在高电压和大电流参数方面的要求较高，对测试系统结构设计、电路设计能力、电源控制能力、电流电压过载保护能力、信号抗干扰能力、测试精度和应用经验要求较高。目前，公司QT-4000系列功率半导体分立器件测试系统已具备最高6 000V/300A的输出测试能力，并已实现规模量产，在功率半导体分立器件测试的细分领域中具有较强的产品竞争力。此外，公司正在加紧研发最大电流1 600A、最高电压6 000V的高电压大电流测试模组，继续巩固QT-4000系列功率半导体分立器件测试系统在高电压大电流应用领域的竞争优势。

②半导体分立器件对测试系统的测试范围和测试效率提出更高的要求。

随着功率半导体测试要求不断提升，上述器件对测试的范围、参数指标和效率的要求也越来越高。在测试范围和参数指标方面，除了进行常规直流参数测试以外，还需要进行包括雪崩测试、热阻测试、TRR（反向恢复时间）测试、RG（栅极外接电阻）测试、QG（栅电荷或栅电荷量）测试、导通电阻（RDSON）测试、IGBT开关时间测试等动态参数的测试。在测试效率方面，随着制造成本的提升和合封器件的应用，分立器件CP测试（晶圆测试）的需求逐渐增多，为了提升测试效率，客户对测试系统的并行测试能力不断提高。公司的QT-4000系列综合测试平台能够实现半导体器件直流参数测试项目和动态参数测试项目的一对一数据合并，同时能够分别实现小信号分立器件和中大功率器件的多工位并行测试，带来测试精度、测试效率及数据分析管理效率的大大提高,以适应现代化工厂对大数据质量管理和高效测试的需求变化。

目前公司 QT-4000 测试系统与动态模组整合的综合测试平台具有高电压大电流的测试能力和动态参数测试能力,顺应了市场变化趋势,深受市场主流功率半导体客户的认可,是公司业务增长的主要动力之一。

(2)第三代半导体的应用规模快速增长,成为产业发展新趋势。

在 5G、新能源汽车、绿色照明、快充等新兴领域蓬勃发展及国家政策大力扶持的驱动下,我国第三代半导体产业保持高速增长。根据第三代半导体产业技术创新战略联盟的统计,2020 年我国第三代半导体产业电力电子和射频电子总产值超过 100 亿元,较 2019 年增长 69.5%。公司研发的 QT-4000 系列测试系统具有 6 000V/300A 高电压大电流测试能力,可集成雪崩测试、热阻测试、RG 测试、QG 测试等动态参数测试模块,能够较好地满足目前第三代半导体对高电压大电流以及动态参数测试的要求。此外,公司还研发了针对第三代半导体 GaN 的动态导通电阻测试模组,该技术主要用于对第三代半导体新材料 GaN 动态导通电阻进行精准测试。

(3)集成电路芯片向更高集成化、数模混合化方向发展,对测试资源、测试精度要求不断提高。

随着电子产品应用领域的不断扩展和市场需求的深层次提高,功能复杂的模拟及数模混合信号芯片越来越多,通常内部含有 MCU(多点控制器)系统、数模/模数转换系统、数字通信接口、无线通信接口、无线快充、模拟信号处理或者功率驱动系统等。

随着模拟及数模混合集成电路芯片的集成化程度越来越高、模拟数字混合程度提高、芯片内部的电路密度增大、器件的管脚数增加,集成电路芯片对测试系统的测试资源和测试精度的要求不断提升,需要测试系统具备相对较强大的技术架构和功能模块,具备更多的测试资源和开放式应用平台,以满足不同种类 IC(集成电路)的测试要求。

公司 QT-8000 系列集成电路测试系统具有多通道的测试资源,模拟通道可达 216 个,数字通道可达 256 个;测试精度较高,测试电压精确到微伏(μV)、测试电流精确到皮安(pA)、测试时间精确到百皮秒(100pS);可搭载公司自研的

300A 大电流功率模块和射频模块，满足高电压大电流和射频功能的数模混合芯片的测试要求；具有较高的开放架构，应用程序开发平台具有较高通用性，满足不同功能集成电路的测试需求。公司在研的下一代 QT-9000 系列大规模数字集成电路测试系统，面向数字及部分 SoC（单片系统）类芯片的测试需求。根据赛迪顾问数据，2018 年中国 SoC 类集成电路测试系统市场规模为 8.45 亿元，市场空间广阔。

综上，公司主要产品的性能及研发方向符合行业未来发展趋势和技术发展方向，公司业务具有较大的市场增长潜力和成长空间。

5. 公司经营业绩增长情况良好

报告期内，公司营业收入分别为 14 813.93 万元、20 190.26 万元和 34 352.20 万元，年复合增长率为 52.28%；扣除非经常性损益后归属于发行人股东的净利润分别为 3 128.94 万元、5 358.52 万元和 12 530.74 万元，年复合增长率为 100.12%。公司经营业绩增长情况良好。

综上所述，公司主营业务符合国家经济发展战略和产业政策导向，符合创业板行业范围；发行人业务具有较强的科技创新特征，具有较好的成长性，符合创新、创造、创意的大趋势，公司属于成长型创新创业企业，符合创业板定位。

五、联动科技二次申报 IPO 成功案例的启示

从科创板到创业板，从主动撤回到成功上市，联动科技 IPO 的成功案例，反映了保荐机构在发行人上市申请过程中精确判断发行人定位对发行人成功上市起着至关重要的作用。

明确各板块的定位是资本市场全面实行注册制的核心内容之一，当前主板、科创板、创业板、北交所从规则层面均具有清晰明确的定位区分：

第一，主板突出"大盘蓝筹特色"：主板市场经过多年发展，已经聚集了一大批事关国计民生的骨干企业和行业龙头企业，市场已经对主板企业定位有了较为清晰的认知，主板基本覆盖全行业、全类型、全成长阶段，重点支持业务模式成熟、经营业绩稳定、规模较大、具有行业代表性的优质企业。

第二，科创板突出"硬科技特色"：科创板强调企业科创属性，关注企业研发能力，优先支持符合国家战略，拥有关键核心技术，科技创新能力突出，主要依靠

核心技术开展生产经营，具有稳定的商业模式，市场认可度高，社会形象良好，具有较强成长性的企业。

第三，创业板突出"创新驱动特色"：创业板深入贯彻落实国家创新驱动发展战略，强调企业创业属性，关注企业创新定位，适应企业发展更多依靠创新、创造、创意的大趋势，主要服务成长型创新创业企业，支持传统产业与新技术、新产业、新业态、新模式深度融合。

第四，北交所突出"专精特新特色"：北交所致力于服务"专精特新"类中小企业，引导中小企业走"专新特精"发展道路，增强中小企业的自主创新能力和核心竞争力，关注企业是否是依靠自身能力在某一领域占据了一定优势。北交所立足并坚守服务创新型中小企业的板块定位，发挥承上启下的纽带作用，为中小企业融资保驾护航。

在全面实行注册制的大背景下，市场对保荐机构对发行人板块定位的专业判断提出了更高的要求。保荐机构需要对发行人所处行业、业务模式、核心技术、市场空间以及发行人在行业中所处的地位进行深入研究，最终确定发行人最为合适的上市板块，为发行人成功上市找准方向。

中汽股份（301215）

中汽研汽车试验场股份有限公司（以下简称"中汽股份"或"中汽试验场"）成立于2011年，其控股股东为中国汽车技术研究中心有限公司（以下简称"中汽中心"）。中汽股份是我国主要的汽车试验场投资、运营、管理企业之一，主营业务为通过构建汽车场地试验环境和试验场景，为汽车整车生产企业、汽车检测机构、汽车底盘部件系统企业以及轮胎企业等客户提供场地试验技术服务。

公司已建有高速环道、直线性能路、外部噪声路、直线制动路、动态广场等10套场地道路设施，试验道路总长超过60千米，试验条件均满足国家标准和ISO（国际标准化组织）有关验证试验方法的要求，并兼顾满足欧盟和美洲汽车测试标准，场地道路设施为国际通行的汽车试验设施，在部分道路的设计上前瞻性地考虑了试验技术的发展和产品开发的要求。公司场地类型齐全、技术指标先进，法规类和研发类场地试验技术服务均能满足各类客户的主要需求，其汽车试验场是目前亚洲地区测试功能齐全、技术指标领先的第三方汽车试验场，为我国自主品牌汽车的自主研发提供了有力的技术支持。

进入工业 4.0 时代，中汽股份抢抓传统汽车向智能网联汽车转型的发展机遇，瞄准全球最高水平超前布局，投资约 14 亿元建设国际一流水平的长三角（盐城）智能网联汽车试验场，智能网联汽车试验场主要包含 7 条智能网联汽车测试道路，满足智能网联汽车各类封闭测试场景需求。

截至 2022 年末，中汽股份资产总额为 31.22 亿元，归属于母公司所有者权益为 27.27 亿元。2022 年度，总营业收入为 3.25 亿元，归属于母公司所有者净利润为 1.42 亿元。

一、IPO 项目申请及审核过程

中汽股份 IPO 项目于 2020 年 12 月 30 日获深交所受理；2021 年 1 月 28 日，交易所发出首轮问询；在交易所两轮问询后，2021 年 7 月 22 日，创业板上市委会议审议通过中汽股份发行上市申请；2022 年 1 月 11 日，中汽股份获得证监会注册批文。公司 IPO 项目从获受理至取得注册批文历时约一年。

二、审核关注的问题及解决思路

（一）关于重资产投入

交易所对申报文件中披露公司属于"重资产投入型技术服务行业"的具体含义进行了重点问询，保荐机构结合发行人业务特点、行业特点以及同行业中具有类似特点公司的情况三个方面进行了说明回复。

第一，公司主营业务的开展需要依托汽车试验场的场地试验环境和试验场景，汽车试验场试验环境、场景的构建涉及占地面积较大、技术指标要求较高的道路设施建设，需要较大规模的资金投入，进而使得公司固定资产规模占资产总额比重较大。

第二，公司所在专业技术服务行业总体呈现出轻资产运营的特点。公司 2020 年末固定资产规模占资产总额的比例为 52.59%，与一般的技术服务企业比例为

13.09%具有较大差异。

第三，专业技术服务行业中主要从事检测业务的公司亦存在固定资产占比较高的情况，与公司作为重资产投入型技术服务企业的特点基本一致。公司重资产投入的特点主要与公司构建提供技术服务的环境及场景需投入较大有关，其不影响公司技术服务企业属性。

（二）关于创业板定位

公司是否符合创业板定位是审核机构关注的重点问题，该问题在中汽股份项目一轮问询、二轮问询及审核中心意见中均被重点问询。

1. 解决问题的思路

在一轮问询回复中，保荐机构主要从公司试验场地综合技术的创新性、场地试验管理系统的技术创新两个方面说明了公司业务的创新、创造、创意特征，从公司所承担的科技部重点研发项目、公司在研项目及未来业务发展方向、先进的场地设施及高效的运营管理模式等方面阐述了公司科技创新、模式创新、业态创新和新旧产业融合情况。在二轮问询中，审核机构结合公司重资产投入、主营业务无对应发明专利等情况，要求发行人进一步说明公司是否符合创业板定位。

上市审核中心在回复意见中要求公司对创业板定位说明进行进一步细化：要求公司结合道路技术参数、行业标准应用和可比公司情况，说明公司在设计场地设施等方面的技术壁垒及创新性的具体体现，并要求公司说明未来保持技术先进性的主要措施。保荐机构从汽车试验场设计过程、建设过程、运营过程中的重难点，以及所运用的技术手段等方面说明了公司的技术壁垒，并通过深入分析不同道路测试环境具体参数指标、设计原理等对公司创新性及设计方案执行高标准进行论述说明。

2. 问题的回复

（1）影响汽车试验场建设运营的核心要素。

保荐机构重点说明了影响汽车试验场建设运营的核心要素是建设运营方对汽车行业发展的深刻理解、在汽车场地技术服务业务领域深厚的技术储备和丰富的运营管理经验，仅仅依靠土地、资金等资产驱动是无法完成汽车试验场的建设和运营的，从而解释了重资产投入特征对公司创业板定位的影响。

（2）公司主营业务（场地试验技术服务业务）在报告期内未形成对应的发明专利的原因。

公司在报告期前主要开展项目建设及业务拓展，前期对相关技术专利申请的重视程度不足，随着公司逐步进入稳定运营期，相关知识产权管理体系逐步完善，截至回复日，公司累计获得24项专利，其中1项发明专利为受让取得。公司目前正在申请并已被受理审查的专利13项，其中11项为公司自主研发的发明专利。随着相关专利申请工作推进，公司将逐步增加与主营业务相关的发明专利数量。

（3）汽车试验场在场地设施设计方面存在相应的技术壁垒。

①在汽车试验场设计过程中，公司需要对法规认证标准体系及企业自主研发标准体系有深刻的理解。

目前，国内汽车试验场地环境下汽车产品准入的标准体系包括基于《道路机动车辆生产企业及产品准入管理办法》（中华人民共和国工业和信息化部令50号）等公告类法规认证试验体系运行的10项检验项目、17项检验依据标准；基于《交通运输部办公厅关于贯彻落实交通运输行业标准〈营运客车安全技术条件〉（JT/T 1094-2016）的通知》《交通运输部办公厅关于做好交通运输行业标准〈营运货车安全技术条件第1部分：载货汽车〉（JT/T 1178.1-2018）实施工作的通知》《交通运输部办公厅关于贯彻落实交通运输行业标准〈营运客车类型划分及等级评定〉（JT/T 325-2018）的通知》等法规及技术标准体系运行的16项营运安全达标检测产品准入检验项目；基于《关于开展机动车和非道路移动机械环保信息公开工作的公告》（国环规大气〔2016〕3号）等法规体系运行的机动车环保类法规认证试验项目等。因此，汽车试验场的设计方案需要同时满足上述法规准入标准体系的要求。同时，汽车试验场的设计方案还需要考虑能够实现动力性能试验、制动性能试验、油耗试验、操纵稳定性试验、NVH（噪声、振动、不平顺性）试验、噪声试验、轮胎开发试验、ABS（防抱装置）试验、ESP（电子稳定系统）设计验证、防抱死系统试验、动态AEB（自动紧急刹车系统）试验、高速耐久性试验、排放耐久性试验、可靠性耐久试验、ESP性能试验、操纵稳定性主观评价试验等汽车企业自主研发试验体系的需求。上述法规标准体系和自主研发标准体系，是汽车试验场运营需求的最直接的体现，如果相关设计方对上述技术体系不能做到深入理解和掌握，则无法设计出符合法规及自主研发需求的综合性汽车试验场，或其设计方案距离实际需求存在一定差距。

②在汽车试验场设计过程中，公司需要结合对试验标准体系及试验方案的理解，优化试验环境、试验场景，提升试验效率和安全性。

场地设施的设计需要以全方位满足客户需求为导向，要求相关主体充分了解汽车整车生产企业、汽车底盘部件系统企业及轮胎企业的场地试验需求内容，并基于国内自主品牌的研发体系现状及发展趋势，国内外社会道路典型工况的差异分析，以及行业标准及法律法规修订的经验，同时兼顾不同类型客户场地测试的需求，设计相应的试验场地环境及试验场景。大型的综合类汽车试验场，一般均需要建设高速环道、强化耐久路、直线制动路、动态广场、标准坡道、噪声路等相关类型道路，涉及的试验区域占地面积大、场地道路类型多、试验场景复杂；相关设计方案是否合理，试验场地的布局及相关参数设计是否贴合客户的试验需求和试验流程，将直接影响汽车试验场的试验效率，客户的试验体验及其所付出的试验成本。

③在汽车试验场设计过程中，公司还需要结合试验场的地理位置、占地面积、地质条件、周围市场特点等情况，综合确定试验场设计方案。

汽车试验场的试验环境搭建，除了基本的场地道路的长度、宽度及路面材料等参数诉求之外，还涉及具体试验道路的种类布局，道路坡度及平整度，道路的摩擦系数，附着路面的具体类型和附属设施等，它们均需要进行相应的参数设定、布局安排，同时还需要结合所在地的地质条件，考虑相应的设计指标。例如，中汽试验场作为位于东南沿海地区的汽车试验场，在设计过程中充分考虑了台风天气、潮湿环境、盐碱土地、滩涂地质条件等相关因素对试验环境和试验场景的影响。同时，汽车试验场需要充分考虑周边汽车工业发展特点、主要客户需求等，做出有针对性的设计布局，以吸引重点客户群体。中汽试验场在设计过程中，充分评估和吸收了长三角周边如吉利集团、大陆集团等各类型客户的个性化试验需求，对公司的市场服务主体做出了精准分析，从而确保公司与周边重点客户形成了长期稳定的合作关系。因此，汽车试验场在设计过程中，除了需要与汽车试验直接相关的技术支撑之外，还需要相应的市场分析、工程施工等方面的技术支持，也就是说，它需要设计方具有较强的技术集成能力。

④汽车试验场设计对技术水平的要求随着汽车工业发展和技术进步不断提升。

伴随我国汽车工业总体技术水平的发展，国内汽车试验场的技术经历了逐步发展的过程。虽然早在20世纪80年代我国就已有汽车试验场投入运营，但当时主要服务于技术指标要求较低的商用车辆，同时以满足要求相对较低的国内汽车准入法规相关检测试验标准为主。此外，由于国内乘用车辆早期的自主研发能力较弱，主要依赖于合资品牌，而合资品牌在国内开展研发试验的需求相对较少，因此除一些合资品牌自建自用的汽车试验场之外，国内早期建设的汽车试验场能满足企业自主研发试验需求的相对较少，汽车试验场的设计技术要求也相对简单。2011年以来，国内自主品牌的试验验证体系逐步成熟，在国内建设运营高标准的汽车试验场也相应有了市场需求，这对汽车试验场的设计提出了更高的技术要求。

（4）中汽试验场设计方案高标准的具体体现。

与同行业汽车试验场相比，中汽试验场设计方案的高标准主要体现在中汽试验场相关道路设施的具体参数上。根据中国汽车工业协会出具的相关调研报告，在国内11家主要的汽车试验场地的技术指标方面，中汽试验场试验道路总长超过60千米，排名第二，总安全容量排名第五，占地总面积排名第三。具体场地道路设施中，中汽试验场高速环道的长度及能支持的最高车速均排名第一；坡道种类数量及低附坡道数量均排名第一；强化耐久路总长度及特征路面数量均排名第一；综合耐久路中底盘调校路段的长度、特征路面种类、能支持的最高车速三项指标均排名第一；其他场地道路设施均排名前列，体现出明显的高标准设计特点。

公司已获得了工信部、交通运输部、国家认监委等主管部门涉及汽车试验场测试认证的各项资质。同时，报告期内，公司试验场地符合ECE（欧洲经济委员会）R117法规标准的测试条件，巴西Ordinance No.544法规标准的测试条件以及沙特阿拉伯GSO/ISO 28580、ISO 15222法规标准的测试条件，可以进行滚动噪声、滚动阻力、湿地抓着性能的测试。同时，德国汽车工业协会经过对欧洲1家和国内7家汽车试验场噪声路进行Round-Robin（循环）比对试验后提出，中汽试验场的外部噪声路是推荐使用的三条噪声路之一。

以在中汽试验场总体设计布置中占有重要地位的高速环道为例，影响其设计的主要因素是缓和曲线。高速环道的设计采用了麦康奈尔氏曲线，即随着缓和曲线道路斜坡逐渐变化，汽车沿斜坡方向行驶会产生侧倾运动，该设计方案能将汽车侧倾运动时产生的侧摆角加速度变化率控制在人体感觉限值以下。中汽试验场高速环道曲线路段最高车道角度为 35.72°（设计基准线处），侧摆加速度变化率 J 值按 2°/S3 控制，且曲线路段与直线路段的连接采用了连续沥青无缝整体摊铺工艺，因此相比其他试验场而言，曲线路段弯道部分的行驶舒适性更好、安全性更高、车轮磨损度更低。

此外，以直线性能路为例，中汽试验场直线性能路的纯直线段总长约 2.5 千米，其调头环平曲线半径最大为 200 米，且曲线路段横坡采用了"超高渐变"（即横坡由直线路段的 0.5% 均匀同向变化至 8.0%，保持至半径 200 米曲线段后均匀同向变化至 0，紧接着再反向变化至-10.0%，保持至半径 100 米曲线路段后横坡逐渐变化为 0）。调头环路段限速 60 千米/时，因为有"正反横坡"路面缓和离心力，所以即便是满载的 49 吨重型卡车，其出弯速度也可以达到限速值，进入直线路段基本就可以直接进入试验状态，这样相当于进一步拉长了可执行试验的路段长度，不仅提升了试验效率，增强了试验数据的一致性，还可以更好地保障试验车辆在调头环内行驶的安全性。

（5）应对汽车制造行业转型升级、保持技术先进性的主要措施。

第一，公司积极加入各类行业标准组织、行业协会及行业学会，参与相关行业会议、标准验证活动及标准的制修订工作，及时把握行业动态；第二，结合公司主营业务的发展规划，申报或自立相关科研课题，引进行业技术人才；第三，公司持续保持与客户的沟通及技术研讨，识别和总结不同客户在测试需求方面的变化及技术要求；第四，结合试验场设计阶段的预留，通过场地改造、试验场景重构、试验场景组合、试验环境补充配套等方式应对客户对测试技术的需求变化。

（三）关于独立性及同业竞争

中汽股份控股股东中汽中心是国务院国资委直属中央企业，成立于 1985 年，是在国内外汽车行业具有广泛影响力的综合性科技企业集团。中汽中心业务涵盖检测试验、工程技术研发服务、数字化、工程设计、咨询服务、认证业务和战略新兴业务等十大领域，其中，检测试验业务板块是中汽中心重要的业务板块。中汽中心检测试验业务板块中，中汽中心及其控股的除中汽股份之外的子公司存在投资建设、运营汽车试验场地的情况，包括天津检验中心运营的一条内部试验路，呼伦贝尔检验中心建设运营的冬季汽车试验场地，该板块中其他业务均为室内检测业务。

中汽中心为国内具有全部检测资质的六家检测机构之一，国内众多整车厂商、底盘零部件厂商均与中汽中心有长期业务合作关系，中汽中心的客户群体与中汽股份客户群体有大比例重合，审核机构针对中汽股份业务独立性进行了重点问询：中汽中心是否存在选择中汽股份外的其他试验场开展室外试验的情况；中汽股份是否存在试验及试验场始终绑定的情况；选定中汽中心作为试验机构后，汽车厂商是否可自主选择试验场。

1. 解决问题的思路

保荐机构对中汽中心及其控股的子公司所选择的试验场进行了调查，中汽中心及其控股的子公司作为检测机构，除在中汽股份开展室外试验外，还存在选择交通部公路交通试验场、海南热带汽车试验场、机械工业孝感汽车试验场、梁山汽车试验场、襄樊汽车试验场等开展室外试验的情况。

对于中汽中心与中汽股份业务独立性的问题，保荐机构根据不同类别业务具体情况进行了说明，并且通过说明公告体系检验资质进一步放开以及汽车厂商等类型终端客户在选择试验场地方面拥有较强的主导权，对此问题进行了解释。对于潜在的同业竞争问题，保荐机构从历史沿革、人员、资产、业务区分以及营收规模比较等方面进行了说明论述。

2. 问题的回复

（1）关于独立性问题的回复。

①根据不同类别业务具体情况进行分析。

法规认证类业务方面，因法规认证测试对汽车试验场的要求一般低于企业自主研发标准，国内可供选择的能够满足法规认证标准的汽车试验场地较多，因此，检测机构与其客户主要基于客户试验车辆的上市进度要求，试验车辆的安全性、保密性，以及开展法规认证业务的便利性等多种因素进行综合评估，待友好协商后，选取满足法规检验要求的试验场地以开展试验。除法规认证业务外，检测机构也可能存在接受客户委托开展受托研发试验的情况，针对该类业务，客户基于稳定可靠的、可重复的试验环境参数要求和自身研发试验类型多样化等需求，会更加倾向于选取试验条件好、技术水平高的大型综合汽车试验场。

②公告体系检验资质进一步放开，汽车厂商等各类型终端客户在选择试验场地方面拥有较强的主导权。

随着工信部公告体系检验资质进一步放开，除国有检测机构外，部分民营检测机构逐步具备工信部公告体系检验资质。截至2020年底，工信部装备中心已发布的三批检验检测机构备案信息中，有两家民营整车检测机构和四家民营零部件检测机构具备了工信部公告体系检验资质。同时，随着工信部公告体系对于事中事后管理的进一步加强，传统的法规认证检测市场竞争进一步加剧，而汽车企业更加重视产品的质量和一致性。基于自主研发驱动的检测试验需求进一步增多，由此衍生出委托专业机构开展研发试验的相关业务需求，它们成为检测机构的新增业务空间。检测机构为获取相关业务机会，进一步抢占市场份额，会尽量满足客户在试验方式、场地设施选取等方面的要求，这会间接促使汽车厂商等类型客户拥有较强的试验场地选择主导权。

由于控股股东中汽中心控制的呼伦贝尔检验中心主营业务为极限环境下汽车试验场的运营及管理，审核机构对该业务是否构成同业竞争进行了重点关注。在第一轮审核问询中，审核机构要求发行人披露呼伦贝尔检验中心与发行人的关系，报告期内该中心是否存在与发行人利益输送或相互让渡商业机会或向发行人单方让渡商业机会的情形，并要求发行人补充披露发行人与控股股东、实际控制人及其控制的其他企业间是否存在对发行人构成重大不利影响的同业竞争。第二轮审核问询中，审核机构对呼伦贝尔检验中心的经营情况进行深入问询，要求发行人披露呼伦贝尔检验中心的试验场收入、毛利占发行人主营业务收入、毛利的比例情况。

（2）关于同业竞争问题的回复。

①从历史沿革角度看无关联。

天津检验中心于2015年5月出资设立呼伦贝尔检验中心，设立时注册资本为人民币1 000万元，为货币出资。呼伦贝尔检验中心自成立至今均由天津检验中心100%持股，股东未发生变化。中汽股份与呼伦贝尔检验中心除同受中汽中心控股外，不存在其他股权关系。

②资产独立。

中汽股份目前所使用的土地、房屋、机器设备等资产均系发行人自行购买、承包或建设而来，资产权属独立于呼伦贝尔检验中心。呼伦贝尔检验中心自成立以来，与中汽股份不存在资产方面的交易或交叉安排。

③人员独立。

中汽股份非任职董事周华在呼伦贝尔检验中心兼任执行董事，但报告期内，双方不存在高级管理人员、普通业务人员同时与两处签署劳动合同或同时在两处开展实质性工作的情况，不存在互相代缴员工社会保险、住房公积金、企业年金的情形，不存在共用员工的情形。

④业务独立且有本质差异，呼伦贝尔检验中心商业模式具有合理性。

呼伦贝尔检验中心自成立以来主营业务为极限环境下汽车试验场的运营及管理，与中汽股份常规环境下的汽车试验场地运营及管理存在明显差异。

客户选择呼伦贝尔检验中心的冬季汽车试验场开展试验，主要是基于对极限环境下的研发试验需求，该中心提供的相关服务与中汽股份为客户提供的常规环境下的场地试验技术服务存在显著差异，不具备相互替代性。具体来说，呼伦贝尔冬季汽车试验场地系呼伦贝尔检验中心承租的位于呼伦贝尔牙克石地区的湖面，在每年的11月至次年3月5个月时间里平均气温在$-30℃$至$-20℃$，湖面冻结，呼伦贝尔检验中心在冻结的湖面打造试验场地，并依托该等试验场地为客户提供服务。除以上5个月，剩余月份由于天气回暖、湖面解冻，这里已不具备开展极寒环境下试验的条件，且根据协议约定，地方政府有权在湖区开展旅游养殖业。因此，除以上5个月，剩余月份冬季试验场地环境消失，恢复自然生态环境，无法提供检测服务。

呼伦贝尔检验中心是中汽中心下属的检测认证业务子公司之一，主要定位于极限环境下的相关检测认证服务。在非冬季试验业务开展期间，呼伦贝尔检验中心的相关技术服务人员，将主要根据客户需要，为客户开展常规环境、高原环境、高温环境下的检测服务，这些服务的提供主要依赖自然环境（如常规的高原、沙漠等自然环境）或其他方建设运营的试验场地。呼伦贝尔检验中心除自身拥有冬季试验场之外，不存在在其他地区或环境下建设运营汽车试验场地的情况。除上述检测业务外，冬季试验场非运营时间段，呼伦贝尔检验中心的技术人员还承担冬季试验的标准体系建设、相关课题研究等工作，该中心不存在冬季试验场非运营时段相关人员闲置的情况。

此外，从实际经营情况来看，目前呼伦贝尔检验中心人员 32 人左右，以 2020 年度呼伦贝尔公司实现 2 128 万元主营业务收入计算，人均产值 67 万元左右，商业逻辑合理。因此，呼伦贝尔检验中心的服务内容、业务规模、人员数量、经济效益等情况可以说明，目前呼伦贝尔检验中心作为独立法人主体，其商业模式具备合理性。

⑤呼伦贝尔检验中心营收、毛利等财务指标占比较低。

2018 年至 2020 年，呼伦贝尔检验中心的主营业务收入、主营业务成本及主营业务毛利占中汽股份相应指标的比例均较低，均未超过 16%，其中，主营业务收入、主营业务毛利占比均未超过 10%。

⑥控股股东出具同业竞争承诺。

针对天津检验中心内部试验道路及呼伦贝尔检验中心下属冬季试验场地，中汽中心进一步承诺，中汽中心及下属企业在拥有天津检验中心内部试验路期间，不开展依托于该道路的任何场地试验技术服务业务或类似业务，不开展依托于该场地的对外经营活动。同时，中汽中心承诺在中汽股份上市后五年内，在符合国资委及其他相关监管机构的监管要求以及不损害上市公司利益的前提下，将与各方共同协商通过业务转移、委托管理、资产或股权转让等方式，实现让中汽股份成为呼伦贝尔冬季试验场的场地试验技术服务的提供主体。

（四）关于土地问题

1. 审核问询重点问题

中汽股份存在承包农用地的情况，还存在所承包农用地分布在试验场内的情况。审核机构在一轮审核问询、二轮审核问询中均就公司承包农用地相关问题进行了问询。

一轮审核问询中，审核机构主要关注承包农用地是否符合《土地管理法》等法律法规的规定，是否获得了相关有权部门的认可或确认，公司是否存在无法继续使用该土地的风险，此风险是否构成本次发行上市的实质性障碍。

二轮审核问询中，审核机构则重点关注了公司承包的农用地分布在试验场内的背景和原因，相关土地在公司承包前的使用情况，承包后的现状和用途，并要求公司补充说明盐城市大丰区人民政府是否为批准公司承包相关国有农用地以及确定公司该事项合法合规性的有权部门。

2.问题的回复

（1）无法继续使用承包农用地的风险较小，该风险不构成本次发行上市的实质性障碍。

保荐机构从公司承包农用地符合《土地管理法》等法律法规的规定且公司获得了相关有权部门认可或确认的角度说明了公司承包相关土地的可持续性及相应保障措施。同时，从以下几个方面论述了无法继续使用承包农用地的风险较小，该风险不构成本次发行上市的实质性障碍。

第一，公司与承包土地的使用权人大丰港管委会、海城实业分别签订了合法、有效的《土地承包合同》及《协议书》，且《土地承包合同》明确约定大丰港管委会保证公司在承包期限内使用该承包土地，不受任何第三方的干扰。

第二，上述承包土地分布在公司试验场内，被场地内公司合法拥有产权的道路设施切割得较为零散，已不便于集中开展大规模生产经营活动，政府收回土地开展其他生产经营活动的可操作性较低。

第三，根据公司所在地大丰港经济区关于汽车产业的发展战略以及建设"国际汽车试验服务中心"的总体规划（2019—2030年），盐城市大丰区拟在大丰港经济区打造面向国际的汽车服务基地，公司作为大丰港经济区汽车产业的重要企业，承包上述土地符合大丰港经济区的发展战略。

第四，报告期内公司未改变农用地属性，不存在因承包农用地相关事项受到主管部门处罚的情形。

第五，根据大丰港管委会、海城实业出具的《确认函》，其确认如在承包期限内大丰港管委会、海城实业以任何形式将前述农用地的权利人变更为其他第三方，大丰港管委会、海城实业将提前告知公司，并承诺上述权利人变动不影响《土地承包合同》《协议书》的效力及履行，并将促使受让该等农用地的第三方同意承继大丰港管委会、海城实业分别在《土地承包合同》《协议书》约定的除收取土地承包款之外的权利及义务。

第六，根据盐城市大丰区人民政府出具的说明文件，承包期内，在公司不改变农用地用途的基础上，承包权不受影响。

（2）承包的农用地分布在试验场内的背景和原因。

对于公司承包的农用地分布在试验场内的背景和原因，保荐机构结合试验道路建设后的俯视图进行了说明。

公司建设的高速环道最大周长 7.8 千米，其圈定了公司试验场的建设范围，范围除包括公司合法拥有产权的场地道路设施外，还包括高速环道范围内的 4 000 亩农用地。

对于政府而言，上述农用地由于被公司合法拥有的场地道路设施切割得较为零散，不便于集中开展大规模生产经营活动，所以上述农用地通过承包或出让等方式提供给其他主体并由其经营建设的可能性较低，公司承包上述农用地将有利于提升当地政府的土地资源利用效率。

对于公司而言，承包上述农用地有利于保障试验场总体经营环境的完整性，同时避免由其他主体进入试验场内开展相关经营活动导致的安全隐患及保密性风险，因此，公司经与地方政府部门协商后，决定以承包经营模式承包上述 4 000 亩农用地。公司所承包的农用地在公司承包之前系覆盖有植被、鱼塘等的国有农用地，目前仍覆盖有植被、鱼塘等。公司承包后通过种植树木等植被维持土地农用地的用途，同时以此方式满足试验场经营环境完整性、安全性和保密性需求。

（3）盐城市大丰区人民政府为批准公司承包相关国有农用地以及确定公司该事项合法合规性的有权部门。

第一，公司向大丰港管委会承包该等农用地无须事先取得盐城市大丰区人民政府的批准或同意。《土地承包合同》所适用的相关法律法规并未规定承包国有农用地需事前取得有权部门的批准或同意。《土地承包合同》签署之时适用 2004 年版《土地管理法》第十五条之规定："国有土地可以由单位或者个人承包经营，从事种植业、林业、畜牧业、渔业生产……发包方和承包方应当订立承包合同，约定双方的权利和义务。土地承包经营的期限由承包合同约定。承包经营土地的单位和个人，有保护和按照承包合同约定的用途合理利用土地的义务。"因此，大丰港管委会（盐城市大丰区人民政府的派出机构）作为相关农用地的使用权人，有权自行决策将该等农用地发包给公司。

第二，盐城市大丰区人民政府为确定发行人承包该等农用地合法合规性的有权部门。2014年7月9日，大丰市人民政府（现更名为"盐城市大丰区人民政府"）向大丰市国土资源局（现更名为"盐城市大丰区自然资源和规划局"）出具了《关于同意办理汽车试验场范围内国有农用地发包的通知》（大政发〔2014〕127号），同意在不改变原土地用途条件下，将公司高速环道范围内的4 000亩国有农业用地发包给公司，发包期50年；2021年3月14日，盐城市大丰区人民政府针对公司承包农用地事项出具《情况说明》，大丰港管委会以及海城实业作为土地使用权人，有权决策将位于公司高速环道内非建设用地共计4 000亩土地发包给公司。承包期内，在公司不改变农用地用途的基础上，承包权不受影响。根据现行有效的《土地管理法》第六十七条等的规定，县级以上人民政府自然资源主管部门对违反土地管理法律、法规的行为进行监督检查。公司所承包国有农用地位于盐城市大丰区人民政府的辖区范围内，盐城市大丰区人民政府下属的土地主管部门为盐城市大丰区自然资源和规划局，该局主管全区土地、矿产等自然资源的规划、管理、保护与合理利用，其职能包括：贯彻执行国家、省有关国土资源等方面的法律、法规、方针、政策；依法管理国有土地使用权划拨、出让、租赁、作价出资、转让，实施国有土地储备工作；等等。据此，盐城市大丰区人民政府有权确定公司承包该等农用地合法合规性。公司承包农用地的程序及行为符合《土地管理法》相关规定。

三、中汽股份IPO意义

（一）为国企集团推动混合所有制改革提供良好范式

在中汽股份实现上市之前，中汽中心尚无上市相关资本运作的经验和下属上市企业，中汽股份资本运作成为中汽中心加大力量推动资本运作的成功范式。

第一，明确战略定位，厘清业务边界，选择合适的上市资产。推动下属企业资本运作，要结合集团总体发展战略定位及业务结构，梳理出既符合集团战略发展方向又边界清晰的业务，并对其进行资产整合，避免为了上市而上市，要使总体上市工作为集团战略发展服务，同时要充分明确业务边界，确保不会触发同业竞争，减少关联交易，以扫除下属企业上市可能面临的障碍。中汽股份作为中汽中心下属的汽车试验场业务板块的核心企业，具有业务边界清晰、资产独立的特点，同时，中汽股份"建设国际一流的汽车试验场"的战略目标是中汽中心"打造国际一流汽车技术服务企业"目标的重要组成部分，中汽中心借助中汽股份上市融资可以快速实现智能网联汽车试验领域布局，所以中汽股份上市融资具有重大战略意义。

第二，以上市为抓手全面提升经营管理水平，形成登陆资本市场的核心竞争力。上市是途径而不是最终目标。通过上市，发行人上市资产全面对标已上市同业公司，发行人以上市过程中的规范整改为抓手，不断提升核心竞争力和盈利能力指标，以上市为契机，通过规范业务流程、提升信息化水平、增强成本管理、加大绩效考核力度等途径，实现业务体系全面优化，不断提升自身经营水平，实现自身经营质的飞跃。准备上市过程中，中汽股份在2017年至2019年实现业务规模和经营效益的快速提升，在2020年以来面对疫情的持续影响，保持了业务规模的稳定，各项经营指标不断优化，经营管理水平不断提升，其更加符合现代化企业管理要求。

第三，对标上市条件，逐项落实整改，充分披露信息。注册制改革背景下企业上市条件更加多元化，以信息披露为核心的上市审核理念得以形成。如何充分对标上市条件，做好信息披露工作，将公司的各方面情况充分、合理地展示给资本市场，成为企业顺利实现上市目标的关键。

（二）论证了企业可借助上市契机，完善公司治理体系，提升规范运作能力

中汽股份借助改制上市契机，建立了完善的公司治理体系，提高了内部控制水平，严格按照上市要求对劳务用工、资产权属、财务规范等多个领域相关问题进行了整改，进一步消除了公司发展过程中的历史遗留问题，提升了公司的规范运作能力。

第一，充分发挥党组织的作用。切实推动"党建入章程"，以高质量创新型党建为公司改革上市"加油助力"，公司与上市辅导机构共同成立改制上市"党员联合突击队"，党员领导干部"挂帅督战"，带头突破重难点问题，高效解决了23个改制过程中遇到的专项整改难题。

第二，推动董事会配齐建强。公司不断推动完善中国特色现代企业制度；依法依规优化董事会成员结构，实现外部董事占多数；加强独立董事队伍建设，优化独

立董事资格条件，拓宽来源渠道，强化履职支撑，组织独立董事参加上市公司治理、规范运作及董监高履职责任等专项培训；建立战略委员会、审计委员会等董事会专门委员会，切实为董事会行权履职提供组织保障。

第三，健全治理制度体系。公司建立健全以章程为基础的规章制度体系，通过制定一系列支撑保障制度来规范制度制定、审核及发布等程序，保证各方面制度和规定与董事会制度有机衔接，促进各项工作高效协同运转。

（三）服务国家汽车产业强国战略

为践行汽车产业强国战略、国家智能汽车创新发展战略，把握汽车产业变革的战略机遇期，实现跨越式发展，作为汽车技术服务的"国家队"，中央企业中汽中心选定旗下中汽股份改制上市，旨在将自身打造成国际一流的汽车技术服务企业，推动汽车产业转型升级，推动中国实现由汽车大国迈向汽车强国的伟大梦想，成就和谐汽车社会。中汽股份从筹划上市至顺利发行上市历时两年半，创造了国企资本运作的范本，中汽股份成为我国资本市场的"汽车试验场第一股"。中汽股份本次发行市盈率53.60倍，体现了市场的高度认可，募集资金总额12.56亿元，该资金将投向长三角（盐城）智能网联汽车试验场项目，该募投项目瞄准全球最高水平技术指标并进行超前布局，抢占行业制高点，为中汽中心实现企业愿景奠定了基础。

铜冠铜箔（301217）

2022年1月27日，安徽铜冠铜箔集团股份有限公司（简称"铜冠铜箔"）登陆创业板，实现上市。

一、项目基本情况

（一）公司基本情况

公司基本情况见表12-64。

表 12-64　公司基本情况

中文名称	安徽铜冠铜箔集团股份有限公司
英文名称	Anhui Tongguan Copper Foil Group Co., Ltd.
注册资本	62 176.165 8 万元
法定代表人	丁士启
有限公司成立日期	2010 年 10 月 18 日
股份公司成立日期	2020 年 6 月 22 日
住所	安徽省池州市经济技术开发区清溪大道 189 号
经营范围	电子铜箔制造、销售及相关服务，铜商品贸易（依法须经批准的项目，经相关部门批准后方可开展经营活动）
主营业务	公司主要从事各类高精度电子铜箔的研发、制造和销售等，主要产品包括 PCB（印制电路板）铜箔和锂电池铜箔
所属行业	根据中国证监会颁布的《上市公司行业分类指引》（2012 年修订），公司所处行业为"计算机、通信和其他电子设备制造业"（行业代码为 C39）

（二）公司主营业务

1. 发行人主营业务介绍

公司主要从事各类高精度电子铜箔的研发、制造和销售等，主要产品包括 PCB 铜箔和锂电池铜箔（按应用领域不同分类）。自公司成立以来，主营业务未发生重大变化。

发行人是国内电子铜箔行业领军企业之一。截至 2021 年末，发行人电子铜箔产品总产能为 4.5 万吨/年，其中，PCB 铜箔产能 2.5 万吨/年，锂电池铜箔产能 2 万吨/年，发行人形成了"PCB 铜箔+锂电池铜箔"双核驱动的业务发展模式。发行人在 PCB 铜箔领域和锂电池铜箔领域均与业内知名企业建立了长期合作关系，取得了该等企业的供应商认证，发行人在 PCB 铜箔领域的客户包括生益科技、台燿科技、台光电子、华正新材、金安国纪、沪电股份、南亚新材等，在锂电池铜箔领域的客户包括比亚迪、宁德时代、国轩高科、星恒股份等。

2. 发行人的主要产品

公司主要产品电子铜箔按应用领域不同可分为 PCB 铜箔和锂电池铜箔。

（1）PCB铜箔。

PCB铜箔是制造覆铜板（CCL）、印制电路板（PCB）的主要原材料，覆铜板、印制电路板是电子信息产业的基础材料，其终端应用领域包括通信、计算机、消费电子和汽车电子等。公司生产的PCB铜箔产品主要有：高温高延伸铜箔（HTE箔）、反转处理铜箔（RTF箔）、高TG无卤板材铜箔（HTE-W箔），主要产品规格有12μm、15μm、18μm、28μm、35μm、50μm、70μm、105μm、210μm等，最大幅宽为1 295mm。其中，HTE-W箔具有良好的高温抗拉、延伸性能，较强的剥离强度及耐热性能，主要应用于覆铜板中的高玻璃化温度板材。除高温抗拉、高延伸性铜箔高TG无卤板材铜箔外，公司在高端电子电路铜箔领域进行持续研发创新并取得一定成果。公司已成功开发低粗糙度反转处理铜箔（RTF箔）产品并于2019年实现量产，反转处理铜箔（RTF箔）系高频高速基板用铜箔，主要用于5G用高频高速PCB的生产制造，其终端应用领域为通信网络设备、基站、服务器等。报告期内，公司RTF箔产品销量呈快速增长趋势。

（2）锂电池铜箔。

锂电池铜箔是锂电池制造中的重要基础材料之一，公司生产的锂电池铜箔产品主要为动力电池用锂电池铜箔、数码电子产品用锂电池铜箔、储能用锂电池铜箔，最终应用在新能源汽车、电动自行车、3C数码产品、储能系统等领域。公司生产的锂电池铜箔主要产品规格有6μm、7μm、8μm、9μm等。公司主要锂电池铜箔产品为双面光7μm、双面光8μm超薄电子铜箔，而随着技术的进步及锂离子电池能量密度的不断提升，6μm锂电池铜箔逐步成为国内主流锂电池铜箔生产企业的重点发展方向。公司于2018年实现6μm双面光锂电池铜箔的规模化生产，随着下游客户逐步切换至使用6μm产品，其销量、销售收入占公司锂电池铜箔销量及销售收入的比例呈逐年上升趋势。公司已成功开发4.5μm极薄锂电池铜箔及高抗拉锂电池铜箔的核心制造技术并具备小规模生产能力，截至2021年末，公司已实现4.5μm产品销售，其商用正在有序推进中。

3.发行人主营业务收入构成

报告期内，公司主营业务收入构成情况（按产品类别划分）如表12-65所示。

表 12-65 报告期内公司主营业务收入构成情况

项目	2021年1—6月 金额（万元）	占比（%）	2020年 金额（万元）	占比（%）	2019年 金额（万元）	占比（%）	2018年 金额（万元）	占比（%）
PCB铜箔	123 038.79	65.68	170 314.78	72.02	153 778.97	66.29	166 349.41	70.63
HTE箔	82 003.05	43.77	120 469.17	50.94	117 721.37	50.75	134 937.73	57.30
HTE-W箔	27 916.07	14.90	32 858.72	13.89	30 789.16	13.27	30 693.84	13.03
RTF箔	12 968.67	6.92	16 708.26	7.06	4 918.55	2.12	346.19	0.15
VLP箔	151.00	0.08	278.62	0.12	349.89	0.15	371.65	0.16
锂电池铜箔	53 423.26	28.52	53 668.69	22.69	58 746.50	25.32	48 684.82	20.67
6μm及以下	21 531.75	11.49	15 339.84	6.49	6 949.95	3.00	2 234.23	0.95
7~8μm	31 291.79	16.70	36 821.89	15.57	49 053.19	21.15	44 251.05	18.79
8μm以上	599.72	0.32	1 506.97	0.64	2 743.36	1.18	2 199.54	0.93
铜箔业务小计	176 462.05	94.20	223 983.47	94.71	212 525.47	91.61	215 034.23	91.31
其他	10 870.22	5.80	12 511.84	5.29	19 454.30	8.39	20 477.19	8.69
合计	187 332.27	100.00	236 495.31	100.00	231 979.77	100.00	235 511.42	100.00

铜箔业务收入系公司主营业务收入的主要组成部分，2018—2020年及2021年1—6月，铜箔业务收入占主营业务收入的比例分别为91.31%、91.61%、94.71%和94.20%；其他业务收入主要为纸包铜扁线、漆包铜扁线、换位导线等铜扁线相关产品收入，该部分收入占比较小且呈下降趋势。

（三）简要财务数据

根据容诚会计师出具的《审计报告》（容诚审字〔2021〕230Z3897号），发行人报告期内主要财务数据如表12-66所示。

表 12-66　发行人报告期内主要财务数据

项目	2021年6月30日	2020年12月31日	2019年12月31日	2018年12月31日
资产总额（万元）	323 926.29	290 656.20	279 064.62	275 002.34
归属于母公司所有者权益（万元）	187 866.94	170 674.59	157 974.43	148 283.93
资产负债率（母公司，%）	30.67	28.45	25.71	37.24
资产负债率（合并，%）	42.00	41.28	41.64	44.40
项目	2021年1—6月	2020年度	2019年度	2018年度
营业收入（万元）	192 594.54	246 000.52	239 990.90	241 123.51
净利润（万元）	17 084.44	7 219.39	9 962.79	22 676.12
归属于母公司所有者的净利润（万元）	17 084.44	7 171.31	9 690.49	22 015.29
扣除非经常性损益后归属于母公司所有者的净利润（万元）	16 534.36	5 749.08	7 606.33	15 451.43
基本每股收益（元）	0.27	0.12	不适用	不适用
稀释每股收益（元）	0.27	0.12	不适用	不适用
加权平均净资产收益率（扣除非经常性损益后，%）	9.23	3.40	4.97	10.35
经营活动产生的现金流量净额（万元）	−1 420.76	−20 294.64	31 050.69	25 689.21
现金分红（万元）	—	—	—	20 000.00
研发投入占营业收入的比例（%）	1.51	1.97	2.40	1.83

（四）本次发行基本情况

1. 首次公开发行股票数量

本次公开发行股票 20 725.388 6 万股，占发行后总股本的比例为 25.00%，本次发行股份均为新股，无老股转让，公司股东不进行股份公开发售。

2. 发行价格

发行价格为 17.27 元/股，市盈率为 249.03 倍，每股收益按 2020 年度扣除非经常性损益前后孰低的净利润除以发行后总股本计算。

3. 每股面值

本次发行股票每股面值 1.00 元。

4. 发行方式

本次发行采用向战略投资者定向配售、网下向符合条件投资者询价配售和网上向持有一定金额深圳市场非限售 A 股股份和非限售存托凭证的社会公众投资者定价发行相结合的方式。本次发行不采用超额配售选择权方式。

5. 募集资金及发行费用

本次公开发行股票共募集资金 357 927.46 万元，扣除公司需承担的 14 914.99 万元发行费用（不含增值税）后，募集资金净额为 343 012.47 万元。

本次发行费用总额为 14 914.99 万元，具体明细如表 12-67 所示。

表 12-67　公司本次发行费用

费用名称	金额（万元）
保荐及承销费用	13 318.70
审计及验资费用	900.00
律师费用	137.74
用于本次发行的信息披露费用	400.00
发行手续费及其他费用	158.55
合计	14 914.99

注：本次发行费用均不含增值税，发行手续费及其他费用已包含本次发行的印花税。

本次发行新股每股发行费用为 0.72 元（每股发行费用 = 发行费用总额 ÷ 本次发行数量）。

二、项目主要障碍或难点及解决方案

（一）关联方及关联交易

1. 问题描述

2018 年、2019 年和 2020 年，发行人向铜陵有色及其子公司的关联采购金额分别为 170 813.99 万元、167 302.72 万元和 174 989.69 万元，占营业成本的比例分别为 84.69%、78.45% 和 77.77%，关联采购占比较高。关联采购主要为向控股股东铜陵有色采购原材料阴极铜，2018—2020 年，公司向铜陵有色采购阴极铜的金额分别为 163 457.42 万元、160 586.42 万元和 169 926.58 万元，占营业成本的比例分别为 81.05%、75.30% 和 75.52%。监管机构关注重点在于铜冠铜箔对控股股东是否存在重大依赖。

2. 解决方案

项目组查阅了发行人与铜陵有色的采购协议，对发行人管理层相关负责人进行了访谈，了解了报告期内关联交易具体情况并将采购单价与市场价格进行比较分析，查阅了发行人关联交易相关制度文件，了解了关联交易中内部程序履行情况，对铜陵有色相关负责人进行了访谈。经核查，发行人向铜陵有色的关联采购具有必要性及公允性，发行人对控股股东不存在构成重大不利影响的重大依赖，具体如下：

（1）关联采购主要为原材料阴极铜采购。

发行人向铜陵有色采购阴极铜金额占关联交易总额的比例超过 90%，即关联采购内容主要为阴极铜。

（2）阴极铜采购的合理性和公允性说明。

①阴极铜采购合理性分析。

阴极铜系铜冠铜箔生产过程中所需的必备材料。铜陵有色按产量排名是世界前五大阴极铜生产商之一，产品质量优良且工艺水准较高，其产品符合铜冠铜箔在生产过程中对阴极铜质量的要求。铜陵有色与铜冠铜箔分别位于铜箔生产制造产业链的上下游，铜冠铜箔向铜陵有色采购阴极铜具有商业实质。

铜冠铜箔地处安徽，最为临近的阴极铜供应商为铜陵有色，对于阴极铜采购方而言，采购成本主要取决于阴极铜市场价与运费，其中，阴极铜市场价格由公开市场决定，而运费则取决于阴极铜产地与发行人之间的距离。选择临近的铜陵有色作为阴极铜供应商可有效降低运输成本、运输过程中的风险并缩短采购周期，具有充分的商业合理性。

铜陵有色长期深耕铜采选、冶炼及加工领域，形成了完备的产品生产、供应体系。近年来，铜陵有色阴极铜产量占全国总产量的比例稳定在 14% 以上，其系全国最大的精炼铜生产企业之一，在行业内具有良好声誉及知名度。通过向铜陵有色采购，发行人可保证原材料质量，还能满足自身采购需求。

综上，发行人向铜陵有色采购阴极铜具备合理性。

②阴极铜采购价格公允性分析。

阴极铜为大宗商品，铜陵有色与发行人之间的阴极铜交易价格依据公开市场价格确定。报告期各期，发行人阴极铜采购价格与市场均价差异率均在±3%以内，且发行人阴极铜采购价格与铜陵有色向独立第三方销售阴极铜均价的差异率均在±3%以内，不存在重大差异。

综上，铜冠铜箔向铜陵有色采购阴极铜的价格与市场价格和铜陵有色向独立第三方的销售价格基本一致，发行人阴极铜采购价格具有公允性。

（3）从阴极铜关联采购占比来看，发行人对控股股东存在一定的依赖，但不构成会对发行人造成重大不利影响的重大依赖。

发行人原材料阴极铜全部向铜陵有色采购，从阴极铜关联采购占比来看，发行人阴极铜采购对控股股东存在一定的依赖，但不构成会对发行人造成重大不利影响的重大依赖，主要原因如下：

阴极铜作为大宗商品，供应渠道较多，单一供应商不存在垄断地位，发行人亦可按照公开市场价格从江西铜业、云南铜业、大冶有色等其他阴极铜供应商处采购。如发行人选择临近的江西铜业和大冶有色作为阴极铜供应商，对毛利率影响不超过1个百分点。经测算，发行人从其他供应商采购阴极铜而导致的运输成本上升对发行人的利润净影响金额在1 200万元左右，这对铜冠铜箔而言不构成重大不利影响，也就是说，发行人即使从别处采购阴极铜，仍满足上市条件。

故此，发行人对控股股东不存在构成重大不利影响的重大依赖。

（4）发行人已逐步降低向关联方的采购比例，并执行相应措施。

除阴极铜采购外，发行人的其他关联采购主要包括铜线、辅材、备件、建筑服务及运输服务的采购，该等关联采购金额占采购总额的比例较小。

2021年起，发行人已不再向关联方进行铜线、辅材及备件的采购；公司后续采购建筑服务、运输服务时，将严格通过招投标方式确定供应商。为实现公司利益最大化，未来发行人将保持一定规模的阴极铜、铜线委托加工等的关联交易，该等交易价格公允透明。

对于无法避免的关联交易，发行人将严格执行《公司章程》《股东大会议事规则》《董事会议事规则》《独立董事工作制度》《关联交易管理制度》等相关制度规定的表决程序和回避制度，切实保障中小股东权益；发行人将遵循公开、公平、公正的市场原则，确保交易公允，并对关联交易予以充分、及时披露。

（5）结论。

发行人对于阴极铜等存在其他采购渠道，相关替代方的定价与发行人采购价格不存在显著差异，发行人选择关联方作为供应商，主要系受运输费用、供货速度等影响，是为了实现利益最大化。

发行人阴极铜采购占比较高，从关联采购占比来看，发行人阴极铜采购对控股股东存在一定的依赖，但不构成会对发行人造成重大不利影响的重大依赖，除上述情况外，发行人采购对控股股东不存在依赖，其符合相关法规关于独立性不存在重大缺陷的规定。发行人已采取措施逐步降低向关联方的采购比例，相关措施具有可行性。

（二）独立性

1. 问题描述

报告期内，发行人存在与控股股东共用 ERP、OA（办公自动化）系统的情况。发行人及中介机构需说明：在与控股股东共用 ERP 系统等的情形下，发行人是否具有财务独立性，除控股股东承诺外发行人为保障财务独立性采取的具体措施及其有效性。

2. 解决方案

（1）发行人使用控股股东相关系统的原因。

发行人母公司铜陵有色之控股股东铜陵有色金属集团控股有限公司作为《财富》"世界 500 强"榜单中的大型国际集团，旗下拥有众多子公司，为提升经营管理效率，有效利用规模经济效应，其在集团层面统一建立信息系统，并根据下属企业业务实际需要，无偿授权它们使用该系统。发行人基于历史原因和集团统一安排获铜陵有色授权，长期使用 ERP、OA 系统，该等系统与发行人的经营和管理情况相契合。

（2）发行人为保障财务独立性采取的措施及其有效性。

①建立了独立的财务部门，并配置了专门的财务人员，拥有独立的银行账户。

发行人设立了独立的财务部门并配备了专门财务人员，建立了独立的财务核算体系；发行人所有的财务人员均与发行人签署了劳动合同，专职在发行人处工作，不存在在控股股东及其控制的其他企业担任职务和领取薪酬的情形；发行人财务系统操作涉及的销售人员、采购人员、库存管理人员、人力专员、财务人员均为发行人正式员工；发行人授权系统中的审批流程不涉及控股股东相关人员，未经发行人事先书面同意，铜陵有色不得通过授权系统对发行人经营信息、财务信息、后台数据进行查看或修改；发行人以自己名义开设有独立的银行账户，且发行人作为独立的纳税人，依法独立纳税申报。

发行人能够独立进行财务决策，且在财务系统内独立进行财务核算，发行人控股股东不参与发行人财务系统的相关决策及核算工作；发行人财务相关部门设置、人员配备及账户设置等事项均独立于控股股东及其关联方。

②发行人建立了独立的财务管理制度及财务会计制度，并予以严格执行。

在本次IPO筹备及辅导阶段，发行人已根据《上市公司治理准则》及《深圳证券交易所创业板上市公司规范运作指引》(以下简称《深交所规范运作指引》)，制定了《关联交易管理制度》《对外担保管理制度》《对外投资管理制度》等财务管理制度，它们于2020年6月经发行人第一次股东大会审议通过。另外，在《企业会计准则》框架下，发行人于2020年4月自行制定了财务会计相关制度。

自相关制度制定以来，发行人严格执行相关制度操作规则，在关联交易、对外担保、对外投资等方面均严格履行内部决策程序；资金预算与运营，成本核算与管控，会计档案管理等均在相关会计制度下进行；发行人对其全部资产进行独立登记、建账、核算、管理。

③发行人可以独立使用财务系统且不受铜陵有色干预。

发行人员工在经授权的财务系统内拥有独立的账号及权限，且该等账号保存于发行人处，铜陵有色仅作为日常维护方，负责系统的运行及维护；铜陵有色及其相关人员不参与发行人的具体业务及财务决策审批流程，亦没有修改发行人业务及财务数据的操作权限；发行人已通过用户隔离、流程及权限隔离、业务数据隔离等方式有效保障发行人独立使用财务系统，而不受铜陵有色的干涉。

铜陵有色作为上市公司，基于合并报表之目的，在经发行人书面授权后，可以在特定期限内通过财务系统访问端口查看发行人财务系统中的财务报表，但无法查询明细数据，除上述情况外，铜陵有色无权查看或修改发行人财务系统中的财务信息。

综上，发行人在部门设置、财务核算、制度管理、系统隔离等方面建立了保障财务独立性的具体措施，且该等措施得到了有效执行。

（3）总结。

发行人与控股股东、关联方共用 ERP、OA 等系统系集团统一安排及历史原因所致，发行人授权系统中的审批流程不涉及控股股东相关人员，未经发行人事先书面同意，铜陵有色不得通过授权系统对发行人经营信息、财务信息、后台数据进行查看或修改；铜陵有色更无权调用、划拨发行人资金。这些均符合《上市公司治理准则》《深交所规范运作指引》的相关要求。发行人与控股股东铜陵有色共用 ERP 系统的情况不影响发行人保持财务独立性；发行人在部门设置、财务核算、制度管理、系统隔离等方面建立了保障财务独立性的具体措施，且该等措施得到了有效执行。

（三）业绩波动

1. 问题描述

2018—2020 年，发行人净利润分别为 22 676.12 万元、9 962.79 万元、7 219.39 万元，业绩持续下滑。2021 年上半年，发行人实现归母净利润 15 237.25 万元，同比增长 647.42%。监管机构重点关注发行人是否具备持续经营能力。

2. 解决方案

项目组查阅了发行人主要销售合同，对发行人管理层相关负责人进行了访谈，取得了报告期内相关数据并对其进行分析复核，对主要客户进行了访谈，查阅了行业分析报告。具体情况如下：

（1）报告期内发行人净利润持续大幅下滑主要系行业需求变动所致。

报告期内，发行人净利润大幅波动，主要系铜箔行业供需变化所致。发行人产品加工费水平因行业供需变化而发生相应变动，引起发行人产品毛利变动，进而使得发行人净利润大幅波动。

（2）发行人具备持续经营能力。

铜冠铜箔具有持续经营能力，报告期内业绩下滑主要系受行业整体波动影响所致，在整体行业下行阶段，公司仍能够保持一定盈利水平和较好的现金流水平。发行人所处行业未出现周期性衰退、市场容量骤减、增长停滞等情况，铜箔产品下游行业景气度已显著回升且该等行业具有稳定发展预期。

发行人产品技术及设备具备领先性；同时，发行人拥有行业领先的产能配置及市场占有率，规模优势明显。基于领先的行业地位，发行人客户均为经营状况良好的业内大型知名企业，发行人与主要客户合作关系持续且稳定。发行人研发能力突出，其拥有一支技术全面、专业配置合理、锐意创新的高素质技术研发团队，该团队一直从事电子铜箔的研究、生产和销售，专注于提升电子铜箔产品的性能。

综上，发行人在产品技术、研发能力等方面都具有明显优势。发行人客户均为业内知名企业且经营情况良好，发行人2020年下半年起经营业绩回暖迹象显著，不存在影响持续经营能力的事项。

（3）2021年上半年，发行人产品销量及加工费均同比大幅增长，带动公司净利润大幅增加。

受新冠疫情及行业波动影响，公司2020年上半年业绩处于历史低位。2020年上半年，特别是第一季度，受新冠疫情影响，众多企业停工停产，公司所处产业链受到一定冲击，下游产业链产品如覆铜板、锂电池等需求不及预期，以锂电池铜箔主要应用领域新能源汽车为例，2020年1—6月，全国新能源汽车产量及销量分别同比下降36.5%及37.4%。受下游需求不及预期影响，公司生产订单、产品销量均有所下滑；受产销量下降影响，铜箔产品单位固定成本相应上升，使得2020年上半年公司铜箔产品单位成本增加，产品毛利率下降幅度较大，特别是锂电池铜箔毛利率下降明显，进而使得发行人净利润降至2 038.64万元，处于2017年以来同时段的最低点。

（4）产品需求旺盛，带动公司2021年上半年业绩回暖。2021年上半年，发行人产品需求旺盛，延续了2020年下半年以来的良好发展态势。PCB铜箔方面，消费电子、5G基站、汽车电子、IDC（互联网数据中心）等下游产业的快速发展，带动覆铜板、PCB产业持续保持高景气度，整个PCB产业处于量价齐升阶段。PCB产业的高景气度为公司PCB铜箔的销量及相关加工费项收入提供了有力保障。锂电池铜箔方面，我国大力推进碳中和战略，新能源汽车、储能系统领域快速发展，为公司锂电池铜箔销量的提升奠定了坚实基础，根据中国汽车工业协会公布的数据，2021年上半年，我国新能源汽车产量、销量分别达到121.4万辆和120.6万辆，同比分别增长230%、202%。受益于下游行业向好发展，公司自2020年7月起即基本处于生产线满负荷运转状态。

从产品销量来看，2021年上半年，发行人实现PCB铜箔销量14 430.82吨，同比增长9.55%，实现锂电池铜箔销量6 448.02吨，同比增长190.39%，相较而言，锂电池铜箔的毛利率水平高于PCB铜箔，锂电池铜箔销量的大幅增加，显著提升了发行人的盈利水平。

从产品加工费来看，受下游行业需求旺盛影响，2021年上半年，发行人铜箔产品整体加工费为2.54万元/吨，相较于2020年上半年的2.05万元/吨及2020年全年的1.99万元/吨，均有大幅增长。加工费系影响发行人毛利的直接因素，加工费项收入的增加，使得发行人2021年上半年的业绩同比大幅提升。

综上，2021年上半年，发行人产品销量及加工费项收入均同比大幅增长，带动公司净利润大幅增加。

（5）总结。

报告期内，发行人净利润持续下滑主要系行业供需变动所引起的加工费项收入下降所致。发行人在产品技术、研发能力等方面都具有明显优势，其客户均为行业知名企业且经营情况良好，所以发行人具备持续经营能力。2021年上半年，发行人产品销量及加工费项收入均同比大幅增长，带动公司净利润大幅增加。

三、案例启示

（一）项目执行：持续跟踪，选择恰当的时间

2017—2019年3年及2020年1—6月，公司实现的净利润分别为33 334.32

万元、22 676.12万元、9 962.79万元及2 086.71万元，报告期业绩呈显著下滑趋势，项目组和发行人对相关问题进行了全面分析，并择机于行业拐点出现时（2020年12月）提交申报材料。从2020年7月开始，铜价开始大幅上涨，发行人的业绩与铜价呈正相关，2020年和2021年，公司净利润分别回升至7 219.39万元和36 750.32万元。虽然监管机构审核人员在一轮反馈中关注了业绩下滑问题，但随着公司业绩回升，审核人员后续并未进一步问询。由此可知，项目组需要持续跟踪发行人及市场情况，选择恰当的时间提交申报材料，这样有利于提高项目成功率。

（二）审核问询：分拆项目关注独立性问题

作为注册制下极具市场代表性的国企分拆上市项目，除监管机构通常关注的合规性问题外，铜冠铜箔IPO申请过程中所涉及的重点问题主要为独立性问题。监管机构在审核过程中，对铜冠铜箔业务、财务、资产及人员独立性均给予了重点关注，这就对企业过往经营的合规性，各项业务数据及财务数据的留存及分析能力提出了极高的要求。

公司及中介机构做出了如下安排：一是对过往公司作为上市公司子公司设立的治理架构、组织结构、内控制度、关联交易程序等进行详细梳理，并按照独立上市公司标准量身制定符合企业自身业务发展需要的管理制度。二是对经常性的关联交易进行逐项梳理，对报告期内的价格公允性进行详细论证，如关联交易必要性无法论证则予以终止，确有必要的，有针对性地建立健全关联交易规范措施，并在公司严格执行《关联交易管理制度》的基础上对关联交易予以充分、及时披露。三是全面梳理人员任职及资产使用情况，确保人员不存在交叉任职，论证公司具有独立的经营系统、生产系统、销售系统、研发体系和配套设施，并合法拥有与生产经营有关的土地、厂房、机器设备，以及商标、专利、非专利技术的所有权。

（三）项目意义：国资国企改革的生动案例

铜冠铜箔（改制前为"铜冠有限"）原是铜陵有色（000630.SZ）的全资子公司，铜陵有色的控股股东是铜陵有色金属集团控股有限公司（以下简称"有色集团"），实际控制人为安徽省人民政府国有资产监督管理委员会。为了构建良好的公司治理结构，保证公司持续快速健康增长，经铜陵有色于2019年11月12日召开的八届十八次董事会审议通过，另外，有色集团下发《关于对安徽铜冠铜箔有限公司增资扩股事宜的批复》(铜色控股企管〔2019〕285号)，铜冠有限拟增资扩股引入一名战略投资者，新增战略投资者将持有铜冠有限（增资后）3.5%的股权，铜陵有色放弃对此次增资扩股的优先认购权。后经长江产交所公开挂牌，最终确定合肥国轩为此次增资扩股的战略投资者，增资认购价款为10 287.00万元。合肥国轩将其持有的合肥铜冠11.25%的股权作价9 607.50万元，并以此股权资产及现金679.50万元认购铜冠有限新增注册资本2 176.165 8万元，认购价款超过新增注册资本的部分计入资本公积。此次增资扩股完成后，合肥国轩将持有铜冠有限3.50%的股权。2020年4月26日，铜冠有限就上述增资扩股事项完成了相应的工商变更登记手续。本次增资扩股完成后，合肥铜冠成为发行人全资子公司，同时合肥国轩成为发行人战略投资者。合肥国轩系国轩高科（002074.SZ）的全资子公司，李缜为国轩高科实际控制人，国轩高科为民营企业。

因此，经过此次增资扩股，铜冠铜箔成为混合所有制企业，公司治理结构更加健全。2022年初铜冠铜箔上市后，合肥国轩持股比例降为2.62%，2022年末相应的市值为2.67亿元，对比增资金额，涨幅达159.99%。综上，铜冠铜箔混合所有制改革和从铜陵有色分拆上市，推动民资股东和国资股东实现双赢，堪为国资、国企改革的生动案例。

天益医疗（301097）

2022年4月7日，宁波天益医疗器械股份有限公司（简称"天益医疗"）登陆创业板，实现上市。

一、项目基本情况

（一）公司基本情况

公司基本情况见表12-68。

表 12-68 公司基本情况

中文名称	Ningbo Tianyi Medical Appliance Co.,Ltd.
英文名称	宁波天益医疗器械股份有限公司
注册资本	4 421.052 6 万元（IPO 发行前）
法定代表人	吴志敏
有限公司成立日期	1998 年 3 月 12 日
股份公司成立日期	2016 年 5 月 17 日
住所	浙江省宁波市东钱湖旅游度假区莫枝北路 788 号
经营范围	第一类、第二类、第三类医疗器械的制造、加工、批发、零售，消毒产品的制造、加工、批发、零售，塑料制品、橡胶制品、金属制品、机械配件的制造、加工、批发、零售，药品包装材料的制造、加工、批发、零售，化工原料（不含危化品）的批发、零售，消毒、灭菌服务及技术研发，医药、医疗器械科技领域的技术开发、技术咨询、技术服务、技术转让，医疗器械的技术服务，日用（非医用）口罩生产、销售，自营和代理各类货物和技术的进出口，国家限定经营或禁止进出口的商品及技术除外（依法须经批准的项目，经相关部门批准后方可开展经营活动）
主营业务	主要从事血液净化及病房护理领域医用高分子耗材等医疗器械的研发、生产与销售
所属行业	根据中国证监会颁布的《上市公司行业分类指引》（2012 年修订），发行人属于专用设备制造业（分类代码：C35）。根据《国民经济行业分类》（GB/T 4754-2011），发行人所从事的行业属于专用设备制造业中的医疗仪器设备及器械制造业（分类代码：C358）

（二）公司主营业务

1. 发行人主营业务介绍

公司是主要从事血液净化及病房护理领域医用高分子耗材等医疗器械的研发、生产与销售的高新技术企业，是国内较早专注于该领域的企业之一，拥有较强的品牌影响力，被工信部列入"建议支持的国家级专精特新'小巨人'企业"名单。主要产品包括血液净化装置的体外循环血路、一次性使用动静脉穿刺器、一次性使用一体式吸氧管、喂食器及喂液管等。

自成立以来，公司一直专注于医用高分子耗材等医疗器械的研发、生产与销售，积累了丰富的研发、生产、运营经验，拥有自动化程度较高的生产线以及完善的质量保障体系。报告期内，公司产品销售覆盖全国（不含港澳台），并出口至亚洲、欧洲、北美洲、南美洲、非洲等地。根据弗若斯特沙利文的相关研究报告，按照销售量排名，2019年公司在我国体外循环血路行业市场份额排名第二。

2.发行人的主要产品

公司在血液净化与病房护理等领域提供众多种类的医疗器械产品，公司目前生产销售的主要产品如表12-69所示。

表12-69　公司目前生产销售的主要产品

系列	产品名称	细分类别 [《医疗器械分类目录》（2017年版）]	主要用途、功能	是否属于高值耗材
血液净化	体外循环血路	10 输血、透析和体外循环器械	血液透析时作为血液通道使用，又称血液透析管路，作为连接人体和透析装置的重要部分，是血液透析的安全通道，保证了血液净化的连续性和有效性，直接影响透析患者的生命健康	是
血液净化	一次性使用动静脉穿刺器	10 输血、透析和体外循环器械	与体外循环血路配套使用，用于从人体抽取血液，并将净化过的血液回输至人体内	是
病房护理	一次性使用一体式吸氧管	08 呼吸、麻醉和急救器械	用于医疗机构为病人输氧时传输无菌的湿化氧气	否
病房护理	喂食器及喂液管	14 注输、护理和防护器械	用于医疗机构为病人通过鼻饲进行肠内营养液或药液输注	喂食器：否；喂液管：是

（1）血液净化类。

①体外循环血路。

公司将血液净化耗材作为主要发展方向，成立了医用体外循环血路工程（技术）中心，不断巩固在血液净化耗材领域的技术优势。经过多年的技术和应用积累，公司在血液净化耗材领域建立起一定的市场优势，公司体外循环血路产品已通过CE认证（欧盟市场的强制认证），销往亚洲、欧洲、非洲等地的部分国家和地区。

体外循环血路作为连接人体和透析装置的重要部分，是血液透析的安全通道，保证了血液净化的连续性和有效性，直接影响透析患者的生命健康，属于安全性要求很高的三类医疗器械。公司的体外循环血路产品具有114种规格型号，可满足多样化的临床需求。产品主要可分为基本型和CRRT（连续性肾脏替代治疗）专用型，基本型体外循环血路于2003年投产上市，是国内较早一批上市销售的血液净化医用耗材产品之一。通过持续技术积累，公司于2010年研发完成CRRT专用型体外循环血路产品的注册并实现投产，是国内极少数的获得该治疗模式注册的厂商之一。公司借助先发优势，在国家行业标准的制定方面承担重要角色，同时通过CRRT专用型产品的研发，公司在体外循环血路的产品设计、工艺及质量控制等方面相较于国内同行业企业掌握了领先技术，从而奠定了公司在我国体外循环血路行业市场份额排名第二的地位。

②一次性使用动静脉穿刺器。

一次性使用动静脉穿刺器作为体外循环血路的配套产品，用于从人体抽取血液，并将净化过的血液回输至人体内，直接接触人体血管，安全性要求高。

一次性使用动静脉穿刺器通常由穿刺针、穿刺针保护套、针柄、止流夹、软管、内圆锥接头、接头保护套等部件组成。公司的一次性使用动静脉穿刺器各部件设计精良，穿刺钢针采用奥氏体不锈钢，高效保证加工精度（尺寸公差控制在50微米以内）和质量；防穿刺保护装置设计成柱形中间开口，有效避免了对医护人员造成穿刺伤害；针座创新地采用PVC（聚氯乙烯）材质，避免了ABS（丙烯腈-丁二烯-苯乙烯共聚物）或PC（双酚A聚碳酸酯）材质粘接不牢的缺陷。公司可生产的动静脉穿刺针规格种类多样，可以满足不同客户需求。

（2）病房护理类。

①一次性使用一体式吸氧管。

一次性使用一体式吸氧管是封闭式的氧气吸入装置，采用医用级高分子材料制成，湿化瓶、湿化液、吸氧管一体式无菌密封，进气口设置0.2微米精密滤菌器，出气口设置自动逆止阀，阻断了传统吸氧装置的污染环节，有效防止"吸氧过程污染"，避免了传统吸氧污染导致的人体感染。

②喂食器及喂液管。

喂食器及喂液管供医疗机构为病人通过鼻饲进行肠内营养液或药液输注使用。其中，喂液管可分为留置喂液管与喂食延长管。留置喂液管由鼻孔插入，经由咽部，通过食管到达胃部；喂食延长管用于连接喂食器与留置喂液管。

（3）口罩。

新冠疫情于 2020 年暴发，口罩成为重要且紧缺的防疫物资。发行人积极响应抗疫物资市场需求，紧急采购相关生产设备开展口罩生产，并于 2020 年 2 月通过浙江省药品监督管理局应急审批，取得一次性使用医用口罩及一次性使用医用外科口罩的生产许可（浙械注准 20202141015 及浙械注准 2020141016）及时满足政府公共防疫及个人防疫需求。一次性使用口罩业务不具有长期可持续性。

（4）其他类。

除了上述产品，公司还根据客户要求与市场需求情况，生产一次性使用输血器、一体式预冲器、一次性使用肛肠套扎器、一次性使用引流袋等多种高分子医疗器械及零配件。公司在相关产品的生产工艺与技术上已有多年积累，产品质量水平稳定。

（5）公司主要产品搭配使用情况。

体外循环血路与一次性使用动静脉穿刺器连接，后者扎入患者动静脉中；喂食器抽取营养液后通过喂液管输入人体。

3. 发行人主营业务收入构成

报告期内，公司主营业务收入构成情况如表 12-70 所示。

表 12-70 报告期内公司主营业务收入构成情况

单位：万元

大类	产品名称	2021 年 1—6 月	2020 年度	2019 年度	2018 年度
血液净化	体外循环血路	9 564.89	19 493.08	18 225.72	14 544.91
	一次性使用动静脉穿刺器	208.58	631.23	671.18	564.98
病房护理	一次性使用一体式吸氧管	995.49	1 951.30	2 883.97	2 776.71
	喂食器及喂液管	5 028.41	6 506.98	6 855.21	4 622.42
口罩	一次性使用口罩	46.77	4 687.77	—	—
	其他	1 444.81	3 221.18	2 611.43	2 517.95
	收入合计	17 288.96	36 491.54	31 247.50	25 026.96

公司自成立以来，主营业务未发生重大变化，主营业务收入规模逐年保持快速增长。报告期各期，公司主营业务收入分别为 25 026.96 万元（2018 年度）、31 247.50

万元（2019 年度）、36 491.54 万元（2020 年度）和 17 288.96 万元（2021 年 1—6 月），2018 年至 2020 年年复合增长率为 20.75%。

（三）简要财务数据

报告期内公司简要财务数据如表 12-71 所示。

表 12-71　报告期内公司简要财务数据

项目	2021 年 6 月 30 日	2020 年 12 月 31 日	2019 年 12 月 31 日	2018 年 12 月 31 日
资产总额（合并，万元）	72 108.73	67 290.34	48 560.30	33 884.99
归属于母公司所有者权益（万元）	41 787.33	39 114.62	30 399.67	25 379.29
资产负债率（母公司，%）	39.60	36.64	31.54	23.27
项目	2021 年 1—6 月	2020 年度	2019 年度	2018 年度
营业收入（万元）	17 821.65	37 887.48	31 630.07	25 821.12
净利润（万元）	2 672.70	8 714.95	6 320.38	4 457.79
归属于母公司所有者的净利润（万元）	2 672.70	8 714.95	6 320.38	4 457.79
扣除非经常性损益后归属于母公司所有者的净利润（万元）	2 426.90	5 138.28	5 641.99	3 947.22
基本每股收益（元）	0.60	1.97	1.50	1.06
稀释每股收益（元）	0.60	1.97	1.50	1.06
加权平均净资产收益率（%）	6.61	25.07	24.89	19.26
经营活动产生的现金流量净额（万元）	3 266.98	12 137.59	6 546.10	5 979.61

（四）本次发行基本情况

公司本次发行基本情况如表 12-72 所示。

表12-72 公司本次发行基本情况

股票种类	人民币普通股（A股）		
每股面值	1.00元		
发行股数	本次公开发行股票（皆为新股）数量 1 473.684 2 万股	占发行后总股本比例	25%
发行后总股本	5 894.736 8 万股		
发行价格	52.37元/股		
发行市盈率	60.08倍（发行价格除以每股收益，每股收益按照2020年度经审计的扣除非经常性损益前后孰低的归属于母公司股东的净利润除以本次发行后总股本计算）		
发行方式	本次发行采用网下向符合条件的投资者询价配售和网上向持有一定金额深圳市场非限售A股股份或非限售存托凭证的社会公众投资者定价发行相结合的方式		
募集资金总额	77 176.84万元		
募集资金净额	69 456.32万元		
发行费用	本次发行费用总额（不含增值税）为7 720.52万元，具体明细如下： 1. 保荐及承销费用 保荐费：377.36万元 承销费：5 633.91万元 2. 审计及验资费用：839.62万元 3. 律师费用：405.66万元 4. 用于本次发行的信息披露费用：419.81万元 5. 发行手续费及其他费用：44.16万元 注：以上发行费用均不含增值税，发行手续费及其他费用中已经包含本次发行的印花税		

二、项目主要障碍或难点及解决方案

（一）经销模式下收入真实性核查

1. 问题描述

天益医疗报告期内各期经销商数量普遍高于500家，且经销收入占比较高，报告期各期经销收入占比分别为97.89%（2018年度）、82.25%（2019年度）、68.62%（2020年度）及67.22%（2021年1—6月），给项目组核查经销商工作带来较大困难。

2.解决方案

此类问题在市场上较为常见，IPO项目组普遍会对经销商进行分层，并针对不同类型经销商采取不同的核查策略。

由于对知名设备商及大型国有企业客户（占比23.37%）的终端核查难度较大，天益医疗IPO项目组未对该类型经销商进行终端核查。同时，由于前述类型经销商行业知名度高，综合实力强，企业性质特殊，内控制度一般较为完善，配合发行人进行其他利益安排的风险较小，所以监管机构一般也接受项目组不对此类经销商进行终端核查。

针对规模较小、资质较为一般的其他经销商（占比76.04%），天益医疗项目组对它们进行了终端核查，以保证发行人收入的真实性。终端核查方式如下：

终端穿行测试：查阅发行人的订单、发票、发货单、运单、签收单，同时调取经销商所对应的终端销售发票、发货单/出库单并进行核对（基于各产品型号，采用先进先出匹配法），核查比例（执行终端穿行测试的经销商销售金额/其他经销商收入）约为40%。

经销商向下游销售的原始单据核查：取得主要经销商报告期内年度销售明细表、各年末库存情况，核对经销商销售发票、发货单/出库单等信息，同时随机抽取经销商向下游销售发票并对其进行查验，核查比例（已查验经销商向下游销售发票对应金额/其他经销商收入）为30%~40%。

经销商向终端医院销售的原始单据核查：抽取下游客户为医院的经销商的销售发票并对其进行查验，核查比例（已查验经销商向医院销售发票对应金额/其他经销商收入）约为20%。

《关于宁波天益医疗器械股份有限公司首次公开发行股票并在创业板上市申请文件的审核问询函的回复（二）》针对监管机构"问题7.关于经销"的回复披露了如下核查程序：

（1）查阅可比公司招股书、年度报告，了解可比公司经销和直销模式，以及两种模式下各自收入占比变动情况；

（2）对主要经销商基本信息核查，通过天眼查、企查查等第三方系统查询主要经销商的基本工商信息，重点核查和了解其成立时间、注册资本、注册地址、经营范围、实际控制人及股东结构等情况，并在走访过程中与主要经销商进行确认；

（3）对发行人报告期内主要经销商进行实地走访，了解经销商的基本情况、与发行人业务合作情况、经营模式、有关发行人产品的经销区域、销售内容及产品系列、销售金额、期后回款情况、下游的最终医疗机构等；

（4）了解发行人报告期内体外循环血路产品市场竞争情况，并针对其境内外体外循环血路产品销售进行客户及产品结构分析、产品定价策略分析；

（5）按销售额对发行人的产品单价及毛利率进行分层分析并按地区进行分析；

（6）对发行人各期前十大经销商的终端销售、期末存货、期后结转情况，以及各期应收账款及期后回款情况进行分析；

（7）按销售额对发行人体外循环血路产品经销商进行分层分析；

（8）对发行人管理层进行访谈，了解发行人经销商管理和控制制度，以及发行人对经销商进销存系统的权限及管控能力；

（9）对发行人客户按照知名设备商及其他经销商进行分类，通过查阅相关客户的合同、回款单，了解上述客户在信用政策、结算方式、回款周期等方面的不同。

（二）关联方核查

1. 问题描述

IPO审核过程中，监管机构对关联交易、关联方认定的关注度极高，发行人需要谨慎考虑相关交易方是否属于"兜底关联人"。

秉持以IPO通过为最终目的的思路，在IPO申报过程中，建议发行人将所有"可能导致发行人对其利益倾斜的法人、其他组织或自然人"（特别是发行人与其存在交易的）均认定为关联方，并相应履行关联方审议、披露程序。

2. 解决方案

针对IPO审核中要求日益广泛的关联方核查，项目组应采用"聚焦重点＋广泛遍历"的方法。聚焦重点：通过《调查表》、访谈问卷等对重要关联人、重要客户及供应商的关联关系进行核查。广泛遍历：通过将"报告期内及报告期前12个月员工花名册""发行人关联方清单"与"客户、供应商董监高、股东信息"进行逐一比对，以发现发行人有意或无意未告知的关联关系。

其中,"广泛遍历"实务操作方法如下:(1)将"报告期内及报告期前 12 个月员工花名册""发行人关联方清单"汇总至一张电子表格;(2)通过企查查等网站搜索客户、供应商董监高、股东信息,并在电子表格中搜索相关信息,如重合(例如,客户 A 董事"张三"与发行人报告期内离职员工"张三"同名)则做相应标注;(3)针对信息重合的情况,获取相关说明,或证明并非同一自然人,或认定为关联方;(4)经上述手段核查的客户、供应商对应的交易金额应占同类型交易金额 90%以上。这些方法主要是为解答监管机构问询中提出的"请补充披露发行人与客户、供应商是否存在关联关系"问题。

此外,《关于宁波天益医疗器械股份有限公司首次公开发行股票并在创业板上市申请文件的审核问询函的回复》就"问题 2.关于关联方和关联交易"的回复披露了针对特定关联方的注销、转让等事项的核查程序:

(1)向吴斌及李晨了解关于发行人关联方医疗公司 Siam Tyirun 的情况,检查泰国 NITIPONG Consultant.,Ltd. 律师事务所出具的《法律意见书》,以及 Siam Tyirun 的公司注册文件、所持地块权属证书及翻译件,实地查看 Siam Tyirun 所购土地的相关情况。

(2)对被注销关联企业负责人进行访谈,了解被注销关联企业的注销原因及注销后资产、人员、业务的去向。

(3)获取被注销关联企业工商登记档案资料并通过国家企业信用信息公示系统、企查查等公开途径查询发行人关联方相关信息。

(4)查询被注销关联企业主管机关网站,确认关联企业存续期内是否存在因违反法律法规而受到行政处罚的情况或其他重大违法违规行为。

(5)获取吴志敏、吴斌、陈宝海、陈玲儿等被注销关联企业负责人对被注销关联企业存续期内情况认定的函件。

(6)查阅被注销关联企业的清税证明、税务事项通知书、准予注销登记通知书。

(7)查阅益生诺关于吴志敏股权转让的内部决策文件、协议书、工商变更登记文件;对吴志敏进行访谈,了解其对外转让益生诺 53%股权的原因;对吴志敏及张良吉进行访谈,了解他们转让益生诺股权是否存在纠纷或潜在纠纷。

(8)查阅发行人关于东钱湖小贷股权转让的内部决策文件;通过全国企业信

用信息公示系统查询东钱湖小贷相关信息；查阅宁波市人民政府金融办公室印发的《宁波市金融办关于同意宁波东钱湖旅游度假区东钱湖小额贷款公司股权转让的批复》(甬金办〔2017〕115号)；查阅东钱湖小贷报告期内的财务报表；访谈发行人董事长吴志敏先生及受让方实际控制人吕萍女士，了解上述股权转让的定价依据。

（9）询问吴志敏及吴斌报告期内其各笔资金拆借的背景、原因，以及资金归还情况；检查银行水单、发票等凭证，核实各笔资金拆借的情况。

（10）询问发行人及吴斌泰瑞斯科技设立后不久即被发行人收购的背景及原因，以及泰瑞斯科技业务发展规划及目前发展情况；检查与发行人收购泰瑞斯科技相关的《股权转让协议》及《资产评估报告书》；实地检查、盘点泰瑞斯科技的资产情况、业务发展情况。

（11）对益诺生股东、发行人实际控制人进行访谈，确认益诺生及其股东与发行人及发行人的实际控制人、主要股东、董事、监事、高级管理人员不存在委托持股等其他利益安排，与发行人的主要员工包括财务部出纳、采购部经理、销售部经理及研发部经理也不存在上述安排。

（12）核查发行人及发行人实际控制人、主要股东、董事、监事、高级管理人员，以及主要员工包括财务部出纳、采购部经理、销售部经理及研发部经理的银行流水，确认上述人员与益诺生及其关联方不存在资金往来。

（13）通过国家企业信用信息公示系统等查询益诺生及其关联方，确认它们与发行人及发行人关联方不存在重合关系。

（14）获取发行人及发行人的实际控制人、主要股东、董事、监事、高级管理人员，以及主要员工包括财务部出纳、采购部经理、销售部经理及研发部经理出具的确认函，确认上述人员与益诺生及其关联方不存在关联关系，不存在委托持股等其他利益安排，不存在利益输送情形。

（15）查阅周丰平对益诺生的出资凭证。

（16）查阅益诺生的银行流水、益诺生实际控制人周丰平及原股东施国方的银行流水、报告期内益诺生的明细账，核查报告期内益诺生与重要客户及供应商之间的交易凭证，确认不存在关联交易非关联化的情形。

（17）核查发行人与益诺生的交易单价，并与市场价做比较，核查发行人与益诺生的交易明细。

三、案例启示

（一）IPO 项目执行：更换申报板块过程中赢得客户信任

天益医疗于 2020 年 3 月顺利完成科创板上市申报，并于 2020 年 6 月顺利过会。但随着科创板审核政策变化，天益医疗主营业务特征却更加符合深交所创业板的板块定位。项目组凭借丰富的执业经验及优良的沟通能力，赢得了客户的信任，特别是国泰君安及时更新调整了上市方案，加速了天益医疗 IPO 进程。天益医疗于 2020 年 11 月完成了创业板申报，过会后于 2021 年 12 月顺利拿到证监会批文。

（二）审核问询：在监管指导下进行"非经常性损益"调整

2020 年，天益医疗因新冠疫情暴发而新增一次性使用口罩业务。该年度天益医疗实现一次性使用口罩业务收入 4 687.77 万元，占当年营业收入的比例为 12.37%；2021 年以来，由于新冠疫情得到逐步控制，2021 年 1—6 月天益医疗一次性使用口罩业务收入大幅下降，该项业务实现收入 46.77 万元。

在审核问询过程中，天益医疗按照监管要求将口罩业务调整为"非经常性损益"中的"其他符合非经常性损益定义的损益项目"，保证了项目审核的顺利通过和 IPO 的成功。

（三）项目意义：行业监管政策大幅变动情况下完成 IPO

在 IPO 申报过程中，发行人所处医疗器械行业的监管政策发生大幅变动，比如新推出"带量采购""两票制""一票制"等，在这些监管政策推广实施过程中，其所处行业生态也发生了巨大变化。项目组为此做了大量的尽职调查、财务核查工作，并进行了全面、详细的信息披露，获得了监管机构和市场的认可，确保 IPO 项目取得了成功。

瑞奇智造（833781）

瑞奇智造主要业务包括智能集成装置、油气钻采专用设备等产品的设计、研发和制造，电力专用设备的加工，锂电、核能安装工程等。瑞奇智造能够为新能源、石油化工、环保等领域的客户提供节能减排、清洁降耗的整体解决方案及综合服务。公司主营业务可以分为装备制造、安装工程、技术服务三大类。其中，装备制造包括大型压力容器、智能集成装置、油气钻采专用设备等产品的设计、研发和制造，以及电力专用设备的加工；安装工程主要包括锂电、核能安装工程；技术服务主要包括与压力容器及智能集成装置产品相关的功能设计、验证试验、维修保养。

一、瑞奇智造符合北交所上市标准

首先，瑞奇智造在技术、产品、模式、创新成果方面具备创新性，符合北交所服务"专精特新"和"创新型中小企业"的市场定位。在技术创新方面，公司不断完善从流体流动、传热和传质到过程装备工程计算和设计配套的流程，在行业通用技术的基础上取得较大的创新和突破，形成多项核心技术和相关专利，并实现产业化应用；在产品创新方面，公司不断进行产品构造、功能、技术参数及外观的优化和升级，其中自研的新型变温变压吸附柱以及气田智能高效电加热装置均被认定为四川省重大技术装备省内首台套产品；在模式创新方面，公司生产的大型压力容器主要为定制化、附加值较高的特色产品；在创新成果方面，截至招股书发布日，公司已经取得专利35项，并有2项发明专利在审。自2018年以来，公司一直被认定为"高新技术企业"。2022年8月，公司被评为国家级专精特新"小巨人"企业。另外，根据可比公司的估值水平推算，公司预计市值不低于2亿元；2021年，公司经审计的归母净利润（以扣除非经常性损益前后孰低者为计算依据）为4 026.57万元，加权平均净资产收益率（以扣除非经常性损益前后孰低者为计算依据）为30.79%，符合《北京证券交易所股票上市规则（试行）》第2.1.3条第（一）款之规定。

二、瑞奇智造上市流程

瑞奇智造北交所上市主要经过上市前辅导、北交所受理、北交所审核、上市委员会审议、报送证监会注册、发行上市六大环节。从具体时间线上看，2021年12月24日，瑞奇智造与开源证券签署《成都瑞奇智造科技股份有限公司向不特定合格投资者公开发行股票并上市之辅导协议》，开源证券正式为瑞奇智造进行上市辅导；2022年6月24日，四川证监局向瑞奇智造下发《关于对开源证券股份有限公司辅导工作的验收工作完成函》，公司上市辅导完成；2022年6月25日，公司向北交所提交申报材料，公司在两天后开始停牌；2022年6月28日，公司上市申请正式被北交所受理；2022年7月1日，公司收到首轮问询函，北交所就公司基本情况、业务与技术、公司治理与独立性、财务会计信息与管理层分析、募集资金运用及其他事项五大板块进行了14项问询；2022年9月2日，开源证券及上会会计师事务所针对北交所第一轮问询进行了答复；2022年9月6日，北交所对公司进行第二轮问询；2022年10月10日，开源证券及上会会计师事务所针对北交所第二轮问询进行了答复；2022年10月21日，北交所发布《北京证券交易所上市委员会2022年第56次审议会议结果公告》，公司通过上市委员会审议，北交所还同时出具了审议问询文件；2022年11月17日，开源证券针对审议问询进行了回复；2022年11月25日，公司在证监会完成注册；2022年12月26日，公司成功在北交所上市。

三、北交所在两轮问询中提出的问题

在瑞奇智造上市申报过程中，北交所主要对公司申报文件中的企业创新性、信息披露完整性、财务信息真实性、募投项目可行性等进行了重点关注。公司及保荐人开源证券针对北交所问询的问题（见表12-73）进行了一一回复。

表12-73 北交所在两轮问询中提出的问题

序号		首轮问询问题	二轮问询问题
1	基本情况	实际控制人控制权是否稳定	收入确认的合规性
2	业务与技术	主要业务信息披露不充分，其中包括行业市场竞争状况披露不充分	业绩大幅增长原因及可持续性，其中包括主要产品市场竞争力情况
3		创新特征与技术竞争优势披露不充分	募投项目新增产能消化问题
4		工程分包及外协加工情况	其他问题

(续表)

序号	首轮问询问题		二轮问询问题
5	公司治理与独立性	关联交易的合理性与公允性	
6	财务会计信息与管理层分析	业绩大幅增长的合理性及可持续性	
7		收入确认的合规性	
8		产品毛利率变化的合理性	
9		存货余额持续增长及原材料价格波动	
10		固定资产成新率较低的合理性	
11		其他财务问题	
12	募集资金运用及其他事项	募投项目的必要性、可行性	
13		发行底价及稳价措施	
14		其他问题	

数据来源：瑞奇智造公司公告。

（一）是否具备创新性

在两次问询中，北交所均针对瑞奇智造是否具备创新性进行了问询，这体现出北交所服务"专精特新"和"创新型中小企业"的市场定位，其核心目的是推动真正具备创新能力的企业通过北交所渠道进行融资。具体而言：北交所在首轮问询函的问题3中指出，公司创新特征与技术竞争优势披露不充分，要求公司细化披露创新特征，并对核心技术是否具有先进性、公司是否存在知识产权纠纷或潜在纠纷等进行补充披露。针对是否具备创新性问题，开源证券根据北交所问询函中的要求进行了补充披露。

1. 首轮问询中企业创新性相关问题

（1）创新特征。

开源证券基于北交所要求进一步指出，近年来大型压力容器行业的技术发展趋势主要包括向清洁能源领域发展、向节能化方向发展、向集成化方向发展和向一体化方向发展，并详细说明公司在上述方向上的创新性。针对公司的模式创新是否为行业通用创新问题，开源证券在招股说明书"第二节 概览"之"九、发行人自身的创新特征"之"（三）模式创新"中补充披露了公司生产的大型压力容器主要为定制化、附加值较高的特色产品，且公司目前具备较强的技术和工艺研发实力及丰富的生产加工经验，可以最大化满足下游领域众多客户因各自产品应用场景不同而产生的差异化需求。

（2）核心技术是否具有先进性。

开源证券根据北交所的要求，在招股说明书"第五节 业务和技术"之"四、关键资源要素"之"（一）主要技术情况"之"1.公司核心技术基本情况"中补充披露了核心技术的适用产品、具体特征及主要成就，以及相较于公司所处行业原有通用技术的创新和突破。同时，开源证券在招股说明书"第五节 业务和技术"之"四、关键资源要素"之"（一）主要技术情况"中补充披露了核心技术在产品生产中所起到的作用、应用的生产环节、是否依赖于先进生产设备。此外，开源证券还在招股说明书"第五节 业务和技术"之"四、关键资源要素"之"（一）主要技术情况"中补充披露了核心技术的主要性能指标均已达到或超过公司所处行业主流技术水平，在国内市场和国际市场均具有一定的先进性，并具体披露了与压力容器产品相关的核心技术的代表性产品、关键性能指标、国家标准/行业标准。

（3）公司是否存在知识产权纠纷或潜在纠纷。

开源证券根据北交所要求，在招股说明书"第五节 业务和技术"之"四、关键资源要素"之"（四）对主要业务有重大影响的主要固定资产、无形资产的情况"之"2.主要无形资产情况"之"（3）专利"中补充披露了公司专利信息具体情况。开源证券还详细说明，公司原始取得的核心技术与专利均为它们的主要贡献者、相关核心技术人员在公司任职期间研发与申请取得的，且公司自成立以来不存在合作研发或利用客户资源研发的情形。此外，开源证券还在招股说明书"第五节 业务和技术"之"四、关键资源要素"之"（四）对主要业务有重大影响的主要固定资产、无形资产的情况"之"2.主要无形资产情况"之"（3）专利"中补充披露："截至本招股说明书签署日，发行人与已受让的3项专利的原权利人之间就受让专利权事项不存在任何知识产权纠纷或潜在纠纷。"

2.二轮问询中企业创新性相关问题

开源证券基于北交所要求进一步指出公司不同压力容器（不同智能集成装置）的核心技术差异、生产工艺差异、原材料差异、核心零部件差异，并就公司压力容器、智能集成装置是否存在生产设备、人员共用的情形做出了解释说明。同时，开源证券指出，压力容器和部分具有特定、复杂功能的定制化外购零部件属于智能集成装置的核心零部件，而其他标准化、具有通用功能的外购零部件则不属于核心零部件，公司主要产品核心部件认定具有完整性。此外，开源证券从公司主要产品或服务的性能指标、核心技术人员、核心技术及在研项目技术水平、专利数量等方面将公司与同行业可比公司进行了比较，说明了公司在各项主要业务上的市场竞争地位，公司的主要产品均具有较强的行业竞争力，被竞争对手取代的风险较低。

（二）信息披露完整性

北交所针对瑞奇智造申报材料信息披露的完整性提出多个问题，其核心目的是让发行人补充申报材料信息，进而更加全面地反映发行人内部控制、主要产品、下游客户等的真实情况，确保投资者能够获取真实、准确、完整的信息以进行价值判断。具体而言，北交所在首轮问询函的问题2中指出，公司主要业务信息披露不充分，要求公司细化披露主要业务基本情况，并对行业市场竞争情况、智能集成装置业务情况、主要业务的协同带动作用、产业政策对业务的影响等方面进行补充披露。针对信息披露不充分问题，开源证券根据北交所问询函中的要求，在招股说明书相应章节进行了补充披露。

1. 细化披露主要业务基本情况

开源证券根据北交所要求，针对产品工艺技术、用途等问题在招股说明书"第五节 业务和技术"之"一、发行人主营业务、主要产品或服务情况"之"（五）主要产品生产工艺及流程"中进行了信息修改及补充披露，其中包括产品工艺技术、用途等具体信息。

2. 行业市场竞争情况

开源证券根据北交所要求，在招股说明书"第五节 业务和技术"之"二、行业基本情况"之"（四）行业竞争情况及市场概况"之"2.行业内的主要企业"中补充披露了行业内主要参与者、技术指标、产能产量、产品市场占有率、核心人员占比等关键信息，并利用咨询公司数据，结合产品市场需求空间和市场占有率情况，说明了公司不存在行业空间受限的情形；详细说明了公司主要业务具有竞争优势，以及公司主要产品为非同质化产品，相较于同类产品具有创新特征，并详细分析了公司产品在新能源、石油化工、环保领域具备竞争力。

3. 智能集成装置业务情况

开源证券根据北交所要求，在招股说明书"第五节 业务和技术"之"一、发行人主营业务、主要产品或服务情况"之"（一）主营业务、主要产品及用途"之"2.主要产品及服务情况"之"（1）装备制造"中补充披露了智能集成装置业务与大型压力容器相关业务的关系与差异，以及智能集成装置业务产量、收入金额、销售数量、客户、销售金额、产品竞争优势等关键信息。

4. 主要业务的协同带动作用

开源证券根据北交所要求，指出公司三类业务的下游主要客户存在一定的重合，但公司针对装备制造、安装工程和技术服务项目均与客户分别签署了业务合同，三类业务订单互相独立。同时，开源证券在招股说明书"第五节 业务和技术"之"一、发行人主营业务、主要产品或服务情况"之"（二）主要经营模式"之"1.盈利模式"中补充披露了公司主要业务的协同带动作用。

5. 产业政策对业务的影响

开源证券根据北交所要求，指出近年来公司下游主要客户所处行业的相关政策发生了一定的变化，对客户市场需求及发行人业务产生了一定的影响，但下游客户所处行业的相关政策变化对发行人业务持续性不存在重大不利影响。

6. 生产经营资质取得情况

开源证券根据北交所要求，在招股说明书"第五节 业务和技术"之"四、关键资源要素"之"（二）取得的业务许可资格或资质情况"中补充披露了公司已取得所有相关的生产经营资质，现有资质证书与所从事的业务匹配，且不存在超资质生产的情况；另详细披露了公司无须取得军工主管单位的军工事项审查批复，公司保密部门已履行必要的涉密信息披露审查程序，符合相关保密规定，保密资格的使用符合相关监管要求。

7. 员工人数与业务匹配性

开源证券根据北交所要求，在招股说明书"第五节 业务和技术"之"四、关键资源要素"之"（五）员工情况"中补充披露了报告期各期公司员工所拥有职称的具体情况；另详细披露了公司收入大幅增长但员工人数变动幅度较小的原因，公司业务增长趋势与生产人员薪酬、外协劳动费、外包劳务费三者之和的变动趋势基本匹配，且公司不存在劳务用工违法违规的情形。

（三）财务信息合理性

北交所针对瑞奇智造申报材料中财务信息合理性提出多个问题，其核心目的是让发行人真实、合理披露财务信息。具体而言，北交所在首轮问询函中就公司业绩大幅增长的合理性及可持续性、收入确认的合规性、产品毛利率变化的合理性、固定资产成新率较低的合理性进行了问询，在二轮问询函中就公司收入确认的合规性、业绩大幅增长原因及可持续性继续进行了追问。针对财务信息合理性问题，开源证券根据北交所问询函中的要求，在招股说明书相应章节进行了补充披露。

1. 首轮问询中财务信息合理性相关问题

（1）业绩大幅增长的合理性及可持续性。

开源证券根据北交所要求，在招股说明书中详细说明了公司来自主要客户的营收大幅增长的原因及合理性，并列出了针对上述客户相关年度确认收入的主要项目清单，包括：项目名称，产品/服务内容，合同金额，订单获取方式，合同执行期间，合同全部节点及当前所处节点，收入确认金额及结算节点，收入确认依据及外部证据；还就是否存在提前确认收入的情形做出了回复。

（2）收入确认的合规性。

开源证券根据北交所要求，在招股说明书中详细说明了公司装备制造、安装工程、技术服务等各类业务的具体验收程序，验收是一次性完成的，不存在初验、试运行、终验等多道程序，收入确认时点以验收时间为准。同时，其在招股书中详细指出，公司对中国核电工程有限公司、四川永祥新能源有限公司和常州百利锂电智慧工厂有限公司的销售，均系在完成各项目的最终验收后实现的，收入确认的外部证据齐全，公司不存在提前确认收入的情形。

（3）产品毛利率变化的合理性。

开源证券根据北交所要求，在招股说明书中详细说明了公司大型压力容器、智能集成装置毛利率变动的原因，以及公司同类产品向不同客户销售毛利率存在一定差异的原因。这主要系因为公司产品均为非标产品，每个产品均具有一定的独特性，公司获取产品订单时与各客户竞争关系不同导致价格出现差异，另外，选材用料、规格要求及制造工艺等存在差异也会导致各个产品的毛利率水平不同。同时，开源证券在招股书中详细说明了大型压力容器与智能集成装置两类产品毛利率变动趋势相反的原因及合理性。此外，其在招股书中结合成本结构、加工费定价等因素，详细说明了装备制造业务中装备加工毛利率水平较高的原因及合理性。与同行业可比公司相比，报告期内公司金属压力容器各细分产品毛利率总体上均低于可比公司如锡装股份、德固特的同类产品，这主要是由于公司与可比公司在客户群体、产能利用率上存在不同，而由于金属压力容器属于非标准化产品，同类产品不同企业的毛利率变动趋势不尽相同，所以它们并无可比性。

（4）固定资产成新率较低的合理性。

开源证券根据北交所要求，在招股说明书中详细说明了机器设备的具体构成，以及主要机器设备的具体作用、原值、净值、成新率等基本情况。开源证券在招股书中指出，与同行业可比公司相比，公司机器设备的成新率较低，是公司与可比公司在资金实力、所处发展阶段方面存在差异的具体体现，具有合理的原因及商业合理性。同时，开源证券详细说明了公司在机器设备金额变化不大且成新率较低的情况下，能满足产能、收入增长和产品性能需求的原因，主要原因是公司主要设备具备耐用性特点且得到了良好的维修保养，均可以正常使用，上述情形未对公司的生产经营造成重大不利影响。此外，开源证券在招股书中指出，公司在营业收入和利润持续增长的前提下，固定资产预计可回收金额高于其账面价值，无减值迹象，无须计提减值准备，与同行业可比公司相比不存在重大差异。公司资产减值准备的计提依据以及测试及计提方法谨慎、合理，减值准备计提充分。

2.二轮问询中财务信息合理性相关问题

（1）收入确认的合规性。

开源证券根据北交所要求，在招股说明书中继续指出公司严格按照合同约定和客户要求执行项目，在取得客户验收单后按照实际验收时间确认收入，各项目收入确认时点与验收时间一致，公司不存在人为调节收入确认时点的情形。

（2）业绩大幅增长原因及可持续性。

开源证券根据北交所要求，在招股说明书中详细说明了公司业绩大幅增长的原因及可持续性：公司的主要产品均具有较强的行业竞争力，被竞争对手取代的风险较低；公司实现持续销售的前十大客户采购内容、产品应用、需求类型（例如新建生产线、原有生产线扩能改造、设备更新等），后续需求均具有持续性；核能行业政策变化将带动公司下游客户市场需求的持续扩大，预计此类需求将为公司持续带来新的产品订单，其他新能源行业政策变化也将快速提高下游客户对压力容器产品的市场需求，压力容器是公司目前新产品开发的重要领域；截至 2022 年 6 月末，公司在手订单保持较高水平且实现了同比增长，主要系因为随着下游新能源领域行业景气度的持续提升、客户需求的增长，以及公司与主要客户合作关系的稳定，公司业务规模也有所增长。

（四）募投项目可行性

1. 首轮问询中募投项目相关问题

（1）募投项目的必要性、可行性。

开源证券根据北交所要求，在招股说明书"第九节 募集资金运用"之"一、募集资金概况"之"（三）募集资金项目与现有业务的关系"中补充披露了募投项目所生产产品的具体种类，它们与公司现有产品或生产线的区别与关系，现有生产场地及生产线的处置安排；在招股说明书"第九节 募集资金运用"之"一、募集资金概况"之"（一）募集资金投资项目概况"中补充披露了募投项目的实施进展情况，发行人已募集资金的处置安排、已投入的金额、投入的时间等；在招股说明书"第九节 募集资金运用"之"二、募集资金运用情况"之"（十）项目备案及环保审批情况"中补充披露了募投项目实施所需的全部审批、批复，以及已取得情况；在招股说明书"第九节 募集资金运用"之"二、募集资金运用情况"之"（七）建设投资概算"中补充披露了募投项目中建筑工程费用、设备购置费、铺底流动资金等具体构成，资金需求的测算过程、测算依据及其合理性；结合现有生产线产能与固定资产的匹配关系，说明了报告期内公司房屋及其他建筑物原值与设备原值的比例基本稳定，平均值约为 0.95。募投项目所需的估算费用中，建筑工程费与设备购置费的比例为 1.06，与报告期平均比例不存在明显差异，费用配比具有合理性。

（2）新增产能消化风险。

开源证券根据北交所要求，在招股说明书"第九节 募集资金运用"之"二、募集资金运用情况"之"（三）项目实施的可行性"中补充披露了募投项目的储备情况，包括但不限于人员、技术、生产与销售能力、管理能力、客户等方面。同时，结合行业发展及竞争状况，产品下游行业及主要客户情况，市场地位及占有率，市场需求变化，现有产能利用率，产销率，在手订单及预计订单，潜在客户拓展，人员及技术储备等情况，详细说明了新增8 000吨高端过程装备产能的必要性、合理性与可行性，披露了预计产能消化情况及保障产能利用率的相关措施，并说明了募投项目若实施效果不及预期，那么会对公司营业成本和毛利率造成的影响，并就新增产能消化风险、募投项目收益不及预期风险做出了具体的风险揭示。

2.二轮问询中募投项目相关问题

二轮问询再次提到新增产能消化问题，开源证券根据北交所要求进一步指出，公司在整个行业的市场空间及需求持续增长的基础上，基于现有的产能利用率及在手订单情况，合理预测未来一段时间内的业务增长情况，规划本次募投项目的产能规模，并制订了可行性较高的产能消化措施，本次募投项目的产能扩充计划与目前的业务增长趋势相匹配。因此，本次募投项目新增产能规模具有必要性、合理性与可行性。同时，开源证券已在招股说明书"第九节 募集资金运用"之"二、募集资金运用情况"中补充披露了公司募集资金超过募投项目拟使用资金部分的具体使用计划，经测算，公司拟将实际募集资金超过募投项目拟使用资金的部分用于补充公司流动资金具有合理性。

七丰精工（873169）

一、七丰精工公司简介

七丰精工是一家专业从事紧固件研发、生产及销售业务的高新技术企业，产品主要包括高精密螺栓组件、高强度、耐低温螺栓、自锁螺母等，涵盖M3~M48各类规格的螺栓、螺母、垫圈、冲压件等，品种达两千余种。公司业务以为客户定制生产非标紧固件为主，致力于满足国内外客户的差异化需求，产品涵盖符合国标（GB）、国军标（GJB）、航空标准（HB）、ANSI（美国国家标准化协会）标准、JIS（日本工业标准）、DIN（德国标准化学会）标准、UNE（西班牙标准化协会）标准、ISO（国际标准化组织）标准等的紧固件。各类紧固件产品广泛应用于建筑、轨道交通、仓储、汽车、航空航天等领域。凭借优质的产品质量和高效的服务，公司在国内外客户群体中积累了良好的口碑，被评为2021年度浙江省"专精特新"中小企业及2021年度浙江省"隐形冠军"企业。

二、七丰精工符合北交所上市标准

公司具备产品、技术、模式创新性，符合北交所服务创新型企业定位。

根据可比公司的估值水平推算，公司预计市值不低于2亿元；公司2019年、2020年经审计的净利润（以扣除非经常性损益前后孰低者为计算依据）分别为1 863.90万元、3 108.63万元，加权平均净资产收益率（以扣除非经常性损益前后孰低者为计算依据）分别为24.70%、35.09%，公司符合《北京证券交易所股票上市规则（试行）》第2.1.3条的第（一）款标准。

三、七丰精工上市流程

七丰精工是由新三板转板至北交所上市的典型案例。2021年9月25日，公司向全国股转公司提交申请股票公开发行并在精选层挂牌的材料，公司欲转至新三板精选层挂牌。2021年10月29日，公司收到精选层挂牌申请的审查问询函；2021年11月30日，公司在第三届董事会第十七次会议上决议，将申请股票公开发行并在精选层挂牌变更为申请在北京证券交易所上市，公司精选层上市审批平移至北京证券交易所。2021年12月29日，开源证券和天职国际会计师事务所就北交所第一轮问询进行回复；2022年1月23日，公司收到北交所第二轮审核问询函，开源证券与天职国际会计师事务所于2022年2月8日进行第二轮回复；2022年2月18日，北交所通过七丰精工上市审议，并在同日收到上市委员会审议问询；2022年3月2日，公司针对《上市委员会审议会议意见的函》中所提到的问题进行说明及补充披露；2022年3月14日，公司有关北交所上市申请获得证监会"同意注册"的批复；

2022年4月15日,公司成功在北交所上市。

四、北交所两轮问询中的问题

七丰精工上市过程中收到的北交所问询问题(见表12-74)与瑞奇智造的类似,主要涉及企业创新性、信息披露完整性、财务信息真实性、募投项目可行性等。公司及保荐人开源证券对北交所的问询问题进行了一一回复。

表12-74 北交所在两轮问询中提出的问题

序号		首轮问询问题	二轮问询问题
1	基本情况	低价收购实际控制人已转让公司的合理性	收购实际控制人已转让公司的价格公允性
2	业务与技术	与轨道、航空领域主要客户合作的稳定性	募投新增航天航空领域产能如何消化
3		主要产品是否具备竞争力	销售收入核查程序充分性
4		与客户合作的稳定性及产品创新特征	财务内控不规范情形是否彻底整改
5		产品技术的先进性	产品技术创新性的具体体现
6		产品认证及资质续期情况披露不充分	补充说明产品不属于限制类产业的具体依据
7		污染物处理及环保合规性	中介机构执业质量的相关问题
8		是否存在超越许可范围从事生产经营的情形	其他问题
9		发行人在技术标准起草、合作研发中的作用	
10		外协与收入、产出的匹配性以及外协质量控制情况	
11	公司治理与独立性	报告期内财务内控不规范情形的整改情况	
12		关联交易的必要性及合理性	
13	财务会计信息与管理层分析	经营业绩增幅高于同行业可比公司的合理性	
14		境外销售收入的真实性及收入持续下滑风险	
15		产品定制化、钢材价格波动与存货结构的合理性	
16		其他财务类问题	

(续表)

序号	首轮问询问题		二轮问询问题
17	募集资金运用及其他事项	募投项目合理性及可行性	
18		发行相关事项	
19		其他信息披露问题	

数据来源：七丰精工公司公告。

（一）是否具备创新性

在两次问询中，北交所均针对七丰精工是否具备创新性提出了问题，这符合北交所服务创新型企业的定位。具体而言：在首轮问询函中，北交所要求公司细化披露主要产品是否具备竞争力，与客户合作的稳定性及产品创新特征，产品技术的先进性，公司在技术标准起草及合作研发中的作用；在二轮问询函中，北交所继续要求公司对产品技术创新性的具体体现进行披露。开源证券根据北交所问询函中的要求，在招股书相应章节进行了补充披露。

1. 首轮问询中企业创新性相关问题

（1）主要产品是否具备竞争力。

开源证券根据北交所要求在招股说明书中指出，公司与轨道交通领域主要客户持续稳定合作多年，建立了密切良好的商业合作关系，公司被主要客户其他供应商替代的风险较小。同时指出，公司产品成功实现一定程度的进口替代具备合理性，主要是由于公司于2008年开发的高速铁路螺纹道钉现已应用于京沪、京广、兰新等多条高速铁路客运专线。此外还指出，公司熟练掌握球化退火等紧固件行业较为先进的生产技术和工艺，拥有球化退火炉等先进生产设备，可确保生产出的紧固件产品在尺寸公差、性能等级方面完全符合客户定制化要求。

（2）与客户合作的稳定性及产品创新特征。

开源证券根据北交所要求在招股说明书中指出，公司主要创新性表现在：①产品创新，公司研制的高速铁路螺纹道钉被列入浙江省2008年新产品试制计划，丰富了国内高铁紧固件产品供给，产品质量符合各项技术指标，质量水平达到国外同类主流产品标准，实现了一定程度的进口替代，在京沪、京广、兰新等多条高速铁路客运专线得到了广泛运用；②技术创新，通过关键工序自动化、智能化改造，公司逐渐摆脱了传统紧固件制造行业生产设备落后、工艺革新慢的现状，建立起先进的生产信息化管理系统，实现了与智能制造深度融合，大幅提高了生产效率、产品质量及性能指标；③模式创新，公司具备为客户提供全套、全品类、多领域紧固件产品的能力，并能满足客户的定制化产品采购需求。公司集成化供应与定制化服务的业务模式可有效解决客户分散采购痛点，增强客户黏性与依存度。

（3）产品技术的先进性。

开源证券根据北交所要求，在招股说明书中详细披露了公司在产品性能、核心技术、生产工艺等方面与国内外竞争对手的量化比较情况。同时，开源证券详细说明了公司高端紧固件与普通紧固件相比在产品性能方面的具体提升情况；应用于航空航天领域的紧固件依靠公司技术、设备、平台独立生产，不存在借助第三方的情况，其存在资质、技术壁垒。开源证券指出公司拥有不断完善的技术与知识产权体系，研发队伍充实，重视研发投入，研发的硬件基础和条件完善，因此，公司具备独立研发能力。

（4）公司在技术标准起草及合作研发中的作用。

开源证券根据北交所要求，在招股说明书中详细披露了高强度高端紧固件技术研究院和浙江省省级高新技术研发中心二者的性质、主管单位、人员构成、合作模式、合作协议的基本内容，以及二者在公司生产研发中所起的作用。同时，开源证券指出，公司自身设置了独立的研发部门。此外，开源证券于招股说明书"第五节 业务和技术"之"四、关键资源要素"之"（七）公司研发情况"之"3.合作研发情况"补充披露了公司参与起草的各项标准在行业标准体系中的地位，其他参与起草单位，公司在其中的具体职责及所起作用。

2.二轮问询中企业创新性相关问题

开源证券根据北交所要求，在招股说明书中详细披露了公司航空航天领域相关产品生产线及生产设备的权属情况及技术来源，表明公司不存在相关纠纷或潜在纠纷；其还披露公司已掌握航空航天领域相关产品的生产流程和生产工艺，具有生产流程和生产工艺等方面独立研发的能力，不存在对航空航天相关技术及人员的依赖。开源证券还在招股说明书中详细披露了公司取得省级高新技术企业研发中心认定的具体情况,包括研发中心成立时间、认定过程、复审及验收条件,以及主要竞争对手的认定取得情况。同时,公司结合研发中心现有人员构成、具备中级职称人员人数、专职科研技术人员人数、报告期内的研发成果及转化情况,说明自身不存在认定超过有效期或者复审失效的情况。

(二)信息披露完整性

与瑞奇智造类似,北交所针对七丰精工申报材料中信息披露的完整性提出多个问题,以确保投资者接收到真实、准确、完整的信息。在收到问询函之后,开源证券根据北交所要求,在招股说明书相应章节进行了披露。

开源证券根据北交所要求,在招股说明书中详细披露了公司产品认证及续期情况,以及公司涉密资质续期及合规情况。开源证券已于招股说明书"第五节 业务和技术"之"四、关键资源要素"之"(四)公司取得的资质和证书情况"之"4.产品及企业资质认证证书"补充披露了公司DB(德国铁路公司)产品认证、欧盟CE产品认证的续期情况,首次取得中铁检验认证(CRCC认证)证书的时间,以及每12个月接受监督检查的情况和有效期届满后重新认证审核的情况,同时说明公司不存在持续经营受续期障碍及无法续期影响的情况。开源证券已于招股说明书"第五节 业务和技术"之"四、关键资源要素"之"(四)公司取得的资质和证书情况"之"4.产品及企业资质认证证书"补充披露了武器装备科研生产许可证未续期的原因,说明未办理武器装备科研生产许可证对公司生产经营不会构成重大不利影响,同时指出许可证到期后公司及其子公司涉密业务正常开展,公司不存在因违反保密规定受到处罚的情形。

(三)财务信息合理性

北交所针对七丰精工财务信息合理性提出多个问题,其目的是让发行人真实、合理披露财务信息。具体而言,北交所在首轮问询函中就公司经营业绩增幅高于同行业可比公司的合理性,境外销售收入的真实性及收入持续下滑风险,产品定制化、钢材价格波动与存货结构的合理性进行问询;在二轮问询函中就公司销售收入核查程序充分性,财务内控不规范情形是否彻底整改进行问询。针对财务信息合理性问题，开源证券根据北交所问询函中要求，在招股说明书相应章节进行了补充披露。

1. 首轮问询中财务信息合理性相关问题

（1）公司经营业绩增幅高于同行业可比公司的合理性。

开源证券根据北交所要求，在招股说明书中：①针对主要应用领域产品销量披露不一致的问询，在"发行人业务情况"部分准确描述公司产能、产量、销量的计算口径，并按应用领域不同详细披露了各性能等级的螺栓、金属部件等主要产品的产量、销量及其价格变动情况；②详细披露公司高毛利及综合毛利率持续增加的合理性；③详细披露报告期内业绩增长与市场整体趋势不一致的原因。

（2）境外销售收入的真实性及收入持续下滑风险。

开源证券根据北交所要求，在招股说明书中详细披露：①境外销售具体情况及收入真实性，具体包括公司境外销售收入与物流运输记录、资金划款凭证、发货验收单据、出口单证、中国出口信用保险公司数据、外汇管理局数据、出口退税金额等匹配；②境外客户的开发历史，公司与其交易的背景，以及公司境外大额订单的签订依据、执行过程。另外，开源证券结合境外贸易形势变化、疫情情况、行业市场需求、汇率变动、出口退税率变动、海运费变动等，说明公司境外销售收入所面临的持续下滑风险，并有针对性地揭示相关风险。

（3）产品定制化、钢材价格波动与存货结构的合理性。

开源证券根据北交所要求，在招股说明书中详细披露了定制化背景下公司存在较多库存商品的原因，发出商品逐期增加的原因，发出商品盘点情况，以及钢材价格变动对公司原材料采购、经营业绩的影响。

2. 二轮问询中财务信息合理性相关问题

（1）销售收入核查程序充分性。

开源证券根据北交所要求，在招股说明书中按客户类型（终端客户、贸易类客户）详细说明报告期各期营业收入构成（包括金额、占比）并对其进行变动分析，说明各期终端客户、贸易类客户毛利率是否存在较大差异及对应原因。同时，开源证券详细说明了公司各期前十大贸易类客户名称，对应销售产品规格、销售金额、销售单价、终端销售情况；还说明了公司主要贸易商的主营业务、注册时间、注册资本、注册地、实际控制人或主要股东、主要经营地，以及其与发行人的合作渊源、与发行人不存在关联关系。

（2）财务内控不规范情形是否彻底整改。

开源证券根据北交所要求，在招股说明书中详细说明了针对报告期内财务内控不规范（包括转贷等）采取的切实可行的具体整改措施，并说明了公司如何保证相关内部控制制度健全并有效执行。同时，开源证券结合公司差错更正调整情况、原材料投入产出比、废料管理制度和计量方式、废料主要回收商等，详细说明了公司生产、研发活动等形成的废料的处置情况，废料特别是研发活动产生的废料相关会计处理符合《企业会计准则》规定。

（四）募投项目可行性

1. 首轮问询中募投项目可行性相关问题

（1）募投项目合理性及可行性。

开源证券根据北交所要求，在招股说明书中：①详细披露了募投项目对应产品的档次、主要指标性能、现阶段销售价格及毛利率、市场需求量情况，并指出生产所需原材料为目前生产所用材料，不存在供应短缺或不及时问题；披露了募投项目投资收益率与目前公司利润率的差异情况，并测算了项目投产后对公司整体盈利能力的量化影响，还对募投项目不同的产能利用率水平下盈利情况做了敏感性分析。②详细说明了公司应用于航天航空领域的紧固件产品的生产在专利技术、人员、设备等方面具有储备，公司具有足够的订单支撑，有向航天航空领域拓展业务的可能性。③详细披露了公司募集资金主要用于补充流动资金，补充披露公司生产经营计划、资金安排以及报告期持续分红背景下补充流动资金的必要性及合理性。

（2）发行相关事项。

开源证券根据北交所要求，在招股说明书中详细说明了公司发行底价的确定依据、合理性，以及其与停牌前交易价格的关系；说明了公司现有股价稳定预案能够切实有效发挥作用。同时，开源证券结合企业投资价值，综合分析说明现有发行规模、底价、稳价措施等对公司在北交所发行上市不存在不利影响。

2. 二轮问询中募投项目可行性相关问题

开源证券根据北交所要求，在招股说明书中详细说明了2021年应用于航空航天领域的紧固件产品销量呈现爆发式增长的原因、合理性及可持续性，结合公司该类产品市场份额、主要竞争对手及其市场占有率，进一步说明公司能够有效开拓市场及对新增产能的具体消化能力。同时，开源证券结合航空航天领域相关产品市场占有率、强度等级、生产工艺、质量以及高毛利订单所涉及该领域产品的具体研发周期等，说明航空航天领域相关产品毛利率较高的原因且其具有可延续性，相关风险揭示充分。

综上所述，北交所的上市审核主要以信息披露为核心，从专业的角度来聚焦企业核心问题和重大疑点，引导发行人"说清楚"，督促中介机构"核清楚"，确保投资者"看清楚"，通过层层问询向投资者揭示企业真实的业务技术水平、财务状况、公司治理、可持续经营能力及公司所面临的经营风险等，充分披露投资者做出价值判断和投资决策所需信息。这种审核理念符合我国投资者以中小投资者为主的实际情况。中小投资者对市场风险的独立识别能力和专业判断能力往往较弱，加上我国市场诚信文化基础还比较薄弱，因而试点注册制改革的北交所，着重针对企业的两个核心问题即"业务与技术"及"财务会计"进行严格把控，保证企业能向投资者做出更加真实、准确、完整的信息披露，从源头上筛选出更加优质、更具有成长性的上市企业。

惠丰钻石（839725）

惠丰钻石股份有限公司（简称"惠丰钻石"）成立于2011年6月10日，注册资本9 230万元，法定代表人王来福。惠丰钻石是一家专业从事人造金刚石单晶及粉体的研发、生产和销售的高新技术企业，主要产品包括培育钻石、金刚石微粉和金刚石破碎整形料。作为国内金刚石微粉行业领军企业，公司曾参与"超硬磨料人造金刚石微粉"国家标准的起草，被工信部评为专精特新"小巨人"企业，公司"人造单晶金刚石微粉"入围工信部认定的第六批制造业单项冠军名单。

金刚石微粉具有超硬、耐磨、导热系数高、生物兼容性强等优良性能，公司产品主要用于制作金刚石线锯、研磨抛光液、超硬钻探工具、超硬切削刀具、超硬固结磨具及其他制品，产品终端广泛应用于清洁能源、消费电子、半导体、陶瓷石材、油气开采、机械加工等行业。公司凭借产品质量优势和技术优势，坚持自主创新，不断拓展产品应用领域，下游客户包括不同领域的上市公司或龙头企业，公司产品还出口至美国、日本、韩国、欧洲等地。受益于国家政策支持，近年来公司业务高速发展、业绩稳步攀升，公司还成功研发生产出达到可售标准的培育钻石产品，该类产品未来发展空间巨大。

公司于 2016 年 11 月 11 日在新三板挂牌，于 2022 年 7 月 18 日在北交所上市，其股票成为"北交所金刚石微粉第一股"；2023 年 3 月 13 日，公司被列为北证 50 成分指数样本。

一、公司北交所上市申报历程

公司北交所上市项目聘请的中介机构包括：中国银河证券股份有限公司（保荐机构）、天职国际会计师事务所（特殊普通合伙）、北京市中伦律师事务所。公司申报北交所上市的报告期为 2019 年至 2021 年，申报基准日为 2021 年 12 月 31 日。公司从申报获受理至通过上市委会议仅用时 71 天，创下北交所当时最快过会纪录。公司北交所上市申报的主要历程如下：

2022 年 3 月 10 日，北交所受理公司首发上市申请，公司在申报基准日后仅间隔 68 天便获上市受理；

2022 年 4 月 1 日，北交所审核中心发出审核问询函；

2022 年 5 月 5 日，公司向北交所提交问询回复及其他相关申报文件；

2022 年 5 月 20 日，公司通过北交所上市委会议；

2022 年 6 月 2 日，公司北交所上市申请文件报证监会注册；

2022 年 6 月 13 日，公司获得中国证券监督管理委员会注册批复；

2022 年 7 月 18 日，公司在北交所上市。

二、审核关注的问题及公司解决思路

惠丰钻石上市申报过程中非常关注信息披露的质量，保荐机构在尽调及撰写招股说明书等申报文件时，严格按照《公开发行证券的公司信息披露内容与格式准则第 46 号——北京证券交易所公司招股说明书》《北京证券交易所向不特定合格投资者公开发行股票并上市业务规则适用指引第 1 号》《保荐人尽职调查工作准则》等相关法律文件，进行充分的信息披露，提高招股说明书及问询回复等申报文件的质量。惠丰钻石上市审核仅经历了北交所一轮问询，问询题目共 12 道，与同期间受审核的其他企业相比被问询题目数量也是较少的。

（一）关于关联交易及公司治理

1. 基本情况

公司报告期内存在关联交易，包括关联采购及销售、关联方资金拆借、关联租赁等。关联采购及销售主要是公司与公司实际控制人王来福的哥哥王再福曾控制的柘城县华钻超硬材料有限公司（简称"华钻超硬"）之间发生的业务往来，此类业务报告期内金额呈上升趋势，但占公司总体销售成本和收入的比例较小。关联方资金拆借主要是报告期内公司向实际控制人王来福、董事高杰拆借多笔资金，还有部分拆借资金来自公司员工出资。此外，在股权结构上，公司实际控制人的持股比例较高，而且在公司担任重要职务的高管也有实际控制人的直系亲属。因此，应对公司治理机制完善性予以重点关注。

2. 审核关注重点

北交所在审核中重点关注了公司对关联交易的披露是否完整，公司是否存在应披露未披露的关联交易。针对关联采购及销售，北交所关注了关联交易的具体内容、定价方法，采购及销售价格与向其他同类供应商及客户采购及销售的价格是否一致，关联方注销的原因及真实性，关联交易发生期间公司是否存在异常资金往来。针对关联方资金拆借，北交所关注了拆借原因及合理性，拆借资金用途，拆借利率及其公允性，公司是否存在流动性风险。针对关联交易及股权结构集中度较高现象，北交所关注了公司治理是否完善，监督制衡机制是否健全，公司是否能有效保障中小股东的权益。

3. 解决思路

第一，关联采购及销售方面。一是采取谨慎性的原则完整披露关联交易，根据《企业会计准则》及上市规则的相关要求，公司实际控制人王来福的哥哥曾经控制的企业并不属于关联方，但通过说明华钻超硬的历史沿革、经营情况以及其与公司发生的交易情况等,按照审慎原则,还是对该等交易比照关联交易进行披露。具体情况如下:报告期内,公司向华钻超硬采购金刚石微粉,采购金额分别为4.29万元、0元和13.27万元,占同期营业成本的比例分别为0.06%、0和0.10%,关联采购占比较小。公司向华钻超硬采购金刚石微粉主要是由于此类产品库存紧缺,且由于客户对供货速度要求较高,而华钻超硬与公司同在柘城县,距离较近,供货速度较快,故公司向其采购。二是对非必要关联方进行注销,华钻超硬为历史遗漏问题,其基本处于停产状态,主要作为贸易商赚取买卖差价,且其库存基本清理完毕,相关股东做出决议,对其进行注销,这样彻底解决了公司此类关联交易问题。公司向华钻超硬销售产品主要是由于华钻超硬自2016年股权转让后未再从事生产,但其存有一批未销售完毕的金刚石破碎整形料与金刚石微粉,为满足客户订单需求,华钻超硬需从公司处采购相关产品,将其未销售完毕的货物与从公司新购入的货物按比例进行混合,然后对外出售,它们用于砂轮等某些特定的磨削类产品的制造。三是分析关联交易价格的公允性和程序合规性,全面梳理报告期内关联采购与销售的明细,确保将关联交易控制在合理可控的水平,并深入分析交易发生的背景、原因及合理性,将"销售或采购价格、毛利率"与"非关联第三方相应的价格、毛利率"进行逐年对比,解释异常原因。四是核查关联方之间的资金流水是否存在异常,获取关联公司及关联自然人的资金流水,了解华钻超硬的对外销售情况、经营状况,以及关联自然人与华钻超硬、公司之间是否发生异常资金往来。

第二,关联方资金拆借方面。一是清理报告期内的资金拆借账目,公司向实际控制人王来福、董事高杰归还借款本金及利息,报告期末公司不存在资金拆借余额。二是全面梳理资金拆借的明细记录,由于资金拆借的时间较早,早于报告期期初,且涉及公司员工,所以逐笔梳理了资金拆借从员工到董事再到公司的全过程,将每笔拆借资金与借款合同、资金流水进行对应,并对涉及人员逐个进行访谈确认,了解公司向他们借款的原因、背景及合理性,将他们与客户供应商名单进行比对等。三是就向大股东借款的利息计提财务费用,且利率保持公允水平。

第三,公司治理方面。公司将严格按照《公司法》《证券法》《公司章程》等的规定不断完善与优化公司治理结构,并且公司实际控制人还承诺:"公司董事会换届选举或者现任董事会增补董事时,本人提名本人或本人近亲属作为公司董事候选人的数量不超过公司非独立董事的半数。监事会换届改选或者现任监事会增补监事时，提名至少一名公司外部监事候选人。本承诺在本人作为公司控股股东／实际控制人期间持续有效。"

（二）关于客户、供应商重叠

1. 基本情况

公司存在客户、供应商、竞争对手重叠的情况，如公司 2020 年度前五大客户之一黄河旋风是公司同行业竞争对手，同时又是公司的供应商。应对公司与上述类型交易方的采购及销售的真实性予以重点关注。

2. 审核关注重点

北交所在审核中重点关注了公司客户、供应商重叠的具体情况及原因背景，采购与销售之间是否存在对应关系，是否属于委托加工模式，公司对产品是否具有独立完整定价权，客户、供应商重叠是否具有合理性。

3. 解决思路

客户、供应商重叠是上市审核过程中的常见问题之一。针对该问题的解决思路主要如下：

第一，全面梳理客户、供应商重叠的明细情况，包括但不限于企业名称，采购和销售产品类型，交易金额及占比，交易背景和原因等。报告期内，共有 10 家企业同时是客户和供应商，总销售收入分别为 569.87 万元、703.96 万元和 587.51 万元，占当期公司营业收入的比例分别为 5.24%、4.94% 和 2.68%，占比较低且呈逐年下降趋势；公司向上述企业的采购金额分别为 1 001.45 万元、667.78 万元和 196.18 万元，占当期公司采购总额的比例分别为 14.63%、8.73% 和 1.29%，占比逐年下降。总体来说，此类情形的总体规模较小，惠丰钻石存在客户、供应商重叠情况的主要原因包括：部分客户为上市公司，规模较大，业务种类丰富；金刚石微粉型号规格较多，部分客户存在临时采购需求；部分客户为贸易商，产品类型多样；等等。

第二，关注交易的真实性及价格合理性，对该类型交易的采购、销售合同进行核查，并对该类型交易进行穿行测试，通过与同类产品项下公司与不同客户、供应商的交易价格进行对比，分析该类型交易价格的合理性。

第三，与同行业公司进行对比，确认以上情况属于行业惯例。中国人造金刚石行业经过 50 多年的发展，已形成相对完整的产业体系。伴随着人造金刚石行业的发展，行业内部分企业已实现业务多元化，其业务覆盖人造金刚石产业链上下游的多个环节，所以行业内许多企业在生产经营过程中不可避免会出现互相采购生产所需材料的情况。

另外，由于金刚石微粉产品根据粒度、品级、用途等不同可分为上百种规格型号的产品，不同规格型号的产品具有不同用途、价格，由于下游客户需求多种多样，在单个企业不能满足客户需求时，行业内企业之间存在调货需求。

因此，基于上述行业背景和产品特点，报告期内公司存在部分客户与供应商重叠情况符合业务发展实际情况和行业惯例。

（三）关于收入及毛利率水平的可持续性，以及业绩稳定性

1. 基本情况

惠丰钻石 2019—2021 年（报告期）的营业收入持续增长，营业收入分别为 10 860.20 万元、14 249.43 万元和 21 933.47 万元，2020 年、2021 年同比增长率分别为 31.21% 和 53.93%，主要产品毛利率也保持着 42% 的较高水平，但公司与同行业可比公司这些指标的变化趋势还是存在一定差异。公司 2021 年使用低强度工艺金刚石单晶生产的金刚石微粉类产品、破碎整形料产品毛利率均有所下降。

2. 审核关注重点

收入及毛利率水平的可持续性几乎是每家企业在上市过程中的必答问题，重要性不言而喻。北交所在审核过程中，针对公司收入和毛利率向公司提出如下要求：结合主要客户生产销售情况、行业发展情况以及公司销售政策变化情况等说明销售收入增长的合理性；结合主要产品的终端应用场景、公司在手订单情况，以及下游客户相关需求、行业竞争状况，分析各类业务收入的稳定性、可持续性，是否存在景气度下滑风险；结合产品定价模式、信用政策等因素，说明不同客户对应的销售单价（及毛利率）之间差异较大的原因及合理性，以及同一客户对应的销售价格（及毛利率）变动的原因。

此外，惠丰钻石上下游市场集中度不断上升，未来随着产业链上下游的发展，

公司将面临新的机遇和挑战。因此，公司的持续经营能力也是监管机构关注的重点。

3. 解决思路

（1）收入及毛利率水平的可持续性。

第一，将公司的收入、成本按照多个维度进行详细划分，是分析收入、成本及毛利率的基础。惠丰钻石在上市申报过程中，将收入、成本按照产品类型、产品终端应用领域、原材料强度等多个维度进行了划分；从产品终端应用领域角度，通过对下游终端应用领域的政策支持情况、行业发展现状、市场需求变化和景气度预期等进行分析，论证公司不同领域的产品未来需求将保持稳定增长；从原材料强度角度，结合不同强度原材料的采购价格差异，分析产品间毛利率存在差异的原因。第二，通过对公司向主要客户销售情况的分析，结合客户自身经营业绩、行业需求情况、销售政策是否变化等因素，论证收入增长的合理性及真实性。第三，通过对公司在手订单、年度新签订单及其增长情况、竞争优势、客户拓展计划等的分析，为论证公司收入增长的稳定性和可持续性提供支撑。第四，通过将公司与同行业竞争对手在业务规模、产能产量销量、产品结构、主要客户等方面进行对比，分析公司在行业竞争中的优势。第五，通过对主要客户对应销售价格及毛利率变动原因的分析，以及同类产品不同客户间对应销售单价及毛利率的差异分析，说明公司毛利率变化的合理性。第六，结合公司生产技术、产品性能、公司品牌、产品定价策略、公司行业竞争地位等方面，论述公司产品与可比公司同类产品价格及毛利率存在差异的原因及合理性。

（2）结合上游采购市场和下游销售市场未来变化，论证公司持续经营能力。

第一，关于上游行业金刚石单晶行业发展概况。首先，经过几十年的发展，公司上游行业的集中度较高，并已形成稳定竞争局面，报告期内行业集中度未发生显著变化。其次，分析上游行业集中度较高对公司盈利能力的具体影响。总体而言，公司的盈利能力会因上游行业集中度较高而受到影响。但具体到公司，通过分析"公司已与主要供应商保持多年的合作关系""上游行业集中度较高，向行业龙头采购符合市场化选择""原材料供应商存在一定的备选方案"等，说明公司不存在严重依赖少数供应商进而可能影响自身持续经营能力的情形。

第二，关于公司主要产品的市场空间及市场份额。首先解释下游市场是根据形态与结构等标准划分产品类别的，再通过应用场景划分具体下游市场。由于公司产品属于微小细分领域，公司无法获取公开市场信息，因此使用了《中国磨料磨具工业年鉴》等行业内部资料论证公司市场空间。另外，结合公司具有产品研发能力和规模化生产实力较强、产品质量稳定与供应链管理系统响应及时等优势，以及细分产品终端应用领域近几年景气度上升与行业集中度及竞争情况的变化有利于促进公司进一步发挥自身优势、提升竞争实力，说明不存在对公司持续经营能力构成重大不利影响的因素。

（3）结合公司产品终端应用领域情况，说明各类业务收入的稳定性、可持续性。

第一，关于行业景气度。结合各产品终端应用领域发展和景气度情况，分析市场对金刚石微粉和破碎整形料的需求将保持稳定增长。具体阐述了行业政策、宏观经济环境、终端行业的市场表现及市场预期，预计未来一定时期内，公司所处行业不会出现景气度过度下降的情形。

第二，关于公司是否存在未来市场空间下滑和持续盈利能力下降的风险。通过分析"公司主要产品价格、毛利率变化情况"与"公司使用低强度工艺生产的金刚石单晶规模上升的原因"等回复该问题，并充分披露市场的风险。

此外，回复中还结合在手订单情况、下游客户相关需求、行业竞争状况、公司竞争力、客户拓展计划、同行业可比公司发展情况等，详细分析了公司下游客户需求旺盛，报告期内在手订单及新签订单增长速度较快，各类业务收入具有较好的稳定性和可持续性。

（四）关于核心技术的先进性

1.基本情况

公司已完成新产品开发项目30多个，承担并完成省部级科技项目2个，取得实用新型专利100项、发明专利4项，自主掌握了与金刚石微粉生产相关的各类核心技术。公司有核心技术人员4名；公司员工中技术人员共计22人，约占14%，拥有本科及以上学历的员工有22名，约占14%；报告期内公司研发费用率分别为6.74%、6.99%和5.62%。公司有16个在研项目，且与河南工业大学、惠州比亚迪电子有限公司开展了研发项目合作。

2.审核关注重点

北交所在审核中对公司核心技术的先进性进行了重点关注，要求公司从研发项目、研发人员、合作研发情况、行业技术、产能产量等多个维度说明公司在行业内的技术领先程度。具体要求公司：（1）说明公司核心技术水平与行业发展水平是否存在差异，公司核心技术是否为行业内通用技术并对比二者的优劣势；（2）与主要竞争对手在产品的产能、产量、关键性能等方面进行比较，说明公司产品的优劣势及对应原因；（3）说明公司在产品性能提升中起到的作用，核心技术是否依赖第三方；（4）结合发明专利、行业技术路线、可比公司技术情况，说明公司主要生产流程的技术先进性及其在行业中的领先程度；（5）说明公司的工艺类技术是否存在技术壁垒，是否存在技术迭代风险；（6）说明在合作研发中公司是否存在研发成果归属风险，论证合作研发项目的可行性、必要性及可持续性。

3.解决思路

（1）说明核心技术的领先程度并从知识产权保护的角度说明核心技术的可持续性。

第一，关于公司的技术水平与行业发展水平相吻合。首先，从各生产工序角度详细说明公司通过对通用设备的自主研发改进核心参数，通过对部分关键装置的自主改造升级或创新，提升了生产效率、产品性能和产品质量。其次，通过将公司核心技术水平与同行业公司通用技术水平进行对比，进一步论证公司主要核心技术具有一定的创新性和先进性。

第二，关于核心技术的知识产权保护措施。首先，列示公司发明专利的详细信息。其次，详细阐述一系列知识产权保护措施，主要包括：公司形成了以申请专利为主的技术保护方式；公司与研发人员签署保密及竞业禁止协议，在相关协议中约定了核心技术保密的相关条款；健全知识产权内部控制制度；加强合同规范管理。通过对以上保护措施的描述，论证公司核心技术的知识产权保护措施充分，核心技术方面外泄风险较低。

（2）通过与同行业可比公司进行比较，说明公司的市场竞争能力，然后分析决定公司产品性能优劣的主要因素。

第一，披露公司与主要竞争对手在产品的产能、产量、关键性能等方面的对比情况,并通过定性与定量的方式说明公司产品的优势。在定性方面,从公司取得的行业成就和荣誉、产品创新性、产品终端应用领域众多等方面阐述公司产品的优势。在定量方面,通过将公司技术标准与行业技术标准进行对比以及描述产品关键性能来凸显公司产品的优势。

第二,分析决定公司产品性能优劣的主要因素。首先明确决定产品性能优劣的主要因素包括工艺改进和技术升级水平、生产设备专业化水平以及原材料强度等,然后依次详细介绍这些因素。另外,说明公司在以上决定产品性能的主要因素方面不存在对第三方的依赖,从而消除监管机构对公司持续经营能力的疑虑。

(3)结合发明专利、行业技术路线、可比公司技术情况,说明公司主要生产流程的技术先进性以及在行业中的领先程度。

公司和中介机构横向对比了行业主流技术路线、可比公司技术路线和公司技术路线,以表格的形式直观地展示了公司的技术路线是在行业主流技术路线的基础上,通过技术改进和工艺优化,提升单一粒度段出料率、纯度及粒度分布集中度等指标,证明了公司采用的技术路线优于主流技术路线。此外,分别将公司从破碎、整形、提纯到分级等各个生产流程的技术与行业主流技术进行对比,进一步体现出公司的技术相较于行业现有通用技术具有一定先进性。

(4)进一步论证公司技术的先进性。

第一,通过产品的收入占比、毛利率变化等财务指标反映该产品具备较高的毛利水平,高毛利通常代表着较高的技术壁垒。第二,说明公司在制备工艺技术研发上采用技术引进及再创新方式的原因和具体情况。此外,基于不同的产品型号分别论述产品的特征与技术先进性及竞争优势。

(5)说明基于目前的技术储备和研发能力,未来公司仍然有能力保持技术先进性及核心竞争力。

第一,从公司核心技术人员的年龄、学历、背景及相关工作经验等方面说明公司核心技术团队具有专业化的学历背景与丰富的研发和管理经验。第二,通过与同行业可比公司的研发人员数量和学历分布情况、发明专利情况、核心技术对收入的贡献情况等进行对比,说明公司研发人员学历分布合理,公司研发人员占比、核心技术对收入的贡献情况与同行业公司不存在明显差异;说明公司在微粉业务方面的发明专利数量超过同行业可比公司，具有一定的技术优势。因此，公司现有人才、技术可以支撑公司技术先进性及核心竞争力。

（6）说明技术壁垒，论证合作研发项目的可行性、必要性及可持续性。

第一，关于技术壁垒。首先，论述公司在破碎、整形、分选、提纯等工艺技术方面，拥有突破行业普遍存在的技术难点的能力或技术，存在技术壁垒。其次，说明公司通过自身多年生产及研发经验的积累，在前述工艺技术上已形成了核心技术、取得了相关专利，具有工艺技术优势。最后，通过详细列示公司在研项目和在研项目申请专利的情况，论证公司技术储备充足，技术迭代风险较小。

第二，关于合作研发。首先，披露了各个合作研发项目的合作模式、进展情况、开始时间、协议签订情况等，说明合作研发项目成果的权利义务分配方式，论证不存在公司利益受损的情形。其次，说明公司针对合作研发项目可行性与必要性的评估履行了论证程序，并从公司拥有较强的技术研发能力、公司采用超硬材料领域常用的产学研合作模式、合作研发的可持续性等方面论证未来合作研发模式具有可持续性。

（五）关于募投项目

1. 基本情况

公司本次通过发行募集的资金所使用方向包括金刚石微粉智能生产基地扩建项目、研发中心升级建设项目及补充流动资金，具体情况如表12-75所示。

表12-75 公司募集资金使用方向

序号	使用方向	总金额（亿元）	拟使用募集资金（亿元）	项目备案证号	项目环评批复
1	金刚石微粉智能生产基地扩建项目	1.5	1.49	项目代码：2111-411424-04-01-177899	柘环审〔2022〕01号
2	研发中心升级建设项目	0.73	0.73	项目代码：2111-410122-04-03-988928	牟环建表〔2022〕6号
3	补充流动资金	0.9	0.88	—	—
	合计	3.13	3.10	—	—

2. 审核关注重点

北交所在审核中关于公司募投扩建项目的关注重点在于项目的合理性、必要性，项目规模与公司生产经营规模是否匹配，新增产能是否可以有效消化；对于研发中心升级建设项目更关注项目涉及的研发产品的竞争优势及相关技术的先进性。

3. 解决思路

有关募投项目的合理性、必要性及技术先进性的论述主要包括以下方面：

第一，说明报告期内产能的计算方式，结合主要产品产能、市场空间、市场份额等说明金刚石微粉智能生产基地扩建项目的必要性与可行性。报告期内，公司金刚石微粉及金刚石破碎整形料的总销量分别为 477 430 255 克拉、633 376 757 克拉和 858 971 228 克拉，产能利用率分别为 78.93%、80.97%、94.23%，目前产能利用基本处于饱和状态，现有金刚石微粉及金刚石破碎整形料产能已制约公司业务的进一步发展和壮大，因此公司迫切需要扩大金刚石微粉及金刚石破碎整形料产能。

第二，从"积极开拓新兴产业、新领域市场需求"、"深入挖掘现有客户新需求"以及"加强销售、研发团队建设"等方面，详细列示本次募投项目形成新增产能后公司的消化措施，说明新增产能可以有效消化；结合报告期末固定资产规模，量化分析募投项目完成后新增的折旧，以及项目对产品单位成本、经营业绩的影响与公司发展相匹配。单位新增折旧占单位成本比例为 1.5%，新增折旧占募投项目新增营业收入的比例为 4.54%。本次募集资金投资项目全部建成并投入使用后增加的固定资产折旧，将会对公司盈利产生一定的影响，但是随着项目的达产，营业收入将会大幅度提高，增加的固定资产折旧占新增营业收入的比例将会逐步降低，公司盈利能力将逐步增强。因此，从长远的角度看，增加固定资产折旧不会对公司未来经营成果产生重大不利影响，本次募投项目固定资产投资规模具有合理性，与公司发展相匹配。

第三，从以下方面详细解释了机器设备投入金额增幅较大的合理性：原有设备购置时间较长，部分设备已限制产能及工艺实现；增加替代人工的机器设备，装载智能生产系统；新增检测设备，提高产品质量稳定性；增加环保设备投入。

第四，从业务体量、研发体系、技术储备的角度说明公司具备同时开展多个研发课题的能力，并结合各个研发课题存在的特有风险及其对经营业绩的潜在影响，进行充分的风险提示。

第五,结合行业技术难点与公司技术先进性详细说明公司技术创新点;通过与可比公司同类产品进行量化对比,说明公司募投项目产品的竞争优势及相关技术的先进性。

三、小结

惠丰钻石作为典型的成长型创新企业,存在如关联交易、客户和供应商重叠、业绩波动幅度较大等创新型中小企业普遍存在的问题。上市过程中,中介机构积极发现问题并及时整改。在项目初期尽调时,中介机构仔细甄别企业问题,对于企业合法合理、恰当且有必要的正常经营行为给予尊重,而对于公司存在的问题,则督促公司坚决进行清理和整改。在项目申报时,中介机构本着坚持以信息披露为核心的注册制理念,基于公司的真实情况,主动披露相关情况。

惠丰钻石本次上市突出体现了北交所对中小企业的尊重和包容,也反映出注册制下监管的审核理念和尺度与核准制存在一定差异,同时更展现了国家大力发展新材料、新能源等战略性新兴行业的决心以及国家对中小微企业的金融支持力度。